Milton Keynes UK
Ingram Content Group UK Ltd.
UKHW022130291124
451915UK00010B/616

9 798330 599448

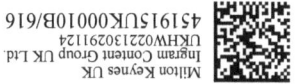

أَنْوَارُ وَأَسْرَارُ

سُوْرَةِ الحُجُرَاتِ

فِي دَفْعِ التَّلْفِيقَاتِ

اس. نورْمانْ جي

Copyright © 2014 S. Norman Gee

All rights reserved.

ISBN:

أَنْوَارُ سُورَةِ الحُجُرَاتِ

تَنْوِيهٌ!

أَيُّهَا القُرَّاءُ الأَعِزَّاءُ. وَرَدَ فِي هَذَا البَحْثِ كَلِمَاتٌ: عُمَرِيَّةٌ، العُمَرِيَّةُ، وَالمَذَاهِبُ العُمَرِيَّةُ! تَرْمُزُ هَذِهِ الكَلِمَاتُ إِلَى مَجْمُوعَةٍ مِنَ النَّاسِ، – إِمَّا عَنْ عِلْمٍ أَوْ جَهْلٍ، – مَا زَالَتْ تُعَظِّمُ وَتُوَقِّرُ وَتُسَيِّدُ وَتَتَرَضَّى عَلَى مَجْمُوعَةٍ مِمَّنْ، يُسَمُّونَهُم صَحَابَةً وَتَابِعِينَ! وَتَتَعَبَّدُ بِأَقْوَالِهِم، وَتَتَقَرَّبُ إِلَى اللهِ بِالتَّرَضِّي عَلَيْهِم، خُصُوصًا **"عُمَرَ بِنَ الخَطَّابِ" مُؤَسِّسَ هَذِهِ الطَّائِفَةِ!**

بَرَزَتِ العُمَرِيَّةُ فِي الأَيَّامِ الأَخِيرَةِ لِحَيَاةِ سَيِّدِ الخَلْقِ، وَبِالضَّبْطِ فِي آخِرِ أَيَّامِ مَرَضِ الرَّسُولِ! اجْتَمَعَ بَعْضٌ مِنَ الصَّحَابَةِ يَتَعَوَّدُونَ الرَّسُولَ فِي مَرَضِهِ! قَالَ الرَّسُولُ: (ائْتُونِي أَكْتُبْ لَكُم كِتَابًا لَا تَضِلُّوا بَعْدِي أَبَدًا!) قَالَ عُمَرُ: حَسْبُنَا كِتَابُ اللهِ! **اللهُ أَكْبَرُ!!!**

لَو بَحَثْتُم أَيُّهَا القُرَّاءُ الأَكَارِمُ فِي الكُتُبِ المُسَمَّاةِ إسْلَامِيَّةً عَنْ هَذَا الحَدَثِ، لَوَجَدْتُمُ العَشَرَاتِ وَقَد يَكُونُ المِئَاتِ، أَو الآلَافِ مِنَ الآرَاءِ وَالعَنْعَنَاتِ المَلِيئَةِ بِالقِصَصِ، لِلتَّقْلِيلِ مِنْ وَقْعِ هَذَا القَوْلِ عَلَى الرَّسُولِ الأَعْظَمِ وَلِلتَّعْمِيَةِ عَنِ المُؤَامَرَةِ، الَّتِي حَاكَهَا كُلٌّ مِنْ أَبِي بَكْرٍ وَعُمَرَ وَغَيْرِهِمَا! وَلَكِنَّ الحَقِيقَةَ تَبْرُزُ دَائِمًا فِي مَا جَرَى،

وَحَدَثَ، بَعْدَ ارْتِقاء الرَّسُولِ الأَكْرَمِ إِلَى بَارِئِهِ!

بِمُساعَدَةِ عُمَرَ، وَمَنْ أَيَّدَ عُمَرَ فِي (***حَسْبُنَا كِتَابُ اللَّهِ***) إِسْتَوْلَى أَبُو بَكْرٍ عَلَى الحُكْمِ، وَكانَ أَوَّلُ فَرمانٍ لَهُ حِيْنَ: جَمَعَ النَاسَ، وَقالَ لَهُمْ ***إِنَّكُمْ تُحَدِّثُونَ عَنْ رَسُولِ اللَّهِ أَحادِيث تَخْتَلِفُونَ فِيها، وَالنَاسُ بَعْدَكُمْ أَشَدُّ اخْتِلافاً، فَلا تُحَدِّثُوا عَنْ الرَّسُولِ. فَمَنْ سَأَلَكُمْ فَقُولُوا: بَيْنَنا وَبَيْنَكُمْ كِتَابُ اللَّهِ، فَاسْتَحِلُّوا حَلالَهُ وَحَرِّمُوا حَرامَهُ.*** هَلْ جاءَ هذا صُدْفَةً؟! (***حَسْبُنَا كِتَابُ اللَّهِ***)!

ثُمَّ بَعْدَهَا حَرَّقَ أَبُو بَكْرٍ مَا كَانَ لَدَيْهِ مِنْ أَحَادِيْث لِرَسُولِ اللَّهِ، وَبَعْدَ أَقَل مِنْ سَنَةٍ. سَمَّ اليَهُودُ أَبي بَكْرٍ (كَمَا تَدَّعِي كُتُبُ العُمَرِيَّةِ) فِي أَرُزٍّ، وَقِيْلَ في حَرِيْرَةٍ، وَهِيَ مِنَ الحِساءِ، فَأَكَلَ هُوَ وَالحَارِثُ بِنُ كِلْدَةَ، الَّذِيْ قَالَ لِأَبِيْ بَكْرٍ: أَكَلْنَا طَعَامًا مَسْمُومًا! سُمّا، فَمَاتَا بَعْدَ سَنَةٍ! السُّمُّ.!؟ قَتَلَ أَبِيْ بَكْرٍ بَعْدَ سَنَةٍ مِنْ دُخُولِهِ إِلَى جَوْفِهِ!

إِنَّها مِنْ نَوادِرِ الصُّدَفِ! هكَذا تُوُفِّيَ الرَسُولُ مَسْمُوماً: *إِذْ أَرْسَلَتْ امْرَأَةٌ يَهُودِيَّةٌ إِلَى الرَسُولِ (صَلَواتُ اللَّهِ عَلَيْهِ وَسَلَّمَ) بِشاةٍ مَشْوِيَّةٍ، دَسَّتْ فِيها سُمّاً قاتِلاً، وَزادَتْ كَمِّيَّةُ السُمِّ فِي الكَتِفِ وَالذِّراعِ، بَعْدَ أَنْ عَلِمَتْ أَنَّ النَبِيَّ – صَلَواتُ اللَّهِ عَلَيْهِ وَسَلَّمَ – يُحِبُّ الكَتِفَ، وَالذِّراعَ، وَوَضَعَتِ المائِدَةَ، بِالشاةِ بَيْنَ يَدَيِّ الرَسُولِ (صَلَواتُ اللَّهِ*

عَلَيْهِ وَسَلَّمَ) وَمَنْ قَرُبَ مِنْهُ مِنْ صَحَابَتِهِ، وَمَا كَانُوا يَمُدُّونَ أَيْدِيَهُمْ إِلَى طَعَامٍ قَبْلَ أَنْ يَمُدَّ يَدَهُ إِلَيْهِ (صَلَوَاتُ اللهِ عَلَيْهِ وَسَلَّمَ) فَأَمْسَكَ (صَلَوَاتُ اللهِ عَلَيْهِ وَسَلَّمَ) بِالذِّرَاعِ، وَنَهَشَ مِنْهَا نَهْشَةً بِأَسْنَانِهِ، وَنَهَشَ بِشْرُ بْنُ البَرَاءِ نَهْشَةً مِنْ قِطْعَةِ اللَّحْمِ، وَأَسْرَعَ فِي مَضْغِهَا وَبَلَعَهَا، لَكِنَّ الرَّسُولَ (صَلَّى اللهُ عَلَيْهِ وَسَلَّمَ) بَعْدَ أَنْ مَضَغَهَا مُضْغَةً؛ وَقَبْلَ ابْتِلَاعِهِ، نَطَقَتِ الذِّرَاعُ فِي يَدِهِ، تَقُولُ: أَنَا مَسْمُومَةٌ فَأَلْقَى مَا فِي فَمِهِ، وَقَالَ لِأَصْحَابِهِ امْسِكُوا لَا تَأْكُلُوا!

وَعَلَيْهِ يَدَّعِي عُلَمَاءُ السُّنَّةِ، أَنَّ النَّبِيَّ (صَلَوَاتُ اللهِ عَلَيْهِ وَسَلَّمَ), قَدْ مَاتَ مُتَأَثِّرًا بِسُمِّ الشَّاةِ، بَعْدَ ثَلَاثِ سَنَوَاتٍ مِنَ الحَادِثَةِ! كَيْفَ يُمْكِنُ لِسُمِّ الشَّاةِ، أَنْ يُؤَثِّرَ فِي النَّبِيِّ بَعْدَ **ثَلَاثِ** سَنَوَاتٍ مَضَتْ عَلَى الحَادِثَةِ؟! يَسْأَلُ أَحَدُهُمْ؟! وَأَنَا أَسْأَلُ أَيْضًا!

لَيْسَ هُنَاكَ إِشْكَالٌ فِي تَأَخُّرِ حُصُولِ المَوْتِ سِنِينَ بَعْدَ تَنَاوُلِ السُّمِّ، لِأَنَّ اللهَ تَعَالَى قَدْ عَصَمَ نَبِيَّهُ (صَلَوَاتُ اللهِ عَلَيْهِ وَسَلَّمَ) وَحَفِظَهُ مِنَ المَوْتِ المُبَاشِرِ، وَمَعَ ذَلِكَ ادَّخَرَ لَهُ حَظَّهُ مِنَ الشَّهَادَةِ بِسَبَبِ هَذِهِ الأَكْلَةِ، لِيَرْفَعَ بِذَلِكَ دَرَجَتَهُ، فَكَانَ يَعْتَرِيهِ المَرَضُ مِنْ تِلْكَ الأَكْلَةِ أَحْيَانًا إِلَى أَنْ تُوُفِّيَ (صَلَوَاتُ اللهِ عَلَيْهِ وَسَلَّمَ)، كَمَا ذَكَرَ الحَافِظُ ابْنُ حَجَرٍ فِي (الفَتْحِ) **(التَّدْجِيلُ، فِي عِلْمِ التَّجْهِيلِ!)**.

ثُمَّ إِنَّ تَأْثِيرَ السُّمُومِ عَامَّةً قَدْ تَخْتَلِفُ شِدَّتُهُ عَلَى الأَشْخَاصِ بِحَسَبِ مَحْضِ قَضَاءِ اللهِ وَقَدَرِهِ، أَوْ بِمَا جَعَلَهُ (سُبْحَانَهُ) فِي بَعْضِ الأَجْسَامِ مِنْ مُقَاوَمَةِ أَثَرِ السُّمِّ، وَمِنْ ذَلِكَ مَا ثَبَتَ عَنْ خَالِدِ بْنِ الوَلِيدِ أَنَّهُ شَرِبَ السُّمَّ عَمْداً فَلَمْ يَضُرَّهُ! رَاجِعِ الفَتْوَى رَقَمْ 105602. هَذِهِ لَمْحَةٌ بَسِيطَةٌ عَنِ مَا يُدَرِّسُ عُلَمَاءُ السَّقِيفَةِ.

وَلِهَذَا الاِخْتِلَافِ مَاتَ بِشْرُ بْنُ البَرَاءِ (رَضِيَ اللهُ عَنْهُ) الَّذِي أَكَلَ مَعَ النَّبِيِّ (صَلَّى اللهُ عَلَيْهِ وَسَلَّمَ) هَذِهِ الأَكْلَةَ مِنْ تَأْثِيرِ هَذَا السُّمِّ، قَبْلَ النَّبِيِّ (صَلَّى اللهُ عَلَيْهِ وَسَلَّمَ) بِمُدَّةٍ...

العِلْمُ يَرْفَعُ بُيُوتًا لَا عِمَادَ لَهُ!

وَالجَهْلُ يَهْدِمُ بُيُوتَ العِزِّ وَالكَرَمِ!

سُبْحَانَ اللهِ كَيْفَ يُعَطَّلُ العَقْلُ عِنْدَ العُمَرِيَّةِ! أَخَّرَ اللهُ تَأْثِيرَ السَّمِّ عَنْ رَسُولِ اللهِ لِأَنَّهُ رَسُولٌ، هَلْ أَبُو بَكْرٍ أَيْضًا رَسُولٌ، وَبِشْرُ بْنُ البَرَاءِ أَيْضًا رَسُولٌ لِلَّهِ؟! وَالمُتَّهَمُ فِي دَسِّ السُّمِّ اليَهُودُ! وَلَكِنْ أَيُّ سُمٍّ يَبْقَى فِي الجِسْمِ لِسَنَوَاتٍ؟! حَدِّثِ العَاقِلَ بِمَا لَا يَلِيقُ لَهُ، فَإِنْ لَاقَ لَهُ لَا عَقْلَ لَهُ! أَقْرَبُ طَرِيقٍ لِتَغْطِيَةِ الجَرِيمَةِ، الاِدِّعَاءُ عَلَى مَجْهُولٍ! مَنِ المَجْهُولُ هُنَا؟ اليَهُودُ! مَا إِسْمُ هَذَا المُدَّعَى عَلَيْهِ

لِنُقاضيه؟! مِنَ اليَهُودِ! لِماذَا لَا يَكُونُ المُسْتَفِيدُ الأَوَّلُ؟! لِلتَّخَلُّصِ مِنْ رَسُولِ اللهِ أَوَّلًا، ثُمَّ مِنْ أَبِي بَكْرٍ، المُسْتَفِيدُ الأَوَّلُ عُمَرُ! ابحثوا جَيِّدًا فِي كُتُبِ العُمَرِيَّةِ عَنْ أَقْوَالِ كُلٍّ مِنْهُمَا فِي الآخرِ؟! قَالَ عُمَرُ: إِنَّ بَيْعَةَ أَبِي بَكْرٍ كَانَتْ فَلْتَةً وَتَمَّتْ، أَلَا وَإِنَّهَا كَانَتْ كَذَلِكَ، وَإِنَّ اللهَ (عَزَّ وَجَلَّ) وَقَى شَرَّهَا! هَذِهِ نَبْذَةٌ تَارِيخِيَّةٌ لَا قِيمَةَ لَهَا عِنْدِي، لِأَنَّ أَبْطَالَهَا مَفْضُوحُونَ وَمَكْشُوفُونَ حَتَّى مِنْ وَرَقَةِ التُّوتِ! قَالَ فِيهِمُ القُرْآنُ الكَرِيمُ: **لَا يَعْقِلُونَ!** وَمَنْ أَصْدَقُ مِنَ اللهِ قِيلًا!

أَمَّا مُؤَسِّسُ العَقِيدَةِ العُمَرِيَّةِ وَصَاحِبُ مَقُولَةِ: **حَسْبُنَا كِتَابُ اللهِ!** بَعْدَ أَنْ تَخَلَّصَ مِنْ أَبِي بَكْرٍ، طَلَبَ مِنَ النَّاسِ جَمْعَ مَا لَدَيْهِمْ مِنْ سُنَّةِ الرَّسُولِ الأَعْظَمِ، لِأَنَّهُ يُرِيدُ جَمْعَهَا فِي كِتَابٍ وَاحِدٍ، وَبَعْدَمَا جُمِعَتْ، أَحْرَقَهَا وَعَاقَبَ كُلَّ مَنْ يَقُولُ: قَالَ رَسُولُ اللهِ!

لِذَلِكَ، فَإِنَّ مَنْ يَقُولُ مَا قَالَ عُمَرُ وَأَبُو بَكْرٍ، وَيُؤْمِنُ بِمَا يُؤْمِنُ بِهِ الاثْنَانِ، وَيَتَقَرَّبُ إِلَى اللهِ بِالتَّرَضِّي عَلَيْهِمَا، يَدْخُلُ فِي دِينِ العُمَرِيَّةِ، وَيَخْرُجُ مِنَ الإِسْلَامِ كَمَا خَرَجَا! **حَسْبُنَا كِتَابُ اللهِ!** أَخْرَجَتْ أَتْبَاعَهَا مِنَ الرِّسَالَةِ النَّبَوِيَّةِ، وَاسْتَبْدَلَتْهُمْ الرِّسَالَةَ العُمَرِيَّةَ!!! وَبَعْدَ كُلِّ مَا تَقَدَّمَ فِي هَذَا التَّنْوِيهِ، وَمَا زَالَ مَنْ يُؤْمِنُ

مُطْلَقًا بِمَا يُؤمِنُ بِهِ هَذَان العُمَرِيَّان! أيُّهَا العُمَرِيُّ، ***حَسْبُنَا كِتَابُ اللهِ***، ألْغَتْ وَشَطَبَتْ الرَّسُولَ الأعْظَمَ وَرِسَالَتَهْ. إذَا تُرِيْدْ أنْ تَتطَّلِعْ كَيْفَ، ***حَسْبُنَا كِتَابُ اللهِ*** نَفَّذَتْ وَأنْجزَتْ وَطُبِّقَتْ، تَابِعْ مَعَنَا!

هُنَاكَ مَعْلُومَةٌ أخْرَى، أرِيْدُ لِلقُرَّاءِ الأكَارِمِ الاطِّلَاعَ عَلَيْهَا. أكْتُبُ مَا عَلَّمَنِيْ رَبِّ، وَأسْتَعِيْنُ بِمَا فِي المَكْتَبَةِ العَرَبِيَّةِ، وبِمَا فِي بَعْضِ المَكْتَبَاتِ العَالَمِيَّة مِنْ مؤلَّفَاتٍ وَكُتُبٍ وَمَطْبُوعَاتٍ وَعُلُومٍ، وَأسْتَعِيْنُ أيْضًا بِالشَّبَكَةِ العَنْكَبُوتِيَّة!! أنَقِّبُ وَأُغَربِلُ وَأنْتَقِيْ وَأخْتَارُ مَا قَدْ يَدْعَمُ تَصوِيْبَ المَعْلُومَةِ الَّتِي، أبْحَثُ عَنْهَا! أقَدِّمُهَا لَكَ أيُّهَا القارئ الكَرِيْم، وَأنَا عَلَى يَقِيْنٍ أن اللهَ سَيُحَاسِبَنِي عَلَى كُلِّ كَلِمَةٍ أكْتُبُهَا!!! لَا أَقْدِرُ أنْ أقَدِّمَ جَدوَلًا لِمَصَادِريْ! تَسْتَطِيْعُ أيُّهَا القارئُ الكَرِيْمُ، إنْ شَكَكْتَ أو رَفَضْتَ أيَّ مَعْلُومَةٍ تَتَأكَّدَ بِنَفْسِكَ بِالبحْثِ وَالتَّنْقِيْب! فَإنَّ الأجْرَ عَلَى قَدرِ المَشَقَّة!

- **سُورَةُ الحُجُرَاتِ** – هِيَ الحَلَقَةُ الثَّالِثَةُ مِنْ سِلْسِلَةِ، **العِلْمِ وَالإيْمَانِ**، سَبَقَهَا كُلٌّ مِنْ:

ألنَّقْلُ مَفْسَدَةٌ لِلْعَقْلِ!

الصُّحْبَةُ فِي القُرآنِ!

الإِهْدَاءُ

السَّلامُ وَالعِزَّةُ وَالبَرَكَةُ لَكَ وَعَلَيْكَ، أَيُّهَا القارئُ الكَرِيْمُ.

في صَفحَاتِ هَذَا البحْثِ المُبَارَكِ، الَّذِي جَاءَ عَقِبَ حَلَقَةِ: "النَّقْلُ مَفْسَدَةٌ لِلْعَقْلِ"، وَأُخْتِهَا التَّوْأَمِ "الصُّحْبَةُ فِي القُرآنِ"، صُحْبَةُ مَنْ؟!

أَسْتَصْحِبُكَ لِنَقْتَبِسَ مَعًا أَيُّهَا القارئُ الكَرِيْمُ، فِي هَذِهِ الحَلَقَةِ الثَّالِثَةِ: أَنْوارَ وَأَسْرَارَ، سُورَةِ الحُجْرَاتِ في القُرآنِ، فِي رِحْلَةِ العِلْمِ والإِيْمَان، وَالصِّدْقِ وَالعِرْفَان. نَسْتَوْضِحُ آيَاتِهَا مِنْ حِكْمَةِ وَعِصْمَةِ القُرآنِ الكَرِيْم، الأَبْلَغِ والأَسْدَدِ وَالأَصْوَبِ، وَمِنْ لُغَةِ القُرآنِ العَظِيْمِ، وَمِنْ عُلُومِ الصَّرْفِ وَالنَّحْوِ لِلُّغَةِ العَرَبِيَّةِ المُبَارَكَةِ والمَيْمُونَةِ، لُغَةِ القُرآنِ الحَكِيْمِ. ثُمَّ نُقَابِلُ وَنُقَارِنُ مَا جَاءَتْ بِهِ تَفَاسِيْرُ وَعَنْعَنَاتُ السُّنَنِ العُمَرِيَّةِ، لِتَكُونَ أَيُّها القَارِئُ، الشَّاهِدَ والشَّهِيْدَ والحَكَمَ عَلى مَا أَفَّكَهُ وَاقْتَرَفَهُ عُلَمَاءُ هَذِهِ السُّنَنِ مِنْ حَيْفٍ وَزَيْفٍ، وَتَحْرِيْفٍ وَتَزْيِيْفٍ وَتَجْوِيْفٍ، لِمَعَانِي وَمَضْمُوْنِ، وَفَحْوَى، وَدِقَّةِ الأَلفَاظِ وَالعِبَارَاتِ وَمَغْزَاهَا وَدَلَالَاتِهَا... وَسَوفَ نُقَدِّمُ الكَثِيْرَ مِنَ البَرَاهِيْنِ وَالحُجَجِ العَقْلِيَّةِ وَالعِلمِيَّةِ الثَّابِتَةِ وَالدَّامِغَةِ، اعتراضًا عَلَى مَا هِيَ الحَالُ الرَّاهِنَةُ لِلإِسْلَامِ وَالمُسْلِمِيْنَ؛ مِنْ سَيْطَرَةِ السُّنَنِ المُغْرِضَةِ الضَّالَّةِ

وَالمُضلِّلَةِ، الَّتِيْ تَتَحَكَّمُ بالِمَذَاهِبِ الإسْلَامِيَّةِ المتَصَارِعَةِ وَالمُتَنَاحِرَةِ! سُنَنٌ تَجُرُّ الإسْلَامَ بَعِيْدًا عَنْ دَوْرِهِ الإنْسَانِيِّ، الَّذِيْ أرَادَهُ، اللهُ لَهُ! وَكَمَا فِي الحَلَقَتَيْنِ السَّابِقَتَيْنِ اللَّتَيْنِ وَرَدَتْ أسماؤهَا أعلاه. سَوْفَ نُقَدِّم لَكُم بَعْضًا مِنَ الحُلُولِ المَوْجُوْدَةِ فِي القُرآنِ! الحُلُولُ الَّتِي قَفَزَ فوقَهَا المُغْرِضُونَ والجَهَلَةُ، الَّذِيْنَ رَكِبُوا السَفِينَةَ العُمَرِيَّةَ لِأغْرَاضٍ خَاصَّةٍ، وَلَم تَكُنْ عَنْ قَنَاعَةٍ إيْمَانِيَّةٍ ثَابِتَةٍ، وَعِنْدَمَا سَنَحَتْ لَهُمُ الفُرصَةُ، رَكِبُوا مجدَّدًا فَرَسَ الجَاهِلِيَّةِ!

وَسَوفَ نَزِيْدُكُم يَقِينًا حَازِمًا جَازِمًا، لَيْسَ فِيهِ شَكٌّ أنَّ هَذِهِ السُّنَنُ المُخَادِعَةُ، لَيْسَ فِيهَا لِلهِ ولِرَسُولِهِ مِنْ شَيْء! وَقَدْ أُجْزِمُ أَنَّهَا صِيْغَت على مَبْدأ مُحَارَبَةِ كُلِّ جَدِيْدٍ وَرَفْضِهِ! وَعُرِفَ هَذَا المَبْدَأُ فِي التَّارِيْخِ الحَدِيثْ بِاسْمِ اللُّودِيَّةِ، وَتُسَمَّى اليَومَ أللوديَّةَ الجَدِيْدَةَ. عَلَى سَبِيْلِ المِثَالِ، فِي رُوْمَا القَدِيْمَةِ خِلَالِ القَرْنِ الأوَّلِ المِيلَادِيْ، أَدَّى إدْخَالُ المَطَاحِنِ المَدْفُوعَةِ بِالمَاءِ لِطَحْنِ الحُبُوبِ إلى قَلَقٍ بَيْنَ المَطَاحِنِ التَّقْليديَّةِ، مِمَّا أَدَّى إِلَى احْتِجَاجَاتٍ وَصِرَاعَاتٍ. وَهَذَا مَا حَصَلَ فِي مَكَّة مِنَ اللَّحْظَةِ الَّتِي أَحَسَّ وَشَعَرَ زُعَمَاءُ مَكَّةَ التَّقْلِيْدِيِّيْنَ، ابْتِدَاءَ رِيَاحِ التَّغْييْرِ فِي العَقَائِدِ والطُّقُوسِ المُعْتَمَدَةِ عَلَى مَدَى تَّارِيْخِ الجَاهِلِيَّةِ!

فِي الثَّقَافَاتِ التَّقْلِيْدِيَّةِ القَدِيْمَةِ: كَثِيْرٌ مِنَ الثَّقَافَاتِ القَدِيمَةِ كَانَتْ تُقَدِّرُ وَتُبَجِّلُ وَتُعَظِّمُ وَتُقَدِّسُ التَّقَالِيْدَ، وَتُقَاوِمُ التَّغْيِيرَ، بِمَا فِي ذَلِكَ التَّقَدُّمُ الفِكْرِيُّ وَالمَعْرِفِيُّ والتِّقَنِيُّ، الَّذِي كَانَ يُهَدِّدُ الطُّرُقَ الحَيَاتِيَّةَ المَوضُوعَةَ المُعْتَادَةَ، وَالمُتَدَاوَلَةَ. عَلَى سَبِيْلِ المِثَالِ، كَثِيْرٌ مِنَ الشُّعُوبِ الأَصْلِيَّةِ فِي الأمريكِيَّتينِ كَانَتْ تُقَاوِمُ بِشِدَّةٍ إِدْخَالَ التِّقَنِيَّاتِ الأورُوبِيَّةِ أَثْنَاءَ الإِسْتِعْمَارِ، إِذ كَانُوا يَرُوْنَهَا مُضْطَرِبَةً، وَمُضِرَّةَ لِمُجْتَمَعَاتِهِمْ التَّقْلِيْدِيَّةِ وَمُمَارَسَاتِهِمْ. وَهَذَا تَمَامًا مَا قَامَ بِهِ القَيِّمُون عَلَى الحِفَاظِ عَلى العَيْشِ القَبَلِيّ وَالبَدَاوَةِ!

إِنَّ هَذِهِ الأَمْثِلَةَ قَدْ لَا تَتَطَابَقُ تَمَامًا مَعَ الحَرَكَةِ اللُّودِيَّةِ فِي عَصْرِ الصِّنَاعَةِ، وَلَكِنَّها تُوضِّحُ حَالَاتَ الشَّكِّ، وَالمُقَاوَمَةِ، وَالحَذَرِ تِجَاهَ التَّغْيِيرِ! فِي التَّارِيخِ القَدِيْمِ وَحَتَّى فِي عَالَمِنا الحَاضِرِ! إِنَّ المَجْمُوعَاتِ الَّتِيْ اعْتَمَدَتْ قَرَارَاتِ أَلْسَّقِيْفَةِ؛ مَكَثَتْ وَمَا لَبَثَت، فِي السَّقِيفَةِ. وَأَنَّهُ وَإِنْ تَرَكَ العُمَرِيَّةُ (جَسَدِيًّا) البَادِيْةَ وَالسَّقِيْفَةَ، فإِن رُوحَ السَّقِيْفَةِ والبَادِيَةِ مَا زالَتْ تَتَلَبَّسُ عُقُولَ وقُلوبَ وَأَذْهَانَ، هَؤلَاءِ الأَعْرَابِ!

بَيْنَما أُسِّسَتْ هَذِهِ السِّلْسِلَةُ العَطِرَةُ وَهَذِهِ الحَلَقَةُ عَلى:

1) بَهَاءِ الأَنْوَارِ الرُّوْحِيَّةِ لِلْقُرآنِ الكَرِيْمِ، الذي هُوَ عِنْدَ اللهِ الفُرْقَانُ،

وَالَّذِي هُوَ الصِّرَاطُ المُسْتَقِيْمُ، وَالَّذِي هُوَ هُدًى وَنُوْرٌ وَشِفَاءٌ وَرَحْمَةٌ وَمَوْعِظَةٌ وَبُشْرَى، وَمُبَارَكٌ وَعَزِيْزٌ وَكَرِيْمٌ وَبَشِيْرٌ وَمَجِيْدٌ وَنَذِيْرٌ...

2) الهِدَايَةِ العِلْمِيَّةِ لِتَعَالِيْمِ عُلُومِ اللُّغَةِ العَرَبِيَّةِ، وَصَرْفِهَا وَنَحْوِهَا وَأُصُولِهَا.

3) الحِكْمَةِ وَالحَصَافَةِ لِلْعَقْلِ الوَاعِي، لِلْمُتَعَلِّمِ المُؤْمِنِ المُسْتَقِيْمِ الرَّشِيدِ.

مِنْ أَرِيْجِ القُرْآنِ وَعَبَقِهِ وَعَبِيْرِهِ تَطِيْبُ الحَيَاةُ. وَمِنْ عَدْلِ اللهِ وَحِكْمَتِهِ، نَسْتَوْحِيْ وَنَسْتَلْهِمُ العِلْمَ وَالحِكْمَةَ وَالتَّوْبَةَ وَالمَوْعِظَةَ، فَنَهْتَدِيْ وَنَطْمَئِنْ! أَمَّا مِنْ سُورَةِ الحُجُرَاتِ، وَصُوَرِهَا المُبْهِرَةِ، وَدُرُوسِهَا المُنِيْرَةِ النَّيِّرَةِ سَتَجِدُ، أَيُّهَا القَارِئُ الكَرِيْمُ إِنْ شَاءَ اللهُ، وَإِنْ شِئْتَ أَنْتَ: الحِكْمَةَ الخَالِدَةَ، وَالمَوْعِظَةَ الحَسَنَةَ: (يَا أَيُّهَا النَّاسُ قَدْ جَاءَتْكُمْ مَوْعِظَةٌ مِنْ رَبِّكُمْ... نَشْفِي وَنَسْتَشْفِي بِهِ قُلُوبَنا: (وَنُنَزِّلُ مِنَ القُرْآنِ مَا هُوَ شِفَاءٌ وَرَحْمَةٌ لِلْمُؤْمِنِينَ... وَنَهْتَدِي بِهَدْيِهِ إِلَى صِرَاطِ اللهِ المُسْتَقِيْمِ: (وَأَنَّ هَذَا صِرَاطِيْ مُسْتَقِيْمٌ فَاتَّبِعُوهُ... وَنَسْتَقِي وَنَعِيْ مِنْهُ حَقَّ اليَقِينِ: (وَإِنَّهُ لَحَقُّ اليَقِينِ... فَاليَقِينُ ثَلَاثٌ: عِلْمُ اليَقِينِ، عَيْنُ اليَقِينِ، ثُمَّ حَقُّ اليَقِينِ! وَحَقُّ اليَقِينِ، هُوَ اليَقِينُ المُطْلَقُ...

إنَّ هَذَا البَحْثَ، لِلْبَاحِثِينَ عَنِ الحَقِيْقَةِ وَعَنِ الطَّمَأْنِيْنَةِ فِي عَالَمٍ مُتَغَيِّرٍ بِاسْتِمْرَارٍ، فَلَا نَصِيْبَ فِيهِ لِجَامِدِ الفِكْرِ، مِنْ هُدُوءٍ أو ثَبَاتٍ أَو سُكُوْنٍ أَو اسْتِقْرَارٍ... فَبَيْنَمَا نَخُوضُ فِي تَعَالِيْمِ الدِّيْنِ العَمِيْقَةِ، عِمْقَ الصَّحِّ وَالخَطَأِ وَمَا بَيْنَهَا، وَمَا يُبَيِّنُهَا، مِنْ مَفَاهِيْمَ وَآرَاءَ وَمَذَاهِبَ وَعَقَائِدَ مُتَضَارِبَةٍ مُتَنَافِرَةٍ وَمُتَصَارِعَةٍ... نُقَارِبُهَا وَنَتَقَارَبُ مِنْهَا بِجَدِّيَّةٍ وَتَوَاضُعٍ، وَقَلْبٍ مَفْتُوحٍ... وَنَسْعَى لِاسْتِبْصَارِ الحَقِيْقَةِ وَالعِلْمِ وَالمَعْرِفَةِ الَّتِي تَحْمِلُهَا سُطُورُ هَذَا البَحْثْ، وَتُسَطِّرُهَا الكَلِمَاتُ، وَتَخُطُّهَا الأَحْرُفُ، وَيَرْسُمُ رَسْمَهَا وَبَيَانَهَا اللَّوْنُ الأَبْيَضُ النَّقِي الصَّافِي، مَا تَحْتَ وَمَا بَيْنَ السُّطُورِ! لِيَكُونَ هَذَا البَحْثُ مَصْدَرًا، وَمُصَدِّرًا لِلإِلْهَامِ وَالرَّاحَةِ وَالثِّقَةِ لِكُلِّ مَنْ يَلْجَأُ إِلَيْهِ فِي أَوْقَاتِ الشَّكِّ وَالضَّيَاعِ، وَالغَضَبِ، وَالثَّوْرَةِ، والعَصَبِيَّةِ!

سَتَجِدُ أَيُّهَا القَارِئُ إنَّ بَيْنَ دَفَّتَيِّ هَذَا البحْثِ، مَا يُشْفِي صُدُورَ المُؤْمِنِيْن! التَّوَّابِيْنَ الَّذِينَ تَتُوقُ قُلُوبُهُمْ إِلَىْ التَّقَرُّبِ إلى خَالِقِهِمْ، وَلِأُولَئِكَ الَّذِيْنَ يَبْحَثُونَ بِعُقُولِهِم، وَإِدْرَاكِهِم عَنْ فَهْمِ واسْتِدْرَاكِ واسْتِيْعَابِ هَذَا الدِّينِ الفِطْرِيِّ النَّزْعَةِ: **فَأَقِمْ وَجْهَكَ لِلدِّينِ حَنِيفًا فِطْرَتَ اللهِ التي فَطَرَ النَّاسَ عَلَيْهَا، لَا تَبْدِيلَ لِخَلْقِ اللهِ ذلِكَ الدِّينُ الْقَيِّمُ، وَلكِنَّ أَكْثَرَ النَّاسِ لَا يَعْلَمُونَ...** فِطْرَةُ النَّاسِ!!!

أنْوَارُ سُورَةِ الحُجُرَاتِ

Contents

تَنْوِيهٌ! 4

ألإهْدَاءُ 10

رِسَالَةُ حُبٌّ وَتَقْدِيرٍ 17

ألْمُقَدِّمَةُ 21

عِنْدَمَا يَفْقُدُ المَرْءُ الرُّؤْيَةَ وَالبَصِيْرَةَ! 21

ألقاعِدَةُ التَشْريعيَّةُ المُعْتَمَدَةُ فِي هَذَا البَحْثْ 28

سُورَةُ الحُجُرَاتْ 30

تَمْهِيْد لِأسْبَابِ نُزُولِ سُورَةِ الحُجُرَاتِ، عِنْدَ سُنَّةِ "ألْسَقِيْفَةِ" العُمَرِيَّةِ! . 33

تَارِيْخُ الرِّسَالاتِ وَالكُتُبِ السَّمَاوِيَّة 37

ألقُرآنُ والخَلقُ؟! 42

مَا هُوَ الكِتَابُ؟ 48

هَلْ ألقُرآنُ مَخْلوقٌ أمْ إبْدَاعٌ مِنَ اللهِ؟! 49

معنَى المَشِيئَةِ فِي مَنْ يشَاءُ، 63

وَمَنْ يَشَاءُ 63

هَلْ آيَاتُ القُرآنِ وَلِيْدَةُ نُزُولِهَا؟ 65

كَثْرَةُ مَا وَرَدَ مِنْ أسْبَابِ النُّزُولِ فِي سُورَةِ الحُجُرَاتِ!؟ 76

كَيْفَ يَتَدَبَّرُ عُلَمَاءُ مَذَاهِبِ ألسَّقِيْفَةِ القُرآنَ؟! 107

مَا هُو أمْرُ اللهِ الَّذِي لَمْ يَأتِ بَعْدُ؟ 112

مَسَاوِئُ تَعْطِيْلِ الفِطْرَةِ! 122

ظَاهِرَةُ عَقَائِدِ الضِّدَّيْنِ، وَالنَّقِيْضَيْنْ، وَقَلْبُ الحَقَائِقِ! 147

لِمَاذَا شَنَّ أبُو بَكْرٍ حُرُوبَ الرِّدَّةِ؟ 170

مِنْ مُقَدِّمَةِ كِتَابِ البَيِّنَاتِ فِي تفسير سورة الحُجُراتِ، بِقَلَمِ الدُّكْتُور عَبْدِ المَجِيْدِ البَيَانُونِيْ!
.... 177

أَنْوَارُ سُورَةِ الْحُجُرَاتِ

قَصِيدَةُ الشَّاعِرِ مُحَمَّدُ مَجْذُوبَ يَصِفُ فِيهَا قَبْرَ مُعَاوِيَةَ! 194

مَنْ هُمُ الْأَعْرَابُ؟! 204

هَلِ الْحُبُّ إِيمَانٌ، أَمْ لِإِيمَانِ حُبٌّ؟ 210

مَا بَعْدَ هُبُوطِ آدَمَ مِنَ الْجَنَّةِ! 230

فَتَلَقَّى آدَمُ مِنْ رَبِّهِ كَلِمَاتٍ فَتَابَ عَلَيْهِ! 236

السُّنَّةُ قَاضِيَةٌ عَلَى الْقُرْآنِ! 269

آيَاتٌ فِي رِضَاعَةِ الْكَبِيرِ، وَآيَاتُ الرَّجْمِ الَّتِي كَانَتْ فِي بَيْتِ عَائِشَةَ! .. 276

هَذِهِ حَقِيقَةُ تَأْخِيرِ دَفْنِ الرَّسُولِ، وَاسْتِقَالَةُ أَبُو بَكْرٍ! 284

فَتَلَقَّى آدَمُ نْ رَبِّهِ كَلِمَاتٍ، [فَتَابَ عَلَيْهِ] 294

تَأْثِيرُ إِيثَارِ مَنَاخِ الزَّرِيبَةِ عَلَى نُزَلَائِهَا! 298

أَيُّهَا الْقَارِئُ الْكَرِيمُ، سُنَّةُ الْعُمَرِيَّةِ سُنَّةُ مَنْ؟ 311

إِلَى الَّذِينَ يَعْقِلُونَ: كَيْفَ يَقْضِي أَوْ يُسَيْطِرُ، كَلَامُ الْمَخْلُوقِ غَيْرِ الْمَعْصُومِ عَلَى كَلَامِ الْخَالِقِ وَالْمَعْصُومِ؟ 313

مَنْ هُمُ السَّبْعُ الْمَثَانِي؟ 341

♥ *مقابلة صحفية* 348

فُزْتُ وَرَبِّ الْكَعْبَةِ ـ عَبَّاسُ مَحْمُودُ الْعَقَّادُ! 356

فَلْيُرَاجِعْ كُلٌّ مِنَّا (فَوْزَهُ) وَ (خَسَارَتَهُ) وَيَعْرِضُهُمَا عَلَى قَامُوسِ الْإِمَامِ عَلِيٍّ! 358

قَصِيدَةٌ لِأَحَدِ أَعْلَامِ أَهْلِ السُّنَّةِ وَهُوَ الْقَاضِي أَبُو بَكْرٍ مُحَمَّدٌ. الْمَعْرُوفُ بِابْنِ قُرَيْعَةَ! 362

نَبْذَةٌ عَنِ الْكَاتِبِ 363

رِسَالَةُ حُبٍّ وتَقْدِيرٍ

أَحِبَّائِي سُكَّانَ هَذَا الكَوْنِ العَظِيمِ!

نَعِيشُ في مَلَكُوتِ المُلْكِ الوَاسِعِ العَظِيمِ، الرَّائِعِ البَدِيعِ، الَّذِي أَنْشَأَهُ اللَّهُ بِحِكْمَتِهِ، وَخَلَقَهُ بَعَظَمَتِهِ وَحَفِظَهُ بِرَحْمَتِهِ... إِنَّ هَذَا الكَوْنَ الوَاسِعَ الشَّاسِعَ الرَّحْبَ، يَجْمَعُنَا في وِحْدَةِ الخَلْقِ والخَالِقِ، مَهْمَا تَنَوَّعَتْ أَلْوَانُنَا وَأَشْكَالُنَا، وَبَعُدَتْ أَوِ ابْتَعَدَتِ المَسَافَاتُ بَيْنَنَا، أَوْ قَرُبَتْ! وَاخْتَلَفَتْ عَادَاتُنَا أَوْ لُغَاتُنَا؛ فَإِنَّ مَصِيرَنَا وَاحِدٌ، وَبَارِئُنَا أَيْضًا وَاحِدٌ، وَأَصْلُنَا وَاحِدٌ. إِلَّا الَّذِينَ يَعْتَقِدُونَ أَنَّ وُجُودَهُمْ صُدْفَةٌ وَنِهَايَتُهُمْ عَدَمٌ! لَهُمْ مِنِّي وَلِمُعْتَقَدَاتِهِمْ، كُلُّ الحُبِّ والتَّقْدِيرِ والإحْتِرَامِ.

في كُلِّ زَاوِيَةٍ مِنْ هَذَا الكَوْنِ، تَبْرُزُ آثَارُ القُدْرَةِ الإِلَهِيَّةِ، وَيَخْرُجُ وَيَظْهَرُ الجَمَالُ والعَظَمَةُ المُعْجِزَةُ، الَّتِي ابْتَدَعَهَا اللَّهُ ابْتِدَاعًا. وَنَتَشَارَكُ مَعًا بَدِيعَ هَذِهِ الرِّحْلَةِ "رِحْلَةِ الخَلْقِ" المُسْتَمِرَّةِ وَغَيْرِ المُسْتَدَامَةِ! فَلِكُلِّ أَجَلٍ كِتَابٌ! وَإِلَى أَجَلٍ مُسَمًّى! يَغْفِرُ لَكُمْ مِنْ ذُنُوبِكُمْ، وَيُؤَخِّرُكُمْ إِلَى أَجَلٍ مُسَمًّى، إِنَّ أَجَلَ اللَّهِ إِذَا جَاءَ، لَا يُؤَخَّرُ لَوْ كُنْتُمْ تَعْلَمُونَ... وَنَتَشَارَكُ فِيهَا حُلْوَ الحَيَاةِ وَمُرَّهَا، أَفْرَاحَهَا وَأَتْرَاحَهَا وَنَتَقَاسَمُ الحُبَّ والأَمَلَ، وَأَحْيَانًا "بِكُلِّ أَسًى" نَتَبَادَلُ العَدَاوَةَ

وَالبَغضَاء! وَيَتَعَلَّمُ بَعْضُنَا مِنْ تَجَارِبِ الحَيَاةِ، ثُمَّ نَعُودُ طَوعًا، أَو كُرْهًا إِلَى بَارِئِنَا!

يا أَيُّهَا الإنسانُ مَا غَرَّكَ بِرَبِّكَ الكَرِيمِ (6) الَّذِي خَلَقَكَ فَسَوَّاكَ، فَعَدَلَكَ (7) فِي أَيِّ صُورَةٍ مَّا شَاءَ رَكَّبَكَ (8) كَلَّا، بَل تُكَذِّبُونَ بِالدِّينِ (9) وَإِنَّ عَلَيْكُمْ لَحَافِظِيْنَ (10) كِرَامًا كَاتِبِينْ (11) يَعْلَمُونَ مَا تَفْعَلُونَ (12) إِنَّ الأَبرَارَ لَفِي نَعِيمٍ (13) وَإِنَّ الفُجَّارَ لَفِي جَحِيمٍ (14) يَصْلَونَهَا يَومَ الدِّينِ (15) وَمَا هُم عَنهَا بِغَائِبِينْ (16) وَمَا أدرَىكَ مَا يَومُ الدِّينِ (17) ثُمَّ مَآ أَدرَىكَ مَا يَومُ الدِّينِ (18) يَومَ لَا تَمْلِكُ نَفْسٌ لِّنَفْسٍ شَيْئًا وَالأَمرُ يَومَئِذ لِلَّهِ (19).

يَا مَنْ تَعْبُدُوْنَ "الخَالِقَ" (اللَّه) بِأَسْمَاءٍ مُخْتَلِفَةٍ، وَتَتَعَبَّدُوْنَ بِطُقُوسٍ مُتَعَدِّدَةٍ وَمُخْتَلِفَةٍ وَمُتَنَوِّعَةٍ. وَيَا مَنْ تُؤمِنُونَ أَنَّكُمْ مَخْلُوقَاتٌ لِأَجَلٍ، ثُم أَنَّكُمْ سَتَلْقَوْنَ آجَالَكُم، ثُمَّ إِنَّكُم إِلَى خَالِقِكُم مُنْقَلِبُون!؟ اعلموا، أَنَّ الثَّابِتَ يَبْقَى ثَابِتًا، سَرْمَدًا وَمُطْلَقًا، وَأَنَّ مَنْ خَلَقَكُمْ هُوَ الحَقُّ، وَمَنْ سَوَّاكُم هُوَ الحَقُ: الَّذِي خَلَقَنِي فَهُوَ يَهْدِينِ... وَالَّذِي هُوَ يُطْعِمُنِي وَيَسْقِينِ... وَإِذَا مَرِضْتُ فَهُوَ يَشْفِينِ... وَالَّذِي يُمِيتُنِي ثُمَّ يُحْيِينِ... وَالَّذِي أَطْمَعُ أَن يَغْفِرَ لِي خَطِيئَتِي يَوْمَ الدِّينِ! هُوَ فَاطِرُ السَّمَاوَاتِ وَالأَرْضِ، جَعَلَ لَكُم مِّنْ أَنفُسِكُمْ أَزْوَاجًا، وَمِنَ الأَنْعَامِ أَزْوَاجًا، يَذْرَؤُكُمْ فِيهِ، لَيْسَ كَمِثْلِهِ شَيْءٌ وَهُوَ السَّمِيعُ الْبَصِيرُ...

لَهُ مَقَالِيدُ السَّمَاوَاتِ وَالأَرْضِ يَبْسُطُ الرِّزْقَ لِمَن يَشَاء وَيَقْدِرُ إِنَّهُ بِكُلِّ شَيْءٍ عَلِيمٌ...
إذًا الخَالِقُ **أحَدٌ**، لَا قَبْلٌ لَهُ وَلَا بَعْدُ! وَيَا أَيُّهَا النَّاسُ اتَّقُوا رَبَّكُمُ الَّذِي خَلَقَكُم مِّن نَّفْسٍ **وَاحِدَةٍ**، وَخَلَقَ مِنْهَا زَوْجَهَا، وَبَثَّ مِنْهُمَا رِجَالًا كَثِيرًا وَنِسَاءً... والدِّيْنُ **وَاحِدٌ** وَالرُّسُلُ كُثُرٌ، بَيْنَمَا الكِتَابُ **وَاحِدٌ** في فُصُولٍ مُتَعَدِّدَةٍ تُواكِبُ تَطَوُّرَ الإنْسَانِ ومَدى قُدُرَاتِهِ عَلى المواكَبَةِ: **ثُمَّ أَرْسَلْنَا رُسُلَنَا تَتْرَا، كُلَّ مَا جَاءَ أُمَّةً رَسُولُهَا، كَذَّبُوهُ فَأَتْبَعْنَا بَعْضَهُم بَعْضا، وَجَعَلْنَاهُمْ أَحَادِيثَ فَبُعْدًا لِّقَوْمٍ لّا يُؤْمِنُونَ**... النَّاسُ بَعْدَ الخَلْقِ، إذًا عَائِلَةٌ وَاحِدَةٌ... وَالكِتَابُ أيْضًا، واحِدٌ... مِنْ إلَهٍ وَاحِدٍ أَحَدْ لَمْ يَلِدْ وَلَمْ يُوْلَدْ... ذَلِكَ الْكِتَابُ، لَا رَيْبَ فِيهِ هُدًى لِلْمُتَّقِينْ... الَّذِينَ يُؤْمِنُونَ بِالْغَيْبِ وَيُقِيمُونَ الصَّلَاةَ، وَمِمَّا رَزَقْنَاهُمْ يُنفِقُون... **وَالَّذِينَ يُؤْمِنُونَ بِمَا أُنزِلَ إِلَيْكَ وَمَا أُنزِلَ مِن قَبْلِكَ وَبِالآخِرَةِ هُمْ يُوقِنُونَ**... أُوْلَئِكَ عَلَى هُدى مِّن رَّبِّهِمْ وَأُولَئِكَ هُمُ الْمُفْلِحُونَ... **قُلْ ءامَنَّا بِاللَّهِ وَمَا أُنزِلَ عَلَينَا وَمَا أُنزِلَ عَلَى إِبْرَهِيمَ وَإِسْمَعِيلَ وَإِسْحَقَ وَيَعْقُوبَ وَالأَسْبَاطِ وَمَا أُوتِىَ مُوسَى وَعِيسَى وَالنَّبِيُّونَ مِن رَّبِّهِمْ لَا نُفَرِّقُ بَيْنَ أَحَدٍ مِّنْهُمْ وَنَحْنُ لَهُ مُسْلِمُونَ**... كِتَابُنَا وَاحِدٌ يَجمَعُ كُلَّ مَا كَانَ

وَمَا يَكُونُ وَمَا سَوفَ يَكُون!!!

يُؤْمِنُونَ بِالْغَيْبِ: أيَّ غَيْبٍ؟ وَغَيْبَةُ مَنْ؟ وَمَنْ يُطْلَقُ عَلَيْهِ غَائِبًا؟ هَلْ المَوتُ غِيْاب؟ سَنُجِيْبُ عن هَذِهِ الأسْئلَةِ وَغَيْرِهَا فِي الحَلَقَاتِ القَادِمَة مِنْ هَذِهِ السِّلْسِلَةِ، إنْ شَاءَ اللَّهُ...

ألـمُقَدِّمَة

عِنْدَمَا يَفْقُدُ المَرْءُ الرُّؤْيَةَ وَالبَصِيْرَةَ!

يُعْتَبَرُ العَقْلُ أَوِ "الدِّمَاغُ" فِي مَفْهُوم العَامَّةِ مِنَ النَّاسِ، المَسْؤولَ الأَوَّلَ عَنِ التَّحَكُّمِ وَتَنْسِيق العَدِيْدِ مِنَ الوَظَائِفِ دَاخِلَ الجِسْمِ. إنَّهُ مَرْكَزُ القِيَادَةِ لِلْجِهَازِ العَصَبِيّ المَرْكَزِيّ، وَيُشَارِكُ فِي العَدِيْدِ مِنَ العَمَلِيَّاتِ الحَيَوِيَّةِ، وَالوَظَائِفِ الرَّئِيسِيَّةِ لِلحَوَاسِ، وَيَتَحَكَّمُ فِي الحَرَكَةِ، وَيُنَسِّقُ الرَّسَائِلَ الطَّوْعِيَّةَ وَالَّإرَادِيَّةَ، عَنْ طَرِيْقِ المَسَالِكِ الحِسِّيَّةِ، كَوظَائِفِ القَلْبِ والمَعِدَةِ والأمْعَاءِ وَغَيْرِهَا، فِي جَمِيْعِ أَنْحَاءِ الجِسْمِ! وَيُحَافِظُ عَلَى وَظَائِفِ الجِسْم وَتَنْظِيْمِهَا، وَيُمَكِّنُ الإنْسَانَ مِن أَدَاءِ مُعْظَمِ - إلَّم يَكُنْ - جَمِيْعِ وَظَائِفِ الجِسْمِ، كَالهَضْمِ والتَّنَفُّسِ وَالبَصَرِ وَالسَّمْعِ وَاللَّمْسِ وَالتَّذَوُّقِ وَالشَّمِّ وَالتَّحَكُّمِ فِي الحَرَكَةِ مَثَلًا!

إنَّ لِلعَقْلِ دوراً حَاسِمًا فِي تَنْشِيْطِ الذَّاكِرَةِ وَالتَّعَلُّمِ، وَفي تَكْوِيْنِ الذِّكْرَيَاتِ وَتَخْزِيْنِهَا، وَفي جَمْعِ وَتَنْسِيْقِ وَمُوَالَفَةِ المَعْرِفَةِ الجَدِيْدَةِ، والاحْتِفَاظِ بِالمَعْلُومَاتِ وَاسْتِرْجَاعِ التَّجَارِبِ السَّابِقَةِ. وَيَتَحَمَّلُ العَقْلُ مَسْؤولِيَّةَ مُعَالَجَةِ اللُّغَةِ، مِمَّا يُتِيحُ فَهْمَ وَإِنْتَاجَ الكَلَامِ! وَيُشَارِكُ العَقْلَ القَلْبُ فِي تَنْظِيْمِ وَتَجْرِبَةِ العَوَاطِفِ. يَتَلَقَّفُ المُحَفِّزَاتِ

العَاطِفِيَّةَ، وَيُسَاعِدُ على إنْشَاءِ وَمُعَالَجَةِ وَانْتِقَاءِ الإسْتِجَابَاتِ الحِسّيَّةِ المُنَاسِبَةِ!

وَيَتَحَمَّلُ العَقْلُ مَسْؤولِيَّةَ العَمَلِيَّاتِ العَقْلِيَّةِ العُلْيَا والدَّقِيْقَةِ والمُهِمَّةِ والحَرِجَةِ، بِمَا في ذَلِكَ التَّأَمُّلُ وَالتَّفْكِيْرُ المُضْطَرِدُ وَحَلُّ المُشْكِلَاتِ، وَاتِّخَاذُ القَرَارَاتِ، وَالتَّنَبُّهُ، والانتباهُ. وَتَشْمَلُ هَذِهِ الوَظَائِفُ، تَفَاعُلَاتٍ مُعَقَّدَةً بَيْنَ مَنَاطِقَ مُخْتَلِفَةٍ مِنَ الدِّمَاغِ الَّتِيْ تُعْتَبَرُ أَسَاسِيَّةً لِلْتَفْكِيرِ النَّقْدِيّ وَلِلْقُدُرَاتِ الفِكْرِيَّةِ وَلِتَنْظِيمِ الاستقرار الدَّاخِلِيْ... يُسَاعِدُ العَقْلُ أيْضًا في الحِفَاظِ عَلَى تَوَازِنِ الجِسْمِ مِنْ خِلَالِ تَنْظِيمِ مُخْتَلَفِ العَمَلِيَّاتِ الفيزْيُولُوجِيَّةِ. هَذَا إلى الكَثِيْرِ مِنَ التَّحَكُّمِ وَالوَظَائِفِ وَالمَهَامِ الدَّقِيْقَةِ والحَرِجَةِ...

عِنْدَمَا يَتَعَطَّلُ العَقْلُ، يَعْنِي أَنَّ الفَرْدَ يَفْقُدُ بِشَكْلٍ أَو بِآخَرَ القُدْرَةَ أَوْ بَعْضَ القُدْرَةِ عَلَىْ التَّفْكِيرِ الواعِيْ أَوِ السَّيْطَرَةِ التَّامَّةِ عَلَى الذَّاتْ. وَبِمَا أَنَّ الإنْعِكاساتِ العَقْلِيَّةَ لِلْفَرْدِ، تَسْتَعْرِضُ أَفْكَارَهُ وَمَشَاعِرَهُ وَتَجَارِبَهُ وَتَفَاعُلَاتِهِ، فَإنَّهَا تؤدّي دَوْرًا حَاسِمًا فِي التَّقْيِيمِ الذَّاتِيّ لِلعَمَلِيَّاتِ المَعْرِفِيَّةِ المُخْتَلِفَةِ الَّتي حَصَل عَلَيْهَا الفَرْدُ، بِمَا في ذَلِكَ القُدْرَةُ عَلى اتِّخَاذِ القَرَارَاتِ، وَحَلِّ المُشْكِلَاتِ، وأَيْضًا في عَمَلِيَّةِ النُّمُوّ النَّفْسِيّ وَالتَّطَوُّرِ الشَّخْصِيّ!

فَبِدُونِ هَذِهِ الإنْعِكاساتِ العَقْلِيَّةِ، قَدْ تَنْشَأُ عِدَّةُ تَبِعَاتٍ؛ كَنَقْصٍ في

وَعْيِ الذَاتِ، وَعَدَمِ الشُّعُوْرِ بالانتماء أَو بِالهَوِيَّةِ، وَعَدَمِ القُدْرَةِ عَلَى اتِّخَاذِ القَرَارَاتِ الَّتِيْ يَرَاهَا مُسْتَنِيْرَةً، بَلْ عَلَى العَكْسِ يَرضَى بِمَا يُفْرَضُ عَلَيْهِ طَائِعًا مُسْتَقِيْلًا، مِمَّا يَجْعَلُ مِنَ الصَّعْبِ عَلَيْهِ فَهْمَ نَفْسِهِ وَتَقْيِيْمَ أَفْعَالِهِ!

فَبِدُونِ هَذِهِ الانعكاساتِ العَقْلِيَّةِ، الَّتِي تُوَفِّرُ فُرْصَةً لِلْتَّفْكِيْرِ وَالتَّحْلِيْلِ يُصْبِحُ الشَّخْصُ أَكْثَرَ عُرْضَةً لِلْسُّلُوكِ العَنِيْفِ، حَيْثُ إِنَّ هَذَا الفَرْدُ لَمْ يَعْتَدْ عَلَى التَّفْكِيْرِ، وَأَخْذِ الوَقْتِ لِتَقْيِيْمِ النَّتَائِجِ المُحْتَمَلَةِ، أَوْ حَتَّى التَّرَوِّيّ فِي اسْتِنْبَاطِ البَدَائِلِ!

إِنَّ هَذَا السُّلُوكَ، وَهَذَا النَّهْجُ يُؤَدِّيانِ إِلَى نَقْصٍ في الانْسِجَامِ وَفَهْمِ الآخَرِيْنْ، وَالتَّعَاطُفِ مَعَهُم، وَ فَهْمِ وُجُهَاتِ نَظَرِهِم. لِهَذَا قَدْ يُوَاجِهُ الفَرْدُ صُعُوْبَةً في فَهْمِ تَجَارُبِ الآخَرِيْنْ وَمَشَاعِرِهِمْ ، مِمَّا يُعِيْقُ التَّوَاصُلَ الفَعَّالَ وَالعَلَاقَاتَ الشَّخْصِيَّةَ الوِدِّيَةَ!

إِنَّ عَدَمَ القُدْرَةِ عَلَى التَّفْكِيْرِ النَّقْدِي وَاسْتِيْعَابِ الآراءِ المُخْتَلِفَةِ، والمُنَافَسَةِ الصَّادِقَةِ، تُعَطِّلُ في كَثِيْرٍ مِنَ الأَحْيَانِ مَهَارَاتِ التَّفْكِيْرِ السَّلِيْمِ، وَتُعَقِّدُ حَلَّ المُشْكِلَاتِ المُخْتَلِفَةِ. وَتُؤَخِّرُ أَو تَمْنَعُ إِيْجَادَ حُلُولٍ إِبْدَاعِيَّةٍ، واسْتِنْبَاطَ طُرُقٍ أَفْضَلَ لِلمَشَاكِلِ الإِجْتِمَاعِيَّةِ. مِمَّا يَدْفَعُ النَّاسَ إِلَى الإِعْتِمَادِ عَلى الحُلُولِ البَدَوِيَّةِ الغَرِيْزِيَّةِ، الَّتِيْ تَشُدُّ النَّاسَ نَحْوَ مَا أَلِفُوا وَمَا يَأْلَفُون! فَيَبْقَى النَّاس مُسمَّرِيْنَ آمِنِيْنَ، في

العَالَمِ المَحْدُودِ، الَّذيْ أَلِفُوهُ وَاعْتَادوا عَلَيْهِ، وَيَرْفُضُونَ التَّجْدِيْدَ. مِمَّا يُقَلِّلُ مِنْ قُدُرَاتِهِم عَلَى التَّفْكِيْرِ البَنَّاءِ في إِسْتِنْبَاطِ الحُلُولِ النَّاجِعَةِ للمَشَاكِلِ المُعَقَّدَةِ!

يَبْرُزُ هُنَا سُؤَالانِ: إذَا كَانَ العَقْلُ مَسْؤُولًا عَمَّا تَقُومُ بِهِ النَّفْسُ! لِمَاذَا يُحَاسِبُ أَو يُعَذِّبُ اللهُ النَّفْسَ؟

أَيُّ عَدَالَةٍ إِذًا، هِيَ الَّتِيْ تُرَوِّجُ لَهَا مَحَاكِمُ الدُّنْيَا وَتَدَّعِيْهَا مَحْكَمَةُ الوجُودِ؟

هَذَانِ السُّؤَالانِ يُسْقِطَانِ عَدَالَةَ القَوَانِيْنِ السَّمَاوِيَّةِ وَالوَضْعِيَّةِ!

لَقَدْ رَاوَدَتْنِيْ نَفْسِي وَرَاجَعَتْنِي وَنَاقَشَتْنِي وَاقْتَرَحَ عَلَيَّ عَقْلِيْ أَنْ أَخْتِمَ هَذَا المَوضُوعَ بِالسُّؤالَيْنِ أَعْلاهُ، وَأَتْرُكَ لَكَ أَيُّهَا القَارِئُ الكَرِيْمُ الإِجَابَةَ عَلَيْهَا!

رَفَضَ عَقْلِي. فَأَوعَزَ لِيْ أَنَّ لَدَيْهِ مَعْلُومَاتٍ قَدْ تُسَاعِدُنِيْ عَلَى الإِجَابَةِ! فَتَنَبَّهْتُ بِإِيْحَاءٍ مِنْ عَقْلِيْ أَنَّ نَفْسِيْ مُخَيَّرَةٌ! وَهَذَا بِالذَّاتِ بَيْتُ القَصِيْدِ!

هَذَا يَعْنِيْ أَنَّ عَقْلِيْ يُوَجِّهُنِيْ عَلَى مُفْتَرَقٍ مِنَ الطُّرُقِ، وَأَنَّ عَلَى نَفْسي اخْتِيَارَ إِتِّجَاهِي! فَاخْتِيَارُ طَرِيْقِي جَاءَ بِنَاءً عَلَى مَا خَزَّنَتْ نَفْسِي طَوْعًا مِن مَعْلُومَاتٍ في مَوسُوعَةٍ أو بَنْكٍ مِنَ المَعْلُومَاتِ مَحفُوظٌ فِي عَقْلِيْ، أَمَّا أَمْرُ القِيَامِ بِالفِعْلُ فَكَانَ مِنْ اخْتِيَارِ النَّفْسِ،

وَالتَّنْفِيذُ قَامَ بِهِ مَا نُسَمِّيهِ الجَسَدَ أَوِ الجِسْمَ أَوِ البَدَنَ "وَهُوَ الآلَةُ" الَّتِي لَهَا أَبْعَادٌ مُعَيَّنَةٌ، وَالَّتِي تُسَمَّى المَادَةَ أَوِ التُّرَابَ، الَّذِي عِنْدَ المَوْتِ يَعُودُ إِلَى أَصْلِهِ وَيَبْقَى فِي الأرضِ، وَتَبْقَى النَّفْسُ بَعْدَ مَوْتِ البَدَنِ وَتَذْهَبُ إِلَى عَالَمِ البَرْزَخِ.

ثُمَّ تُوَفَّى كُلُّ نَفْسٍ مَّا كَسَبَتْ وَهُمْ لَا يُظْلَمُونَ...

وَوُفِّيَتْ كُلُّ نَفْسٍ مَّا كَسَبَتْ وَهُمْ لَا يُظْلَمُونَ...

يَوْمَ تَجِدُ كُلُّ نَفْسٍ مَّا عَمِلَتْ مِنْ خَيْرٍ مُّحْضَرًا وَمَا عَمِلَتْ مِنْ سُوءٍ تَوَدُّ لَوْ أَنَّ بَيْنَهَا وَبَيْنَهُ أَمَدًا بَعِيدًا...

كُلُّ نَفْسٍ ذَائِقَةُ الْمَوْتِ وَإِنَّمَا تُوَفَّوْنَ أُجُورَكُمْ يَوْمَ الْقِيَامَةِ فَمَن زُحْزِحَ عَنِ النَّارِ وَأُدْخِلَ الْجَنَّةَ فَقَدْ فَازَ وَمَا الْحَيَاةُ الدُّنْيَا إِلَّا مَتَاعُ الْغُرُورِ...

يَوْمَ تَأْتِي كُلُّ نَفْسٍ تُجَادِلُ عَنْ نَفْسِهَا وَتُوَفَّى كُلُّ نَفْسٍ مَّا عَمِلَتْ وَهُمْ لَا يُظْلَمُونَ...

أَمَّا الرُّوحُ! وَيَسْأَلُونَكَ عَنِ الرُّوحِ قُلِ الرُّوحُ مِنْ أَمْرِ رَبِّي وَمَا أُوتِيتُم مِنَ الْعِلْمِ إِلَّا قَلِيلًا ﴿85﴾...

صَحِيحٌ أَيُّهَا القَارِئُ الكَرِيمُ أَنَّ النَّفْسَ أَوِ الذَّاتَ البَشَرِيَّةَ حُرَّةٌ فِيمَا تُخَزِّنُ أَوْ تَخْتَزِنُ مِنْ مَعْلُومَاتٍ، أَوْ عَادَاتٍ، أَوْ قِيَمٍ، أَوْ مَفَاهِيمَ، أَوْ قَنَاعَاتٍ، أَوْ تَصَوُّرَاتٍ، أَوْ تَقْدِيرَاتٍ، أَوْ تَصْنِيفَاتٍ، أَوْ مُعْتَقَدَاتٍ

... وَصَحِيْحٌ أيضًا أَنَّ لِكُلٍّ مِنْ هَذِهِ الاختياراتِ تَبِعَاتٌ، مِنْهَا آنِيٌّ وَمِنْهَا مَا يَأتِي لَاحِقًا! وَلَكِنَّ المُؤمِنَ كَيِّسٌ! يَقُولُ اللهُ: **وَلَقَدْ خَلَقْنَا الإنسانَ وَنَعْلَمُ مَا تُوَسْوِسُ بِهِ نَفْسُهُ وَنَحْنُ أَقْرَبُ إِلَيْهِ مِنْ حَبْلِ الْوَرِيدِ ... إِنْ كُلُّ نَفْسٍ لَمَّا عَلَيْهَا حَافِظٌ ... هَلْ أَتَى عَلَى الإِنسَانِ حِينٌ مِّنَ الدَّهْرِ لَمْ يَكُن شَيْئًا مَذْكُورَا ... إِنَّا خَلَقْنَا الإِنسَانَ مِن نُّطْفَةٍ أَمْشَاجٍ نَّبْتَلِيهِ فَجَعَلْنَاهُ سَمِيعًا بَصِيرَ... إِنَّا هَدَيْنَاهُ السَّبِيلَ إِمَّا شَاكِرًا وَإِمَّا كَفُورَا** ... أَعْتَقِدُ أَنَّ مَا جَاءَ فِي هَذِهِ المُقَدِّمَةِ، وَاضِحٌ وَجَلِيٌّ، يُثْبِتُ أَنَّ الإِنْسَانَ مَسْؤولٌ عَمَّا يَقْتَرِفُ وَيَجْرَحُ تَصْدِيْقًا وَإِيْمَانًا بِمَا آمَنَ بِهِ مِنَ الحِكْمَةِ وَالمَوْعِظَةِ الَّتِي مَنَّ اللهُ بِهَا عَلَى النَّاسِ، وَأَخْبَرَنَا عَنْهَا، فِي آيَاتِ القُرْآنِ الحَكِيْم. أَلَّذِي يَهْدِيْ لِلَّتِيْ هِيَ أَقْوَمُ وَأَعْوَنُ وَأَعْدَلُ، وَأَصْوَبُ! يَقُولُ اللهُ: **أَمَّنْ هُوَ قَانِتٌ آنَاءَ اللَّيْلِ سَاجِدًا وَقَائِمًا يَحْذَرُ الآخِرَةَ وَيَرْجُو رَحْمَةَ رَبِّهِ، قُلْ هَلْ يَسْتَوِي الَّذِينَ يَعْلَمُونَ وَالَّذِينَ لا يَعْلَمُونَ، إِنَّمَا يَتَذَكَّرُ أُوْلُوْا الأَلْبَابِ...**

فَاعْبُدُوا مَا شِئْتُم مِّن دُونِهِ قُلْ إِنَّ الْخَاسِرِينَ الَّذِينَ خَسِرُوا أَنفُسَهُمْ وَأَهْلِيهِمْ يَوْمَ الْقِيَامَةِ أَلَا ذَلِكَ هُوَ الْخُسْرَانُ الْمُبِينُ! فِي هَاتَيْنِ الآيَتَيْنِ أَخْتُمُ هَذِهِ المُقَدِّمَةَ، لِكَيْ نَدْخُلَ مَعًا وَسَوِيًّا إِلَى أَنْوَارِ سُورَةِ الحُجُرَاتِ، الَّتِيْ سَوْفَ تَقْرَؤونَهَا كَأَنَّكُمْ قَرَأْتُمُوهَا أَوَّلَ مَرَّةٍ.

وَمِنْ حُرُوفِهَا وَكَلِمَاتِهَا البَهِيَّةِ، الزَّكِيَّةِ، الطَّاهِرَةِ، الصَّادِقَةِ، وَالوَاضِحَةِ وُضُوحَ الشَّمْسِ في رَابِعَةِ النَّهَارِ. سَتَكْتَشِفونَ حَقَائِقَ جَلِيَّةً تَفْضَحُ ضَلَالَ وَكُفْرَ أزْلَامَ ألْسَّقِيْفَةِ، وَمَنْ يَّتَعَبَّدُ بِهِمْ، وَمَنْ يُرَوِّجُ لَهُم، وَمَنْ يُدَافِعُ عَنْهُم أَو حَتَّى يَتَرَضَّى عَلَيْهِم!

أَلقَاعِدَةُ التَشرِيعِيَّةُ المُعْتَمدَةُ فِي هَذَا البَحْثْ

إنَّ القاعدةَ التَّشْرِيعِيَّةُ في هَذِه الرِسَالَةِ، وَفي هَذَا البَحْثِ، **تُفيدُ أنَّهُ حَتَّى في حَالِ كَوْنِ الفِعْلِ مُطَابِقًا لِلْشَّرِيعَةِ المُعْتَمَدَةِ أوْ مُخَالِفًا، فَإنَّ القُرآنَ المُنَزَّلَ بِالحَقِّ مِنْ عِنْدِ اللَّهِ، المَحْفُوظَ بِحِفظِ اللَّه، المُعْجِزَ، غَيْرَ المُفْتَرَى، وَالمُهَيمِنَ عَلَى كُلِّ مَا سَبَقَ مِنْ كِتَابٍ مُنْزَلٍ قَبْلَهُ؛ لَهُ السُّلطَانُ القَضَائِيُّ المُطْلَقُ، وَالسُّلْطَةُ التَّشْرِيْعِيَّةُ فِي الشُّمُولِ والعُمُومِ مِنْ دُونِ صِفَاتِ النَّفْيِ وَالإثْبَاتِ، وَالفَصْلُ بَيْنَ المُتَنَاقِضِ، وَالمُتَضَارِبِ، وَالمُتَفَاوتِ، وَالمُتَنَافِرِ، وَالمُخَالِفِ، وَالُمخْتَلِفِ، وَالمُغَايرِ، وَالمُتَبَايِنِ. وَفي تَصْويْبِ الأَحْكَامِ وَتَرْشِيْدِهَا لِمَا هُوَ شَرْعِيٌّ. وأنَّ حُكْمَ القُرآنِ لَا يَجُوزُ إنْكارُهُ، أَوْ جَحْدُهُ، أو نَفيُهُ، أو حَجْبُهُ، أو مَنعُهُ من مُقَاضَاةِ كُلِّ فعلٍ وقَعَ، أو قَولٍ أو دَعوى أو مُمَارَسَةٍ نُسِبَتْ صِحَّتُهَا أو بُطْلَانُهَا، لِرَأيٍ مُؤَوَّلٍ مَأثُورٍ أَوْ لِحَدِيْثٍ مَنسُوبٍ زُورًا لِرسُولِ اللَّهِ، - وإن كَانَ "صَحِيْحا" (مُصَحَّحاً - وَلَكِنَّهُ يُخالِفُ مَا جَاءَ في القُرآنِ! لِأَنَّ الرَّسُولَ مَعْصُومٌ، وَلا يَنْطِقُ عَنْ الهوَى، إنْ هُوَ إلَّا وَحيٌ يُوحَى!**

وَلَقَد حَذَّرَ القُرآنُ مِنْ **تَأويْلِ الَّذينَ في قُلوبِهِم زَيْغٌ** في المُتَشَابَهِ مِنَ الآياتِ: فَأمَّا الَّذِينَ فِي قُلُوبِهِمْ زَيْغٌ، **فَيَتَّبِعُونَ مَا تَشَابَهَ مِنْهُ ابْتِغَاءَ الْفِتْنَةِ وَابْتِغَاءَ تَأْوِيلِهِ.** فَمَا بالُكُم بالجَهَلَةِ، وَبِالَّذين لَم يُخَوَّلوا

التَأويلَ!!! إنَّ الَّذِيْنَ تَطَاوَلوا عَلَى تَفاسِيْرِ وَشَرحِ وَتَأوِيْلِ القُرآنِ، افْتِراءً وَمِنْ دُونِ تَخْويْلٍ، أو عِلمٍ، وَلَا طَهَارةٍ، جَعَلوا مِنْ التَّفَاسِيْرِ المتَناقِضَةِ قُرآناً مُبتَكَراً مُفْتَرى نَسَبوهُ ظُلماً وافتِراءً إلى اللهِ وإلى الرسُول! إنَّ اللهَ يَعْلَمُ حيثُ يَجْعَلُ رِسَالَتَه. فَجَعَلَ قُرآنَهُ ورسَالَتَهُ فيْ المُطَهَّرينَ! فَلْيَخْرَسُوا! **لا يَمَسُّهُ إلَّا المُطَهَّرُونَ!**

سُورَةُ الحجرات

بِسْمِ اللَّهِ الرَّحْمَنِ الرَّحِيمِ

يَا أَيُّهَا الَّذِينَ آمَنُوا لَا تُقَدِّمُوا بَيْنَ يَدَيِ اللَّهِ وَرَسُولِهِ وَاتَّقُوا اللَّهَ إِنَّ
اللَّهَ سَمِيعٌ عَلِيمٌ ﴿ ١ ﴾ يَا أَيُّهَا الَّذِينَ آمَنُوا لَا تَرْفَعُوا أَصْوَاتَكُمْ
فَوْقَ صَوْتِ النَّبِيِّ وَلَا تَجْهَرُوا لَهُ بِالْقَوْلِ كَجَهْرِ بَعْضِكُمْ لِبَعْضٍ أَنْ
تَحْبَطَ أَعْمَالُكُمْ وَأَنْتُمْ لَا تَشْعُرُونَ ﴿ ٢ ﴾ إِنَّ الَّذِينَ يَغُضُّونَ
أَصْوَاتَهُمْ عِنْدَ رَسُولِ اللَّهِ أُولَئِكَ الَّذِينَ امْتَحَنَ اللَّهُ قُلُوبَهُمْ لِلتَّقْوَى لَهُمْ
مَغْفِرَةٌ وَأَجْرٌ عَظِيمٌ ﴿ ٣ ﴾ **إِنَّ الَّذِينَ يُنَادُونَكَ مِنْ وَرَاءِ الْحُجُرَاتِ**
أَكْثَرُهُمْ لَا يَعْقِلُونَ ﴿ ٤ ﴾ وَلَوْ أَنَّهُمْ صَبَرُوا حَتَّىٰ تَخْرُجَ إِلَيْهِمْ
لَكَانَ خَيْرًا لَهُمْ وَاللَّهُ غَفُورٌ رَحِيمٌ ﴿ ٥ ﴾ يَا أَيُّهَا الَّذِينَ آمَنُوا إِنْ
جَاءَكُمْ فَاسِقٌ بِنَبَإٍ فَتَبَيَّنُوا أَنْ تُصِيبُوا قَوْمًا بِجَهَالَةٍ فَتُصْبِحُوا عَلَىٰ
مَا فَعَلْتُمْ نَادِمِينَ ﴿ ٦ ﴾ وَاعْلَمُوا أَنَّ فِيكُمْ رَسُولَ اللَّهِ لَوْ يُطِيعُكُمْ
فِي كَثِيرٍ مِنَ الْأَمْرِ لَعَنِتُّمْ **وَلَكِنَّ اللَّهَ حَبَّبَ إِلَيْكُمُ الْإِيمَانَ وَزَيَّنَهُ فِي**
قُلُوبِكُمْ وَكَرَّهَ إِلَيْكُمُ الْكُفْرَ وَالْفُسُوقَ وَالْعِصْيَانَ أُولَئِكَ هُمُ الرَّاشِدُونَ
﴿ ٧ ﴾ فَضْلًا مِنَ اللَّهِ وَنِعْمَةً وَاللَّهُ عَلِيمٌ حَكِيمٌ ﴿ ٨ ﴾ وَإِنْ
طَائِفَتَانِ مِنَ الْمُؤْمِنِينَ اقْتَتَلُوا فَأَصْلِحُوا بَيْنَهُمَا فَإِنْ بَغَتْ إِحْدَاهُمَا
عَلَى الْأُخْرَى فَقَاتِلُوا الَّتِي تَبْغِي حَتَّىٰ تَفِيءَ إِلَىٰ أَمْرِ اللَّهِ فَإِنْ فَاءَتْ

فَأَصْلِحُوا بَيْنَهُمَا بِالْعَدْلِ وَأَقْسِطُوا إِنَّ اللَّهَ يُحِبُّ الْمُقْسِطِينَ ﴿ ٩ ﴾
إِنَّمَا الْمُؤْمِنُونَ إِخْوَةٌ فَأَصْلِحُوا بَيْنَ أَخَوَيْكُمْ وَاتَّقُوا اللَّهَ لَعَلَّكُمْ تُرْحَمُونَ
﴿ ١٠ ﴾ يَا أَيُّهَا الَّذِينَ آمَنُوا لَا يَسْخَرْ قَوْمٌ مِنْ قَوْمٍ عَسَى أَنْ
يَكُونُوا خَيْرًا مِنْهُمْ وَلَا نِسَاءٌ مِنْ نِسَاءٍ عَسَى أَنْ يَكُنَّ خَيْرًا مِنْهُنَّ
وَلَا تَلْمِزُوا أَنْفُسَكُمْ وَلَا تَنَابَزُوا بِالْأَلْقَابِ بِئْسَ الِاسْمُ الْفُسُوقُ بَعْدَ
الْإِيمَانِ وَمَنْ لَمْ يَتُبْ فَأُولَئِكَ هُمُ الظَّالِمُونَ ﴿ ١١ ﴾ يَا أَيُّهَا الَّذِينَ
آمَنُوا اجْتَنِبُوا كَثِيرًا مِنَ الظَّنِّ إِنَّ بَعْضَ الظَّنِّ إِثْمٌ وَلَا تَجَسَّسُوا وَلَا
يَغْتَبْ بَعْضُكُمْ بَعْضًا أَيُحِبُّ أَحَدُكُمْ أَنْ يَأْكُلَ لَحْمَ أَخِيهِ مَيْتًا
فَكَرِهْتُمُوهُ وَاتَّقُوا اللَّهَ إِنَّ اللَّهَ تَوَّابٌ رَحِيمٌ ﴿ ١٢ ﴾ يَا أَيُّهَا النَّاسُ إِنَّا
خَلَقْنَاكُمْ مِنْ ذَكَرٍ وَأُنْثَى وَجَعَلْنَاكُمْ شُعُوبًا وَقَبَائِلَ لِتَعَارَفُوا إِنَّ أَكْرَمَكُمْ
عِنْدَ اللَّهِ أَتْقَاكُمْ إِنَّ اللَّهَ عَلِيمٌ خَبِيرٌ ﴿ ١٣ ﴾ قَالَتِ الْأَعْرَابُ آمَنَّا
قُلْ لَمْ تُؤْمِنُوا وَلَكِنْ قُولُوا أَسْلَمْنَا وَلَمَّا يَدْخُلِ الْإِيمَانُ فِي قُلُوبِكُمْ
وَإِنْ تُطِيعُوا اللَّهَ وَرَسُولَهُ لَا يَلِتْكُمْ مِنْ أَعْمَالِكُمْ شَيْئًا إِنَّ اللَّهَ غَفُورٌ
رَحِيمٌ ﴿ ١٤ ﴾ إِنَّمَا الْمُؤْمِنُونَ الَّذِينَ آمَنُوا بِاللَّهِ وَرَسُولِهِ ثُمَّ لَمْ
يَرْتَابُوا وَجَاهَدُوا بِأَمْوَالِهِمْ وَأَنْفُسِهِمْ فِي سَبِيلِ اللَّهِ أُولَئِكَ هُمُ
الصَّادِقُونَ ﴿ ١٥ ﴾ قُلْ أَتُعَلِّمُونَ اللَّهَ بِدِينِكُمْ وَاللَّهُ يَعْلَمُ مَا فِي
السَّمَاوَاتِ وَمَا فِي الْأَرْضِ وَاللَّهُ بِكُلِّ شَيْءٍ عَلِيمٌ ﴿ ١٦ ﴾ يَمُنُّونَ
عَلَيْكَ أَنْ أَسْلَمُوا قُلْ لَا تَمُنُّوا عَلَيَّ إِسْلَامَكُمْ بَلِ اللَّهُ يَمُنُّ عَلَيْكُمْ أَنْ

أَنْوَارُ سُورَةِ الحُجُرَاتِ

هَدَاكُمْ لِلْإِيمَانِ إِنْ كُنْتُمْ صَادِقِينَ ﴿ ١٧ ﴾ إِنَّ اللَّهَ يَعْلَمُ غَيْبَ السَّمَاوَاتِ وَالْأَرْضِ وَاللَّهُ بَصِيرٌ بِمَا تَعْمَلُونَ ﴿ ١٨ ﴾.

تَمْهِيدٌ لِأَسْبَابِ نُزُولِ سُورَةِ الْحُجُرَاتِ، عِنْدَ سُنَّةِ "السَّقِيفَةِ" العُمَرِيَّةِ!

يَقُولُ (وَلِيدُ بْنُ رَاشِدٍ السَّعِيدَانُ العَلَّامَةُ الأُصُولِيُّ مِنْ عُلَمَاءِ سُنَّةِ السَّقِيفَةِ العُمَرِيَّةِ) فِي الصَّفْحَةِ الثَّانِيَةِ مِنْ رِسَالَتِهِ: قَاعِدَةُ العُمُومِ وَالخُصُوصِ: (اعْلَمْ أَوَّلاً أَنَّ الأَلْفَاظَ العَامَّةَ يَجِبُ بَقَاؤُهَا عَلَى عُمُومِهَا، وَلَا يَجُوزُ التَّعَرُّضُ بِالتَّخْصِيصِ إِلَّا بِدَلِيلٍ، وَهَذَا مِنْ تَعْظِيمِ كَلَامِ الشَّارِعِ، فَمَا وَرَدَ بِلَفْظٍ عَامٍّ فَالوَاجِبُ فِيهِ بَقَاءُ عُمُومِهِ وَمَا وَرَدَ خَاصًّا فَالوَاجِبُ فِيهِ بَقَاءُ خُصُوصِهِ، فَلَا نُعَمِّمُ الخَاصَّ، وَلَا نَخُصُّ العَامَّ، ذَلِكَ لِأَنَّهُ لَا يَجُوزُ لَنَا أَنْ نَتَحَكَّمَ فِي كَلَامِ اللَّهِ وَرَسُولِهِ **بِأَهْوَائِنَا أَوْ مَذَاهِبِ أَئِمَّتِنَا**، فَكَلَامُ الشَّارِعِ العَامُّ لَا يَخُصُّهُ إِلَّا الدَّلِيلُ الصَّحِيحُ الصَّرِيحُ، فَأَيُّ دَلِيلٍ مِنَ الكِتَابِ أَوِ السُّنَّةِ وَرَدَ عَامًّا فَهُوَ عَامٌّ وَمَا وَرَدَ خَاصًّا فَهُوَ خَاصٌّ، هَذَا هُوَ الحَقُّ الحَقِيقُ بِالقَبُولِ، وَدَعْ عَنْكَ كَلَامَ بَعْضِ الفُقَهَاءِ هَدَاهُمُ اللَّهُ فِي مُخَالَفَةِ ذَلِكَ، وَتَجَرُّؤِ بَعْضِهِمْ عَلَى كَلَامِ اللَّهِ وَرَسُولِهِ بِالتَّخْصِيصِ بِلَا دَلِيلٍ، وَإِنَّمَا **لِمُوَافَقَةِ مَذْهَبِ إِمَامِهِ**، وَإِنَّكَ لَتَقْرَأُ فِي كُتُبِ الفُقَهَاءِ مِنْ ذَلِكَ مَا يُوجِبُ العَجَبَ، فَالْزَمْ جَادَّةَ الحَقِّ، وَانْجُ بِنَفْسِكَ مِنَ الوُقُوعِ فِي هَذِهِ المَهَالِكِ - أَعَاذَنَا اللَّهُ وَإِيَّاكَ مِنْهَا.

(1) عُمُومًا إِنَّ مَا جَاءَ بِهِ وَلِيدُ بْنُ رَاشِدٍ، لَيْسَ لَهُ عِنْدِي أَيَّ

قِيْمَةٍ شَرْعيَّةٍ أو مُصداقِيَّةٍ. بَلْ اعتَمَدْتُهُ كَدَليلٍ عَلى سَيْطَرَةِ الهَوَى، وتَحَكُّمِ المَذَاهِبِ، وأئِمَّةِ المذَاهِبِ العُمَريَّةِ (المُسَمَّاةُ سُنِّيَّة) عَلى كَلَامِ اللّهِ ورَسولِهِ... وسَنَزيْدُكُم إنْ شَاءَ اللّهِ يَقينًا، في مَا سَتُقَدِّمُهُ لنَا سُورَةُ الحُجُراتِ مِنْ أدِلَّةٍ صَادِقَةٍ وَصَادِمَةٍ على مَنهَجِيَّةِ التَّزْويْرِ، والتَّلوِيْنِ، والتَّسْويفِ، والتَّلْفيقِ، والحَبْكِ، والإخْتِلَاقِ الَّتِي يَعتَمِدُهَا الَّذِينَ يُسَمَّونَ عُلماءَ السُنَّةِ (العُمَرِيَّةِ)! وَأيْضًا مِنَ التَّمْويهِ والتَّلبِيْسِ وَبِالتَّظَاهُرِ بِالمَوضُوعيَّةِ وَالمِصْدَاقِيَّةِ، ثُمَّ فِي دَسِّ السُّمِّ، وِفْقَ أُسْلُوبٍ يُوحِي، وَيَتَّسِمْ بِالحِدَّةِ وَالإجَادَةِ والدِّقَّةِ والبَرَاعَةِ وَالصِّحَّةِ، وَهُوَ لَيْسَ مِن ذَلِكَ أو كَذَلِكْ!

وأيضاً فِي مَا يَتَّقِنُهُ هَؤُلَاءِ العُلَماءُ مِنْ مَعْرِفَةٍ لِلخَديعَةِ والمُمَاكَرَةِ وَالتَّبْشِيرِ وَالتَّنْظِيرِ وعِلْمِ الكَلَامِ وَبِمَا يَتَمَتَّعونَ بِهِ مِنْ نُفوذٍ وسُلطَةٍ وسَطْوَةٍ، وَمَنْزِلَةٍ وَمَكَانَةٍ وَمَرْتَبَةٍ عَالِيَةٍ لَدَى الحُكَّامِ الظَلَمَةِ الجَهلَةِ القَتَلةِ، لِلْتَغْطِيَةِ عَلى صَنَمٍ مِنْ الأصْنَامِ الَّتِيْ يَتَعَبَّدُونَ بِهَا، أَوْ إِثْبَاتِ بِدْعَةٍ أو إشاعَةٍ، أو تَغَطِيَةٍ عَلَى ظُلْمٍ.

التاريخُ الإسلاميُّ يَضُجُّ بِهؤلاءِ المُتَسَوِّلينَ وُعَّاظِ السَّلَاطِينِ، المُستَرْزِقينَ على أبوابِ السَّاسَةِ مُنذُ ارتقاءِ سَيِّدِيْ وَسَيِّدُ الخلقِ... والنَّاسُ هُمُ النَّاسُ؛ قُطعانُ ذُلٍّ، وجَهلٍ، وخُمُولٍ وكَسَلٍ، يَسُودُهُم قَائِدٌ لِلْقَطيعِ.

تَقُولُ القاعِدَةُ الَّتِي يَعْتَمِدُها وَلِيد بِنُ راشِد السَعِيدانِ: - (العامُّ يُبْنَى عَلَى الخاصِّ) أَوْ نَقُولُ فِيها بعبارة أخرى (الخاصُّ مُقَدَّمٌ عَلى العامِ) فَعَبِّرَ بِأَيِّ التَعْبِيرَيْنِ شِئْتَ، فَإِنَّ هذا مِنْ خِلافِ التَنَوُّعِ لا خِلافِ التَضادِّ وَلِلَّهِ الحَمْدُ وَالمِنَّةُ... وَهُناك أيْضاً تعاريفٌ كَثِيرةٌ وَمُتَقَارِبَةٌ يُمْكِنُ أنْ نُبَسِّطَهَا كَمَا يَلي:

العامُّ، يَتَقَوَّمُ بِالعُنْصُرَيْنِ التالِيَيْنِ: اللَفْظُ + الدَلالَةُ، عَلَى الشُمُولِ المُسْتَوْعِبِ لِجَمِيعِ وِحداتِ المَعْنَى.

وَالخاصُّ يَتَقَوَّمُ بِالعُنْصُرَيْنِ التالِيَيْنِ: اللَفْظُ + الدَلالَةُ عَلَى الاِسْتِثْناءِ مِنْ حُكمِ العامِ.

في سُورة الحُجُرات، يَظْهَرُ جَليًّا مِن اللفظِ والدلالَة، أنَّ الآياتِ التي خَلَتْ من خِطابِ **(يا أَيُّها الذين آمَنوا)** وَتوابِعَها كُلَّها خَاصّةٌ، حُكْمُها مُسْتَثْنًى مِنْ حُكْمِ العَامِّ، فَهِيَ في اللَّفْظِ تَخْلُو مِنَ الشُّمُولِ، أيْ تَخلو مِنْ: **يا أيُّها الذين آمَنوا!** هِيَ في الدَّلالَةِ تَدُلُّ عَلَى الخُصُوْصِ. ***إن الذين يُنادونك*** - في الآيَة الكَرِيمَة:

إِنَّ الَّذِينَ يُنَادُونَكَ مِنْ وَرَاءِ الْحُجُرَاتِ أَكْثَرُهُمْ لَا يَعْقِلُونَ!

خَرَجَ الَّذِيْنَ يُنَادُوْنَ مِنْ وَرَاءِ الحُجُرَاتِ مِنَ الشُمُولِ فِي الَّذِيْنَ آمَنُوا والَّذِيْنَ يَعْقِلُونَ لَفظَاً وَدَلالَةً!!!

لَا خِطَابَ لَهُمْ فِي يَا أَيُّهَا الَّذِيْنَ آمَنُوْا، وَعَلَى العَكْسِ **فَإِنَّ أَكْثَرَهُمْ لَا يَعْقِلُوْنِ:**

إِنَّ شَرَّ الدَّوَابِّ عِنْدَ اللَّهِ الصُّمُّ الْبُكْمُ الَّذِينَ لَا يَعْقِلُونَ ﴿٢٢﴾ الأنفال.

وَمَا كَانَ لِنَفْسٍ أَنْ تُؤْمِنَ إِلَّا بِإِذْنِ اللَّهِ، وَيَجْعَلُ الرِّجْسَ عَلَى الَّذِينَ لَا يَعْقِلُونَ ﴿١٠٠﴾ يُونس. إِذاً، إِنَّ الَّذِيْنَ يُنَادُونَكَ مِنْ وَرَاءِ الحُجُرَاتِ، هُمْ خَارِجُ نَدَاءِ المُؤْمِنِيْنَ فِي: **يَا أَيُّهَا الَّذِيْنَ آمَنُوا**... يَأْتِي مُعَانِدٌ يَقولُ: إِنَّ الآيَةَ قَالَتْ أَكْثَرُهُم لا يَعْقِلونَ، وَلَمْ تَقُلْ جَمِيْعُهُم لَا يَعْقِلونَ، وَقَد يَكونُ أبو بَكرٍ وعُمَرَ خَارِجَ الَّذينَ لا يَعْقِلونْ!!! يُصِرُّ وَلَا يَرْضَى هَذَا المُتَعَصِّبُ المُعانِدُ أن ***يَكُونَا يَعْقِلَانِ***!!!

إِلى عُلَمَاءِ السُّنَة العُمَرِيَّةِ أَسْأَل: أَيُّهَا أَدْهَى؟ فَإِن كَانا لا يَعقُلان، قَد يَكُنَّ مُسْلِمَيْن! وإِن كَانا يَعقُلان فَإِنَّهُمَا مُنَافِقَانِ، كَافِرَانِ!!! **لا يَرْفَعُ المُؤمِنُونَ أَصْواتَهُمْ فَوقَ صَوْتِ النَّبِيِّ أَبَداً!!!** إِنَّ الَّذِينَ يَغُضُّونَ أَصْوَاتَهُمْ عِنْدَ رَسُولِ اللَّهِ أُولَئِكَ الَّذِينَ امْتَحَنَ اللَّهُ قُلُوبَهُمْ لِلتَّقْوَى، لَهُمْ مَغْفِرَةٌ وَأَجْرٌ عَظِيمٌ ﴿٣﴾.

مَا أَعْظَمَكَ أَيُّهَا القُرْآن!

تَارِيْخُ الرِّسَالاتِ وَالكُتُبِ السَّمَاوِيَّةِ

إِنَّ ما جَرَى عَلَى الكُتُبِ السَّماوِيَّةِ السَّالِفَةِ، جَرَى عَلَى القُرْآنِ أَيْضًا! وَلكِنْ بِطُرُقٍ مُخْتَلِفَةٍ، خاصَّةً فِي التَّأْوِيلِ وَالتَّفْسِيرِ، وَفِي أَسْبابِ نُزُولِ الآياتِ، أَوْ فِي مَنْ نَزَلَتْ!!!

كَأَنَّ القُرآنَ وليدُ لحظَةِ نُطْقِ الرَّسُولِ لِلآياتِ؟

يَقُولُ اللهُ: **إِنَّا أَنزَلْنَاهُ فِي لَيلَةِ الْقَدْرِ**. القُرْآنُ كَامِلًا كَانَ وَمَا زَالَ مَحْفُوظًا فِي اللَّوْحِ المَحْفُوظِ، مُذْ كَانَ آدَمُ بَيْنَ المَاءِ وَالطِّينِ!

لَكِنَّ مزَوِّرِي التَّفسيرِ والتَّأويلِ – إمَّا جَهْلاً أَوْ عَنْ سَابِقِ تَصْمِيْمِ وَإِصْرَارٍ – صَالُوا وَجَالُوا في قَلْبِ الحقائقِ، وَجَعلوا القُرآنَ وَلِيدَ لَحظَةِ الإفْراجِ عَن آيَاتِهِ!

كَيْفَ يَكُونُ القُرْآنُ قُرآنًا، إِذَا كَانَ لا يَحتوي عَلَى عِلْمِ اللهِ، فيما يَخْتَصُّ بِالمُنْزَلِ إِلَيْهِم؟! اللهُ يَعْلَمُ مَا كَانَ، ومَا يَكونُ، وَمَا سَوفَ يَكُونُ؟ طَبْعًا إِلَهُ العُمَرِيَّة مَزاجِيٌّ، يَتَغَيَّرُ مَعْ مُتَغيِّراتِ الحَدَثِ! وَنَبِيُّ إِلَهِهِمْ جاهِلٌ، يُخْطِئُ وَيُصِيْبُ، ثُمَّ يَأتِيْ عُمَرُ نَبِيُّ العُمَرِيَّةِ لِيُصَحِّحَ خَطَأَ الرَّسُولِ!

وَلَكِنْ لَمْ يَرْعَا أعداءُ اللهِ الَّذِيْنَ اسْتَسْلَمُوا وَلَم يُسْلِمُوا – مِن المُقَرَّبِين مِنْ دَائِرَةِ التَّأْثِيْرِ – فِي حُكْمِ وَتَحْكِيْمِ مُتَآمِرِي ٱلسَّقِيْفَةِ؛ مِنَ الإِسْتِعَانَةِ وَالإسْتِفَادَةِ مِنْ أَصْحَابِ الخِبْرَةِ مِنَ الكُفَّارِ، وَالأَحْبَارِ...

وَمَا جَرَى عَلَى القُرآنِ، الَّذِي كَانَ سَبَبُهُ لِمَا يُسَمُّونَهَا سُنَّةُ السَّقِيفَةِ؛ النَّصِيبَ الأَكْبَرَ فِي التَّحْوِيرِ وَالتَّدْوِيرِ وَالتَّزْوِيرِ.

اسْتَوْلَى الضَّالُّونَ المُضَلَّلُونَ، وَالمُضَلِّلُونَ عَلَى الحُكْمِ، وَالرَّسُولُ مَا زَالَ مُسَجًّى، وَلَمْ يُقْبَضْ بَعْدُ أَوْ يُدْفَنْ... أَيُّهَا النَّاسُ. اسْتَشْعِرُوا هَذِهِ اللحظةَ! هَلْ تَشْعُرُونَ أَنَّكُم بَيْنَ، وَفِي خَيْرِ أُمَّةٍ أُخْرِجَتْ للنَّاسِ؟

هَلْ هَؤُلَاءِ المُتَآمِرُونَ مِنْ أُمَّةِ القُرآنِ؟! وَأَيُّ قُرآنٍ؟! طَبْعًا قُرآنُ عُمَرَ؟! عُمَرُ الَّذِي تَآمَرَ عَلَى اغْتِصَابِ إِرْثِ النُّبُوَّةِ وَإِلْغَاءِ الرِّسَالَةِ، النَّبَوِيَّةِ فِي حَضْرَةِ النَّبِيِّ، وَالنَّبِيُّ مَا زَالَ حَيًّا، وَلَمْ يُدْفَنْ!؟ قَالَ عُمَرُ:

حَسْبُنَا كِتَابُ اللهِ! اللهُ أَكْبَرُ!

حَسْبُنَا كِتَابُ اللهِ، تَلَقَّفَهَا المُنَافِقُونَ وَبَنَوْا عَلَيْهَا المَذَاهِبَ العُمَرِيَّةَ! الَّتِي حَكَّمَتْ مَا يُسَمُّونَهَا سُنَّةً (السُّنَّةُ العُمَرِيَّةُ) بِالقُرآنِ، وَأَلْغَتْ سُنَّةَ اللهِ وَرَسُولِهِ...

فَانْتَصَرَ الجَهْلُ عَلَى العِلْمِ وَالعَقْلِ!

حَسْبُنَا كِتَابُ اللهِ، أَضْحَتْ أَسَاسَ دِينِ العُمَرِيَّةِ، وَأَسْقَطَتِ الرِّسَالَةَ المُحَمَّدِيَّةَ، وَتَدْرِيجِيًّا بِالتَّرْغِيبِ وبِالتَّرْهِيبِ مَنَعَتْهَا مِنْ

التَّدَاوُلِ بَيْنَ النَّاسِ! فأصبَحَ، كُلُّ مَنْ قَالَ: قَالَ رَسُولُ اللهِ، اقْتَرَفَ جَرِيْمَةً يُعَاقِبُ العُمَرِيُّونَ النَّاسَ عَلَيْهَا!

سَنَسْتَفيضُ في شَرْحِ هَذِهِ الجَرِيْمَةِ الَّتِي **تُعْتَبَر أكْبَرَ الجَرَائِمِ ضُدَّ الإنْسَانِيةِ في التَارِيْخِ، مِنْ حَيْثِ تَأْثِيْرِهَا وَنَتَائِجِهَا عَلَى البشَرِيَّة!**

وَلِكَيْ أهيِّئَ القَارِئَ الكَرِيْمَ إلَى فِقْهِ أئِمَّةِ مَذَاهِبِ العُمَرِيَّةِ، الَّذِيْنَ اغتَصَبوا وَزَوَّروا كُلَّ مَا لِإسْلَامِ الرِّسَالَةِ المُحَمَّدِيَّةِ مِنْ حِسٍّ إنْسَانِيٍّ رَاقٍ! وَبَدَّلُوهُ بِفِقْهٍ، لِخِسَّتِهِ لَا يَقْبَلُهُ مَخْلُوقٌ لَهُ رُوحٌ! أجَازُوا مُمَارَسَةَ الجِنْسِ مَعَ المَوتى وَالبهِيْمَةِ!؟ هَلْ سَمِعْتَ أنَّ كَلبًا جَامَعَ كَلْبَةً مَيّتَةً؟ أَوْ حِمَارًا، أَوْ حَتَّى فَأرًا؟

كَتُبُ التُراثِ العُمَرِيِّ تُؤَيِّدُ فَتْوَى مُمَارَسَةِ الجِنْسِ مَعَ المَيْتَةِ!!! كُفْرًا وَجُحْدًا وَنتاً وَجَحْظًا، يُسَمُّونَ هَذَا القُبْحُ وَالقَرَفُ **نِكَاحًا**!!!

يُعْلِنُ فَقِيهُ الدِيارِ المِصْرِيَّةِ بِزَمَنِ العُثْمانِيِّينَ أعْلَنَ: **(لَاحَدَّ)** عَلَى مُمارَسَةِ الجِنْسِ مَعَ مَيْتَةٍ...

كِتابٌ لِلحَنابِلَةِ يَقُولُ: **لا عُقُوبَةَ عَلَى مُمَارَسَةِ الجِنْسِ مَعَ البَهِيمَةِ وَالمَيْتَةِ!** وَالشافِعِيُّ يَقُولُ: زَوْجَتُهُ وَلا شَيْءَ عَلَيْهِ فِي "مُواقَعَتِها" **حَيَّةً أَوْ مَيْتَةً**!!!

فاجَأَ الدُكْتُورُ صَبْرِي عَبْدُ الرَؤُوف **أُسْتاذُ الفِقْهِ المُقارَنِ بِجامِعَةِ الأَزْهَرِ**، الرَأْيَ العامَّ المِصْرِيَّ بِفَتْواهُ الَّتِي قالَ فِيها، **إنَّ مُعاشَرَةَ**

الزَوْجِ لِزَوْجَتِهِ المَيّتَةِ لا يُعَدُّ "زِنىً"، وَلا يُقامُ عَلَيْهِ الحَدُّ أَوْ أَيُّ عُقُوبَةٍ، لِأَنَّها شَرْعِيًّا أَمْرٌ غَيْرُ مُحَرَّمٍ، وَالفِعْلُ الحَقِيقِيُّ أَنَّهَا زَوْجَتُهُ، لَكِنَّ المُفاجَأَةَ الحَقِيقِيَّةَ أَنَّ ما أَفْتَى بِهِ الدكتورُ صَبْرِي عَبْدُ الرَؤُوف لَمْ يَكُنْ أَمْراً جَدِيداً، إِذْ إِنَّهُ مَذْكُورٌ بِشَكْلٍ واضِحٍ فِي بَعْضِ كُتُبِ التُراثِ العُمَرِيَّةِ، وَالَّتِي أَكَّدَتْ أَنَّ "**نِكاحَ البَهِيمَةِ**" و"**نكاح المَيْتَةِ**" لا "حَدٌّ فِيهِ" وَلَا "مَهْرٌ" إِذا كانَتْ زَوْجَتُهُ!!!

يَقُولُ اللَّهُ: **وَإِنۡ خِفۡتُمۡ أَلَّا تُقۡسِطُواْ فِي ٱلۡيَتَٰمَىٰ فَٱنكِحُواْ مَا طَابَ لَكُم مِّنَ ٱلنِّسَآءِ مَثۡنَىٰ وَثُلَٰثَ وَرُبَٰعَۖ فَإِنۡ خِفۡتُمۡ أَلَّا تَعۡدِلُواْ فَوَٰحِدَةً أَوۡ مَا مَلَكَتۡ أَيۡمَٰنُكُمۡۚ ذَٰلِكَ أَدۡنَىٰٓ أَلَّا تَعُولُواْ (3) وَءَاتُواْ ٱلنِّسَآءَ صَدُقَٰتِهِنَّ نِحۡلَةٗۚ فَإِن طِبۡنَ لَكُمۡ عَن شَيۡءٖ مِّنۡهُ نَفۡسٗا فَكُلُوهُ هَنِيٓـٔٗا مَّرِيٓـٔٗا (4).**

أَيُّهَا العُمَرِيَّةُ! إنْ كَانَ مَا مَلَكَتْ أيْمانُكُم، شَمَلَتْ النِّسَاءَ وَالبَهَائِمِ، لِمَاذَا لَم تَدْخُلُ البَهَائِمُ في نِكَاحِ مَا طَابَ لَكُمْ مِنَ النِّسَاءِ! أَيْ يَأْتِيْ النَّصُّ: ***فَٱنكِحُواْ مَا طَابَ لَكُم مِّنَ ٱلنِّسَآءِ وَ/أَوِ البَهَائِمِ مَثۡنَىٰ وَثُلَٰثَ...*** وَأنْ كَانَ خَطَأٌ أَسْقَطَ كَلِمَةَ البَهَائِم مِنَ الأيَةِ، وَجَبَ عَلَيْكُم الصَّدُقَةَ لِكُلِّ بَهِيمَةٍ...

فَفِي كِتابِ "نِهايَةُ المُحْتاجِ إِلَى شَرْحِ المِنْهاجِ"، لِمُؤَلِّفِهِ شَمْسُ الدِينِ الرَمْلِيّ، فَقِيهُ الدِيارِ المِصْرِيَّةِ، فِي عَصْرِهِ (919 – 1004 هـ)، (151 – 1596 م)، وَالمُلَقَّبِ بِالشافِعِيّ الصَغِيرِ، وَالمُتَّبِعِ

لِلمَذْهَبِ الشافِعِيّ، قالَ في كِتابِهِ فِي بَابِ الطَهارَةِ، غَسْلُ المَيِّتِ، ما نَصُّهُ" وَلا يُعادُ غَسْلُ المَيِّتِ إِذا أُولَجَ فِيهِ، أَوْ اِسْتَوْلَى ذِكْرُهُ لِسُقوطِ تَكْلِيفِهِ كَالبَهِيمَةِ، وَإِنَّما وَجَبَ غَسْلُهُ بِالمَوْتِ تَنْظِيفاً وَإِكْراماً لَهُ، وَلا يَجِبُ بِوَطْيءِ المَيْتَةِ حَدٌّ، وَلَا مَهْرٌ !!!

وَبِحَسَبِ ما قالَهُ شَمْسُ الدِّيْنِ الرَمْلِيُّ، أَنَّ المَيِّتَ لا تُعادُ عَمَلِيَّةُ غَسْلِهِ إِذا مُورِسَ الجِنْسُ مَعَهُ، "***سَواءٌ ذَكَرًا كَانَ أَوْ أُنْثَى***"، مُؤَكِّداً أَنَّهُ لا تَطْبِيقَ لِحَدِّ الزِنَىْ لِعَمَلِيَّةِ مُمارَسَةِ الجِنْسِ مَعَ المَيّتِ، وَكَذلِكَ أَلّْوَاطُ وَالغُلْمَانُ مُبَاحٌ في مُجْتَمَعَاتِ **لا يَجِبُ دَفْعُ مَهرِ العُرْسِ**!!! العُمَرِيَّةِ طَالَمَا لَا يُمَارَسُ في العَلَنْ، هَذَا لَمْ أَتَفَاجَأْ بِهِ، المُفَاجَأَةُ كَانَتَ أَنَّ اللُّواط مُبَاحٌ مَعَ المَوتَى!

أَمَّا الأَمْرُ المُزْرِيْ الآخَر، فَهُوَ **تَزْوِيْجُ الرُّضَّعِ مِنَ البَنَات**، وَتَمْكِيْنُ الزَّوجِ **تَفْخَيْذَ البَنَاتِ الرُّضَعِ، لِأَنَّهَا عِنْدَ العُمَرِيَّةِ زَوجَة!** ***لِأَنَّ رَسولَ اللهِ "كَمَا يَدَّعُون" فَاخَذَ عَائِشَة وَهِيَ صَغِيْرَةٌ*** **! اللهُ أَكْبَر !!!** الفِئرانُ لَا تَفْعَلُهَا، أَمَّا نِكَاحُ المَيْتَةِ، وَحَتَّى نِكَاحُ الحَيَّةَ مِنَ البَهَائِم! البَهَائِمُ لا تَفْعَلَهَا مَع مَن كَانَ مِنْ غَيْر جِنْسِهَا! هَذَا لَيْس غَرِيْبًا عَلى شَاذٍّ تَرَعْرَعَ وَتَرَبَّى، وَعَاشَ فِي زَرِيْبَة! زَرِيْبَةُ بَنِي سَاعِدة! فُقَهَاءُ العُمَرِيَّةِ شَغَلُوا النَّاسَ فِيمَا يَأكُلُون في بُطُونِهِم، وَفيمَا يُمكِنُ أَنْ يُخْرجُوا مِنْ مَا يَحْمِلُونَ تَحْتَ بُطُونِهِم! فَوْقَ البُطُونِ، مُعْطَّلٌ!

القُرآنُ والخَلقُ؟!

أَوَلَمْ يَرَ الَّذِينَ كَفَرُوا أَنَّ السَّمَاوَاتِ وَالْأَرْضَ كَانَتَا رَتْقًا فَفَتَقْنَاهُمَا وَجَعَلْنَا مِنَ الْمَاءِ كُلَّ شَيْءٍ حَيٍّ أَفَلَا يُؤْمِنُونَ (30) وَجَعَلْنَا فِي الْأَرْضِ رَوَاسِيَ أَن تَمِيدَ بِهِمْ وَجَعَلْنَا فِيهَا فِجَاجًا سُبُلًا لَّعَلَّهُمْ يَهْتَدُونَ (31) وَجَعَلْنَا السَّمَاءَ سَقْفًا مَّحْفُوظًا وَهُمْ عَنْ آيَاتِهَا مُعْرِضُونَ (32) وَهُوَ الَّذِي خَلَقَ اللَّيْلَ وَالنَّهَارَ وَالشَّمْسَ وَالْقَمَرَ كُلٌّ فِي فَلَكٍ يَسْبَحُونَ (33)! ...

وَمَا مِن دَابَّةٍ فِي الْأَرْضِ وَلَا طَائِرٍ يَطِيرُ بِجَنَاحَيْهِ إِلَّا أُمَمٌ أَمْثَالُكُم، **مَّا فَرَّطْنَا فِي الْكِتَابِ مِن شَيْءٍ** ثُمَّ إِلَىٰ رَبِّهِمْ يُحْشَرُونَ (38)! ...

أيُّهَا القَارِئُ الكَرِيْمُ، لَو تَمعَّنَّا بِمَا تُخْبِرُنَا بِهِ هَذِهِ الآيَاتُ البَيِّنَاتُ، مِن صُوَرٍ جَلِيَّةٍ وَمَعْلُومَاتٍ وَاضِحَةٍ، هَلْ يصْعُبُ عَلَيْنَا فَهْمُهَا وَاسْتِيعَابُهَا؟!

شَارِكْنِيْ أَخِيْ القارئُ، عَسَى أنْ نَفْهَمَ الغَرَضَ المَقصُودَ مِنْ هَذِهِ المَعْلُومَاتِ!

يَقُولُ اللهُ: **أَوَلَمْ يَرَ الَّذِينَ كَفَرُوا!**

مِنْ هَؤلَاءِ الَّذِيْنَ كَفَرُوا؟

مَاذَا لَم يَرَ الَّذِيْنَ كَفَرُوا؟

وبِمَاذَا كَفَرُوا؟!

ألمُخَاطَبُ هُنَا مَخْلُوقَاتٌ وَاعِيَةٌ، لَهَا القُدْرَةُ عَلَى الإخْتِيَار، وَأخْذِ القَرَارِ الثَّابِتِ!

هَلْ أَتَى عَلَى الْإِنسَانِ حِينٌ مِّنَ الدَّهْرِ لَمْ يَكُن شَيْئًا مَّذْكُورًا (1) إِنَّا خَلَقْنَا الْإِنسَانَ مِن نُّطْفَةٍ أَمْشَاجٍ نَّبْتَلِيهِ فَجَعَلْنَاهُ سَمِيعًا بَصِيرًا (2)

إِنَّا هَدَيْنَاهُ السَّبِيلَ إِمَّا شَاكِرًا وَإِمَّا كَفُورًا (3)

فَكَوْنُ الإنْسانِ مَذْكُوراً كِنايَةً عَنْ كَوْنِهِ مَوْجُوداً بِالفِعْلِ، فَالنَفْيُ فِي قَوْلِهِ "لَمْ يَكُنْ شَيْئاً مَذْكُوراً مُتَوَجِّهاً إِلَى كَوْنِهِ شَيْئاً مَذْكوراً لا إِلَى أَصْلِ كَوْنِهِ شَيْئاً، فَقَدْ كانَ شَيْئاً، وَلَمْ يَكُنْ شَيْئاً مَذْكُوراً، وَيُؤَيِّدُهُ قَوْلُهُ" إِنّا خَلَقْنا الإِنْسانَ مِنْ نُطْفَةٍ" إِلَخْ... فَقَدْ كانَ مَوْجُوداً بِمادَّتِهِ، وَلَمْ يَكُ بَعْدُ إِنسانًا بِالفِعْلِ، وَالآيَةُ وَما يَتْلِيْها مِنَ الآياتِ واقِعَةٌ فِي سِياقِ الاِحْتِجاجِ، يُبَيِّنُ بِها أَنَّ الإِنْسانَ حادِثٌ يَحْتاجُ فِي وُجُودِهِ إِلَى صانِعٍ يَصْنَعُهُ وَخالِقٍ يَخْلُقُهُ، وَقَدْ خَلَقَهُ رَبُّهُ وَجَهَّزَهُ التَدْبِيرَ الرَّبَّانِيّ، بِأَدَواتِ الشُعُورِ مِنْ السَمْعِ وَالبَصَرِ، يَهْتَدِي بِها إِلَى الْسَبِيلِ الحَقّ الَّذِي مِنَ الواجِبِ أَنْ يَسْلُكَهُ مَدَى حَياتِهِ، فَإِنْ كَفَرَ فَمَصِيرِهِ إِلَى عَذابٍ أَلِيمٍ، وَإِنْ شَكَرَ فَإِلَى نَعِيمٍ مُقِيمٍ.

وَالمَعْنَى هَلْ أَتَى - قَدْ أَتَى - عَلَى الإِنْسانِ قِطْعَةٌ مَحْدُودَةٌ مِنْ هٰذا الزَمانِ المُمْتَدِّ - غَيْرِ المَحْدُودِ، وَالحالُ أَنَّهُ لَمْ يَكُنْ مَوْجُوداً

بِالْفِعْلِ، مَذْكُوراً فِي عِدَادِ الْمَذْكُورَاتِ. (الْمِيزَانُ)

وَقَوْلُهُ تَعَالَى: "إِنَّا خَلَقْنَا الْإِنْسَانَ مِنْ نُطْفَةٍ أَمْشَاجٍ نَبْتَلِيهِ فَجَعَلْنَاهُ سَمِيعاً بَصِيراً". النُّطْفَةُ فِي الْأَصْلِ بِمَعْنَى الْمَاءِ الْقَلِيلِ غَلَبَ اسْتِعْمَالُهُ فِي مَاءِ الذُّكُورِ مِنَ الْحَيَوَانِ الَّذِي يَتَكَوَّنُ مِنْهُ مِثْلُهُ. وَأَمْشَاجٌ، جَمْعُ مَشِيجٍ. أَوِ الْمَشَجُّ بِفَتْحَتَيْنِ، أَوْ بِفَتْحٍ، فَكَسْرٍ بِمَعْنَى الْمُخْتَلِطِ الْمُمْتَزِجِ. وَوُصِفَتْ بِهَا النُّطْفَةُ بِاعْتِبَارِ أَجْزَائِهَا الْمُخْتَلِفَةِ أَوِ اخْتِلَاطِ مَاءِ الذُّكُورِ وَالْإِنَاثِ...

وَالِابْتِلَاءُ نَقْلُ الشَّيْءِ مِنْ حَالٍ إِلَى حَالٍ، وَمِنْ طَوْرٍ إِلَى طَوْرٍ كَابْتِلَاءِ الذَّهَبِ فِي الْبَوْتَقَةِ، وَابْتِلَائِهِ تَعَالَى الْإِنْسَانَ فِي خَلْقِهِ مِنَ النُّطْفَةِ، هُوَ مَا ذَكَرَهُ فِي مَوَاضِعَ مِنْ كَلَامِهِ أَنَّهُ يَخْلُقُ النُّطْفَةَ، فَيَجْعَلُهَا عَلَقَةً وَالْعَلَقَةَ مُضْغَةً إِلَى آخِرِ الْأَطْوَارِ الَّتِي تَتَعَاقَبُهَا حَتَّى يُنْشِئَهُ خَلْقاً آخَرَ.

وَقِيلَ: الْمُرَادُ بِابْتِلَائِهِ امْتِحَانُهُ بِالتَّكْلِيفِ، وَيَدْفَعُهُ تَفْرِيعُ قَوْلِهِ: "فَجَعَلْنَاهُ سَمِيعاً بَصِيراً" عَلَى الِابْتِلَاءِ، وَلَوْ كَانَ الْمُرَادُ بِهِ التَّكْلِيفَ، كَانَ مِنَ الْوَاجِبِ تَفْرِيعُهُ عَلَى جَعْلِهِ سَمِيعاً بَصِيراً لَا الْعَكْسُ، وَالْجَوَابُ عَنْهُ بِأَنَّ فِي الْكَلَامِ تَقْدِيماً وَتَأْخِيراً، وَالتَّقْدِيرُ إِنَّا خَلَقْنَاهُ مِنْ نُطْفَةٍ أَمْشَاجٍ، فَجَعَلْنَاهُ سَمِيعاً بَصِيراً لِنَبْتَلِيَهُ، لَا يُصْغَى إِلَيْهِ.

وَقَوْلُهُ: "فَجَعَلْنَاهُ سَمِيعاً بَصِيراً" سِيَاقُ الْآيَاتِ وَخَاصَّةً قَوْلُهُ: "إِنَّا

هَدَيْناهُ السَّبِيلَ" إِلَخْ يُفِيدُ أَنَّ ذِكْرَ جَعْلِهِ سَمِيعاً بَصِيراً لِلتَّوَسُّلِ بِهِ فِي التَّدْبِيرِ الرَّبَّانِيِّ إِلَى غَايَتِهِ وَهِيَ أَنْ يَرَى آياتِ اللهِ الدَّالَّةَ عَلَى المَبْدَأِ وَالمَعَادِ، وَيَسْمَعَ كَلِمَةَ الحَقِّ الَّتِي تَأْتِيهِ مِنْ جَانِبِ رَبِّهِ بِإِرْسَالِ الرُّسُلِ وَإِنْزَالِ الكُتُبِ، فَيَدْعُوَهُ البَصَرُ وَالسَّمْعُ إِلَى سُلُوكِ سَبِيلِ الحَقِّ وَالسَّيْرِ فِي مَسِيرِ الحَيَاةِ، بِالإِيمَانِ وَالعَمَلِ الصَّالِحِ، فَإِنْ لَزِمَ السَّبِيلَ الَّذِي هُدِيَ إِلَيْهِ أَدَّاهُ إِلَى نَعِيمِ الأَبَدِ وَإِلَّا، فَإِلَى عَذَابٍ مُخَلَّدٍ. (المِيزانُ فِي تَفْسِيرِ القُرْآنِ)

إِنَّ مَا وَرَدَ أَعْلَاهُ يُثْبِتُ أَنَّ خَلْقَ الإِنْسَانِ لَمْ يَكُنِ الخَلْقَ الأَوَّلَ، وَأَنَّ اللهَ هُوَ **الخَلَّاقُ العَظِيمُ، وَلَخَلْقُ السَّمَوَٰتِ وَالأَرْضِ أَكْبَرُ مِنْ خَلْقِ النَّاسِ، وَلَكِنَّ أَكْثَرَ النَّاسِ لَا يَعْلَمُونَ**! الَّذِينَ لَا يَعْلَمُونَ، يَعْتَقِدُونَ أَنَّ خَلْقَ الإِنْسَانِ كَانَ مُعْجِزَةَ اللهِ الكُبْرَى؟!

فَلَا يَحْزُنْكَ قَوْلُهُمْ ۖ إِنَّا نَعْلَمُ مَا يُسِرُّونَ وَمَا يُعْلِنُونَ (76) أَوَلَمْ يَرَ الْإِنْسَانُ أَنَّا خَلَقْنَاهُ مِنْ نُطْفَةٍ فَإِذَا هُوَ خَصِيمٌ مُبِينٌ (77) وَضَرَبَ لَنَا مَثَلًا، وَنَسِيَ خَلْقَهُ قَالَ مَنْ يُحْيِي الْعِظَامَ وَهِيَ رَمِيمٌ (78) قُلْ يُحْيِيهَا الَّذِي أَنْشَأَهَا أَوَّلَ مَرَّةٍ وَهُوَ بِكُلِّ خَلْقٍ عَلِيمٌ (79).

إِنَّ اللَّهَ لَا يَسْتَحْيِي أَنْ يَضْرِبَ مَثَلًا مَا بَعُوضَةً فَمَا فَوْقَهَا. فَأَمَّا الَّذِينَ آمَنُوا فَيَعْلَمُونَ أَنَّهُ الْحَقُّ مِنْ رَبِّهِمْ. وَأَمَّا الَّذِينَ كَفَرُوا فَيَقُولُونَ مَاذَا أَرَادَ اللَّهُ بِهَذَا مَثَلًا، يُضِلُّ بِهِ كَثِيرًا، وَيَهْدِي بِهِ كَثِيرًا، وَمَا

يُضِلُّ بِهِ إِلَّا الفَاسِقِينَ (26).

قَوْلُهُ تَعَالَى "أَوَ لَمْ يَرَ الَّذِينَ كَفَرُوا أَنَّ السَماوَاتِ وَالأَرْضَ كَانَتَا رَتْقاً، فَفَتَقْنَاهُمَا وَجَعَلْنَا مِنَ المَاءِ كُلَّ شَيْءٍ حَيٍّ أَفَلَا يُؤْمِنُونَ" المُرَادُ بِالرُّؤْيَةِ العِلْمُ الفِكْرِيُّ، وَإِنَّمَا عَبَّرَ بِالرُّؤْيَةِ لِظُهُورِهِ مِنْ حَيْثُ إِنَّهُ نَتِيجَةُ التَّفْكِيرِ فِي أَمْرٍ مَحْسُوسٍ.

وَالرَّتْقُ وَالفَتْقُ مَعْنَيَانِ مُتَقَابِلَانِ، قَالَ الرَّاغِبُ فِي المُفْرَدَاتِ: الرَّتْقُ الضَّمُّ وَالِالْتِحَامُ: خِلْقَةً كَانَ أَمْ صَنْعَةً. قَالَ تَعَالَى "كَانَتَا رَتْقاً فَفَتَقْنَاهُمَا " وَقَالَ: الفَتْقُ الفَصْلُ بَيْنَ المُتَّصِلَيْنِ وَهُوَ ضِدُّ الرَّتْقِ. اِنْتَهَى...

وَضَمِيرُ التَّثْنِيَةِ فِي " كَانَتَا رَتْقاً، فَفَتَقْنَاهُمَا" لِلسَّمَاوَاتِ وَالأَرْضِ بَعْدَ السَّمَاوَاتِ طَائِفَةً وَالأَرْضِ طَائِفَةً فَهُمَا طَائِفَتَانِ اِثْنَتَانِ، وَمَجِيءُ الخَبَرِ أَعْنِي رَتْقاً مُفْرَداً لِكَوْنِهِ مَصْدَراً، وَإِنْ كَانَ بِمَعْنَى المَفْعُولِ وَالمَعْنَى كَانَتْ هَاتَانِ الطَّائِفَتَانِ مُنْضَمَّتَيْنِ مُتَّصِلَتَيْنِ فَفَصَلْنَاهُمَا.

وَهَذِهِ الآيَةُ وَالآيَاتُ الثَّلَاثُ التَّالِيَةُ، لَهَا بُرْهَانٌ عَلَى تَوْحِيدِهِ تَعَالَى فِي رُبُوبِيَّتِهِ لِلْعَالَمِ كُلِّهِ، أَوْرَدَهَا بِمُنَاسَبَةِ مَا انْجَرَّ الكَلَامُ إِلَى تَوْحِيدِهِ، وَنَفْيِ مَا اِتَّخَذُوهَا آلِهَةً مِنْ دُونِ اللهِ. وَعَدُّوا المَلَائِكَةَ وَهُمْ مِنَ الآلِهَةِ، عِنْدَهُمْ أَوْلَادٌ لَهُ، بَانِينَ فِي ذَلِكَ عَلَى أَنَّ الخَلْقَ وَالإِيجَادَ

لِلَّهِ! وَالرُّبُوبِيَّةُ وَالتَّدْبِيرُ لِلْآلِهَةِ. فَأَوْرَدَ – سُبْحَانَهُ – فِي هَذِهِ الآيَاتِ أَشْيَاءَ مِنَ الخَلِيقَةِ، خَلَقَتُها مَمْزُوجَةٌ بِتَدْبِيرِ أَمْرٍ! فَتَبَيَّنَ بِذَلِكَ أَنَّ التَّدْبِيرَ لَا يَنْفَكُّ عَنِ الخِلْقَةِ، فَمِنَ الضَّرُورِيِّ أَنْ يَكُونَ الَّذِي خَلَقَهَا هُوَ الَّذِي يُدَبِّرُ أَمْرَهَا. كَالسَّمَوَاتِ وَالأَرْضِ وَكُلِّ ذِي حَيَاةٍ، وَالجِبَالِ، وَالفِجَاجِ، وَاللَّيْلِ، وَالنَّهَارِ، وَالشَّمْسِ، وَالقَمَرِ؛ فِي خَلْقِهَا وَأَحْوَالِهَا الَّتِي ذَكَرَهَا اللَّهُ سُبْحَانَهُ. (المِيزَانُ).

إِنَّا كُلَّ شَيْءٍ خَلَقْنَاهُ بِقَدَرٍ (49) وَمَا أَمْرُنَا إِلَّا وَاحِدَةٌ كَلَمْحٍ بِالْبَصَرِ (50) وَلَقَدْ أَهْلَكْنَا أَشْيَاعَكُمْ فَهَلْ مِن مُّدَّكِرٍ (51) وَكُلُّ شَيْءٍ فَعَلُوهُ فِي الزُّبُرِ (52) وَكُلُّ صَغِيرٍ وَكَبِيرٍ مُسْتَطَرٌ (53) إِنَّ الْمُتَّقِينَ فِي جَنَّاتٍ وَنَهَرٍ (54).

وَكُلُّ صَغِيرٍ وَكَبِيرٍ مُسْتَطَرٌ! مُسْتَطَرٌ أَيْنَ؟ طَبْعًا **فِي الكِتَابِ**! ومُسْتَطَرٌ إِسْمُ مَفْعُولٍ، كَمُطَهَّرٍ! وَالفَرْقُ شَاسِعٌ بَيْنَ اسْمِ المَفْعُولِ وَاسْمِ الفَاعِلِ!

وَإِنْ مِنْ قَرْيَةٍ إِلَّا نَحْنُ مُهْلِكُوهَا قَبْلَ يَوْمِ القِيَامَةِ أَوْ **مُعَذِّبُوهَا** عَذَابًا شَدِيدًا كَانَ ذَلِكَ **فِي الكِتَابِ** مَسْطُورًا (58). يَعْنِي أَنَّ هَذَا العَذَابَ كَانَ مَسْطُورًا حَتَّى قَبْلَ فَتْقِ الكَوْنِ!

مَا هُوَ الكِتَابُ؟

"وَلَقَدْ أَرْسَلْنَا نُوحًا وَإِبْرَاهِيمَ وَجَعَلْنَا فِي ذُرِّيَّتِهِمَا النُّبُوَّةَ **وَالْكِتَابَ** فَمِنْهُم مُّهْتَدٍ وَكَثِيرٌ مِّنْهُمْ فَاسِقُونَ" (الحديد 26).

"**وَأَنزَلْنَا إِلَيْكَ الْكِتَابَ** بِالْحَقِّ مُصَدِّقًا لِّمَا بَيْنَ يَدَيْهِ مِنَ **الْكِتَابِ** وَمُهَيْمِنًا عَلَيْهِ" (المائدة 48).

"وَمَا كَانَ هَذَا الْقُرْآنُ أَن يُفْتَرَى مِن دُونِ اللَّه، وَلَكِن تَصْدِيقَ الَّذِي بَيْنَ يَدَيْهِ وَتَفْصِيلَ **الْكِتَابِ** لَا رَيْبَ فِيهِ مِن رَّبِّ الْعَالَمِينَ" (يونس 37).

"يَا أَيُّهَا الَّذِينَ آمَنُوا، آمِنُوا بِاللَّه وَرَسُولِهِ **وَالْكِتَابِ** الَّذِي نَزَّلَ عَلَى رَسُولِهِ **وَالْكِتَابِ** الَّذِي أَنزَلَ مِن قَبْلُ، وَمَن يَكْفُرْ بِاللَّه وَمَلَائِكَتِهِ وَكُتُبِهِ وَرُسُلِهِ وَالْيَوْمِ الْآخِرِ **فَقَدْ ضَلَّ ضَلَالًا بَعِيدًا**" (النساء 136).

هُوَ الَّذِي بَعَثَ فِي **الْأُمِّيِّينَ رَسُولًا مِّنْهُمْ** يَتْلُو عَلَيْهِمْ آيَاتِهِ وَيُزَكِّيهِمْ وَيُعَلِّمُهُمُ **الْكِتَابَ** وَالْحِكْمَةَ وَإِن كَانُوا مِن قَبْلُ لَفِي ضَلَالٍ مُّبِينٍ" (الجمعة 2).

هُوَ الَّذِي أَنزَلَ عَلَيْكَ **الْكِتَابَ** مِنْهُ آيَاتٌ مُّحْكَمَاتٌ هُنَّ أُمُّ **الْكِتَابِ**". آل عمران. وَلَقَدْ أَرْسَلْنَا رُسُلًا مِّن قَبْلِكَ وَجَعَلْنَا لَهُمْ أَزْوَاجًا وَذُرِّيَّةً وَمَا كَانَ لِرَسُولٍ أَن يَأْتِيَ بِآيَةٍ إِلَّا بِإِذْنِ اللَّه لِكُلِّ أَجَلٍ **كِتَابٌ** (38 الرَّعْد). يَمْحُو اللَّه مَا يَشَاءُ وَيُثْبِتُ وَعِندَهُ أُمُّ **الْكِتَابِ** " (الرعد 39).

هَلْ ألقُرآنُ مَخْلوقٌ أمْ إبْداعٌ مِنَ اللّه؟!

في كَلِمَةِ السَّيّدَةِ الزَّهْرَاءِ "بِنْتِ أبيها" صَلَواتُ اللّه وَسَلاَمُهُ عليها، حِيْنَمَا وَقَفَتْ في مَسْجِدِ رَسُولِ اللّه، وَخطَبَتْ خُطْبَتَهَا العَصْمَاءَ المَعْرُوفَةَ بِالفَدَكِيَّةِ، في جَمْعٍ مِنَ المُسْلِمِيْنْ، مُخَاطِبَةً أبي بَكْرٍ الَّذِيْ غَصَبَ وَاغْتَصَبَ حَقَّها فِي إرثِهَا، وَنِحْلَتِهَا مِنْ أبِيْهَا الرَّسُولِ الأعْظَمِ. (أتَمَنَّى عَلَّى القُرَّاءِ الأكَارِمِ البحْثَ عَنْ هَذِهِ الخُطْبَةِ وقِرَاءَتِهَا)!

فَقَالَتْ عَلَيْهَا الصَّلَاةُ وَالسَّلَام:

الْحَمْدُ للهِ عَلى ما أنْعَمَ، وَلَهُ الشُّكْرُ على ما أَلْهَمَ، وَالثَّناءُ بِما قَدَّمَ، مِنْ عُمومِ نِعَمٍ ابْتَدَأها، وَسُبُوغ آلاءٍ أسْداها، وَتَمامِ مِنَنٍ والاها، جَمَّ عَنِ الإحْصاءِ عدَدُها، وَنأى عَنِ الْجَزاءِ أَمَدُها، وَتَفاوَتَ عَنِ الإِدْراكِ أَبَدُها، وَنَدَبَهُمْ لاِسْتِزادَتِها بالشُّكْرِ لاِتِّصالِها، وَاسْتَحْمَدَ إِلَى الخلائق بِإجْزَالِها، وَثَنَى بِالنَّدْبِ إلى أمْثَالِها.

وَأَشْهَدُ أنْ لا إلهَ إلَّا اللّهُ وَحْدَهُ لا شَريكَ لَهُ، كَلِمَةٌ جَعَلَ الإْخْلاصَ تَأْويلَها، وَضَمَّنَ الْقُلُوبَ مَوْصُولَها، وَأَنارَ في الْفِكْرِ مَعْقُولَها. الْمُمْتَنِعُ مِنَ الإَبْصارِ رُؤْيَتَهُ، وَمِنَ الأَلْسُنِ صِفَتُهُ، وَمِنَ الأَوْهامِ كَيْفِيَّتُهُ. (**إبْتَدَعَ الأَشْياءَ لا مِنْ شَيْءٍ كانَ قَبْلَها**)، وَأَنْشَأَها بِلا احْتِذاءِ أَمْثِلَةٍ امْتَثَلَها، كَوَّنَها بِقُدْرَتِهِ، وَذَرَأَها بمشيئته، مِنْ غَيْرِ

حَاجَةٍ مِنْهُ إلى تَكْوِينِها، وَلَا فَائِدَةٍ لَهُ في تَصْوِيرِها إلَّا تَثْبِيتًا لِحِكْمَتِهِ، وَتَنْبِيهًا عَلَى طَاعَتِهِ، وَإِظْهَارًا لِقُدْرَتِهِ، وَتَعَبُّدًا لِبَرِيَّتِهِ، وَإِعْزَازًا لِدَعْوَتِهِ، ثُمَّ جَعَلَ الثَّوَابَ على طَاعَتِهِ، وَوَضَعَ الْعِقَابَ على مَعْصِيَّتِهِ، ذِيادَةً لِعِبادِهِ عَنْ نَقْمَتِهِ، وَحِياشَةً مِنْهُ إلى جَنَّتِهِ.

الإِبْدَاعُ هُوَ: ابْتَدَاعُ الأَشْيَاءِ لَا مِنْ شَيْءٍ كَانَ قَبْلَها! فَإِنَّهَا مِنْ مَصَادِقِ وَمَظَاهِرِ الكَلِمَةِ الطَّيِّبَةِ، وَالشَّجَرَةُ الطَّيِّبَةُ:

﴿أَلَمْ تَرَ كَيْفَ ضَرَبَ اللهُ مَثَلاً كَلِمَةً طَيِّبَةً كَشَجَرَةٍ طَيِّبَةٍ أَصْلُها ثَابِتٌ وَفَرْعُها فِي السَّمَاءِ تُؤْتِي أُكُلَها كُلَّ حِينٍ بِإِذْنِ رَبِّها﴾ «24» ... وَقَدْ كَرَّمَنِي رَبِّ بِثِمَارِ هَذِهِ الشَّجَرَةِ الطَّيِّبَةِ... كُنْتُ أَبْحَثُ في كُتُبِ العُمَرِيَّةِ عَنْ سُؤَالٍ قَرَأْتُهُ وَسَمِعْتُهُ مِرَارًا: **هَلِ القُرْآنُ مَخْلُوقٌ؟** وَقَدْ هَدَانِي رَبِّ إلى هَذِهِ الخُطْبَةِ المَعْصُومَةِ! عِنْدَمَا قَرَأْتُ: **ابْتَدَعَ الأَشْيَاءَ لَا مِنْ شَيْءٍ كَانَ قَبْلَها!** وَلَمْ تَقُلْ سَيِّدَتِي وَسَيِّدَةُ نِسَاءِ العَالَمِينَ «ابْتَدَعَ الأَشْيَاءَ *مِنْ لَا شَيْءٍ*» وَلَمْ تَقُلْ «ابْتَدَعَ الأَشْيَاءَ *مِنْ شَيْءٍ*» وَإنَّمَا قَالَتْ "ابْتَدَعَ الأَشْيَاءَ لَا مِنْ شَيْءٍ كَانَ قَبْلَها! لِمَاذَا اخْتَارَتِ الزَّهْرَاءُ هَذَا التَّعْبِيرَ: لَا مِنْ شَيْءٍ كَانَ قَبْلَها؛ وَلَمْ تُعَبِّرْ بِالتَّعْبِيرَاتِ الأُخْرَى؟!!! عِنْدَهَا صَرَخْتُ كَمَا صَرَخَ أَرْخِمِيدِسُ: **وَجَدْتُها!**

الزَّهْرَاءُ طَبْعًا هِيَ – كَأَبِيهَا وَبَعْلِهَا وَبَنِيهَا – **القُرْآنُ النَّاطِقُ!**

تَعْبِيرُ الزَهْراءِ هذا: **لا مِنْ شَيْءٍ كانَ قَبْلَها!** إشارَةٌ إِلَى عُنْوانِ الابْتِداعِ، لِأَنَّهُ طَبْعاً هُناكَ فَرْقٌ بَيْنَ **الابْتِداعِ وَبَيْنَ الخَلْقِ!** الزَهْراءُ لَمْ تَقُلْ «**خَلْقَ الأَشْياءَ**» قالَتْ: «**اِبْتَدَعَ الأَشْياءَ**» هُناكَ فَرْقٌ شاسِعٌ بَيْنَ عُنْوانِ «**اِبْتِداعِ الأَشْياءِ**» وَبَيْنَ عُنْوانِ «**خَلْقِ الأَشْياءِ**»!

ما هُوَ الفَرْقُ بَيْنَ الخَلْقِ وَالابْتِداعِ؟

يَتَوَقَّفُ الخَلْقُ: عَلَى وُجُودِ مَادَّةٍ! وَالخَلْقُ عِبارَةٌ عَنْ تَأْلِيفِ الصُّوَرِ بِالمَادَةِ! يَعْنِي أَنَّ هُنَاكَ مَادَّةً، وَمِنْ هَذِهِ المَادَّةِ، تُصْنَعُ صُورٌ مُعَيَّنَةٌ، لَهَا رَسْمٌ وَشَكْلٌ، أَوْ جِسْمٌ! مِنْ مَادَةٍ خَشَبيَّةٍ تُصَنَّعُ إطَارَاتٌ لِلْصورِ، هَذَا يُسَمَّى خلقاً. فَالخَلْقُ يَحْتَاجُ إِلَى مَادَّةٍ، لِذَلِكَ نُلَاحِظُ أَنَّ القُرآنَ الكَرِيْمَ عِنْدَمَا يَذْكُرُ كَلِمَةَ الخَلْقِ، كَثِيْرًا مَا يَقْرُنُهَا بِالمَادَّةِ، لِأَنَّ عَمَلِيَّةَ الخَلْقِ تَحْتَاجُ إِلَى مَادَّةٍ. مَثَلًا قَوْلُهُ تَعَالَى: ﴿أَنِّي أَخْلُقُ لَكُم مِّنَ الطِّينِ﴾ أَوْ أَنَّ هُنَاكَ مَادَّةً طِيْنِيَّةً صَنَعَ اللَّهُ مِنْهَا صُوَرًا، ﴿أَنِّي أَخْلُقُ لَكُم مِّنَ الطِّينِ كَهَيْئَةِ الطَّيْرِ، فَأَنفُخُ فِيهِ فَيَكُونُ طَيْرًا بِإِذْنِ اللَّهِ﴾. أَوْ يَقُولُ: ﴿لَقَدْ خَلَقْنَا الْإِنسَانَ مِن سُلَالَةٍ مِّن طِينٍ ثُمَّ جَعَلْنَاهُ نُطْفَةً فِي قَرَارٍ مَّكِينٍ﴾ ...

أَمَّا الابْتِدَاعُ، بِحَسَبِ المَفْهُومِ القُرْآنِيِّ الفَلسَفِيِّ وَالعَقَائِدِيّ وَالعَمَلِيْ وَالعِلْمِيّ، لَا يَتَوَقَّفُ عَلَى وُجُودِ مَادَّةٍ، «**ابْتَدَعَ الأَرْوَاحَ**» يَعْنِيْ

أَوْجَدَهَا بِنُورِهِ وَعِلْمِهِ وَذَاتِهِ تَبَارَكَ وَتَعَالَى، لَا بِمَادَّةٍ قَبْلَهَا! **ابْتَدَعَ اللهُ الأَرْوَاحَ لَا مِنْ مَادَّةٍ قَبْلَهَا!**

ابْتَدَعَ الأَرْوَاحَ بِإِفَاضَتِهِ "تَبَارَكَ وَتَعَالَى" بِدُونِ مَادَّةٍ قَبْلَهَا، فَإِيجَادُ الأَرْوَاحِ يَخْتَلِفُ عَنْ إِيجَادِ الْمَخْلُوقَاتِ! إِيجَادُ الْمَخْلُوقَاتِ خَلْقٌ؛ لِأَنَّهُ صُنِعَ مِنْ مَادَّةٍ، وَأَمَّا إِيجَادُ الأَرْوَاحِ، فَلَيْسَ خَلْقًا بَلْ ابْتِدَاعًا، يَعْنِي أَوْجَدَ الأَرْوَاحَ بِإِفَاضَتِهِ الأَمْرِيَّةِ تَبَارَكَ وَتَعَالَى، ﴿**إِنَّمَا أَمْرُهُ إِذَا أَرَادَ شَيْئًا أَنْ يَقُولَ لَهُ كُنْ فَيَكُونُ**﴾. فَالشَّيْءُ مَصْدَرُ شَاءَ...

فَهُنَاكَ نَوْعَانِ مِنَ الإِفَاضَةِ: **إِفَاضَةٌ خَلْقِيَّةٌ**: وَهِيَ الإِفَاضَةُ الَّتِي تَحْتَاجُ إِلَى مَادَّةٍ كَخَلْقِ الأَشْيَاءِ الْمَادِّيَةِ. **وَإِفَاضَةٌ أَمْرِيَّةٌ ابْتِدَاعِيَّةٌ**: وَهِيَ الإِفَاضَةُ الَّتِي لَا تَحْتَاجُ إِلَى مَادَّةٍ، بَلْ بِأَمْرِهِ "تَبَارَكَ وَتَعَالَى" تَتَكَوَّنُ الأَرْوَاحُ. فَالْخَلْقُ مَهْمَا كَبُرَ أَوْ صَغُرَ لَهُ **قُدْرَةٌ زَائِلَةٌ وَأَجَلٌ مَحْدُودٌ**، أَمَّا الإِبْدَاعُ فَهُوَ أَزَلِيٌّ كَأَزَلِيَّةِ الْمُبْدِعِ!

وَهَذَا يُسَمَّى وِحْدَةَ الْمُبْدِعِ وَالإِبْدَاعِ!

خَلْقُ سَيِّدِنَا آدَمَ مَثَلًا: **فَإِذَا سَوَّيْتُهُ وَنَفَخْتُ فِيهِ مِنْ رُوحِي فَقَعُوا لَهُ سَاجِدِينَ** (29). بَقِيَتِ الرُّوحُ فِي آدَمَ إِلَى أَنْ جَاءَ أَمْرُ اللهِ، رَجَعَتِ الرُّوحُ إِلَى مُبْدِعِهَا، إِلَى النُّورِ، إِلَى الطَّاقَةِ الَّتِي لَا تَوِيْنُ وَلَا تَنْضُبْ! وَبَقِيَ الطِّيْنُ فِي الأَرْضِ إِلَى أَنْ يَشَاءَ اللهُ!

خَلْقُ سَيِّدِنَا عِيسَى عَلَيْهِ، وَعَلَى أُمِّهِ الصَّلَاةُ وَالسَّلَامُ: وَمَرْيَمَ ابْنَةَ

عِمْرَانَ الَّتِي أَحْصَنَتْ فَرْجَهَا، فَنَفَخْنَا فِيهِ مِن رُّوحِنَا، وَصَدَّقَتْ بِكَلِمَاتِ رَبِّهَا وَكُتُبِهِ، وَكَانَتْ مِنَ الْقَانِتِينَ (12). **وَأَيْضًا خَلَقَ اللَّه مَخْلُوقًا مِنْ مَخْلُوقٍ آخَرْ!**

ثُمَّ خَلقُ النَّاسِ مِنْ بَعْضِهِمْ البَعُضِ: **قُتِلَ الْإِنسَانُ مَا أَكْفَرَهْ (17) مِنْ أَيِّ شَيْءٍ خَلَقَهْ (18) مِن نُّطْفَةٍ خَلَقَهُ فَقَدَّرَهْ (19) ثُمَّ السَّبِيلَ يَسَّرَهْ (20) ثُمَّ أَمَاتَهُ فَأَقْبَرَهْ (21) ثُمَّ إِذَا شَاءَ أَنشَرَهْ (22) ... هَذَا خَلْقُ اللَّه فَأَرُونِي مَاذَا خَلَقَ الَّذِينَ مِن دُونِهِ، بَلِ الظَّالِمُونَ فِي ضَلَالٍ مُّبِينٍ (11) ...**

بَدِيعُ السَّمَاوَاتِ وَالْأَرْضِ وَإِذَا قَضَى أَمْرًا فَإِنَّمَا يَقُولُ لَهُ كُنْ فَيَكُونُ (117)

بَدِيْع: مِنْ أَسْمَاءِ اللَّه الحُسْنَى. **فَهُو المُبْدِع**، وَهُو الإِبْدَاعُ، وَمِنْهُ الإِبْدَاعُ، **وَهُوَ النُّورُ الَّذِي لَا يَوِيْنُ وَلَا يَنْضُبْ!**

أَمَّا نُورُ القَمَرِ فَإِلَى زَوالٍ، كَمَا ضَوْءُ الشَّمْسِ: اقْتَرَبَتِ السَّاعَةُ إِذَا الشَّمْسُ كُوِّرَتْ (1) وَإِذَا النُّجُومُ انكَدَرَتْ وَانشَقَّ الْقَمَرُ! (2) وَإِذَا الْجِبَالُ سُيِّرَتْ (3) وَإِذَا الْعِشَارُ عُطِّلَتْ (4) وَإِذَا الْوُحُوشُ حُشِرَتْ (5) وَإِذَا الْبِحَارُ سُجِّرَتْ (6) ...

إِذًا فَالضَّوْءُ وَالنُّورُ لِكُلٍّ مِنَ الشَّمْسِ وَالقَمَرِ إِلَى زَوَالٍ، لأَنَّهَا مَخْلُوْقَاتٌ!

طَبْعًا كَمَا أَشَرْنَا أَعْلَاهُ «ابْتَدَعَ» غَيْرُ «خَلَقَ»، أَرَادَتِ الزَّهْرَاءُ أَنْ تُشِيرَ إِلَى هَذَا المَفْهُومِ الفَلْسَفِيِّ قَبْلَ أَلْفٍ وَأَرْبَعِ مِئَةِ سَنَةٍ، قَالَتْ «ابْتَدَعَ» وَلَمْ تَقُلْ «خَلَقَ»، ابْتَدَعَ يَعْنِي أَوْجَدَهَا بِإِفَاضَتِهِ الأَمْرِيَّةِ لَا مِنْ مَادَّةٍ قَبْلَهَا، وَلِذَلِكَ اخْتَارَتْ هَذَا التَّعْبِيرَ - ابْتَدَعَ الأَشْيَاءَ لَا مِنْ شَيْءٍ كَانَ قَبْلَهَا - يَعْنِي لَا مِنْ مَادَّةٍ! وَلَوْ قَالَتْ «ابْتَدَعَ الأَشْيَاءَ مِنْ لَا شَيْءٍ» لَكَانَ غَلَطًا! لِأَنَّ اللَّاشَيْءَ لَا يُنْتِجُ شَيْئًا «فَاقِدُ الشَّيْءِ لَا يُعْطِيهِ» وَلَوْ قَالَتْ «ابْتَدَعَ الأَشْيَاءَ مِنْ شَيْءٍ كَانَ قَبْلَهَا» لَكَانَ غَلَطًا أَيْضًا، لِأَنَّ الابْتِدَاعَ لَا يَعْتَمِدُ عَلَى شَيْءٍ قَبْلَهُ! وَإِنَّمَا الَّذِي يَعْتَمِدُ عَلَى شَيْءٍ قَبْلَهُ هُوَ الخَلْقُ. - ابْتَدَعَ الأَشْيَاءَ لَا مِنْ شَيْءٍ كَانَ قَبْلَهَا، وَصَوَّرَهَا بِلَا احْتِذَاءِ أَمْثِلَةٍ امْتَثَلَهَا!

قَدْ يَسْأَلُ أَحَدٌ: ثُمَّ مَاذَا بَعْدُ، وَمَا وَرَاءَ هَذِهِ المَعْلُومَةِ؟ إِنَّ مُجَرَّدَ كَوْنِ القُرْآنِ ابْتِدَاعًا لَا مِنْ مَادَّةٍ كَانَتْ قَبْلَهُ، هَلْ هَذَا يَعْنِي أَنَّ القُرْآنَ مَوْجُودٌ قَبْلَ الخَلْقِ؟!! أَجَلْ! وَأَنَّ فِي القُرْآنِ (الكِتَابِ) حَدُّ كُلِّ شَيْءٍ!

يَقُولُ اللهُ: وَمَا مِنْ دَابَّةٍ فِي الأَرْضِ وَلَا طَائِرٍ يَطِيرُ بِجَنَاحَيْهِ إِلَّا أُمَمٌ أَمْثَالُكُمْ مَّا فَرَّطْنَا فِي <u>الكِتَابِ مِنْ شَيْءٍ</u> ثُمَّ إِلَى رَبِّهِمْ يُحْشَرُونَ (38) وَالَّذِينَ كَذَّبُوا بِآيَاتِنَا صُمٌّ وَبُكْمٌ فِي <u>الظُّلُمَاتِ</u>، مَن يَشَإِ اللهُ يُضْلِلْهُ وَمَن يَشَأْ يَجْعَلْهُ عَلَى صِرَاطٍ مُّسْتَقِيمٍ (39).

فَإِنْ لَمْ يَكُنِ الْكِتَابُ (الْقُرآنُ) قَبْلَ كُلِّ شَيْءٍ، لَنَقَصَ مِنْهُ شَيْءٌ! عِنْدَمَا يَقُولُ اللهُ: **مَا فَرَّطْنَا فِي الْكِتَابِ مِنْ شَيْءٍ**، هَذَا لَا يَعْنِي أَنَّ الْقُرْآنَ وِعَاءٌ يُخَزَّنُ فِيهِ كُلُّ شَيْءٍ! لِهَذَا السَّبَبِ قُلْتُ آنِفًا: وَأَنَّ فِي الْقُرْآنِ (الْكِتَابِ) **حَدَّ كُلِّ شَيْءٍ**! حَدُّ الشَّيْءِ: مازَهُ مِنْهُ! وَحُدُودُ اللهِ تَعَالَى: مَا حَدَّهُ بِأَوَامِرِهِ وَنَوَاهِيهِ، كَالْخَيْرِ وَالشَّرِّ مَثَلًا! حَدُّ: إِنَّ هَدَيْنَاهُ السَّبِيلَ، إِمَّا شَاكِرًا وَإِمَّا كَفُورًا! حَدُّ الشَّيْءِ: قَيَّدُهُ بِمَا هُوَ مَرْسُومٌ لَهُ، كَالْأَعْمَارِ، أَوْ تَارِيخِ الْوِلَادَةِ، أَوِ الْوَفَاةِ، وَضَعُهُ فِي مَكَانِهِ الْمُنَاسِبِ! حَدُّ الشَّيْءِ: تَعْرِيفُهُ الْجَامِعُ لِكُلِّ أَفْرَادِهِ، الْمَانِعُ لِكُلِّ مَا لَيْسَ مِنْهُ! هَذَا إِلَى مَا لَا نِهَايَةَ!

الْهَوَاءُ الْمَاءُ الْمَادَّةُ الذَّرَّةُ وَمَا أَصْغَرَ مِنْهَا وَمَا أَكْبَرُ، النُّجُومُ وَمَا يُرَى مِنْهَا وَمَا لَا يُرَى حَجْمُهَا مُكَوِّنَاتُهَا وَظِيفَتُهَا! هَلْ هَذِهِ خُلِقَتْ عَبَثًا أَوْ صُدْفَةً؟ أَبَدًا جَعَلَ اللهُ لِكُلٍّ مِنْهَا بَصَمَاتٍ تَكْوِينِيَّةً خَاصَّةً، لَا تَتَشَابَهُ...

وَضَرَبَ لَنَا مَثَلًا وَنَسِيَ خَلْقَهُ قَالَ مَنْ يُحْيِي الْعِظَامَ وَهِيَ رَمِيمٌ! قُلْ يُحْيِيهَا الَّذِي أَنْشَأَهَا أَوَّلَ مَرَّةٍ وَهُوَ بِكُلِّ خَلْقٍ عَلِيمٌ ... عِلْمُ الْقُرْآنِ أَيُّهَا الْقُرَّاءُ الْأَكَارِمُ لَا يَنْضُبُ، وَسَيَبْقَى سَابِقًا عِلْمَ الْمَخْلُوقَاتِ إِلَى يَوْمِ الْقِيَامَةِ! يَقُولُ اللهُ: (أَيَحْسَبُ الْإِنْسَانُ أَلَّنْ نَجْمَعَ عِظَامَهُ (3) بَلَى قَادِرِينَ عَلَى أَنْ نُسَوِّيَ بَنَانَهُ (4) ...

إِبْحَثُوا عَنْ تَفْسِيرِ هَذِهِ الآيَاتِ في كُتُبِ العُمَرِيَّةِ الَّذِينَ يَتَعَبَّدُونَ بِوَحْيِ نَبِيِّهِم عُمَرَ: **حَسْبُنَا كِتَابُ اللهِ!** – وَتَمَعَّنوا فيما تَقُولُ هَذِهِ الآيَاتُ، وَمَا يَقُولُ عُلَمَاءُ العُمَرِيّةِ!

يَقُولُ الطَّبَرِيُّ: وَقَوْلُهُ: (**أَيَحْسَبُ الإِنْسَانُ، أَلَنْ نَجْمَعَ عِظَامَهُ؟**) يَقُولُ تَعَالَى ذِكْرُهُ: أَيَظُنُّ ابْنُ آدَمَ أَنْ لَنْ نَقْدِرَ عَلَى جَمْعِ عِظَامِهِ بَعْدَ تَفَرُّقِها، بَلَى قادِرِينَ عَلَى أَعْظَمَ مِنْ ذلِكَ، أَنْ نُسَوِّيَ بَنانَهُ، وَهِيَ أَصَابِعُ يَدَيْهِ وَرِجْلَيْهِ، فَنَجْعَلُها **شَيْئاً وَاحِداً كَخُفِّ البَعِيرِ، أَوْ حَافِرِ الحِمَارِ**، فَكَانَ لا يَأْخُذُ ما يَأْكُلُ إِلَّا بِفِيهِ كَسَائِرِ البَهَائِمِ، وَلكِنَّهُ فَرَّقَ أَصَابِعَ يَدَيْهِ يَأْخُذُ بِهَا، وَيَتَناوَلُ وَيَقْبِضُ إِذا شاءَ وَيَبْسُطُ، فَحَسُنَ خَلْقُهُ! وَبِنَحْوِ الَّذِي قُلْنَا في ذلِكَ قَالَ أَهْلُ التَّأْوِيلِ! **تَكْبِيرٌ!!!**

حَدَّثَنا ابْنُ حُمَيْدٍ، قَالَ: ثَنَا جَرِيرٌ، عَنْ مُغِيرَةَ، عَنْ أَبِي الخَيْرِ بْنِ تَمِيمٍ، عَنْ سَعِيدِ بْنِ جُبَيْرٍ، قَالَ: قَالَ لِي ابْنُ عَبَّاسٍ: سَلْ، فَقُلْتُ: (**أَيَحْسَبُ الإِنْسَانُ أَلَنْ نَجْمَعَ عِظامَهُ بَلَى قَادِرِينَ عَلَى أَنْ نُسَوِّيَ بَنَانَهُ**) قَالَ: لَوْ شَاءَ لَجَعَلَهُ خُفّاً أَوْ حَافِراً... **تَكْبِيرٌ!!!** هَذَا تَدْجِيلٌ وَتَجْهِيلٌ!!!

حَدَّثَنِي مُحَمَّدُ بْنُ سَعْدٍ، قَالَ: ثَنِي أَبِي، قَالَ: ثَنِي عَمِّي، قَالَ: ثَنِي أَبِي، عَنْ أَبِيهِ، عَنِ ابْنِ عَبَّاسٍ، قَوْلُهُ: (بَلَى قَادِرِينَ عَلَى أَنْ

نُسَوِّيَ بَنَانَهُ) قَالَ: أَنَا قَادِرٌ عَلَى أَنْ **أَجْعَلَ كَفَّهُ مُجَمَّرَةً مِثْلَ خُفِّ البَعِيرِ... تَكْبِيرٌ!!!**

قَبْلَ أَنْ أَضَعَ عُلَمَاءَ العُمَرِيَّةِ فِي أَمَاكِنِهِمْ، أَسْأَلُ: مَاذَا أَرَادَ اللَّهُ بِهَذَا مَثَلاً؟ هَلْ أَرَادَ اللَّهُ أَنْ يَقُولَ لِلنَّاسِ إِنِّي عَلَى كُلِّ شَيْءٍ قَدِيرٌ؟ هَلْ عِنْدَكُمْ شَكٌّ فِي هَذَا، أَيُّهَا العُمَرِيَّةُ؟ لَا شَكَّ فِي أَنَّ اللَّهَ قَادِرٌ أَنْ يَجْعَلَ مَكَانَ رُؤُوسِكُمْ، رُؤُوسَ خَنَازِيرَ!!!

أَلَمْ أَقُلْ لَكُمْ إِنَّ المَرْءَ ابْنُ بِيئَتِهِ؟ خُفُّ بَعِيرٍ، حَافِرُ حِمَارٍ، **بَهَائِمُ الزَّرِيبَةِ!**

بَنَان: وَالبَنَانُ: طَرَفُ الإِصْبَعِ، أَوِ الأُصْبُعُ! عَضَّ بَنَانَهُ: عَضَّ إِصْبَعَهُ أَوْ طَرَفَ الإِصْبَعِ!

يَقُولُ أَحْمَد مُرَاد، القَاهِرَةُ: (مِنْ بَيْنِ الآيَاتِ القُرْآنِيَّةِ الَّتِي تَحْمِلُ وُجُوهاً مِنَ الإِعْجَازِ العِلْمِيِّ، يَأْتِي قَوْلُ اللَّهِ تَعَالَى: **(أَيَحْسَبُ الإِنْسَانُ، أَلَّنْ نَجْمَعَ عِظَامَهُ؟ بَلَى قَادِرِينَ عَلَى أَنْ نُسَوِّيَ بَنَانَهُ)**، «سُورَةُ القِيَامَةِ: الآيَاتُ 3 - 4»، وَالمَقْصُودُ بِالبَنَانِ هُوَ نِهَايَةُ الإِصْبَعِ، وَفِي هَذِهِ الآيَةِ الكَرِيمَةِ إِشَارَةٌ وَاضِحَةٌ إِلَى أَنَّ البَنَانَ يُمَيِّزُ كُلَّ إِنْسَانٍ عَنِ الآخَرِ. وَكَشَفَ العِلْمُ أَنَّ بَصْمَةَ الإِصْبَعِ تَتَأَلَّفُ مِنْ خُطُوطٍ بَارِزَةٍ فِي بَشَرَةِ الجِلْدِ تُجَاوِرُهَا خُطُوطٌ مُنْخَفِضَةٌ، وَتَتْرُكُ طَابَعَهَا الخَاصَّ عَلَى كُلِّ شَيْءٍ تَلْمِسُهُ،

خُصُوصاً الأَشْياءَ المَلْساءَ، وَتَتَكَوَّنُ هذِهِ الخُطُوطُ البارِزَةُ وَالمُنْخَفِضَةُ، وَتَتَفَرَّعُ بِطَرِيقَةٍ تَخْتَلِفُ مِنْ شَخْصٍ لِآخَرَ، لِدَرَجَةِ أَنَّها، لَا تَتَشابَهُ حَتَّى فِي الأُخْوَةِ التَوائِمِ الَّذِينَ يَتَخَلَّقُونَ مِنْ بُوَيْضَةٍ واحِدَةٍ فِي المَرْأَةِ، هٰذا بِرَغْمِ تَشابُهِ التَوائِمِ فِي كَثِيرٍ مِنَ الصِفاتِ وَالخَصائِصِ وَالسُلُوكِيّاتِ. وَكانَ عَالِمُ التَشْرِيحِ التّشِيكِيّ «بَرْكَنْجِيّ» قَدْ اكْتَشَفَ فِي العامِ 1823 حَقِيقَةَ البَصَماتِ، وَوَجَدَ أَنَّ الخُطُوطَ الدَقِيقَةَ فِي رُؤُوسِ الأَصابِعِ تَخْتَلِفُ مِنْ شَخْصٍ لِآخَرَ، وَوَجَدَ ثَلاثَةَ أَنْواعٍ مِنْها. أَقْواسًا أَوْ دَوائِرَ أَوْ عُقَدًا، أَوْ عَلَى شَكْلٍ يُدْعَى المَرْكَباتِ، لِتَرْكِيبِها مِنْ أَشْكالٍ مُتَعَدِّدَةٍ. وَفِي عامِ 1858، أَشارَ العالِمُ الإنجليزِيُّ «وِلْيم هِرْشَل» إِلَى اِخْتِلافِ البَصَماتِ، بِاِخْتِلافِ أَصْحابِها، مِمّا يَجْعَلَها دَلِيلًا مُمَيِّزًا لِكُلِّ شَخْصٍ، وَفِي العامِ 1877 اِخْتَرَعَ الدكتورُ «هِنْرِي فولدز» طَرِيقَةَ وَضْعِ البَصْمَةِ عَلَى الوَرَقِ بِاِسْتِخْدامِ حِبْرِ المَطابِعِ، وَفِي العامِ 1892 أَثْبَتَ الدكتورُ «فْرانْسِيس جالتون» أَنَّ صُورَةَ البَصْمَةِ لِأَيِّ إِصْبَعٍ تَعِيشُ مَعَ صاحِبِها طَوالَ حَياتِهِ فَلا تَتَغَيَّرُ رَغْمَ، الطَوارِئِ كُلِّها الَّتِي قَدْ تُصِيبُهُ، وَقَدْ وَجَدَ العُلَماءُ أَنَّ إِحْدَى المُومْياواتِ المِصْرِيَّةِ المُحَنَّطَةِ، اِحْتَفَظَتْ بِبَصَماتِها واضِحَةً جَلِيَّةً، وَأَثْبَتَ "جالتون" أَنَّهُ لا يُوجَدُ شَخْصانِ فِي العالَمِ لَهُما نَفْسُ التَعَرُّجاتِ

الدَقِيقَةِ. وَقَدْ وَرَدَتِ الإِشَارَةُ فِي الآيَةِ الكَرِيمَةِ إِلَى العَلاقَةِ بَيْنَ الفَرْدِ وَتَشْكِيلاتِ بَنَانِهِ المُمَيَّزَةِ الَّتِي لَمْ تُدْرَكْ حَقِيقَتُها إِلَّا فِي القَرْنِ التَاسِعَ عَشَرَ المِيلادِيِّ، وَذَلِكَ عِنْدَما عُرِفَ دَوْرَها فِي تَحْدِيدِ الهُوِيَّةِ، والآيَةُ الكَرِيمَةُ تَتَحَدَّثُ عَنْ إِعَادَةِ خَلْقِ بَصَمَاتِ الأَصَابِعِ جَمِيعِها لا بَصْمَةَ إِصْبَعٍ واحِدَةٍ! وَلا غَرابَةَ أَنْ يَكُونَ البَنانُ إِحْدَى آياتِ، اللهِ تَعَالَى الَّتِي وَضَعَ فِيها أَسْرارَ خَلْقِهِ...

البَنَانُ هُوَ نِهَايَةُ الإِصْبَعِ، وَقَدْ قَالَ اللهُ تَعَالَى: **(أَيَحْسَبُ الإِنْسَانُ، أَلَّنْ نَجْمَعَ عِظَامَهُ بَلَى قَادِرِينَ عَلَى أَنْ نُسَوِّيَ بَنَانَهُ** "(القِيَامَةُ: آيَةٌ 3- 4)، وَقَدْ تَوَصَّلَ العِلْمُ إِلَى سِرِّ البَصْمَةِ؛ حَيْثُ تَتَكَوَّنُ مِنْ خُطُوطٍ بارِزَةٍ فِي بَشَرَةِ الجِلْدِ تُجاوِرُها مُنْخَفِضَاتٌ، وَتَعْلُو الخُطُوطُ البارِزَةُ فَتَحَاتِ المَسَامِّ العِرْقِيَّةِ، تَتَمادَى هَذِهِ الخُطُوطُ، وَتَتَلَوَّى وَتَتَفَرَّعُ عَنْها فُروعٌ؛ لِتَأْخُذَ فِي نِهايَةِ الأَمْرِ - وَفِي كُلِّ شَخْصٍ - شَكْلاً مُمَيَّزاً، وَقَدْ ثَبَتَ أَنَّهُ لا يُمْكِنُ لِلْبَصْمَةِ أَنْ تَتَطَابَقَ وَتَتَماثَلَ فِي شَخْصَيْنِ فِي العالَمِ حَتَّى فِي التَوائِمِ المُتَماثِلَةِ الَّتِي أَصْلُها مِنْ بُوَيْضَةٍ واحِدَةٍ، كَمَا ذَكَرْتُ آنِفاً! وَيَتَكَوَّنُ البَنانُ فِي الجَنِينِ فِي الشَهْرِ الرابِعِ، وَتَظَلُّ البَصْمَةُ ثابِتَةً وَمُمَيَّزَةً لَهُ طِيلَةَ حَياتِهِ، وَيُمْكِنُ أَنْ تَتَقارَبَ بَصْمَتانِ فِي الشَكْلِ تَقارُباً مَلْحُوظاً، وَلَكِنَّها لا تَتَطَابَقُ مُطْلَقًا...

وَلِذلِكَ؛ فَإِنَّ البَصْمَةَ تُعَدُّ دَلِيلاً قاطِعاً وَمُمَيِّزاً لِشَخْصِيَّةِ الإِنْسانِ وَمَعْمُولاً بِهِ فِي كُلِّ بِلادِ العالَمِ، وَيَعْتَمِدُ عَلَيْها القائِمُونَ أَثْنَاءَ تَحْقِيقِ القَضايا الجِنائِيَّةِ لِكَشْفِ المُجْرِمِينَ وَاللُّصُوصِ، وَقَدْ يَكُونُ هذا هُوَ السِّرُّ الَّذِي خَصَّصَ اللّهُ "تَبارَكَ وَتَعالَى" مِنْ أَجْلِهِ البَنَانَ، وَفِي ذلِكَ يَقُولُ العُلَماءُ "لَقَدْ ذَكَرَ اللّهُ البَنانَ لِيَلْفِتَنا إِلَى عَظِيمِ قُدْرَتِهِ"...

وَفِكْرَةُ البَحْثِ هِيَ فِي إِظْهارِ صُورَةٍ مِنْ صُوَرِ إِبْداعِ الخالِقِ (الَّتِي لا تُحْصَى) سُبْحانَهُ، وَتَعالَى جَلَّتْ قُدْرَتُهُ، وَتَبارَكَ اللّهُ، أَحْسَنُ الخالِقِينَ اللّهُ! فِي تِلْكَ الرُسُومِ وَالأَشْكالِ، وَالَّتِي لَمْ تَتَطابَقْ فِي شَخْصَيْنِ، بَلْ حَتَّى فِي إِصْبَعَيْنِ فِي يَدٍ واحِدَةٍ. حَيْثُ اِسْتِحالَةُ التَّقْلِيدِ وَعَوْدَتُها فِي حالَةِ تَعَرُّضِها لِأَيِّ سَبَبٍ عارِضٍ مَرَضِي، حَرَفَهُ، غَيَّرَهُ الخ... وَلُجُوءُ الإِنْسانِ لَها كَشِيْفِرَةٍ (الهُوِيَّةِ التَّكْوِينِيَّةِ) وَمِفْتاحٌ شَخْصِيٌّ مُرافِقس لَهُ حَتَّى بَعْدَ مَماتِهِ، وَشاهِدٍ عَلَيْهِ ودَلِيلٍ. بَلْ قِيامُ التَحَدِّي مَفْتُوحٌ إِلَى أَنْ تَقُومَ الساعَةُ، وَرَدّاً عَلَى بُطْلانِ وَمَزاعِمِ بَعْضِ الأَجْناسِ فِي عُلُوِّ عُنْصُرِها، وَسُمُوِّها عَلَى الأَجْناسِ الأُخْرَى، وَدَلِيلاً عَلَى وِحْدَةِ الجِنْسِ البَشَرِيِّ، كُلُّكُمْ لِآدَمَ وَآدَمُ مِنْ تُرابٍ. آمُلُ أَنْ أَكُونَ قَدْ وُفِّقْتُ فِي إِبْرازِ الفِكْرَةِ إِيضاحاً وَإِفْهاماً...

وَقَدْ تَقَدَّمَ العِلْمُ فِي اكْتِشَافِ بَصْمَةٍ خَاصَّةٍ لِلعَيْنِ، وَبَصْمَةٍ

لِلصوتِ، وَقَدْ اكْتَشَفَ العُلَمَاءُ بَصْمَةَ الحِمْضِ النَّوَوِيّ الَّذِيْ يُسَمَّى: (الْدِّي، أَنْدْ، إِيْ). هَذِهِ البَصْمَةُ فيهَا تَرْكِيْبَةٌ خَاصَّةٌ لِكُلِّ إنْسَانٍ خُلِقَ عَلَى هَذِهِ البَسِيْطَةِ، حَتَّى بَعْدَ مَوتِهِ بِآلَافِ السِّنِيْنِ! وَيُمْكِنُ أنْ يَتَعَرَّفَ الإنْسَانُ عَلَى أُمِّهِ، وَعَلَى أبِيْهِ أو إخْوَتِهِ وَأخَوَاتِهِ، إذَا اخْتُطِفَ وَهُوَ صَغِيْرٌ، أَو في حَالِ شَكِّ الرَّجُلُ في إخْلَاصِ زَوْجَتِهِ!

حَرَّقَ العُمَرِيَّةُ سُنَّةَ رَسُولِ اللَّهِ، واتَّخَذُوا عُمَرَ نَبِيًّا لَهُم! اتَّبَعُوا نُبُوءَةَ عُمَرَ: (***حَسْبُنَا كِتَابُ اللَّهِ!***). هَذَا كِتَابُ اللَّهِ بَيْنَ أيْدِيْكُم مُنْذُ أكْثَرِ مِن: 1400 عَام. مَاذَا فَعَلْتُم بِالقُرآنِ! عِلْمُ القُرآنِ **يُفَسِّرُهُ مُسْتَعْرِبٌ أعْرَابِي!** وَهذِهِ النَّتِيْجَةُ؟ بَهَائِمُ لَا تَعْقُلُ تُفَسِّرُ القُرآنَ! وُلِدَتِ العُمَرِيَّةُ في زَرِيْبَةِ البَهَائِمِ، وَاسْتَوطَنَتِ الزَّرِيْبَةُ غَرَائِزَ مَنْ تَرَعْرَعَ فيهَا!

عُلَمَاءُ الغَربِ تَعَلَّمُوا عُلُومَ القُرآنِ، وَرُؤُوسُ العُمَرِيَّةِ الأعْرَابُ لَم تَعْلُ عَن **حَافِرِ البَعِيرِ، أوْ عَلَى خُفِّ الجَمَلِ!**

مَعْذِرَةٌ إنْ أطَلْتُ، إنَّ هَذِهِ مِنَ الفُرَصِ الَّتِيْ يَجِبُ أنْ يَنْتَفِضَ أقَلَّهُ مُثَقَّفُو العُمَرِيْةِ، وَيَلْجُمُوا هَذِهِ المَجْمُوعَةَ، ثُمَّ يُعِيْدُوهَا مِنْ حَيْثُ أتَتْ، يُعِيْدُوهَا إلى ألسَّقِيْفَةِ! وَقَبْلَ أنْ أُغْلِقَ البَابَ عَلَى الزَّرِيْبَةِ، **يَجِبُ أنْ تَغْضَبُوا لِلَّهِ وَرَسُوْلِهِ، وَلِلْقُرْآنِ!!!** هَذَا تَفْسِيْرٌ عُمَرِيٌّ آخَرٌ لِلْبَنَانِ:

وَقالَ اِبْنُ عَبّاسٍ وَعامَّةُ المُفَسِّرِينَ: المَعْنَى عَلَى أَنْ نُسَوِّيَ بَنانَهُ أَيْ نَجْعَلَ أَصابِعَ يَدَيْهِ وَرِجْلَيْهِ شَيْئاً واحِداً **كَخُفِّ البَعِيرِ، أَوْ كَحافِرِ الحِمارِ، أَوْ كَظِلْفِ الخِنْزِيرِ**، وَلا يُمْكِنُهُ أَنْ يَعْمَلَ بِهِ شَيْئاً، وَلكِنّا فَرَّقْنا أَصابِعَهُ حَتَّى يَأْخُذَ بِها ما شاءَ. وَكانَ الحَسَنُ يَقُولُ: جَعَلَ لَكَ أَصابِعَ فَأَنْتَ تَبْسُطُهُنَّ، وَتَقْبِضُهُنَّ، وَلَوْ شاءَ اللّٰهُ لَجَمَعَهُنَّ، فَلَمْ تَتَقِ الأَرْضَ إِلّا بِكَفَّيْكَ. وَقِيلَ: أَيْ نَقْدِرُ أَنْ نُعِيدَ الإِنْسانَ فِي هَيْئَةِ البَهائِمِ، فَكَيْفَ فِي صُورَتِهِ الَّتِي كانَ عَلَيْها؛ وَهُوَ كَقَوْلِهِ تَعالَى: وَما نَحْنُ بِمَسْبُوقِينَ عَلَى أَنْ نُبَدِّلَ أَمْثالَكُمْ، وَنُنْشِئَكُمْ فِيما لا تَعْلَمُونَ!!!

لَقَدْ نَسِيَ عُلَمَاءُ العُمَرِيَّةِ أَنَّ لِلْقُرُودِ أَصَابِعَ، وَلَكِنَّ القُرودَ عَادَةً تَعِيْشُ فِي الغَابَاتِ! هَلْ إِلَهُ العُمَرِيَّةِ أَخْبَرَهُمْ لِمَاذَا جَعَلَ اللّٰهُ لِلْقُرودِ بَنَانَ؟!

أَيُّهَا القَارِئُ الكَرِيْم، مَاذَا يَخْرُجُ مِنَ ألسَّقِيْفَةِ (الزَّرِيْبَةِ)؟!

مَعْنَى المَشِيئَةِ فِي مَنْ يَشَاءُ، وَمَنْ يَشَاءُ.

يَقُولُ بَعْضُ المُفَسِّرِيْن: ... أَنَّ المَشِيْئَةَ **هُنَا لِلَّهِ: وَمَن يُهِنِ اللَّهُ فَمَا لَهُ مِن مُّكْرِمٍ إِنَّ اللَّهَ يَفْعَلُ مَا يَشَاءُ (18) ... إِنَّ اللَّهَ يَفْعَلُ مَا يُرِيدُ (14) ...**

لَا شَكَّ أَنَّ اللَّه يَفْعَلُ مَا يُرِيْدُ وَمَا يَشَاءُ! ... **مَنْ عَمِلَ صَالِحًا فَلِنَفْسِهِ وَمَنْ أَسَاءَ فَعَلَيْهَا وَمَا رَبُّكَ بِظَلَّامٍ لِّلْعَبِيدْ (46) ...**

... إِنَّ اللَّهَ لَا يَظْلِمُ مِثْقَالَ ذَرَّةٍ وَإِن تَكُ حَسَنَةً يُضَاعِفْهَا وَيُؤْتِ مِن لَّدُنْهُ أَجْرًا عَظِيمًا (40) ... وَوُضِعَ الْكِتَابُ فَتَرَى الْمُجْرِمِينَ مُشْفِقِينَ مِمَّا فِيهِ وَيَقُولُونَ يَا وَيْلَتَنَا مَالِ هَذَا الْكِتَابِ لَا يُغَادِرُ صَغِيرَةً وَلَا كَبِيرَةً إِلَّا أَحْصَاهَا، وَوَجَدُوا مَا عَمِلُوا حَاضِرًا وَلَا يَظْلِمُ رَبُّكَ أَحَدًا (49) ...

إِنَّ مِنْ أَسْمَاءِ اللَّه الحُسْنَى: **العَدْلَ! القَادِرَ!**

أَيُّ عَدْلٍ هَذَا الَّذِي يَجْعَلُكَ تُخْطِئُ ثُمَّ يُحَاسِبُكَ عَلى هَذَا الخَطَأ؟ حَاشَى لِلَّهْ!

أَمَّا في الَّذِيْنَ كَذَّبُوا، يَا دُكْتُور عبد المجيد البَيَانُونِي، يَقُولُ اللَّه: **وَالَّذِينَ كَذَّبُوا بِآيَاتِنَا صُمٌّ وَبُكْمٌ فِي الظُّلُمَاتِ!** وَيَقُولُ أَيْضًا: ...

إِنَّ شَرَّ الدَّوَابِّ عِندَ اللَّهِ الصُّمُّ الْبُكْمُ الَّذِينَ لَا يَعْقِلُونَ (22) ... وَيَقُولُ أيْضًا: **إِنَّ الَّذِينَ يُنَادُونَكَ مِن وَرَاءِ الْحُجُرَاتِ أَكْثَرُهُمْ لَا يَعْقِلُونْ (4)** ... عَفْوًا أيُّهَا القَارِئُ الكَرِيْمُ، سَنَعُودُ الآنَ ثَانِيَّةً إلى قِصَّةِ آدَمَ فِي القُرآنِ!

هلْ آياتُ القرآنِ وليدةُ نزولِها؟

يَقُولُ اللهُ: وَلَنْ يُؤَخِّرَ اللهُ نَفْسًا إِذَا جَاءَ أَجَلُهَا وَاللهُ خَبِيرٌ بِمَا تَعْمَلُونَ!

إِذَا كَانَ بَعْدُ شَكٌّ لَدَيْكُمْ بِأَنَّ القُرْآنَ مَحْفُوظٌ قَبْلَ الخَلْقِ، كَيْفَ عَلِمَ اللهُ الآجَالَ؟ فَالآجَالُ تَأْتِي بَعْدَ الخَلْقِ!؟

قَالَ اللهُ: يَا آدَمُ أَنْبِئْهُمْ بِأَسْمَائِهِمْ فَلَمَّا أَنْبَأَهُمْ بِأَسْمَائِهِمْ قَالَ أَلَمْ أَقُلْ لَكُمْ إِنِّي أَعْلَمُ غَيْبَ السَّمَاوَاتِ وَالْأَرْضِ وَأَعْلَمُ مَا تُبْدُونَ وَمَا كُنْتُمْ تَكْتُمُونَ؟!

مَا لَكُمْ كَيْفَ تَحْكُمُونَ؟! وَأَيَّ إِلَهٍ تَعْبُدُونَ؟!

يَعْبُدُ (العُمَرِيَّةُ) أَتْبَاعُ السُّنَّةِ *"أَيَّ سُنَّةٍ"* إِلَهًا أَطْرَشَ! لِكَيْ يَسْمَعَ دُعَاءَهُمْ (أَطْرَشُ) يَنْزِلُ عَنْ عَرْشِهِ –*كَمَا يَدَّعُونَ!*– إِلَى السَّمَاءِ الدُّنْيَا فِي الثُّلُثِ الأَخِيرِ مِنَ اللَّيْلِ، *"أَيَّ لَيْلٍ؟"* لَيْلُ أَمْرِيكَا، الصِّينِ، الشَّرْقِ الأَوْسَطِ؟! إِلَهٌ مُحْتَاجٌ إِلَى الحَرَكَةِ كَمَا وَصَفَهُ وقَلَّدَ نُزُولَهُ إِمَامُهُمْ بْنُ تَيْمِيَّةَ! نَزَلَ عَنْ دَرَجِ مَرْتَبَتِهِ أَوْ مِنْبَرِهِ ثُمَّ صَعَدَ وَهُوَ يَقُولُ: **يَنْزِلُ كَنُزُولِي هَذَا وَيَصْعَدُ كَصُعُودِي هَذَا!؟**

إِلَهُ العُمَرِيَّةِ وَإِلَهُ بْنِ تَيْمِيَّةَ جَاهِلٌ لَا يَعْلَمُ أَنَّ الثُّلُثَ الأَخِيرَ مِنَ اللَّيْلِ سَرْمَدِيٌّ! هَذَا الإِلَهُ مَا زَالَ عَالِقًا فِي السَّمَاءِ الدُّنْيَا!

إِنَّ خِطَابَ: إِنِّي أَعْلَمُ غَيْبَ السَّمَاوَاتِ وَالْأَرْضِ وَأَعْلَمُ مَا تُبْدُونَ

وَمَا كُنْتُمْ تَكْتُمُونَ! أَلْغَى تَوْقِيتَ أَسْبَابِ نُزُولِ الآيَاتِ، لِأَنَّ الوَقْتَ عِنْدَ اللهِ سَرْمَدِيٌّ!

أَيُّهَا العُمَرِيَّةُ! إِذَا كَانَ اللهُ يَعْلَمُ غَيْبَ السَّمَاوَاتِ وَالْأَرْضِ وَيَعْلَمُ مَا تُبْدُونَ وَمَا كُنْتُمْ تَكْتُمُونَ؟! وَإِذَا كَانَ اللهُ مُسَبِّبَ الْأَسْبَابِ؟ هَلْ يَحْتَاجُ اللهُ إِلَى سَبَبٍ لِأَحْكَامِهِ وَهُوَ أَحْكَمُ الحَاكِمِينَ اللهُ؟! هُوَ الحَكَمُ!

لَقَدْ عَلِمَ اللهُ مَا فِي قُلُوبِكُمْ، وَمَا تُخْفِي صُدُورُكُمْ وَمَا تَجْرَحُ أَيْدِيكُمْ، **فَجَعَلَكُمْ لَا تَعْقِلُونَ!** وَبِالرَّغْمِ مِنْ هَذَا كُلِّهِ جَعَلَ اللهُ رَحْمَتَهُ تَسْبِقُ غَضَبَهُ! فَفَتَحَ اللهُ أَبْوَابَ رَحْمَتِهِ، وَدَعَاكُمُ الدُّخُولَ! أَبَيْتُمْ وَاسْتَكْبَرْتُمْ، ضَلَلْتُمْ وَأَضْلَلْتُمْ، لِأَنَّكُمْ كَأَصْنَامِكُمُ الَّتِي تَعْبُدُونَ؛ **لَا تَعْقِلُونَ!**

إِنِّي أَعْلَمُ غَيْبَ السَّمَاوَاتِ وَالْأَرْضِ وَأَعْلَمُ مَا تُبْدُونَ وَمَا كُنْتُمْ تَكْتُمُونَ! وَإِنِّي أَعْلَمُ مَا لَا تَعْلَمُونَ!

لِمَاذَا أَكَّدَ اللهُ عَلَى أَنَّكُمْ لَا تَعْلَمُونَ؟

أَلِكَيْ يُؤَكِّدَ اللهُ لَكُمْ أَنَّكُمْ لَا تَعْلَمُونْ، أَمْ لِكَيْ يَحُثَّكُمْ عَلَى العِلْمِ؟ أَلَمْ يَقُلِ اللهُ: ﴿يَرْفَعُ اللَّهُ الَّذِينَ آمَنُوا مِنْكُمْ وَالَّذِينَ أُوتُوا الْعِلْمَ دَرَجَاتٍ وَاللَّهُ بِمَا تَعْمَلُونَ خَبِيرٌ﴾ ...

فِي سُورَةِ الرحمن، قَالَ تَعَالَى: الرَّحْمَنُ (1). عَلَّمَ الْقُرْآنَ (2). خَلَقَ الْإِنْسَانَ (3). عَلَّمَهُ الْبَيَانَ (4) ...

وَلَقَدْ خَلَقْنَاكُمْ، ثُمَّ صَوَّرْنَاكُمْ، ثُمَّ قُلْنَا لِلْمَلَائِكَةِ اسْجُدُوا لِآدَمَ فَسَجَدُوا إِلَّا إِبْلِيسَ لَمْ يَكُن مِّنَ السَّاجِدِين.

إنَّ هذِهِ الآياتِ صَدعَتْ كَذِبَ الكاذِبينَ، وَفَضَحَتِ المُنافِقِينَ، مِنَ المُعَنْعِنِينَ عُبّادِ المَوْتَى وَأَتْباعِ الشَياطِينِ. يُفَسِّرُ عُلماءُ العُمَرِيَّةِ سُورَةَ الرَحْمنِ كالتَّالي: *وَبَدَأ اللَّهُ تَعالَى بِتَعْليمِ القُرْآنِ قَبْلَ خَلْقِ الإنْسانِ إشارَةً إلَى أنَّ نِعْمَةَ اللهِ عَلَيْنا بِتَعْليمِ القُرْآنِ أَشَدُّ وَأَبْلَغُ مِنْ نِعْمَتِهِ بِخَلْقِ الإنْسانِ، وَإلّا مِنَ المُسَلَّمِ بِهِ أنَّ خَلْقَ الإنْسانِ سابِقٌ عَلَى تَعْليمِ القُرْآنِ، لكِنْ لَمّا كانَ تَعْليمُ القُرْآنِ أَعْظَمَ مِنَّةٍ مِنَ اللهِ (عَزَّ وَجَلَّ) عَلَى العَبْدِ قَدَّمَهُ عَلَى خَلْقِهِ. وَيُفَسِّرُونَ الآيَةَ 11 مِنْ سُورَةِ الأَعْرافِ كالتالي:*

(قَالَ أَبُو جَعْفَر: **<u>اخْتَلَفَ</u> أَهْلُ التَّأويْلِ فِي تَأوِيْلِ ذَلِكَ.**) لِلَّذِيْنَ يُرِيْدُونَ أَنْ يُبْهِروا أعينَهُم، ما عَليهِم سِوى إستفتاءِ **سُنَّةَ الإختِلافِ.** سَيكْتَشِفونَ أنَّها سيلٌ مِنَ المَجَارِي. الشَّيءُ الوَحِيْدُ الثَّابتُ والمَفْهُومُ، أنَّها تَبدأ وتَنتَهي **بِاختِلافِ المُتَقَوِّلِيْنَ وَالمُتَأوِّلِيْنَ** الَّذِيْنَ يَقُولُ فيهِمُ القُرآنُ: **هُوَ الَّذِي أَنزَلَ عَلَيْكَ الْكِتَابَ مِنْهُ آيَاتٌ مُّحْكَمَاتٌ هُنَّ أُمُّ الْكِتَابِ وَأُخَرُ مُتَشَابِهَاتٌ فَأَمَّا الَّذِينَ فِي قُلُوبِهِمْ زَيْغٌ فَيَتَّبِعُونَ مَا تَشَابَهَ مِنْهُ ابْتِغَاءَ الْفِتْنَةِ وَابْتِغَاءَ تَأْوِيلِهِ وَمَا يَعْلَمُ تَأْوِيلَهُ إِلَّا اللَّهُ وَالرَّاسِخُونَ فِي الْعِلْمِ يَقُولُونَ آمَنَّا بِهِ كُلٌّ**

مِّنْ عِندِ رَبِّنَا وَمَا يَذَّكَّرُ إِلَّا أُولُو الْأَلْبَابِ (7).

كَيْفَ يُفَسَّرُ وَيُفْهَمُ القُرآنُ في الإخْتِلافِ؟؟؟

يَا صَلاةِ الزَّيْنْ!!! ***إِنَّ نِعْمَةَ اللَّهِ عَلَيْهِمْ بِتَعْلِيمِ القُرْآنِ، أَشَدُّ وَأَبْلَغُ مِنْ نِعْمَتِهِ بِخَلْقِهِمْ***!!! هَذَا كَلَامُ حَقٍّ يُرادُ بِهِ بَاطِلٌ! طَبْعًا إنَّ تَعليمَ القُرآنِ نِعمَةٌ وَخَلقَ هَؤلَاءِ نَقْمَةٌ!!!

كُلَّمَا أَقْرَأُ أَوْ أَسْمَعُ تَفْسِيْرًا لِآيَاتِ القُرْآنِ مِنَ الَّذِيْنَ في قُلُوبِهِم زَيْغٌ وَمِمَّنْ غَضِبَ اللَّهُ عليهِم، الذين بَاعُوا أنْفُسَهُم للشَيطانِ، واستَعْدُوا القُرآنَ، وضَلُّوا وأضَلُّوا العِبَادَ، يَضيقُ صَدْرِي وأشْعُرُ بِالاختناق. لا بُدَّ أنْ يَشْعُرَ البَعضُ مِمَّنْ عَقِلَ هَذِه الآيَاتِ بِهَذَا الشُعُورِ نَفْسِهِ...

لَو أنَّ المَقْصُودَ في آيَاتِ سُوْرَةِ الرَّحْمَنِ أنَّ اللَّهَ أَرَادَ أَنْ يَقُولَ: خَلَقَ الإنْسَانَ، ثُمَّ عَلَّمَهُ القُرْآنَ، ثُمَّ البَيَانَ، لَعَلِمَ ولَحَفِظَ القُرآنَ النَّاسُ جَمِيْعاً! وَلَكِنَّ اللَّهَ بِحِكمَتِه أَوْضَحَ أنَّ تَعلِيْمَ القُرآنِ اخْتَصَّ بِهِ وبِعِلْمِهِ مَنْ أَخَصَّهُمْ بِعِلْمِ القُرآنْ، وَمِنْ بَعْدِ خَلَقَ الإنْسَانَ، وَعَلَّمَهُ البَيَانْ! الَّذِيْنَ عَلَّمَهُم اللَّهُ القُرآنَ، جَعَلَهُمُ الراسِخينَ في العِلْمِ حيثُ قَالَ:

وَمَا يَعْلَمُ تَأْوِيلَهُ إِلَّا اللَّهُ وَالرَّاسِخُونَ فِي الْعِلْمِ يَقُولُونَ آمَنَّا بِهِ كُلٌّ مِّنْ عِندِ رَبِّنَا وَمَا يَذَّكَّرُ إِلَّا أُولُو الْأَلْبَابِ. لَكن مُزَوِّرِي السُّنَّةِ

(العُمَرِيَّةُ) وَقَفُوا في القِراءة عِندَ؛ وَمَا يَعْلَمُ تَأْوِيلَهُ إِلَّا اللَّه ولَم يَعطِفوا عَليها وَالرَّاسِخُونَ فِي الْعِلْمِ حَيثُ افْتَروا عَلى اللّهِ وَعَلى رَسولِهِ وَعَلى الأئِمَّة بَأنْ جَعَلُوا الوَاوَ التي قَبْلَ "الراسخون" تَأكيديَّة وَلَيْس حَرفَ عَطْفٍ!!! أَي أنَّ اللّهَ وَحْدَهُ يَعْلَم تَأويلَ القُرآنِ!!!

فَألْغوا العَدالةَ عن اللّه! طَبْعًا إِلَهُهُم يُحاسِبُ خَلْقَهُ الَّذِيْنَ لَا يَعْلَمُونَ، وَيُرسِلُ إِليهِم لِكي يُعلِّمَهُم – مَنْ لَا يَعْلَمُ – عُلُوْمَ القُرآنِ وَالحَلَالَ والحَرَامَ!!!

طَبْعًا نَبيِّهُم جَاهِلٌ أيْضًا، وَلا يَعْلَمُ بِتَأويلِ القُرآنِ! ولَكنَّ وعَّاظَ السَّلَاطينِ والمُستَعربينَ والمُضَلِّلينَ؛ أخبرُ وأعلَمُ بِتَأويْلِ القُرآنِ، مِنْ ***نبيِّهِم***!!!

إنَّ أزلَامَ السُلطَةِ المُغْتَصِبَةِ الظَالِمَةِ القَاتِلَةِ، هُمُ الَّذينَ سَيُكْمِّلون رسَالةَ ***نَبيِّهِم*** الجَاهِلِ، ويَجْعَلونَها رَحْمَةً للعالَمين!!!

أَينَ الرَحْمَةُ، وَأيُّ رَحمَةٍ؟ ألعالَمُ بِأسرِهِ "حَالِيًّا" يَشْهَدُ ويَسْتَأنِس بِهَذِه الرَحمَة!

خُصُوصَاً سُوريًّا والعِراق وفلسطين وليبيا والهِند وأفغانستان وإيران ولبنان واليمن وَأسبانيا أَيضَاً... أيُّها النَّاسُ!!!

أَيُّهَا النَّاسُ، إسْتَعمَرَ هَذَا الفِكرُ الشَّيْطَانِي أَسبَانيا، 600 عَام، كَمّ مِنَ الأَسْبَانِ يَقْرَأُ ويَفْهَمُ ويُعَلِّمُ ويَتَعَلَّمُ هَذَا الدِّيْنِ أَوْ يَقْرَأُ القُرْآنَ؟ إنَّ

مُعْظَمَ الشَّبَابِ الَّذِينَ يُعتَقَدُ أَنَّهُمْ وُلِدوا في عَائلَةٍ مُسْلِمَةٍ حَوَّلَتْهُمْ هَذِهِ السُنَّةُ إِمَّا إِرْهَابِيينَ قَتَلَةً أَو حَالِمينَ طَامِحينَ لِلْهَرَبِ إِلَى البِلَادِ الَّتِي يُسَمُّونَها بِلَادَ الكُفْرِ؛ بِلَادَ الغَرْبِ... إِنَّ ظَاهِرَةَ هَذَا الكَمِّ الهَائِلِ مِنَ المُسلِمينَ الَّذِينَ يَركَبُونَ الأَمْوَاجَ، – وَكَثِيرٌ مِنْهُم تَأْكُلُهُ الأَسْمَاك – جَاءَ هَرَبًا مِنْ فَائِضِ الرَّحْمَةِ الَّتِي يَتَمَتَّعُونَ بِهَا في بِلَادِهِم!

إِنَّ سُنَّتَكُم لا تَمُتُّ لِلفِطرَةِ، وَلا لِلإِنْسَانِيَّةِ بِصِلَةٍ، وَلَيْسَ فيها رَحْمَةٌ أَبَدًا... إِنَّ هَذِهِ السُنَّةَ لَعْنَةٌ عَلَى العَالَمِينَ...

أَمَّا مِنْ حَيْثُ قَالَ اللهُ: إِنَّا جَعَلْنَاهُ قُرْآنًا عَرَبِيًّا *لَعَلَّكُم تَعْقِلُونَ*، حَسَبَ تَفْسِيرِ هَؤُلاءِ المُضَلِّلِينَ، أَنَّ تَعْلِيمَ اللهِ القُرْآنَ جَاءَ بَعْدَ خَلْقِ الإِنْسَانِ، يَجِبُ إِذًا عَلَى الخَلْقِ كُلِّهِ أَنْ يَكُونَ قَدْ تَعَلَّمَ القُرْآنَ وَاللُّغَةَ العَرَبِيَّةَ؟!

هَؤُلَاءِ الفَسَقَةُ عَطَّلُوا حَتَّى العُقُولَ. أَوْهَمُوا أَتْبَاعَهُم أَنَّ في التَّفْكِيرِ وَالتَّدَبُّرِ وَالبَحْثِ وَالتَّطْوِيرِ؛ تَشْكِيكٌ وَقِلَّةُ إِيمَانٍ في سَلَفِهِم الصَّالِحِ (الطَّالِحِ). عُقُولُهُم وَعُقُولُ سَلَفِهِم مُحَنَّطَةٌ كَعُقُولِ المُومْيَاءِ.

إِنَّ كُلَّ مَا سَلَفَ مِنْ تَفَاسِيرَ، مَحْضُ تَحْرِيفٍ وَتَزْوِيرٍ، لِأَنَّهُ لا يُمْكِنُ أَنْ يَكُونَ تَفْسِيرُ آيَاتِ سُورَةِ الرَّحْمَانِ إِلَّا كَمَا جَاءَتْ تِبَاعًا... **مِّنَ الَّذِينَ هَادُوا يُحَرِّفُونَ الْكَلِمَ عَن مَّوَاضِعِهِ وَيَقُولُونَ سَمِعْنَا**

وَعَصَيْنَا وَاسْمَعْ غَيْرَ مُسْمَعٍ وَرَاعِنَا لَيًّا بِأَلْسِنَتِهِمْ وَطَعْنًا فِي الدِّينِ! لِماذا سَأَلَ اللهُ الملائِكَةَ عَنْ حِكمَةِ خَلْقِ آدَمَ؟؟؟ هَلِ المَلائِكَةُ بحاجَةٍ إلى قُرآنٍ يَهْديْهُم؟ وَهَل المَلائِكَةُ مِن الإِنْسِ؟ وإذا كَانَ رَسُولُ اللهِ لَا يَعْلَمُ تَأويلَ القُرآنِ، مَا قِيْمَةُ وَمَا مَعْنَى: **كَمَا أَرْسَلْنَا فِيكُمْ رَسُولًا مِنْكُمْ يَتْلُو عَلَيْكُمْ آيَاتِنَا وَيُزَكِّيكُمْ وَيُعَلِّمُكُمُ الْكِتَابَ وَالْحِكْمَةَ وَيُعَلِّمُكُمْ مَا لَمْ تَكُونُوا تَعْلَمُونَ** ﴿١٥١﴾ البقرة.

أَيْنَ أُوْلُو الألبابِ؟ أَلرَسُولُ جَاءَ فيكُم **مُعَلَّمًا ومُعَلِّمًا للكِتاب والحِكمَة، ومُزَكًّا مِنَ اللهِ، لِيُزَكيْكُم وَيُعَلِّمُكُم، *وأَنْتُم، وَعُلَمَاؤُكم، وَأَنبيَاؤُكم* لَم تَكُونُوا تَعلَمُون.**

كَيْفَ تَقْبَلُ عُقُولُكُمْ أَنَّ اللهَ يَرْضَى أَنْ يَكُونَ رَسُولُهُ، الَّذِي خَلَقَ الكَوْنَ لِأَجْلِهِ جاهِلاً فِي مَا أَرْسَلَهُ فِيهِ؟! لِيَأْتِيَ شَرُّ البَرِيَّةِ عَمِيْرٌ (عُمَر) وَيُعارِضُ الرَسُولَ أَمَامَ النَّاسِ؟! ***عَمِيْرٌ هُوَ أَحَدُ أَسْمَاءِ نَبِيِّ العُمَرِيَّةِ الكَثِيْرَةِ!***

أَلِأَنَّهُ كَما زَعَمَتْ سُنَّتُكُمْ؛ أَنَّ خَيْرَ خَلْقِ اللهِ جاهِلٌ فِي أُمُورِ الدُّنْيا، وَعَمِيْرٌ سَائِسُ الحَمِيرِ أَعْلَمَ مِنْهُ!؟

حَسْبِيَ اللهُ وَنِعْمَ الوَكِيلُ!!!

رَبِّ، وَإِلٰهِي، وَسَيِّدِي، وَمَوْلَايَ، *أُحْشُرْ هٰؤُلاءِ النَاسَ مَعَ سَيِّدِهِمْ عُمَرَ (عَمِير)* وَاحْشُرْنِي مَعَ أَحِبّائِكَ الَّذِينَ يَعْتَبِرُونَ عَمِيْراً سايِسَ

الحَمِيرِ (عُمَرَ) شَرَّ البَرِيَّةِ!

أَدْعُو اللَّهَ أَنْ يَحْشُرَكُمْ مَعَ سَيِّدِكُمْ عُمَرَ الَّذِي سَمَّيْتُمُوهُ فارُوقاً، وأَنْ لا يَحْشُرَنِي اللَّهُ مَعَكُمْ.

فِطْرَةُ هٰذا الدينِ القَيِّمِ أَنَّهُ الدِّيْنُ الأَوْحَدُ الَّذِي جاءَ كافَّةً لِلناسِ حَتَّى يَرِثَ اللَّهُ الأَرْضَ وَمَنْ عَلَيْها. **وَما كانَ اللَّهُ لِيُعَذِّبَهُمْ وَأَنْتَ فِيهِمْ وَما كانَ اللَّهُ مُعَذِّبَهُمْ وَهُمْ يَسْتَغْفِرُونَ.** (33)

إِنَّ كُلَّ مَا جَرَى فِي القُرُونِ السَّابِقَةِ، بَعْدَ ظُهُورِ المُصْطَفى وَحَتَّى الآنَ مِنْ قَتْلٍ وَفِسْقٍ وَفَسَادٍ فِي الأَرْضِ، وَيَجْرِي فِي عَالَمِ المُسْلِمِيْنَ عَلَى مُسْتَوَى أَكْبَرَ وَأَكْثَرَ وَأَوْسَعَ، وَلَكِنَّ اللَّهَ وَعدَ أَنْ لَنْ يُعَذِّبَهُم مَا دَامَ الرَّسُولُ فيهِم. رَحَلَ الرَّسُولُ مَسْمُومًا! بِالرَّغْمِ مِنْ إِيْمَانِيْ الرَّاسِخِ أَنَّ الرَّسُولَ مَا زَالَ فِينَا حَيّاً، إِلَّا أَنَّ العُمَرِيَّةَ يَعتَقِدُونَ أَنَّهُ انْتَهَى وَرَحَلَ... فِي رِحْلَةٍ لِيْ إِلَى الحَجِّ، وَفِي المَدِيْنَةِ المُنَوَّرَةِ، وَقَفْتُ أَمَامَ ضَرِيْحِ النَّبِيِّ الهَادِيّ سَيِّدِي أَبِيْ القَاسِمِ؛ أُسَلِّمُ عَلَيْهِ قَائِلاً: السَلامُ عَلَيْكَ يَا رَسُولَ اللهِ. نَهَرَنِيْ أَحَدُ المُطَوِّعِيْنَ السُّعُودِيْيِّنَ، وَأَظْهَرَ لِيْ عَصًا قَصِيْرَةً كَانَتْ بِيَدِهِ قَائِلًا: عَصَايَ هَذِهِ أَفْضَلَ مِنْ مُحَمَّدٍ، ثُمَّ أَزادَ غَاضِباً، العَصَا أَتَوَكَّأُ عَلَيْهَا، أَمَّا مُحَمَّدٌ لَا نَفعَ فيهِ وَلَهُ، وَلَا يَسْمَعُكَ أَضْحَى تُرابًا! فَتَرَكْتُهُ وَلَمْ أُجِبْهُ! نَادَانِيْ، يَا حَاجْ، لَمْ تُسَلِّمْ عَلَى الشَّيْخَيْنِ! وَقَفْتُ وَقُلْتُ لَهُ: هَلْ

يَسْمَعَان؟ قَالَ نَعم!!! إنَّ هَذَا الفِكْرَ الشَّيطَانِيَّ عَاثَ فِي الأَرْضِ الفَسَادَ. لَم يَسْلَمْ مِنْهُ مَخْلُوقٌ حَتَّى الشَّجَرُ وَالحَجَرُ!

أين إذًا، ذَهَبَ عَذَابُ اللَّهِ؟!!!

وَلَقَدْ خَلَقْنَاكُمْ، ثُمَّ صَوَّرْنَاكُمْ، ثُمَّ قُلْنَا لِلْمَلآئِكَةِ اسْجُدُواْ لآدَمَ فَسَجَدُواْ. الرَّحْمَنُ (1) عَلَّمَ الْقُرْآنَ (2) خَلَقَ الْإِنْسَانَ (3) عَلَّمَهُ الْبَيَانَ (4). وَهَذَا لِسَانٌ عَرَبِيٌّ مُبِينٌ ...

بِلسَانٍ عَربِيٍّ مُبِيْنٍ ...

إِنَّا أَنزَلْنَاهُ قُرْآنًا عَرَبِيًا لَّعَلَّكُمْ تَعْقِلُونَ ...

إِنَّا جَعَلْنَاهُ قُرْآنًا عَرَبِيًّا لَّعَلَّكُمْ تَعْقِلُونَ ...

وَهَٰذَا كِتَابٌ مُّصَدِّقٌ لِّسَانًا عَرَبِيًّا لِّيُنذِرَ الَّذِينَ ظَلَمُوا وَبُشْرَى لِلْمُحْسِنِينَ ...

إنَّ هَذِه الآياتُ بُشْرى للمُحسنينَ!!!

الآياتُ خَاصَّةٌ بِأحْداثِ خَلقِ آدَمَ عليهِ السَّلام، وَفي الَّذِيْنَ عُلِّمُوا القُرآن -الذي جَعَلَهُ اللَّهُ قُرآناً عَربياً - قَبلَ خَلقِهِم، ثُمَّ تَصويرِهِم، ثُمَّ عَرْضِهِم عَلَى المَلائِكَةِ!!

إنَّهُمُ الَّذِيْنَ عُلِّمُوا القُرآنَ وَعَلَّمُوا البَيَانَ!!! إنَّهُم **الرَاسِخُونَ في العِلْمِ**، أَلَّذِيْنَ نَفَى اللَّهُ عَنْ غيرِهِم مَسَّ القُرآنِ!!! المُطَهَّرونَ: **لاَ يَمَسُّهُ إلا المُطَهَّرون!!! إِنَّمَا يُرِيدُ اللَّهُ لِيُذْهِبَ عَنكُمُ الرِّجْسَ أَهْلَ**

الْبَيْتِ وَيُطَهِّرَكُمْ تَطْهِيرًا!!! فَأَقِمْ وَجْهَكَ لِلدِّينِ حَنِيفًا فِطْرَتَ اللَّهِ الَّتِي فَطَرَ النَّاسَ عَلَيْهَا لَا تَبْدِيلَ لِخَلْقِ اللَّهِ ذَلِكَ الدِّينُ الْقَيِّمُ، وَلَكِنَّ أَكْثَرَ النَّاسِ لَا يَعْلَمُونَ!!!

لَو اسْتَعنَّا بهَدْيِ هَذِهِ الآيَاتِ المُحْكَمَاتِ التَّالِيَاتِ؛ لَتَعَرَّفْنَا عَلَى أَرْكَانِ هَذِا الدِّيْنِ القَيِّمِ:

.1) (إِنَّا أَنْزَلْنَاهُ في لَيْلَةِ القَدْر)

.2) (إِنَّا جَعَلْنَاهُ قُرآناً عَرَبِيّاً لَعَلَّكُمْ تَعْقِلُونَ)

.3) (وَلَقَدْ خَلَقْنَاكُمْ، ثُمَّ صَوَّرْنَاكُمْ، ثُمَّ قُلْنَا لِلْمَلَائِكَةِ اسْجُدُوا لِآدَمَ فَسَجَدُوا إِلَّا إِبْلِيسَ لَمْ يَكُن مِّنَ السَّاجِدِينَ)

.4) الرَّحْمَنُ (1) عَلَّمَ الْقُرْآنَ (2) خَلَقَ الْإِنْسَانَ (3) عَلَّمَهُ البَيَان (4).

.5) لا يَمَسُّهُ إلا المُطَهَّرون.

.6) وَمَا يَعْلَمُ تَأْوِيلَهُ إِلَّا اللَّهُ وَالرَّاسِخُونَ فِي الْعِلْمِ يَقُولُونَ آمَنَّا بِهِ كُلٌّ مِّنْ عِندِ رَبِّنَا وَمَا يَذَّكَّرُ إِلَّا أُولُو الْأَلْبَابِ.

.7) إِنَّمَا يُرِيدُ اللَّه لِيُذْهِبَ عَنكُمُ الرِّجْسَ أَهْلَ الْبَيْتِ وَيُطَهِّرَكُمْ تَطْهِيرًا.

إنَّ القُرآنَ يُفَسِّرُ بَعضُهُ بَعضَا. هَذَا بَعضٌ مِنَ القُرآن فِيهِ وضُوحُ الشَمسِ في رَابِعَةِ النَّهَارِ. إنَّ الَّذِيْنَ مَا زَالُوا يُغمِضُونَ أَعْيُنَهُم،

ويُقْفِلون قُلُوبَهُم؛ لَن يَعقِلوا الحَقَّ وَلَوْ أَحْرَقَ الحَقُّ أجفانَهُم، وَكَسَّرَ الأقفالَ عَنْ عُقُولِهِم وَقلوبِهِم!!!

كَثْرَةُ مَا وَرَدَ مِنْ أَسْبَابِ النُّزُولِ فِي سُورَةِ الحُجُرَاتِ!؟

يَقولُ: الدكْتُورُ عَبْدُ المَجِيْدِ البَيَانُونِي في كِتَابِ: ***البَيِّنَاتُ فِي تَفْسِيرِهِ سُورَةِ الحُجُرَاتِ!*** أَنَّ أَسْبَابَ النُّزولِ، وَطَرَفًا مِنْ حِكْمَتِهَا وَدَلَالَاتِهَا: *إِنَّ مِمَّا يُلْفِتُ النَّظَرَ فِي هَذِهِ السُّورَةِ، كَثْرَةُ مَا وَرَدَ فِيهَا مِنْ أَسْبَابِ النُّزُولِ، فَهِيَ عَلَى قِلَّةِ آيَاتِهَا،* ***فَقَدْ وَرَدَتْ تِسْعَةُ أَسْبَابٍ لِنُزُولِهَا...***

يَا دُكْتُورْ، هَلْ كَانَتْ آيَاتُ القُرآنِ وَلِيْدَةَ أَحْدَاثٍ آنِيَّةٍ، أَمْ أَنَّ وُجُودَ القُرآنِ سَبَقَ الأَحْدَاثَ وَالمُحْدِثِيْنَ؟!

أعْتَقِدُ أَنَّ إِلَهُكَ يَا دُكْتُور يَحْتَاجُ لِحَدَثٍ أو سَبَبٍ لِيُقِيْمَ شَرَائِعَهُ! إِلَهٌ لَا يُحْسِنُ الفِعْلَ **(لَا يُحْسِنُ الإِبْدَاع)** بَلْ يَتَفَاعَلُ مَعَ الأَحْدَاثِ وَأَسْبَابِهَا! ألظَّاهِرُ يَا دُكْتُورْ أَنَّكَ شَرِبْتَ مِنْ مَجَارِي البُخَارِي حَتّى الثَّمَالَةِ وَاسْتَنْشَقْتَ رِيحَ بنِ تَيْمِيَّةَ مَا أَفْقَدَكَ الفِطْرَةَ الَّتِي خَلَقَكَ اللَّهُ عَلَيْهَا، وَنَسَيْتَ نِعَمَ اللهِ عَلَيْكَ، إِذْ أَعْطَاكَ اللَّهُ القُدرَةَ عَلَى البحثِ والتَّعَلُّم وَرَفَعَكَ بَيْنَ النَّاسِ لِيَبْتَلِيْكَ! فَضَلَّيْتَ وَأَضَلَّيْتَ!

أَلَمْ تَقْرَأ يَا دكْتور كَلَامَ اللَّه وَأَنْتَ دُكْتُورْ: **الرَّحمَنُ** 1 **عَلَّمَ القُرءَانَ** 2 **خَلَقَ الإِنسَنَ** 3 **عَلَّمَهُ البَيَانَ** 4 ... **أَلْرَّحمَنُ** (1) وَصْفٌ، وَإِسْمٌ مُخْتَصٌّ بِاللَّه سُبْحَانَهُ فَهُوَ ((الرَّحْمَنُ الرَّحِيْمُ)) فَهُوَ الرَّحِيْمُ

ذو الرَّحْمَةِ الَّتِي لا غَايَةَ بَعْدَهَا! ... **عَلَّمَ القُرءَانَ** (2) القَانُونَ الَّذِي وَصَفَهُ اللَّه؛ هُدًى، وَنُوْرً، وَشِفَاءً، وَرَحمَةً، وَموعِظَةَ، وَبُشْرًى، وَمُبَارَكًا، وَعَزِيْزًا، وَكَرِيْمًا، وَبَشِيْرًا، وَمَجِيْدًا، وَنَذِيْرًا. فيهِ الأَحْكَامُ وَالقَوَاعِدُ الَّتِي تَتَحَكَّمُ بِمَسَارَاتِ الخَلقْ! وَجَعَلَ اللَّهُ القُرآنَ نِبْرَاسَ الخَلْقِ! وَلَمْ يُفَرِّطِ اللَّهُ في الكِتَابِ مِنْ شَيْءٍ، ثُمَّ عَلَّمَهُ لِمَنْ ارْتَضى مِنْ خَلْقِهِ، وَآدَمُ مَا زَالَ بَيْنَ المَاءِ وَالطِّيْنِ، وَقَبْلَ أَنْ يَكُونَ إِنْسٌ أَوْ عِلْمٌ!

بَعْد هَذَا ... **خَلَقَ الإنسَانَ** (3) أَوْجَدَهُ مِنَ العَدَمِ، أَنْشَأَهُ، صَوَّرَهُ، بَعْدَ أَنْ أَتَمَّ الخَلْقَ! ... وَرحمَةً مِنْهُ عَلَّمَ اللَّهُ الإِنْسَانَ البَيَانَ... **عَلَّمَهُ البَيَانَ** (4) ... **خَلَقَ الإِنْسَانَ، عَلَّمَهُ البَيَانْ**، الفِطْرَةُ الَّتِي خَلَقَ اللَّهُ الإنسَانَ عَلَيْهَا. وهِيَ الخِلْقَةُ الَّتِي خَلَقَ اللَّه عِبادَهُ عَلَيْهَا وَجَعَلَهُم مَفْطُوْرِيْنَ. حَيْثُ بَدَأَهُمْ وَخَلَقَهُم عَلَيْهَا، الَّتِيْ هِيَ مَحَبَّةُ الخَيْرِ وَإِيْثَارُهُ، وَكَرَاهَةُ الشَّرِّ وَدَفْعُهُ، وَفَطَرَهُمْ عَلَى حُبِّ المَعْرِفَةِ وَالكَمَالِ. الفِطْرَةُ هِيَ التَّفْرِيْقِ بَينَ الخَيْرِ والشَّرِّ، (إِنَّا هَدَيْنَاهُ السَّبِيلَ إِمَّا شَاكِرًا وَإِمَّا كَفُوراًْ!). وَسُبُلُ هَذَا التَّفْرِيْقْ الَّتِي تَتَّصِفُ بِالشُّمُولِيَّةِ والعُمُومِ، لَا يُمْكِنُ اسْتِئصَالُهَا أَوِ القَضَاءُ عَلَيْهَا! فَالرُّؤيَةُ وَالبَصِيْرَةُ وَالهِدَايَةُ (وَإِذْ قَالَ إِبْرَاهِيمُ لِأَبِيهِ وَقَوْمِهِ إِنَّنِي بَرَاءٌ مِمَّا تَعْبُدُونَ (26) **إِلَّا الَّذِي فَطَرَنِي فَإِنَّهُ سَيَهْدِينِ)**! وَالحَدْسُ ايْضًا مِنْ مُقَوِّماتِ

المَعْرِفَةِ الَّتِي تَهْدِي إلى السَّبِيْلِ الَّذِي جَعَلَهُ الله فِطْرَةً لِلنَّاسِ!

إنَّ فِطْرَةَ الإنْسَانِ تَنْحُو نَحْوَ المُطْلَقْ، وَهِيَ تَأمَلُ الوُصُولَ إلَى مُطْلَقِ الكَمَالِ، لِذَا فَهِيَ لَا تَقْنَعُ بِأَيّ حَدٍّ مِنَ الكَمَالَاتِ. وَهَذِهِ الخَاصِّيَّةُ الفِطْرِيَّةُ تُعَدُّ إحْدَى الدَّلَائِلِ المُهِمَّةِ فِي مَعْرِفَةِ اللَّهِ سُبْحَانَهُ وَتَعَالَى. إنَّ الإحْسَاسَ بِوُجُودِ اللَّهِ، مَوْجُودٌ في الإنْسَانِ وَفِي فِطْرَتِهِ، وَهَذَا الإحْسَاسُ يَجْذُبُ الإنْسَانَ نَحْوَ اللَّهِ تَعَالَىَ.

لَو كَانتْ الفطْرَةُ أقَلَّ مِن ذَلِكَ، لَمَا كَمُلَ العَدْلُ! كَيْفَ يَكُونُ هَذَا، وَمِنْ أسْمَاءِ اللَّهِ الحُسْنَى (العَدْلْ)؟! فَالخَيْرُ المُطْلَقُ مِنَ اللَّهِ، وَالخَيْرُ وَالشَّرُّ فِي النَّاسِ! لِهَذَا وَجَبَ الحِسابُ، وَالثَّوابُ وَالعِقَابُ!

هَلْ أَتَى عَلَى الْإِنسَانِ حِينٌ مِنَ الدَّهْرِ لَمْ يَكُن شَيْئًا مَّذْكُورًا (1) إِنَّا خَلَقْنَا الْإِنسَانَ مِن نُّطْفَةٍ أَمْشَاجٍ نَّبْتَلِيهِ فَجَعَلْنَاهُ سَمِيعًا بَصِيرًا (2) إِنَّا هَدَيْنَاهُ السَّبِيلَ إِمَّا شَاكِرًا وَإِمَّا كَفُورًا (3) إِنَّا أَعْتَدْنَا لِلْكَافِرِينَ سَلَاسِلَ وَأَغْلَالًا وَسَعِيرًا (4) إِنَّ الْأَبْرَارَ يَشْرَبُونَ مِن كَأْسٍ كَانَ مِزَاجُهَا كَافُورًا (5).

القُرآنُ مَوْجُودٌ قَبلَ خَلْقِ الإنْسَانِ، عَلَّمَهُ الله لِأرْوَاحٍ ابْتَدَعَهَا وَاصْطَفَاهَا لِإمَامَةِ هَذَا الكَونِ، ابْتِدَاعًا وجَعْلًا مِنْهُ. فَقَالَ: ﴿**وَجَعَلْنَاهُمْ أَئِمَّةً يَهْدُونَ بِأَمْرِنَا وَأَوْحَيْنَا إِلَيْهِمْ فِعْلَ الْخَيْرَاتِ وَإِقَامَ الصَّلَاةِ وَإِيتَاءَ الزَّكَاةِ وَكَانُوا لَنَا عَابِدِينَ**﴾ ﴿٧٣﴾ ...

يَا دُكْتُورُ البَيَانُونِيْ، جَعَلْتَ أَسْبَابَ النُزُولِ لِهَذِهِ السُّورَةِ تِسْعَةً! أَلَمْ يَكُ يَكفي سَبَبٌ وَاحِدٌ أَوِ اثْنَانِ أَو ثَلاثَةٌ أو ... كَيْفَ جَمَعْتَ تِّسْعَةَ أَسْبَابٍ وَوالَفْتَ وَآلَفْتَ بَيْنَهَا؟ مَا الحِكْمَةُ فِي خَلْقِ كَثْرَةِ الأَسْبَاب الغَيْرِ مُتطَابِقَةِ، أَوْ مُتَنَاغِمَةٍ أَوْ مُتَجَانِسَةٍ، أَوْ مُتَشَابِهَةٍ، أَوْ مُتَمَاثِلَةٍ يَا دُكْتُورْ ؟! أَلِزِيَادَةِ العِلْمِ وَالمَعْرِفَةِ أَم لِتَشْتِيْتِ الحَقِيْقَةِ وَضَيَاعِهَا؟! عِنْدَمَا نَصِلُ لِتَعْدَادِهَا، سَنَتَعَامَلُ مَعَهَا!

يُضِيفُ الدُّكْتُورُ فِي أَسْبَابِ نُزُولِ سُورَةِ الحُجُرَاتِ: *وَفِي بَعْضِ هَذِهِ الأَسْبَابِ مَا يَزِيْدُ عَنْ ثَلاثَةِ أَقْوَالٍ مَرْوِيَّةٍ، وَكُلُّهَا أَسْبَابٌ تَشْرِيْعِيَّةٌ وَأَخْلاقِيَّةٌ عَمِيْقَةُ الجُذُورِ، فِي كَيَانِ الفَرْدِ وَالجَمَاعَةِ، مُمْتَدَّةُ الآثَارِ وَالنَّتَائِجِ.* **كَمَا ادَّعَى!** *أَفَلَيْسَ مِنْ دَلالَةِ ذَلِكَ أَنَّ القُرْآنَ كَانَ يَعِيْشُ مَعَ الأُمَّةِ الَّتِي يَبْنِيْهَا وَيُرَبِّيْهَا لَحْظَةً فَلَحْظَةً، وَسَاعَةً فَسَاعَةً، وَأَنَّ هَذِهِ الأُمَّةَ كَانَتْ تُصْنَعُ بِهَذَا الوَحْيِ الإِلَهِيِّ صُنْعاً رَبّانِيّاً، لِتَتَأَهَّلَ لِحَمْلِ الأَمَانَةِ، وَتَبْلِيْغِ الرِّسَالَةِ، وَرِيَادَةِ الأُمَمِ.*

يَا دُكْتُور إِصْحَ! صَبَاح الخَيْر Bonjour, Good Morning! رِيَادَةُ أَيِّ أُمَمٍ يَا دُكْتُور؟ **إِصْحَ**، أُمَّتُكُمْ مَرْكُوبَةٌ مِنْ أَحْقَرِ الأُمَمِ، الأُمَمُ العَرِيْقَةُ تَخْجَلُ وَتَسْتَحِي وَتَأْبَى حَتَّى رِيَادَتَكُم، وَتُأَمِّرُ عَلَيْكُم أَمْثَالَكُم! أَشْعُرُ بِالخِزْيِ والعَارِ وَبِالصِّغَرِ عِنْدَمَا أَرَى حَامِلَ شَهَادَةِ الدُكتوراه فِي هَذَا الحَالِ مِنَ الضَّيَاعِ وَالتَّشَتُّتِ. أَيُّ دُكْتُورَاه هَذِهِ؟

أنَا حَزِيْنٌ كَيْفَ سَتَتَخَلَّصُ الإنْسَانِيَّةُ مِنْ سُمُوْمِكُم، وَحِقْدُكُم، وَجَهْلِكُم، وَغَيِّكُم!

ألَا تَخْجَلُ وَتَسْتَحِي يَا دُكْتُورُ؟ لِمَنْ تَكْتُبُ أَنْتْ؟ مَنْ يَقْرَأُ لَكَ؟! ألمَسَاكِيْنُ الجَهَلَةُ المَلجُومُونَ بِحِقْدِ الجَاهِلِيَّةِ البَغِيْضَةِ، التِّي جَعَلَتْ مِن قُلوبِكُم مَدَافِنَ وَمَقَابِرَ لِلْحَقِّ والحَقِيْقَةِ! أ بِالكَذِبِ وَالتَّزْوِيْرِ وَالنِّفَاقِ تَكُونُ رِيَادَةُ الأُمَمِ؟!

لَا أدري أيّ دُكْتُوراة تَحمِلْ! أعْلَم اَنَّ بَعض جَامِعَاتِ الأعْرَابِ مَنَحَتْ إجَازَاتِ مَاجِسْتِيْرَ ودُكْتُورَاة فِي الفِسَاءِ، وَفِي الغَازَاتِ الحَمِيْدَةِ الَّتِيْ لَا تُنْقِضُ الوُضُوءَ، وَغَيْرَ الحَمِيْدَةِ الَّتِي تُنْقِضُ الوضُوءَ!؟

يَا دُكْتُورُ أيْنَ أنْتَ مِنَ القُرآنِ، تُلبِسُهُ عَبَاءَةَ الجَهْلِ، مِنْ أجْلِ التَّسَتُّرِ وَالتَّخَفِيّ وَالتَّعَصُّبِ وَالتَّحيُّزِ **لِصَنَمَيْك، وَتُحَمِّلُ القُرآنَ ذَنْبَ وَإثْمَ العُدْوَانِ عَلَى اللهِ وَعَلَى الرِّسَالَةِ المُحَمَّدِيَّةِ!؟** لَا تَعْتَقِدُ أنَّ شَاعِرِيَّتَكَ، وَكَلَامَكَ المَعْسُولِ المُنَمَّقِ الفَارِغِ خَالٍ مِنْ أيِّ فَحْوَى أو جوهَرٍ أو صِدْقٍ، سَيَمُرُّ عَلَى مَنْ لَهُ عَقْلٌ وَقَلْبٌ سَلِيْم!؟ لَنْ تَسْتَطِيْعَ أنْ تَمْسَحَ الحَقَائِقَ الدَّامِغَةَ الَّتِيْ جَعَلَتْ مِن نَبِيَّيْكَ أبِيْ بَكْرٍ وَعُمَرَ أصْغَرَ مِن البَهَائِمِ!

عَنْ أيِّ آثَارٍ مُمْتَدَّةٍ، وَأيِّ نَتَائِجَ؟ نَعَمْ لَقَد تَرَكَ إلَهَاكَ أبو بَكرٍ

وَعُمَرَ، مِنْ آثَارِ الحِقْدِ وَالقَتْلِ وَالسَّلْبِ وَالنَّهْبِ وَالتَّدْمِيرِ، فِي كُلِّ بُقْعَةٍ عَلَى هَذِهِ البَسِيطَةِ، الَّتِي دَخَلَهَا فِقْهُ أَو جَيْشُ الغَزْوِ الَّذِي سَمَّيْتُمُوهُ كُفْرًا: *جَيْشَ الفَتْحِ الإِسْلامِي*!

فَالإِسْلامُ وَرَبُّ الإِسْلامِ وَنَبِيُّ الإِسْلامِ بَرَاءٌ مِنْكُمْ، مِنْ هَذَا الكُفْرِ وَالفُجُورِ. إِلَهِي! مَا هَذَا النِّفَاقُ وَالدَّجَلُ؟! لَوْ سَأَلَكَ رَسُولُ اللهِ كَيْفَ حَالُ الأُمَّةِ بَعْدِي؟ بِمَاذَا سَتُجِيبُ يَا دُكْتُورُ؟! سَأَشْكُوكُمْ إِلَى اللهِ يَا مُؤْمِنِي مَذَاهِبِ أَلسَّقِيفَةِ مِنَ الآنَ حَتَّى أَلْقَاهُ. إِنَّ كُلَّ جَرِيمَةٍ وَقَعَتْ فِي العَالَمِ، وَخَاصَّةً الَّذِي تُسَمُّونَهُ عَالَمًا إِسْلامِيًّا، وَكُلَّ ظُلامَةٍ وَطُغْيَانٍ وَجَوْرٍ يَقَعُ عَلَى النَّاسِ فِي جَمِيعِ أَنْحَاءِ العَالَمِ، لَكُمْ أَنْتُمْ يَا عُلَمَاءَ أَلسَّقِيفَةِ النَّصِيبُ الأَكْبَرُ مِنْ إِثْمِهَا وَوِزْرِهَا ...

ابْتَدَعْتَ يَا دُكْتُورُ كُلَّ هَذِهِ الأَسْبَابِ لِنُزُولِ سُورَةِ الحُجُرَاتِ لِلتَّوْرِيَةِ، وَالتَّغْطِيَةِ عَلَى الحَقَائِقِ القُرْآنِيَّةِ الإِلَهِيَّةِ، وَهَذِهِ السُّورَةُ مَوْجُودَةٌ فِي القُرْآنِ، وَآدَمُ مَا زَالَ بَيْنَ المَاءِ وَالطِّينِ. وَبِهَذِهِ الأَسْبَابِ الكَثِيرَةِ، جَعَلْتَ آيَاتِ القُرْآنِ ارْتِجَالِيَّةً، آنِيَةَ نُزُولِهَا، وَانْفِعَالِيَّةً وَتَفَاعُلِيَّةً، وَنَزَعْتَ عَنِ القُرْآنِ وَعَنِ اللهِ عِلْمَ مَا سَيَكُونُ! فَالإِيمَانُ يَا دُكْتُورُ يَقِينٌ مُطْلَقٌ بِأَنَّ اللهَ يَعْلَمُ مَا كَانَ، وَمَا يَكُونُ، وَمَا سَوْفَ يَكُونُ! وَأَيْنَ أَنْتَ مِنْ عِلْمِ القُرْآنِ!

هَلْ قَرَأْتَ هَذِهِ الآيَاتِ؟: **إِنَّهُ لَقُرْآنٌ كَرِيمٌ، فِي كِتَابٍ مَكْنُونٍ، لَا**

يَمَسُّهُ إِلَّا الْمُطَهَّرُونَ، تَنْزِيلٌ مِّن رَّبِّ الْعَالَمِينَ، أَفَبِهَذَا الْحَدِيثِ أَنتُم مُّدْهِنُونَ، وَتَجْعَلُونَ رِزْقَكُمْ أَنَّكُمْ تُكَذِّبُونَ! لِيَسْمَعَ العَالَمُ: أَنْتُمْ مُدْهِنُونَ، وَتَكْذُبُونَ!

هَلْ تَعْلَمُ مَا تَقُولُ هَذِهِ الآيَاتُ، يَا دُكْتُورُ؟ إِنْ قُلْتَ نَعَمْ! أَسْأَلُ مَا تَعْنِي: آيَةُ لَا يَمَسُّهُ إِلَّا الْمُطَهَّرُونَ؟ إِنْ قُلْتَ أَنَّ اللهَ يَنْهَى عَنْ لَمْسِ القُرْآنِ، إِلَّا عَلَى وُضُوءٍ؟!

أَسْأَلُكَ دُكْتُورُ، هَلْ مَسَّ تَعْنِيْ لَمَسَ؟!

هَلْ أَنْتَ مُطَهَّرٌ؟!

إِنْ قُلْتَ نَعَم!

أَقُلْ مَنِ الَّذِيْ طَهَّرَكَ؟

قَدْ تَقُولُ أَنَا طَهَّرتُ نَفْسِي!

يَا دُكْتُورُ، إِذَنْ أَنْتَ مُتَطَهِّرٌ، وَمُتَطَهِّرٌ إِسْمُ فَاعِلٍ يَا دُكْتُورُ!

وَمُطَهَّرٌ إِسْمُ مَفْعُولٍ!

وَمَسَّ أَيْضًا، قَدْ تَعْنِيْ أَيَّ شَيْءٍ فِي اللغَةِ العَرَبِيَّةِ. إِلَّا لَمَسَ!

مَسَّ تَعْنِي: أَصَابَ، اسْتَحْوَذَ، وتَمَكَّنَ!

أَلَّذِي يَحِقُّ لَهُ تَفْسِيرُ القُرْآنِ وَتَعْلِيْمُهُ إِلَى النَّاسِ، يَجِبُ أَنْ يَكُونَ مُطَهَّرًا طَهَارَةً لَا تَنْجُسُ! وَهُمُ الَّذِينَ عَلَّمَهُمُ اللهُ القُرْآنَ قَبْلَ خَلْقِ آدَمَ!

وَلَنْ تَخلُوْ الأَرضُ مِنْهُم إِلَى يَوْمِ القِيَامَةِ وَلَوْ خَلَتْ لَسَاخَتْ بِأَهْلِهَا! هَلْ تَعْلَمْ لِمَاذَا حَصَرَ اللهُ الْمَسَّ، في المُطَهَّرِيْنَ؟ لِكَيْ يُبْقِيْكَ أَنْتَ وَمَنْ يَنْجُسُ أَمْثَالَكَ، خَارِجَ مَيْدَانِ الطَّهَارَةِ! لِأَنَّكُم وَإِنْ اغْتَسلتُمْ، تَبْقَى قُلُوبُكُم نَجِسَةُ، وَلَا يُمْكِنُ لَهَا أَنْ تَطْهُر، لِأَنَّهَا مَلأى بِحُبِّ ***الكُفْرِ وَالفُسُوقِ وَالعِصْيَانِ!***

هَلْ تَذْكُرْ أَيُّهَا القَارِئُ الكَرِيْمُ: **مَا كَانَ اللهُ مُعَذِّبُهُم وَأَنْتَ فيهِم؟** أَجَلْ إِنَّ مُحَمَّدًا مَازَالَ في هَذِهِ الأَرْضِ مُمَثَّلًا بِنَقَاءِ وَطَهَارَةِ المُطَهَّرِيْنَ! اَلْمُطَهَّرُونَ: أَوَّلُهُم مُحَمَّدٌ، وَآخِرُهُم مُحَمَّدٌ، وَأَوْسَطُهُم مُحَمَّدٌ، وَكُلُّهُمُ مُحَمَّدٌ؛ مُكَرَّرٌ! هَلْ تَعْتَقِدُ أَنَّ الَّذِيْنَ رَفَضُوا مُحَمَّدًا الأَوَّلَ، سَيَقْبَلُونَ بِالمُكَرَّرِ؟ لِهَذَا خَاطَبَهُم اللهُ: **أَنتُم مُّدْهِنُونَ، وَتَجْعَلُونَ رِزْقَكُمْ أَنَّكُمْ تُكَذِّبُونَ ...**

أَدْعُوكَ يَا دُكْتُور، أَنْ تَقْرَأَ كِتَابًا: **النَّقْلُ مَفْسَدَةٌ لِلْعَقْلِ، وَالصُّحْبَةُ فِي الإِسْلَامِ!**

عَسَى اللهُ يَهْدِيْكَ، وَأَكْسَبُ فيكَ الأَجْرَ!

قَد يَخْطُرُ في بَالِكَ يَا دُكْتُورُ، أَنْ تَسْأَلَنِيْ: وَهَلْ أَنْتَ مُطَهَّرٌ؟

أَقُولُهَا: أَنَا بِالكَادِ أَتطَهَّرُ حَتَّى أَنْجُسَ كَبَاقِي المُتَطَهِّرِيْن، ثُمَّ أَتطَهَّرُ، وَكَذَا دَوَالَيْكَ!

قَد تَسْأَلُ: لِمَاذَا تُنْكِرُ عَلَيَّ مَا أَنْتَ تَقُومُ بِهِ مِنْ تَفْسِيْرٍ؟!

نَحْنُ الإثْنَانِ نَتَّقِنُ اللُّغَةَ العَرَبِيَّةَ، وَنَتَّقِنُ أَيْضًا الكَثِيرَ مِنْ قَوَاعِدِهَا! إِنَّمَا الفَرْقُ بَيْنِي وَبَيْنَكَ يَا دُكْتُور: أَنَا أَسْتَضِيءُ وَأَهْتَدِي بِأَنْوَارِ الكِتَابِ الكَرِيمِ، وَأَسْتَرْشِدُ بِحَصَافَةِ اللُّغَةِ العَرَبِيَّةِ، أَمَّا أَنْتَ فَتَسْتَخْدِمُ القُرْآنَ وَاللُّغَةَ العَرَبِيَّةَ سِكَّتَا رَبْطٍ بِالمَاضِي المُجْتَرّ، لِلتَّوْرِيَةِ وَالتَّضْلِيلِ، نُصْرَةً لِأَصْنَامِكَ!

هَذَا بَدَلَ أَنْ تَسْتَخْدِمَ القُرْآنَ وَلُغَتَه لِاكْتِشَافِ مَا فِي القُرْآنِ مِنْ عُلُومٍ، تَنْهَضُ بِكَ وَبِمَنْ يَتَأَثَّرُ بِكَ ... آلَيْتَ عَلَى نَفْسِكَ أَنْ تَبْقَى مُتَمَسِّكًا بِجَاهِلِيَّةٍ بَغْضَاءَ، عَمْيَاءَ، قَاسِيَةٍ! كَانَتْ وَمَا زَالَتْ وَسَوْفَ تَبْقَى تَطْحَنُ المُسْلِمِينَ وَغَيْرَ المُسْلِمِينَ بِغَدْرِهَا، وَطُغْيَانِهَا! أَنْتَ يَا دُكْتُورُ، كَمُعْظَمِ العُمَرِيَّةِ وَكَثِيرٍ مِنَ النَّاسِ، تُبْصِرُونَ النُّجُومَ، وَلَكِنْ لَا يَهْتَدِي بِهَا، إِلَّا مَنْ يَعْرِفُ مَجَارِيَهَا وَمَنَازِلَهَا، وَهَا أَنْتُمْ تَدْرُسُونَ القُرْآنَ، وَتَبْحَثُونَ عَنِ الحِكْمَةِ، وَلَا يَهْتَدِي مِنْكُم إِلَيْهِ وَإِلَيْهَا إِلَّا مَنْ، عَمِلَ بِهِ وَبِهَا!

أَبْطَالُ هَذِهِ الجَاهِلِيَّةِ الجَاهِلَةِ وَالمُجَهِّلَةِ، صَنَمَاكَ "أَبُو بَكْرٍ وعُمَرُ" اللَّذَانِ أَخْرَجَا الأُمَّةَ مِنْ سَاحَاتِ الرِّيَادَةِ إِلَى زَرَائِبِ الدَّوابِ!؟

لَيْسَ صُدْفَةً أَنْ يَكُونَ المَكَانُ الَّذِي أُسِّسَ فِيهِ هَذَا الدِّينُ العُمَرِيُّ، زَرِيبَةَ بَنِي سَاعِدة!

لَا تَبْتَئِسْ، مَا زِلْتُ أُنَادِيكَ دُكْتُوراً! وَلَكِنْ بِإِجَازَةٍ مِنْ جَامِعَةِ زَرِيبَةِ

بَنِيْ سَاعِدَةَ!

فَالقَادِمُ أَجْمَلُ وَأَطْهَرُ وَأَنْقَى!

أُرِيْدُ أَنْ أُطَهِّرَ قُلُوبَ القُرَّاءِ مِنْ أيٍّ، وَكُلِّ ذَرةٍ يَحْمِلُهَا أَحَدُهُم لِهَذَيْنِ الصَّنَمَيْنِ الفَاسِقَيْنِ!

فَإِنَّهُ لَنْ يَدْخُلَ الجَنَّةَ مَنْ بَقِيَ فِي قَلْبِهِ ذَرَّةُ حُبٍّ وَاحِدَةٍ لِأَيٍّ مِنهُنَّ! أَجَلْ مِنْهُن! لِأَنَّهُنَّ لَا يَعْقِلْنَ! **لَا رَيْبَ فِي أَو مُسَاوَمَةَ عَلَى القُرْآنِ!**

يَا دُكْتُورُ لا تَغْضَبْ لِصَنَمَيْكَ! بَلْ احْزَنْ عَلَى نَفْسِكَ! فَإِنْ كَانَ كُلُّ مَا قُلتُهُ، وَمَا سوفَ أَقُولُ وَأَزِيْدُ، سَتَعْتَبِرُهُ كَذِبًا وَافْتِرَاءً! فَهَذَا إِنْ أَنْتَ صَدَقْت لَنْ يَضُرَّكَ شَيْئًا! وَسوفَ يَأْخُذُ اللهُ مِنْ حَسَنَاتِي وَسَوفَ يَمْنَحُهَا إِلَيْكَ وَإِلَى صَنَمَيْكَ! وَهَذَا يَجِبْ أَنْ يَسِرُّكَ وَيَسِرُّهُن! أَمَّا إِنْ كُنْتُ "أَنَا" صَادِقًا، سَأَسَامِحُكَ يَا دُكْتُورُ لِأَنِّي **أَعْلَمُ أَنَّ اللهَ غَفُورٌ رَحِيْمٌ!** وَعَسَى يَهْدِيْكَ اللهُ!!!

وَيَمْضِيْ هَذَا الدُّكْتُور إِمْعَانًا فِي إِفْكِه قَائِلًا: *وَإِنَّ مِنَ الحِكْمَةِ فِي وُقُوعِ سَبَبِ النُّزُولِ وَمَعْرِفَتِهِ **عَلَى وَجْهِ العُمُومِ**، أَنَّهُ يَشْرَحُ شَيْئًا مِنْ دَوَاعِي التَّشْرِيعِ وَمُلَابَسَاتِهِ، حَتَّى يَتَبَيَّنَ **جَمَالُ الحُكْمِ الشَّرْعِيِّ**، وَمُطَابَقَتُهُ لِمَصْلَحَةِ المُكَلَّفِينَ، وَكَمَالُ الرَّحْمَةِ الإِلَهِيَّةِ بِالعِبَادِ، فَتَقْوَىٰ الرَّغْبَةُ فِي امْتِثَالِ الحُكْمِ الشَّرْعِيِّ، وَتَنْشَرِحُ النُّفُوسُ لِقُبُولِهِ وَإِتْيَانِهِ.*

أَنَا آسِف يَا دُكْتُور ، هَذَا تَدليس وَتَزْوير ، وَإنَّ الذين تُسَمّيْهِم عُلَماءَ ؛ أَمْثَالُكَ عُلَمَاءُ توريَة وَدجَلْ! تُرِيْدُونَ تَعْمِيْم حُكْمِ اللهِ الخَاصّ بِصَنَمَيْك، لِتُغَطِّيَ خِزيَهُمَا، مُستَعينًا بِكَذِبِ وَفِسقِ جُمْهُورِ العُلَمَاءِ (العُمَريْين) مِنَ المُفَسِّرِيْنَ وَالفُقَهَاءِ وَالأُصُوليّيْنَ الَّذِيْنَ تَتَلْمَذُوا عَلَى سُفَهَاءِ الزَّرِيْبَةِ!

دُكْتُورُ، أَلحُكْمُ وَإنْ كان عَامًّا، لاَ يُنَفَّذُ في جَميع النَّاسِ، بَلْ في مَنِ اقْتَرفَ الجُرمَ فَقَط. وَلا يَكُون التنْفيذُ انتِقَائِيّاً. جُمْهُورُ العُلَمَاءِ (السُّفَهَاءِ العُمَرِيْيْنَ) كُلُّ مِنْ المفسّرين والفقهاء والأصوليّين، وَأنتَ مَعَهُم وَمِنْهُم، تُريدون تَعْمِيَّة النَّاس عَمَّا وَصَفَ الله بِهِ أَبَا بَكرٍ وَعُمَرَ !

طَبْعاً تَشْريعُ الآَيَاتِ في القُرآنِ ثَابِتٌ، وَبَعِيْدٌ عَنْكَ وَعَنْ جُمْهُورِ عُلَمَائِكَ! وَنَسخُ بَعضِ الآَيَاتِ مَوجُودٌ في القُرآن وَثَابتٌ أيضًا، وَالقُرآنُ كَامِلٌ لا نَقْصَ فيه، كَامِلٌ قَبلَ أن يَخْلُقَ اللّهُ آَدَمَ بِآلافِ السِنين. وَلَكِنْ أَنْزَلَهُ الله بِقَدَرٍ ، لِيُوَاكِبَ وَيُصَاحِبَ وَيُسَايِرَ وَأَحْيَانًا يَحُثَّ وَيُسَابِقَ قُدرةَ النَاسِ عَلَى المُواكَبَة وَالإسْتِيعَابِ. وَكَان نَسْخُ الآياتِ طَبيْعيّاً مُسَايراً وَمُصَاحِباً طَاقَةَ وَاسْتِطَاعَةَ النَّاسِ على تَحمُّلِ وَتَنْفِيذِ ألواجِباتِ وَالمُتَطَلّباتِ المُستَجِدَّةِ؛ كَتَحْرِيْمِ الخَمْرِ مَثَلاً.

التَشْرِيعُ لَم يَنْزَلْ فِي صَنَمَي قُرِيشْ "أبِيْ بَكْرٍ وَعُمَرَ" خَاصَّةً، لَكنَّ الجَعْلَ: "**لا يَعْقِلون**" فِي هَذِهِ الحَادِثَةِ بِالذَّاتِ، جَاءَ "بِهِنَّ" خَاصَّةً. إنَّ التَّعْمِيْمَ، وَالتَّحوِيْرَ، وَالتَّدْوِيْرَ، والتَوْرِيَةَ لِجَعْلِ العِقَابِ عَامًّا، لَن يَنْفَعكَ يَا دُكْتُورُ وَلَنْ يَنْفَع صنَمَيْكَ... وإن بَقِيْتَ عَلَى هَذَا العَهدِ، سَيجْمَعَكَ اللَّهُ فيمَا أَعَدَّ لَهُنَّ يومَ القِيامَة، وعِنْدَها سَوف تَجِدُ عَدْلَ اللَّهِ الذي عَطَّلَتْهُ زَرِيْبَةُ بَنِيْ سَاعِدَةَ، وَجُهلاءُ العُمَرِيَّةِ المُسَمَّون ظُلْمًا وَعُدوَانًا عُلَمَاءَ، وَأنْتَ مِنْهُم، وَمَعَهُم، مَا زِلْتُم تُعَطِّلُونَ عَدْلَ اللَّهِ في النَّاسِ!!!

يَا دُكْتُورُ، أعْتَقِد أنَّك أرَدتَ الدنيا فَأخَذتَها، وَلَكِّنَّنا سَنَجْتَمِعُ عَلى الحَوْضِ، وَهُنَاكَ سَأُقَاضِيْكَ وَأئِمَّتَكَ بالقُرآنِ!

إنَّ المُقَدِّمَةَ لِشَرحِكَ سُورَةَ الحُجُرات يَا دكْتُورُ، بِمَا فيهَا مِنْ تَنْمِيقٍ وَتَزْيِينٍ وَتَلوِيينٍ وَجودَةٍ فِي الكِتَابَةِ وَبَديعِ الصِيَاغَةِ، كُلُّها دُخَانٌ يُعْمِي العُيونَ ويُسكِرُ القُلُوبَ وَالعُقُولَ، ويُفْقِدُ الإدْرَاكَ، لِكي تَدُسَّ السُمَّ في الشَهدِ وَالدَّسَمِ، عِنْدَها تَنْقَلِبُ المَوازين وتَزُوغُ الأبصَارُ، أبْصَارُ الجَهَلَةِ!...

وبِدون حَيَاء تَقُولُ يَا أيُّهَا الدكْتُورُ اللُغَوِيُّ القَدِيرُ: ***أنَّ العِبْرَةَ بِعُمُومِ اللَّفْظِ لا بِخُصُوصِ السَّبَبِ***، لِكَي تُخَفِّفَ مِمَّا أقْتَرَفَهُ الثُنائِيُّ أَبُو بَكْرٍ وعُمرُ مِنْ إثْمٍ بِحقِّ اللَّهِ وَرَسُولِهِ، وَالإنْسَانِيَّةِ جَمْعَاءَ... إنَّهَا

قِمَّةُ الوَقَاحِةِ، وَأصْغَرُ، وَأَحْقَرُ الاسْتِهْتَارِ بِالْقُرَّاءِ!

إنَّ هَذَا الدكتور الشَائِعَ الصيتِ لا يَختَلفُ بِشَيْءٍ، كُلِّيًا عن باقي عُلَماءِ السُنَّةِ العُمَرِيَّةِ، الذين يَستَميتونَ في *تَسْخيْرِ اللَّهِ* (إلَهِهِم الأَطْرَشِ الجَاهِلِ) *وَرَسولِهِ* (الجَاهِلِ، الذي يُخْطِئُ وَيُصِيبُ)، لِتَفسِيْرِ القُرآنِ مِنْ غَيْرِ عِلْمٍ، مُعْتَمِدِيْنَ تَفَاسِيرَ المُستَعْرِبِيْنَ؛ دِفَاعَاً عَنْ أَصْنَامِ هَذِهِ الْسُنَّةِ العُمَرِيَّةِ، وإثْبَاتِ عِصْمَةَ هَذِهِ الأَصْنَامِ.

جَمِيْعُ عُلَماءِ سنَّةِ الزَّرِيْبَةِ جُنُودٌ بِحُكْمِ وظِيفَتِهِم الَّتِي هِيَ مَصْدَرُ رِزْقِهِمْ، وَلَا مَصْدَرَ آخَرَ لَهُم! جَمِيْعُهُم، خُدَّامٌ لِوَلِيِّ نِعْمَتِهِم، الحَاكِمِ السِّيَاسِيِّ! وَلِهَذَا تَجِدُ في كُتُبِ العُمَرِيَّةِ تَشْدِيْدٌ لِطَاعَةِ الحَاكِمِ (وَلِيّ الأمْرِ، كَمَا زُوْرًا يَدَّعُوْنْ). وَمِنْ هَذَا المُنْطَلَقِ يَنْبَرِيْ هَؤلَاءِ المُوَظَّفينَ لِلدِّفَاعِ عَنْ أيِّ شَيْءٍ يَمَسُّ مِصْدَاقِيَّةَ، وَعِلْمَ، وَإمَامَةَ، وَكَفَاءَةَ، وَجَدَارَةَ، وَأحَقِيَّةَ – هَذِهِ الأَصْنَامِ الَّتِيْ أَسَّسَتْ هَذَا الْلإفْكِ لِرِيَادَةِ النَّاسِ، وهَذَا مَا لَمَّحَ بِهِ سَابِقَاً، ألْشَيْخُ وَلِيْدْ رَاشِدِ السَّعَيْدَانْ حَيْثُ نَبَّهَ إلَى هَذِهِ الظَّاهِرَةِ الباطِلةِ قَائلاً: *فَلَا نُعَمِّمُ الخَاصَّ وَلَا نُخصِّ العَامَّ، ذَلِكَ لِأَنَّهُ لَا يَجوزُ لَنَا أَنْ نَتحَكَّمَ فِي كَلَامِ اللهِ وَرَسُولِهِ* ***بأهْوائنا أو مذاهبِ أئمتِنا***، *فَكَلَامُ الشَّارِعِ العَامّ لَا يَخُصُّهُ، إلَّا الدَّلِيْلُ الصَّحِيْحُ، الصَّرِيْحُ*.. وَالصفحاتُ التاليَةُ سَتُثْبِتُ هَذَا وأكثَرَ.

أَخْرَجَ البُخَارِيُّ وَالتِّرمِذِيُّ وَغَيْرُهُمَا، عَنْ بنِ أبِيْ مَلِيْكَةَ، أَنَّ عَبْدَ

اللهِ ابْنَ الزُّبَيْرِ أَخْبَرَهُ، أَنَّهُ قَدِمَ رَكْبٌ مِنْ بَنِي تَمِيمٍ، عَلَى رَسُولِ اللهِ، فَقَالَ أَبُو بَكْرٍ: أَمِّرْ القَعْقَاعَ بْنَ مَعْبَدٍ، وَقَالَ عُمَرُ: بَلْ أَمِّرِ الأَقْرَعَ بْنَ حَابِسٍ، فَقَالَ أَبُو بَكْرٍ:

مَا أَرَدْتُ إِلَى، أَوْ إِلَّا خِلَافِي!

وَقَالَ عُمَرُ: مَا أَرَدْتُ خِلَافَكَ!

فَتَمَارَيَا!؟ خِيرَةُ خَلْقِ اللهِ كَمَا يَدَّعِي العُمَرِيَّةُ يَتَمَارَيَانِ، وَفِي العَلَنِ!!!

حَتَّى ارْتَفَعَتْ أَصْوَاتُهُمَا، فَنَزَلَ فِي ذَلِكَ قَوْلُهُ تَعَالَى: {يَا أَيُّهَا الَّذِينَ آمَنُوا لَا تُقَدِّمُوا بَيْنَ يَدَيِ اللهِ وَرَسُولِهِ} إِلَى قَوْلِهِ {وَلَوْ أَنَّهُمْ صَبَرُوا} ...

لَاحِظُوا هُنَا أَيُّهَا القُرَّاءُ الأَكَارِمُ، التَّغْطِيَةَ والتَّمْوِيهَ! وَهَذَا الأُسْلُوبُ مِنَ النِّفَاقِ فِي بَتْرِ الآيَاتِ! هَذَا مَا يَتَّبِعُهُ عُمُومُ عُلَمَاءِ السُّنَّةِ العُمَرِيَّةِ، لِطَمْسِ الحَقِيقَةِ لِكَيْ يَبْقَى العُمَرِيُّ مُعَمَّشًا، مُطَمَّشًا، مُهَمَّشًا، مُخَدَّرًا، خَاضِعًا وَبَعِيدًا عَنْ مَّا يَكْشُفُ وَيُظْهِرُ وَيَفْضَحُ مَا تَقُولُهُ الآيَاتُ المَبْتُورَةُ!

يُخْفُونَ الصُّورَةَ الَّتِي تُظْهِرُهَا الآيَاتُ المَبْتُورَةُ، عَلَى أَنَّهَا عَمَلِيَّةٌ بَرِيئَةٌ، لَا يَلْتَقِطُهَا عَقْلُ الجَهَلَةِ والسُّذَّجِ، وَلَا يَسْأَلُ عَنْهَا المُسْتَمِعُ أَوِ القَارِئُ البَسِيطُ!

يُغطِّي سُفَهاءُ (عُلَماءُ) العُمَرِيَّةِ مَدَارِكَ القَارِئِ بِالكَثِيرِ مِنَ المَحاسِنِ الكَلَامِيَّةِ، والسِّمَاتِ الفَاضِلَةِ وَالفَضِيْلَةِ، والمَزايا الحَمِيْدَةِ، وَيُظْهِرُوا الحبَّ المُفْرِطَ لِرَسولِ اللّهِ، وَلِمَنْ يَرْتَضُونَهُم يُسَمُّونَهُم **صَحَابَةً** لِرَسُولِ اللّهِ. حَتَّى الأَمَاكِنَ **(كَالحُجُراتِ مَثَلًا)** يَقِفُ عِندهاَ هَذَا الكَاتِبُ بِالكَلَامِ المُنَمَّقِ، كَالسَّجْعِ وَالتَّرْصِيْعِ وَالجِنَاسِ وبَعضِ المُحَسِّنَاتِ البَدِيْعِيَّةِ، كَالطِّبَاقِ، وَالمُقَابَلَة، وَالمُبَالَغَةِ، وَالتَّوْرِيَةِ! وأَيْضًا وَسَائِلُ الإِثارَةِ العَاطِفِيَّةِ، في الحَشْدِ، اسْتِنْهَاضًا لِلْمَشَاعِرِ وَالعَوَاطِفِ، لِلتَّأْثِيْرِ فِي نُفُوسِ القُرَّاءِ وَالمُستَمِعين! وَأَيْضًا في إِظْهَارِ قُدْرَاتِهِ الأَدَبِيَّةِ، وَاللُّغَوِيَّةِ! ثُمَّ يَسْتَعِيْنُ هَذَا الدُّكْتُور بِعَنْعَنَاتِ بَعْضٍ مِنْ وُعَّاظِ السَّلَاطِيْن، الَّذِيْنَ تَرَبَّعُوا عَلَى عَرْشِ الإِفْتَاءِ، فَتَراتَ حُكْمِ أَصْنَامِ وَمُلُوكِ العُمَرِيَةِ!

كُلُّ هَذَا! وَيُوَارِي وَيَحْذُفُ هَذَا الدُّكْتُورُ مَا يَفْضَحُ مِنَ الآيَاتِ الكَاشِفَةِ، الفَاضِحَةِ، النَّاشِرَةِ، وَالشَّاهِرَةِ، وَالمُشَنِّعَةِ، وَالمُقَبِّحَةِ والذَّامَّةِ لِصَنَمَيْهِ، وَيُبقِي فَقط على الكَلِماتِ الظَاهِرَةِ بِخَلفيَّةٍ غَامِضَةٍ وَبَرِيئَةٍ...

أَلآيَاتُ جَاءَتْ كَالآتِي: **بِسْمِ اللَّهِ الرَّحْمَنِ الرَّحِيمِ يَا أَيُّهَا الَّذِينَ آمَنُوا لَا تُقَدِّمُوا بَيْنَ يَدَيِ اللَّهِ وَرَسُولِهِ وَاتَّقُوا اللَّهَ إِنَّ اللَّهَ سَمِيعٌ عَلِيمٌ. ﴿1﴾ يَا أَيُّهَا الَّذِينَ آمَنُوا لَا تَرْفَعُوا أَصْوَاتَكُمْ فَوْقَ صَوْتِ**

النَّبِيِّ، وَلَا تَجْهَرُوا لَهُ بِالْقَوْلِ كَجَهْرِ بَعْضِكُمْ لِبَعْضٍ أَنْ تَحْبَطَ أَعْمَالُكُمْ وَأَنْتُمْ لَا تَشْعُرُونَ. ﴿ 2 ﴾ إِنَّ الَّذِينَ يَغُضُّونَ أَصْوَاتَهُمْ عِنْدَ رَسُولِ اللَّهِ أُولَئِكَ الَّذِينَ امْتَحَنَ اللَّهُ قُلُوبَهُمْ لِلتَّقْوَى، لَهُمْ مَغْفِرَةٌ وَأَجْرٌ عَظِيمٌ. ﴿ 3 ﴾ إِنَّ الَّذِينَ يُنَادُونَكَ مِنْ وَرَاءِ الْحُجُرَاتِ أَكْثَرُهُمْ لَا يَعْقِلُونَ. ﴿ 4 ﴾ وَلَوْ أَنَّهُمْ صَبَرُوا حَتَّى تَخْرُجَ إِلَيْهِمْ، لَكَانَ خَيْرًا لَهُمْ وَاللَّهُ غَفُورٌ رَحِيمٌ ﴿ 5 ﴾.

آياتُ الإدانَةِ اخْتَفَت بِبَراعَةِ المُنَافِقِيْنَ المُوَارِبِيْنَ المُوَارِيْنَ، عَنْ قَصْدٍ وَلَيْسَ بِبَراءَةٍ! يُخْفي الكَاتِبُ الحَقَائِقَ لِلتَورِيَةِ، خَبَّأَ آياتِ الإدَانَةِ مِنَ النَّصِّ القُرآنِيِّ حَيْثُ ابْتَدَعَ زُوراً وَبُهْتَاناً وَظُلْماً لِلَّذين يَتَّبِعُونَهُ وَيُصَلُّون وراءَهُ: ***أَنَّ العِبْرَةَ*** **بِعُمُومِ اللَّفْظِ لَا بِخُصُوصِ السَّبَبِ.**

إنَّ اللَّهَ يَا دُكْتُورُ قَدْ خَاطَبَ المُؤمِنينَ بِ "يَا أَيُّها الَّذِيْنَ آمَنُوا" بِصِيْغَةِ الجَمْعِ!

أَمَّا صَنَماكَ فَلَم يُخَاطِبْهُمَا اللَّهُ، مُطْلَقًا! بَل أَخْبَرَ المُؤمِنِيْنَ بِحَالِهِم: **إِنَّ الَّذِينَ يُنَادُونَكَ مِنْ وَرَاءِ الْحُجُرَاتِ أَكْثَرُهُمْ لَا يَعْقِلُونَ.**

ولَكِنَّ المُؤلِمَ المُزْرِي أَنَّ عَالِماً، يَحُوزُ ثِقَةَ مَجمُوعَةٍ مِنَ النَّاسِ ويَقودُهُم وَيَؤمُّهُم في الصَّلَاةِ وَيُفَسِّرُ لَهُمْ القُرآنَ؛ يَخافُ الناسَ ولَا يَخافُ اللَّهَ. يُحَابِي ويُخَادِعُ ويُزَوِّرُ، يَنْسُبُ إلَى اللَّهِ ما لَيْسَ مِنَ

اللَّهِ وَيَقُولُ لِلتَّعْمِيَةِ:

أَنَّ العِبْرَةَ بِعُمُوم اللفظ لا بِخُصُوصِ السَّبَبِ، لِكَيْ يُبْعِدَ عَنْ صَنَمَيْهِ - أَبِيْ بَكْرٍ وَعُمَرَ - حُكمًا خَاصًّا أَنْزَلَهُ اللَّهُ بِهِمَا!

أَوَّلاً عَظَّمَ اللَّهُ المُؤمِنِيْنَ بِمُعَادَلَةِ **خَفْضِ الصَّوتِ**، عِندَ رَسُولِ اللَّهِ، فَقَالَ:

إِنَّ الَّذِينَ يَغُضُّونَ أَصْوَاتَهُمْ عِنْدَ رَسُولِ اللَّه، أُوْلَئِكَ الَّذِينَ امْتَحَنَ اللَّه قُلُوبَهُمْ لِلتَّقْوَى لَهُمْ مَغْفِرَةٌ وَأَجْرٌ عَظِيمٌ!

هَذِهِ ألآيَةُ الكَرِيْمَةُ جَاءَتْ خَاصَّةً بِالمُؤمِنِيْنَ المُتَّقِينَ، **الَّذِيْنَ امتحن اللَّهُ قُلوبَهُم للتقْوى!**

فَهِيَ خَاصَّةٌ لأَنَّهَا القَاعِدَةُ الفِقْهِيَةُ المُعْتَمَدَةُ الَّتِي تَصِفُ حَالَ المُؤمِنِينَ، الَّذِينَ يَغُضُّونَ أَصْوَاتَهُمْ عِنْدَ رَسُولِ اللَّه، وَبِأَنَّ اللَّهَ الَّذِيْ يَعلَمُ مَا تُبْدُونَ وَمَا تُعْلِنُونْ! امْتَحَنَ قُلُوبَهُمْ لِلتَّقْوَى، فَكَانَتْ لَهُمُ المَغفِرةُ وَالأَجْرُ العَظِيْمُ.

أَمَّا صَنَمَا قُرَيْشٍ، فَقَد امْتَحَنَ اللَّهُ قَلْبَيْهِمَا لِلتَّقْوَى، حَتْمًا - **هَذَا عَدْلُ اللهِ** - الَّذِي لَا يَظْلِمُ مِثْقَالَ ذَرَّةٍ، فَجَاءَ حُكمُ اللَّهِ: **أَنَّهُمْ مِنَ الَّذِيْنَ لا يَعقِلون:**

إِنَّ الَّذِينَ يُنَادُونَكَ مِنْ وَرَاءِ الْحُجُرَاتِ، أَكْثَرُهُمْ لَا يَعْقِلُونَ.

إِنَّ عَجَائِبَ القُرآنِ لَا تَنْضُبُ ، فَهُو رابِضٌ لَكُم يَا دُكْتُورُ عِندَ

كُلِّ مُنعطَفٍ، لَكِنْ قَسَتِ القُلوبُ وعَمِيَتِ العُيونُ. إِنَّ الذين امتَحَنَ اللهُ قُلوبَهُمْ لِلتَّقْوى يَعلَمُونَ أَنَّهُ الحقُّ، ويُفَرِّقُون بَيْنَ الحَصى وَالجَوْهَرِ... وَمِنهُم مَّن يَسْتَمِعُ إِلَيْكَ حَتَّى إِذَا خَرَجُوا مِنْ عِنْدِكَ قَالُوا لِلَّذِينَ أُوتُوا الْعِلْمَ مَاذَا قَالَ آنِفًا، أُولَئِكَ الَّذِينَ طَبَعَ اللَّهُ عَلَى قُلُوبِهِمْ وَاتَّبَعُوا أَهْوَاءَهُمْ (16) وَالَّذِينَ اهْتَدَوْا زَادَهُمْ هُدًى وَآتَاهُمْ تَقْوَاهُمْ (17)... وَمِنَ النَّاسِ مَن يَقُولُ آمَنَّا بِاللَّهِ وَبِالْيَوْمِ الْآخِرِ وَمَا هُم بِمُؤْمِنِينَ (8) يُخَادِعُونَ اللَّهَ وَالَّذِينَ آمَنُوا وَمَا يَخْدَعُونَ إِلَّا أَنفُسَهُم وَمَا يَشْعُرُونَ (9) فِي قُلُوبِهِم مَّرَضٌ فَزَادَهُمُ اللَّهُ مَرَضًا وَلَهُمْ عَذَابٌ أَلِيمٌ بِمَا كَانُوا يَكْذِبُونَ (10)... وَأَنتُم يَا دُكْتُور، سَتَبْقُونَ نُزَلَاءَ لِلزَّرِيبَةِ!

إِنَّ خَلْطَ الأَوْرَاقِ يَا دُكْتُورُ، يُمَكِّنُكَ فِي الدُّنْيَا، ويُقَدِّمُ لَكَ بَعْضَ الامْتِيَازَاتِ والشُّهْرَةِ بَيْنَ النَّاسِ، وَيُقَدِّمُ لَكَ المَالَ أَيْضًا.

هَل تَعْلَمُ أَنَّكَ مُلَاقٍ اللَّهَ مَهْمَا أَخَذَ بِكَ العُمْرُ، يَا دُكْتُور؟

إِنَّ سِيَاقَ الآيَاتِ فِي سُورَةِ الحُجُرَاتِ جَاءَ مُحْكَمًا! وَالحُكْمُ كَانَ وَاضِحًا جَلِيًّا صَادِحًا صَارِخًا، لَا سَبِيلَ لَكَ فِي اسْتِئْنَافِهِ أَوْ تَمْيِيزِهِ.

يَقُولُ اللهُ: هَل تَسْمَعُ يَا دُكْتُور؟

إِنَّ الَّذِينَ يَغُضُّونَ أَصْوَاتَهُمْ عِنْدَ رَسُولِ اللَّهِ أُولَئِكَ الَّذِينَ (امْتَحَنَ اللَّهُ قُلُوبَهُمْ لِلتَّقْوَى) لِهَذَا، لَهُم مَّغْفِرَةٌ وَأَجْرٌ عَظِيمٌ.

وإِنَّ الَّذِينَ يُنَادُونَكَ مِنْ وَرَاءِ الْحُجُرَاتِ أَكْثَرُهُمْ، لا يَعْقِلُونَ.

وَلَوْ عَلِمَ اللهُ فِيهِمْ خَيْرًا لَّأَسْمَعَهُمْ وَلَوْ أَسْمَعَهُمْ لَتَوَلَّوْا وَّهُم مُّعْرِضُونَ!

هَذِهِ قَاعِدَةٌ، بِالفِطْرَةِ يَعْلَمُهَا المُؤمِنُونَ، وَبِالفِطْرَةِ تُطَبِّقُهَا جَوارِحُهُم وَأَعْضَاؤُهُمْ، وَعَوَامِلَ اَجْسَادِهِم! أَمَّا صَنَمَاكَ - جَمَعَكَ اللهُ بِهِمَا، يومَ الحَشْرِ - **لَوْ عَلِمَ اللهُ فِيهِمَا خَيْرًا لَّأَسْمَعَهُمَا وَلَوْ أَسْمَعَهُمَا لَتَوَلَّا وَّهُم مُّعْرِضُونَ!** جَعَلَها اللهُ في القُرْآنِ المَوجُودِ في اللَّوحِ المَحفُوظِ قَبلَ خَلقِ سَيِّدِنَا آدَمَ بِآلَافِ السِّنِيْن. وَعَلَّمَها اللهُ لِحَبِيْبِهِ المُصْطَفَى مُذ كَانَ سَيِّدُنَا آدَمَ بَيْنَ المَاءِ وَالطِّيْنِ، وَأَفْرَجَ اللهُ عَنْهَا وَبَاقِيْ آيَاتِ سُوْرَةِ الحُجُراتِ، عَلَى لِسَانِ حَبِيبِهِ المُصْطَفَى لِيُعَلِّمَها لِلْنَّاسِ، لِيَقْضِيْ اللهُ أَمْراً كَانَ مَفعُولَا...

دُكْتُور هَلْ تَعتَقِدْ أَنَّ إظْهَارِ، ***يَا أَيُّهَا الَّذِينَ آمَنُوا لَا تُقَدِّمُوا بَيْنَ يَدَيِّ اللهِ وَرَسُولِهِ... إِلَى وَلَوْ أَنَّهُمْ صَبَرُوا***، وإخْفَاءَ الباقِي، يُسَاعِدُكَ عَلَى إخْفَاءِ الحَقَائِقِ؟! طَبْعًا لنْ تَسْمَع أَنْتَ وَصَنَمَاك، وإِنْ أَسْمَعَكُنَّ اللهُ! لِأَنَّكُنَّ لَا تَعْقِلْنَ!

ما فَعَلْتَهُ يَا دُكْتُور، فَعَلَهُ كَعَادَتِهِ إِمَامُكَ البُخَارِيّ أيْضَا، لِكَيْلَا يَكتَشِفَ الَّذِيْنَ يَقْرَؤونَ وَهُمْ قِلَّةٌ، كَلِمَاتِ الآياتِ، وَسَرْدَهَا وَتَرْتِيبَهَا وَدَلَالَاتِهَا!

لَقَدِ اجْتَرَيْتَ يَا دُكْتُورْ مَا ثَانِي بَلَعَهُ وَاجْتَرَّهُ البُخَارِيّ، والآنَ تُوَزِّعُهُ وَيُوَزِّعُهُ سُفَهَاءُ العُمَرِيَّةِ (العُلَمَاءُ) عَلَى المَسَاكِينِ مِنَ الجَهَلَةِ وَالمُضَلَّلِينَ وَالكَسَالَى!

أَنْتَ نَفْسُكَ تَقُولُ يَا دُكْتُور: أَيْ أَنَّ الآيَاتِ نَزَلَتْ فِي مُجَادَلَةِ أَبِي بَكْرٍ وَعُمَرَ عِنْدَ النَّبِيِّ، فِي تَأْمِيرِ القَعْقَاعِ، أَوِ الأَقْرَعِ بْنِ حَابِسٍ.

وَفِي رِوَايَةٍ أُخْرَى عِنْدَ البُخَارِيِّ عَنْ بْنِ أَبِي مَلِيكَةَ، قَالَ: كَادَ الخَيِّرَانِ أَنْ يَهْلِكَا: أَبُو بَكْرٍ وَعُمَرُ رَفَعَا أَصْوَاتَهُمَا عِنْدَ النَّبِيِّ، حِينَ قَدِمَ عَلَيْهِ رَكْبُ بَنِي تَمِيمٍ، (فِي السَّنَةِ التَّاسِعَةِ مِنَ الهِجْرَةِ). فَأَشَارَ أَحَدُهُمَا بِالأَقْرَعِ بْنِ حَابِسٍ، أَخِي بَنِي مُجَاشِعٍ (أَيْ لِيُؤَمِّرَهُ عَلَيْهِمْ)، وَأَشَارَ الآخَرُ بِرَجُلٍ آخَرَ.

قَالَ نَافِعٌ: لَا أَحْفَظُ اسْمَهُ. (وَفِي رِوَايَةٍ أُخْرَى أَنَّ اسْمَهُ القَعْقَاعُ بْنُ مَعْبَدٍ). فَقَالَ أَبُو بَكْرٍ لِعُمَرَ مَا أَرَدْتَ إِلَّا خِلَافِي. قَالَ: مَا أَرَدْتُ خِلَافَكَ. فَارْتَفَعَتْ أَصْوَاتُهُمَا فِي ذَلِكَ، فَأَنْزَلَ اللَّهُ تَعَالَى: {لَا تَرْفَعُوا أَصْوَاتَكُمْ فَوْقَ صَوْتِ النَّبِيِّ}. قَالَ ابْنُ الزُّبَيْرِ: فَمَا كَانَ يُسْمِعُ رَسُولَ اللَّهِ بَعْدَ هَذِهِ الآيَةِ حَتَّى يَسْتَفْهِمَهُ.! يَسْتَفْهِمَهُ عُمَرُ عَنْ مَاذَا، يَا ابْنَ الزُّبَيْرِ؟؟؟ تَنَاسَيْتُمْ أَيُّهَا العُمَرِيَّةُ: حَسْبُنَا كِتَابُ اللَّهِ؟! إِنَّ اللَّهَ لَا يَنْسَى!

وَرُوِيَ عَنْ أَبِي بَكْرٍ أَنَّهُ قَالَ: " لَمَّا نَزَلَتْ هَذِهِ الآيَةُ: {لَا تَرْفَعُوا

أَصْوَاتَكُمْ فَوْقَ صَوْتِ النَّبِيِّ}. قُلْتُ: يَا رَسُولَ اللَّهِ! وَاللَّهِ لَا أُكَلِّمُكَ إِلَّا كَأَخِي السِّرَارِ. (يَعْنِيْ كَالهَمْسِ!). يَعْتَقِدُ العُمَرِيَّةُ أَنَّ هَذِهِ الأَحَادِيْثَ المُرَكَّبَةَ سَوفَ تُغَطِّيْ نَقْصَ وَخِسَّةَ وَخِدَاعَ هَذِهِ المَخْلُوقَاتِ، الَّذِيْ امْتَحَنَ اللهُ قُلُوبَهَا فَكَانُوا مِنَ الَّذِيْنَ لَا يَعْقِلُونَ!؟ تَنَاسَيْتُم أَيُّهَا العُمَرِيَّةُ أَنَّ نَبِيَّكُم هَذَا، كَانَ أَوَّلُ مَنْ أَحْرَقَ سُنَّةَ رَسُولِ اللهِ، وَمَنَعَهَا مِنَ التَّدَاوُلِ بَيْنَ النَّاس!؟ إِنَّ اللهَ لَا يَنْسَى!

وَزِيَادَةٌ فِي التَّضْلِيْلِ وَالتَّحْوِيرِ: *أَخْرَجَ ابْنُ المُنْذِرِ عَنِ الحَسَنِ البَصْرِيْ رَحِمَهُ اللَّهُ: أَنَّ أُنَاساً ذَبَحُوا قَبْلَ رَسُولِ اللَّهِ يَوْمَ النَّحْرِ، فَأَمَرَهُمْ أَنْ يَعِيْدُوا ذَبْحَاً، فَأَنْزَلَ اللَّهُ: **يَا أَيُّهَا الَّذِينَ آمَنُوا لَا تُقَدِّمُوا بَيْنَ يَدَيِ اللَّهِ وَرَسُولِهِ ...*** **طَبْعًا خَلقُ البَدِيْل لِلتَضْلِيْلِ والتَّجْهِيْلِ!** تَنَاسَى العُمَرِيَّةُ أَنَّ هَذِهِ الآيَةَ جِزءٌ مِنْ سُورَةِ الحُجُرَاتِ! وَتَنَاسُوا أيضًا أنَّ آيَاتِ القُرآنِ لَيسَتْ وَلِيْدَةَ أَحْدَاثٍ آنِيَّةٍ!؟ إِنَّ اللهَ لَا يَنْسَى!

*وَأَخْرَجَ بْنُ أَبِي الدُّنْيَا فِي كِتَابِ الأَضَاحِيْ بِلَفْظِ: ذَبَحَ رَجُلٌ قَبْلَ الصَّلَاةِ فَنَزَلَتْ الآيَةُ: **يَا أَيُّهَا الَّذِينَ آمَنُوا لَا تُقَدِّمُوا بَيْنَ يَدَيِ اللَّهِ وَرَسُولِهِ ...*** **طَبْعًا خَلقُ البَدِيْل لِلتَضْلِيْلِ والتَّجْهِيْلِ!** لَاحِظْ أَيُّهَا القَارِئُ الكَرِيْمُ، هَذَا الإِسْتِهْزَاءَ بِعُقُولِ رَعَايَا العُمَرِيَّةِ! كُلُّ مَعْلُومَةٍ يَسْبِقُهَا رَاوٍ أَوْ رُوَاةٌ؛ أُسَمِّهِمْ طُهَاةً! تَأْتِيْ المَعْلُومَةُ مَطْهِيَّةً ومَمْضُوغَةً وَمُجْتَرَّةً، ثُمَّ تُوَزَّعُ عَلَى الرَّعِيَّةِ لِاجْتِرَارِهَا! وَلَقَدْ أَخْرَجَ

القُرآنُ هَذِهِ الصُّورَةَ جَلِيَّةً وَوَاضِحَةً، أَنَّهُم **لَا يَعْقِلُون! وَلَكِنَّهُم يَجْتَرُّونَ!**

وَأَخْرَجَ الطَّبَرَانِـي فِي الأَوْسَطِ عَنْ عَائِشَةَ: أَنَّ أُنَاسًا كَانُوا يَتَقَدَّمُونَ الشَّهْرَ، فَيَصُومُونَ قَبْلَ النَّبِيِّ، فَأَنزَلَ اللَّهُ تَعَالَى: ***{يَا أَيُّهَا الَّذِينَ آمَنُوا لَا تُقَدِّمُوا بَيْنَ يَدَيِ اللَّهِ وَرَسُولِهِ}.*** **طَبْعًا خَلقُ البَدِيْل لِلتَضْلِيلِ والتَّجْهِيْل! سَلَام!** أُمُّ العُمَرِيَّةِ، عَائِشَةٌ تَقُولُ: *أَنَّ إِلَهَهَا* نَهَىْ النَّاسَ أنْ تَبْدَأ الصَّوْمَ قَبْلَ النَّبِيِّ**!؟** وَلَمْ تُحَدِّدْ لَنَا أَوقَاتَ صِيَامِ الرَّسُولِ، او أَنَّهُ صَومٌ أَو صِيَامٌ! وَهُنَاكَ فَرْقٌ كَبِيْرٌ بَيْنَ الصَّومَيْن، طَبْعًا في حَظَائِرِ العُمَرِيَّةِ، ***كُلُّهُ بَرْسِيْم!*** وَنَهِيُ أُمِّ العُمَرِيَّةِ جَاءَ **بِلا النَّاهِيَةِ** الَّتِيْ سَبَقَتْ فِعْلَ **تُقَدِّمُوا!** مِنَ المُؤَكَّدِ أنَّ الَّذِينَ يَفْعَلُونَ أَو يَعْمَلُونَ المنْهِيَّ عَنْهُ يُذَمُّونَ وَيُعَاقَبُون، إمَّا فِي الدُّنْيَا أو في الآخِرَةِ، أو في الإِثْنَيْن**!؟** أَبْنَاؤكِ وَبَنَاتُكِ يَا أُمَّ العُمَرِيَّةِ، مِنْهُم مَنْ يَصُومُ قَبْلَ شَهْرِ الصَّوْمِ وَبَعْدَهُ، والبَعْضُ يَصُومُ الثُّلَاثَاءَ والخَمِيْس! هَكَذَا تَفْعَلُ الأُمَّهَاتُ يَا أُمَّ العُمَرِيَّةِ**؟!** أَو قَدْ يَكُونُ رَسُولُ اللهِ نَسِيَ أو سَهِيَ أو قَصَّرَ كَمَا تَزْعَمُونْ، أَلَم يَكُ أَجْدَرُ بِكِ وَبِأَبِيْكِ هِدَايَةَ الرَّعِيَّةَ عَمَّا تَخَلَّفَ عَنْهُ الرَّسُولُ الأَعْظَمُ**!؟**

أَيُهَا القَارِئُ، الكَرِيْمُ، أعْذَرْنِيْ! لَا أَكُنُّ لِهَذِهِ المَخْلُوقَاتِ - جُهَلَاءَ العُمَرِيَّةِ وَأَصْنَامَهَا - سِوَى الاسْتِخْفَاف، وَالاحْتِقَار، وَالاسْتِصْغَار،

وَالازدِرَاءَ! وَأغْضَبُ كُلَّمَا أتَذَكَّرُ وَأشَاهِدُ المَصِيْرَ المُزْرِيَّ الَّذِيْ وَصَلَ إِلَيْهِ العَامَّةُ مِنَ المُسْلِمِيْنَ الغَلَابَةِ، المهمَّشِيْنَ، المُجَهَّلِيْنَ، المَقْهُورِيْنَ، المُشَرَّدِيْنَ، المُلاحَقِيْنَ، وَالمُنْهَكِيْنَ بِالجُوْعِ وَالمَرَضِ، وَالمَكْرُوهِيْنَ في العَالَمِ! **هُوَ الَّذِي أَرْسَلَ رَسُولَهُ بِالْهُدَى وَدِينِ الْحَقِّ لِيُظْهِرَهُ عَلَى الدِّينِ كُلِّهِ وَكَفَى بِاللَّهِ شَهِيدًا!** أَيُّ هُدًى وَأيُّ دِيْنٍ حَقٍّ؟! رَسَّخَتْ العُمَرِيَّةُ في رَعِيَّتِهَا وَمُجْتَمَعَاتِهَا: البَاطِلَ، وَالبُغْضَ، وَالتَّنَابُذَ، وَالعَدَاوَةَ، وَالبَغْيَ، وَالبُهْتَانَ... إنَّ كُلَّ مَنْ يَقُولُ أَنَّ المُسْلِمِيْنَ إِخْوَةٌ مُنَافِقٌ! ﴿ **إِنَّمَا الْمُؤْمِنُونَ** إِخْوَةٌ **فَأَصْلِحُوا** بَيْنَ أَخَوَيْكُمْ وَاتَّقُوا اللَّهَ لَعَلَّكُمْ تُرْحَمُونَ﴾. 10 الحُجْرَاتْ. **إِنَّمَا** الحَصْرِيَّةَ! أَمَّا العُمَرِيَّةُ قَالَ فيهِمُ القُرآنُ قَبْلَ أَنْ يَرْتَدُّوا: قَالَتِ الْأَعْرَابُ ءَامَنَّا **قُل لَّمْ تُؤْمِنُواْ وَلَكِن قُولُوٓاْ أَسْلَمْنَا** وَلَمَّا يَدْخُلِ الْإِيمَنُ فِي قُلُوبِكُمْ، وَإِن تُطِيعُواْ اللَّهَ وَرَسُولَهُ لَا يَلِتْكُم مِّنْ أَعْمَلِكُمْ شَيًّا إِنَّ اللَّهَ غَفُورٌ رَّحِيمٌ! 14 الحُجُرَاتِ! أَجَلْ الحُجُرَاتْ! إِنَّ الَّذِيْنَ لَا يَقْرَؤون سُوْرَةَ الحُجُرَاتِ حَقَّ قِرَأَتِهَا، لَنْ يَدْخُلَ الإِيْمَانُ قُلُوبَهُم! وَأُقْسِمُ بِاللهِ أَنَّ كُلَّ مَنْ قَالَ: ***حَسْبُنَا كِتَابُ اللَّهِ***، وَمَنْ آمَنَ بِهَا، وَسَمِعَ بِهَا وَصَمَتَ؛ إِنْ كَانَ أَسْلَمَ فَقَدْ **ارْتَدَّ!**

سَأتْرُكُ لَكَ أَيُّهَا القَارِئُ الكَرِيْمُ إكْتِشَافَ هَذَا النَّشَازِ الَّذِي هُوَ أَحَدُ أَدَواتِ **خَلْقِ البَدِيلِ لِلتَضْلِيلِ وَالتَّجْهِيلِ!** لَقَدْ اسْتَعْمَى هَذَا الدُّكْتُورُ

كَنُظَرَائِهِ الَّذِيْنَ لَا يَعْقِلُونَ! تَقُولُ سورةُ الحُجُرَاتِ:

يَا أَيُّهَا الَّذِينَ آمَنُوا لَا تُقَدِّمُوا بَيْنَ يَدَيِ اللَّهِ وَرَسُولِهِ وَاتَّقُوا اللَّهَ إِنَّ اللَّهَ سَمِيعٌ عَلِيمٌ. ﴿ ١ ﴾ يَا أَيُّهَا الَّذِينَ آمَنُوا لَا تَرْفَعُوا أَصْوَاتَكُمْ فَوْقَ صَوْتِ النَّبِيِّ وَلَا تَجْهَرُوا لَهُ بِالْقَوْلِ، كَجَهْرِ بَعْضِكُمْ لِبَعْضٍ أَنْ تَحْبَطَ أَعْمَالُكُمْ وَأَنْتُمْ لَا تَشْعُرُونَ. ﴿ ٢ ﴾ إِنَّ الَّذِينَ يَغُضُّونَ أَصْوَاتَهُمْ عِنْدَ رَسُولِ اللَّهِ، أُولَئِكَ الَّذِينَ امْتَحَنَ اللَّهُ قُلُوبَهُمْ لِلتَّقْوَىٰ لَهُمْ مَغْفِرَةٌ وَأَجْرٌ عَظِيمٌ. ﴿ ٣ ﴾ إِنَّ الَّذِينَ يُنَادُونَكَ مِنْ وَرَاءِ الْحُجُرَاتِ أَكْثَرُهُمْ لَا يَعْقِلُونَ. ﴿ ٤ ﴾

أتَمَنَّى أنْ تَكُونَ أيُّهَا القَارِئُ الكَرِيْم قد قَرَأْتَ الآيَاتِ الأرْبَعَةَ أعْلَاه! هَلْ خَلْقُ البَدَائِلِ يُغَيِّرُ في مَا جَاءَ في الآيَةِ التَّالِيَةِ، أنَّ اللهَ أمَرَ المُؤْمِنِيْنَ ألَّا يَرْفَعُوا أصْوَاتَهُم فَوقَ صَوتِ النَّبِيّ وَحَذَّرَهُم؟

يَا أَيُّهَا الَّذِينَ آمَنُوا لَا تَرْفَعُوا أَصْوَاتَكُمْ فَوْقَ صَوْتِ النَّبِيِّ وَلَا تَجْهَرُوا لَهُ بِالْقَوْلِ كَجَهْرِ بَعْضِكُمْ لِبَعْضٍ أَنْ تَحْبَطَ أَعْمَالُكُمْ وَأَنْتُمْ لَا تَشْعُرُونَ ﴿٢﴾.

كَجَهْرِ بَعْضِكُمْ لِبَعْضٍ أَنْ تَحْبَطَ أَعْمَالُكُمْ وَأَنْتُمْ لَا تَشْعُرُونَ!

هَذَانِ الصَّنَمَانِ المُنَافِقَانِ، رَفَعَا صَوتَيْهِمَا فَوْقَ صَوتِ الرَّسُولِ، لأنَّهُمَا كَانَا يَعْتَقِدَانِ أنَّهُمَا عَلَى مُسْتَوى مَقَامِ رِسَالَةِ الرَّسُولِ الأعْظَمِ، وَفَوْقَ البَشَر!

وَإِنْ تَجْهَرْ بِالقَوْلِ فَإِنَّهُ يَعْلَمُ السِّرَّ وَأَخْفَى (قرآن).

عَلِمَ اللَّهُ مَا يُخْفُونَ مِنْ كِبْرٍ، فَأَعَادَهُمَا اللَّهُ إِلى مَوضِعِهِمَا بَيْنَ المَخْلُوقَاتِ، **وَلَا تَجْهَرُوا لَهُ بِالْقَوْلِ كَجَهْرِ بَعْضِكُمْ لِبَعْضٍ!** لَمْ يَكُ رَفْعُ الصَّوتِ فَقَط، فَكَانَ أَيْضًا اعطَاءُ أَوَامِرَ لِلرسُولِ مُجَاهَرَةً!

إِنَّ هَذِهِ الآيَةَ الَّتِيْ بَدَأَتْ فِي: **يَا أَيُّهَا الَّذِيْنَ آمَنُوا**، وَانْتَهَتْ فِي **أَنْ تَحْبَطَ أَعْمَالُكُم**، كَانَتْ دَرسًا وَإِنْذَارًا وَإِخْبَارًا إِلى المُؤمِنِيْنَ، بِأَنَّ الَّذِيْنَ **يَتَقَمَّصُونَ مَا تَقَمَّصَهُ** هَذَانِ الضَّالَّانِ مِنْ تَسَلُّطٍ لَنْ يَنْفَعَهُمَا، أَيْنَ هُمَا مِنْ مَقَامِ النُّبُوَّةِ وَالرِّسَالَةِ، فَقَدْ عَلِمَ اللَّهُ وَرَسُولُهُ مَا يُخْفُونَ، مِنْ تَآمُرٍ وَخِسَّةٍ، لِهَذَا جَاءَ مُبَاشَرَةً بَعْدَ **(لَا تَرْفَعُوا)**، هَذِهِ الآيَة:

إِنَّ الَّذِينَ يَغُضُّونَ أَصْوَاتَهُمْ عِنْدَ رَسُولِ اللَّهِ أُولَئِكَ الَّذِينَ امْتَحَنَ اللَّهُ قُلُوبَهُمْ لِلتَّقْوَى لَهُم مَغْفِرَةٌ وَأَجْرٌ عَظِيمٌ ﴿٣﴾.

يَمْتَحِنُ اللَّهُ قُلوبَ المُؤمِنِيْنَ لِلتَقْوَى، **بِأَنَّ لَهُم مَغْفِرَةٌ وَأَجْرٌ عَظِيمٌ!** وَطَبْعًا لَمْ يَفْتَرِ اللَّهُ عَلَى المُنَافِقِيْنَ مِنْ دُونِ امْتِحَانٍ، إِنَّ مُجَرَّدَ طَرْحِ هَذِهِ الإِحْتِمَالِيَّةِ، بِحَدِّ ذَاتِهِ نِفَاقٌ وَتَعَدِّيٌ عَلى، وَتَشْكِيْكٌ فِي عَدَالَةِ العِزَّةِ الإِلهِيَّةِ! نِفَاقٌ، الفِئَةُ المُشَبَّهَةُ بِالنَّاسِ وَهُمْ بَهَائِمٌ، أَدْخَلَهَا اللَّهُ في حَظَائِرِ الَّذِيْنَ لا يَعْقِلُونَ بَعْدَمَا، امْتَحَنَ اللهُ قُلُوبَهَا! وَيَعْلَمُ اللَّهُ السِّرَّ وَمَا أَخْفَى! إِنَّ المُنَافِقِينَ الَّذِيْنَ تَطَاوَلُوا عَلَى

الرَّسُولِ بِرفْعِ الصَّوتِ وَالجَهْرِ بِالقَولِ، كَأنَّهُمَا يُحَاوِرَان زَمِيْلًا أَو صَدِيْقًا، نَسُوا اللَّهَ فَأنْسَاهُم أنْفُسَهُم! لَم يَكُ (**هَذَانِ**) يَتَحَاورَانْ، كَانَا ***يَتَمَارَيَانِ*** كَمَا يَتَمَارَى السَّوَقَةُ وَأرذَالُ النَّاسْ! يُخَاطِبُونَ رَسُولَ اللَّهِ بِأصْوَاتِهِمِ النَّكِرَةِ، كَأنَّهُ أحَدَهُم! لَمْ يَلقَ ***أَيُّهُنَّ*** جَوَابًا أو رَدًّا مِنْ رَسُولِ اللَّه، لِأنَّ اللَّهَ كَالعَادَةِ تَكَفَّلَ في الدِّفَاعِ عَنْ حَبِيْبِهِ وَصَفِيِّهِ، فَجَاءَ الرَّدُّ مِنْ عِنْدِ اللَّهِ، لِكَيْ تَسْمَعَ الدُّنْيَا طَالَمَا بَقِيَتْ، والمُؤمِنُون أيْنَمَا كَانُوا وَحَيْثُمَا كَانُوا، وَلِتَكُونَ عَلَى النَّاسِ حُجَّةً، إلى أنْ يَنْقَرِضَ العُمَرِيَّةُ:

إِنَّ الَّذِينَ يُنَادُونَكَ مِنْ وَرَاءِ الْحُجُرَاتِ أَكْثَرُهُمْ لَا يَعْقِلُونَ ﴿٤﴾.

صَدَقَ اللَّه العَلِيُّ العَظِيْم...

يَقُولُ هَذَا الدكْتُورُ أيْضاً: *وَلَا يَفُوتَنَا وَنَحْنُ نَتَحَدَّثُ عَنْ أَسْبَابِ النُّزُولِ، أَنْ نُسَجِّلَ هَذِهِ المُلَاحَظَاتِ: أَنَّ قَولَ المُفَسِّرِيْن: نَزَلَتْ الآيَةُ في كَذَا، يُرَادُ بِهِ تَارَةً سَبَبُ* ***النُّزُولِ بِالمَعْنَى الخَاصّ،*** *وَيُرَادُ بِهِ تَارَةً أَنَّ مَا وَقَعَ دَاخِلٌ في مَعْنَى الآيَةِ، وَأَنَّ مِثْلَهُ مِمَّا تَتَنَاوَلُهُ الآيَةُ، وإِنْ لَمْ يَكُنْ هُوَ السَّبَبُ الخَاصُّ في نُزُولِهَا، كَمَا لَوْ قِيْلَ عَنِّيْ بِهَذِهِ الآيَةِ كَذَا. وَأَنَّ الآيَةَ الوَاحِدَةَ قَدْ يُرْوَى لَهَا أَكْثَرَ مِنْ سَبَبٍ وَاحِدٍ لِنُزُولِهَا، فَإِنْ لَمْ يُقْصَدْ بِذَلِكَ المَعْنَى العَامّ، الَّذِيْ سَبَقَتْ الإِشَارَةُ إِلَيْهِ آنِفًا،* ***فَلَا يُبْعَدُ أَنْ تَكُونَ هَذِهِ الأَسْبَابُ كُلُّهَا حَصَلَتْ،***

وَنَزَلَتْ بَعْدَهَا الآيَةُ... إِلَهُ العُمَرِيَّةِ تَاجِرُ جُمْلَةٍ - لِكَيْ يُوَفِّرَ مَصَارِيفَ الشَّحْنِ - يَنْتَظِرُ حَتَّى يَكْتَمِلَ حِمْلُ القَاطِرَةِ!!؟ يَقُولُ هَذَا الدُّكْتُورُ: قَدْ تَكُونُ الأَسْبَابُ كَثِيرَةً، وَيَنْتَظِرُ اللهُ حَتَّى تَأْتِي أَحْدَاثٌ كَثِيرَةٌ، يُمْكِنُ أَنْ يَسْتَخْدِمَهَا هَذَا الدُّكْتُورُ، وَعُلَمَاءُ الزَّرِيبَةِ لِلذَّوْدِ عَنْ أَصْنَامِهِمْ، عِنْدَهَا تَنْزِلُ الآيَةُ؟!

دِينُ العُمَرِيَّةِ يُرَوِّجُ لإِلَهٍ سَمْعُهُ ضَعِيفٌ، يَضْطَرُّ إِلَى النُّزُولِ إِلَى نُقْطَةٍ أَقْرَبَ إِلَى الأَرْضِ لِيَسْمَعَ دُعَاءَ العُمَرِيَّةِ! ***إِلَهٌ جَاهِلٌ لَا يَعْلَمُ*** أَنَّ خَلْقَهُ لَا يُطِيقُونَ الصَّلَاةَ خَمْسِينَ مَرَّةً فِي اليَوْمِ! يَحْتَاجُ إِلَى مُوسَى لِكَيْ يُنَبِّهَهُ! ***وَنَبِيُّ العُمَرِيَّةِ***، كَإِلَهِهِمْ يُخْطِئُ وَيُصِيبُ! ***هَلْ كَانَتْ إِجَازَةُ الدُّكْتُورَاه الَّتِي حَصَلْتَ عَلَيْهَا يَا دُكْتُور، فِي عِلْمِ التَّجْهِيلِ؟***

لَا أَدْرِي إِنْ كُنْتَ تَتَّفِقُ مَعِي أَيُّهَا الدُّكْتُورُ أَنَّ الزَّمَنَ عِنْدَ اللهِ وَاحِدٌ حَيْثُ لَا يُوجَدُ مَاضٍ وَلَا حَاضِرٌ وَلَا مُسْتَقْبَلٌ؟ إِنَّ القُرْآنَ يَا دُكْتُور نِبْرَاسُ اللهِ الكَامِلُ الَّذِي لَمْ يُفَرِّطْ اللهُ فِيهِ مِنْ شَيْءٍ. آلَافُ السِّنِينَ قَبْلَ أَنْ يَخْلُقَ اللهُ الإِنْسَانَ، عَلَّمَ اللهُ القُرْآنَ لِأَهْلِ القُرْآنِ المُطَهَّرِينَ النُّورَانِيِّينَ رَحْمَةً مِنْهُ بِالمُؤْمِنِينَ! فَكَانَتْ وَسَتَبْقَى ***سُورَةُ الرَّحْمَنِ*** شَوْكَةً فِي فَمِ وَعَيْنَيِ المُتَطَهِّرِ، الَّذِي يَدَّعِي عِلْمَ القُرْآنِ. إِنَّ آيَاتِ القُرْآنِ أَحْكَامٌ مُفَصَّلَاتٌ لِكُلِّ زَمَانٍ وَمَكَانٍ، مِنْهَا المُحْكَمُ وَمِنْهَا

المُتشَابِه:

هُوَ الَّذِي أَنزَلَ عَلَيْكَ الْكِتَابَ مِنْهُ آيَاتٌ مُّحْكَمَاتٌ هُنَّ أُمُّ الْكِتَابِ وَأُخَرُ مُتَشَابِهَاتٌ فَأَمَّا الَّذِينَ فِي قُلُوبِهِمْ زَيْغٌ فَيَتَّبِعُونَ مَا تَشَابَهَ مِنْهُ ابْتِغَاءَ الْفِتْنَةِ وَابْتِغَاءَ تَأْوِيلِهِ وَمَا يَعْلَمُ تَأْوِيلَهُ إِلَّا اللَّهُ وَالرَّاسِخُونَ فِي الْعِلْمِ يَقُولُونَ آمَنَّا بِهِ كُلٌّ مِّنْ عِندِ رَبِّنَا وَمَا يَذَّكَّرُ إِلَّا أُولُو الْأَلْبَابِ (7) آلَ عُمران.

يَا دُكْتُورُ. أنْتَ أستاذٌ مُتَمَكِّنٌ في اللغَةِ العربيَّةِ. كَيْفَ تَرْضَى لِنَفسِكَ أن يُفَسِّرَ لَكَ القُرآنَ أعْرَابِيٌّ مُسْتَعْرِبٌ، أَقَلُّهُ الآيَاتُ المُحْكَمَاتُ؟! **وَهُنَاكَ مَدينَةُ العِلْمِ وبَابُها المُطَهَّرُ وَالمَفْتُوحُ لِلمُؤمِنِيْن.** لَكِنَّكَ يَا دُكْتُورْ أَبَيْتَ أَنْ تَدْخُلَ مِنْ بَابِ المُؤمِنِيْنَ، وَدَخَلْتَ مِنَ المَجَارِيّ! مِنْ بَابِ المُنَافِقِيْنَ! بَابُ زَرِيْبَةِ بَنِيْ سَاعِدَة، ظَنًّا مِنكَ أنَّ كُلَّ الأبوابِ تُوْصِلُ إِلَى الجَنَّةِ.

دَخَلْتَ يَا دُكْتُورُ مِن بَابِ البُخاريّ، فَسَقَطْتَ في المَجَارِي! لَاَنَّ كُلَّ مَا نَزَلَ في المَجَارِي التَقَطَهُ البُخَارِيّ! اعتَدْتَ استنشَاقَ عبَقِ مَجَارِي الزَّرِيْبَةِ وسَكِرْتَ مِنْ أرِيجِهَا، وَأدْمَنْتَ مَا أَدْمَنَهُ عُلَمَاءُ الزَّرِيبَةِ! لِمَاذَا؟

أَلِكَيْ تُضِلَّ النَّاسَ؟! وَلِكَيْ تَبقَى دِيْكًا يَصِيْحُ عَلَى مَزبَلَةِ التَّارِيْخْ؟!

صَنَمَاكَ ذَهَبَا إلى جَهَنَّم!

إنَّ مُعظَمَ آياتِ سُورةِ الحُجُرَاتِ مُحْكَمَةٌ، خَاصَّةً، آياتُ فَضِيْحَةِ الصَّنَمَيْنِ:

يَا أَيُّهَا الَّذِينَ آمَنُوا لَا تَرْفَعُوا أَصْوَاتَكُمْ فَوْقَ صَوْتِ النَّبِيِّ، وَلَا تَجْهَرُوا لَهُ بِالْقَوْلِ كَجَهْرِ بَعْضِكُمْ لِبَعْضٍ، أَنْ تَحْبَطَ أَعْمَالُكُمْ وَأَنْتُمْ لَا تَشْعُرُونَ. ﴿2﴾ إِنَّ الَّذِينَ يَغُضُّونَ أَصْوَاتَهُمْ عِنْدَ رَسُولِ اللهِ. أُولَئِكَ الَّذِينَ امْتَحَنَ اللهُ قُلُوبَهُمْ لِلتَّقْوَىٰ لَهُمْ مَغْفِرَةٌ وَأَجْرٌ عَظِيمٌ. ﴿3﴾ إِنَّ الَّذِينَ يُنَادُونَكَ مِنْ وَرَاءِ الْحُجُرَاتِ، أَكْثَرُهُمْ لَا يَعْقِلُونَ. ﴿4﴾.

لَا تَعْجَب يَا دُكْتُورُ أَوْ تَتَصَوَّرْ أَنِّي أَفْتَرِي عَلَى أَبِي بَكْرٍ وعُمَرَ، حِيْنَ أُنَادِيْهِمَا بِصَنَمَيْ قُرِيش! أُنَادِيهُمَا بِمَا وصَفَهُمَا اللهُ: **لَا يَعقِلُون.** عِنْدَ أَهْلِ سُنَّةِ العُمَرِيَّةِ فَقَطْ، أَصْنَامٌ تَعْقُلُ، وإِلَهٌ يَأتَمِرُ لأَصْنَامٍ، وَيُنَزِّلُ قُرآنًا لِرَغبَةِ صَنَم! كَأَنَّ القُرْآنَ قَدْ كُتِبَ لَحْظَةَ نُزُولِه!؟ **لَا يَعْقِلُونَ!**

أَلَم يُنَزِّلِ اللهُ قُرآناً لِرغبَةِ نَبِيِّكُم عُمَرَ؟ وَكَانَ مُخالِفاً لِرَغْبَةِ رَسُولِ اللهِ؟ لا أعتَقِدُ انَّ مُؤمِناً يُؤمِنُ بِاللهِ الخَالِقِ البَارِئِ المُصَوِّرِ، يَسْتَسيغُ هَذَا الفِكْرَ الشَّيطَانِيَّ **لَا يَعْقِلُون...**

إنَّ الَّذِي يَعْتَقِدُ أَنَّ اللهَ أَنْزَلَ قُرآنًا لِرَغْبَةِ عُمَرَ، يَخْرُجُ مِنْ دِيْنِ اللهِ! وَيَدْخُلُ في دِيْنِ العُمَرِيَّةِ! إِنَّهُ الكُفْرُ الأَكْبَرُ! أَنْكَرَ عُمَرُ ***هَذَا***

رِسَالَةَ المُصْطَفَى، وَكَذَّبَ بِآيَاتِ اللَّهِ!؟ يَقُولُ اللَّهُ: **إِنَّا نَحْنُ نُحْيِي الْمَوْتَى وَنَكْتُبُ مَا قَدَّمُوا وَآثَارَهُمْ وَكُلَّ شَيْءٍ أَحْصَيْنَاهُ فِي إِمَامٍ مُّبِينٍ!**

دُكْتُورْ! ذَكَرْتَ لَنَا أَنَّ هُنَاكَ تِسْعَ رِوَايَاتٍ فِي أَسْبَابِ نُزُوْلِ سُوْرَةَ الحُجُرَات، وَلَم تُوْرِدْهَا جَمِيْعًا، ***إِلَهُكَ وَإِلَهُ نَبِيِّكَ عَمِيْر*** (عُمَر) إِعْتِبَاطِيٌّ انْفِعَالِيٌّ، يَتَعَامَلُ مَعْ مَا يَكُونُ، لِأَنَّهُ لَا يَعْلَمُ مُسْبَقًا مَا يَكُونُ!؟ أَحْكَامُهُ بِالجُمْلَةِ، حِمَايَةً لِأَصْنَامِهِ! دِفَاعُكَ يَا دُكْتُورْ عَنْ الصَّنَمَيْن أَحَاجِي ولا تَمُتُّ لِما تُرِيْدُ إيصالَهُ لِلنَّاسِ، وَمَا هِي سِوى دُخانٍ وتَعْمِيَةٍ... إِنَّهَا أساطيرُ وسُمومٌ وَعَقَائِدُ مُفَبْرَكَةٌ وَشَعْوَذَاتٌ اخْتَرَعَهَا أعداءُ اللهِ وأعداءُ رَسولِهِ وأَعْدَاءُ المُؤمِنِيْنَ وَأَعْدَاءُ العَالَمِيْنَ. وَما زال كَثِيرٌ مِنَ النَّاسِ مُدْمِنُونَ عَلَيْهَا وَيَعتَمِدونَها ويَتَعبَّدون بِها ويَعتَقِدون أنَّهَا الْأَصَحُّ... طَبْعًا هَذَا حَقُّهُم، وَأَحتَرِمُ هَذَا الحقَّ وأدافِعُ عَنْهُ، طَالَمَا لا يَفرُضُونَهُ بِالقُوَّةِ وَبِغَيرِ القُوَّةِ عَلَى مَن يُخالِفُهم، ويُقِيْمُونَ حُدُودَ هَذِهِ السُّنَّةِ الإبْلِيْسِيَّة، الشَّيْطَانِيّةِ عَلَى مَنْ خَالَفَهُم... دُكْتُورْ، شَخْصِيًّا أَرَى وَجْهًا مُختَلِفًا لِهَذِهِ المَخْلُوْقَاتِ الَّتِيْ تُقَدِّسونَهَا، وَتَتَرَضُّوْنَ عَلَيْهَا وَتَتَبَارَكُون بِهَا، وتُزَوِّرُونَ وَتُفَسِّرُونَ مَا لَدَيْنَا مِنَ القُرآنِ بِمَا لَا نُؤمِنُ بِهِ، وَلَا نَسْتَسِيْغُهُ، وَلَا نَرْضَاهُ. مُشْكِلَتُكُمْ مَعْ هَذِه السُّنَّةِ العُمَرِيَّةِ - دُكْتُورْ - أَنَّهَا تَفْرِضُ

تَفَاسِيْرَ مُتَضَارِبَةً، مُتَنَاقِضَةً، وَمُتَفَرِّقَةً لِلْقُرآنِ الكَرِيْمْ - كُلُّهَا صَحِيْحَةٌ فِي اعتِقَادِكِم، - وَنَحْنُ نُؤمِنُ أَنَّ القُرْآنَ **لَا يَمَسُّهُ إِلَّا المُطَهَّرُونَ** ...عُلَمَاءُ المُسَمَّاةِ سُنَّةً – سُنَّةُ مَنْ؟ – يُفَسِّرُونَ المَسَّ عَلَى أَنَّهُ اللَّمْسُ، وَلَا يُفَرِّقُوْنَ بَيْنَ اسْمِ الفَاعِلِ (**مُتَطَهِّرُون**) وَاسْمِ المَفْعُولِ (**المُطَهَّرون**)... يَحقِدُونَ عَلَى المُؤْمِنِيْنَ إذا سَمّواْ الَّذِيْنَ اَعلَنَهُم القُرآنُ الكَرِيْمُ: لَا يَعْقِلُونْ؛ بِالأَصْنَامِ! وإذا اعتَقَدْنا أنَّ الَّذِي لَم يُنْزِّلِ اللَّهُ رَحْمَتَهُ عَلَيْهِ، **كَافِرٌ**، خُصُوصًا إذَا اسْتُثْنِيَ مِنْ بَيْنِ المُؤمِنِيْن!!! صَنَمُكُمْ الأَكْبَرُ (أبو بَكْرٍ) اسْتُثْنِيَ وَكَذَلِكَ الصَّنَمُ الأَوْسَطُ!!! دُكْتُورُ، أدْعُوْكَ لِقِرَاءَةِ كِتَابَ (**الصُّحْبَةُ فِي القُرآنِ**)، مَرَّةً أُخْرَى - إنْ بَقِيَ فِي قَلْبِكَ ذَرَّةٌ مِنَ الإيْمَانِ - عَلَّنِيْ أَكْسَبُ فِيكَ أَجْرًا وَأُعَلِّمُكَ كَيْفَ تُقْبِلُ عَلَى القُرآنِ؟!

كَيْفَ يَتَدَبَّرُ عُلَمَاءُ مَذَاهِبِ ألسَّقِيْفَةِ القُرآنَ؟!

لَقَدْ ابْتَدَعَ أئِمَّةُ مَذَاهِبِ العُمَرِيَّةِ وَعُلَمَاؤهَا، طُقُوسًا مُتَعَدِّدَةً وَدَقِيْقَةً لِقُرَّاءَةِ القُرْآنِ، وَالَّتي تَوارَثَهَا مُعْظَمُ المُسْلِمِيْن. طُقُوسٌ صَارِمَةٌ لَا يَجُوزُ القَفْزُ فَوقَهَا، لِكَيْ لَا تَفْقِدَ القِراءَةُ حُسْنَ ثَوَابِهَا (كَمَا يَدَّعُونَ). يُقرَأُ القُرآنُ لِكَسْبِ رِضَا اللهِ وَمَغْفِرتِهِ! والتَّبَرُّكُ بِلَمْسِهِ، وَوَضْعُهُ حِرزًا تَحْتَ المِخَدَّةِ! وَتَقْلِيْدِهِ صُدُورَ النِّسَاءِ! وَوضْعُهُ عَلَى الطَّاوِلَةِ أو المِنْضَدَةِ، لِدَفْعِ الشَّيَاطِيْنَ! يَصْنَعُونَ مِنْ آيَاتِهِ لوحاتٍ فَنِّيَّةٍ مُزِرْكَشَةٍ، تُعَلَّقُ عَلَىْ حِيْطَانِ المَكَاتِبِ وَالغُرَفِ لِلزِّيْنَةِ وَلِحِفْظِ البُيُوتِ مِنَ الشَّيَاطِيْنِ. يُكْتَبُ بَعْضٌ مِنْ آيَاتِهِ المُخْتَارَةِ عَلى أوراقٍ يَضَعُونَهَا فِي حَقَائِبِهِم، وَكَثِيْرٌ مِنْهُم يُلْصِقُونَهَا عَلَى مَوَاضِعِ الألَمِ فِي أجْسَادِهِمْ لِلاسْتِشْفَاءِ! وَكَثِيْرُونَ يَغْلُونَهَا كَالشَّايِ أَو القَهْوَةِ لِشِفَاءِ المَرْضَى!!! أعْتَقِدُ أنِّيْ قَدْ نَسِيْتُ طُقُوسًا أخْرَى!!!

مِنَ المُلاحَظِ أَنَّ هَذَا الفِقْهَ قَدْ شَدَّدَ عَلَى صِحَّةِ المُسْلِمِ وَسَلامَتِهِ، مِنْ جَمِيْعِ الأمْرَاضِ. إنَّ في لَمْسِ القُرآنِ وَحَمْلِهِ وَقِرَاءَتِهِ وَتَلْحِيْنِهِ وَتَجْوِيْدِهِ وَحِفْظِهِ عَنْ ظَهْرِ قلبٍ، وفِي سُرْعَةِ وإعَادَةِ قِرَاءَتِه، وَكَثْرَةِ خَتْمِيَّاتِهِ مِنْ دُونِ فَهْمٍ، وَفِي مَضْغِهِ، وَفِي شُرْبِ أرِيْجِ كَلِمَاتِهِ، شِفَاءٌ مِن كُلِّ دَاءٍ! **إلَّا دَاءَ الكُفْرِ، اعْذُرُونِي هَذِهِ الأخِيْرَةُ مِن عِنْدي!**

يَا دُكْتُورُ، أَيُّهَا الْعُمَرِيُّ الْأَصِيلُ! هَلْ فِي الْقُرآنِ:

أَفَلَا تَخْتِمُونَ الْقُرآنِ؟

أَفَلَا تَحْفَظُونَ الْقُرآنِ؟ حِفْظُ اللِّسَانِ! حِفْظُهُ نَصًّا دُونَ تَغْيِيرٍ، أَيْ طَبْعٌ فِي الذَّاكِرَةِ!

أَمْ أَنَّ فِي الْقُرآنِ؟

أَفَلَا تَعْقِلُونَ؟

أَفَلَا تَتَذَكَّرُونَ؟

أَفَلَا يَتَدَبَّرُونَ الْقُرآنَ أَمْ عَلَى قُلُوبٍ أَقْفَالُهَا ... إِنَّ الَّذِينَ ارْتَدُّوا عَلَى أَدْبَارِهِمْ مِنْ بَعْدِ مَا تَبَيَّنَ لَهُمُ الْهُدَى، الشَّيْطَانُ سَوَّلَ لَهُمْ وَأَمْلَى لَهُمْ ... ذَلِكَ بِأَنَّهُمْ قَالُوا لِلَّذِينَ كَرِهُوا مَا نَزَّلَ اللَّهُ، سَنُطِيعُكُمْ فِي بَعْضِ الْأَمْرِ وَاللَّهُ يَعْلَمُ إِسْرَارَهُمْ ... فَكَيْفَ إِذَا تَوَفَّتْهُمُ الْمَلَائِكَةُ يَضْرِبُونَ وُجُوهَهُمْ وَأَدْبَارَهُمْ ... ذَلِكَ بِأَنَّهُمُ اتَّبَعُوا مَا أَسْخَطَ اللَّهَ وَكَرِهُوا رِضْوَانَهُ فَأَحْبَطَ أَعْمَالَهُمْ [محمد: 24-28].

أَفَلَا يَتَدَبَّرُونَ الْقُرآنَ أَمْ عَلَى قُلُوبٍ أَقْفَالُهَا؟ أُوَجِّهُ هَذَا السُّؤَالَ لَكَ دُكْتُورُ، وَمِنْ خِلَالِكَ إِلَى الْقُرَّاءِ الْأَكَارِمِ!

أَلَيْسَ الَّذِي يَعْصَى أَمْرَ رَسُولِ اللَّهِ، مُرْتَدَّ؟

هَلْ حَسْبُنَا كِتَابُ اللَّهِ، رِدَّةٌ؟

أَلَيْسَ الَّذِي يَمْنَعُ سُنَّةَ رَسُولِ اللَّهِ مِنَ التَّدَاوُلِ، وَيُعَاقِبُ كُلَّ مَنْ

يَقُولُ قَالَ رَسُولُ اللهِ، مُرتَدٌّ؟

أَلَيْسَ مَنْ يَشُكُّ فِي صِدْقِ رِسَالَةِ رَسُولِ اللهِ، مُرْتَدٌّ؟

أَلَيْسَ مَنْ يُحَرِّقَ سُنَّةَ رَسُولِ اللهِ، مُرْتَدٌّ؟

أَلَيْسَ مَنْ يُظَاهِرَ مُرْتَدًّا عَلَى مُسْلِمٍ، مُرْتَدٌّ؟

حَضِّرْ وَجْهَكَ، وَدُبُرَكَ يَا دُكْتُورُ، لِلضَّرْبِ!

فَكَمَا ذَكَرْتُ لَكَ أَيُّهَا القَارِئُ الكَرِيمُ آنِفًا، أَلْزَمَ عُلَمَاءُ المَذَاهِبِ العُمَرِيَّةِ أَتْبَاعَهُمْ بِطُقُوسٍ صَارِمَةٍ أَفْرَغَتِ القُرْآنَ مِنْ قِيمَتِهِ **العِلْمِيَّةِ وَالفِكْرِيَّةِ وَحَتَّى الأَدَبِيَّةِ**، وَحَرَّمُوا عَلَى غَيْرِ المُسْلِمِ التَّعَرُّفَ عَلَى جَمَالِيَّاتِ القُرْآنِ الَّتِي قَدْ تَشُدُّهُ إِلَى الإِيمَانِ. مَنَعُوا عَلَى غَيْرِ المُسْلِمِ لَمْسَ القُرْآنِ! وَطَبْعًا شَجَّعُوا عَلَى السَّلْبِ وَالنَّهْبِ وَالغَزْوِ لِبِلَادِ غَيْرِ المُسْلِمِينَ. وَأَطْلَقُوا عَلَى هَذَا الغَزْوِ زُورًا، عُنْوَانَ: الفُتُوحَاتِ الإِسْلَامِيَّةِ! خَيَّرُوا شُعُوبَ البِلَادِ الَّتِي اغْتَصَبُوهَا، وَسَلَبُوهَا مُمْتَلَكَاتِهَا، وَسَبَوْا نِسَاءَهَا؛ إِمَّا المَوْتَ، وَإِمَّا الجِزْيَةَ، وَإِمَّا الإِسْلَامَ؟!

امْتَلَأَتْ قُصُورُ بَغْدَادَ وَالشَّامِ بِمَا سُلِبَ وَنُهِبَ مِنْ شُعُوبٍ كَانَ ذَنْبُهَا أَنَّهَا كَانَتْ جَارَةً لِوُحُوشِ نُزَلَاءِ السَّقِيفَةِ! وَعَجَّتْ شَوَارِعُ المُدُنِ المُسَمَّاةِ إِسْلَامِيَةً بِالجَوَارِي وَالغِلْمَانِ، الَّتِي مَلَأَتْ قُصُورَ مَنْ سَمَّاهُمْ عُلَمَاءُ مَذَاهِبِ الزَّرِيبَةِ بِأُمَرَاءِ المُؤْمِنِينَ. قُصُورٌ بُنِيَتْ مِنْ

دَمٍ وَعِظَامٍ وَأَشْلَاءِ مَنْ خَالَفَهُم مِنَ المُسْلِمِيْنَ، وَمِمَنْ جَاوَرَ دَوْلَةَ الإِزْلَامِ، وَلَيْسَ دَولَةَ الإِسْلَامِ كَمَا يَدَّعُونْ!؟

أَيُّهَا النَّاسُ، إِسْلَامُ مُحَمَّدٍ المُصْطَفَى، لَا يَمُتُّ بِصِلَةٍ إِلى جَاهِلِيّةِ هَؤُلَاءِ الأَعْرَابِ! هَذَا لَيسَ كَلَامِيْ. كَانَ لِلْمُصْطَفَى جَارٌ غَيْرُ مُسْلِمٍ فِي مَدِيْنَةِ رَسُولِ اللَّهِ، وَكَانَ هَذَا الجَارُ مُشَاغِبًا يَرمِي قُمَامَتَهُ خَلفَ بيتِ رَسُولِ اللَّهِ! اشْتَكَىْ بَعْضُ العُمَّالِ إلى رَسُولِ اللَّهِ، وَاسْتَأْذَنُوا الرسُولَ القِيَامَ بِتَأْدِيْبِهِ. أَجَابَهُم رَسُولُ اللَّهِ دَعُوهُ، وَنَظِّفُوا المَكَانَ! وَبَعْدَ مَا كَانَ هَذَا حَدَثًا يَومِيًّا، فَجْأَةً تَوَقَّفَ! سَأَلَ رَسُولُ اللَّهِ الخَدَمَ: هَلْ سَافَرَ جَارُنَا؟ قَالُوا لَا. سَمِعْنَا مِنْ خَدَمِهِ أَنَّهُ مَرِيضٌ! قَالَ الرَّسُولُ الأَعْظَمُ، وَجُبَتْ عَلَيْنَا زِيَارَتُهُ! زَارَ مَنْ بُعِثَ رَحْمَةً لِلعَلَمِيْنَ جَارَهُ! اسْتَقبَلَهُ الجَارُ بِالتَّرحَابِ!.. وَأَتْرُكَ لَكَ أَيُّهَا القَارِئُ الكَرِيْمِ التَّعَرُّفَ عَلَى نِهَايَةِ القِصَّةِ! هَذَا إِسْلَامُ مُحَمَّدٍ! مُحَمَّدٌ هَذَا لَمْ تَعرِفْهُ بَهَائِمُ زَرِيْبَةِ بَنِيْ سَاعِدَةِ! يَقُولُ رَسُولُ اللَّهِ: (مَا مِنْ مَوْلُودٍ إِلَّا يُوْلَدُ عَلَى الْفِطْرَةِ، فَأَبَوَاهُ يُهَوِّدَانَهُ أَوْ يُنَصِّرَانَهُ أَوْ يُمَجِّسَانَهُ، كَمَا تُنْتَجُ الْبَهِيمَةُ بَهِيمَةً جَمْعَاءَ، هَلْ تُحِسُّونَ فِيهَا مِنْ جَدْعَاءَ؟). وَالعُمَرِيْ يُنْتِجُ عُمَرِيًّا مِثْلَهُ، طَالَمَا بَقِيَ مِنْ نُزَلَاءِ الزَّرِيْبَةِ! أَمَامُكُم هَذَا العُمَرِيْ! أُعْطِيَ إِجَازَةَ دُكْتُراه، وَبَقِيَ عُمَرِيٌّ!؟ فَالعِرْقُ دَسَّاسٌ! يَا دُكْتُور، يَقُولُ إِمَامُ المُتَّقِيْنْ: الرَّاضِى بِفِعْلِ قَوْمٍ

كَالدَّاخِلِ فيهِ مَعَهُم، وَعَلَى كُلِّ رَاضٍ بَالإثْمِ ذَنْبَانْ، ذَنْبُ الرِّضَى بِهِ، وَذَنْبُ العَمَلِ بِهِ! أَمَّا أنْتَ وَأمْثَالُكَ يَادُكْتُور ذُنُوبُكُمْ تَتَضَاعَفُ مَعَ ذُنُوبِ كُلِّ عُمَرِيٍّ أَخَذَ عَنْكم!!!

الحِفَاظُ عَلَى الجَارِ، بَعْضُ مُحَمَّدٍ في رِسَالَتِهِ وَسُنَّتِهِ! وَإلَيْكُمْ بَعْضُهُ الثَّانِيْ في الفُرْقَانِ العَظِيْمِ:

لَقَدْ جَاءَكُمْ رَسُولٌ مِنْ أَنْفُسِكُمْ عَزِيزٌ عَلَيْهِ مَا عَنِتُّمْ حَرِيصٌ عَلَيْكُمْ! بِالمُؤْمِنِينَ رَءُوفٌ رَحِيمٌ. مُحَمَّدٌ لَا يُشْبِهُ أحَداً مِنَ المُنَافِقِيْنَ الَّذِيْنَ تَآمَرُوا فِي زَرِيْبَةِ بَنِيْ سَاعِدة! مُحَمَّدٌ يُؤْمِنُ الجَارَ وَيُؤَمِّنُهُ! أَمَّا نُزَلَاءُ السَّقِيْفَة وَأَتْبَاعُهُم، لَا أمْنَ فيهِم وَلا أمَان، حَتَّى مِنْ قَبْلِ غَدْرِهِم بِرَسُولِ اللَّهِ!

بَعْدَ غَدْرِهِم وَقَتْلِهِم رَسُولَ اللَّهِ بِالسُّمِّ، أعْلَنَ أصْنَامُ ألْسَّقِيْفَةِ حُرُوبَ الرِّدَّةِ! وَسَتَبْقَى رِدَّتُكُم هَذِهِ أيُّهَا العُمَرِيَّةُ تَحْصُدُ أولادَكُم وَاحْفَادَكُم وَأَحْفَادَ أحْفَادِكُم وَجِيْرَانَكُم وَجِيْرَانَ جِيْرَانِكُم، حَتَّى يَأْتِيَ أمْرُ اللَّهِ!!! أَيُهَا النَّاسُ هَلْ تَعْلَمُون مَا هُو أمْرُ اللَّهِ الَّذِي لَمْ يَأْتِ بَعْدُ؟

مَا هُوَ أَمْرُ اللهِ الَّذِي لَمْ يَأْتِ بَعْد؟

عِنْدَمَا تَقْرَأُ فِي كُتُبِ المُسْلِمِيْنَ، وَكَذَلِكَ فِي كُتُبِ الانْقِلَابِيّيْنَ – مُتَآمِرِيّ الزَّرِيْبَةِ – أَنَّ خَاتَمَ النَّبِيّيْنَ قَالَ: (لَا تَزَالُ طَائِفَةٌ مِنْ أُمَّتِي ظَاهِرِيْنَ عَلَى الحَقِّ، لَا يَضُرُّهُمْ مَنْ خَذَلَهُمْ، حَتى يَأْتِيَ أَمْرُ اللَّهِ! **(وَهُمْ كَذَلِكْ)**.

أَسْأَلُكَ أَيُّهَا القَارِئُ الكَرِيْمُ أَنْ تَتَمَعَّنَ فِي هَذِهِ الجُمْلَةِ: **(لَا تَزَالُ طائفةٌ)**.

هَذَا يَعْنِي أَنَّ الإِسْلَامَ طَوَائِفُ! وَانَّ هَذِهِ الطَّوَائِفَ لَا يَجْمَعَهَا شَيءٌ سِوَى العَدَاوَةِ لِطَائِفَةِ الحَقِّ!؟ وَأَنَّ هَذَا الظُّلمَ سَيَسْتَمِرُّ، حَتَّى يَأْتِيَ أَمْرُ اللَّهِ!

هَلْ هَذَا صَحِيْحٌ؟ رُبَّ مَنْ يَسْأَلُ؟!

أَيْنَ المُشْكِلَةُ، إِنَّ فِي كُلِّ المُعْتَقَدَاتِ طَوَائِفُ؟

لَكِنَّ هَذِهِ الطَّائِفَةَ مِنْ أُمَّةِ المُصْطَفَى، عَلَى الحَقِّ ظَاهِرِيْن، وَلَا يَضُرُّهُمْ مَنْ خَذَلَهُم!

مَنْ هُمْ وَمَا هُوَ مَصِيْرُ البَاقِيْنَ؟

لِلْتَوضِيْحِ! فِي الإِسْلَامِ إِذًا طَائِفَةٌ، ظَاهِرِيْنَ عَلَى الحَقِّ! وَبَاقِي الطَّوَائِفِ طَبْعًا ظَاهِرِينَ عَلَى البَاطِلِ أَوْ قَدْ يَكُونُوا ارْتَدُّوا!؟ فَالحَقُّ طُهْرٌ وَإِيْمَانٌ وَتَسْلِيْمٌ، وَالبَاطِلُ كُفْرٌ وَرِجْسٌ وَشَكٌّ! أَيْنَ مَوْقِعُكَ

وَمَوْضِعُكَ أَيُّهَا المُسْلِمُ؟!

سُورَةُ الحُجُرَاتِ تَدُلُّكَ عَلَى الطَّرِيقِ:

أ . يَا أَيُّهَا الَّذِينَ آمَنُوا لَا تُقَدِّمُوا بَيْنَ يَدَيِ اللهِ وَرَسُولِهِ ...

ب . يَا أَيُّهَا الَّذِينَ آمَنُوا لَا تَرْفَعُوا أَصْوَاتَكُمْ فَوْقَ صَوْتِ النَّبِيِّ ...

ج . إِنَّ الَّذِينَ يُنَادُونَكَ مِنْ وَرَاءِ الحُجُرَاتِ أَكْثَرُهُمْ لَا يَعْقِلُونَ ...

أَيُّهَا القُرْآنُ مَا أَبْدَعَكَ، وَمَا أَعْدَلَكَ، وَمَا أَفْصَحَكَ، وَمَا أَبْلَغَكَ، وَمَا أَوْضَحَكَ، وَمَا أَجْوَدَكَ، وَمَا أَصْفَاكَ، وَمَا أَحْلَاكَ، وَمَا أَغْنَاكَ، وَمَا أَرْوَعَكَ، وَمَا أَدَلَّكَ، وَمَا أَصْوَبَكَ ... أَسْتَغْفِرُ اللهَ! إِنْ كَانَ عَقْلِي قَدْ قَصَّرَ عَنْ إِظْهَارِ حَقِيقَةِ مَا فِي لُبِّي! سَامِحَنِي يَا اللهُ! لَقَدْ جَعَلَ اللهُ لِقَاعِدَةِ مِيزَانِ الكُفْرِ وَالإِيمَانِ أَبْجَدِيَّةً تَتَأَلَّفُ مِنْ ثَلَاثِ لَاءَاتٍ: إِسْمُهَا أَبْجَدِيَّةُ الإِسْلَامِ! احْفَظُوهَا عَنْ ظَهْرِ قَلْبٍ!

أَوَّلُ "لَاءٍ"، تَنْهَى بِلَا النَّاهِيَةِ **(لَا تُقَدِّمُوا)** أَيْ لَا تَعْجَلُوا بِالأَمْرِ وَالنَّهْيِ دُونَ اللهِ وَرَسُولِهِ، وَلَا تَقْطَعُوا بِالأَمْرِ وَالنَّهْيِ دُونَ اللهِ وَرَسُولِهِ! وَيَشْمَلُ التَّقَدُّمُ فِي قَوْلٍ أَوْ فِعْلٍ أَوْ إِعْتِرَاضٍ، حَتَّى التَّقَدُّمُ عَلَى النَّبِيِّ (ص) فِي المَشْيَةِ وَالجِلْسَةِ، وَالتَّقَدُّمُ بِالطَّاعَاتِ المُوَقَّتَةِ قَبْلَ وَقْتِهَا وَغَيْرِ ذَلِكَ! وَلَقَدْ جَاءَ ذِكْرُ اللهِ مَعَ الرَّسُولِ فِي هَذَا

الحُكْمِ تَكْرِيْمًا لِرَسُولِ الهُدى، وَتَأْكِيْدًا لِفَدَاحَةِ هَذَا الفِعْل الشَّنِيعِ، وَقَد يَكُونُ مِنَ الكَبَائِرِ !

مَنْ الذِيْ اعْتَرَضَ وَعَارَضَ وَرَفَعَ صَوتَهُ في حَضرَةِ اللهِ وَرَسُولِهِ، وَحَتَّى مِنْ قَبْلِ رَفْعِ صَوتِهِ في الحُجُرَات؟!

.1) يَنْقُلُ مُسْلِمٌ في (صَحِيْحِهِ / كِتَابُ الجِهَادِ والسِّيَرِ / البابِ، 34 صُلْحُ الحُدَيْبِيَّةِ، في الحُدَيْبِيَّةِ 3: 1411 الرقم 1785) عن سَهْلِ بِنِ حَنِيْفٍ: ((لَقَدْ كُنَّا مَعَ رَسُوْلِ اللَّهِ (ص) يَوْمَ الحُدَيْبِيَّةِ، وَلَوْ نَرَىْ قتالاً لَقَاتَلْنَا، وَذَلِكَ في الصُّلْحِ الَّذِي كَانَ بَيْنَ رَسُولِ اللَّهِ (ص) وَبَيْنَ المُشْرِكِيْنَ، ***فَجاءَ عُمَرُ بِنْ الخَطَّابِ***، فَأَتَى رَسُولَ اللَّهِ (ص) فَقَالَ: **أَلَيْسَ قَتْلَانَا في الجَنَّةِ، وَقَتْلَاهُمْ في النَّارِ؟** قَالَ: (بَلَى)، قَالَ: **فَفِيمَ نُعْطِيْ الدَّنِيَّةَ في دِيْنِنَا وَنَرْجِعُ، وَلَمَّا يَحْكُمُ اللَّهُ بَيْنَنَا وَبَيْنَهُمْ**، فقَالَ: (**يَا بْنَ الخَطَّابِ، إِنِّيْ رسولُ اللهِ وَلَنْ يُضَيِّعَنِي اللهُ أبدًا**)! قَالَ: فَانْطَلَقَ عُمَرُ، فَلَمْ يَصْبُرْ مُتَغَيِّظًا. (هَذَا عَمِيْرُكُم، نَبِيُّكُم أَيُّهَا العُمَرِيَّة).

.2) حَدَّثَ البُخَارِيْ في (صَحِيحِهِ 8 / 515 كِتَابِ الإعْتِصَامِ بِالكِتَابِ وَالسُّنَّةِ / بَابِ كَرَاهِيَّةِ الإخْتِلَافِ): عَنِ بْنِ عَبَّاسٍ: ((لَمَّا حَضَرَ النَّبِيُّ (ص) وَفِي البيتِ رِجَالٌ، فِيهِمْ عُمَرُ بِنُ الخَطَّابِ

قَالَ: (هَلُمَّ أكتبُ لَكُمْ كِتَاباً لن تَضِلُّوا بَعْدَهُ)، قَالَ عُمَرٌ: ***إنَّ النَّبِيَّ (ص) غَلَبَهُ الوَجَعُ، وَعِنْدَكُمُ القُرآنُ فَحَسْبُنَا كِتَابُ اللَّهِ*****! فَاخْتَلَفَ الحُضورُ وَاخْتَصموا**، فَمِنْهُمْ مَنْ يَقُولُ: قَرِّبُوا يَكْتُبْ لَكُمْ رَسُولُ اللَّه (ص) كِتَابًا لَنْ تَضِلُّوْا بَعْدَهُ، وَمِنْهُمْ مَنْ يَقُولُ مَا قَالَ عُمَرُ! فَلَمَّا أكْثَرُوا اللَّغطَ وَالإخْتِلَافَ عِنْدَ النَّبِيِّ (ص) قَالَ: (**قُوْمُوْا عَنِّي!**).

وَيَنْقُلُ البُخارِيّ نَفْسَهُ في (كِتَابِ الجِهَادِ / بَابُ جَوَائِزِ الوَفْدِ 3: 358) أنَّهُ (ص) قَالَ: (**آتُونِي بِكِتَابٍ، أكْتُبُ لَكُمْ كِتَابًا لَنْ تَضِلُّوْا بَعْدَهُ أبَدًا**)، فَقَالُوا: ***هَجَرَ رَسُولُ اللَّهِ*** ... وَقَدْ كَانَ أبُو بَكْرٍ وَمُعْظَمُ نُزَلاءِ ألسَّقِيْفَةِ بَيْنَ الْحضورِ، وَكَانُوا مُؤَيِّدِيْنَ لِمَا قَالَهُ عُمَرُ! دُكْتُورْ، هَنِيئًا لَكُمْ بِهذَا العُمَرِ، تبَرَّكُوا بِهِ! ***لَنْ تَهْتَدُوا*** **إلَّا**، إذَا تَبَرَّأتُمْ مِنَ ***الَّذِيْنَ أضَلُّوكُم***! وَتَلْعَنُوهُم كَمَا لُعِنَ الشَّيْطَانُ! ﴿ **وَمَا كَانَ لِمُؤْمِنٍ وَلَا مُؤْمِنَةٍ إِذَا قَضَى اللَّهُ وَرَسُولُهُ أَمْرًا أَن يَكُونَ لَهُمُ الْخِيَرَةُ مِنْ أَمْرِهِمْ وَمَن يَعْصِ اللَّهَ وَرَسُولَهُ فَقَدْ ضَلَّ ضَلَالًا مُّبِينًا** ﴾

مَاذَا قَالَ هَذَا المُنَافِقُ، البُخَارِيّ؟ "**فَقَالُوا**": ***هَجَرَ رَسُولُ اللَّهِ***... مَنْ قَالَ وَمَاذَا قَالَ يَا بُ...: هَذِهِ عَيِّنَةٌ مِمَّا يَخْرُجُ مِنْ فيك! ألَّذِيْ قَالَ: عُمَرُ بنُ الخَطَّابِ! عُمَرُ بِنُ الخَطَّابِ أيُّهَا العُمَرِيَّةُ قَال: حَسْبُنَا كِتَابُ اللَّهِ! قَالَ نَبِيِّكُمْ أيُّهَا العُمَرِيَّةُ: شَهَادَةَ الكُفْرِ! حَسْبُنَا

كِتَابُ اللهِ، حَذَفَهَا "البُخَارِي" لِأَنَّهُ فَهِمَ مَا تَعْنِي! فَغَطَّى كُفْرَ نَبِيِّكُم، عَمِيرُ!

أَلْ "لَا" الثَّانِيَةُ مِن هَذِهِ الأَبْجَدِيَّةِ: يَا أَيُّهَا الَّذِينَ آمَنُوا **(لَا تَرْفَعُوا)** أَصْوَاتَكُمْ فَوْقَ صَوْتِ النَّبِيِّ وَلَا تَجْهَرُوا لَهُ بِالْقَوْلِ كَجَهْرِ بَعْضِكُمْ لِبَعْضٍ أَنْ تَحْبَطَ أَعْمَالُكُمْ وَأَنْتُمْ لَا تَشْعُرُونَ!

إِنَّ عَدْلَ القُرْآنِ مُطْلَقٌ، وَقَوْلُهُ أَصْدَقُ، وَمَعَانِيهِ أَعْمَقُ، وَهُوَ فِي حُكْمِهِ أَرْفَقُ! فَطَرَ عِبَادَهُ عَلَى الخَيْرِ وَخَيَّرَهُمْ، وَتَرَكَ لَهُمْ حُرِّيَّةَ الإِخْتِيَارِ، وَأَثَابَهُمْ. وَاسْتَبَقَهُم بِمَا هُوَ خَيْرٌ لَهُم وَأَزْكَى، وَلِكَيْ لَا يَكُونَ لِلْمَخْلُوقِ عَلَى الخَالِقِ حُجَّةٌ، وَأَمَرَهُم! **فَأَقِمْ وَجْهَكَ لِلدِّينِ حَنِيفاً فِطْرَتَ اللهِ الَّتِي فَطَرَ النَّاسَ عَلَيْهَا لَا تَبْدِيلَ لِخَلْقِ اللهِ ذَلِكَ الدِّينُ القَيِّمُ، وَلَكِنَّ أَكْثَرَ النَّاسِ لَا يَعْلَمُونَ!**

يَسْأَلُ أَحَدُهُم: أُسْتَاذ: أَعْطِنَا مَثَلًا عَنِ "الفِطْرَتِ" أَوِ "الفِطْرَةِ" وَبَيْنَ البِدْعَةِ، لِكَيْ يَكُونَ لَنَا قَاعِدَةٌ، نَتَبَيَّنُ كَيْفَ نُفَرِّقُ بَيْنَ الفِطْرَةِ وَبَيْنَ البِدْعَةِ! أَقْصَرُ طَرِيقٍ لِهَذِهِ المَعْرِفَةِ، "كُتُبُ الأَضْدَادِ وَالمَعَانِي" فِي اللُّغَةِ العَرَبِيَّةِ:

بَعْضُ المُرَادِفَاتِ: اِبْتِدَاءٌ، اِبْتِدَاعٌ، إِبْتِكَارٌ، اِبْدَاعٌ، اِحْدَاثٌ، اِخْتِرَاعٌ،

انْشَاءٌ، ايْجَادٌ، بَرْءٌ، بُرُوءٌ، تَكْوِينٌ، خَلْقٌ، صُنْعٌ ...

بَعْضُ الْمُتَنَاقِضَاتِ: إبَادَةٌ، اتِّبَاعٌ، احْتِذَاءٌ، افْنَاءٌ، اهْلَاكٌ، امْتِثَالٌ، تَأَسٍّ، تَقْلِيدٌ، مَوْتٌ ...

نُرِيدُ مَثَلًا حِسِّيًّا يَا أُسْتَاذُ!

الفِطْرَةُ: إِنَّ الَّذِينَ يَغُضُّونَ أَصْوَاتَهُمْ عِنْدَ رَسُولِ اللهِ أُولَئِكَ الَّذِينَ امْتَحَنَ اللهُ قُلُوبَهُمْ لِلتَّقْوَى لَهُمْ مَغْفِرَةٌ وَأَجْرٌ عَظِيمٌ!

مَا عَادَى الفِطْرَةَ: إِنَّ الَّذِينَ يُنَادُونَكَ مِنْ وَرَاءِ الْحُجُرَاتِ أَكْثَرُهُمْ لَا يَعْقِلُونَ!

لَكِنْ يَا أُسْتَاذُ، قَالَ (**اللهُ أَكْثَرُهُمْ**)، وَلَمْ يَقُلْ جَمِيعُهُمْ، مَنْ استَثْنَى اللهُ مِنْهُمْ؟

لَيْسَ عِنْدِي عِلْمُ اللهِ! قَدْ يَسْتَثْنِي اللهُ مَنْ يُرِيدُ، كَمَا اسْتَثْنَى الْمَرْضَى مِنْ إِقَامَةِ فَرَائِضِ الصَّلَاةِ والصَّوْمِ! لَقَدْ وَرَدَ فِي كُتُبِ العُمَرِيَّةِ أَنَّ صَنَمَا قُرَيْشٍ لَمْ يَكُونَا الْمَقْصُودَيْنِ فِي الآيَةِ أعلاه! (**وَجَاءَ فِي رِوَايَةٍ أَنَّ ثَابِتَ بْنَ قَيْسٍ، بْنَ شمَّاسٍ كَانَ فِي أُذْنِهِ وَقْرٌ، وَكَانَ جَهْوَرِيَّ الصَّوْتِ، وَكَانَ إِذَا كَلَّمَ إِنْسَانًا جَهَرَ بِصَوْتِهِ! (فَرُبَّمَا) كَانَ يُكَلِّمُ رَسُولَ اللهِ، فَيَتَأَذَّى بِصَوْتِهِ فَأَنْزَلَ اللهُ تَعَالَى هَذِهِ الآيَةَ**).

دِينُكُمْ: رُبَّمَا، عَسَى، لَعَلَّ، يُحْتَمَلُ، يُتَوَقَّعُ ... دِينُ الشَّكِّ وَالتَّشْكِيكِ. أَمَّا الإِيمَانُ الَّذِي تَفْقِدُونَهُ فَيَقِينٌ، دَفَنْتُمْ الْيَقِينَ فِي عَنْعَنَاتِكُمْ!

إِنَّ الْعُذْرَ - فَرُبَّمَا - هَذَا أَقْبَحُ مِنَ الذَّنْبِ. الْكُفْرُ دَيْدَنُكُمْ وَلَا تَخْشَوْنَ اللهَ! كَيْفَ يَخْشَى اللهَ مَنْ افْتَرَى عَلَى اللهِ الْكَذِبَ! يَقُولُ اللهُ: **لَيْسَ عَلَى الْأَعْمَى حَرَجٌ وَلَا عَلَى الْأَعْرَجِ حَرَجٌ وَلَا عَلَى الْمَرِيضِ حَرَجٌ** ...

لِمَاذَا لَا يَكُونُ سَبَبُ كَلِمَةِ "**أَكْثَرُهُمْ** لَا يَعْقِلُونَ" فِي الْآيَةِ بَدَلًا مِنْ كَلِمَةِ "**جَمِيعُهُمْ**"؟ إِسْتِثْنَاءً لِثَابِتِ بْنِ قَيْسٍ، بْنِ شَمَّاسٍ وَأَمْثَالِهِ؟! اسْتَعْمَيْتُمْ عَنْهَا!

ثُمَّ يَقُولُ هَذَا الدُّكْتُورُ الَّذِي لَا يَعْقِلُ: (**فَرُبَّمَا**)، رُبَّمَا مَاذَا؟ رُبَّمَا شَرَابُ الزَّرَائِبِ، وَأَكْلُ الزَّرَائِبِ، وَهَوَاءُ الزَّرَائِبِ اسْتَهْوَى هَذَا الدُّكْتُورَ فَدَخَلَ فِي حَظِيرَةِ الَّذِينَ **لَا يَعْقِلُونَ** ... أَعْذُرْنِي أَيُّهَا الْقَارِئُ الْكَرِيمُ، قَدْ تَكُونُ بَعْضُ مُفْرَدَاتِي قَاسِيَةً وَلَا تَلِيقُ لِبَعْضِ الْقُرَّاءِ، وَهَذَا مِنْ حَقِّهِمْ! حَجْمُ الْجَرَائِمِ الْمُسْتَمِرَّةِ عَلَى مَدَى أَرْبَعَةَ عَشَرَ قَرْنًا، لَوْ تَسَنَّى لَكَ أَنْ تَتَعَرَّفَ عَلَى مُقْتَرِفِيهَا فِعْلًا؛ بِمَاذَا تَصِفُهُمْ وَمَاذَا تَقُولُ لَهُمْ؟ إِذَا كَانَ اللهُ وَصَفَهُمْ **بِلَا يَعْقِلُونَ** لِأَنَّهُمْ رَفَعُوا

أصْوَاتَهُم فَوْقَ صَوتِ النَّبِيْ؟! **سَاعِدُونِي بِمَاذَا أصِفُ مِنْ قَتَلَ النَّبيَّ، وَمَنْ قَتَلَ كَرِيْمَةَ النَّبِيِّ، وَاغْتَصَبَ نِحْلَةَ النَّبِيِّ، وَقَتَلَ أحْفَادَ النَّبِيَ، وَسَبَى بَنَاتَ النَّبِيَ؟!** سَكَتَ الكَلَامُ!

إنَّ الَّذِيْنَ آزَرُوا وَدَعَمُوا وَأعَانُوا وَالَّذِيْن سَاهَمُوا في نَشْرِ هَذَا الفِكْرِ، وَالَّذِيْنَ صَمَتُوا، جَعَلُوا هَذِهِ الجَرَائِمَ مُسْتَدَامَةً! مَازَالَتْ نَارُهَا تَأكُلُ كُلَّ مَنْ حَولِهَا! لَنْ تَقِفْ، مَا دام المُسَمُّونَ عُلَمَاءَ العُمَرِيَّةِ يَنْفُخُوا فيهَا، وَالجَهَلَةُ وَالأبْرِيَاءُ يَسْقُطُونَ فيهَا وَأبْوَاقُ الكُفْرِ يُحَشِّدُون وَيُجَيِّشُونَ ويُجَنِّدُونَ لَهَا. والَّذِيْنَ لَا يَعْقِلُونَ يَتَبَارَكُونَ وَيُصَلُّون وَيَتَرَضُّونَ عَلَى مُقْتَرِفيهَا، والبُخَارِيُّ وَأمْثَالُهُ مِنْ المُسْتَعْرِبِيْنَ يُغَطُّونَهَا!

مَرَّةٌ أخْرَى اعْتَذِرُ مِنْكَ أيُّهَا القَارِئُ الكَرِيْمُ، وَأسْألُكَ السَّمَاحَ، وَأهْدِيْكَ هَذِهِ الآيَاتِ البَيِّنَاتِ، وَأسألُ اللّهَ أن يَجْعَلَهَا بَرَكَةً عَليْكَ وَعَلَى مَنْ تُحِبْ:

لَّا يُحِبُّ اللَّهُ الْجَهْرَ بِالسُّوءِ مِنَ الْقَوْلِ إِلَّا مَن ظُلِمْ، كَانَ اللَّهُ سَمِيعًا عَلِيمًا. (148). وَأيُّ ظُلْمٍ أكْبَرُ مِنْ سَمِّ الرَّسُولِ وَقَتْلِ وَتَشْرِيْدِ أَهْلِ بَيْتِ الرَّسُولِ؟!

إِن تُبْدُوا خَيْرًا أَوْ تُخْفُوهُ أَوْ تَعْفُوا عَن سُوءٍ فَإِنَّ اللَّه كَانَ عَفُوًّا قَدِيرًا. (149).

إِنَّ الَّذِينَ يَكْفُرُونَ بِاللَّهِ وَرُسُلِهِ وَيُرِيدُونَ أَن يُفَرِّقُوا بَيْنَ اللَّهِ وَرُسُلِهِ وَيَقُولُونَ نُؤْمِنُ بِبَعْضٍ وَنَكْفُرُ بِبَعْضٍ وَيُرِيدُونَ أَن يَتَّخِذُوا بَيْنَ ذَٰلِكَ سَبِيلًا. (150).

أُولَئِكَ هُمُ الْكَافِرُونَ حَقًّا وأعتدنا لِلْكَافِرِينَ عَذَابًا مُّهِينًا (151).

وَالَّذِينَ آمَنُوا بِاللَّهِ وَرُسُلِهِ وَلَمْ يُفَرِّقُوا بَيْنَ أَحَدٍ مِنْهُمْ، أُولَئِكَ سَوْفَ يُؤْتِيهِمْ أُجُورَهُمْ وَكَانَ اللَّهُ غَفُورًا رَّحِيمًا ...

"أَلْلَّا" الثَّالِثَةُ. إِنَّ الَّذِينَ يُنَادُونَكَ مِن وَرَاءِ الْحُجُرَاتِ أَكْثَرُهُمْ **لا يَعْقِلُونَ...**

(إِنَّ الَّذِيْنَ يُنَادُونَكَ) جُمْلَةٌ تَوْكِيْدِيَّةٌ! التَّوْكِيْدُ هُوَ مَا يُفِيدُ تَقْوِيَةَ المُؤَكَّدِ، وَتَمَكِّيْنُهُ فِي ذِهْنِ السَّامِعِ وَقَلْبِهِ! هَذَا يَعْنِيْ يَا دُكْتُورُ أَنَّ المُؤَكَّدَ، الَّذِيْ هُوَ رَفْعُ الصَّوتِ المَنْهِيُّ عَنْهُ، فِي "**لَا**" النَّاهِيَةِ عَنْ رَفْعِ الصَّوتِ، تَؤَكِّدُ فيمَا تَمَارَى بِهِ صَنَمَاكَ! **فَبِأَيِّ آلاءِ رَبِّكَ تَتَمَارَى! (لَا يَعْقِلُون)**! دِكْتُورُ، **(لَا يَعْقِلُون)**، كُلَّمَا ازْدَادَ عَدَدُ المُدَافِعِيْنَ عَنْ رَزِيَّةِ صَنَمَيْكَ، الَّتِي أَكَّدَتْهَا سُورَةُ الحُجُرَاتِ، ازْدَادَ

عَدَدُ الَّذِيْنَ لَا يَعْقِلُونَ، وارْتَفَعَ عَدَدُهُم في الزَّرِيْبَةِ!

يَا أَيُّهَا الَّذِينَ آمَنُوا إِن جَاءَكُمْ فَاسِقٌ بِنَبَإٍ فَتَبَيَّنُوا ...

دُكْتُورْ! هَلْ وُجُودُ الآيَة أعْلَاه في سُورَةِ الحُجُرَات **(إِن جَاءَكُمْ فَاسِقٌ بِنَبَإٍ فَتَبَيَّنُوا)** ، جَاءَ صُدْفَةً؟ هَذِهِ الآيَةُ جَاءَتْ لِتُحَذِّرَ النَّاسَ مِنْ فِسْقِ الَّذِينَ يُوَارُون الحَقِيْقَةَ! **(لَا يَعْقِلُونَ)**!

مَسَاوِئُ تَعْطِيْلِ الفِطْرَةِ!

.1 أَصْبَحَتْ فِطْرَةُ النَّاسِ مَطَّاطِيَّةً، وَتَنَاسَى المُسْلِمُونَ الخَانِعُونَ السُّذَّجُ الجَهَلَةُ أَنَّ الحقَّ نُورٌ، وَالبَاطِلُ ظَلَامَةٌ!

.2 أَهْلُ البَاطِلِ غَالِبًا مَا يُلْبِسُونَ البَاطِلَ لِبَاسَ الحَقِّ لِيُقْنِعُوا الضُّعَفَاءَ وَالجُهَلَاءَ بِبَاطِلِهِم!

.3 حِيْنَمَا أَرَادَ إِبْلِيْسُ أَنْ يَغْوِيَ آدَمَ، أَتَاهُ فِي هَيْئَةِ النَّاصِحِ الأَمِيْنِ. (قَالَ يَا آدَمُ هَلْ أَدُلُّكَ عَلَى شَجَرَةِ الْخُلْدِ وَمُلْكٍ لَا يَبْلَى). كَانَ إِبْلِيْسُ وَهُوَ مِنَ الجِنِّ وَلَهُ خُبُرَاتٌ طَوِيْلَةٌ مَعَ مَا خَلَقَ اللَّهُ مِنَ الآدَمِيينَ قَبْلَ آدَمِنَا! وَيَعْلَمُ أَنَّ الآدَمِيّيْنَ يَتُوقُوْنَ المُلْكَ وَالخُلْدَ، وَأَحْيَانًا تَشُدُّهُم الرَّغْبَةُ الجَامِحَةُ إِلى الوُصُولِ السَّرِيْعِ لِتَحْقِيْقِ مَا يَرغَبُونَ، يُصَدِّقُونَ الإِشَاعَاتِ والأَخْبَارَ **غَيْرَ المُثْبَتَةِ أَوِ المَوثُوقَةِ!**

.4 وَاخْطَرُ الإِشَاعَاتِ الَّتِي يَسْبِقُهَا تَأَكِيْدٌ عَنْ، أَوْ مِنْ كَيَانٍ مُهِمٍّ وَمَرمُوقٍ، أو حِلفَانٌ بِشَيْءٍ مُقَدَّسٍ! **(وَقَاسَمَهُمَا إِنِّي لَكُمَا لَمِنَ النَّاصِحِينَ).**

.5 أَقْسَمَ إِبْلِيْسُ بِاللهِ أَنَّهُ يُقَدِّمُ لِآدَمَ وَزَوجِهِ النَّصِيْحَةَ!

.6 غَفْلَةُ أَصْحَابِ الحَقِّ أَوْ تَقْصِيرِهِمْ فِي القِيَامِ بِوَاجِبِهِمْ.

هَذَا بَعْضٌ مِنَ الْبَاطِلِ الَّذِي يُعَطِّلُ الْعَقْلَ وَيَتْرُكُ زِمَامَ السَّيْطَرَةِ إِلَى الْغَرِيزَةِ طَمَعًا بِمَا فِي الدُّنْيَا، وَنِسْيَانٌ لِلْآخِرَةِ! هَذَا مَا فَعَلَ الشَّيْطَانُ بِآدَمَ! أَمَّا مَا فَعَلَهُ الصَّنَمَانِ: (**أَبُو بَكْرٍ وَعُمَرُ**)، فِي الْإِسْلَامِ وَالْمُسْلِمِينَ فَلَا يَقِلُّ، إِيلَامًا وَكُفْرًا! قَدْ يَسْأَلُ أَحَدٌ لِمَاذَا هَذِهِ الْقَسْوَةِ، يَا أُسْتَاذُ، وَعَلَى الْمُدَّعِي الْبَيِّنَةُ؟!

سَأُقَدِّمُ لَكَ الْبَيِّنَةَ مِنَ الْقُرْآنِ وَمِنْ كُتُبِ سُنَّةِ الزَّرِيبَةِ! تَقُولُ الْآيَةُ أَرْبَعُونَ مِنْ سُورَةِ التَّوْبَةِ: **إِلَّا تَنصُرُوهُ فَقَدْ نَصَرَهُ اللهُ إِذْ أَخْرَجَهُ الَّذِينَ كَفَرُوا ثَانِيَ اثْنَيْنِ إِذْ هُمَا فِي الْغَارِ إِذْ يَقُولُ لِصَاحِبِهِ لَا تَحْزَنْ إِنَّ اللهَ مَعَنَا فَأَنْزَلَ اللهُ سَكِينَتَهُ عَلَيْهِ وَأَيَّدَهُ بِجُنُودٍ لَمْ تَرَوْهَا وَجَعَلَ، كَلِمَةَ الَّذِينَ كَفَرُوا السُّفْلَى، وَكَلِمَةُ اللهِ هِيَ الْعُلْيَا، وَاللهُ عَزِيزٌ حَكِيمٌ (40)**. إِقْرَأُوا كُتُبَ التَّفْسِيرِ لِمَذَاهِبِ أَلْسَّقِيفَةِ. ثُمَّ إِقْرَأُوا كِتَابَ، **الصُّحْبَةُ فِي الْقُرْآنِ** لِمُؤَلِّفِهِ هَذَا الْعَبْدِ الْفَقِيرِ!

سَأَتْرُكُ لِلْقُرَّاءِ الْأَكَارِمِ الْحُكْمَ! وَفِي النِّهَايَةِ سَيَكُونُ الْحُكْمُ لِأَحْكَمِ الْحَاكِمِينَ اللهِ! كِتَابُ "**الصُّحْبَةُ فِي الْقُرْآنِ**" سَيُقَدِّمُ لَكُمْ مِنْ دُونِ أَدْنَى شَكٍّ، مَدْعُومًا وَمُوَثَّقًا وَمُؤَيَّدًا بِسُوَرٍ وَآيَاتِ الْقُرْآنِ الْحَكِيمِ، أَنَّ **أَبَا بَكْرٍ صَنَمَ زَرِيبَةِ بَنِي سَاعِدَةَ مُنَافِقٌ**، الْتَحَقَ بِرَسُولِ اللهِ فِي الْغَارِ لِكَيْ يُسْلِمَهُ لِكُفَّارِ مَكَّةَ! **هَذَا مِنَ الْقُرْآنِ**! إِنْ كَانَ لَدَيْكَ شَكٌّ

وَتُرِيْدُ أنْ تَقْرَأ هَذِهِ الآيَةَ كَأنَّكَ لَمْ تَقْرَأْهَا مِنْ قَبْلُ، كِتَابُ "**الصُّحْبَةُ فِي القُرْآنِ**" مَوجُودٌ فِي مُعظَمِ المَكْتَبَاتِ العَالَمِيَّةِ! وَإنْ كَانَ هَذَا لَا يَهُمُّكَ، أنْتَ سَيِّدُ قَرَارِكَ، وَحُرِّيَّةُ مُعْتَقَدَاتِكَ عِنْدِي مَحْفُوظَةٌ وَمَصُونَةٌ!

وَنِفَاقُ أبِيْ بَكْرٍ وَاضِحٌ وَجَلِيٌّ فِي سُنَّةِ مَذَاهِبِ الزَّرِيْبَةِ. وَإلَيْكُمْ عَيِّنَةٌ مِنْ هَذَا الكُفْرِ وَالنِّفَاقِ. فَعِنْدَمَا اغْتَصَبَ أبُو بَكْرٍ (**فَدَك**) نِحْلَةَ الزَّهْرَاءِ مِنْ أبِيْهَا، ذَهَبَتْ سَيِّدَةُ نِسَاءِ العَلَمِيْنْ وَإبْنَةُ خَيْرِ الورىٰ تَسْألُ أبَا بَكْرٍ السَّبَبَ، قَالَ أبُو بَكْرٍ: سَمِعْتُ مِنْ أبِيْكِ: ***نَحنُ مَعْشَرُ الأنْبِيَاءِ لَا نُوَرِّثُ وَمَا تَرَكْنَاهُ صَدَقَةً*** ! بِغَضِّ النَّظَرِ عَنْ أنَّ هَذَا كُفْرٌ وَكَذِبٌ وَنِفَاقٌ وَدَجَلٌ، لِأنَّ رَسُولَ اللهِ لَمْ يَقُلْ هَذَا! هَلْ تَعْلَمُونَ لِمَاذَا؟ لِأنَّ هَذَا المُنَافِقُ شَكَّكَ فِي صِدْقِ وَأمَانَةِ رَسُولِ اللهِ، وَكَمَا ذَكَرْتُ آنِفًا، وَحَرَّقَ مَا كَانَ عِنْدَهُ مِنْ أحَادِيْثَ لِرَسولِ اللهِ! بَعْدَهَا تَقَوَّلَ عَلَى رَسُولِ اللهِ الكَذِبَ لِكَيْ يَسْتَولِي عَلَى نِحْلَةِ كَرِيْمَةِ الَّذِيْ بُعِثَ مُنْقِذًا لِلعَلَمِين! هَلْ تَعْلَمُونَ مَا أطْلَقَ نُزَلَاءُ السَّقِيْفَةِ عَلَى هَذَا الزِّنْدِيْقِ؟ ***الصِّدِّيْقُ***! صِدِّيْقُ مَنْ؟ صِدِّيْقُ عَمِيْرٍ سَايِسِ الحَمِيْرِ! إبْحَثُوا عَنْه إذَا أرَدْتُم أنْ تَعْلَمُوا!

يَحْضُرُنِي دَائِمًا سُؤَالٌ يَبْدَأُ بِمَاذَا أو **لِمَاذَا!**

هَلْ هَذِهِ "الّام"، في "**مَاذَا**" تُؤَرِّقُكُم كَمَا تُؤَرِّقُنِي؟

وَبَعْدَ كُلِّ لِمَاذَا أَبْحَثُ عَنِ السَّبَبِ!

هَلْ تَعْلَمُونَ السَّبَبَ؟

إِنَّهَا مُصِيْبَةٌ إِنْ كُنْتُمْ لَا تَعْلَمُونَ!

وَالمُصِيْبَةُ أَعْظَمُ إِنْ كُنْتُمْ تَعْلَمُونَ؟

هَلْ تَعْلَمُونَ أَنَّ اللَّهَ يَقُولُ في مُحْكَمِ كِتَابِهِ: **وَلِلَّهِ العِزَّةُ وَلِرَسُولِهِ وَلِلمُؤْمِنِيْنْ؟**

مَنْ مِنْكُم عَزِيْزٌ آمِنٌ مُصَانٌ في أَهْلِهِ وَفي بَلَدِه؟ ***الْأعِزَّةُ مِنَ المُسْلِمِيْنَ خَارِجَ السّؤالِ!*** **كَمْ عَدَدُهُم؟!**

وَيَقُولُ اللَّه أَيْضًا: **وَلَا تَهِنُوا وَلَا تَحْزَنُوا وَأَنتُمُ الْأَعْلَوْنَ إِن كُنتُم مُّؤْمِنِينَ!**

مَنْ، مِنَ المُسْلِمِيْنَ عَزِيْزٌ مُكَرَّمٌ وَلَيْسَ مُهَانًا؟ ***أَلْعَزِيْزُ المُكَرَّمُ غَيْرِ المُهَانِ خَارِجَ السُّؤَالِ!*** **كَمْ عَدَدُهُم؟!**

وَيَقُولُ اللَّهُ أَيْضًا: **وَكَانَ حَقًّا عَلَيْنَا نَصرُ الْمُؤْمِنِينَ!**

الْنَّصرُ لَيْسَ نَصْرَ الحَرْبِ أَبَدًا!

الهَزَائِمُ أَحْيَانًا تَصْنَعُ النَّصْرَ!

وَلَكِنْ، مَتَى آخِرَ مَرَّةٍ انْتَصَرَ فيهَا العَرَبُ أو المُسْلِمُونَ؟ ***السُّؤَالُ لِلجَمِيْعِ!!!***

أَعْتَذِرُ مِنْكَ أَيُّهَا القَارِئُ الكَرِيْمُ، إِنْ كُنْتُ أَطَلْتُ وَغَضِبْتُ، وَكَيْفَ لَا أَغْضَبُ وَهَذِهِ الأُمَّةُ عَلَى مَا هِيَ عَلَيْهِ؟!

كَيْفَ يَرْضَى المُؤْمِنُ بِهَذَا الذُلِّ، وَيَخْنَعَ؟

وَرَسُولُ الإِنْسَانِيَّةِ رُوحِيْ لَهُ الفِدَاء، يُفْعَلُ بِهِ وَبِأَهْلِ بَيْتِهِ وَبِرِسَالَتِهِ مَا فُعِل؟!

أَمَرَنِيْ رَسُولُ اللَّهِ، فَقَالَ: **مَنْ رَأَى مِنْكُمْ مُنْكَرًا فَلْيُغَيِّرْهُ بِيَدِهِ، فَإِنْ لَمْ يَسْتَطِعْ فَبِلِسَانِهِ، فَإِنْ لَمْ يَسْتَطِعْ فَبِقَلْبِهِ، وَذَلِكَ أَضْعَفُ الْإِيمَانِ!**

وَأَمَرَنِيْ رَبُّ الأَربَابِ فِي سُورَةِ الحُجْرَاتِ المُبَارَكَةِ الَّتِيْ نَحنُ بِصَدَدِهَا، فِي سِيَاقِ التَّحْذِيْر مِنَ الفَاسِقِيْنِ، صَنَمَيْ قُرَيْشٍ وَأَعْوانِهِمَا قَائِلًا: **يَا أَيُّهَا الَّذِينَ آمَنُوا إِن جَاءَكُمْ فَاسِقٌ بِنَبَإٍ فَتَبَيَّنُوا**

أَن تُصِيبُوا قَوْمًا بِجَهَالَةٍ، فَتُصْبِحُوا عَلَى مَا فَعَلْتُمْ نَادِمِينَ! هَلْ صَحِيْحٌ قَالَ رَسُولُ اللَّهِ: *نَحنُ مَعْشَرُ الأَنبِيَاءِ لَا نُوَرِّثُ وَمَا تَرَكْنَاهُ صَدَقَةً؟!* وَهَل صَحِيْحٌ أَنَّ الأَنْبِيَاءَ لَمْ تُوَرِّثْ، إِلَّا العِلْمَ وَالنُّبُوَّةَ؟! دُكْتُورْ إِذَا كَانَ العِلْمُ وَالنُّبُوَّةُ تُوَرَّثْ، لِمَاذَا لَا تُوَرِّثُ شَهَادَتَكَ إِلَى أَوْلَادِكَ وَأَحْفَادِكَ؟! وَإِنْ كُنْتَ لَا تَعْلَمْ يَادُكْتُور، فَإِنَّ كِتَابِ البَيِّنَاتِ فِي تَفْسِيرِ سُوْرَةِ الحُجُرَاتْ، سَيَبْقَىٰ لَعْنَاتٌ عَلَيْكَ! لَعَنَاتٌ مِنَ اللَّهِ لِتَضْلِيْلِكَ الَّذِيْنَ صَدَّقُوكَ، فَأَضْلَلْتَهُم! ومِنْ الَّذِيْنَ افْتَضَحُوكَ فَأَغْضَبْتَهُم، فَلَعَنُوكَ!

وَما مِنْ كاتِبٍ إِلَّا سَيَفْنَىٰ، وَيُبْقِيْ الدَّهْرُ مَا كَتَبَتْ يَدَاهُ

فَلَا تَكْتُبْ بِكَفِّكَ غَيْرَ شَيْءٍ، يَسُرُّكَ فِي القِيامَـةِ أَنْ تَرَاهُ

إِلَهِيْ اشْهَدْ أَنَّ رَسُولَكَ مُحَمَّدٌ، صَلَوَاتُكَ عَلَيْهِ وَعَلَى آلِهِ، أَنَّهُ الصَّادِقُ الأَمِيْنُ المَعْصُومُ فِي كُلِّ مَا يَقُولُ وَيَعْمَلْ! وَأَنَّ العُمَرِيَّةَ قَاطِبَةً، إِمَّا مُظَلَّلُونَ جَاهِلُونْ، أَو أَنَّهُم كَمَا قُلْتَ يَا إِلَهِيْ، وَقَولُكَ الحَقُّ: لَا يَعْقِلُونَ!

كَيْفَ أَقْنَعُ وَأَخْنَعُ إِنْ كُنْتُ مُؤمِنًا؟ وَاللَّهُ يُحَذِّرُنِيْ مِنَ الفَاسِقِ الَّذِي قَدْ يَحْرُفُنِي عَنْ جَادَّةِ الصَّوَابِ فَأَنْدَمُ!

فَالفُسْقُ هُوَ الخُرُوجُ عَنْ طَاعَةِ اللَّهِ، إِنْ كَانَ بِالشِّرْكِ، أَوِ الكُفْرِ، أوِ الإِلْحَادِ، أوِ الزَّنْدَقَةِ!

إِنَّ هَذَا أَلَّذِيْ يَدَّعِيْ أَنَّهُ خَلِيفَةُ رَسُولِ اللَّهِ وَأَنَّهُ صِدِّيقُهُ، ثُمَّ يُحَرِّقُ مَا لَدَيْهِ مِنْ أَحَادِيْثٍ لِرَسُولِ اللَّه سَمِعَهَا بِأُذُنَيْهِ وَكَتَبْهَا بِيَدِهِ - لَمْ يَنْقُلْهَا عَنْ أحَدْ - **يُحَرِّقُهَا لأَنَّهُ يَشُكُّ فِي أَمَانَةِ رَسُولِ اللَّهِ،** ثُمَّ يُؤَذِّنُ فَيَقُولُ: أَشْهَدُ أَنَّ مُحَمَّدًا رَسُولُ اللَّهِ! **لا خَلَاقَ لَهُ فِي الدُّنِيَا وَلَا فِي الآخِرَةِ!**

فَكَمَا أَخْبَرْتُكُم سَابِقًا أُكَرِّرُ مَرَّةً أُخْرى: يَقُولُ اللَّه لِلْمُؤمِنِيْن، **تَبَيَّنُوا!** فِعْلُ أمْرٍ. أَفَلَا نَتَبَيَّنُ إِنْ كَانَ الصَّنَمَانِ مُؤمِنَيْنِ؟!

إِلَهِيْ الآيَةُ رَقْم 40 مِن سُورَةِ التَّوبَة، بَيَّنَتْ كُفْرَ وَشِرْكَ وَنِفَاقَ وَتَآمُرَ أَبِي بَكْرٍ عَلى رَسُولِ اللَّه! إِنَّ الذِيْ يُرِيْدُ أَنْ يُعَانِدَ قَبْلَ أَنْ يَقْرَأَ كِتَابًا: **(النَّقْلُ مَفْسَدَةٌ لِلْعَقْلِ، والصُّحْبَةُ فِي القُرآن)، فَلْنَجْعَلْ لَعْنَةَ اللَّهِ عَلَى الكَاذِبِيْنَ!** هَذَا، وَإِنْ كَانَ مَا قَدَّمْتُهُ فِي الفَقَرَةِ أعلَاه لِوَحْدِهِ، يُرديِ أبَا بَكْرٍ فِي أَسْفَلِ سَافِلِيْنَ! حَسبيَ اللَّه وَنِعْمَ الوَكِيْل!

إِلَهِي! لَقَدْ تَبَيَّنْتُ، أَنَّ الشَّكَّ بِالشَّيءِ كُفْرٌ بِهِ، وَأَنَّ الإِيْمَانَ يَقِيْنٌ. وَأَنَّ الذِيْ يَشُكُّ بِرَسولِ اللَّهِ، يَكْفُرُ بِهِ! وَأَنَّ الشَّيْطَانَ قَاسَمَ آدَمَ عَلَى

أَنَّهُ مِنَ النَّاصِحِيْنَ، وَكَانَ الشَّيْطَانُ كَاذِبًا مُنَافِقًا في مَا أَقْسَمَ عَلَيْه! وَهَذَا نَبِيُّ مَذَاهِبِ أَلْسَّقِيْفَةِ (أبُو بَكْرٍ الصَّنَمُ الأَكْبَر) يُقَاسِمُ الزَّهْرَاءَ (يُقْسِمُ لَهَا) أنَّ مَا قَامَ بِهِ مِنْ نَهْبِ نِحْلَتِهَا، كَانَ بِأَمْرٍ مِنْ رَسُولِ اللَّهِ! كَيْفَ يَسْتَوِيْ لَكَ هَذَا أَيُّهَا القَارِئُ الكَرِيْمِ؟!

وَطَائِفَةُ الحَقِّ - الَّتِيْ حَدَّثْتُكَ عَنْهَا أَيُّهَا القَارِئُ الكَرِيْمَ - عَلَى امْتِدَادِ المَسِيْرَةِ المُحَمَّدِيَّةِ، لَهَا أَعْلَامُهَا، وَلَا وَلَنْ يَضُرَّهَا مَنْ خَذَلَهَا أَو عَادَاهَا، لِأَنَّهَا حُجَّةٌ بِمَنْهَجِهَا وَحَرَكَتِهَا عَلَى النَّاسْ، وأَخْبَرَ النَّبِيُّ (ص) بِأَنَّ هَذِهِ الطَّائِفَةَ تَسْتَقِرُّ أَعْلَامُهَا آخِرَ الْزَّمَانِ، وَقَدْ أَصْبَحَ قَرِيْبًا، تَحْتَ قِيَادَةِ المَهْدِيِّ المُنْتَظَرِ، وَسَيِّدِنَا عِيْسى بِنُ مَرْيَمَ (ع).

وَعَلَى الإِخْوَةِ الكِرَامِ مِنَ المُؤْمِنِيْنَ النَّصَارَى أَنْ يُشَارِكُوا إِخْوَانَهُمْ مُؤْمِنِي طَائِفَةِ الحَقِّ، في التَّحضِيْرِ لِهَذَا اليَّوْمِ المَيْمُونِ والمُبَارَكِ!

هَذَا مَعَ ازْدِيَادِ أَعْدَادِ المُسْلِمِيْنَ وَكَثْرَةِ المَسَاجِدِ وَمَدَارِسِ تَعْلِيْمِ القُرْآنِ فِي العَالَمِ، خَاصَّةً مَدَارِسَ مَذَاهِبِ أَلْسَّقِيْفَةِ، ومَعَ هَذَا وَصَلَتْ نِسْبَةُ الفَقْرِ في مُسْلِمِي البِلَادِ الإِسْلَامِيَّة إِلى نِسْبَةٍ غَيْرِ مَسْبُوقَةٍ مِنَ العوزِ والفَقْرِ والمَرَضِ، وَالأَخْطَرُ مِنْ ذَلِكَ الْتَّجْهِيْلُ وَالجَهْلُ الْمُمَنْهَجَانِ! **أَجَلْ، التَّجْهِيْلُ وَالجَهْلُ!**

طَبْعًا إنَّ المُسَبِّبِيْنَ وَالمُسْتَفِيدِيْنَ مِنْ هَذَا الوَاقِعِ، سَيُدَافِعُونَ عَنْ عَقَائِدِهِم وَمُعْتَقَدَاتِهِم وَعَنْ مَناهِجِهِم وَعَنْ سُنَّتِهِم التِّي ابْتَدَعُوهَا لِلقَضَاءِ عَلَى القُرآنِ وَعَلَى سُنَّةِ رَسُولِ اللَّهِ. فَبَعْدَ أنْ حَرَّقَ صَنَمُهُم الأكْبَرُ أبُو بَكْرٍ كُلَّ مَا وَصَلَ إلَيْهِ مِنْ اَحَادِيْثِ رَسُولِ اللَّهِ، بِحُجَّةِ أَنَّهُ يَشُكُّ بِالرَّسولِ وَبِأمَانَةِ الرَّسُول. **(إبحثوا عَنْ حَدِيْثِ أُمِّكُم عَائِشَةَ فِي هَذَا المِضْمَار).**

ثُمَّ مَنَعَ اَبُو بَكْرٍ النَّاسَ حَتَّى مِن تَدَاوُلِ أحَادِيْثِ رَسُولِ اللَّهِ. وَمِن بَعْدِهِ، أكْمَلَ الصَّنَمُ الثَّانِيْ عُمَرُ مَهمَّةَ تَحْرِيْقِ كُلِّ مَا تَرَكَهُ رَسُولُ اللَّه حَتَّى أَنَّهُ حَرَّقَ، أو عَلَى الأقَلِّ هَدَّدَ بِحَرْقِ بَيْتِ الزَّهْرَاءِ، سَيِّدَةِ نِسَاءِ العَالَمِيْن، وَعَاقَبَ كُلَّ مِن كَانَ يَقُولُ قَالَ رَسُولُ اللَّه!؟

يُنْشِدُ حَافِظُ إبرَاهِيْم:

وَقَولَةٍ لِعَلِيٍّ قالَها عُمَرٌ أَكرِمْ بِسامِعِها أعظِمْ بِمُلْقِيْهَا

حَرَّقْتُ دارَكَ لا أُبقي عَلَيكَ بِها

إن لَم تُبايِع وَبِنتُ المُصطَفى فيها

وَبَعْدَ أنْ لَحِقَ الثَّانِي الأوَّلَ، قَضى الثَّالِثُ عَلَى مَا تَبَقَّى مِنَ الرِّسَالَةِ المُحَمَّدِيَّةِ تَيَمُّنًا بِمَا قَامَ بِهِ الشَّيْخَانِ!

وَقَدْ أَنْذَرَ اللَّهُ في سُورَةِ الحُجُرَات النَّاسَ مِنْ أصْنَامِ الزَّرِيْبَةِ الثَّلاَثَةِ: أبِيْ بَكْرٍ وَعُمَرَ وَعُثْمَانَ. الإثْنَانِ الأوَّلاَنَ كَانَا **بُهمًا، لا يَعْقِلاَنِ:**

إِنَّ الَّذِينَ يُنَادُونَكَ مِن وَرَاءِ الْحُجُرَاتِ أَكْثَرُهُمْ لا يَعْقِلُونَ! وَلَوْ أَنَّهُمْ صَبَرُوا حَتَّى تَخْرُجَ إِلَيْهِمْ لَكَانَ خَيْرًا لَّهُمْ وَاللَّهُ غَفُورٌ رَّحِيمٌ!
هَؤُلَاءِ سِيْرَتُهُم أَخْبَرَتْ عَنْهُم!

هَلِ الَّذِيْنَ يَتَآمَرُون عَلى رَسولِ اللَّه وَيُظاهِرُونَ عَلَيْهِ وِيَتَخَلَّفُونَ عَن نُصْرَتِه، يَعْرِفُونَ اللَّهَ؟! لِهَذَا تَعَمَّدَ اللَّه فَضْحَ الثَّلَاثَةِ فِيمَا تَلى:
يَا أَيُّهَا الَّذِينَ آمَنُوا إِن جَاءَكُمْ فَاسِقٌ بِنَبَإٍ فَتَبَيَّنُوا أَن تُصِيبُوا قَوْمًا بِجَهَالَةٍ فَتُصْبِحُوا عَلَى مَا فَعَلْتُمْ نَادِمِينَ! وَاعْلَمُوا أَنَّ فِيكُمْ رَسُولَ اللَّهِ لَوْ يُطِيعُكُمْ فِي كَثِيرٍ مِّنَ الأَمْرِ لَعَنِتُّمْ وَلَكِنَّ اللَّهَ حَبَّبَ إِلَيْكُمُ الإِيمَانَ وَزَيَّنَهُ فِي قُلُوبِكُمْ (حُبُّ أَمِيرِ المُؤمِنِين)! وَكَرَّهَ إِلَيْكُمُ *الْكُفْرَ وَالْفُسُوقَ وَالْعِصْيَانَ (أَبُو بَكْرٍ وَعُمَرُ وَعُثْمَان)* أُوْلَئِكَ هُمُ الرَّاشِدُونَ (الَّذِيْنَ يُكَفِّرُونَ الثَّلَاثَةَ وَيَكْفُرُونَ بِهِم، وَيُفَرِّقُونَ بَيْنَ الحَصَى وَالجَوْهَرِ)!

يَا دُكْتُورُ! هَلْ هُنَاكَ في جَمِيْعِ مَا ذَكَرْتُهُ لَكَ مِنْ أَحْدَاثٍ تَارِيْخِيَّةٍ، مَا هُوَ غَيْرُ صَحِيْحٍ؟ هَلْ طُقُوسُ تَعَامُلِ عُلَمَاءُ السُّنَّةِ مَعَ القُرآنِ كَمَا ذَكَرْتَهَا، صَحِيْحَةٌ صَادِقَةٌ؟
هَلْ حَرَّقَ أَبُو بَكْرٍ مَا جَمَعَ مِنْ أَحَادِيْثِ رَسُولِ اللَّه لأَنَهُ شَكَّ في أَمَانَةِ رَسُولِ اللَّهِ؟ إِنْ قُلْتَ لَا! فَلْنَجْعَلْ أَنَا وَأَنْتَ وَالعَالَمُ بِأَسْرِهِ، لَعْنَةَ

اللَّهِ وَرَسُولِهِ المُصْطَفَى مُحَمَّد، عَلَى الكَاذِبِيْنَ! وَإِنْ قُلتَ نَعَم فَعَلَهَا. فَكَيْفَ يَكُونُ صَنَمُكَ هَذَا، خَلِيْفَةَ رَسُولِ اللَّهِ؟! ثُمَّ مَاذَا يَجِبُ -***أَنْتَ*** - أَنْ تَفْعَلَ ***بِلَقَبِ الصِّدِّيْقِ***؟ يَا دُكْتُورُ!

قَرِفْتُ مِنْكَ يَا دُكْتُورُ وَمِنْ أئِمَّتِكَ وَمَذَاهِبِكَ! اتْرُكُوا النَّاسَ تَخْرُجُ مِنْ زِرِيْبَةِ الكُفْرِ، وِمِنْ مَجَارِي البُخَارِي! **فَإِنَّهُ مَا سَقَطَ فِي المَجَارِي التَقَطَهُ البُخَارِي!**

أُقْسِمُ بِاللَّه إنَّ قَلْبِي يُرِيْدُ أَنْ يَخْرُجَ مِنْ صَدرِي! مِنَ المَفْرُوضِ أَنْ تَكُونَ: ***دُكْتُورًا***! أَلَا تَسْتَوقِفُكَ هَذِهِ الحَقِيْقَةُ الَّتِيْ لَا يَرَاهَا إلّا الأعْمَى أو المُنَافِقُ؟!

أَلَا تَغْضَبُ لِلَّهِ وَرَسُولِهِ؟! لَا، أَعْتَقِدُ أَنَّكَ أَعْمَى، وَقَدْ تَكُونُ أَعْمَى الْبَصِيْرَةِ أيْضًا!

إنْ كُنْتَ تَرَى صَحِيحًا، افْتَحْ خَارِطَةَ العَالَمِ، ثُمَّ ضَعْ دَائِرَةً عَلى نُقَاطِ الجُوعِ وَالمَرَضِ وَالخَوفِ والتَّخَلُّفِ وَالقَتْلِ وَالحُرُوب، سَتَرَى العَالَمَ الإِسْلَامِيَّ، الَّذِيْ يُشَكِّلُ العُمَرِيَّةُ مُعْظَمَ سُكَّانِهِ!؟

أيَّ إلَهٍ تَعْبُدُون؟!

أَنَا أَعْلَمُ أَنَّ ***إلَهَكُم*** مُحْتَاجُ جَاهِلٌ هَائِمٌ عَلى وَجْهِهِ لَا يَقْدِرُ العَودَةَ لِيَجْلِسَ عَلَى عَرْشِهِ!

أَنْتَ دُكْتُورٌ، وَعَقِيْدَتُكَ تُعَلِّمُكَ أَنَّ ***إلَهَكَ*** يَنْزِلُ فِي الثُّلُثِ الأَخِيْرِ مِن

كُلِّ لَيْلٍ إِلَى السَّمَاءِ الدُّنيَا، لِيَسْأَلَ رَعِيَّتَهُ عَنْ حَاجَاتِهَا! أَلِأَنَّهُ أَطْرَشُ لَا يَسْمَعُ إِنْ بَقِيَ فِي السَّمَاءِ العُلْيَا، فَيَضْطَرُّ لِيَنْزِلَ؟! أَوْ أَنَّهُ جَاهِلٌ بِمَا يَجُولُ وَيَدُورُ فِي قَلْبِ وَعَقْلِ مَخْلُوقَاتِهِ؟! ﴿ **وَلَقَدْ خَلَقْنَا الْإِنسَانَ وَنَعْلَمُ مَا تُوَسْوِسُ بِهِ نَفْسُهُ وَنَحْنُ أَقْرَبُ إِلَيْهِ مِنْ حَبْلِ الْوَرِيدِ**﴾. ق: 16. دُكْتُورُ ***إِلَهُ العُمَرِيَّةِ*** يَحْتَاجُ إِلى الحَرَكَةِ، وَسَمْعُهُ ضَعِيْفٌ!

الثُّلُثُ الأَخِيْرُ مِنَ الليلِ - فِي الأَرْضِ يَا دُكْتُورُ - سَرْمَدِي - دَائِمٌ لَا يَنْقَطِعْ، يَخْرُجُ مِنْ نُقْطَةٍ وَيَبْدَأُ بِأُخْرَى! أَلُوْ، أَلُوْ، الخَطُّ مَقْطُوعٌ! إِلَهُكَ، وَإِلَهُ أَصْنَامِكَ، وَإِلَهُ زَرِيْبَتِكُم فَقَدَ عَرشَهُ! إِنْ سَأَلْتُمُوهُ لَا يَسْتَطِيْعُ الإِجَابَةَ أَوِ الإِسْتِجَابَةَ! أَلخَطُّ مَقْطُوعٌ!

يَا دُكْتُورُ هُنَاكَ ظَاهِرَةٌ فِكْرِيَّةٌ، يُمْكِنُ أَنْ تُسَمِّيهَا مَرَضًا عَقْلِيًّا، إِبْحَثْ عَنْ إِسْمٍ لِهَذَا المَرَضِ! أَعْرَاضُهُ تَجَلِّيَاتُهُ ظَوَاهِرُهُ حَالَاتُهُ وَعَلَامَاتُهُ غَرِيْبَةٌ وَنَادِرَةٌ عِنْدَ غَيْرِ المُسْلِمِيْنَ! وَأَيْضًا نَادِرَةٌ فِي العُنْصُرِ البَشَرِيِّ، وَمُنْتَشِرَةٌ كَثِيْرًا فِي عَقَائِدِ مُسْلِمِي الزَّرِيْبَةِ! إِسْمُ هَذِهِ الظَّاهِرَةِ: **عَقَائِدُ الضِّدَّيْنِ، وَالنَّقِيضَيْنِ!**

إِنَّ الكَلِمَةَ المُعَاكِسَةَ أَوِ المُتَنَاقِضَةَ أَوْ المُغَايِرَةَ لِلْحَقِيْقَةِ، **هِيَ الكَذِبُ**. وَاسْتِخْدَامُ المُرَاوَغَةِ وَالبَاطِلِ كَمُرَادِفٍ لِلحَقِيْقَةِ، **هِيَ أَيْضًا الكَذِبُ**... وَأَيْضًا، إِنَّ عَكْسَ «**الْحَقِيْقَةِ**» هُوَ عَالَمُنَا كَمَا نُدْرِكُهُ!

لِأَنَّ عَالَمَنَا لَيْسَ سِوَى وَهْمِ التَّعَقُّلِ، وَلَيْسَ عَقْلًا! وَهُوَ عَكْسُ الحَقِيْقَةِ. **فَالحَقِيْقَةُ لَا تَتَغَيَّرُ، *أَمَّا المُتَغَيِّرُ فَهُوَ مَا نُدرِكُهُ، إِمَّا بِالنَّقْلِ، أَوْ بِالتَّقْلِيْدِ، أَو بِالغَرِيْزَةِ، أَو بِالزَّيْفِ...***

فَالحَقِيْقَةُ لَيْسَ فيهَا أَرَاءٌ مُخْتَلِفَةٌ! وَالحَقَائِقُ هِيَ مَعْرِفَةٌ نَصِلُ إِلَيْهَا بِمَنْهَجٍ مُحَدَّدٍ! وَمَا يُغَايِرُ ذَلِكَ لَا يَنْدَرِجُ تَحتَ بَنْدِ الحَقَائِقِ! هُنَاكَ مَعَارِفُ يَقِيْنِيَّةٌ مِثْلُ الرِّيَاضِيَّاتِ، تَعْتَمِدُ عَلَى البَرَاهِينِ وَالمُسَلَّمَاتِ! وَلَكِنَّ هَذَا العِلْمَ **يَنْمُو وَيَتَطَوَّرُ**! وَيَبْقَى هَذَا العِلْمُ حَقِيقَةً آنِيَّةً، حَافِيَّةً! عَلَى الحَافَّةِ يُجَارِيْ مَا يُدْرِكُهُ العُلَمَاءُ! لَمْ وَلَنْ يَكُونَ عِلْمًا مُطْلَقًا! لِأَنَّ المُطْلَقَ هُو الخَالِقُ المُنْشِئُ البَدِيْعُ!

الحَقِيْقَةُ المُطْلَقَةُ فِي الوُجُودِ هُو المُبْدِعُ! أَلَّذِيْ ابْتَدَعَ أَصْلَ الإِبْدَاعِ الَّذِيْ سَمَّاهُ الكِتَابَ: الَّذِي حَوَىَ كُلَّ شَيْءٍ، وَاشْتَمَلَ عَلَىَ جَمِيْعِ أَحْوَالِ المَخْلُوْقَاتِ كَبِيْرُهَا وَصَغِيْرُهَا، جَلِيْلُهَا وَوَضِيْعُهَا، دَقِيْقُهَا وَغَلِيْضُهَا...، مَاضِيْهَا، وَحَاضِرُهَا وَمُسْتَقْبَلِهَا عَلَىْ التَّفْصِيْلِ التَّامِّ. بِدَلَالَةِ سِيَاقِ الآيَةِ المُبَارَكَةِ: ﴿**وَمَا مِن دَابَّةٍ فِي الْأَرْضِ وَلَا طَائِرٍ يَطِيرُ بِجَنَاحَيْهِ إِلَّا أُمَمٌ أَمْثَالُكُم مَّا فَرَّطْنَا فِي الْكِتَابِ مِن شَيْءٍ ثُمَّ إِلَى رَبِّهِمْ يُحْشَرُونَ**﴾.38 الأَنْعَام.

وَكُلُّ مَا يَبْتَدِعُ المُبْدِعُ يَكُونُ حَقِيْقَةً مُطْلَقَةً، لَا تَرَقِّي، وَلَا انْتِعَاشٌ، وَلَا نُمُوٍّ، وَلَا تَطْوِيْرٌ لَهَا وَلَا تَغْيِيْر! وَقَدْ وَرَدتْ كَلِمَةُ الكِتَابِ أَكْثَرَ

مِنْ 261 مَرَّةً...

أَمَّا عِلْمُ الكِتَابِ، فَقَدْ وَرَدَ **مَرَّةً وَاحِدَةً: وَيَقُولُ الَّذِينَ كَفَرُوا لَسْتَ مُرْسَلًا قُلْ كَفَى بِاللَّهِ شَهِيدًا بَيْنِي وَبَيْنَكُمْ وَمَنْ عِنْدَهُ عِلْمُ الْكِتَابِ.** ﴿٤٣ الرعد﴾.

وَوَرَدَ مَرَّةً وَاحِدَةً: **عِلْمٌ مِنَ الكِتَابِ ﴿ قَالَ الَّذِي عِنْدَهُ عِلْمٌ مِّنَ الْكِتَابِ أَنَا آتِيكَ بِهِ قَبْلَ أَن يَرْتَدَّ إِلَيْكَ طَرْفُكَ..﴾** سُورَةُ النَّمْلِ 40.

مَنْ الَّذِيْ عِنْدَهُ عِلْمُ الكِتَاب يَا دُكْتُورُ، وَيَا أَيُّهَا العُمَرِيَّةُ؟

الكَافِرُونَ يَقُولُونْ: إنَّ مُحَمَّدًا لَيْسَ مُرْسَلًا مِنَ اللهِ!

العُمَرِيَّةُ، الَّذِيْنَ هُمْ أَشَدُّ كُفْرًا مِنَ الكَافِرِينْ يَقُولُونْ:

بَعْدَ أَنْ ***اخْتَلَفَ العُلَمَاءُ:*** *جَعَلَ اللَّهُ أَحَدَ البَشَرِ لِيَكُوْنَ شَاهِدًا عَلَى صِدْقِ نُبُوَّةِ مُحَمَّدْ (ص)، يَكُوْنُ مِنَ البَشَرِ لِيَعْرِفَهُ الكَافِرُوْنْ، وَلَيْسَ مِنَ المَلَائِكَةِ أَوْ الجِنْ، وَلَقَدْ حَدَثَ* ***اخْتِلَافٌ تَفْسِيْرِيٌ*** *حَوْلَ* **"مَنْ عِنْدَهُ عِلْمُ الكِتَابِ"**، *فَقَدْ ذَكَرَ* ***بَعْضُ الْمُفَسِّرِيْنَ*** *أَنَّ المُرَادَ بِالآيَةِ* ***هُوَ عَبْدُ اللَّهِ بِنْ سَلَامْ، الصَّحَابِيِّ الَّذِيْ كَانَ يَهُوْدِيًّا وَأَسْلَمَ!***

أَرَدْتُ أنْ أرُدَّ عَلَى هَذَا التَّحْرِيْف، وَجَدْتُ أَنَّ الرَّدَّ سَيَأخُذُ حَيِّزًا مِنْ هَذَا الكِتَابَ الَّذِيْ خَرَجَ عَنْ الحَجْمِ المُحَدَّدِ لَهُ. بَحَثْتُ في الشَّبَكَةِ العَنْكَبُوتِيَّةِ عَنْ مَقَالَةٍ أرُدُّ فيهَا عَلَى هَذَا الكُفْرْ! كَثِيْرٌ المَقَالَاتُ الشَّيِّقَةُ الَّتِيْ تَدْحَضُ هَذَا الجَهْلِ! وَلَكِنْ شَدَّنِي مَقَالٌ مِمتِعٌ جَذَّابٌ

وَشَيّقٌ لِلْدُكْتُورْ: عَلِيْ أَبُوْ الخَيْرِ، نُشِرَ عَلَىْ مَوقِعْ المَعَارِفِ الحِكَمِيَّةِ: مَعْهَد الدِّرَاسَاتِ الدِّيْنِيَّةِ وَالفَلْسَفِيَّةِ! العُنُوَانُ:

"مَنْ عِنْدَهُ عِلْمُ الكِتَابِ" بَيْنَ أُلُوْهِيَّةِ التَّنْزِيْلِ وَبَشَرِيَّةِ التَّأْوِيْلِ!

https://maarefhekmiya.org/15436/quraankarim-2/

أَتَمَنَّى عَلَى القُرَّاءِ الأَكَارِمِ الإسْتِفَادَةَ مِنْ هَذِهِ الدِّرَاسَةِ العِلْمِيَّةِ وَالتَارِيْخِيَّةِ المَوْزُونَةِ وَالوَازِنَةِ! وَشُكْرًا لِلدُّكْتُور عَلِيْ أَبُوْ الخَيْرِ، عَلَى هَذَا العَمَلِ الرَّائِعْ، وَأَسْأَلُ اللَّهَ أَنْ يَجْعَلَهُ فِي مِيْزَانِ حَسَنَاتِه!!!

... وَهُنَاكَ أَيْضًا مَعَارِفُ تَجْرِيبِيَّةٌ كَالعُلومِ، كُلَّمَا تَقَدَّمَ بِنَا الزَّمَنُ ازْدَادَ وَصْفُ وَفَهْمُ وَإِدْرَاكُ تِلكَ العُلُومِ اقْتِرابًا وَمَعْرِفَةً مِنَ العَالَمِ الحَقَيْقِيّ، وَهِيَ أَيْضًا حَقَائِقٌ لِأَنَّهَا تَعْتَمِدُ عَلى التَّجَارِبِ وَالاسْتِنْتَاجِ. وَهَذِهِ المَعَارِفُ هِيَ أَيْضًا حَقِيْقَةٌ ثَابِتَةٌ، أَمَّا المُتَغَيِّرُ فَهُوَ قُدُرَاتُ كُلِّ مِنَّا عَلَى اكْتِشَافِ جَوْهَرِهَا وَخَفَايَاهَا وَفَهْمُ بَعْضَ مَا أستُتِرَ مِنْ أَسْرَارِهَا! وَلَا يُعَدُّ هَذَا عَيْبًا أَو نَقْصًا فِي الحَقِيْقَةِ، لِأَنَّ الحَقِيْقَةَ ثَابِتَةٌ وَالمُتَغَيِّرُ هُوَ فَهْمُهَا، وَإِدْرَكُهَا! وُجُهَاتُ النَّظَرِ وَالآرَاءُ، لَيْسَتْ مُؤَكَّدَةً إِلَّا بِالمَعَارِفِ اليَقِيْنِيَّةِ أَو التَّجَارِبِ العِلْمِيَّةِ، فَهِيَ تَبْقَى حَكَايَا وَوُجُهَاتُ نَظَرٍ!

وَأَيْضًا هُنَاكَ المَعْرِفَةُ التَّارِيْخِيَّةُ وَالَّتِي تَتَطَلَّبُ شُهُودًا وَتَسْجِيْلًا مِنْ عِدَّةِ أَطْرَافٍ لِذَلِكَ الحَدَثِ التَّارِيْخي! وَهَذَا قَدْ يَكُونُ فيهِ لَبْسٌ بِسَبَبِ

إِخْتِلَافِ الرِّوَايَاتِ الَّتِي لَا تَخْلُو مِنَ الانْحِيَازِ وَالمُحَابَاةِ وَالإِيثَارِ، وَلِأَنَّهُ عَادَةً مَنْ يَكْتُبُ التَّارِيخَ هُوَ المُنْتَصِرُ أَوِ المُسَيْطِرُ.

فِي الحَقِيقَةِ، أَنَّ هُنَاكَ عِلْمٌ كَامِلٌ يُدَرِّسُ المَعْرِفَةَ. يُسَمَّى الأبِسْتُمُولُوجيا أَوْ نَظَرِيَّةُ المَعْرِفَة!

وَالأَبِسْتُمُولُوجيا مُرْتَبِطَةٌ بِنَظَرِيَّةِ المَعْرِفَةِ بِمَعْنَاهَا التَّقْلِيدِيِّ، مِنْ حَيْثُ إِنَّهَا تُدَرِّسُ إِمْكَانِيَّةَ المَعْرِفَةِ، وَحُدُودَهَا وَطَبِيعَتَهَا لَا مِنْ زَاوِيَةِ المَوْقِفِ الخَاصِّ، بَلْ مِنْ زَاوِيَةِ التَّطَوُّرِ العِلْمِيِّ المُسْتَمِرِّ! وَبِكَلِمَةٍ وَاحِدَةٍ إِنَّ الأبِسْتُمُولُوجيا هِيَ نَظَرِيَّةٌ عِلْمِيَّةٌ فِي المَعْرِفَةِ، تَتَلَوَّنُ بِلَوْنِ المَرْحَلَةِ الَّتِي يَجْتَازُهَا العِلْمُ، فِي سِيَاقِ تَطَوُّرِهِ وَنُمُوِّهِ، عَلَى مَرِّ العُصُورِ!

وَلَكِنْ مَاذَا عَنِ الدِّينِ وَالمِيتَافِيزِيقْيَا إِذَا؟ إِذَا كَانَتِ المَعْرِفَةُ الرِّيَاضِيَّةُ مُبَرْهَنَةٌ وَالعِلْمِيَّةُ مُجَرَّبَةٌ وَالتَّارِيخِيَّةُ مَرْصُودَةٌ، كَيْفَ نَتَأَكَّدُ مِنَ الدِّينِ وَمِنَ المِيتَافِيزِيقْيَا؟

فَالمِيتَافِيزِيقْيَا هُوَ فَرْعٌ يُدَرِّسُ جَوْهَرَ الأَشْيَاءِ مَا وَرَاءَ الطَّبِيعَةِ، أَوِ المَاوَرَائِيَّاتِ! وَيَشْمَلُ ذَلِكَ أَسْئِلَةَ الوُجُودِ، وَالكَيْنُونَةِ، وَالصَّيْرُورَةِ، وَالوَاقِعِ، وَكُلُّهَا حَقَائِقُ... وَتُشِيرُ كَلِمَةُ الطَّبِيعَةِ هُنَا إِلَى طَبِيعَةِ الأَشْيَاءِ، مِثْلَ سَبَبِهَا وَالغَرَضِ مِنْهَا. وَبَعْدَ ذَلِكَ تُطْرَحُ مَا وَرَاءَ الطَّبِيعَةِ، أَسْئِلَةٌ عَنِ الأَشْيَاءِ: طَبِيعَتِهَا، جَوْهَرِهَا وَجَوْدَةُ

كَيْنُونِيَّتِهَا... وَتَسْعَى، مَا وَرَاءَ الطَّبِيْعَةِ إِلَى الإِجَابَةِ عَلَى هَذِهِ الأَسْئِلَةِ فِي صُوْرَةٍ عَامَّةٍ وَمُجَرَّدَةٍ، قَدْ لَا نَسْتَطِيْعُ التَّأَكُّد مِنْهَا!؟ وَعَدَمُ التَّأَكُدِ مِنْهَا لَا يُلْغِي حَقِيْقَتَهَا! إِنَّ عَدَمَ الوُصُولِ إِلىْ إِجَابَةٍ عِلْمِيَّةٍ مُثْبَتَةٍ قَدْ يَكُونُ مَرَدُّهُ لِقُصُورٍ فِي العِلْمِ وَالمَعْرِفَةِ والبَحْثِ وَالتَّجْرِبَةِ، وَأَيْضًا إِلى غِيَابِ البَدِيهِيَّاتِ وَالمُسَلَّمَاتِ الَّتِيْ لَا تَقْبَلُ الجَدَلَ فِي عِلْمِ الوُجُودِ، وَالَّتِيْ هِيَ مَجْمُوعَةٌ مِنَ المَبَادِئِ الَّتِيْ لَا تُنَاقَشُ فِي تَحْدِيْدِ المَعْنَى، مَثَلًا؛ كَلِمَاتُ: الخَلْقِ وَ الخَالِقِ!

وَالدِّيْنُ أَيْضًا يَفْتَرِضُ وُجُودَ أَشْيَاءَ غَيْرَ قَابِلَةٍ لِلْرَصْدِ لِأَنَّهَا غَيْرُ مَادِّيَةٍ: **اللَّهُ وَالمَلائِكَةُ، وَالشَّيَاطِيْنُ وَالجَنَّةُ وَالنَّارُ...**

وبِمَا أَنَّهَا غَيْرُ قَابِلَةٍ لِلْرَّصْدِ، فَإِنَّهَا غَيْرُ مَوْجُودَةٍ مِنْ وُجْهَةِ نَظَرِ الكَثِيْرِ مِنْ سُكَّانِ هَذَا العَالَمِ الَّذِي نَعِيْشُ فيهِ.

وَلَكِنْ لَيْسَ كُلُّ مَا هُوَ غَيْرُ قَابِلٍ لِلْرَّصْدِ غَيْرَ مَوْجُودْ! لِذَلِكَ مِنَ المُسْتَحِيْلِ الجَزْمُ فِي عَدَمِ وُجُودِ اللَّهِ، فَالخَوْضُ فِي هَذَا المَوْضُوع عِلْمِيًّا أو عَقْلِيًّا، قَدْ لَا يُفْضِي إِلَى شَيْءٍ!

نَعِيْشُ فِي عَالَمٍ حَقِيقِيٍّ نُدْرِكُهُ وَنَرَاهُ وَلَا يَتَغَيَّرْ، حَتَّى وَإِنْ أَرَدْنَا تَغْيِيرَهُ! مَثَلًا تَدَاوُلُ اللَّيْلِ وَالنَهَارِ حَقِيْقَةٌ مُطْلَقَةٌ لَا يُمْكِنُ إِنْكَارُهَا أو حَتَّى تَغْيِيرُهَا أَوْ إِيْقَافُ تَدَاوُلِهَا! دَوَرَانُ الأَرْضِ مَثَلًا، وَكَثِيْرٌ مِنَ الظَّوَاهِرِ وَالأَحْدَاثِ الَّتِيْ نَعِيْشُ فِيهَا وَنَتَعَايَشُ مَعَهَا، هِيَ أَيْضًا

حَقِيْقَةٌ مُطْلَقَةٌ لَا يُمْكِنُ إنْكَارُهَا أوْ حَتَّى العَيْشَ مِنْ دُونِهَا: المَاء والهَوَاءُ مَثَلًا! مَنْ جَاءَ بِهَذِهِ الحَقَائِقِ؟ هَلْ جَاءَتْ هَذِهِ الحَقَائِقُ مِنْ عَبَثٍ؟ كَيْفَ وُجِدْتَ أيُّهَا المُنْكِرُ أوِ المُشَكِّكُ؟ وَلِمَاذَا أيْضًا تَمُوتُ؟!

وَقَدْ أَثْبَتَتِ الكُشُوفَاتُ العِلْمِيَّةُ المُعَاصِرَةُ كَثِيْرًا مِنَ الحَقَائِقِ العِلْمِيَّةِ تَدُلُّ عَلَى وُجودِ الخَالِقِ، لِأنَّ هَذَا الكَونَ لَهُ بِدَايَةٌ، فَهُو حَدَثٌ، وَلَا بُدَّ لَهُ مِنْ مُحْدِثٍ، وَهُوَ الخَالِقُ!

وَيُمْكِنُ أَنْ يُسَمَّى إبْدَاعًا، أوْ هُوَ اخْتِرَاعٌ، وَإنَّ كُلَّ المَوْجُودَاتِ فِي هَذَا الكَوْنِ الفَسِيْحِ مَهْمَا صَغُرَتْ أو كَبُرَتْ، لَا بُدَّ أنْ تَكونَ مُخْتَرَعَةً وَمُحْدَثَةً. فَالمُخْتَرَعَاتُ تَدُلُّ عَلَى وُجُودِ مُخْتَرِعٍ، وَهَذَا يَجِبُ أَلَّا يُنْكِرُهُ عَاقِلٌ... وَيُطْلَقُ عَلَى هَذَا الخَالِقِ المُبْدِعِ المُحْدِثِ أسْمَاءُ كَثِيْرَةٌ، وَبِلُغَاتٍ عِدَّةٍ، وَلَكِنَّ إدْرَاكَ وَفَهْمَ وَوَعْيَ وَتَقْيِيْمَ هَذِهِ الحَقِيْقَةِ المُطْلَقَةِ، تَخْتَلِفُ مِنْ مُعْتَقِدٍ إِلَى آخَرَ!

شَهِدْتُ حِوَارٍ مَعَ زَمِيلَيْنِ حَمِيْمَيْنْ، الأَوَّلُ كَانَ عُمَرِيًّا ثُمَّ اهْتَدَى، وَالثَّانِيْ بَقِيَ عُمَرِيًّا إلَى النّخَاعِ، كَمَا أخْبَرَ عَنْ نَفْسِهِ! احْتَدَمَ الجَدَلُ بَيْنَ الإثْنَيْنِ لِدَرَجَةٍ أَنَّ الثَّانِيْ لَمْ يَنْكُرْ أَنَّ عُمَرَ لَمْ يُطِعِ اللَّهَ، وَلَا الرَّسُولَ، وَأنَّهُ فِعْلًا كَفَرَ بِالرِّسَالَةِ النَّبوِيَّةِ!؟ إنْتَفَضَ الثَّانِيْ، وَاسْتَقَامَ عَلَى رِجْلَيْهِ، وَبِصَوْتٍ عَالٍ قَالَ: لَوْ قَالَ عُمَرٌ شَيئًا وَقَالَ اللَّهُ شَيئًا

مُعَاكِسًا، أُصَدِّقُ الفَارُوقَ عُمَرَ !؟ وَكَانَ صَادِقًا! العَقَائِدُ جَمْعُ عِقْدَةٍ وَكُلَّمَا زَادَتْ العِقَدُ يَصْعُبُ فَكُّهَا! خُصُوْصًا إِذَا كَانَتْ عِقَدٌ مَورُوثَةً، عَنْ مَنْ يُعْتَقَدُ أَنَّهُم مَثَلٌ أَعْلَى فِي المَعْرِفَةِ وَالوَرَعِ! إِلَى أَنْ تَتَّضِحَ الرُّؤْيَةُ، وَيَقْتَنِعَ العَقْلُ!! فَطَالَمَا الرُّؤْيَةُ غَيْرَ الرُّؤْيَةِ، يَبْقَىْ الآغَا آغَا! وَلَيْسَ رَجُلًا!!! وَلَوْ أَخْبَرْتَكُم أَنَّ الَّذِيْ فَضَّلَ عُمَرَ عَلَى اللهِ، انْقَلَبَ، وَأَصْبَحَ الفَارُوقُ عِنْدَهُ خَازُوقًا!!! العَقَائِدُ غِشَاءٌ عَلَى العَقْلِ وَالقَلْبِ وَالعَيْنَيْنِ، وَهِيَ فِي رَقَبَةِ المَغْشِيْ لِجَامٌ وَرَسَنٌ! وَلِكَيْ يَشْعُرَ بِالأَمَانِ يُرْبَطُ، أَوْ يَتَحَرَّكُ مَعَ وَفِي زَرِيْبَةِ الَّذِيْنَ مِنْ أَمْثَالِهِ! العَقَائِدُ سِجْنٌ أَو زَرِيْبَةٌ! وَالإِيْمَانُ، حُرِّيَّةٌ وَانْفِتَاحٌ وَتَجْدِيدٌ وَحَيَاةٌ إِلَى الَّذِيْنَ يَعْقِلُون! طَالَمَا كَانَ اللهُ القَائِدَ وَالقُبْطَانَ لِسَفِيْنَةِ الحَيَاةِ الدُّنْيَا!

وَكَمَا قَالَ الرَّازِيْ عَنِ العَقْلِ: بِالعَقْلِ فُضِّلْنَا عَلَى الحَيَوانِ غَيْرِ النَّاطِقِ، حَتَّى مَلَكْنَاهَا وَسُسْنَاهَا وَذَلَّلْنَاهَا وَصَرَفْنَاهَا فِي الوُجُوهِ العَائِدَةِ مَنَافِعَنَا عَلَيْنَا وَعَلَيْهَا، وَبِالعَقْلِ أَدْرَكْنَا جَمِيْعَ مَا يَرْفَعُنَا، وَيُحَسِّنُ وَيَطِيْبُ بِهِ عَيْشُنَا، وَنَصِلُ إِلَى بُغْيَتِنَا وَمُرَادِنَا. وَبِهِ أَدْرَكْنَا الأُمُورَ الغَامِضَةَ البَعِيْدَةَ مِنَّا، الخَفِيَّةَ المَسْتُورَةَ عَنَّا...

الأَدْيَانُ تَدْعُو كُلٌّ إِلَى إِلَهِ خَاصٍ بِهَا، وَالمَذَاهِبُ تَتَعَبَّدُ بِأَشْكَالٍ وَخَواصٍ مُخْتَلِفَةٍ لِإِلَهِ دِيْنِهَا! كَثُرَتْ الأَدْيَانُ، وَتَتَكَاثَرُ المَذَاهِبُ وَتَتْرَا، تَتَشَرْذَم. وَيَفْقُدُ الإِنْسَانُ إِنْسَانِيَّتَهُ، وَدَورَهُ الَّذِيْ خُلِقَ مِنْ

أجْلِهِ، فَيُشْقِيْ وَيَشْقَى، وَهَذِهِ حَقِيْقَةٌ لَا يَنْكُرُهَا عَاقِلٌ! وَإنْ سَأَلَ عَاقِلٌ لِمَاذَا؟ وَهَلْ يُعْقَلُ أنْ يَسْأَلَ عَاقِلٌ لِمَاذَا؟ حُلُّوا عُقَدَكُم! عُوْدُوا إِلَى فِطْرَتِكُمْ! سَيِّدُوا العَقْلَ وَالعِلْم! إبْحَثُوا عَنْ الحَقِيْقَةِ المُطْلَقَةِ في الوُجُود! **سَيِّدُ الوُجُودْ! خَالِقُ الوُجُودْ! وَمُفْنِيْ الْوُجُود! وَالمَوْجُودُ حَيْثُ لَا وُجُوْدَ سِوَاه! الَّذِيْ لَا يَحْتَاجُ إلَى وُجُود! وَالَّذِيْ يُسَبِّحُ لَهُ كُلُّ شَيْءٍ مَوجُود! سَمِّهِ مَا شِئْتْ، وَبِأيِّ لُغَةٍ شِئْتْ! في إطَارِ مَا أعْلَاهُ قَرَأتْ! وَاسْألْ نَفْسَكَ كَيْفَ وَمِنْ أَيْنَ جِئْتْ! وَمَاذَا بَعْدَمَا جِئْتْ؟!**

إنْ آمَنْتَ بِأنَّ لِكُلِّ حَدَثٍ مُحْدِثْ: تَابِعْ!

كُلُّ البَشَرِ تَدَّعِيْ أنَّهَا تَبْحَثُ عَنْ الحَقِيْقَةِ! لَو كَانَ هَذَا صَحِيْحًا لَانْتَهَتْ الخِلَافَاتُ، أَقَلُّهَا في المُعْتَقَدَاتْ! فَالإخْتِلَافَاتُ بَيْنَ النَّاسِ أَمْرٌ إيْجَابِيْ، كُلَّمَا زَادَتْ وَتَوَسَّعَتْ، كُلَّمَا زَادَتْ المَعْرِفَةُ، وَانْتَشَرَ العِلْم! الإخْتِلَافَاتُ نِعْمَةٌ، وَالخِلَافَاتُ نَقْمَةٌ! وَلَوْ شَاءَ اللّٰهُ لَجَعَلَنَا أُمَّةً وَاحِدَةً!

وَكَمَا ذَكَرْتُ آنِفًا فَإنَّ **الحَقِيْقَةَ المُطْلَقَةَ ثَابِتَةٌ** لَا تَتَغَيَّر! **إدْرَاكُ الخَالِقُ المُبْدِعُ المُحْدِثْ** عِنْدَ **المُؤْمِنِيْنْ بِاللّٰهِ** هُوَ: **كُلُّ مَا يَخْطُرُ في بَالِكَ فَهُوَ هَالِكٌ، وَالخَالِقُ المُبْدِعُ المُحْدِثُ بِخِلَافِ ذَلِكْ!** لِأَنَّ مَا يَخْطُرُ في بَالِ المَخْلُوقِ حَقِيْقَةٌ أَوْ رُؤْيَةٌ أَو إدْرَاكٌ مَحْدُوْدٌ بِالفَرْدِ

وَبِالزَّمَانِ وَبِالمَكَانْ، وَمَحْدُودٌ أَيْضًا بِالعِلْمِ وِالمَعْرِفَةِ، وَمَحْصُورٌ بِالإِيْثَارِ الغَرِيْزِيْ وَالتَّفْضِيْل النَّفْعِيْ، إِلَى مَا هُنَاكَ مِنَ المُحَفِّزَاتِ المُرتَبِطَةِ بِالأَنَا، مَشْرُوطَةٌ وَمُخْتَلِفَةٌ، وَهِيَ فِي عَيْنِ النَّاظِرِ، وَفِي فَهْمِهِ وَتَقْيِيمِهِ، وَكُلُّهَا مُتَغَيِّرَاتٌ! أَمَّا **حَقِيْقَةُ الخَالِقُ المُبْدِعُ المُحْدِثُ**، ثَابِتَةٌ لَا تَتَغَيَّرْ، وَهِيَ **مُطْلَقَةٌ!** وَعَدَمُ إِطْلَاقِهَا وَمُتَغَيِّرَاتِهَا وَعَدَمُ ثَبَاتِهَا، يُشَكِّكُ فِي حَقِيْقَةِ الخَالِقِ، وَيُلْغِيْ كَمَالَهَا وَيُؤَكِّدُ نُقْصَانَهَا! **وَالعِيَاذُ بِاللهِ!** ***فَالخَالِقُ المُبْدِعُ المُحْدِثُ*** عِنْدَ العُمَرِيَّةِ مَزَاجِيْ، وَأَحْكَامُهُ آنِيَّةٌ اعْتِبَاطِيَّةٌ، يَأْمُرُ ***رَسُوْلَهُ السَّاذِجَ*** بِالصَّلَاةِ خَمْسِيْنَ مَرَّةٍ فِي اليَوْمِ، ثُمَّ بِنَاءً عَلَى اعْتِرَاضِ مُوسَى الَّذِي هُوَ أَعْلَمُ مِنْ ***إِلَهِ العُمَرِيَّةِ وَرَسُولِهِ***، بِعَدَم قُدْرَةِ النَّاسِ عَلَى إِقَامَةِ الصَّلَاةِ بِهَذَا العَدَدْ! يَرجِعُ ***نَبِيُّ العُمَرِيَّةِ إِلَى رَبِّهِ*** عِدَّةَ مَرَّاتٍ يُسَاوِمُهُ عَلَى تَخْفِيضِ العَدَدْ!؟ ***مُوسَى أَعْلَمُ مِنْ إِلَهِ العُمَرِيَّةِ!*** كَانَ أَجْدَرُ، ***أَنْ يَكُونَ مُوسَى إِلَهَهُم!؟ مُوسَى أَعْلَمُ بِالمَخْلُوقَاتِ العُمَرِيَّةِ مِنْ إِلَهِهِم!؟*** فَمِنَ المَفْرُوضِ إِذًا أَنْ يُقِيْمَ العُمَرِيَّةُ صَلَاتَهُم: ***خَمْسٌ لِإِلَهِهِمْ وَخَمْسٌ لِمُوسَى!؟ مُوسَى*** خَفَّفَ عَلَيْهِم أَرْبَعِيْنَ صَلَاةٍ فِي اليَومِ، وَكَانَ ***أَعْلَمُ وَأَرْحَمُ مِنْ إِلَهِهِم! حَقَائِقٌ*** مَنْقُولَةٌ مِنْ ***كُتُبِ سُنَّةِ العُمَرِيَّةِ!!!***

وَلِهَذَا العَامِلُ المُهِمُّ يَجِبُ أَنْ يَكُونَ عَقْلُكَ هُوَ مِعْيَارُكَ فِي مَعْرِفَةِ

الحَقَائِقِ!

يَقُوْلُ أَبُو بَكْرٍ الرَّازِي عَنْ العَقْلْ: بِالعَقْلِ فُضِّلْنَا عَلَى الحَيَوانِ غَيْرِ النَّاطِقِ، حَتَّى مَلَكْنَاهَا وَسُسْنَاهَا وَذَلَّلْنَاهَا وَصَرَفْنَاهَا فِي الوُجُوهِ العَائِدَةِ مَنَافِعَنَا عَلَيْنَا وَعَلَيْهَا، وَبِالعَقْلِ أَدْرَكْنَا جَمِيْعَ مَا يَرْفَعُنَا، وَيُحَسِّنُ وَيَطِيْبُ بِهِ عَيْشُنَا، وَنَصِلُ إِلَى بُغْيَتِنَا وَمُرَادِنَا...

وَبِهِ أَدْرَكْنَا الأُمُورَ الغَامِضَةَ البَعِيْدَةَ مِنَّا، الخَفِيَّةَ المَسْتُورَةَ عَنَّا.... وَإِذَا كَانَ هَذَا مِقْدَارَهُ وَمَحَلَّهُ وَخَطَرَهُ وَجَلَالَتَهُ، فَحَقِيقٌ عَلَيْنَا أَنْ لَا نَحُطَّهُ عَنْ رُتْبَتِهِ وَلَا نُنْزِلُهُ عَنْ دَرَجَتِهِ، وَلَا نَجْعَلُهُ وَهُوَ الحَاكِمُ مَحْكُومًا عَلَيْهِ، وَلَا، وَهُوَ الزِمَامُ مَزْمُومًا، وَلَا، وَهُوَ المَتْبُوعُ تَابِعًا، بَلْ نَرْجِعُ فِي الأُمُورِ إِلَيْهِ وَنَعْتَبِرُهَا بِهِ وَنَعْتَمِدُ فِيهَا عَلَيْهِ. فَنُمْضِيْهَا عَلَى إِمْضَائِهِ، وَنُوقِفُهَا عَلَى إِيْقَافِهِ، وَلَا نُسَلِّطَ عَلَيْهِ الهَوَى الَّذِيْ هُوَ آفَتُهُ! وَلَكِنَّ عُلَمَاءَ "إِسْلَامُ أَلْسَّقِيْفَةِ" اتَّهَمُوا الرَّازِيّ بِالإِلْحَادِ، لِأَنَّهُ سَيِّدَ العَقْلَ! وَقَدْ أُتَّهُمُ أَنَا أَيْضًا بِالكُفْرِ!!!

فِي دَوَرانِ الكُرَةِ الأَرْضِيَّةِ يَقُولُ إِبْنُ بَازٍ: مَنْ قَالَ بِدَوَرَانِ الأَرْضِ كَافِرٌ يُسْتَتَابُ، **أو يُقْتَلُ!** إِبْنُ بَازٍ إِمَامٌ مُطَاعٌ، وَقَدْ أَفْتَى فِي أُمُورٍ كَثِيْرَةٍ قُطِعَتْ بِمُوجِبِهَا رُؤوسٌ وَأَيْدٍ، وَرُجِمَ الكَثِيْرُون، وَعُلَمَاءُ مَذَاهِبِ أَلْسَّقِيْفَةِ صُمٌّ بُكْمٌ عُمْيٌ لَا يَنْطُقُونْ! لَو سَأَلْنَا هَذَا الدُّكْتُورَ الَّذِي افْتَرَى عَلَى اللهِ وَرَسُولِهِ فِي تَفْسِيْرِهِ لِسُّوْرَةِ الحُجُرَاتِ؛ هَلِ

الأرْضُ تَدُورُ؟ إنْ أجَابَ نَعَم **كَفَر**، ***يُسْتَتَابُ أَو يُقْتَلُ!***؟ وإنْ قَالَ ***لا***، دَخَلَ في حَظِيْرَةِ المُنَافِقِيْنَ أو حَظِيْرَةِ الجَّاهِلِيْنَ، وَالحَظِيْرَتَانِ، بَابَانِ يُؤَدِّيَانِ إلى زَرِيْبَةِ بَنِيْ سَاعِدَة!

وَلِكَيْ أَزِيْدَكُم مِنَ الشِّعْرِ بَيْتًا في عَدَمِ دَوَرَانِ الأرضِ، يَقُولُ إبْنُ عُثَيْمِيّن: لَمْ يُثْبِتِ العِلْمُ أنَّ الأرْضَ تَدُورٌ! وَيَقُولُ صَالِحُ الفَزَّانِ: *القَولُ فِي دَورَانِ الأرْضِ هُوَ مَذْهَبُ العَصْرِيّين! وَهُوَ مَذْهَبٌ كُفْرِيٌّ ضَالٌّ!* وَيقُولُ بَنْدَرْ الخَبْيري: *لَو كَانَتِ الأرْضُ تَدُورُ، لِمَاذَا لا نَشْعُر بِالصُّدَاع؟* هَذِهِ عَيِّنَةٌ مِنْ أَئِمَّةِ هَذَا الدُكْتُورِ في **عِلْمِ الجَهْلِ وَالتَّجْهِيْل**!؟ أتَحَدَّى عُلَمَاءَ السُّنَّةِ العُمَرِيَّةِ قَاطِبَةً، أنْ يَقُولُوا أَنَّ هَذَا كُفْرٌ!؟

بَعْدَ كُلِّ هَذَا التَّخْرِيْفِ! يَقُولُ المُدَافِعُونَ عَنْ هَذَا الجَهْلِ: *فَالعَلَّامَتَانِ بْنُ بَازٍ، و بْنُ عِثَيْمِيّنْ،* ***عَالِمَانِ شَامِخَانِ*** *مِنْ عُلَمَاءِ العَصْرِ الأَجِلَّاءِ، الحَرِيْصِيْنَ عَلَى نُصْرَةِ الحَقِّ، وَقَمْعِ البَاطِلِ، وَالبِدْعَةِ وَالضَّلَالِ وَنَشْرِ عَقِيْدَةِ السَّلَفِ الصَّالِحِ... وَالسَّبَبُ فِي عَدَمِ قَوْلِهِمْ بِدَورَانِ الأَرْضِ،* ***هُوَ عَدَمُ صِحَّةِ الدَّلِيلِ النَّقْلِيْ عِنْدَهُمَا***، (**هَذَا يَعْنِيْ أنَّ الجَهْلَ إرْثُ السَّلَفِيَّةِ! جَاهِلٌ يَنْقُلُ عَنْ جَاهِلْ!**) *فِي ذَلِكَ* ***بِالإِضَافَةِ إِلَى (ظَنِّهِم)*** *أَنَّ إِثْبَاتَ دَوَرَانِ الأَرْضِ مُجَرَّدُ نَظَرِيَّاتٍ قَابِلَةٍ لِلْنَقْضِ. وَلَا شَكَّ أَنَّ دَوَرَانَ الأَرْضِ حَوْلَ*

نَفْسِهَا، ثُمَّ حَوْلَ المَجْمُوعَةِ الشَّمْسِيَّةِ بِأَكْمَلِهَا حَوْلَ المَجَرَّةِ أَصْبَحَ حَقِيْقَةً عِلْمِيَّةً ثَابِتَةً، وَاعْلَمْ رَحِمَكَ اللَّهُ أَنَّهُ لَيْسَ مِنْ شَرْطِ العَالِمِ أَنْ لَا يُخْطِئُ، وَالكَمَالُ عَزِيْزٌ فَلَا نَغْلُوا فيهِمَا وَنَدَّعِيْ لَهُمَا العِصْمَةَ، وَلَا نَجْفُو عَنْهُمَا بِتَتَبُّعِ زَلَّاتِهِمَا، الَّتِيْ لَمْ يَسْلَمْ مِنْهَا بَشَرٌ وَكَفَى بِالمَرْءِ نُبْلَا أَنْ تُعَدَّ مَعَايِبُهُ، وَكُلُّ يُؤْخَذُ مِنْ قَوْلِهِ وَيُتْرَكُ إِلَّا رَسُولِ اللَّهِ (ص) ، وَكُلُّ مُجْتَهِدٍ مَأجُورٌ، كَمَا بَيَّنَ النَّبِيْ (ص)، فِي حَدِيْثِ عَمْرِو بِنِ العَاصِ، فِي الصَّحِيْحَيْنِ: ***إِذَا حَكَمَ الحَاكِمُ فَاجْتَهَدَ ثُمَّ أَصَابَ فَلَهُ أَجْرَانِ، وَإِذَا حَكَمَ فَاجْتَهَدَ ثُمَّ أَخْطَأَ فَلَهُ أَجْرٌ.*** *قَالَ أَبُو مُحَمَّدٍ ابْنِ حَزْم: عُمُومٌ لِكُلِّ مُجْتَهِدٍ، لِأَنَّ كُلَّ مَنْ اعْتَقَدَ فِي مَسْأَلَةٍ مَا حُكْمًا. فَهُوَ حَاكِمٌ فيهَا لِمَا يَعْتَقِدُ، هَذَا هُوَ اسْمُهُ نَصًّا لَا تَأْوِيْلًا! لِأَنَ الطَّلَبَ غَيْرُ الإِصَابَةِ، وَقَدْ يُطْلَبُ مِنْ لَا يُصِيْبُ عَلَى مَا قَدَّمْنَا، وَيُصِيْبُ مَنْ لَا يَطْلُبُ. فَإِذَا طَلَبَ أَجْرًا إِذَا أَصَابَ، فَقد فَعَلَ فِعْلًا ثانيا، يُؤْجَرُ عَلَيْهِ أَجْراً ثَانِيًا أَيْضًا...* كَيْفَ يَكُونَانِ عَالِمَانِ شَامِخَانِ وَيُخْطِئَانِ؟ أَعَالِمٌ وَجَاهِلٌ؟! وَكَيْفَ يُثَابُ المُخْطِئُ والمُصِيْبُ؟! يَحْكُمُ بِقَتْلِ النَّفْسِ – خَطَأً – النَّفْسُ الَّتِيْ حَرَّمَ اللَّهُ إِلَّا بِالحَقِّ، ثُمَّ يُثَابُ بِحَسَنَةٍ، كَمَا حَصَلَ فِي مَقْتَلِ الصَّحَابِيِّ الجَلِيْلِ مَالِكِ ابْنِ نُوَيْرَةَ اليَرْبُوعِيِّ؟! وَالقَاتِلُ خَالِدٌ بْنَ الوَلِيْدِ، وَيَدْخُلُ هَذَا الخَالِدُ فِي زَوجَةِ المَغْدُورِ فِي لَيْلَةِ الغَدْرِ نَفْسِهَا!؟ ثُمَّ يُثَابُ هَذَا

الخَالِدُ بِبِشَارَةِ الجَنَّةِ!؟ المُصِيْبَةُ أنَّ أَبَا بَكْرٍ مُبْتَدِعُ هَذِهِ الفَتْوَةِ، أَهْدَى القَاتِلَ حَسَنَةً، وَنَسِيَ المَغْدُورَ ظُلْمًا!؟ (قُلْ يَا أَيُّهَا الْكَافِرُونَ، لَا أَعْبُدُ مَا تَعْبُدُونَ، وَلَا أَنتُمْ عَابِدُونَ مَا أَعْبُدُ، وَلَا أَنَا عَابِدٌ مَّا عَبَدْتُّمْ، وَلَا أَنتُمْ عَابِدُونَ مَا أَعْبُدُ، لَكُمْ دِينُكُمْ وَلِيَ دِينِ!) اعْذُرُونِيْ إنْ اَطَلْتُ قَلِيْلًا!

ظَاهِرَةُ عَقَائِدِ الْضِّدَّيْنِ، وَالنَّقْيِضَيْنِ، وَقَلْبُ الْحَقَائِقِ!

كُتُبُ سُنَّةِ مَذَاهِبِ أَلْسَّقِيفَةِ، تَتَحَدَّثُ أَنَّ في عَصْرِ الثَّلَاثَةِ الأَوَائِلِ الَّذِينَ اسْتَوْلُوا عَلَى دَوْلَةِ رَسُولِ الإِنْسَانِيَّةِ، وَتُؤَكِّدُ أَنَّ مُعْظَمَ - إِنْ لَمْ يَكُنْ جَمِيعَ - مَا تَرَكَ رَسُولُ اللهِ مِنْ إِرْثٍ دِينِيٍّ أَو حَتَّى ثَقَافِيٍّ قَدْ أُحْرِقَ أَو دُمِّرَ، وَأَيْضًا حَرَّمَ عَلَى النَّاسِ التَّدَاوُلَ في كُلِّ مَا تَرَكَهُ رَسُولُ اللَّهِ، وَلَمْ يَبْدَأ في جَمْعِ مَا يُعْتَقَدُ أَنَّهَا سُنَّةُ رَسُولِ اللهِ إِلَّا بَعْدَ عُقُودٍ لِلأَسْبَابِ التَّالِيَةِ:

1. قَبْلَ ارْتِقَاءِ رَسُولِ اللهِ، أَعْلَنَ عُمَرُ مَقُولَةَ الكُفْرِ **(حَسْبُنَا كِتَابُ اللهِ)** الَّتِي كَانَتِ اللُّبْنَةَ الَّتِي بَنَى عَلَيْهَا مُتَآمِرُو أَلسَّقِيفَةِ دِينٍ وَعَقِيدَةَ وَمَذَاهِبَ العُمَرِيَّةِ! وَبَعْدَ أَنْ تَمَّ انْقِلَابُ أَلسَّقِيفَةِ بَدَأَ التَّنْفِيذُ الفِعْلِيُّ لِتَفْكِيكِ المَنْظُومَةِ الَّتِي بَنَاهَا رَسُولُ اللهِ!

2. اسْتَوْلَى - وَبِمُشَارَكَةٍ وَمُبَارَكَةٍ مِنْ عُمَرَ وَغَيْرِهِ مِنَ الَّذِينَ سَمُّوهُم صَحَابَةً - أَبُو بَكْرٍ عَلَى مَقَالِيدِ الحُكْمِ، وَحَرَّقَ مَا لَدَيْهِ مِنْ أَحَادِيثَ لِرَسُولِ اللهِ!

3. خَوْفًا عَلَى القُرْآنِ مِنْ اخْتِلَاطِهِ بِالسُّنَّةِ - كَمَا ادَّعَى - وَأَمَرَ أَبُو بَكْرٍ النَّاسَ بِعَدَمِ التَّدَاوُلِ بِمَا تَرَكَ رَسُولُ اللهِ! كَمَا يُرَوِّجُ عُلَمَاءُ الزَّرِيبَةِ! وَفي الوَقْتِ نَفْسِهِ يَدَّعِي بَعْضُ المُسَمَّوْنَ عُلَمَاءَ مَذَاهِبِ

العُمَرِيَّةِ، أنَّ السُّنَّةَ مَعْصُومَةٌ كَالقُرآنِ لأَنَّ رَسُولَ اللَّهِ: **وَمَا يَنْطِقُ عَنِ الْهَوَى، إِنْ هُوَ إِلَّا وَحْيٌ يُوحَى!** إذَا كَانَ القُرآنُ وَحْيًا، وَالسُّنَّةُ وَحْيًا، أَيْنَ الخَوْفُ، وَلِمَاذَا أَحْرَقُوهَا؟! أسْأَلُ؟

يَأتِيْكَ الرَّدُّ لَا! مُحَمَّدٌ يُخْطِئُ وَيُصِيْبُ وَلَيْسَ كُلُّ مَا يَقُولُهُ وَحْيٌ! إِنْ قَبْلَ عَقْلُكَ هَذِهِ المُعَادَلَةِ. أَنْتَ بِحَاجَةٍ مَسْحٍ عَقْلِيٍّ تَفْصِيلِيِّ لِمَدَرِكِكَ العَقْلِيَّةِ!

كَيْفَ فَرَّقَ عُلَمَاءُ الزِّرِيْبَةِ بَيْنَ مَا هُوَ وَحْيٌ، وَمَا هُو هَزْلٌ؟ هَلْ كَانَ المُصْطَفَى يُصَنِّفُ أَقْوَالَهُ؟ هَلْ كَانَ لَدَى عُلَمَاءِ اَلسَّقِيْفَةِ مُصَنَّفٌ لِمَا كَانَ يَقُولُهُ الرَّسُولُ الأَعْظَمُ الَّذِيْ بُعِثَ رَحْمَةً لِلعَلَمِيْنَ؟ وَهَلْ جَمِيْعَ مَا حَرَّقُوهُ كَانَ لَهُوًا، وَلَمْ يَكُنْ فِيْهِ وَحْيًا؟!

وَالنَّجمِ إِذَا هَوَى (1) مَا ضَلَّ صَاحِبُكُم وَمَا غَوَى (2) وَمَا يَنطِقُ عَنِ الهَوَى (3) إِنْ هُوَ إِلَّا وَحيٌ يُوحَى (4) عَلَّمَهُ شَدِيدُ الْقُوَى (5) ...

مَا دَلَالَةُ "**مَا**" الَّتِي قَبْلَ **يَنْطِقُ عَنِ الهوى** يَا دُكْتُور؟ وَمَا الفرق بين "**ما**" و "**لا**" مِنْ حَيْثِ قُوَّةِ النَّفْيَ؟

يَا دُكْتُورُ خَيْرُ الكَلَامِ مَا قَلَّ وَدَلَّ! يَقُولُ سِيْبَوَيْهِ: "**مَا**" تَنْفي فِعْلَ المُضارِعَ فِيْ الحَالِ وَ"**لا**" تَنْفِيْ المُضَارِعَ في الإسْتِقْبَالِ!

وأمَّا "**ما**"؛ فَهِيَ نَفْيٌ لِقَوْلِهِ: هُوَ يَفْعَلُ، إذَا كَانَ في حَالِ الفِعْلِ؛

فتقولُ: **ما يفعلُ!**

وَتكونُ "**لا**" نفيًا لقولِهِ: يَفْعَلُ، ولَمْ يَقَعِ الفِعْلُ؛ فَتَقُولُ: **لَا يَفْعَلُ!** دُكْتُورُ البَيِّنَاتِ (الظُّلُمَاتِ) أعْتَقِدُ أَنَّ اللهَ الَّذِيْ يَعْلَمُ مَا كَانَ وَمَا يَكُونُ وَمَا سَوفَ يَكُونُ، اللَّهُ الَّذِي وَاكَبَ مَسِيْرَةَ خَلْقِ رَسُولِهِ اللَّهِ مُنْذُ تَعْلِيمِهِ القُرآنَ قَبْلَ خلقِهِ ، أَللَّهُ الرَّحْمَنُ ﴿1﴾ **عَلَّمَ الْقُرْآنَ** ﴿2﴾ خَلَقَ الْإِنْسَانَ ﴿3﴾ عَلَّمَهُ الْبَيَانَ ﴿4﴾ اللَّهُ الَّذِيْ وَاكَبَهُ بَعْدَ خَلْقِهِ وَقَبْلَ تَصْوِيْرِهِ، يَقُولُ: وَتَوَكَّلْ عَلَى ٱلْعَزِيزِ ٱلرَّحِيمِ ٢١٧ ٱلَّذِي يَرَاكَ حِينَ تَقُومُ ٢١٨ وَتَقَلُّبَكَ فِي ٱلسَّاجِدِينَ ٢١٩، ثُمَّ اللَّهُ الَّذِي يَقُولُ: إِنَّ الَّذِينَ يَغُضُّونَ أَصْوَاتَهُمْ عِندَ رَسُولِ اللَّهِ أُولَئِكَ الَّذِينَ **امْتَحَنَ اللَّهُ قُلُوبَهُمْ** لِلتَّقْوَىٰ لَهُم مَّغْفِرَةٌ وَأَجْرٌ عَظِيمٌ (الحجرات 3). اللَّهُ الَّذِي بَعَثَ هَذَا الرَّسُولَ وَلَم يَمْتَحِنْ قَلْبَهُ لِلتَّقْوى كَبَاقِيْ النَّاسِ؟! أَيُّهَا الدُّكْتُورُ العُمَرِيْ، إِذَا كَانَ أَنْبِيَاءُ اللَّهِ وَرُسُلِهِ يُخْطِؤُون، كَيْفَ يُحَاسِبُهُم ***إِلَهَكَ***؟! لَقَدْ امْتَحَنَ اللَّهُ قَلْبَكَ فَجَعَلَكَ مَعَ الَّذِيْنَ **لَا يَعْقِلُونَ!**

إِنَّ فِي هَذَا لَبَلَاغًا لِّقَوْمٍ عَابِدِينَ (106) وَمَا أَرْسَلْنَاكَ إِلَّا رَحْمَةً لِّلْعَالَمِينَ (107) قُلْ إِنَّمَا يُوحَى إِلَيَّ أَنَّمَا إِلَهُكُمْ إِلَهٌ وَاحِدٌ فَهَلْ أَنتُم مُّسْلِمُونَ (108) فَإِن تَوَلَّوْا فَقُلْ آذَنتُكُمْ عَلَى سَوَاءٍ وَإِنْ أَدْرِي أَقَرِيبٌ أَم بَعِيدٌ مَّا تُوعَدُونَ (109) ...

أَيُهَا القَارِئُ الكَرِيْمُ، أرِيْدُ أنْ أُخَاطِبَ فيكَ المُضَلَّلِيْنَ مِن عَامَّةِ العُمَرِيَّةِ! يَقُولُ اللهُ لِرَسُوْلِهِ الأكْرَمِ الَّذِيْ لا يَنْطِقُ عَنِ الهَوَى: **وَمَا أَرْسَلْنَاكَ إِلَّا رَحْمَةً لِّلْعَالَمِينَ!**

كَيْفَ يَنْطِقُ عنِ الهَوَى وَهْوَ رَحْمَةٌ لِلْعَالَمِيْن، وَلَا يَقُولُ لِلنَّاسِ مَا هُوَ وَحْيٌ وَمَا هُوَ لَهْوٌ؟!

مِنَ الوَاضِحِ أنَّ صَنَمَيْ ألْسَّقِيْفَةِ ***(أَبَا بَكْرٍ وَعُمَرَ)***، جَاءَهُمَا وَحيٌ مِنْ ***إِلَهِهِم***، أنَّ كُلَّ مَا قَالَهُ ألرَّسُولُ الأعظَمُ لَيْسَ وَحْيًا، وَيُشَكِّلُ خَطَرًا عَلَى القُرآنِ، فَحَرِّقُوه!؟

أَعْتَقِدُ أنَّكَ أَيُّهَا القَارِئُ الكَرِيْمُ قَدْ لَاحَظْتَ أنِّي أُحَاوِلُ أنْ أُفَتِّشَ لِأصْنَامِ العُمَرِيَّةِ عَنْ مَخْرَجٍ!

ثُنَائِيُّ ألْسَّقِيْفَةِ، لَمْ يَخْجَلَا وَأعْلَنَاهَا صَرَاحَةً بِأفْصَحِ الكَلَامِ. ***الأوَّلُ قَالَ أنَّ رَسُولَ اللهِ لَا يُؤتَمَنُ، سَأُحَرِّقُ مَا تَرَكَ. وَالثَّانِي تَشَهَّدَ بِأنْ لَا إِلَهَ إِلَّا اللهُ، وَأنَّ حَسْبُهُ كِتَابُ اللهِ، وَتَرَكَ لِأتْبَاعِهِ تَحْدِيْدَ الإِلَهِ وَالكِتَابِ، لِأنَّ فِي عَهدِهِ لَم يَكُنْ القُرآنُ قَدْ جُمِعَ بَعْدُ!!!***

مَعْذِرَةً! فَإنَّ شَرَّ البَلِيَّةِ مَا يُضْحِكُ!

4. انبَرَى، بَعْضُ المُنَافِقِيْنَ إلى مُسَاعَدَةِ أبِي بَكْرٍ فِي القَضَاءِ الكُلِّيِّ عَلى سُنَّةِ رَسُولِ اللهِ! لِأَنَّ الرَّسُولَ أمَرَ ألَّا تُكْتَبْ سُنَّتُهُ حِمَايَةً لِلقُرآنِ، كَمَا يَدَّعُونَ!؟

5. خَرَجَ فَرِيْقٌ آخَرُ مِنْ الانْقِلَابِيِّن أَنْفسهِمْ بِأَحَادِيْثَ تَدْعُو إلى كِتَابَةِ السُّنَّةِ! والفَرِيْقَانِ صَادِقَانِ بِزَعْمِ عُلَمَاءِ مَذَاهِبِ ٱلسَّقِيْفَةِ، وَقَدْ يَكُونُ الْرَّسُولُ أمَرَ بِالكِتَابَةِ وَعَدَمِ الكِتَابَةِ، في مُنَاسَبَتَيْنِ مُخْتَلِفَتَيْن! ***رَسُولُ إلَهِهِم يَسْهو، وَيَنْسَى!*** **خَلْقُ البَدِيْلِ لِلتَّجْهِيْل!** وَلِأَنَّ ***نَبِيَّهُم يَسْهُو!؟*** كَيْفَ عَلِمُوا هَذَا؟ ***نَبِيُّهُم عمير*** أَخْبَرَهُم! سَتلقَوْنَهَا: **نَزَّاعَةٌ لِّلشَّوَى!** ﴿١٦ المَعَارِج﴾

6. لَم يَكتَفِ أبو بَكرٍ بِالمَادِّيَّات، نَسَبَ لِنَفْسِهِ مَا لِرَسُولِ اللّهِ؛ ***مِنَ اللّهِ خَاصَّةً!*** لِمَا لَا؟ فَهُوَ الصِّدِّيْقُ **(الزِّنْدِيْقُ)**، **وَهُوَ *خَلِيْفَةُ رَسُولِ اللّهِ*، (خَلِيْفَةُ الشَّيْطَان)**. إنَّ كِتَابَ: "**الصُّحْبَةُ فِي القُرآنِ**"! وَمِنَ القُرآنْ، عَرَّىَ هَذَا الدَّجَالُ مِنْ جَمِيْعِ ٱلْقَابِهِ!

7. أَعْلَنَ الأَوَّلُ هَذَا، المُسَمَّى نِفَاقًا وَزُورًا خَلِيْفَةَ رَسُولِ اللّهِ: أَنَّ كُلَّ مَا كَانَ يُقَدَّمُ لِرَسُولِ اللّه مِنْ زَكَاةٍ، يَجِبْ أنْ يُعْطَىَ لَهُ! **وَهَلْ كَانَ الرَّسُولُ يُعْطَى زَكَاةً؟! أسْألْ أَيُّهَا العُمَرِيَّةُ، وَالسُّؤَالُ هَذَا يَا دُكْتُورُ سَيْضمَنُ لَكَ مِقْعَدَكَ فِي النَّارِ بِإذنِ اللّهِ. لِأَنَّهُ مَنْ أَحَبَّ قَوْمًا حُشِرَ مَعَهُمْ، وَمَنْ أَحَبَّ عَمَلَ قَوْمٍ، أُشْرِكَ فِي عَمَلِهِمْ! إلَيْكَ البُشْرَى يَا دُكْتُورُ!**

8. إرْتَدَّ هَذَا المُنَافِقُ "أَبو بَكْرٍ" وَأَعْلَنَ حَربًا عَلَى خُصومِهِ الَّذِينَ رَفَضُوا بَيْعَتَهُ، ورَفَضُوا دَفْعَ مَا كَانُوا يَدْفَعُونَهُ لِرَسُولِ اللّه، وَسَمَّاهَا:

حُروبَ الرِّدَّةِ! أجَلْ حُرُوبُ رِدَّتِهِ، وَرِدَّةُ مَنْ آزرَهُ فِي أَلْزَّرِيْبَةِ! قُتِلَ فيهَا عَشراتُ الآلافِ مِنَ الجَانِبَيْنِ: أَهْلُ الإِيْمَانِ وَأهْلُ الرِّدَّةِ! ثُمَّ ذَهَبَ هَذَا الصِّدِيْقُ (الزِّنْدِيْقُ) إلى حَيْثُ يَلْقَى مَا كَسَبَ. ثُمَّ أَوْرَثَ مَا غَصَبَ إِلَى عَمِيرٍ (عُمَرَ) شَرِيْكِهِ فِي النَّهْبِ!

.9 اسْتَولى الشَّرِيْكُ الثَّانِيْ عَمِيْرٌ، عَلَىْ الحُكْمِ. وَأَكْمَلَ مَا عَجِزَ عَنْهُ الأَوَّلُ مِن تَحْرِيْقٍ كَامِلٍ لِلسُّنَّةِ! فَطَلَب مِنْ كُلِّ مَنْ يُوجَد عِنْدَهُ شَيءٌ مِنْ سُنَّةِ رَسُولِ اللَّهِ، أنْ يَأتِيْ بِهَا إِلَيْه، يُرِيْدُ أَنْ يَجْمَعَها فِي مُصَنَّفٍ وَاحِدٍ. وَبَعْدَ أَنْ جُمِعَتْ إِلَيْهِ أحْرَقَهَا، وَمَنَعَ التَّدَاوُلَ بِهَا، وَعَاقَبَ منْ يَرْوِيْهَا! وَأَكْمَلَ حُرُوبَ الرِّدَّةِ، حَتَّى قَضَى كُلِّيًّا عَلَى المُعَارَضَةِ العَلَنِيَّةِ! هَذَانِ المَخْلُوقَانِ، **وَصَفَهُمَا اللَّهُ بِأَنَّهُمَا لَا يَعْقِلَان! وَإِنَّ شَرَّ الدَّوَابِّ عِندَ اللَّهِ الصُّمُّ الْبُكْمُ الَّذِينَ لَا يَعْقِلُونَ!**

لَا أرِيْدُ أنْ أطِيلَ عَلى القُرَّاءِ! لِمَنْ يُرِدْ أنْ يَتَأَكَّدَ بِنَفْسِهِ، كُتُبُ سُنَّةِ أَلْسَّقِيْفَةِ وَفَتَاوى مَشَايِخِ مَذَاهِبِ أَلْسَّقِيْفَةِ العُمَرِيَّةِ، بِالرَّغْمِ مِنْ تَنَاقُضِهَا، مُتَوَفِّرَةٌ عَلى الإِنْتَرْنِيْتْ وَفِي جَمِيع المَكْتَبَاتِ! وَلَكِنَّهَا جَمِيْعَهَا صَحِيْحَةٌ - كَمَا يَدَّعُونَ - وَيَجُوزُ التَّعَبُّدُ بِهَا، كَمَا يَزْعَمُونَ!

اسْتَمَرَّ النَّاسُ عَلَى هَذِهِ الحَالِ، تَتَجَاذَبُهُمْ تَفَاسِيْرُ أَلْسَّاسَةِ لِلقُرآنِ.

إجْتَمَعَ حَولَ الحُكَّامِ المُنَافِقُونَ الجَهَلَةُ، وُعَّاظُ السَّلاطِيْنِ الَّذِيْنَ جَعَلُوا الدِّيْنَ حِصَانًا لِلسُّلْطَةِ وَالسُّلْطَانِ! وَانْتَشَرَتْ أحَادِيْثُ الكَذِبِ عَنْ رَسُولِ اللهِ وَفَتَاوَى الكُفْر:

عَنْ عَمْروْ بْنِ العَاصِ، أَنَّهُ سَمِعَ رَسُولَ اللَّهِ (ص) يَقُولُ: "إِذَا حَكَمَ الحَاكِمُ فَاجْتَهَدَ ثم أَصابَ فله، أَجْرَان، وإِذا حَكَمَ فَاجْتَهَد ثم أَخْطَأَ فَلَهُ أَجْرٌ". صَحِيْحٌ، *مُتَّفَقٌ عَلَيْهِ*!

قَالَ حُذَيْفَةُ بنْ اليَمَانِ، قُلْتُ: *يَا رَسُولَ اللَّهِ، إِنَّا كُنَّا بَشَرًا فَجَاءَ اللَّهُ بِخَيْرٍ فَنَحْنُ فيهِ، فَهَلْ مِنْ وَرَاءِ هَذَا الخَيْرِ شَرٌّ؟ قَالَ: نَعَمْ. قُلْتُ: هَلْ وَرَاءَ ذَلِكَ الشَّرِّ خَيْرٌ؟ قَالَ: نَعَمْ. قُلْتُ: فَهَلْ وَرَاءَ ذَلِكَ الخَيْرِ شَرٌّ؟ قَالَ: نَعَمْ. قُلْتُ: كَيْفَ؟ قَالَ:* ***يَكُونُ بَعْدِي أَئِمَّةٌ لَا يَهْتَدُونَ بِهُدَايَ، وَلَا يَسْتَنُّونَ بِسُنَّتِي، وَسَيَقُومُ فِيهِمْ رِجَالٌ قُلُوبُهُمْ قُلُوبُ الشَّيَاطِيْنِ فِي جُثْمَانِ إِنْسٍ.*** *قَالَ حُذَيْفَةُ قُلْتُ: كَيْفَ أَصْنَعُ يَا رَسُولَ اللهِ إِنْ أَدْرَكْتُ ذَلِكَ؟ قَالَ: تَسْمَعْ وَتُطِيْعُ لِلأَمِيرِ وَإِنْ ضَرَبَ ظَهْرَكَ وَأَخَذَ مَالَكَ فَاسْمَعْ وَأَطِعْ!؟*

وَأَجْمَعَ أَهْلُ السُّنَّةِ العُمَرِيَّةِ، أَنَّهُ لا يَنْعَزِلُ السُّلْطَانُ بِالفِسْقِ. فَلَوْ طَرَأَ عَلَى الْخَلِيْفَةِ فِسْقٌ، قَالَ بَعْضُهُمْ: يَجِبُ خَلْعُهُ إِلَّا أَنْ تَتَرَتَّبَ عَلَيْهِ فِتْنَةٌ وَحَرْبٌ، وَقَالَ جمَاهِيْرُ أَهْلِ السُّنَّةِ مِنَ الفُقَهَاءِ وَالمُحَدِّثِيْنَ وَالمُتَكَلِّمِيْنَ: لَا يَنْعَزِلُ بِالفِسْقِ وَالظُّلْمِ، وَتَعْطِيْلُ الحُقُوقِ، وَلَا يُخْلَعُ،

وَلَا يَجُوزُ الْخُرُوجُ عَلَيْهِ بِذَلِكَ، بَلْ يَجِبُ وَعْظُهُ وَتَخْوِيفُهُ... إِذَا كَانَ هَذَا مَا قَالَهُ نَبِيُّكُمْ أَيُّهَا الْعُمَرِيَّةُ، فَمَا عُذْرُ عَائِشَةَ، وَطَلْحَةَ، وَالزُّبَيْرِ وَمَنْ تَبِعَهُمْ مِنَ النَّاكِثِينَ، وَالْمَارِقِينَ فِي الْخُرُوجِ عَلَى مَوْلَانَا أَمِيرِ الْمُؤْمِنِينَ؟ هَبْ أَمِيرُ الْمُؤْمِنِينَ صَلَوَاتُ اللَّهِ عَلَيْهِ، آوَى قَتَلَةَ عُثْمَانَ كَمَا يَدَّعُونَ، وَعَطَّلَ الْحُدُودَ " مَعَاذَ اللَّهِ " فَأَيْنَ الْعَمَلُ بِهَذِهِ الْأَحَادِيثِ الَّتِي أَخَذَتْهَا الْأُمَّةُ الْمِسْكِينَةُ سُنَّةً ثَابِتَةً مَشْرُوعَةً؟!

هَلْ وَضَحَتِ الصُّورَةُ؟ أُنْظُرُوا فِي بِلَادِ مُسْلِمِيِّ مَذَاهِبِ أَلْسَّقِيفَةِ، تَرَى الْكُفْرَ بِعَيْنِهِ! بَعْدَ أَنْ عَصَى أَئِمَّتُهُمْ أَمْرَ رَسُولِ اللَّهِ وَرَفَضُوا كِتَابَ الْهِدَايَةِ، جَاؤُوا بِحَدِيثٍ يُشَدِّدُ عَلَى طَاعَةِ مُلُوكِهِمْ وَأُمَرَائِهِمْ وَأَئِمَّتِهِمْ!

السُّنَّةُ أُحْرِقَتْ، وَأُعْدِمَتْ وَنُسِيَتْ وَانْدَثَرَتْ، وَانْتَشَرَتْ تَفَاسِيرُ الْقُرْآنِ وَتَحْرِيفُهُ وَتَزْوِيرُهُ وَتَدْوِيرُهُ، لِمَا يُقَوِّي سُلْطَةَ الْحَاكِمِ الشَّرْعِيَّةَ، وَانْتَشَرَ تَسْخِيفُ وَتَصْغِيرُ وَتَحْجِيمُ صَاحِبِ الْقُرْآنِ! بَيْنَمَا أَصَرَّ الْحُكَّامُ عَلَى إِقَامَةِ الصَّلَاةِ، وَتَشْجِيعُ النَّاسِ أَنْ تُصَلِّي فِي الْمَسَاجِدِ حَاضِرًا، لِأَنَّ هَذِهِ إِشَارَةُ دَعْمٍ وَوِلَاءٍ لِلْحَاكِمِ، وَفُرْصَةٌ لِغَسْلِ عُقُولِ وَأَدْمِغَةِ السُّذَّجِ مِنَ النَّاسِ! وَلِتَكْفِيرِ الْمُعَارِضِينَ!

لَقَدْ سَخَّرَ عُبَّادُ أَصْنَامِ أَلْسَّقِيفَةِ أَبْوَاقَ الْكُفْرِ وَالنِّفَاقِ لِلْتَّغْطِيَةِ عَلَى مَخَازِي أَصْنَامِهِمْ، كَمَا ذَكَرْتُ لَكُمْ أَنِفًا أَيُّهَا الْقُرَّاءُ الْأَكَارِمُ،

بِالتَّورِيَةِ! وَأَحْيَانًا أُخْرَى بِالتَّشْبِيْهِ بِمَا لَا يُشَبَّه، لِإِخْفَاءِ الصُّورَةِ الحَقِيقِيَّةِ! وإِلَيْكُم مَا جَاءَ بِهِ مِنْ تَورِيَّةٍ هَذَا الدُّكتُورُ، فِي هَذَا المَقْطَعِ مِنْ شَرحِهِ سُورَةَ الحُجُرَاتِ:

وَكَمْ مِنْ أُنَاسٍ غَرَّتْهُمْ بَوارِقَ الوَهْمِ، فَزَعَمُوا لِأَنْفُسِهِمْ كَامِلَ الفَهْمِ، فَأَفْتُوا عَلَى اللهِ وَرَسُولِهِ، يُؤَوِّلُونَ بِأَهْوائِهِمْ صَرِيْحَ مَا نَزَّلَ اللهُ لِيَجُرُّوْهُ إِلَى مَزَاعِمِهِمْ، وَلَوِ اتَّبَعَ الحَقُّ أَهْوَاءَهُمْ لَفَسَدَتِ السَّمَوَاتُ وَالأَرْضُ وَمَنْ فِيهِنَّ، هَؤُلَاءِ وَأَمْثَالُهُمْ يَدْخُلُونَ دُخُولاً أَوَّلِيًّا وَأَوْلَوِيًّا – فِي الخِطَابِ – بِهَذِهِ الآيَةِ الْكَرْيمَةِ، فَإِنَّهُ إِذَا كَانَ قَدْ نَهَى الْمُؤْمِنْيْنَ، عَنِ التَّسَرُّعِ فِي حُكْمٍ قَبْلَ أَنْ يَنْزِلَ بِهِ الوَحْيُ، فَمَا بَالُكَ بِمَنْ يَعْمَدُ إِلَى وَحْيٍ مُحْكَمٍ، فَيُحَاوِلُ صَرْفَهُ عَنْ دَلَالَتِهِ المُتَبَادِرَةِ انْسِيَاقًا مَعَ مَا يَظُنُّهُ مَصْلَحَةً مُحْكَمَةً، وَلَو أَنَّهُ تَجَرَّدَ عَنْ هَوىً مَلَكَهُ؛ لَعَقِلَ مِنْ سِرِّ الْتَّشْرِيْعِ مَا يُوَافِقُ مَصْلَحَةَ البَشَرِ العَامَّةِ، كَمَا أَرْشَدَ إِلَيْهَا العَلِيْمُ الحَكِيْمُ ...

أَعْتَذِرُ مِنَ القُرَّاءِ الأَكَارِمِ، لَا بُدَّ هُنَا مِنْ تَوْضِيحِ مَكْرِ هَذَا المُنَافِقِ الَّذِيْ أَرَادَ أَنْ يَأْخُذَ القُرَّاءَ بَعِيْدًا عَنْ سِيَاقِ الآيَاتِ! الْآيَاتُ الَّتِيْ أَدَانَتْ وَحَكَمَتْ عَلَى صَنَمَيْهِ بِأَنَّهُم: ***لَا يَعْقِلُونَ***!!! هَذَا لن يُفِيدُكَ يَا دُكْتُورُ لأَنَّهُ إِثْبَاتٌ صَرِيْحٌ عَلَى جُرم صَنَمَيْكَ الإِثْنَيْنِ. لَنْ تَنْفَعَكَ كُلُّ العَنْعَنَاتِ والخَزْعَبلَاتِ لِإِبْعادِ صَنَمَيْكَ عَنِ الجَرِيْمَةِ. لَم يَبقَ

لَكَ سُوى أن تَفْتَرِيَ عَلَى اللهِ ورَسولِهِ! مَرَّةٌ تَقُولُ أَنَّ اللهَ عَفا عَنْهُمَا وغَفَرَ لَهُمَا وجَعَلَهُمَا مِنَ المُؤمِنين الَّذِيْنَ خَاطَبَهُم: بِ "يَا أَيُّها الَّذِيْنَ آمَنوا"! يَا أَيُّها الذين آمَنوا جَاءت لِعُمُوم المُؤمِنينَ، مَا عَدا الصَنَمَيْنِ! لأَنَّ اللهَ أَخْبَرَ عَنْهُنَّ – تَحْدِيْدًا: **إِنَّ الَّذِينَ يُنَادُونَكَ مِنْ وَرَاءِ الحُجُرَاتِ أَكْثَرُهُم لَا يَعْقِلُونْ!**

يَا دُكْتُورْ لَو جِئْتَ بِالإنسِ والجِنِّ، لَنْ تَستطِعَ أَنْ تَحْجُبَ هَذَا العَارَ عَنْ هَذَين الصَنَمينِ! إنَّها مَثَلُ **تَبَّتْ يَدَا أَبِي لَهَبٍ وَتَبْ!**

وَيُنَادونكَ مِنْ وَرَاءِ الحُجُرَاتِ " يَا دُكْتُورُ " فِعلٌ مُضَارِعٌ صِيْغَتُهُ الحَاضِرُ!

لَم يَقُلِ اللهُ: إنَّ المُؤمِنينَ الَّذِيْنَ سَوفَ يُنَادُوْنَكَ ... إنَّ أَحْدَاثَ هَذِهِ الآَيَةِ فَرِيْدَةٌ خَاصَّةٌ في زَمَانٍ وَمَكَانِ الحَدَثِ. إِنَّ الَّذِينَ يُنَادُونَكَ مِنْ وَرَاءِ الْحُجُرَاتِ أَكْثَرُهُمْ لَا يَعْقِلُونَ! لَمْ يَفْعَلْهَا أَحَدٌ مِنْ قَبْلُ، وَلَنْ تَتَكَرَّر! لأَنَّ مُقْتَرِفَيْهَا مَعْرُوْفَانِ، وَزَمَنُهَا مُحَدَّدٌ، وَلَنْ يَتَكَرَّر، لِاسْتِحَالَةِ تَوَفُّر مقوِّمَاتِ الجَرِيْمَة! إِنَّهَا الجَرِيْمَةُ الوحِيْدَةُ في التَّارِيخِ – كَجَرِيْمَةِ إِبْلِيْس – لَنْ تَتَكَرَّرَ على مَرِّ الأَزْمَانِ! الْكُفْرُ وَالْفُسُوقُ يَتَمَارِيَان، في حَضْرَةِ سَيِّدِ الأَكْوَان! عَلِمَ بِهَا اللهُ وَصَنَمَاكَ مَا زَالَا في عَالَمِ الذَّرْ، ثُمَّ بَعْدَ أَنْ ابْتُلِيَتِ الإِنْسَانِيَّةُ بِخَلْقِهِمَا، امْتَحَنَ اللهُ قَلْبَيْهِمَا فَوَجَدَهَا إِلَى الكُفْرِ أَقْرَبْ، فَأَحْبَطَ أَعْمَالَهُمَا! دِفَاعُكَ عَنْ

صَنَمَيْكَ يَا دُكْتُورُ دِفَاعَ الشَّيطَانِ عَنْ نَفْسِهِ! إنْ لَمْ تَتُبْ تَوبَةَ آدَمَ، سَتُجَاوِرُ الشَّيْطَانَ وَصَنَمَاكَ في جَهَنَّمَ!

أَسْأَلُكَ بِاللهِ إنْ كُنْتَ تَعْرِفُهُ يَا دُكْتُورُ: هَلْ هَكَذَا يَتَصَرَّفُ المُؤمِنُونَ فِي حَضْرَةِ رَسُولِ اللهِ؟ هَلْ تَذْكُرُ الآيَةَ الَّتيْ سَبَقتْ آيَةَ لَا يَعْقِلُونَ؟

إنَّ الَّذِينَ يَغُضُّونَ أَصْوَاتَهُمْ عِنْدَ رَسُولِ اللهِ أُولَئِكَ الَّذِينَ امْتَحَنَ اللهُ قُلُوبَهُمْ لِلتَّقْوَى لَهُمْ مَغْفِرَةٌ وَأَجْرٌ عَظِيمٌ!

أَلَا تَسْتَحِي؟ هَلْ تَصَرَّفَ صَنَمَاكَ بِمَا تَشَدَّقْتَ بِهِ أَعْلَاه، عَنْ عَالَمِ الصَّحَابَةِ؟!

هَذَا تَصَرُّفُ مَنْ لَا إيْمَانَ لَه، وَلَا كَرامَةَ، ولا احتِرام، ولا قِيمَةَ، ولا عِزَّةِ نَفْسٍ. إنَّها الذِلَّةُ والحقَارَةُ والهَوانُ بِالذَّاتِ، وَإنَّهُ الكُفْرُ والفُسُوقُ، كَمَا سَمَّاهُ القُرآنُ!

في بُقْعَةٍ، أفْرَطْتَ وَاجْتَهَدْتَ وَأَجَدْتَ، يَا دكْتُورُ وَبَالَغْتَ وَدَقَّقْتَ وَأَطَلْتَ في وَصْفِهَا إمْعَانًا، وَتَقْدِيْسًا، فَجَعَلْتَهَا مِنْ أطْهَرِ وأكْرَمِ وأعْظَمِ أرضِ اللهِ، وَهِيَ كَذَلِكَ، حَتَّى بَعْدَ أنْ داسَتْهَا أَقْدَامُ صَنَمَيْك! لِأَنَ هَذِهِ الأرْضَ خَاصَّةً، طَاهِرَةٌ مُطَهَرَةٌ طَهُورٌ وَمُطَهِّرَةٌ، خَطَّتْهَا أَقْدَامُ خَيْرِ الوَرَى؛ مُحَمَّدٍ وَآلِ بَيْتِهِ الطَّاهِرِيْنَ المُطَهَّرِيْنَ، المُطَهِّرِيْنَ! **إنَّمَا يُرِيدُ اللهُ لِيُذْهِبَ عَنْكُمُ الرِّجْسَ أَهْلَ الْبَيْتِ**

وَيُطَهِّرَكُمْ تَطْهِيرًا! لا يُنَجِّسَهَا وجُودُ صَنَمَيْك!

كَيفَ تَرْضَى يَا دكتورُ أن يَكُونَ صَنَمَاك الَّتِيْ تَتَعَبَّدُ بِهِنَّ، وَتَتَقَرَّبُ بِهِنَّ إلى اللهِ، وَتَتَبَارَكُ بِإسْمَيْهِنَّ، وَتَتَرَّضى عَلَيْهِنَّ، وَتَسْأَلُ الرِّضَى مِنَ اللهِ بِاسْمَيهِنَّ، أَقلَّ أدباً، وأَقلَّ تَكْلِيْفاً وتَهْذيباً مِن حَضْرَتِكُم يَا دُكْتُورُ؟ أَرَدْتُ أَنْ أذَكِّرَكَ يَا دُكْتُورُ أَنَّ صَنَمَيْكَ لَا يَعْقِلْن!

دُكْتُورُ، هَلْ تَعْلَمُ مَنْ حُذَيْفَةَ؟ هَلْ سَأَلْتَ نَفْسَكَ لِمَاذَا لَمْ يَخترِ الرَّسُولُ الأَعْظَمُ أَصْنَامَكَ الثَّلاثَةَ أو أَحَدًا مِنْهُنَّ في رِحْلَةِ العَقَبَةِ؟ وَلَمْ يَخْتَرْ الرَّسُولُ الأَعْلَمُ، صَنَمَكَ الأَكْبَرَ أَبَا بَكْرٍ لِيَكُونَ مَعَهُ في الغَارْ؟! يَا دُكْتُورُ، لَحِقَ صَنَمُكَ أَبُو بَكْرٍ بِالرَّسُولِ الأَعظَمِ لِيُوْقِعَ بِهِ. وَلَكِن حَاشَى لِلَّهِ! فَكَانَتْ فَضِيْحَةُ هَذَا المُنَافِقِ مُدَوِّيَةً وَمُجَلْجِلَةً، وَعَتْهَا كُلُّ أُذُنٍ وَاعِيَةٍ، وَلَمْ تَعِهَا بَهَائِمُ ٱلسَّقِيْفَةِ! حَتَّى أَنْتَ أَيْضًا يَا دُكْتُورُ طَبَعَ اللهُ عَلَى قَلْبِكَ، وَلَمْ تُرِدْ أَنْ تَعِهَا!!!

وَلَقَدْ ذَرَأْنَا لِجَهَنَّمَ كَثِيرًا مِّنَ الْجِنِّ وَالْإِنسِ لَهُمْ قُلُوبٌ لَّا يَفْقَهُونَ بِهَا وَلَهُمْ أَعْيُنٌ لَّا يُبْصِرُونَ بِهَا وَلَهُمْ آذَانٌ لَّا يَسْمَعُونَ بِهَا أولَـٰئِكَ كَالْأَنْعَامِ، بَلْ هُمْ أَضَلُّ، أولَـٰئِكَ هُمُ الْغَافِلُونَ! ﴿179 الأعراف﴾.

دُكْتُورُ، إنْ كُنْتَ تَعْقِلُ! يَخْتَارُ حُكَّامُ وَرُؤَسَاءُ العَالَمِ أَكْثَرَ النَّاسِ ثِقَةً وَوَلَاءً وَيُقَرِّبُونَهُم وَيُسَلِّمُونَهُم أَسْرَارَهُم!

وَسُنَّةُ الزَّرِيبَةِ تَقُولُ: خَيْرُ خَلْقِ اللهِ بَعْدَ الرَّسُولِ: *أَبُو بَكْرٍ، ثُمَّ عُمَرُ، ثُمَّ عُثْمَانُ*! لِمَاذَا لَمْ يَخْتَرْ رَسُولُ اللهِ أَحَدَهُمْ؟ وَاخْتَارَ الرَّسُولُ **حُذَيْفَةَ** لِحِفْظِ سِرِّهِ!

إِلَى الَّذِينَ يُرِيدُونَ أَنْ يَعْلَمُوا السِّرَّ الَّذِي أَعْطَاهُ رَسُولُ اللهِ إِلَى حُذَيْفَةَ رَضِيَ اللهُ عَنْهُ وَأَرْضَاهُ، أَدْعُوهُمْ قِرَاءَةَ: **الصُّحْبَةُ في القُرْآنِ**!؟

لَوْ كُنْتَ أَنْتَ يَا دُكْتُورُ مَكَانَ حُذَيْفَةَ؟! بِمَا كُنْتَ تُجِيبُ عُمَرَ عَلَى سُؤَالِهِ، **هَلْ أَنَا مِنْهُمْ**؟ يَسْأَلُ عُمَرُ، إِنْ كَانَ مِنَ الْمُنَافِقِينَ!

هَلْ سَتَفْشِي، سِرَّ رَسُولِ اللهِ؟

وَهَلْ سَتَقُولُ لِعُمَرَ جَهَارَةً مَا يُرِيدُ أَنْ يُخْفِيَهُ عَنِ النَّاسِ؟

وَلِمَاذَا أَصَرَّ عُمَرُ وَهُوَ **خَلِيفَةُ رَسُولِ اللهِ**، عَلَى مَعْرِفَةِ شَيْءٍ يَعْلَمُهُ اللهُ وَرَسُولُهُ، وَعُمَرُ نَفْسُهُ أَكْثَرُ عِلْماً بِهِ مِنَ النَّاسِ أَجْمَعِينَ؟

أَلَمْ يَكُ عُمَرُ يَعْلَمُ إِذَا كَانَ مَوْجُودًا مَعَ الذِينَ حَاوَلُوا قَتْلَ رَسُولِ اللهِ، وَفَشِلُوا؟!

لِمَاذَا إِذَا سَأَلَ عُمَرُ حُذَيْفَةَ أَمَامَ النَّاسِ: **هَلْ أَنَا مِنْهُمْ**؟

وَلِمَاذَا لَمْ يَبْحَثْ صَنَمَاكَ أَبُو بَكْرٍ وَعُمَرُ، عَنِ الَّذِينَ حَاوَلُوا قَتْلَ رَسُولِ اللهِ فِي الْعَقَبَةِ؟

أَلَمْ يَسْتَوْلِيَا عَلَى الْحُكْمِ؟

أَلَمْ يَكُ أَجْدَرَ بِعُمَرٍ أَنْ يَبْحَثَ عَنِ القَتَلَةِ لِيَرْفَعَ عَنْهُ التُّهْمَةَ؟

سُؤَالُ عُمَرَ إلى حُذَيْفَةَ إِثْبَاتٌ لِجَرِيْمَتِهِ!

لِمَاذَا عَائِشَةَ أُمُّكَمْ – في ظِلِّ حُكْمِ أَبِيْها – لَمْ تُجَيِّشِ الجُيُوشَ طَلَبًا الإِقْتِصَاصَ مِنِ الَّذِيْنَ حَاوَلُوا اغْتِيَالَ رَسُولِ اللَّهِ؟

هِيَ أَقْرَبُ لِمَنْ: عُثْمَانُ أَمْ رَسُولِ اللَّهِ؟

أَعْطِي إجَابَةً مَنطِقِيَّةً واحِدَةً يَا دُكْتُورُ!

دُكْتُورُ، إِنَّ الَّذي دَفَنَ ولِيْدَتَهُ بِيَدَيْه وَهِيَ عَلَى قَيدِ الحيَاة، وَلَم يَتْرُكْ دَنيئَةً أَوْ رَذِيْلَةً إلَّا وَأَتَاهَا، وَلَا خِزيٍ إلَّا وَقَدْ فَعَلهُ، وَقَدْ حَاوَلَ مِرَارًا قَتْلَ رَسُولِ اللَّهِ – وَأَخِيْرًا نَجَحَ – لَا يَتوَرَّعُ عَنْ قَتْلِ حُذَيْفَة!!!

إِنَّ الأُمَّ الَّتِيْ سَاهَمَتْ في قَتْلِ العَشَرَاتِ مِنْ أَبْنَائِهَا، هِيَ أُمٌّ --؟

اخْشَ اللَّهَ فَيْ عُمَرَ إِنْ كُنْتَ تَعْرِفُهُ! لَا تَقُلْ: إِنَّ الإِسْلَامَ يَجُبُّ مَا قَبْلَه! مَنْ أَبُو عُمَرَ؟ مَنْ أُمُّ عُمَرَ؟ مَنْ جَدَّةُ عُمَرَ؟ في أَيِّ بَيْتٍ تَرَبَّى عُمَرَ؟ مَنْ هِيَ الصَّهَاكُ؟!

كَيْفَ حَصَلْتَ عَلى إجَازَةِ الدكْتُورَاةِ؟ مَنْ أَشْرَفَ عَلى هَذِهِ الرِّسَالَةِ؟ عِنْدَمَا تَكْتُبُ تَحْقِيْقًا يَا دُكْتُورُ وَتُسَمِّيْهِ "**البَيِّنَاتُ**"، يَجِبْ أَنْ تَكُونَ التَّسْمِيَةُ صَادِقَةً! إِسْمُ مَا قَدَّمْتَ لِلمَسَاكِيْنِ الَّذِيْنَ يَقْرَؤُون، هُوَ "***المُورِيَاتُ، وَالتَّورِيَاتُ***" **لِمَا بَيَّنَتْهُ، سُورَةُ الحُجُرَاتِ!**

لِمَاذَا يَا دُكْتُورُ! اسْتَقَيْتَ فَقَطْ مِنْ خَاذِلٍ وَمُهْمَلِ فِقْهِ أَلْسَّقِيْفَةِ،

وَتَعَامَيْتَ عَنْ مُعَايَنَةِ مَعِيْنِ الأَعْيَانِ! وَغطَّيْتَ خِسَّةَ وَحقَارَةَ وَخِدَاعَ وَغِشَّ وَغِلَّ وَغدْرَ الخَانِعِيْنَ الوَاهِنِيْنَ الغَادِرِيْنِ، وَأَبَيْتَ العِزَّةَ وَإِبَاءَ الأَنَفَةِ؟! أَلَم يَكُنْ أَجْدَرُ بِكَ أَنْ تُقَدِّمَ إِلى القُرَّاءِ مَعْلُومَاتِ الفِقْهِ المُنَاقِضْ؟

لِمَاذَا حَصَرْتَ تَبْرِيْرَاتِكَ وَآرَائَكَ وَتَفْسِيْرَاتِكَ ضُمْنَ مَا يَخْرُجُ من فِقْهِ وَعُلَمَاءِ الزَّرِيْبَةِ؟ حُدُودُ زَرِيْبَتُكُم يَا دُكْتُور مَحْدُودةٌ، وَكُلُّ مَا فيهَا وَيَخْرُجُ مِنْهَا نِتَاجُ زَرَائِبْ، والحَيَاةُ فيهَا قَد تَكُونُ مَعْدُوْمَةٌ. زَرِيْبَتُكُم يَا دُكْتُورُ، لَا تَجْدِيْدَ، وَلا إِبْدَاعَ، وَلَا تَغْيِيْرَ، وَلَا تَطَوُّرَ، وَلَا تَمُتُّ إِلَى الحَيَاةِ بِصِلَةَ. زَرِيْبَةُ مَوتَى، مَقْبَرَةٌ! تَسْعُونَ دَائِبِينَ إِلى اصْطِيَادِ المَسَاكِيْنِ الجَهَلَةِ، لِكَيْ - عَلَى مَرِّ الأَزْمَانِ - تَضُخُّواْ، بِهِم في زَرِيْبَتِكُم دَمًا مَسْفُوكًا جَدِيْدًا! لِأَنَّ أَحَدَ أُصُولِ عَقِيْدَتُكُم، تَكْفِيرُ وَقَتْلُ مِن خَالَفَكُم!

دُكْتُورُ، عِنْدَمَا أَرَدْتُ أَنْ أَرُدَّ عَلَى نِفَاقِكَ، قَرَّرْتُ أَنْ يَكُونَ الرَّدُّ فِي مُسْتَوى عِلْمِكَ، وَعَلَى قَدْرِ مُسْتَوَاكَ وَمَوْقِعُكَ الإِجْتِمَاعِيْ!

دُكْتُورُ، لَقَدْ بَحَثْتُ في كُتُبِ المُسْلِمِيْنَ! فَوَجَدْتُ مَا يُرسِلُكَ وَيُرْسِلُ صَنَمَيْكَ وَنَبِيِّكَ عُمَرَ خَلْفَ الشَّمْسِ! أَلَم يَكُ لَكَ عِلْمٌ بِما قَدْ اكْتَشَفْت؟!

.1) نَفيلٌ (جَدُّ عُمَرَ) زَنَى بِصَهَّاكِ (جَدَّةُ عُمَرَ) فَأَنْجَبَتِ الخَطَّابَ:

(أَبو عُمَرَ)

الخَطَّابُ (أَبُوْ عُمَرَ) **زَنَى بِصَهَّاكَ** (أُمُّهُ وَجَدَّةُ عُمَرَ)؛ **فَأَنْجَبَتْ حَنْتَمَةَ.**

الخَطَّابُ (أَبو عُمَرَ) **زَنَى بِحَنْتَمَةَ** (ابْنَتَهُ)؛ **فَأَنْجَبَتْ عُمَرَ!**

مَبْرُوك!

.2) عُمَرُ بِنْ الخَطَّابِ **كَانَ مُصَاباً بِدَاءٍ فِي دُبُرِهِ** لَا يَهْدَأُ (أَوْ **لَا يَشْفَى) إِلَّا بِمَاءِ الرِّجَالِ.**

وَهَذَا مَا ذَكَرَهُ بِنُ الأَثِيْرِ الَّذِيْ قَالَ: (زَعَمَتِ الرَّوَافِضُ أَنَّ سَيِّدَهُ عُمَرَ كَانَ مُخَنَّثًا. ***كذبوا، ولكن كان به داءٌ دواؤه ماءُ الرجالِ!)***

يَا سَلَامْ! ...

يَقُولُ بَعْضُ عُلَمَاءِ العُمَرِيَّةِ أَنَّ مَاءَ الرِّجَالِ هَذَا كَانَ فِي بِئْرٍ فِي الصَّحْرَاءِ، يُسَمَّى مَاءَ الرِّجَالِ. عُمَرٌ كَانَ يُدَاوِيْ بِهِ دُبُرَه!

أَيْنَ هَذَا البِئْرُ؟

لِمَاذَا لَا تُعَبِّئُوهُ في قَوَارِيْرَ وَتُوزِّعُوهُ مَجَانًا، أو تَجْعَلُوهُ سَبِيْلًا عَنْ رُوحِ نَبِيِّكُمْ هَذَا، أَوْ تَبِيْعُوهُ؟!

وَأَنْتُمُ تَعْلَمُونَ أَنَّ هَذِهِ اللَّعْنَةَ مُنْتَشِرَةٌ في **أَدْبَارِكُم**، وَفي مُجْتَمَعَاتِكُم!

وَهُنَاكَ مَقْطَعْ فِدْيُو عَلَى اليُوتيُوْبْ لِلشَيْخْ عُثْمَانُ الخَمِيْس، يُؤَكِّدُ أَنَّ عُمَرَ كَانَ **مَأبُونًا ...**

أَنْوَارُ سُورَةِ الحُجُرَاتِ

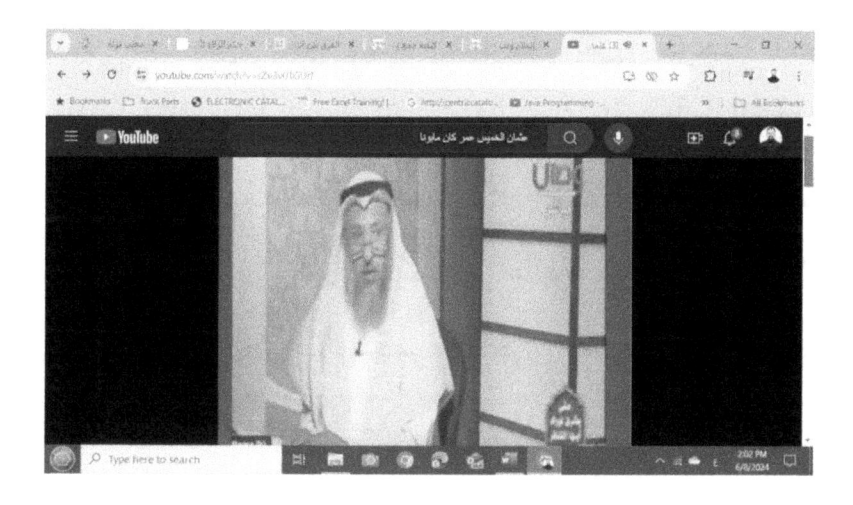

https://www.youtube.com/watch?v=sZe3v01GUrl

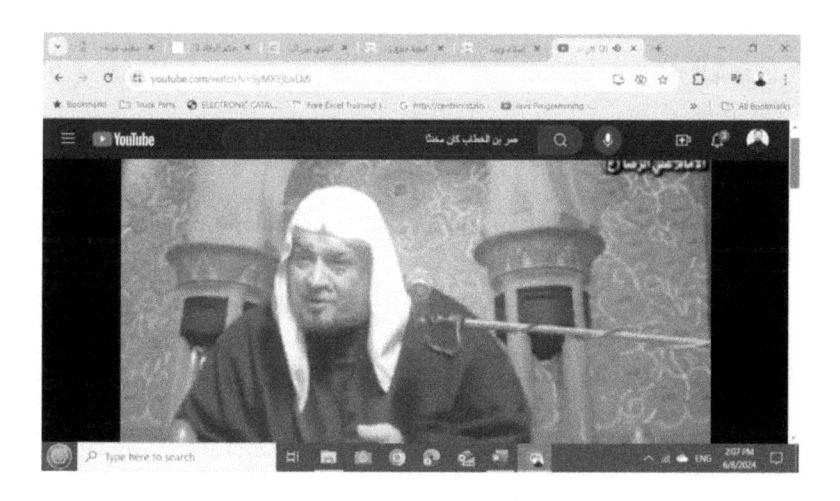

https://www.youtube.com/watch?v=SyMXYjbaEMI

كُتُبُ المُسْلِمِيْنَ تَعُجُّ بِهَذِهِ المَعْلُومَةِ الَّتِي أَخْرَجَهَا البُخَارِيْ، صَاحِبُ كِتَابٍ يَفُوقُ القُرآنَ صُحَّةً **وَيُسَيْطِرُ عَلَى القُرآن!** كَمَا تَدَّعُون ... وَسَوفَ نَتَعَرَّضُ لِهَذَا الكُفْرِ لَاحِقًا! ... وَهُنَاكَ مَجْمُوعَةٌ تَرفُضُ إمكَانِيَّةَ أَنْ يَكونَ نَبِيُّهُم عُمَرَ ***مَأبُونًا***، وَتَدَّعِي أنَّ هَذَا افْتِرَاءٌ لَفَّقَهُ المَجْوسُ الكَفَرَةِ. وَمَجْمُوعَةٌ أُخْرَى تَعْتَرِفُ أَنَّ هَذَا حَصَلَ، وَلَكِنْ فِي الجَاهِلِيَّةِ، والإسْلَامُ يَجُبُّ مَا قَبْلَه!

عُمَرُ بْنُ الخَطَّابِ هَذَا لَا يُسَاوِيْ عِنْدِيْ عَفْطَةَ عَنْزٍ. عُمَرُكُم هَذَا اجْعَلُوا لَهُ تَمَاثِيْلَ، صَلُّوا لَهُ، اعْبُدُوه، تَقَرَّبُوا بِهِ إِلَى إِلَهِكُم، هَذَا لَنْ يَضُرَّنِي، وَلَنْ يَضُرَّ النَّاسَ شَيْئًا!

3.) حَدَّثَنَا أَبُو بَكْرٍ، قَالَ حَدَّثَنَا بْنُ مِسْهرٍ عَنْ الشَّيْبَانِيّ، عَنْ حَسَّانَ بِنْ مُخَارِقْ قَالَ: بَلَغَنِي أَنَّ عُمَرَ بِنَ الخَطَّابِ سَائَرَ رَجُلًا فِي سَفَرٍ وَكَانَ صَائِمًا، فَلَمَّا أَفْطَرَ أَهْوَى إِلَى قُرْبَةٍ لِعُمَرَ مُعَلَّقَةً فِيهَا **نَبِيْذٌ!** قَدْ خَضْخَضَهَا البَعِيْرُ، فَشَرِبَ الرَّجُلُ مِنْهَا فَسَكِرْ، فَضَرَبَهُ عُمَرُ الحَدَّ. فَقَالَ الرَّجُلُ: **إِنَّمَا شَرِبْتُ مِنْ قُرْبَتِكَ!** فَقَالَ لَهُ عُمَرٌ: إِنَّمَا جَلَدْنَاكَ لِسِكْرِكَ! ...

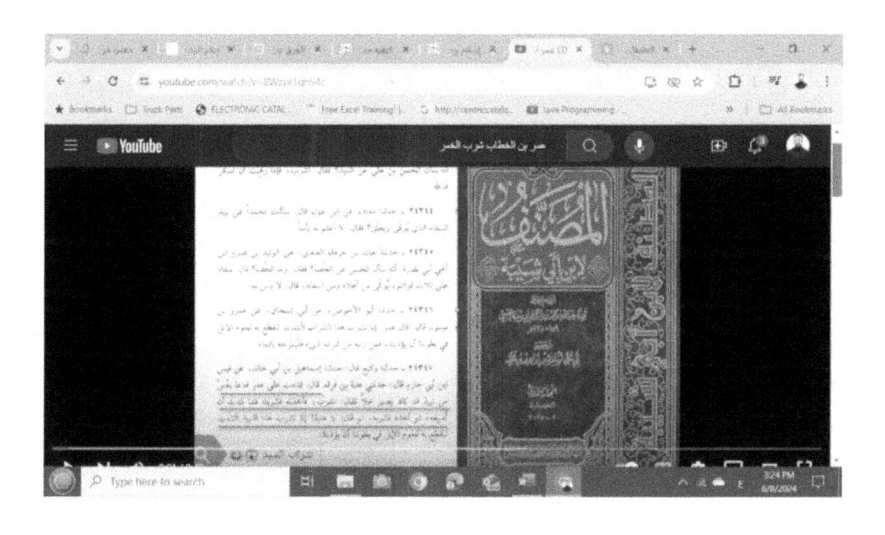

https://www.youtube.com/watch?v=8Wzpl1qhS4c

يَا دُكْتُورْ. إِنَّ هَذَا قَلِيلٌ مِنْ رَزَايَا إِلهُكَ عُمَرَ. وَمَا فَعَلَهُ عُمَرُكَ فِي نَفْسِهِ وَمَا تَفْعَلُهُ أَنْتَ فِي نَفْسِكَ، فَإِنَّ اللهَ كَانَ عَلى كُلِّ شَيٍء **حَسِيْبًا**! يَعْنِيْ: مُحَاسِبًا مُجَازِيًا!

إِنْ كُنتَ تَعْلَمُ هَذَا القَلِيْلَ مِنَ الكَثِيْرِ وَأَخْفَيْتَهُ، كَذَبْتَ وَنَافَقْتَ وَأَخْفَيتَ وَخَالَفْتَ وَحَوَّرْتَ وَزَوَّرْتَ الحَقَائِقَ! وَيَجِبُ أَنْ يَكُونَ عُنوانُ بَحثِكَ هَذَا خَالِيًا مِنْ كَلِمَةِ ***البَيِّنَاتِ***! خُصُوصًا عِنْدَمَا تُجَارِيْ وَتَعْتَمِدْ جُهَلَاءَ العُمَرِيَّةِ المُسَمَّونَ زُورًا (عُلَمَاء) فِي التَّنْظِيْرِ إِلَى الكُفْرِ والشَّنَآنِ!!! تَعِبْتُ وَأَنَا أُنَادِيْكَ دُكْتُورًا! الدُّكْتُورُ المُثَقَّفُ الحَرِيْصُ عَلَى صِدْقِ المَعْلُومَةِ الإِلَهِيَّةِ القُرآنِيَّةِ، وَيَخَافُ اللَّهَ؛ يَتَحَقَّقُ مِنْ كُلِّ مَعْلُومَةٍ، لِأَنَّ اللَّهَ عَلَى كُلِّ شَيْءٍ **حَسِيْبٌ**!

عَقْلُ الدُّكْتُور يَجِبُ أَنْ يَكُونَ وَاعِيًا حَرِيصًا أَمِينًا! لِأَنَّ الشَّهَادَةَ مَسْؤولِيَّةٌ وَالتِزَامٌ وَعَهْدٌ وَتَعَهُّدٌ وَوِلَايَةٌ، وَلَكِنْ بِكُلِّ أَسَفٍ لَمْ أَجِدْ حَتَّى الآنَ عَالِمًا عُمَرِيًّا وَاحِدًا أَئْتَمِنُهُ، عَلَى العَهْدِ! كَيْفَ يُؤْتَمَنُ مَنْ يَعِشْ بِعَقْلِ غَيْرِهِ، وَيَعْقِلُ بِعَقْلِ غَيْرِهِ وَيَفْهَمُ وَيُدْرِكُ بِفَهْمِ وَإِدْرَاكِ غَيْرِهِ؟ عُلَمَاءُ العُمَرِيَّةِ يَعِيشُونَ أَحْيَاءَ بِأَجْسَادِهِم وَيَتَعَامَلُونَ بِغَرَائِزَ وَمَفَاهِيْمَ مَوتَى، لَا صِلَةَ لَهُم بِالوَاقِعِ وَبِالحَقِيْقَةِ!

لَدَيَّ أَصْحَابٌ بِالمِئَاتِ وَحَتَّى الآلَافِ مِنْ العُمَرِيَّةِ مِنَ العَامَةِ أَثِقُ بِهِم وَأُصَدِّقُهُم وَأَتَعَامَلُ مَعَهُم، أَمَّا الجُهَلَاءُ المُسَمَّونَ عُلَمَاءَ، وَأَنْتَ أَحَدُهُم يَا دُكْتُور، فَلَا أَمَلَ فِيكُم! أَنْتُم أَحْيَاءٌ بِالجَسَدْ وَمَوتَى عَقْلِيًّا. عُقُولُكُم أَدْمَنَتْ بِيْئَةَ الحَظَائِرِ! أُنْظُرْ حَوْلَكَ يَا دُكْتُورْ إِنْ كُنْتَ تَرَى وَتَعي! مُجْتَمَعَاتُكُم أَدْمَنَتِ النِّفَاقَ وَالحِقْدَ!!!

حُذَيْفَةُ رِضْوانُ اللَّهِ عليهِ، يَا دُكْتُور، كان يَعْلَمُ أَنَّ عُمَرَ وأعوانَهُ سَيتَخَلَّصُونَ مِنْهُ، إِنْ نَطَقَ! فَكَانَ أَفْضَلَ وَسِيْلَةٍ لَهُ لِإِيْصَالِ سِرِّ رَسُولِ اللَّهِ إِلى أَكْبَرِ عَدَدٍ مِنَ المُؤْمِنِيْنَ - وَلِكَيْ يُقِيمَ حُذَيْفَةُ الحُجَّةَ عَليكَ وَعَلَى أَمْثَالِكَ يَا دُكْتُور - كَانَ يَجِبُ عَلَيْهِ أَنْ يَبْقَى حَيًّا!

وَكَانَ عَليهِ، أَلَّا يُصَلِّيَ عَلَى مَنْ مَاتَ مِنَ المُنَافقين، بِأمرٍ مِنْ رَسولِ اللَّهِ. إبحَثْ في سُنَّتِك؛ لَقَدْ أَطَالَ اللَّهُ عُمْرَ حُذيفَةَ، حَتَّى شَهِدَ ذَهَابَ الثَّلَاثَةِ إِلَى جَهَنَّمَ وَلَمْ يُصَلِّ عَلَى أَحَدٍ مِنْهُمْ، ثُمَّ قُبِضَ

حُذَيْفَةُ – رِضْوَانُ اللهِ عَلَيْهِ – بَعْدَ سُقُوطِ عُثْمَانَ، ولَمْ يَكُ حُذَيْفَةُ يَخْشَى المَوتَ. لَكِنَّهَا وصِيَّةُ رَسُولِ اللهِ، ولِكَيْ لَا يَكُونَ لِلمَخْلوقِ عَلَى الخَالِقِ حُجَّةٌ، وَلِكَيْ لَا يَكُونَ لَكَ يَا دُكْتُور وَلِمَنْ يَقْرأَ ويَعِيْ، حُجَّةٌ أَيْضًا!

وأذَكِّرُكَ يَا دُكْتُورُ بِعَدلِ اللهِ الأَزَلِيِّ: **وَكُنَّا نَخُوضُ مَعَ الخَائِضِينَ (45) وَكُنَّا نُكَذِّبُ بِيَومِ الدِّينِ (46) حَتَّى أَتَىنَا اليَقِينُ (47) فَمَا تَنفَعُهُم شَفَعَةُ الشَّافِعِينَ (48) فَمَا لَهُم عَنِ التَّذكِرَةِ مُعرِضِينَ (49) كَأَنَّهُم حُمُرٌ مُّستَنفِرَةٌ (50) فَرَّت مِنْ قَسوَرَةٍ (51) بَل يُرِيدُ كُلُّ امْرِىءٍ مِّنهُم أَن يُؤتَى صُحُف مُّنَشَّرَة (52) كَلَّا بَل لَّا يَخَافُونَ الأَخِرَةَ (53) كَلَّا إِنَّهُ تَذكِرَة (54) فَمَن شَاءَ ذَكَرَهْ (55) وَمَا يَذكُرُونَ إِلَّآ أَن يَشاءَ اللَّه هُوَ أَهلُ التَّقوَى وَأَهلُ المَغفِرَةِ (56).**

خُوضُوا يَا دُكْتُورُ مَعَ الخَائِضِيْنَ، لَكِنْ لَا تَقُلْ لِيْ هَذَا خَاصٌّ وَهَذَا عَامّ. لَقَدْ امْتَحَنَ اللهُ قَلْبَكَ، فَوَجَدَكَ عُمَرِيًّا! **ويَمْكُرون وَيَمكُرُ اللهُ، واللهُ خَيْرُ المَاكِرين.**

مَا رَأيُكَ دُكْتُورُ، في هَذَا السَّبَبِ الثَّانِيْ لِنُزُولِ قَوْلِهِ تَعَالَى: **{يَأَيُّهَا الَّذِينَ آمَنُواْ لاَ تَرْفَعُوا أَصْوَاتَكُمْ فَوْقَ صَوْتِ النَّبِيِّ ...}** نَزَلَتْ فِي ثَابِتِ بْنِ قَيْسِ بنِ شَمَّاسٍ، كَانَ فِي أُذُنِهِ وَقْرٌ، وَكَانَ جَهْوَرِيَّ

الصَّوتِ، وَكَانَ إِذَا كَلَّمَ إِنْسَانًا جَهَرَ بِصَوْتِهِ، **فَرُبَّمَا** كَانَ يُكَلِّمُ رَسُوْلَ اللَّهِ صَلَّى اللَّهُ عَلَيْهِ وَسَلَّمَ فَيَتَأَذَّىْ بِصوتِهِ، فَأَنْزَلَ اللَّهُ تَعَالَى هَذِهِ الآيَةَ! (هَذَا دِيْنُ **فَرُبَّمَا**) قِرَاءَةُ الفِنْجَانِ!

أَخْبَرَنَا أَحْمَدُ بِنُ إِبْرَاهِيمَ المِذْكِي، قَالَ: أَخْبَرَنَا عُبَيْدُ اللهِ بِنُ مُحَمَّدٍ الزَّاهِدِ، قَالَ: أَخْبَرَنَا أَبُو القَاسِمِ البَغْوِي، قَالَ حَدَّثَنَا قَطَنٌ بِنُ نُسَيْرٍ، قَالَ: حَدَّثَنَا جَعْفَرٌ بِنُ سُلَيْمَانَ الْضَّبْعِي، قَالَ: حَدَّثَنَا ثَابِتٌ عَنْ أَنَسٍ، قَالَ: لَمَّا نَزَلَتْ هَذِهِ الآيَةُ {**لاَ تَرْفَعُوا أَصْوَاتَكُمْ فَوْقَ صَوْتِ الْنَّبِيّ**} قَالَ ثَابِتٌ بْنُ قَيْسٍ: أَنَا الَّذِي كُنْتُ أَرْفَعُ صَوْتِيْ فَوْقَ صَوْتِ النَّبِيّ، صَلَّى اللَّهُ عَلَيْهِ وَسَلَّمَ، وَأَنَا مِنْ أَهْلِ النَّارِ. فَذُكِرَ ذَلِكَ لِرَسُولِ اللهِ صَلَّى اللَّهُ عَلَيْهِ وَسَلَّمَ فَقَالَ: **هُوَ مِنْ أَهْلِ الجَنَّةِ**. رَوَاهُ مُسْلِمٌ عَنْ قَطِنٍ بِنِ نُسَيْرٍ.

هَل ابتَدَعَتِ سُنَّتُكُمْ سَبَبَاً آخَرَ - دُكْتُور - لإِبْعَادِ الشُّبْهَةِ عَنْ صَنَميك؟؟ هُناكَ مَثَلٌ شَائِعٌ يَقُول: **إن كُنتَ لا تَستَحِيْ فَافْعَلْ ما بَدا لَكَ!** كَيفَ عَلِم ثَابِتٌ ابْنُ قَيسٍ أنَّ مَن يَرفَعَ صَوتَهُ فَوْقَ صَوتِ رَسُولِ اللهِ، يَدخُلُ النَّارَ؟ وَخِيرَةُ خَلقِ ***إِلَهِكُم (أبُو بَكرٍ وعُمَرَ)*** بَعد رَسُولِ اللهِ - بِزَعْمِكُم - لَم يَعلَمَا؟؟؟ جَاءَتْ سُنَّتُكُم لِتُكَحِّلَها فَأَعْمَتْها!!! هَذَا السُّم لا يَضُرُّ المُؤمِنين شَيْئا. هَذَا الدُخَانُ يُغَشِّي عُيُونَ السُّفَهَاءِ والجَهَلَةِ!!! أَلَا تَعتَقِدُ دُكْتُورُ أَنَّ في هَذَا ظُلمًا

وافْتِراءً عَلَى اللَّهِ؟ أَلَمْ تَقْرأْ يَا دُكْتُورْ في القُرآنِ أنَّهُ: **لَيسَ عَلَى المَرِيْضِ حَرَجٌ؟** قَدْ يَكُوْنُ الإِلَهُ العَالِقُ في السَّمَاءِ الدُّنْيَا لاَ يَعلَمْ لِأَنَّهُ فَقَدَ تَواصُلَهُ مَعَ مَا بَقِيَ مِنْهُ عَلَى العَرْشِ!!! دُكْتُورٌ، أَنْتَ مُسْتَعِدٌّ لِتَرْفَعَ صَوتَكَ فَوقَ صَوتِ النَّبِيِّ! دِفَاعُكَ عَنِ الَّذِيْنَ جَعَلَهُم اللَّهُ لَا يَعْقِلُونَ يُدِيْنُكَ! فَخُضُوعُكَ، وَانقِيَادُكَ وَرِضَاكَ، بِأَنْ تَكُونَ نَعْجَةً تَجْتَرُّ مِمّا أَجْتَرَّهُ غَيْرُكَ، أدخَلَكَ الزرِيْبَةَ مَعَ الدَّاخِلِيْنَ! فَجَعَلَكَ اللَّهُ مَعَ الَّذِيْنَ **لَا يَعقِلون**!!! هَلْ عَلِمْتَ الأَنَ لِمَاذَا قَالَ اللَّهُ لَا **يَعْقِلُونَ**؟! أَمْثَالُكَ ***كَثِيرُونَ!***

لِمَاذَا شَنَّ أَبُو بَكْرٍ حُرُوبَ الرِّدَّةِ؟

كُتُبُ العُمَرِيَّةِ أَجَابَتْ عَلَى هَذَا السُّؤَالِ كَالآتِي: *إِنَّ الخَلِيْفَةَ أَبَا بَكْرٍ قَاتَلَ المُرْتَدِّيْنَ بِاعْتِبَارِهِم* ***خَارِجِيْنَ عَنِ الدِّيْنِ،*** *فَوَجَبَ قِتَالُهُمْ وَالقَضَاءُ عَلَى فِتْنَتِهِمْ، حَتَّى لَا* ***يَفْتَتِنَ بِهِمْ غَيْرُهِمْ،*** *وَيَخْرُجُوا عَنِ الدِّيْنِ* ***كَمَا خَرَجُوا. كَيْفَ خَرَجُوا أَيُّهَا العُمَرِيَّةُ؟*** *فَقَدْ أَمَرَ أَبُو بَكْرٍ بِقِتَالِ المُرْتَدِّيْنِ، وَالقَضَاءِ عَلَيْهِمْ جَمِيْعًا! وَحِيْنَمَا قِيْلَ لَهُ:* ***كَيْفَ تُقَاتِلُ مَنْ قَالَ لَا إِلَهَ إِلَّا اللَّهِ"*** *قَالَ: وَاللَّهِ لَأُقَاتِلَنَّ مَنْ فَرَّقَ بَيْنَ الصَّلَاةِ وَالزَّكَاةِ!* ***فَإِنَّ الزَّكَاةَ حَقُّ المَالِ! حَقُّ مَنْ؟*** *وَاللَّهِ لَوْ مَنَعُونِي عِقَالًا كَانُوا يُؤَدُّوْنَهُ إِلَى رَسُوْلِ اللَّهِ (ص) لَقَاتَلْتُهُمْ عَلَى مَنْعِهِ!* ***مِنْ أَيْنَ لَكَ هَذَا؟!*** *فَقَالَ - شَرِيْكُ الْكُفْرِ - عُمَرُ بْنُ الخَطَّابِ:" فَاللَّهِ مَا هُوَ إِلَّا أَنْ رَأَيْتَ اللَّهَ عَزَّ وَجَلَّ، قَدْ شَرَحَ صَدْرَ أَبِيْ بَكْرٍ لِلْقِتَالِ! فَعَرَفْتُ أَنَّهُ الحَقَّ."*

أَمَّا السَّبَبُ الحَقِيْقِيُّ، فَهُوَ خُرُوجُهُمْ عَنِ الدَّوْلَةِ، الَّتِيْ كَانَ هُوَ رَئِيْسَهَا، وَحَاكِمَهَا وَوَلِيَّ أَمْرِهَا (كَمَا يَزْعُمُونَ)! وَهَذَا يُعَدُّ تَصَرُّفًا طَبْيْعِيًّا مِنْ حَاكِمٍ يُرِيْدُ الحِفَاظَ عَلَى الدَّوْلَةِ الإِسْلَامِيَّةِ الَّتِي تَوَلَّى أَمْرَهَا، وَأُوْتُمِنَ عَلَيْهَا، بَعْدَ وَفَاةِ الرَّسُولِ (ص). وَقَدْ وَجَدَ نَفْسَهُ مُجْبَرًا عَلَى قِتَالِهِمْ، لَمَّا رَأَى مِنْ خَطَرِهِمْ عَلَى المُسْلِمِيْنَ عَامَّةً، ***وَلَمْ يُفَرِّقْ فِي حَرْبِهِ بَيْنَ مَنْ كَفَرَ وَارْتَدَّ عَنِ الدِّيْنِ الإِسْلَامِيِّ،***

وَبَيْنَ مَنْ امْتَنَعَ عَنْ أَدَاءِ الزَّكَاةْ. *فَقَدْ قَاتَلَ مَنْ امْتَنَعَ عَنْ أَدَاءِ الزَّكَاةِ،* ***عَلَى الرَّغْمِ مِنْ أَنَّهُمْ لَمْ يَرْتَدُّوا عَنِ الإِسْلَامِ.*** *فَقَدْ رَأَى أَنَّ مَنْ لَم يُبَايِعْهُ وَمَنْ امْتَنَعَ عَنْ أَدَاءِ الزَّكَاةْ، كِلَا الفَرِيْقَيْنِ قَدْ أَعْلَنَ العِدَاءَ لِلْإِسْلَامِ وَالمُسْلِمِيْنَ! فَيَجِبُ قِتَالُهُمْ مَعًا! وَقَدْ جَهَّزَ الجُيُوشَ لِقِتَالِهِمْ جَمِيْعًا!* ***وَقَدْ خَرَجَتْ عَلَيْهِ جَمِيْعُ القَبَائِلِ، مَا عَدَا مَكَّةَ وَالمَدِيْنَةَ وَالطَّائِفْ.*** **أَيْنَ ذَهَبَتْ الشُّورَى، أَيْنَ إِجْمَاعُ الأُمَّةِ؟** مَنْقُولٌ مِنْ كُتُبِ العُمَرِيَّةِ!

مِنْ أَيْنَ أَبْدَأ؟ فَلنَبْدَأ بِتَعْرِيفِ الزَّكَاةِ! يَقُولُ اللهُ: **إِنَّمَا الصَّدَقاتُ لِلفُقَراءِ وَالمَساكِينِ وَالعامِلِينَ عَلَيها وَالمُؤَلَّفَةِ قُلوبُهُم وَفِي الرِّقابِ وَالغارِمِينَ وَفِي سَبيلِ اللَّهِ وَابنِ السَّبيلِ فَرِيضَةً مِنَ اللَّهِ وَاللَّهُ عَليمٌ حَكيمٌ)** التَّوْبَةُ. وَالزَّكَاةُ هِيَ مِنَ الصَّدَقَاتِ!

هَلْ تَجُوزُ الزَّكَاةُ أَوِ الصَّدَقَاتُ عَلَى رَسُولِ اللهِ، أَوْ عَلَى آلِ بَيْتِ الرَّسولِ؟

فَقَدْ ثَبَتَ في المُسْنَدِ وَصَحِيْحِ مُسْلِمْ، مِنْ حَدِيْثِ المُطَّلِبْ بِنْ رَبِيْعَةَ، أَنَّ النَّبِيَّ (ص) قَالَ: "**إِنَّ الصَّدَقَةَ لَا تَنْبَغِي لِمُحَمَّدٍ وَلَا لِآلِ مُحَمَّدٍ، إِنَّمَا هِيَ أَوْسَاخُ النَّاسِ**" قَالَ الشَّوْكَانِي: **وَإِنَّمَا سُمِّيَتْ أَوْسَاخاً لِأَنَّهَا تَطْهِرَةٌ لِأَمْوَالِ النَّاسِ وَنُفُوْسِهِمْ.** قَالَ تَعَالَى (**خُذْ مِنْ أَمْوَالِهِمْ صَدَقَةً تُطَهِّرُهُمْ وَتُزَكِّيهِمْ بِهَا**) {التوبة}. وَمِنْهَا: أَنَّ اللهَ تَعَالَى قَالَ

لِنَبِيِّهِ (ص): (قُلْ لا أَسْأَلُكُمْ عَلَيْهِ أَجْرًا إِلَّا الْمَوَدَّةَ فِي الْقُرْبَى) [الشورى: من الآية 23]، وقال: (قُلْ مَا أَسْأَلُكُمْ عَلَيْهِ مِنْ أَجْرٍ وَمَا أَنَا مِنَ الْمُتَكَلِّفِينَ) [ص: 86]. هَذَا مِنْ كُتُبِ العُمَرِيَّيْنِ! الزَّكَاةُ تُدْفَعُ مُبَاشَرَةً إِلَى المُحْتَاجِينَ وَالفُقَرَاءِ وَالمَسَاكِينِ وَالعَامِلِينَ عَلَيْهَا وَالمُؤَلَّفَةِ قُلُوبُهُمْ وَفِي الرِّقَابِ وَالغَارِمِينَ وَفِي سَبِيلِ اللَّهِ وَابْنِ السَّبِيلِ. وَأَحْيَانًا يَقُومُ العَامِلُونَ عَلَيْهَا بِجَمْعِ الزَّكَاةِ مِنَ النَّاسِ طَوْعًا وَتَوْزِيعِهَا، وَحِفْظِهَا، وَنَقْلِهَا، ضِمْنَ الضَّوَابِطِ الشَّرْعِيَّةِ، وَتَوْعِيَةِ النَّاسِ بِأَحْكَامِ الزَّكَاةِ! وَلَمْ يَجْعَلِ اللَّهُ لِلزَّكَاةِ قَدْرًا أَو قِيمَةً كَمَا الحَالُ فِي الخُمْسِ، وَتَرَكَ قَدْرَهَا إِلَى المُزَكِّي!

أَيُّهَا العُمَرِيَّةُ، نَبِيُّكُمْ سَاوَى نَفْسَهُ بِرَسُولِ اللَّهِ، قَالَ: **وَاللَّهِ لَوْ مَنَعُونِي عِقَالًا كَانُوا يُؤَدُّونَهُ إِلَى رَسُولِ اللَّهِ (ص) لَقَاتَلْتُهُمْ عَلَى مَنْعِهِ**! كُتُبُ العُمَرِيَّةِ تَتَحَدَّثُ عَنْ صَحَابِيٍّ اسْمُهُ **ثَعْلَبَةُ بْنُ حَاطِبٍ**: جَعَلَ رَسُولُ اللَّهِ رَجُلَيْنِ مِنَ المُسْلِمِينَ لِجِبَايَةِ الخُمْسِ، وَكَتَبَ لَهُمَا كَيْفَ يَأْخُذَانِهَا، وَأَمَرَهُمَا أَنْ يَمُرَّا بِثَعْلَبَةَ! قَرَأَ كِتَابَ الرَّسُولِ، فَرَدَّ ثَعْلَبَةُ قَائِلًا «**مَا هَذَا إِلَّا جِزْيَةٌ وَمَا هَذِهِ إِلَّا أُخْتُ الجِزْيَةِ** وَمَا أَدْرِي مَا هَذَا؟!» فَطَلَبَ مِنْهُمَا أَنْ يَنْطَلِقَا لِجَمْعِ الزَّكَاةِ مِنَ الآخَرِينَ، ثُمَّ يَعُودَا إِلَيْهِ، وَعِنْدَمَا عَادَا إِلَيْهِ كَرَّرَ كَلَامَهُ مَرَّةً أُخْرَى! وَبَعْدَ أَنْ نَزَلَ قَوْلُهُ تَعَالَى: وَمِنْهُمْ مَنْ عَاهَدَ اللَّهَ لَئِنْ آتَانَا مِنْ فَضْلِهِ لَنَصَّدَّقَنَّ وَلَنَكُونَنَّ

مِنَ الصَّالِحِينَ (75) فَلَمَّا آتَاهُم مِّن فَضْلِهِ بَخِلُواْ بِهِ وَتَوَلَّوْاْ وَّهُم مُّعْرِضُونَ (76) فَأَعْقَبَهُمْ نِفَاقًا فِي قُلُوبِهِمْ إِلَى يَوْمِ يَلْقَوْنَهُ بِمَا أَخْلَفُواْ اللَّهَ مَا وَعَدُوهُ وَبِمَا كَانُواْ يَكْذِبُونَ (77) أَلَمْ يَعْلَمُواْ أَنَّ اللَّهَ يَعْلَمُ سِرَّهُمْ وَنَجْوَاهُمْ وَأَنَّ اللَّهَ عَلاَّمُ الْغُيُوبِ (78) الَّذِينَ يَلْمِزُونَ الْمُطَّوِّعِينَ مِنَ الْمُؤْمِنِينَ فِي الصَّدَقَاتِ وَالَّذِينَ لاَ يَجِدُونَ إِلاَّ جُهْدَهُمْ فَيَسْخَرُونَ مِنْهُمْ سَخِرَ اللَّهُ مِنْهُمْ وَلَهُمْ عَذَابٌ أَلِيمٌ (79) اسْتَغْفِرْ لَهُمْ أَوْ لاَ تَسْتَغْفِرْ لَهُمْ إِن تَسْتَغْفِرْ لَهُمْ سَبْعِينَ مَرَّةً فَلَن يَغْفِرَ اللَّهُ لَهُمْ ذَلِكَ بِأَنَّهُمْ كَفَرُواْ بِاللَّهِ وَرَسُولِهِ وَاللَّهُ لاَ يَهْدِي الْقَوْمَ الْفَاسِقِينَ (80) فَرِحَ الْمُخَلَّفُونَ بِمَقْعَدِهِمْ خِلاَفَ رَسُولِ اللَّهِ وَكَرِهُواْ أَن يُجَاهِدُواْ بِأَمْوَالِهِمْ وَأَنفُسِهِمْ فِي سَبِيلِ اللَّهِ وَقَالُواْ لاَ تَنفِرُواْ فِي الْحَرِّ قُلْ نَارُ جَهَنَّمَ أَشَدُّ حَرًّا لَّوْ كَانُوا يَفْقَهُونَ (81) فَلْيَضْحَكُواْ قَلِيلاً وَلْيَبْكُواْ كَثِيرًا جَزَاء بِمَا كَانُواْ يَكْسِبُونَ (82)

عَلِمَ ثَعْلَبَةَ بِأَنَّ اللَّهَ أَنْزَلَ فيهِ قُرآنٌ، فَخَرَجَ مُسْرِعًا يَسْعَى إِلَى الرَّسُولِ وَسَأَلَهُ أَنْ يَقْبَلَ مِنْهُ الصَّدَقَةِ، فَقَالَ لَهُ الرَّسُولُ «إِنَّ اللَّهَ مَنَعَنِيْ أَنْ أَقْبَلَ مِنْكَ صَدَقَتَكَ» فَأَخَذَ ثَعْلَبَةُ يَحْثُو التُّرَابَ فَقَالَ لَهُ الرَّسُولُ "يَا ثَعْلَبَةَ هَذَا عَمَلُكَ، **وَقَدْ أَمَرْتُكَ فَلَمْ تُطِعْنِيْ**". هَذَا مَصِيْرُ الَّذِيْنَ يَعْصُونَ رَسُولَ اللهِ! هَلْ قَتَلَ رَسُولُ اللَّهِ ثَعْلَبَةَ لِرَفْضِهِ دَفْعَ الصَّدَقَةِ!

هَلْ قَاتَلَ رَسُولُ اللهِ الَّذِيْنَ مَنَعُوهُ الخُمْس؟ أَسْأَلْ عُلَمَاءَ العُمَرِيَّةِ! **ثُمَّ أجْعَلُ لَعْنَةَ اللهِ وَلَعْنَةَ رَسُولِهِ الأَمِينْ مُحَمَّدْ، وَلَعْنَةَ كَلِّ مَنْ يَقُولُ: لَا إِلَهَ إِلَّا اللهِ، مُحَمَّدٌ رَسُولُ اللهِ، عَلَى مَنْ لَا يُجِيْبُ عَلَى السُّؤَال! أَلَّهُم إجْعَلْ مَنْ يَكْذَبُ عَلَى اللهِ وَرَسُولِهِ خَنَازِيْر!!!** مَاذَا كَانَ المُؤمِنُون يُؤَدُّونَ إِلَى الرَّسُولَ: **وَاعْلَمُوا أَنَّمَا غَنِمْتُم مِّن شَيْءٍ فَأَنَّ لِلَّهِ خُمُسَهُ وَلِلرَّسُولِ وَلِذِي الْقُرْبَى وَالْيَتَامَى وَالْمَسَاكِينِ وَابْنِ السَّبِيلِ إِن كُنتُمْ آمَنتُم بِاللَّهِ وَمَا أَنزَلْنَا عَلَى عَبْدِنَا يَوْمَ الْفُرْقَانِ يَوْمَ الْتَقَى الْجَمْعَانِ وَاللَّهُ عَلَى كُلِّ شَيْءٍ قَدِيرٌ (41).**

رَفَضَ المُؤمِنُونَ تَأدِيَّةَ الخُمسِ لِأَبِيْ بَكْرٍ، وَأَرَادُوا إِعْطَاءَهَا إِلَى مُسْتَحِقِّيْهَا، وَأَوَّلُ مُسْتَحِقِّيْهَا قُربَى الرَّسُولِ بَعْدَ إِرْتِقَاءِ رَسُولِ اللهِ، لِأَنَّ شَرْطَهَا ألأَسَاسِيْ أَنَّهَا فَرْضٌ عَلَى المُؤمِنِينَ: **إِن كُنتُمْ آمَنتُم بِاللَّهِ وَمَا أَنزَلْنَا عَلَى عَبْدِنَا يَوْمَ الْفُرْقَانِ...** وَشَرطُ الإِيمَانِ لَمْ يَفْرُضْهُ اللهُ حَتَّى عَلَى المُصَلِّيْن! إِنَّ شَرطَ بَاقِيْ مَا تُسَمِّيْهِ العُمَرِيَّةُ عِبَادَاتٍ، كَانَ فَقَطْ أنْ يَكُونُوا مُسْلِمِيْنَ! شَتَّانُ مَا بَيْنَ الإِسْلَامِ وَالإِيْمَانِ! إعْطَاءُ الخُمْسِ لآلِ الرَّسُولِ، يُقَوِّيْ اسْتِمْرَارِيَّةَ المُعَارِضَةِ الَّتِيْ عَارَضَتْ، وَلَمْ تَعْتَرِفْ بِشَرْعِيَّتِهِ عَلَى الحُكْمِ! اغْتَصَبَ أَبُو بَكْرٍ فَدَكَ مِنَ الزَّهْرَاءِ أَوَّلًا، وَطَرَدَ العَامِلِيْنَ عَلَيْهَا – وَكَانُوا بِالآلافِ مَعَ عَائِلَاتِهِم، هَذَا وَمَنَعَ مَا كَانَ يُقَدَّمُ **لِلْيَتَامَى وَالْمَسَاكِينِ وَابْنِ**

السَّبِيلِ! بِاعْتِبَارِ أَنَّ هَؤُلَاءِ مِنَ المُعَارَضَةِ!

ثُمَّ تَابَعَ رِدَّتَهُ. عِلْمًا أَنَّهُ لَمْ يُؤْمِنْ سَاعَةً وَاحِدَةً، وَيَكُونُ قَدْ أَسْلَمَ كَمَا أَسْلَمَتِ المَخْلُوقَاتُ غَيْرُ العَاقِلَةِ. **(أَكْثَرُهُم لَا يَعْقِلُون)**. إِلَّا أَنَّ هَذَا الأَبا بَكْرٍ كَانَ أَيْضًا مُنَافِقًا، بِنَصٍّ مِنَ القُرْآنِ: ﴿**إِلَّا تَنصُرُوهُ فَقَدْ نَصَرَهُ اللَّهُ إِذْ أَخْرَجَهُ الَّذِينَ كَفَرُوا ثَانِيَ اثْنَيْنِ إِذْ هُمَا فِي الْغَارِ إِذْ يَقُولُ لِصَاحِبِهِ لَا تَحْزَنْ إِنَّ اللَّهَ مَعَنَا فَأَنزَلَ اللَّهُ سَكِينَتَهُ عَلَيْهِ وَأَيَّدَهُ بِجُنُودٍ لَّمْ تَرَوْهَا وَجَعَلَ كَلِمَةَ الَّذِينَ كَفَرُوا السُّفْلَى وَكَلِمَةُ اللَّهِ هِيَ الْعُلْيَا وَاللَّهُ عَزِيزٌ حَكِيمٌ**﴾. أَنْزَلَ اللَّهُ سَكِيْنَتَهُ عَلَى الرَّسُولِ فَقَطْ! السَّكِيْنَةُ لَا تَنْزِلُ إِلَّا عَلَى المُؤمِنِيْنَ! فِي الغَارِ اثْنَيْنِ، مُؤمِنٌ وَمُنَافِقٌ، عَلَى مَنْ نَزَلَتْ السَّكِيْنَةُ يَا عُلَمَاءِ العُمَرِيَّةِ؟! إِذَا أَرَدْتُمْ أَنْ تَقْرَأُوا الآيَةَ **(40)** مِنْ سُورَةِ التَّوبَةِ طَالِعُوا كِتَاب: **الصُّحْبَةُ فِي القُرْآنِ**، لِهَذَا العَبْدِ الفَقِيْرِ! غَطَّى العُمَرِيَّةُ كُفْرَ وَنِفَاقَ أَبِيْ بَكْرٍ، بِأَسَالِيْبَ مُخَادِعَةٍ مُضَلِّلَةٍ، حَيْثُ جَعَلُوا لِلصَّاحِبِ هَالَةً أَعلَىْ وَأَرْفَعَ حَتَّى مِنَ المَصْحُوبِ وَأَهْلِهِ. وَالمَرءُ أَحْيَانًا يُصَاحِبُ كَلْبًا. هَذِهِ الجُمْلَةُ لَيْسَتْ اسْتِصْغَارًا بِالكِلَابِ أَبَدًا! الكِلَابُ بِفِطْرَتِهَا أَصْدَقُ وَأَخْلَصُ، وَأَوَدُّ وَأَرْحَمُ مِنْ صَاحِبِكُم!

إِنَّكَ لَا تَهْدِي مَنْ احْبَبْتَ، وَلَكِنَّ اللَّهَ يَهْدِي مَن يَشَاءُ وَهُوَ أَعْلَمُ بِالْمُهْتَدِينَ! وَالمَشِيْئَةُ هُنَا إِلَى الَّذِيْنَ يَشَاؤونَ الهِدَايَةَ، وَالعِلْمُ إِلَى

اللَّهِ إنْ كَانُوا صَادِقِيْن! صِدِّيْقُكُم هَذَا أَيُّهَا العُمَرِيّةُ، لَمْ يَعْرِفْ الصِّدْقَ أبَدَا. **(أَكْثَرُهُم لَا يَعْقِلُون)**!

مِنْ مُقَدّمَةِ كِتَابِ البيّنَاتِ في تفسير سورة الحُجُراتِ، بِقَلَمِ الدُّكْتُور عَبْدِ المَجِيْدِ البَيانُونِيْ!

يَقُولُ الدُّكْتُور عَبْدِ المَجِيْدِ البَيانُونِيْ، في مُقَدّمَةِ كِتَابِهِ البيّنات في تَفْسِيْرِ سُوْرَةِ الحُجُراتْ:

فَإنَّ سُوْرَةَ الحُجُراتِ مِنْ سُوَرِ القُرْآنِ الكَرِيْمِ المُتَمَيّزَةِ، بِطَبْيعَةِ المَوضُوعَاتِ الأَخْلَاقِيَّةِ وَالتَّرْبوِيَّةِ الَّتِيْ تُعَالِجُهَا، وَتَتَحَدَّثُ عَنْهَا، وَهِيَ تَضَعُ بَينَ يَدَيْ الْمُؤمِنِيْنَ، مَنْهَجًا مُتَكَامِلًا لِلْحَيَاةِ الإجْتِمَاعِيَّةِ المُثْلَى، بِمَا فيهَا مِنَ الوَاجِبَاتِ والالتِزَامَاتِ، الَّتِي يُرِيْدُ اللّٰهُ تَعَالَى لِعِبَادِهِ أَنْ يَسْعَدُوا في رِحَابِهَا، وَيَتَقَلَّبُوا في رِيَاضِهَا، لِتَقُومَ حَيَاتُهُمْ عَلَى أُسُسٍ رَاشِدَةٍ، وَيَكُوْنُوا بِحَقٍّ، حَمَلَةَ رِسَالَةِ الإنْقَاذِ لِلْإنْسَانِيَّةِ الْتَّائهَةِ وَرَاءَ السُّبُلِ المُلتَوِيَةِ ...

فَعِنْدَمَا نُقْبِلُ عَلَى مَائِدَةِ القُرْآنِ، عَلَيْنَا أَنْ نُفْرِغَ عُقُولَنَا مِنْ كَثِيرٍ مِنَ المَفَاهِيْمِ وَالتَّصوُّرَاتِ، وَنَسْتَعِدَّ اسْتِعْدَادًا خَاصًّا لِاسْتِشْرَافِ مَعَانِيْ القُرْآنِ وَمَفَاهِيْمِهِ وَحَقَائِقِهِ، وَالعَيْشِ فِي رِحَابِ الأَجْوَاءِ الَّتِي تَنَزَّلَ فيهَا، والأُمَّةِ الَّتِي كَانَ يَبْنِيْهَا، وَعَلَيْنَا أَنْ نُهَيّئَ قُلُوبَنَا لِتَتَأَهَّلَ لِتَلَقِّي أَنْوَارِ القُرْآنِ، وَاسْتِقْبَالِ فُيُوْضَاتِهِ ... فَلَيسَ جَدِيْرًا بِالإعْتِرَافِ مِنْ هِدَايَةِ القُرْآنِ وَمَعِينِهِ، مَنْ يُقْبِلَ عَلَيْهِ مُلْتَمِسًا أَنْ يَجِدَ فيهِ

التَّبْرِيْرَ لِمَا يُعَانِيْهِ، أَو يَنْتَزِعُ مِنْهُ التَّزْكِيَةَ لِلْوَاقِعِ الَّذِيْ هُوَ فيهِ ... وَلَيْسَ جَدِيْرًا بِهِدَايَةِ القُرْآنِ وَأَنْوارِهِ: (مَنْ لَا يُقْبِلُ عَلَيْهِ إِلَّا بِدَافِعِ المِتْعَةِ الأَدَبِيَّةِ، أَوْ الاطِّلَاعِ عَلَى ثَقَافَةٍ فِكْرِيَّةٍ، أَوْ مَعْلُوْمَاتٍ تَارِيْخِيَّةٍ)...

وَيَزِيْدُ هَذَا الدُّكْتُورُ مُلَمِّحًا خِلْسَةً لِمَا وَرَاءَ كُلِّ هَذَا الكَلَامِ المُنَمَّقِ، لِيَدُسَّ السُّمَّ الزُّعَافَ مَعَ مَا أَتْحَفَنَا بِهِ مِنْ كَلَامٍ جَوَّدَهُ وَصَاغَهُ وَزَوَّقَهُ بَأَنْواعٍ مِنْ بَديعِ الكَلِمِ! جَعَلَ سُورَةَ الحُجُرَاتِ مِنْ سُوَرِ القُرآنِ الكَرِيْمِ المُتَمَيِّزَةِ بِطَبِيْعَةِ المَوضُوعَاتِ الأَخْلَاقِيَّةِ وَالتَّرْبَوِيَّةِ. **وَهِيَ حَتْمًا كذلك!**

إعْتَقَدَ هَذَا الدُّكْتُورُ، أَنَّهُ إِذَا غَطَّى وَخَبَّأَ وَرَاءَ هَذَا الإِطْرَاءِ هَدَفَهُ الَّذِيْ خَالَفَ فيهِ نَصَّ سُورةِ الحجُرَات، وَحَوَّرَهَا تَورِيَةً لِتَغْطِيَةِ مَا أَخْبَرَنَا اللَّهُ مِنْ رَزَايَا صَنَمَيْهِ، سَيَمُرُّ عَلَى النَّاسِ! فَمُعْظَمُ العَرَبِ والمُسْلِمِيْنَ لا يَقْرَؤون والَّذِينَ يَقْرَؤون مُعْظَمُهُمْ لَا يَفْقَهُون، لِأَنَّ مُعْظَمَهُم يَعِيْشُ في دَوَّامَةِ الأَنَا!؟ أَنَا أَجْمَلُ مِنْكَ، أنَا أَعْلَمُ مِنْكَ، دِيْنِيْ أَفْضَلُ مِنْ دِيْنِكَ، مَذْهَبِيْ أَفْضَلُ مِن مَذْهَبِكَ، بَيْتِي أَفْضَلُ مِنْ بَيْتِك ... إنَّهَا الجَاهِلِيَّةُ الَّتِي مَا زَالَتْ تَعِيْشُ في قُلُوبِ النَّاس، حَتَّى بَعْدَ أَنْ خَلَعُوا ثَوبَ البَدَاوَةِ!

يُتَابِعُ الدُّكْتُورُ حَبْكَهُ وَمَكْرَهُ: *إِنَّهُ الكِتَابُ العَزِيْزُ، "أَلْقُرْآنُ" الَّذِيْ لَا*

*يَأتِيهِ البَاطِلُ مِنْ بَيْنِ يَدَيْهِ ، وَلَا مِنْ خَلْفِهِ، تَنْزِيْلٌ مِنْ حَكِيْمٍ حَمِيْدٍ، وَكَمَا تَنَزَّلَ **بَيْنَ ظَهْرَانِيِّ الجِيْلِ الأَوَّلِ** مُنْذُ أَرْبَعَةَ عَشَرَ قَرْنًا ، لِيَسْعَدَهُ بِهِدَايَةِ اللهِ سُبْحَانَهُ، فَهُوَ يُتْلَىٰ فِي هَذَا القَرْنِ غَضًّا طَرِيًّا. كَمَا أُنْزِلَ أَوَّلَ يَوْمٍ، وَمُهِمَّتُهُ فِي هَذَا الجِيْلِ لَا تَقِلُّ وَلَا تَتَقَاصَرُ عَنْ مُهِمَّتِهِ فِي الجِيْلِ الأَوَّلِ، وَلَكِنَّ الفَارِقَ الكَبِيْرَ بَيْنَ الجِيْلَيْنِ يَتَمَثَّلُ فِي الاسْتِعْدَادِ لِلْتَّلَقِّيْ وَالاسْتِقْبَالِ، **الَّذِيْ كَانَ عَلَى أَتَمِّهِ وَأَرْفَعِهِ فِي الجِيْلِ الأَوَّلِ**، وَلَيْسَ مِنْهُ إِلَّا ذُبَالَةٍ (فَتِيْلَةُ السِّرَاجِ) ضَعِيْفَةٌ فِي هَذَا الجِيْلِ، إِلَّا مَنْ رحِمَ رَبُّكَ، وَقَلِيْلٌ مَا هُمْ، وَتِلْكَ حَقِيْقَةٌ إِيْمَانِيَّةٌ بَدِيْهِيَّةٌ، لَا يَنْبَغِي أَنْ تَغِيْبَ عَنْ فِكْرِ المُؤمِنِ وَقَلْبِهِ، وَهِيَ جَدِيْرَةٌ بِكُلِّ اهْتِمَامِهِ وَعِنَايَتِهِ، إِنْ كَانَ يُرِيْدُ أَنْ يُسْعِدَ نَفْسَهُ، وَيَصْنَعَ مِنْهَا إِنْسَانًا لَهُ وَزْنُهُ وَتَأْثِيْرُهُ فِي هَذِهِ الحَيَاةِ.*

أَيُّهَا القارِئُ الكَرِيْمُ. لَقَدْ بَدَأَتْ مَلَامِحُ الصُّورَةِ تَتَّضِحُ، يُرِيْدُ هَذَا الكَاتِبُ أَنْ يَجُرَّ النَّاسَ إِلى زَرِيْبَةِ بَنِيْ سَاعِدَة، وَإِلى مَا أَنْتَجَتْهُ الزَّرِيْبَةُ وَمَا زَالَتْ تُنْتِجُهُ مِنْ أَرْوَاثِ العَقَائِدِ إِلى يَومِنَا هَذَا. وَالدُّكْتُور هَذَا أَحَدُ مُنْتَجَاتِهَا!

يَا دُكْتُورُ أَنْزَلَ اللهُ سُوْرَةَ الحُجُرَاتِ الفَاضِحَةَ الكَاشِفَةَ لِصَنَمَيْكَ، وَأَفْصَحَ عَنْهَا، قَبْلَ أَنْ يَتَرَبَّعَ صَنَمَاكَ عَلَى عَرشِ الزَّرِيْبَةِ، يَا دُكْتُور ، زَرِيْبَةُ بَنِي سَاعِدةِ الَّتِيْ ذُبِحَ فيهَا دِيْنُ المُصْطَفَى!

إِنَّ الَّذِي لَا يَغْضَبُ لِغَضَبِ اللهِ وَرَسُولِهِ يَخْرُجُ مِنْ دِينِ اللهِ! الَّذِينَ يُوافِقُونَنِي وَيُؤْمِنُونَ فِي هَذَا المَبْدَأ، فَلْيَرْكَبُوا مَعِي سَفِينَةَ سُورَةِ الحُجُراتِ! أَمَّا الَّذِينَ لَدَيْهِم شَكٌّ، فَلَنْ تُفْتَحَ لَهُم أَبْوابُ السَّفِينَةِ! عَبَقُ أَلْسَقِيفَةِ أَسْكَرَ هَذَا الدُّكْتُورَ التَّعِيسَ، فَأَدْمَنَ رَائِحَةَ نُزَلاَئِها وَسُكَّانِها وَرُوَّادِها، لِدَرَجَةِ أَنَّهُ بَدَأَ يَنْظُمُ شِعْرًا، يَقُولُ هَذَا الدُّكْتُورُ: لَقَدْ كَانَ جِيلُ الصَّحَابَةِ نَفِيسَ المَعْدِنِ، نَقِيَّ الجَوْهَرِ، مِثَالِيًّا فِي كُلِّ شَيْءٍ، رَائِدًا لِلْخَيْرِ فِي كُلِّ مَوْقِفٍ، وَمَعَ ذَلِكَ فَقَدْ كَانَ القُرْآنُ لَا يَكْتَفِي مِنْ ذَلِكَ الجِيلِ الرَّبَّانِيِّ فِي تَرْبِيَتِهِ وَتَوْجِيهِهِ، أَنْ يَبْقَى عَلَى مَا هُوَ عَلَيْهِ، بَلْ يَزِيدُهُ فِي كُلِّ يَوْمٍ كَمَالًا إِلَى كَمَالِهِ، وَرُقِيًّا إِلَى رُقِيِّهِ، فَيَتَعَهَّدُهُ بِالرِّعَايَةِ المُسْتَمِرَّةِ فِي كُلِّ مَوْقِفٍ، وَلَا يَتْرُكُ أَيَّ مَوْقِفٍ، قَدْ يَحْسَبُهُ أَحَدُنَا مَوْقِفًا عَارِضًا بَسِيطًا لَا يُؤْبَهُ لَهُ، وَلَا يُشَكِّلُ ظَاهِرَةً تَسْتَحِقُّ الاهْتِمَامَ أَوِ المُتَابَعَةَ ... لَا يَتْرُكُ القُرْآنُ الكَرِيمُ لَهُ مِثْلَ ذَلِكَ المَوْقِفِ يَمُرُّ مُرُورًا عَابِرًا، وَإِنَّمَا يُسَجِّلُ التَّوْجِيهَاتِ، وَيُقَرِّرُ الأَحْكَامَ، وَيُقَدِّمُ العِبَرَ، وَيُلْفِتُ الأَنْظَارَ لِمَا يَنْبَغِي أَنْ تَرْتَفِعَ إِلَيْهِ النُّفُوسُ وَتَزْكُو، وَتَتَحَلَّى بِهِ وُتَسْمُو ...

سَكِرَ الدُّكْتُورُ مِنْ رَائِحَةِ مَا طَبَخَ لِنُزَلاءِ أَلْسَقِيفَة ... الرَّائِحَةُ الَّتِي مَا زَالَتْ تَشُدُّ الَّذِينَ يُحِبُّونَ أَنْ يَسْتَنْشِقُوهَا، فَتَزِيدُهُم جَهْلًا وَضَلَالًا! إِنَّ لِهَذَا الدُّكْتُورِ هَدَفٌ كَجَمِيعِ مَنْ سَبَقَهُ مِنْ مُدْمِنِي طَهْيِ أَلْسَقِيفَةِ.

يُؤْمِنُ أَنَّ القُرآنَ أُنْزِلَ لِكَي لاَ يَكُون كِتَابُ عِلْمِ اللَّهِ، السَّابِقِ لِكُلِّ وَقْتٍ، كَمَا أورَدْنَا عَنهُ فِي صَفْحَةٍ سَابِقَةٍ.

مُشْكِلَتُكُم يَا دُكْتُور، أَنَّكُم تَعَوَّدتُم على إجْتِرارِ المُلَوَّثِ وَالمُجْتَرِّ وَالنَّجِسِ وَالمُتَنَجِّسِ، وَاسْتَسَغْتُم سَكْرَة هَذَا المزيج وَنَشْوَته!!! عَنْ أيِّ جَوهَرٍ أَوْ نَفيسٍ مِنَ المَعَادِنِ تَتَحَدَّثُ، دُكْتُورُ؟ **إِذَا جَاءَكَ الْمُنَافِقُونَ قَالُوا نَشْهَدُ إِنَّكَ لَرَسُولُ اللَّهِ وَاللَّهُ يَعْلَمُ إِنَّكَ لَرَسُولُهُ وَاللَّهُ يَشْهَدُ إِنَّ الْمُنَافِقِينَ لَكَاذِبُونَ.**

مَن كَان يَأتي رَسولَ اللَّهِ ويَشْهَدُ أَنَّهُ رَسولُ الله، غَيرُ الصحابَة؟

مَن الذي إرتَدَّ دُكْتُورُ؟

مَن أشْعَلَ حُروبَ الصَحابَةَ غَيرَ إمَامِكُم، ونَبيِّكُم أَبِيْ بَكرٍ؟

هَذِهِ النَّارُ الَّتِي امْتَدَّت حَتَّى أخْرَسَتْ وَقَضَتْ عَلَى جَمِيْعِ الخَيِّرين مِنْ هَؤُلَاءِ الصَّحَابَةِ، وَأَبْقَتْ عَلَى المُنَافِقِيْنَ صُنَّاعَ هَذَا الدِّيْنِ، دِيْنِ العُمَرِيَّةِ؟؟؟

عَنْ أيِّ جِيلٍ ربَّانِيٍّ وَعَنْ أيِّ كَمَالٍ؟

اصحى دُكتُور من سَكرَتِك، إنَّ مَا اجْتَرَّيْتَ أسكَرَكَ وأفْقَدَكَ صَوابَك.

إنَّ أئِمَّتَكَ الَّذِينَ تُحَظِّر وَتُهَيِّئُ لَهُمْ البَراءةَ مِنَ البَهِيْمِيَّةِ الَّتِي وَصَفَهُم اللَّهُ بِهَا؛ في دَاخِلِكَ صَوتٌ يُنَادِيْكَ وَيَقُولُ لَك: **مُنافِقُوْنَ**

فَسَقَةٌ!

وإِذَا لَم تُفْرِجْ عَنْ هَذِا الصَّوتِ لِيَصْرَخَ: قَتَلَةٌ، فَجَرَةٌ؛ سَأَدْعُوْ اللَّهَ بِكُلِّ نُقْطَةِ دَمٍ سَفَكُوا، أن يَحشُرَكَ اللَّهُ وَأمْثَالَكَ مَعَهُم يَوم القِيامَةِ!

كَيفَ عَلِمْتَ هَذا الأَدَبَ يَا دكتورُ ولَم يَعلَمْهُ صَنَمَاكَ؟ كَيفَ عَلِمَهُ ثَابِتٌ بِنُ قَيْسٍ، وَلَم يَعلَمُهُ أَيْضًا صَنَمَاكَ؟ وَلَكِنَّكَ دُكْتُورُ، كَجَمِيْعِ عُلَمَاءِ هَذِهِ السُّنَّةِ تُجِيْدُونَ الموارَبَةَ، والمُخَادَعَةَ، والمُدَاهَنَةَ، وَهَذَا مَا أَرَدْتَ أن تُوْصِلَهُ للقُرَّاء فِي هَذِه الفَقرة ...

وَتَابَعْتَ يَا دُكْتُورُ: *وَالسُّورَةُ بعدَ عَرضِ هَذِهِ الحَقَائِقِ الضَّخْمَةِ، تُحَدِّدُ مَعَالِمَ الإِيْمَانِ وَحَقِيقَتَهُ، وَأَبْرَزَ تَكَالِيفِهِ وَتَبِعَاتِهِ، وَتُقَدِّمُ لِلمُؤْمِنِينَ فِي كُلِّ عَصرٍ وَجِيْلٍ: المِيْزَانَ الرَّبَّانِيَّ، الَّذِي هُوَ المِعْيَارُ الصَّحِيْحُ، المُنَزَّهُ عَنْ نَزَعَاتِ الهَوَى، وَأَوْهَامِ الْوَاهِمِيْنَ...*

وكَأَنَّكَ تُرِيدُ أن تَقولَ هَذَانِ البَلطَجِيَّان لَمْ يَكُونَا يَعْلَمَانِ هَذِهِ الآدَابَ مَعَ الرَّسُولِ، فَأَنزَلَ اللَّهُ هَذِه السُورَةَ لِيُعَلِّمَ النَّاسَ آدَابَ التَّحَدُّثِ معَ رَسولِ اللَّه؛ لِهَذَا لَهُم حَسَنَةٌ!؟ ويَجِب عَلَى الأُمَّةِ أَنْ تُجْزِيَهِمْ خَيْرًا عَلَى قِلَّة أدَبِهِمَا مَعَ الرَسُولِ!؟ دُكْتُورُ لَا يَخْفَى عَلَى ذِيْ بَصِيْرَةٍ أَنَّ الهَدَفَ الأَسَاسِيَّ مِنْ رِسَالَتِكَ، رَفْعُ الخِزْيِ عَنْ أَبْطَالِ هَذِهِ الرَّزِيَّةِ ...

دُكْتُورُ فِي الحُجُرات، ذُبتَ شَوقاً وَهِياماً وصُعِقْتَ رَهبَةً وحَلَّقْتَ

فِي عَالَمِ الغَيْبِيَّاتِ تَبْحَثُ عَنْ عَبَقِ وَأَرِيجِ النُّبُوَّةِ الفَوَّاحِ، عِنْدَمَا حَمَلَكَ خَيَالُك الخَصْبُ فَوَقَفْتَ أَمَامَ حُجُرَاتٍ وَقَفَ أمامَهَا جِبرائيلُ، قُلْتَ: *هَذِهِ الحُجُراتُ تَلَألأَتْ فِي جَنَباتِهَا أنوارُ الوَحْيِ صَبَاحَ مَسَاءَ، وَحَطَّتْ عَلَى تُرْبَتِهَا الْمُبَارَكَةِ أَجْنِحَةُ جُبْرَائِيْلَ وَالمَلَائِكَةِ الكِرَامِ عَلَيْهِمْ السَّلَامِ، آنَاءَ اللَّيْلِ وَأَطْرَافَ النَّهارِ، وَرَفْرَفَتْ حَوْلَهَا، زَائِرَةً لِسَاكِنِهَا مُسَلِّمَةً مُبارِكَةً ... وَاشْرَأَبَّتْ إِلَيْهَا قُلُوبُ الصَّفْوَةِ مِنَ الرِّجَالِ، وَتَعَلَّقَتْ بِهَا الأَبْصَارُ ... وَوَقَفَ، عَلَى بَابِهَا العُظَمَاءِ، يَتَنَافَسُونَ فِي نَيْلِ بَرَكَاتِهَا، وَيَلْتَمِسُونَ الحِظْوَةَ بِشَرَفِ الخِدْمَةِ لِسَيِّدِ الرُّسُلِ وَالأَنْبِيَاءِ!* لِمَاذَا تَتَاسَيْتَ يَا دُكْتُورُ أَنَّهُ فِي إِحْدَى حُجْرَاتِهَا نَهَقَ إِمَامُكَ بِصَوتِهِ النَّكِرْ: ***حَسْبُنَا كِتَابُ اللَّهِ!*** ؟

دُكْتُوْرُ، لَوْ قَالَ أَلفُ أَعْمَى إِنَّ الشَّمْسَ لَمْ تَطْلُعْ، وَقَالَ وَاحِدٌ مُبْصِرٌ أَنَّهَا مَوجُودَةٌ! فَهَلِ المُبْصِرُ عَلى خَطَأ وَالعُمْيُ عَلَى صَوابٍ؟

وَأَيْضًا أرضُ الحُجُرات يَا دُكْتُورْ خُطَّت بِالأَقْدامِ الطَّاهِرَةِ المُطَهَّرَةِ، وَالمُطَهِّرَةِ؛ أَقْدَامِ خَيْرِ خَلقِ اللَّهِ: رَسُولِ اللَّهِ وَأهلِ بَيْتِهِ الأطهارِ ... وَأَيْضًا وَقَفَ شَرَّا البَرِيَّةِ – أَبُو بَكْرٍ وَعُمَرُ – يَتَنَازَعَانِ وَيَتَمَارَيَانِ وَيَتَصَايَحَانِ. وَأَيضًا يَا دُكْتُورُ تَنَاسَيْتَ أَنَّ أَمَامَ هَذِهِ الحُجُراتِ نَفْسِهَا وقَفَ صَنَمُ العُمَرِيَّةِ، إِمَامُكَ يَا دُكْتُورُ– عُمَر (عَمِيْر) لِيُحرِّقَ، بَيْتَ بِنْتِ مَنْ نَعْتُهُ: ***بِسَيِّدِ الرُّسُلِ وَالأَنْبِيَاءِ***. حَذَّرَه بَعضُ

الحاضرينَ: إنَّ في البيت فَاطِمَة! **قَال: وَ إنْ.**

أَسْأَلُكَ بِاللَّهِ نُورُ السَموَاتِ وَالأَرْضِ، إنْ كُنْتَ تُؤْمِنُ بِاللَّهِ – وَلَيْسَ إلَهَكَ الأَطْرَشَ، الَّذِيْ نَزِلَ وَلَم يَصْعَدْ – فَعَلِقَ فِي السَّمَاءِ الْدُّنِيَا – **أيْنَ قَبْرُ فَاطِمَةَ؟؟؟** وأسْأَلُكَ أَيْضًا: مَتى اكْتُشِفَ ضَرِيْحُ الإمَامِ عَلِيٍّ ولِمَاذَا؟؟؟

دُكْتُورُ، بِالمَشَاعِرِ الفِطْرِيَّةِ أحسَسْتَ رَهْبَةَ المَكَان، ولَكِنَّكَ لَم تَسْمَعَ أنْكَرَ الأَصْوَاتِ وأَشَدَّها بَشَاعَةً وَقُبْحًا، وَقَدْ فَاقَتْ أَصْوَاتَ الحَميرِ شَنَاعَةً ونُكْرًا!!! رَفَضْتَ يَا دُكْتُور الخُرُوجَ مِنْ عُمُقِ المجاري، وَقَبِلْتَ وَتَقَبَّلْتَ اجْتِرَارَ العَنْعَنَةِ النَّتِنَةِ، **وَرَضِيْتَ** وَبِكُلِّ أَسَفٍ أنْ تَكُونَ فِي حَظيْرَةٍ يَحْكُمُهَا تَيسٌ عَجُوزٌ نَتِنٌ، ويَحرُسُها كِلابٌ سُعُرٌ، فَتَرَقَّيْتَ وَأصْبَحْتَ يَا دُكْتُورُ مِنَ الحُرَّاسِ!

أنَا حَزِينٌ. كَمْ كُنتُ أتَمَنى أنْ يَكُونَ دَوْرُكَ مُخْتَلِفًا، فِي هِدايَةِ النَّاسِ، وَأَنْتَ القَادِرُ. أعطَاكَ اللَّهُ مِنَ العِلْمِ وَالإحْسَاسِ الجَميلِ المُرْهَفِ، مَا لَم يَعْطَ كَثِيرٍ مِنَ الناسِ... إنَّ وَقفَتَكَ الوُجْدَانِيَّةَ أَمَامَ حُجُراتِ رَسُولِ اللَّهِ، أَلهَبَتْ شَوْقِيْ وَاشتِياقِيْ لِرَسُول الإنْسانيَّةِ! كَيفَ تَرضَى عَلى نَفسِك دُكْتُورُ أن تُنَجِّس هَذا الإحسَاسَ المُرهَفَ بِمَخَازِي المَجَارِيْ، الَّتي جَمَعَها البُخَارِي وأمثَالُه مِمَّا تُسَمُّونَها الصِحَاحَ، واللَّه يَعْلَم أنَّهَا أَكَاذِيْبُ، أو عَلى الأَقَلِّ نِتَاجُ مَجارِيْ،

غَيْرُ صَالِحٍ لِلاطْمِئْنَان الإيْمَانِيّ!؟

إذا كان الذي يَرفَع صَوتَهُ فَوقَ صَوتِ النّبيّ، يَدخُلُ النّارَ!!! فَما بَالُكَ بِالّذين قَتّلوا النّبيَّ، وَبِنْتَ النّبيّ، وَأحْفَادَ النّبيّ، وَأحرَقُوا بَيْت النّبيّ، واغتَصَبوا وذَبّحوا وأحرَقُوا مِئاتَ الآلافِ مِنَ الأبْرياءِ، بِاسْم دِيْنِكُم العُمَرِيّ يَا دُكْتُورُ! ***وَبِاسْمِ نَبيّكم الّذِيْ يُخْطِئُ وَيُصِيْبُ***، وَالذي اسْمُهُ يُشْبِهُ إسمَ رَسُولِ الرّحْمَةِ؟!

هَل تَستَطِيْعُ دُكْتُورْ أَنْ تُعْلِنَ أنَّ هَؤلاءِ القَتَلَةَ مِن دَاعِش وأخَواتِها – وخُصُوصًا الإخْوانَ المُجرِمِيْن أنّهُم كَفَرَةٌ؟ **لَا جَرَمَ أَنَّ اللَّهَ يَعْلَمُ مَا يُسِرُّونَ وَمَا يُعْلِنُونَ إِنَّهُ لَا يُحِبُّ الْمُسْتَكْبِرِينَ (23) وَإِذَا قِيلَ لَهُم مَّاذَا أَنزَلَ رَبُّكُمْ قَالُوا أَسَاطِيرُ الْأَوَّلِينَ (24) لِيَحْمِلُوا أَوْزَارَهُمْ كَامِلَةً يَوْمَ الْقِيَامَةِ وَمِنْ أَوْزَارِ الَّذِينَ يُضِلُّونَهُم بِغَيْرِ عِلْمٍ أَلَا سَاءَ مَا يَزِرُونَ (25) قَدْ مَكَرَ الَّذِينَ مِنْ قَبْلِهِمْ، فَأَتَى اللَّهُ بُنْيَانَهُم مِّنَ الْقَوَاعِدِ، فَخَرَّ عَلَيْهِمُ السَّقْفُ مِن فَوْقِهِمْ، وَأَتَاهُمُ الْعَذَابُ مِنْ حَيْثُ لَا يَشْعُرُونْ. (26)** ...

قَد تَقُولُ دُكْتُورُ كَما قَالَ غَيرُكَ للتَعمِيَةِ: **تِلْكَ أُمَّةٌ قَدْ خَلَتْ لَهَا مَا كَسَبَتْ وَلَكُم مَّا كَسَبْتُمْ وَلَا تُسْأَلُونَ عَمَّا كَانُوا يَعْمَلُونْ.** (134).

إنَّ المُكَابرِينَ يُمعِنونَ في التّحْويرِ وَالتّدْويرِ وَالتّزْويرِ لِتَفصيلِ وحِياكَةِ ونَسجِ ما يُنَاسبُ ويَليقُ ويُوافِقُ نُتوءَاتِ وتَشَوّهاتِ وتزَيُّفَاتِ

فِكرِهِم.... لَقَد زَوَّرَ وشَوَّهَ المُعَنْعِنونَ مَعَانِيَ وَمَفَاهِيْمَ وقَواعِدَ وألفَاظَ، وحَتَّى نُطقَ اللُّغَةِ العَرَبيَّةِ فِي القُرآنِ؛ وَكَما ذَكَرْتُ سَابقًا: مَسَّ، تُصبِحُ لَمَسَ لإبْعَادِ، حَصْرِيَّةِ الْتَّطْهِيرِ (بإِنَّمَا **الحَصْرِيَّةَ**) لِأهلِ البَيْتِ، وَحَصْرِيَّةُ المَسّ بِالمُطَهَّرِيْن. شَهِدَ يُصْبِحُ عِنْدَ العُمَرِيَّةِ شَاهَدَ لِتَأويلِ مَا ليسَ لَهُم بِهِ عِلم. وَهُنا "**تُسْأَلُونَ**" أَصْبَحَتْ "**تَسَاَلُونَ**"، وَجَعَلُوهَا حَرَامًا... وَاللَّهُ يَقُولُ: وَلَا تَزِرُ وَازِرَةٌ وِزْرَ أُخْرى، وَهَذَا مِنْ عَدْلِ اللهِ ألَّا يَسْألَنَا عَمَّا فَعَلَ غَيْرُنَا! وَلَكِنَّنَا مَجْبُورُونَ أَنْ نَتَسَاءَلَ لِنَتَعَلَّمَ وَلِنُفَرِّقَ بَيْنَ الحَقّ وَالبَاطِلِ، ونَلْعَنَ الكَافِرِيْنَ والمُنَافِقِيْنَ وَجَمِيْعَ مَن لَعَنَهُمُ اللّهُ وَرَسُولُهُ!

تُرِيْدُونَ مِنَ النَّاسِ ألَّا تَسْألَ فِي مَخَازِي ومَهانَةِ وعارِ أَصْنَامَكُم، وَفِي مَثَالبِ وَعَيْبِ وَمَناقِصِ عُلَمَائِكُم. مَنِ الَّذي يَشُكُّ في أنَّ اللهَ لا يَسْألُ امرءًا عَمَّا عَمِلَ غَيْرُه؟ لَكِنَّ هَذَا لَا يَعْنِي أَنْ لَا نَسْألَ ونَتَسَاءَلَ عَمَّا فَعَلَهُ الصَالِحُونَ والطَالِحُونَ فِي الأُمَمِ الَّتِي خَلَتْ، وبالأخَصّ في مُكَوّنِ عقيدَتِنَا، وحَيَاتِنَا، وتَارِيْخِنَا، ومُستَقْبلِنَا!

يَحْفُلُ القُرآنُ بِقَصَصِ الغَابِرِينَ! كَيفَ لَا، ألإيْمَانُ يَنْمُو ويَربو ويَتَجَدَّدُ بِالعِلْمِ وَبِالبَحْثِ وَالمَعرِفَةِ وَالتَجْرُبَةِ، وَبالسُؤالِ أيضًا، وَأَخْذِ العِبَرِ مِنَ التَّارِيخِ الصَّحيح. لِذَا تَكْثُرُ الأسْئِلَةُ عِنْدَما تَتَّسِعُ الهُوَّةُ وتَبْرُزُ الخِلافَاتُ. دُكْتُورُ ليسَ كُلُّ النَّاسِ نِعاجُ زَرِيْبَةٍ!؟

ألهُوَّةُ بَيْنَ النَّاسِ تَزدَادُ اتِّسَاعًا وعُمْقًا. إنَّ ظَواهِرَ القَتْلِ والغَدْرِ وَالتَّآمُرِ والظُّلمِ، مُضْطَرِدَةٌ ومُزدَهِرةٌ، ومُعتَمَدَةٌ فِي تَجْنِيْد أتْبَاعٍ ومُتَطَوِّعين وَمُسْتَرْزِقِيْن، عَلَى مَدَى مَسِيرَةِ مُسْلِمِي مَذَاهِبِ الزَّرِيْبَة، خُصُوصَاً في مُجتَمعاتِكُم العُمَرِيَّة، يَا دكتُورُ !!! ويَعودُ جُذورُ هَذِهِ الظَوَاهِرِ في كُتُبِكُم، إلىَ يَومِ تَنصِيْبِ أصْنَامِكُم أئِمَّةً لِلْكُفرِ فِي زَرِيْبَةِ بَنِيْ سَاعِدة. حَيثُ بَارَك وشَجَّع وأيَّدَ مُعْظَمُ مَنْ حَضَرَ في الزَّرِيْبَةِ أَئِمَّةَ الكُفْرِ: هَؤُلاءِ الصَّحَابَةَ الَّذِيْنَ بِهِمْ تَتَعَبَّدُونَ!

أَمَّرُوا أَئِمَّةَ الكُفْرِ عَلَى رِقَابِ العِبَادِ، جَعَلُوا أقْوَالَهُم وَأفْعَالَهُم سُنَّةً! **سُنَّةُ مَنْ؟** اللهُ الخَالِقُ وَرسُولُهُ الأكْرَمُ بُرَآءُ مِنْكُمْ وَمِنْ سُنَّتِكُم! إنَّ هَذِهِ لَعْنَةٌ وَشَرٌّ يَجِبُ اسْتِئصَالَهُ! لَمْ تَنْجُ بُقْعَةٌ وَاحِدَةٌ عَلَى الكُرَة الأَرْضِيَّةِ - على مَرِّ الأيَّامِ وَالأَعْوَام وَالعُصُوْرِ - مِن فِسقِ مَا تَتَعَبَّدُون بِهِ وَتَفْرُضُونَهُ عَلَى النَّاس، حَتَّى بِالقُوَّةِ وَالقَتْلِ! وَقَدْ قال تعالى: **(وَلَوْ شَاءَ رَبُّكَ لَآمَنَ مَن فِي الْأَرْضِ كُلُّهُمْ جَمِيعًا، أَفَأَنتَ تُكْرِهُ النَّاسَ حَتَّى يَكُونُوا مُؤْمِنِينَ؟!) ... وَقُلِ الْحَقُّ مِن رَّبِّكُمْ فَمَن شَاءَ فَلْيُؤْمِن وَمَن شَاءَ فَلْيَكْفُرْ، إِنَّا أَعْتَدْنَا لِلظَّالِمِينَ نَارًا أَحَاطَ بِهِمْ سُرَادِقُهَا، وَإِن يَسْتَغِيثُوا يُغَاثُوا بِمَاءٍ كَالْمُهْلِ يَشْوِي الْوُجُوهَ بِئْسَ الشَّرَابُ وَسَاءَتْ مُرْتَفَقًا...**

أَتْرُكُ لك أيُّها القَارِئُ الكَرِيم عَناءَ فَهْمِ وَتَفَهُّمِ عَنْعنَاتِ هَذِهِ السُّنَّةِ!

يَتَحَدَّثُ التَّارِيخُ عَنْ غَزَوَاتِ المَغُولِ وَالتَّتَارِ، وَعَنِ القَتْلِ وَالدَّمَارِ الَّذِي حَلَّ بِالمُسْلِمِينَ خِلَالَ هَذِهِ الغَزَوَاتِ!

هَلْ كُلُّ مَا دُمِّرَ وقُتِلَ فِي غَزوتَيْ التَّتَارِ وَالمَغُولِ يُسَاوِي مَا قَتَلَهُ وَدَمَّرَهُ أَهْلُ السُّنَّةِ (العُمَرِيَّةُ) فِي العِرَاقِ فَقَط؟ أَوْ فِي لِيْبِيَا؟ أَوْ فِي لُبْنَانَ؟ أَوْ فِي سُورِيَا المَظْلُومَةِ؟ أَوْ فِي اليَمَنِ الجَرِيحِ؟ أَوْ فِي فِلسْطِينَ المَذْبُوحَةِ؟ أَوْ حَتَّى فِي أرمِينْيَا؟ وَكُلُّ هَذَا حَصَلَ فِي المِئَةِ سَنَةٍ الأَخِيرَةِ، وَبِأَيْدٍ عُمَرِيَّةٍ!

لَقَدْ ذَكَرْتُ لَكَ أَيُّهَا القَارِئُ الكَرِيمُ مَجَازِرَ الصَّحَابَةِ، حَرْبُ رِدَّةِ أَبِي بَكْرٍ وَشَرِيكِهِ عُمَيْرٍ، حَرْبَ عَائِشَةَ، حَيْثُ اسْتَبَاحَتْ عَائِشَةُ أُمُّ (العُمَرِيَّة)، البَصْرَةَ قَبْلَ أَنْ تُقَاتِلَ أَمِيرَ المُؤْمِنِيْنَ. فَالأَرْقَامُ المُعْتَدِلَة تَقُولُ أَكْثَرَ مِنْ أربعينَ أَلفٍ مِنَ المُسْلِمِينَ، قَتَلَت عَائِشَةُ فِي البَصْرَةِ فَقَط قَبْلَ أَنْ تُوَاجِهَ جَيشَ إِمَامِ المُتَّقِيْنَ. ثُمَّ بَعْدَ عَائِشَةَ، تَابَعَ أَمِيرُ مُؤْمِنِيْ العُمَرِيَّةِ وَخَالُهُم مُعَاوِيَةُ مَا عَجِزَتْ عَنْهُ أُمُّهُ عَائِشَةُ! كُلُّ هَذَا حَصَلَ وَلَمْ يَمْضِ عَلَى إِرْتِقَاءِ الرَّسُولِ الأَعْظَمِ، جِيلًا وَاحِداً، أُصْحُوا!؟ فَمَا بَالُكُم بِالَّذِي حَصَلَ مِنْ قَتْلٍ وَسَلبٍ وَنَهبٍ وَسَبِي، عَلَى مَدَارِ أَعْوَامِ الغَزوِ وَالسَّلْبِ وَالنَّهْبِ بِاسْمِ الإِسْلَامِ!

أَعَادَهَا العُمَرِيَّةُ جَاهِلِيَّةً أَبْشَعَ مِمَّا كَانَتْ عَلَيْهِ قَبْلَ البَعْثَةِ النَّبَوِيَّةِ!

وَلَكِنْ لَا بُدَّ لِي أَنْ أُذَكِّرَ القُرَّاءَ بِأَحْدَاثٍ، عَلَى وُضُوحِ مَعَالِمِهَا، قَدْ يَخْتَلِفُ النَّاسُ فِي تَقْيِيمِ مُخَلَّفَاتِهَا المَادِّيَةِ، وَيَبْقَى مِنْهَا سُمُومُ المُزَوِّرِينَ، فِي العَقِيدَةِ المُحَمَّدِيَّةِ...

يَسْأَلُ سَائِلٌ: أُرِيدُ مَعْرِفَةَ بَعْضِ الحَقَائِقِ حَوْلَ مَعْرَكَةِ الجَمَلِ وَالإِلْمَامِ بِمَغْزَاهَا، وَلِمَاذَا تَقَاتَلَ **الصَّحَابَةُ رِضْوَانُ اللهِ عَلَيْهِمْ**، فِيمَا بَيْنَهُمْ، وَهَلْ نَعْتَبِرُ كِتَابَ بْنِ العَرَبِيّ مَرْجِعًا لَنَا؟ أُرِيدُ رَدًّا مِنْ فَضْلِكُمْ. جَزَاكُمُ اللهُ خَيْرًا. يُجِيبُهُ أَحَدُ عُلَمَاءِ العُمَرِيَّةِ بِالتَّالِي:

فَإِنَّ مُعْتَقَدَ أَهْلِ السُّنَّةِ وَالجَمَاعَةِ (العُمَرِيَّة) الإِمْسَاكُ عَمَّا جَرَى بَيْنَ أَصْحَابِ النَّبِيِّ (ص)، وَالتَّرَضِّي عَنْهُمْ جَمِيعًا، وَاعْتِقَادُ أَنَّهُمْ مُجْتَهِدُونَ فِي طَلَبِ الحَقِّ، لِلْمُصِيبِ مِنْهُمْ أَجْرَانِ، وَلِلْمُخْطِئِ أَجْرٌ وَاحِدٌ.

فِي رِدَّةِ أَبِي بَكْرٍ، أَلَمْ يَكُ الَّذِينَ قَتَلَهُمْ أَبُو بَكْرٍ صَحَابَةٌ لِلنَّبِي؟ وَهَلْ كَانَ فِي عَهْدِ إِمَامِكُم – أَبِي بَكْرٍ، وَفِي عَهْدِ أُمِّكُمْ عَائِشَةَ أَيَّهَا العُمَرِيَّةُ – غَيْرَ الصَّحَابَةِ يَتَقَاتَلُونَ؟... جَمَعَكُمُ اللهُ بِهِمْ يَوْمَ القِيَامَةِ!

وَيَزِيدُ هَذَا العَالِمُ العُمَرِيُّ: وَلَمَّا كَانَتْ كُتُبُ التَّارِيخِ مَشْحُونَةً بِكَثِيرٍ مِنَ الأَخْبَارِ المَكْذُوبَةِ الَّتِي تَحُطُّ مِنْ قَدْرِ هَؤُلَاءِ الأَصْحَابِ الأَخْيَارِ، وَتُصَوِّرُ مَا جَرَى بَيْنَهُمْ عَلَى أَنَّهُ نِزَاعٌ شَخْصِيٌّ أَوْ دُنْيَوِيٌّ،

لَمَّا كَانَ الأَمْرُ كَذَلِكَ فَإِنَّنَا نَسُوقُ إِلَيْكَ جُمْلَةً مِنَ الأَخْبَارِ الصَّحِيحَةِ حَوْلَ هَذِهِ المَعْرَكَةِ، وَبَيَانَ الدَّافِعِ الَّذِي أَدَّى إِلَى اقْتِتَالِ الصَّحَابَةِ الأَخْيَارِ رَضِيَ اللَّهُ عَنْهُمْ ...

وَبَعْدَ كُلِّ مَا قَدَّمَهُ مِنِ اعْتِذَارٍ عَنِ التَّحَدُّثِ فِي مَا جَرَى بَيْنَ الصَّحَابَةِ، يُرْسِلُ هَذَا العَالِمُ العُمَرِيُّ السَّائِلَ إِلَى مَوْقِعٍ: السُّؤَال والإجابة!

يَعْتَمِدُ هَذَا المَوْقِعُ عَلَى الكَلَامِ الإِنْشَائِيِّ الَّذِي قَالَهُ الأَوَّلُ: **فَإِنَّ مُعْتَقَدَ أَهْلِ السُّنَّةِ وَالجَمَاعَةِ (العُمَرِيَّةِ) الإِمْسَاكُ عَمَّا جَرَى بَيْنَ أَصْحَابِ النَّبِيِّ (ص)، وَالتَّرَضِّي عَنْهُمْ جَمِيعاً**، ثُمَّ يَبْدَأُ بِالدَّجَلِ وَالإِنْشَاءِ وَالتَّوْرِيَةِ وَتَحْقِيرِ عُقُولِ القُرَّاءِ! هَذَا العَالِمُ العُمَرِيُّ سَاوَى بَيْنَ المُعْتَدِي وَالمُعْتَدَى عَلَيْهِ. وَبَيْنَ الكُفْرِ وَالإِيمَانِ! قَالَ إِنَّ السُّنَّةَ (سُنَّةَ المَجَارِي) تَقُولُ: **تَحْرِيمُ الخُرُوجِ عَلَى الإِمَامِ سَوَاءٌ كَانَ الإِمَامُ عَادِلًا أَمْ جَائِرًا، وَإِنَّ ذَلِكَ مِمَّا نَهَى عَنْهُ الإِسْلَامُ أَشَدَّ النَّهْيِ وَأَمَرَ بِطَاعَتِهِمْ، وَمَنْ خَرَجَ عَلَيْهِمْ فَهُوَ بَاغٍ، وَعَلَيْهِ تُحْمَلُ الأَحَادِيثُ المُطْلَقَةُ، فِي السَّمْعِ وَالطَّاعَةِ.** ثُمَّ تَحَدَّثَ عَنْ ثَوَابِ المُجْتَهِدِينَ ...

أَسْأَلُكُمْ بِاللَّهِ: أَلَيْسَ قَوْلُ " المُجْتَهِدُونَ فِي طَلَبِ الحَقِّ، لِلْمُصِيبِ مِنْهُمْ أَجْرَانِ، وَلِلْمُخْطِئِ أَجْرٌ وَاحِدٌ، " **فِيهِ رِيحُ وَنَكْهَةُ مَجَارِي؟**

ثُمَّ أَيُّهَا العُمَرِيُّ مَتَى أصْبَحَتْ أُمُّكُم عَائِشَةُ ***إِمَامًا وَحَاكِمًا*** ؟! المَعْرُوفُ أنَّ وَاقِعَةَ الجَمَلِ كَانَ سَبَبُهَا خُرُوْجُ عَائِشَةَ مَعَ طَلْحَةَ وَالزُّبَيْرِ لِلْمُطَالَبَةِ بِدَمِ عُثْمَان... إِلَّا أنَّ الثَّابِتَ تَأرِيْخِيًّا أَنَّ عَائِشَةَ هِيْ الَّتِيْ حَرَّضَتِ النَّاسَ عَلَى قَتْلِ عُثْمَانَ بْنُ عَفَّانْ، وَأَصْدَرَتْ فَتْوَىً بِقَتْلِهِ بَعْدَ نَعْتِهِ **بِنَعْثَلَ اليَهُوْدِيْ**. وَقَالَت: ((اقْتُلُوْا نَعْثَلًا فَقَدْ كَفَرْ)) تَعْنِيْ عُثْمَانْ (رَاجِعِ النِّهَايَةِ لِابْنِ الأَثِيْرِ الجُزْرِيّ الشَّافِعِيّ 80/5، تَاجُ العَرُوسِ لِلْزُبَيْدِيْ 8 / 141، لِسَانُ العَرَبِ 14 / 193, شَرْحُ النَّهْجِ لِلْمُعْتَزِلِيْ 2 / 77). وَنَعْثَلْ هُوَ رَجُلٌ يَهُوْدِيْ كَانَ يَعِيْشُ فِي المَدِيْنَةِ طَوِيْلُ الْلِّحْيَةِ... أَجَلْ، وَرَدَ أَنَّ حَفْصَةَ وَعَائِشَةَ قَالَتَا لِعُثْمَانَ: أَنَّ رَسُوْلَ اللَّهِ (صَ)، سَمَّاكَ نَعْثَلًا تَشْبِيْهًا بِنَعْثَلَ اليَهُوْدِيْ. (رَاجِعْ كِتَابَ الصِّرَاطِ المُسْتَقِيْمِ لِعَلِيِّ بِنْ يُوْنِسْ العَامِلِيِ 3 / 30).

وَقَالَ ابْنُ أَعْثَمْ فِي (الفُتُوحِ 1 / 64) : عَائِشَةٌ أَوَّلُ مَنْ كَنَّ عُثْمَانَ نَعْثَلًا، وَحَكَمَتْ بِقَتْلِهِ.

وَعَنْ أَبِيْ الفِدَاءِ فِي تَارِيْخِهِ (المُخْتَصَرْ فِي أَخْبَارِ البَشَرِ 1 / 172) : كَانَتْ عَائِشَةٌ تَنْكُرُ عَلَى عُثْمَانَ مَعَ مَن يُنْكِرُ عَلَيْهِ، وَكَانَتْ تُخْرِجُ قَمِيصَ رَسُوْلِ اللَّهِ (ص) وَتَقُوْلُ : ***هَذَا قَمِيصُهُ وَشَعْرُهُ لَمْ يُبَالِ وَقَدْ بُلِيَ دِيْنُهُ***، وَفِي شَرْحِ النَّهْجِ لِابْنِ أَبِيْ الحَدِيْدِ المُعْتَزِلِيْ

(3 / 9) : هَذَا ثَوْبُ رَسُولِ اللَّهِ لَمْ يُبَلْ، وَعُثْمَانُ قَدْ أَبْلَى سُنَّتَهُ! وَقَدْ صَدَّقَ المُسْلِمُونَ وَعَلَى رَأسِهِم الصّحَابَةُ دَعْوَى عَائِشَةَ، وَاسْتَجَابُوا لِتَحْرِيْضِهَا فَشَارَكُوا في قَتْلِهِ، **وَأجْمَعُوا عَلَىٰ دَفْنِهِ في مَقْبَرَةِ اليَهُوْدْ** (حَشِّ كَوْكَبْ)، وَقَبَرُوهُ هُنَاكَ . (رَاجِعْ : طَبَقَاتُ ابْنُ سَعْدْ 3 / 78، وَالعَقْدُ الفَرِيْدِ 4 / 270)...

وَلَكِنْ السُّؤَالَ المُثِيْرُ لِلدَّهْشَةِ هُوَ: لِمَاذَا خَرَجَتْ عَائِشَةُ لِلْمُطَالَبَةِ بِدَمِ عُثْمَانَ وَتَجْيِيْشِ الجُيُوشِ مِنْ أَجْلِ ذَلِكَ، وَهِيَ أَوَّلُ مَنْ يَعْلَمَ أَنَّ أَخَاهَا مُحَمَّدٌ بِنْ أَبِيْ بَكَرْ تَقَدَّم الَّذِيْنَ دَخَلُوا عَلَى عُثْمَان. أَخَذَ مُحَمَّدٌ بِلِحْيَةِ عُثْمَانَ وَقَالَ: **قَدْ أَخْزَاكَ اللَّهُ يَا نَعْثَلَ! فَقَالَ عُثْمَانَ: لَسْتُ بِنَعْثَلَ، وَلَكِنِّي عَبْدُ اللَّهِ. قَالَ مُحَمَّدٌ ابْنُ أَبِيْ بَكْرٍ: مَا أَغْنَىٰ عَنْكَ مُعَاوِيَةَ وَفُلَانَ وَفُلَانَ!!!** يَا دُكْتُورُ كُتُبِ العُمَرِيَّةِ تَعُجُّ بِهَذِهِ الحَادِثَةِ. وَلَكِنْ اللَّهَ أَعْمَاكَ عَنْهَا، هَذَا رَعِيلُ صَحَابَتِكَ الأَوَّائِل الَّذِيْنَ سَيَقُودُونَ الأُمَمَ! أَبِالغَدْرِ وَالنِّفَاقِ وَالنَّقْضِ وَالكَذِبِ وَالكُفْرِ وَالخِيَانَةِ؟! يَا دُكْتُورُ هَذِهِ أُمُّكَ تَعْلَمُ كَمَا أَنْتَ تَعْلَمُ، أَنَّ إِمَامَ المُتَّقِيْنَ وَأَمِيْرُ المُؤْمِنِيْنَ وَحَبِيْبُ رَسُولِ رَبِّ العَلَمِيْنَ "**عَلِيٌّ**"، **بَرِيْءٌ مِنْ دَمِ عُثْمَانْ بَرَاءِةَ الذِّئبِ مِنْ دَمِ يُوسِفْ!** أُمُّكَ هَذِهِ حَمَلَتْ قَمِيْصَ عُثْمَانَ وَجَالَتْ بِهِ الجَزِيْرَةَ العَرَبِيَّةَ تُحَرِّضُ النَّاسَ! وَمَا زَالَ العُمَرِيَّةُ يَحْلُونَ هَذَا القَمِيْصِ إِلَى يَومِنَا هَذَا! وَقَدْ أَمَرَ اللَّهُ أَمَّكُمَ عَائِشَةَ

قَائِلًا: يَا نِسَاءَ النَّبِيِّ لَسْتُنَّ كَأَحَدٍ مِّنَ النِّسَاءِ إِنِ (**اتَّقَيْتُنَّ**)، فَلَا تَخْضَعْنَ بِالْقَوْلِ فَيَطْمَعَ الَّذِي فِي قَلْبِهِ مَرَضٌ وَقُلْنَ قَوْلًا مَّعْرُوفًا! **وَقَرْنَ** فِي بُيُوتِكُنَّ وَلَا **تَبَرَّجْنَ** تَبَرُّجَ الْجَاهِلِيَّةِ الْأُولَى... وَمَا زِلْتُم تُنَادُونَهَا ***أُمَّ المُؤْمِنِيْن***. كَمَا هُوَ الحَالُ مَعَ أَبِيْهَا، أَبِيْ بَكْرٍ! مَا زِلْتُمْ تُنَادُوْنَهُ ***أَمِيْرَ المُؤْمِنِيْن*** (العُمَرِيَّةُ)!

دُكْتُورُ أَيُّهَا العُمَرِيْ: ذُو نُورَيْنِكِ يَسْأَلُكَ الزِّيَارَةِ! وَلَا تَنْسَى زِيَارَةَ خَالِكَ ***أَمِيْرُ مُؤْمِنِيْ*** العُمَرِيَّةِ، "**مُعَاوِيَةَ**" زِيَارَتُهُ أَيْضًا وَاجِبَةٌ عَلَيْكَ! مَقْبُوْرٌ قَرِيْبٌ مِنْ إِحْدَى زَوَايَا الجَامِعِ الأَمَوِيِّ. عَسَى تَأْخُذُ، العِبْرَةَ!؟ قَدْ تَسْتَحِيْ إِذَا بَقِيَ فِيكَ شَيءٌ مِنَ الحَيَاءَ، أَو قَدْ تَخْجَل، لِمَصِيْرِ أَئِمَّتِكَ!؟ لِهَذَا أُقَدِّمُ لَكَ هَذَا الوصْفَ أَلَّذِيْ لَو بَقِيَ فِيكَ نُطْفَةٌ مِنْ الإِنْسَانِيَّةِ، قَدْ تُرْجِعُكَ هَذِهِ النُّطْفَةَ إِنْسَانًا! وَإِلَّا سَتَبْقَى فِي زَرِيْبَةِ بَنِي سَاعِدَةَ ***مَعَ الَّذِيْنَ لَا يَعْقِلُون***! لَا تَنْسَى دُكْتُور أَنْ تَسْأَلَ ***إِمَامَكَ***: **أَيْنَ قَبْرُ ابْنِهِ، وَخَلِيْفَتِهِ وَأَمِيرِكَ يَزِيْد؟!**

قَصِيْدَةُ الشَّاعِرِ مُحَمَّدُ مَجْذُوبْ يَصِفُ فِيهَا قَبْرَ مُعَاوِيَةَ!

أَيْنَ القُصُوْرُ أَبَا يَزِيْدٍ وَلَهْوُهَا
وَالصَّافِنَاتُ وَزَهْوُهَا وَالسُّؤْدُدُ
أَيْنَ الدَّهَاءُ نَحَرْتَ عِزَّتَهُ عَلَى
أَعْتَابِ دُنْيَا زَهْوُهَا لَايَنْفُدُ
آثَرْتَ فَانِيْهَا عَلَى الحَقِّ الَّذِيْ
هُوَ لَوْ عَلِمْتَ عَلَى الزَّمَانِ مُخَلَّدُ
تِلْكَ البَهَارِجُ قَدْ مَضَتْ لِسَبِيْلِهَا
وَبَقِيْتَ وَحْدَكَ عِبْرَةً تَتَجَدَّدُ
هَذَا ضَرِيْحُكَ لَوْ بَصَرْتَ بِبُؤْسِهِ
لَأَسَالَ مَدْمَعَكَ المَصِيْرُ الأَسْوَدُ
كُتَلٌ مِنَ التُّرْبِ المُهِيْنِ بِخَرْبَةٍ
سَكِرَ الذُّبَابُ بِهَا فَرَاحَ يُعَرْبِدُ
خَفِيَتْ مَعَالِمُهَا عَلَىٰ زُوَّارِهَا
فَكَأَنَّهَا فِي مَجْهَلٍ لَا يُقْصَدُ
وَالْقُبَّةُ الشَّمَّاءِ نُكِّسَ طَرْفُهَا

فَبِكُلِّ جزْءٍ لِلْـفَنَاءِ بِهَـا يَدُ
تَهْمِيْ السَّحَائِبُ مِنْ خِلَالِ شُقُوْقِهَا
وَالرِّيْحُ في جَنَـبَاتِهَا تـتَرَدَّدُ
وَكَذَا المُصَلَّىَ مُظْلِمٌ فَكَـأَنَّهُ
مُـذْ كَانَ لَمْ يَجْـتَزْ بِهِ مُتَعَبِّدُ
أَأَبَا يَزِيْدْ وَتِلْكَ حِكْمَةُ خَالِقٍ
تَجَلَّىَ عَلَى قَلْبِ الحَكِيْمِ فَيَرْشُدُ
أَرَأَيْتَ عَاقِبَةَ الجُـمُوحِ وَنَزْوَةٍ
أَوْدَى بِلِبِّكَ غَيُّهَا المُتَرَصِّـدُ
تَعْدُوْا بِهَا ظُلْمًا عَلَى مَنْ حُـبُّهُ
دِيْـنٌ وَبُغْضُـهُ الشَّقَاءُ السَّرْمَدُ
وَرِثَتْ شَمَائِـلُهُ بَـرَاءَةَ أَحْمَدٍ
فَيَكَادُ مِنْبَرُ يَدِهِ يَشْرُقُ أَحْمَدُ
وَغَلَـوْتَ حَتَّى قَدْ جَعَلْتَ زِمَامَهَا
إِرْثًا لِكُـلِّ مُـذَمَّمٍ لَا يُحْمَدُ
هَتَكَ المَحَـارِمَ وَاسْتَبَاحَ خُدُوْرَهَا
وَمَضَىْ بِـغَيْرِ هَـوَاهُ لَا يَتَقَيَّدُ
فَأَعَادَهَا بَعْدَ الـهُدَىَ عَصَـبِيَّةً

أنْوَارُ سُورَةِ الحُجُرَاتِ

جَـهْلَاءُ تَـلْتَهِمُ النُّفُوسَ وَتُفْسِدُ
فَكَأَنَّمَا الإِسْلَامَ سِـلْعَةُ تَـاجِرٍ
وَكَأَنَّ أُمَّـتَهُ لِآلِـكَ أَعْـبَدُ
فَاسْـأَلْ مَرَابِضَ كَرْبَلَاءِ وَيَثْرُبٍ
عَنْ تِـلْكُمْ النَّارُ الَّتِيْ لَا تَخْمُدُ
أَرْسَلْتَ مَارِجَهَا فَـمَاجَ بِبَحْرِهِ
أَمْسُ الجُـدُوْدِ وَلَنْ يُجَنِّبُهَا غَدُ
وَالزَّاكِيَاتُ مِنَ الدِّمَـاءِ يُرِيْقُهَا
بَـاغٍ عَلَى حَرَمِ الْـنُّبُوَّةِ مُفْسِدُ
وَالطَّاهِرَاتُ فَدِيَّـتِهُنَّ حَوَاسِـرًا
تَـنْـثَالُ مِنْ عَـبَرَاتِهِنَّ الأَكْبُدُ
وَالطَّـيِّبِيْنَ مِنَ الصِّغَارِ كَـأَنَّهُمْ
بِـيْضُ الزَّنَابِقِ ذِيْدَ عَنْهَا المَوْرِدُ
تَشْـكُو الظَّمَأَ وَالظَّـالِمُونَ أَصَمَّهُمْ
حِقْدٌ أَنَاخَ عَلَى الجَوَانِحِ مُوْقَدُ
وَالذَّائِـدِيْنَ تَبَعْـثَرَتْ أَشْلَاؤُهُمْ
بَـدُوْا، فَثُمَّةَ، مِعْصَمٌ وَهُنَا يَدُ
تَطَأُ السَّنَابِكُ بِالطُّـغَاةِ أَدِيْمَهَا

أنْوَارُ سُورَةِ الحُجُرَاتِ

مَثَـلُ الكِتَابِ مَشَى عَلَيْهِ المُلْحِدُ
فَعَلَـى الرِّمَـالِ مِنَ الأُبَاةِ مُضَرَّجٌ
وَعَلَى النِّـيِاَقِ مِنَ الهُدَاةِ مُصَفَّدُ
وَعَلَى الرِّمَاحِ بَقِيَّةٌ مِنْ عَابِـدٍ
كَالشَّمْسِ ضَاءَ بِهِ الصَّفَا وَالمَسْجِدُ
أَنْ يَجْهَلَ الأُثَـمَاءِ مَوْضِعَ قَدْرِهِ
فَـلَقَـدْ دَرَاهُ الرَّاكِـعُوْنَ السُّجَّدُ
أَأَبَا يَزِيْدْ وَسَـاءَ ذَلِكَ عَـثْرَةً
مَاذَا أَقُولُ وَبَابُ سَمْعِكَ مُوْصَدُ
قُمْ وَارْمُقَ النَّجَفَ الشَّرِيْفَ بِنَظْرَةٍ
يَرْتَدُّ طَرْفُكَ وَهُوَ بَـاكٍ أَرْمَدُ
تِلْكَ العِظَامُ أَعَزَّ رَبُّكَ قَـدْرَهَا
فَتَـكَادُ لَوْلَا خَـوْفُ رَبِّكَ تُعْبَدُ
أَبَدًا تُبَارِكُـهَا الوُفُـودُ يَحُثُّـهَا
مِنْ كُـلِّ حَدْبٍ شَوْقُهَا المُتَوَقِّدُ
نَازَعْتَهَا الدُّنْيَا فَـفُزْتَ بِورْدِهَا
ثُمَّ انْقَضَى كَالحِلْمِ ذَاكَ المَوْرِدُ
وَسَعَتْ إِلَى الأُخْـرَى فَخُلِّدَ ذِكْرُهَا

فِي الخَالِدِيْــنِ وَعَطْفُ رَبِّكَ أَخْلَدُ
أَأَبَا يَزِيْدٍ لَتِلْكَ آهَــةُ مُوْجَعٍ
أَفْــضَى إِلَيْكَ بِهَا فُؤَادُ مُقْصِدُ
أَنَا لَسْتُ بِالقَالِي وَلَا أَنَا شَامِتٌ
قَلْبُ الكَرِيْمِ عَنْ الشَّمَاتَةِ أَبْعَدُ
هِيَ مُهْجَةٌ حَرَّى أَذَابَ شَغَافَهَا
حُـزْنٌ عَلَى الإِسْلَامِ لَمْ يَكُ يَهْمَدُ
ذَكَّرْتَــهَا المَاضِيْ فَهَاجَ دَفِينُهَا
شَمْلٌ لِشَعْبِ المُصْطَفَى مُتَبَدِّدُ
فِبَعَثْتُهُ عَتَبًا وَإِنْ يَـكُ قَاسِـيًّا
هُـوَ فِي ضُلُـوعِيْ زَفْرَةٌ يَتَرَدَّدُ
لَمْ أَسْـتَطِعْ صَبْرًا عَلَى غَلْوَائِهَا
أَيُّ الضُّلُوْعِ عَلَى اللَّظَى تَتَجَلَّدُ؟

* * * * *

يَا دُكْتُورْ إِنَّ حُزْنِيَ عَلَى مَا جَرَى عَلَى خَاتَمَ النَّبِيْيِّنْ وَعَلَى آلِ بَيْتِهِ المُنْتَجَبِيْنْ، وَعَلَى المُؤْمِنِيْن مُرُّ المَذَاقِ، إِنَّ الحُزْنَ الدَّفِين الَّذِيْ يَتَسَلَّلُ أَلَى قَلْبِيْ الَّذِيْ عَفَّرَتْهُ غُبَارُ أَرضِ كَرْبَلَاءْ وَأَنَا أَقْرَأُ

وَأَتَصَوَّرُ مَشَاهِدَ الغَدْرِ وَالْقَتْلِ وَالْتَّنْكِيْلِ، والْفُجُورِ، وَالْكُفْرِ، والْفُسُوقِ، والْعِصْيَانِ، تَخْتَلِطُ بِأَحَاسِيْسِ الألَمِ وَالغَضَبِ، وَالرَّفْضِ، وَالغَيْضِ، والسُّخْطِ وَبِالخُشُوعِ وَالخُضُوعِ والإسْتِكَانَةِ، ثُمَّ الإحْسَاسُ بِالإسْتِسَاغَةِ وَالقَبُولِ وَالرِّضَى بِأنَّهُ حَصَلَ بَعِيْنِ اللّهِ!

وَلَكِنَّ السُّؤَالَ المُثِيْرُ إلَى الأشْمِئزَازِ هُوَ إدِّعَاءُ عُلَمَاءُ (سُفَهَاءُ) العُمَرِيَّةُ، أنَّ أُمَّهُم عَائِشَةُ لَمْ تَعْلَمْ بِمُبَايَعَةِ النَّاسِ لِأَمِيْرِ المُؤمِنِيْنْ! هَلْ عَدَمُ مَعْرِفَتِهَا يَعْطِيْهَا الحَقَّ في شَنِّ حَرْبِهَا عَلَى المُؤْمِنِيْن؟ ثُمَّ كَيْفَ لَا تَعْلَمُ أُمُّكُم عَائِشَةَ بِمُبَايَعَةِ النَّاسِ لأَمِيْرِ المُؤْمِنِيْنْ عَلِيِّ (عَلَيْهِ الصَّلَاةُ وَالسَّلَام)؟! وَهِيَ عِنْدَمَا قَدِمَتْ إلَى البَصْرَةَ وَجَدَتْ عَلَيْهَا (حَبِيْبَ أَمِيْرِ المُؤْمِنِيْنَ) عُثْمَانٌ بن صَنِيْفَ عَامِلًا على البَصْرَةِ بِأمْرٍ مِنَ الإمَامِ عَلِيّ! وَقَدْ أَرْسَلَ عُثْمَانٌ بِنْ صَنِيْفَ رَضِيَ اللّهُ عَنْهُ وَأرْضَاهُ إلَى عَائِشَةَ أبُو الأَسْوَدْ الدُّؤَلِيْ رَضِيَ اللّهُ عَنْهُ وَأرْضَاهُ، سَأَلَهَا عَنْ خَبَرِهَا، وَعَنْ عِلَّةِ مَجِيْئِهَا إلَى البَصْرَةِ، فَقَالَتْ لَهُ: أَطْلُبُ بِدَمِ عُثْمَانَ، قَالَ: إنَّهُ لَيْسَ في البَصْرَةِ مِنْ قَتَلَةِ عُثْمَانَ أَحَدٌ! قَالَتْ: صَدَقْتَ، وَلَكِنَّهُمْ مَعَ عَلِيْ بِنْ أَبِيْ طَالِبْ بِالمَدِيْنَةِ... دُكْتُورُ كَتَبَ اللّهُ عَلَى كُلِّ الَّذِيْنَ في قَلُوبِهِمْ ذَرَّةَ حُبٍّ لِعَائِشَةِ وَأبِيْهَا: ***لَا يَعْقِلُونَ!***

ثُمَّ لِمَاذَا تَطَوَّعَتْ أُمُّ العُمَرِيَّةِ عَائِشَةَ – مِنْ دُونِ بَنِي أُمَيَّةَ –

المُطَالَبَةَ بِدَمِ عُثْمَانَ يَا دُكْتُورُ ؟!

ثُمَّ مَتَى وَكَيْفَ أَصْبَحَتِ أُمُّكُمُ عَائِشَةُ إِمَامًا وَحَاكِمًا؟ وَلِمَاذا سُمِّيَ قِتالُ عَائشَةَ لِأَمِيْرِ المُؤمِنِيْنَ **اجْتِهادًا وَلَيْسَ خُرُوجًا عَلَى الإِمَامِ؟** وَقِتالُ عُثْمانَ جَرِيمَةً؟ إن كَانت هَذِهِ المُعادَلَةُ اخْتَصَّ اللهُ بِهَا مَنْ تُسَمُّونَهُم صَحَابَةً، فالَّذِيْنَ قَتَلوا عُثْمانَ أَيْضًا صَحابَةٌ، وَفي مُقَدِّمَتِهِم الصَّحَابِيْ الجَلِيْلْ، مُحَمَّدُ بِنْ أَبِيْ بَكْرٍ رَضِيَ اللهُ عَنْهُ وَأَرْضَاهُ!!! وَكَيفَ مَنْ قَامَ عَلَى قِتالِ عُثْمانَ، ثُمَّ عَلَى قَتْلِهِ، بَاغٍ؟ أَمَّا الذين قَاتَلوا أميرَ المُؤمِنِيْنَ، وَقَتَلُوا الآلافَ مِنَ الصَّحَابَةِ مَأجُورونَ عِندَ اللَّهِ؟! تِلْكَ إِذًا قِسْمَةٌ ضِيْزَى، بَاطِلَةٌ جَائِرَةٌ!!! **مِيْثَاقُ الزَّرِيْبَةِ! لَا يَعْقِلُونَ!**

أَمَّا طَاعَةُ الحَاكِمِ وَإِنْ كَانَ لُوطِيًّا! فَلَنْ أَتطَرَّقَ لَهَا، وَعَلَى الَّذِيْنَ مَا زَالَ عِنْدَهُم ذَرَّةَ شَكٍّ أَنَّ دِيْنَ العُمَرِيَّةِ دِيْنٌ شَيْطَانِي، عَلَيْهِم أَنْ يَسْأَلوا الْعَمَّ خوجُلْ: (هَل الخُرُوْجُ عَلَى الحَاكِمِ وَإِنْ كَانَ لُوْطِيًّا أَو شَارِبَ خَمْرٍ، حَرَام؟). سَتَجِدونَ أَنَّ عَلَى العُمَرِيّ أَنْ يُطِيْعَ الحَاكِمُ، حَتَّى إِذَا أَمَرَهُ مُمَارَسَةَ اللُّوَاطِ وَ شُرُبَ الخَمْرِ !؟

هَذَا عِلْمًا أَنَّ في كُتُبِ العُمَرِيَّةِ فَتَاوَى تَرفُضُ طَاعَةَ الحَاكِمِ، لِأَنَّهُ في الحَدِيْثِ الصَّحِيْحِ "**لَا طَاعَةَ لِمَخْلُوقٍ فِي مَعْصِيَةِ الخَالِقِ**" البخاري (2955)، وَمُسْلِمٌ (1839) وَهُوَ عَامٌّ في كُلِّ أَنْوَاعِ

الطَّاعَاتِ وَالمَعَاصِي وَلِكُلِّ البَشَرِ، لِأَنَّهُمْ مَخْلُوقُونَ للهِ وَحْدَهُ، فَتَجِبُ طَاعَتُهُم لِأَمرِهِ إِذَا أُمِرُوا بِهِ.

هَذِهِ عَيِّنَةٌ مِنْ هَذَا الدِّينِ الشَّيْطَانِيِّ المُعَنْعَنِ!

بَعْدَ كُلِّ مَا تَقَدَّمَ عَلَى مَدَى هَذِهِ الرِسَالةِ مِنَ القَرَائِنِ القُرْآنِيَّةِ، وَالعَقْلِيَّةِ، وَالعِلْمِيَّةِ، وَالمَنْطِقِيَّةِ، وَالْلُّغَوِيَّةِ، فِي تَنَاقُضَاتِ وَمُخَالَفَاتِ مَا يُسَمَّى سُنَّةً، وَفِي مَا يَأمُرُ بِهِ وَمَا يَنْهَى عَنْهُ القُرْآنُ؛ حَيْثُ سَمَّيْتَ الأَشْيَاءُ بِأَسْمَائِهَا، وَخَلَعْتِ القِنَاعَ عَمَّنْ إغتَصَبَ هَذَا الْدِّيْنْ وَأَسَرَ عُقُولَ المُسْلِمِيْنَ، وَزَوَّرَ المَفاهِيْمَ، وَأَوْصَلَ خَيْرَ أُمَّةٍ أُخْرِجَتْ لِلْنَّاسِ إِلَى مَا أَنْتُمْ عَلَيْهِ؛ أَسْأَلُكُمْ أَنْ تُقَرِّرُوا ألآنَ، إِمّا أَنْ تُتَابِعُوا البَحْثَ مِنْ حَيْثُ وَصَلْنَا، وإِمَّا الوقُوفَ والجُمُودَ عَلى أَطْلَالِ الضَّلَالِ!

مِن القُرآنِ بَدَأْنَا وفِي رِحَابِهِ سنبقى وعلى هَدْيِهِ سَنَستمِرُّ، كَيفَ لا، ويَقولُ اللّه في القُرآن: " **وَمَا مِن دَابَّةٍ فِي الْأَرْضِ وَلَا طَائِرٍ يَطِيرُ بِجَنَاحَيْهِ إِلَّا أُمَمٌ أَمْثَالُكُم مَّا فَرَّطْنَا فِي الْكِتَابِ مِن شَيْءٍ ثُمَّ إِلَى رَبِّهِمْ يُحْشَرُونَ.** (38)" (الأنعام).

وَبِمَا أَنِّيْ فَردٌ مِنَ الأُمَمِ الَّتِيْ جَعَلَهَا اللّهُ في، وَعَلَى هَذِهِ الأَرْضِ، قَرَّرْتُ أَنْ أَسْتَقِيَ النَّبعَ الإِلَهِيَّ وَأَرْتَوِيَ مِنْ أَعْذَبِ الكَلَامِ، لِعِلمِيْ اليَقِيْنِيِّ بِأَنِّي مُلَاقٍ رَبِّ وَسَوفَ أُحْشَرُ إِلَيْهِ طَائِعًا، مُنِيبًا، مُسْتَقِيلًا،

وَمُؤمِنًا!!!

يَقُولُ اللَّهُ في ألقُرآنِ المَجيدِ: **قَالَتِ الْأَعْرَابُ آمَنَّا قُلْ: لَّمْ تُؤْمِنُوا، وَلَكِن قُولُوا أَسْلَمْنَا وَلَمَّا يَدْخُلِ الْإِيمَانُ فِي قُلُوبِكُمْ، وَإِن تُطِيعُوا اللَّهَ وَرَسُولَهُ لَا يَلِتْكُم مِّنْ أَعْمَالِكُمْ شَيْئًا، إِنَّ اللَّهَ غَفُورٌ رَّحِيمٌ.** (14) الحجرات.

إنَّ السُّوْرَةَ المُبَارَكَةَ، الحُجُراتَ فَضَحَتْ صَنَمَيّ قُرَيْش كَمَا فَضَحَتْ سُورَةُ التَّحْرِيْمِ ابْنَتَيْهِمَا (عَائشةَ وَحَفْصَةَ)! وَلِمَعْرِفَةِ حَقِيْقَةِ ألإثْنَتَيْنِ، ابْنَتَيّ الإثْنَيْنِ: طَالِعُوا: كِتَاب "**النَّقْلُ مَفْسَدَةٌ لِلْعَقْل**" وَكِتَابُ "**الصُّحْبَةُ في القُرآنِ**"!

وَلِنُكْمِلْ قِراءَةَ سُوْرَةِ الحُجُرَاتِ، وَلِنُحَاوِلْ قِرَاءَةَ تَفَاسِيْرِهَا مِنْ كُتُبِ العُمَرِيَّةِ. أَجْمَعَ مُفَسّرُوا العُمَرِيَّةِ عَلَى أَنَّ آيَةَ "**قَالَتِ الأَعْرَابُ**" خَاصَّةٌ في البَدْوِ!

وكَأنَّ البَدَاوَةَ عِرْقٌ وليسَتِ البَدَاوَةُ نَمَطَ حَيَاةٍ!

هَلْ "قَالَتِ الأَعْرَابُ آمَنَّا"، خَاصَّةٌ بِالبَدْوِ؟!

لِمَاذا لا تَكُونُ خَاصَّةً في اللَّذَيْنِ نَزَلَتْ السُورَةُ بِهِمَا: أَبِي بَكرٍ وَعُمَرَ، وَمَنْ لَفَّ لَفَّهُمَا؟ أينَ وَمَتى قَالَ البَدوُ آمَنَّا؟

لاَحِظُوا أنّي قُلتُ: قَالَ البَدوُ!

وَقَالَ اللَّهُ: **قَالَتِ الأعْرابُ!** هَل يُعْقَلُ أن يُخاطِبَ اللَّهُ البَدوَ بِلُغَةِ

غَيرِ العَاقِلِ عَامَّةً، وَبِخِطَابِ الأنْعامِ: الَّذِيْنَ لَا يَعْقِلُون؟

إنَّ **الأعْرَابَ** الَّذينَ وَرَدَ ذِكْرُهُمْ فِي القُرآنِ عَلى سَبيلِ الذَّمِّ، لَيْسُوا سُكَّانَ البَاديَةِ! لِأنَّ القُرآنَ أرْفَعُ وأسْمَى مِنْ أنْ يَذُمَّ النَّاسَ مِنْ مُنْطَلَقٍ عِرْقِيٍّ أوْ عُنْصُريٍّ! وَلَوْ كَانَ المَقْصودُ بِالأعْرابِ سُكَّانَ البَاديةِ لَوَصَفَهُمْ اللَّهُ تَعالى بِالبَدْوِ كَمَا جَاءَ عَلى لِسانَ يُوسُفَ...

وَرَدَتْ كَلِمَةُ البَدْوِ فِي القُرآنِ مَرَّةً وَاحِدَة: **وَرَفَعَ أَبَوَيْهِ عَلَى الْعَرْشِ وَخَرُّوا لَهُ سُجَّدًا، وَقَالَ يَا أَبَتِ هَذَا تَأْوِيلُ رُؤْيَايَ مِنْ قَبْلُ، قَدْ جَعَلَهَا رَبِّي حَقًّا، وَقَدْ أَحْسَنَ بِي إِذْ أَخْرَجَنِي مِنَ السِّجْنِ وَجَاءَ بِكُمْ مِنَ الْبَدْوِ، مِنْ بَعْدِ أَنْ نَزَغَ الشَّيْطَانُ بَيْنِي وَبَيْنَ إِخْوَتِي، إِنَّ رَبِّي لَطِيفٌ لِمَا يَشَاءُ، إِنَّهُ هُوَ الْعَلِيمُ الْحَكِيمُ.** {100} يُوسُفَ.

مَنْ هُم الأَعْرَابِ؟!

وَوَرَدَتْ كَلِمَةُ **الأَعْرَابِ** في القُرآنِ عَشْرَ مَرَّاتٍ:

وَجَاءَ الْمُعَذِّرُونَ مِنَ الْأَعْرَابِ لِيُؤْذَنَ لَهُمْ. ﴿٩٠ التَّوْبَةُ﴾

الْأَعْرَابُ أَشَدُّ كُفْرًا وَنِفَاقًا. ﴿٩٧ التوبة﴾

وَمِنَ الْأَعْرَابِ مَنْ يَتَّخِذُ مَا يُنْفِقُ مَغْرَمًا. ﴿٩٨ التَّوْبَةُ﴾

وَمِنَ الْأَعْرَابِ مَنْ يُؤْمِنُ بِاللَّهِ وَالْيَوْمِ الْآخِرِ. ﴿٩٩ التَّوْبَةُ﴾

وَمِمَّنْ حَوْلَكُمْ مِنَ الْأَعْرَابِ مُنَافِقُونَ وَمِنْ أَهْلِ الْمَدِينَةِ. ﴿١٠١ التَّوْبَةُ﴾

مَا كَانَ لِأَهْلِ الْمَدِينَةِ وَمَنْ حَوْلَهُمْ مِنَ الْأَعْرَابِ أَنْ يَتَخَلَّفُوا عَنْ رَسُولِ اللَّهِ. ﴿١٢٠ التَّوْبَةُ﴾

وَإِنْ يَأْتِ الْأَحْزَابُ يَوَدُّوا لَوْ أَنَّهُمْ بَادُونَ فِي الْأَعْرَابِ. ﴿٢٠ الأحزاب﴾

سَيَقُولُ لَكَ الْمُخَلَّفُونَ مِنَ الْأَعْرَابِ شَغَلَتْنَا أَمْوَالُنَا وَأَهْلُونَا فَاسْتَغْفِرْ لَنَا. ﴿١١ الفتح﴾

قُلْ لِلْمُخَلَّفِينَ مِنَ الْأَعْرَابِ سَتُدْعَوْنَ إِلَىٰ قَوْمٍ أُولِي بَأْسٍ شَدِيدٍ تُقَاتِلُونَهُمْ أَوْ يُسْلِمُونَ. ﴿١٦ الفتح﴾

قَالَتِ الْأَعْرَابُ آمَنَّا قُلْ لَمْ تُؤْمِنُوا، وَلَكِنْ قُولُوا أَسْلَمْنَا. ﴿١٤ الحُجُرَاتْ﴾

سُبْحَانَكَ رَبِّ مَا أَعْدَلَكَ! سُبْحَانَكَ رَبِّ مَا أَجْمَلَكَ! سُبْحَانَكَ رَبِّ مَا أَكْمَلَكَ! إِنَّ إِعْجَازَكَ مُطْلَقٌ، وَسِرُّ جَبَرُوتِكَ فِي تَمَامِ وَكَمَالِ عَدْلِكَ؛ وَفِي عَدْلِكَ يَتَجَلَّى صَوَابُ أَوَامِرِكَ الَّتِي هِيَ بَلْسَمٌ لِلْقُلُوبِ، وَنُورٌ لِلنُّفُوسِ، وَضِيَاءٌ لِلْعُقُولِ.

بِهَدْيِكَ وَهُدَاكَ رَبِّ يَتَحَسَّسُ المُؤمِنونَ صَوَابَ الطَّرِيقِ...

إِلَهِي مَا أَعْظَمَكَ! لَا تَظْلِمُ مِثْقَالَ ذَرَّةٍ مَعَ إِطْلَاقِ قُدْرَتِكَ!!!

وَاللهِ، لَمْ يَعْرِفُوا قَدْرَكَ، لِأَنَّهُمْ لَمْ يَعْرِفُوكَ وَلَمْ يَتَعَرَّفُوا عَلَيْكَ، لِأَنَّهُمْ لَا يَعْقِلُون.

عَشْرُ آيَاتٍ بَيِّنَاتٍ، حَذَّرَتِ المُؤمِنِينَ مِنْ نِفَاقِ بَعْضِ الأَعْرَابِ وَكُفْرِهِم وَتَخَلُّفِهِم (إِبْحَثُوا وَطَالِعُوا كَمْ مَرَّةَ تَخَلَّفَ الصَّنَمَانِ، وَتَرَكَا رَسُولَ اللهِ فِي قَلْبِ المَعْرَكَةِ)، لِهَذَا يَا إِلَهِي امْتَهَنْتَ وَاسْتَهَنْتَ أَعْرَابَ الحُجُراتِ بِمَا هُوَ أَدْنَى وَأَخَسُّ وَأَرْذَلُ، حَيْثُ جَعَلْتَهُم لَا يَعْقِلُونَ كَالأَنْعَامِ؛ فَجَاءَ فِي كِتَابِكَ الحَكِيمِ، فِي سُورَةِ الحُجُراتِ أَنَّ: **أَكْثَرُهُم لَا يَعْقِلُونَ!**

وَإِنْ كَانَ بَعْضُهُم يَعْقِلُ، إِلَّا أَنَّ أَعْرَابَ الحُجُراتِ لَا يَعْقِلُونَ، لِأَنَّ وَصْفَ الأَعْرَابِ بِغَيْرِ العَاقِلِ فِي كَلِمَةِ "قَالَتْ" **(قَالَتِ الأَعْرَابُ)**. وَرَدَتْ فِي سُورَةِ الحُجُراتِ **فَقَطْ**، وَلَمْ تَرِدْ فِي هَذِهِ الصِّيغَةِ وَالوَصْفِ لِكَلِمَةِ الأَعْرَابِ فِي بَاقِي سُوَرِ القُرْآنِ!

إدَّعَى هَؤُلاءِ الأنْعَامِ الإيْمَانَ، فَأَجَابَهُم اللهُ في سُوْرَةِ الحُجُراتِ: **(لَا لَمْ تُؤْمِنُوا، وَلَكِنْ قُولُوا أَسْلَمْنَا).**

وَهَل وُرُودُ هَذِه الصِّيْغَةِ فَقَط في سُورَةِ الحُجُرَاتِ، جَاءَ عَرَضِيًّا أَوْ صُدْفَةً؟؟؟

سُورَةُ الحُجُرَاتِ، حُجَّةٌ دَامِغَةٌ، وَبَلَاغٌ مُبِيْنٌ، أخْبَرنا وَحَذَّرَنَا اللَّهُ: **وَاعْلَمُوا أَنَّ فِيكُمْ رَسُولَ اللَّه، لَوْ يُطِيعُكُمْ فِي كَثِيرٍ مِّنَ الْأَمْرِ لَعَنِتُّمْ، وَلَكِنَّ اللَّهَ حَبَّبَ إِلَيْكُمُ الْإِيمَانَ وَزَيَّنَهُ فِي قُلُوبِكُمْ، وَكَرَّهَ إِلَيْكُمُ الْكُفْرَ وَالْفُسُوقَ وَالْعِصْيَانَ، أُولَئِكَ هُمُ الرَّاشِدُونْ. (7).**

أُولَئِكَ هُمُ الْرَّاشِدُونَ: مَنْ هُمْ أَلَّذِيْنَ حَبَّبَ اللَّهُ إِلَيْهِمْ الإِيْمَانَ وَزَيَّنَهُ في قُلُوبِهِمْ، وَكَرَّهَ إِلَيْهِمْ الثَلاثَةَ الفَجَرةَ! هَذا أمْرُ اللهِ: الرّاشِدون هُم الَّذِيْنَ يَقْرأونَ وَيَعْقِلُونَ وَيُؤمِنُونَ بما جَاءَت بِهِ سُورَةُ الحُجُراتِ! أَمَّا الَّذِيْنَ لَا يَعْقِلُونَ فَهُمُ الثَّلَاثَةُ الكَفَرةُ وَمَنْ تَبِعَهُم، الَّذِيْنَ لَمْ يُحَبِّبِ اللّهُ لَهُمُ الإِيْمَانَ، لِمَا عَلِمَ فِي قُلوبِهِم، فَسَمَّاهُمُ القُرآنُ: **الكُفْرَ والفُسُوقَ والعِصْيَانَ!**

مَن مِنْكُم أيُّهَا النَّاسُ يُحِبُّ **الإيْمَانَ؟!**

مَنْ مِنْكُم يَكْرَهُ الثَّلَاثَةَ؟ **الْكُفْرَ وَالْفُسُوقَ وَالْعِصْيَانَ؟!**

كَيْفَ نُحِبُّ الإِيْمَانَ؟ وَهَلْ هُنَاكَ مِنْ يُمَثِّلُ **الإِيْمَانَ**، وَأُخَرُ يُمَثِّلْنَ **الكُفْرَ والفُسُوقَ وَالعِصْيَانَ؟!**

أجَلْ: الحُبُّ والكُرهُ لِمَخْلُوقٍ هُوَ حُبٌّ أو كُرهُ مَا يُمَثِّلُهُ هَذَا المَخْلُوقُ؟ حَتَّى أُمَّكَ وَعَدُوَّكَ مَثَلًا! تُحِبُّ أو تَكْرَهُ مَا يُمَثِّلُهُ كُلُّ وَاحِدٍ أو وَاحِدَةٍ مِنْهُمَا! طَبْعًا قَدْ يَأتِي يومٌ عَلَيْكَ وَتَنْقَلِبُ المَعَايِيرُ وَالموَازِيْنُ، تَكْرَهُ فيهِ أهْلَكَ وَتَتَقَرَّبُ مِنْ عَدُوِّكَ!؟ أمَّا الحُبُّ والكُرهُ المَذْكُورَانِ في سُورَةِ الحُجُرَات، أمْرٌ إلهِيٌّ: **حَبَّبَ الإيْمَانَ! وَكَرَّهَ، الكُفْرَ وَالفُسوقَ وَالعِصْيَانَ!؟**

لِأنَّ حُبَّ الإيْمَانِ وَكُرْهَ الثَّلَاثَةِ، جَاءَ أمْرًا تَكْوِيْنِيًّا فِطْرِيًّا؟ جَعَلَ اللَّهُ **الإيْمَانَ** المَذْكُورَ فِي سُورَةِ الحُجْرَاتِ إيْمَانًا ثَابِتًا وَغَيْرَ مَنْقُوصٍ وَمَعْصُومًا مِنْ كُلِّ شَرٍّ، فِطْرِيًّا حَبَّبَهُ اللَّهُ إلَيْكَ **(كَمُؤْمِنٍ)**: كَالأَئِمَةِ وَالأنْبِيَاءِ والرُّسُلِ! وَتَرَكَ اللَّهُ لَكَ الخِيَارَ فِي أنْ تُؤْمِنَ وَفي أنْ تَكْفُرَ! **وَالكُرْهُ** أيْضًا ثَابِتٌ في امْتِحَانِ اللهِ القُلُوبَ، وَكَرَّهَ إلِيْكَ **(كَمُؤْمِنٍ): الكُفْرَ وَالفُسُوقَ وَالعِصْيَانَ!** وَفِطْرِيًا خَيَّرَ اللَّهُ النَّاسَ: **(إنَّا هَدَيْنَاهُ السَّبِيلَ إمَّا شَاكِرًا وَإمَّا كَفُورًا)** ...

يَا دُكْتُورُ! طَبْعًا إنْ كُنْتَ بِحَقٍّ دُكْتُورًا، فِي أيٍّ مِنْ تَخَصُّصَاتِ اللغَةِ العَرَبِيَّةِ؟ يجب أنْ تَعْلَمَ قَوَاعِدَ اللُّغَةِ العَرَبِيَّةِ، أقَلُّهَا في المَوضُوعِ الَّذِيْ تَكْتُبُ فيه!؟

فَهؤُلَاءِ: إسْمُ إشَارَةٍ نَسْتَعْمِلُهُ لِلمُذَكَّرِ وَالمُؤَنَّثِ القَرِيبِ! **وَأولَئِكَ** إسْمُ إشَارَةٍ نَسْتَعْمِلُهُ لِلمُذَكَّرِ وَالمُؤَنَّثِ البَعِيدِ ... **(أولئكَ)** تَرجِعُ إلَى

الَّذِيْنَ حَبَّبَ اللَّهُ إِلَيْهِم الإِيْمَانَ! الَّذِيْنَ هُمُ **الرَّاشِدُوْنَ!** هَلْ هَذَا صَحِيْحٌ يَا دُكْتُورُ؟

الرَّاشِدُونَ، وَرَدَتْ مَرَّةً وَاحِدَةً فِي القُرآن، وَفِي سُورَةِ **الحُجُرَاتِ** حَصْرًا، وَجَاءَ بَعْدَ (الرَّاشِدُون)، **وَكَرَّهَ إِلَيْكُمُ الكُفْرَ وَالفُسُوقَ وَالعِصْيَانَ!؟** هَلْ هَذَا صَحِيْحٌ؟

الرَّاشِدُونَ: مُصْطَلَحٌ اغْتَصَبَهُ العُمَرِيَّةُ وَأَطْلَقُوهُ عَلَى مُغْتَصِبِيْ خِلَافَةِ رَسُولِ اللَّهِ! كَمَا اغْتَصَبُوا أَلْقَابَ الإِمَامِ عَلِيٍّ: الْصِّدِيْقَ، والفَارُوقَ، وَذُو النُّورَيْنِ، وَهِي مِنْ أَلقَابِ الإِمَامِ كَغَيْرِهَا: كَالإِيْمَانِ وَالإِيْثَارِ وَالشَّجَاعَة وَالمُرُوءةِ وَالإِخْلَاصِ والعِلْم وَالحَصَافَة ... مَزَايَا أَفْتَقَدَهَا الثَّلَاثَةُ! أَيْنَ الإِمَامُ الهُمَامُ، مِنَ الفَرَّارِ الجَبَانِ الَّذِي قَالَ: **فَلَقَدْ رَأَيْتَنِي أَنْزُو كَأَنَّنِي أَرْوَى!** والأروى، هِيَ أُنْثَى الوَعْلِ تَقْفُزُ فوقَ الصَّخْرِ. هَذَا شَبَهُ عُمَرَ، وَمِنْ لِسَانِه! نِتَاجُ زَرَائِبَ! لَوْ كَانَ الثَّلَاثَةُ المَقْصُودِيْنَ بِالرَّشِدِيْنَ، لَقَالَ اللَّهُ **هَؤُلَاءِ** هُمُ الرَّاشِدُونَ بَدَلَ **أُولَئِكَ!؟** ثُمَّ لَمْ يَذْكُرِ التَّارِيْخُ أَنَّ الرَّسُولَ نَادَى أَصْنَامَ العُمَرِيَّة بِهَذِهِ الأَلْقَابِ أَبَدًا! سِيْرَةُ أَصْنَامِ العُمَرِيَّةِ يَا دُكْتُور تَدُلُّ عَلَى أَنَّ هَذِهِ الأَسْمَاءَ لَا تُمَثِّلُ سِيْرَتَهُم نَشْأَتَهُم تَعَامُلَاتَهم تَارِيْخَهُم! **فَوَصْفُ** اللَّهِ لَهُم وَاضِحٌ: الثَّلَاثَةُ لَا يَعْقِلُونَ! وَأَنَّهُم يُمَثِّلُون أَعْلَى دَرَجَاتِ: **الكُفْرِ وَالفُسوقِ وَالعِصْيَانِ!**

إنَّ الآيَةَ الأربَعينَ مِنْ سُورَةِ التَّوبَةِ فَضَحَتْ أبَا بَكْرٍ ! حَيْثُ أَخْبَرَنَا القُرآنُ أنَّهُ زِنْدِيْقٌ مُنَافِقٌ وَكَافِرٌ ، وَمَا فَعَلَهُ بَعْدَ أَنْ اسْتَولَى عَلَى حُكْمِ رَسُولِ اللَّهِ، كَشَفَهُ اللهُ أَنَّهُ لَمْ يَكنْ صِدِّيْقًا! وَشَرِيْكُهُ عَمِيْر لَا يَفْرُقُ أو يَفْتَرِقُ عَنْهُ مُطْلَقًا! فَهُوَ قَاتِلٌ وَفَاسِقٌ! أَمَّا الثَّالِثُ فَكَانَ عَاصِيًا جَامِعًا لِلكُفْرِ والفُسُوقِ **وَالعُصْيَانِ**، وَقَدْ وَرَدَ هَذَا الوَصْفُ مَرَّةً وَاحِدَةً في القُرآن، حَصْرِيًّا فِي سُورَةِ الحُجُرَات! هَل هَذَا صَحِيْح يَا دُكْتُورُ ؟

دُكْتُور : وَكَرَّهَ اللَّهُ إِلَىْ المُؤمِنيْن **الكُفْرَ وَالفُسُوقَ والعُصْيَانَ**، وَحَبَّبَ إِلَيهُمُ: **الإيمانَ! هَلْ الحُبُّ إِيْمَانٌ، أمْ الإِيْمَانُ حُبٌ؟** يَا دُكْتُوْرُ كَرَّهَ اللَّهُ المُؤْمِنِيْنَ هَؤلَاءِ الثَّلَاثَةَ، وَمَنْ بَقِيَ في قَلبِهِ ذَرَّةُ حُبٍّ لِهَؤُلَاءِ :

لَنْ يَسْتَنْشِقَ عِطْرَ الإِيْمَانِ!

هَلْ الحُبُّ إيمَانٌ، أمْ الإيْمَانُ حُبٌّ؟

مَا هُوَ الحُبُّ: بِإيْجَازٍ وَلِكَيْ لَا أطِيْلَ عَلَىَ القُرَّاءِ، وَلِكَيْ أيْضًا لَا أتْرُكَ لِلْمُعَاجِزِ رَجُلًا يَقِفُ عَلَيْهَا! الحبُّ عادةٌ مُكْتَسَبَةٌ بِالتَجَارِبِ، أو شُعُورٌ شَخْصِيٌّ تِجَاهَ شَخْصٍ آخرَ، أو تُجَاهَ شَخْصِيَّةٍ مُتَخَيَّلَةٍ، وغالباً مَا يَرْتَبِطُ الحُبُّ بِمَفْهُومٍ مُعَيَّنٍ، أَوْ بِرِعَايَةِ شَخْصٍ أَوْ شَيءٍ، وَالاهْتِمَامِ بِهِ! قَدْ يَخْبُو الحُبُّ وَيَتَغَيَّرُ عِنْدَمَا يَمِلُّ المُحِبُّ أو يَضْجَرُ، وَيَتَعَوَّدُ المُحِبُّ، وَتَهْدَأُ العَواطِفُ، أو عِنْدَمَا يَتَمَلَّكُ بِالمُحِبِّ الضِّيْقُ، أوِ الهَمُّ أَوِ الحَزَنُ! الحُبُّ إذًا مِنَ القَلْبِ وَفِي القَلْبِ.

وَالحُبُّ مُتَدَحْرِجٌ يَسْتَمِدُّ طَاقَتَهُ مِنَ المَشَاعِرِ! وَالمَشَاعِرُ أحَاسِيْسُ أَكْثَرُهَا ذاتِيَّةٌ، وَقَدْ لَا تَسْتَنِدُ إلى حَقَائِقَ مُثْبَتَةٍ، أو حَتَّى قد لَا تَكُونُ صَادِقَةً! وَقَدْ أَيْضًا يَكُونُ الحبُّ صَادِقًا! أَلحُبُّ أحْيَانًا يُحَرِّكُ الشَكَّ! وَالشَّكُّ هُوَ الطَّاقَةُ الَّتِيْ تُحَرِّكُ الحُبَّ، تُحْيِيْهِ أَو قَدْ تَقْتُلُهُ! الحُبُّ تَمَلُّكٌ أَو فُقْدَانٌ!

مَا هُو الإيْمَانُ؟ ألإيمَانُ يَقِيْنٌ ثَابِتٌ! وَمِنْ أسْمَاءِ اللّٰهِ الحُسْنَى: المُؤمِنُ! وَالإيْمَانُ أَيْضًا عَمَلٌ صَادِقٌ!

مَا هُوَ اليَقِينُ: هُوَ العِلْمُ الذي لَا شَكَّ مَعَهُ، وَاليَقِينُ اطْمِئْنَانُ النَّفْسِ إِلى حُكْمٍ مَعَ الإعْتِقَادِ الكَامِلِ بِصِحَّتِهِ. وَاليَقِينُ: نَقِيْضُ

الشَّكِّ. واليَقِيْنُ هُوَ التَّحَقُّقُ، وَالتَّثَبُّتُ، وَالتَّصْدِيْقُ ...

وَقُلِ اعْمَلُواْ فَسَيَرَى اللَّهُ عَمَلَكُمْ وَرَسُولُهُ وَالْمُؤْمِنُونَ، وَسَتُرَدُّونَ إِلَى عَلِمِ الْغَيْبِ وَالشَّهَادَةِ، فَيُنَبِّئُكُم بِمَا كُنتُمْ تَعْمَلُونَ!

إِنَّمَا المُؤمِنُونَ الَّذِينَ ءَامَنُواْ بِاللَّهِ وَرَسُولِهِ ثُمَّ لَم يَرتَابُواْ، وَجَهَدُواْ بِأَموَلِهِم وَأَنفُسِهِم فِي سَبِيلِ اللَّهِ، أُوْلَئِكَ هُمُ الصَّدِقُونَ!

كَيْفَ يُحِبُّ الإنْسَانُ الإيْمَانَ؟! الحُبُّ عَلَاقَةٌ إنسَانِيَّةٌ صِرْفَةٌ بَيْنَ النَّاسِ، وَأحْيَانًا بَيْنَ الإنْسَانِ وَالحَيوان، وَبَيْنَ الحَيَوانِ وَالحَيَوانِ!

أَمَّا **الإيْمَانُ** فَهُوَ عَلَاقَةُ المَرءِ بِخَالِقِهِ؟ هَلْ هَذَا صَحِيْح يَا دُكْتُور؟!

أَيُّ إيْمَانٍ **حَبَّبَهُ** اللَّهُ لِلْمُؤْمِنِيْن، وَهُم مُؤْمِنُون، بِشَهَادَةٍ مِنَ اللَّه؟ أيُّ شَهَادَةٍ هِي أكْبَرُ شَهَادَةً مِنَ اللَّهِ؟

يُخَاطِبُ اللَّه المُؤمِنِيْن: **يَا أَيُّهَا الَّذِينَ آمَنُوا** إِن جَاءَكُمْ **فَاسِقٌ** بِنَبَإٍ فَتَبَيَّنُوا أَنْ تُصِيبُوا قَوْمًا بِجَهَالَةٍ فَتُصْبِحُوا عَلَى مَا فَعَلْتُمْ نَادِمِينَ ﴿٦﴾. أَفَتَطْمَعُونَ أَن يُؤْمِنُواْ لَكُمْ وَقَد كَانَ فَرِيقٌ مِّنْهُم يَسْمَعُونَ كَلَم اللَّهِ ثُمَّ يُحَرِّفُونَهُ مِن بَعْدِ مَا عَقَلُوهُ وَهُم يَعْلَمُونَ!

وَاعْلَمُوا أَنَّ فِيكُمْ رَسُولَ اللَّه لَوْ يُطِيعُكُمْ فِي كَثِيرٍ مِّنَ الْأَمْرِ لَعَنِتُّمْ، **وَلَكِنَّ اللَّه حَبَّبَ إِلَيْكُمُ الْإِيمَانَ وَزَيَّنَهُ فِي قُلُوبِكُمْ وَكَرَّهَ إِلَيْكُمُ *الْكُفْرَ وَالْفُسُوقَ وَالْعِصْيَانَ* أُولَئِكَ هُمُ الرَّاشِدُونَ ﴿٧﴾ فَضْلًا مِّنَ اللَّه وَنِعْمَةً وَاللَّه عَلِيمٌ حَكِيمٌ ﴿٨﴾. مَنْ هُم الرَّاشِدُونَ يَا دُكْتُورُ؟**

أَلَّذِيْنَ كَرَّهَ اللهُ لَهُمُ *الْكُفْرَ وَالْفُسُوقَ وَالْعِصْيَانَ*، وَحَبَّبَ إِلَيْهِمُ الْإِيمَانَ وَزَيَّنَهُ فِي قُلُوبِهِمْ. وَهَذَا فَضْلٌ مِنَ اللهِ وَنِعْمَةٌ لِأَنَّ اللهَ عَلِيْمٌ حَكِيْم. وَمِنْ حِكْمَةِ اللهِ أَنَّ الحُبَّ وَالكَرَاهِيَةَ، لَا يَلتَقِيَانْ، كَمَا أَنَّ الإِيْمَانَ وَالكُفْرَ لَا يَلتَقِيَانِ! لِهَذَا لَنْ يَعْرِفَ العُمَرِيَّةُ الرُّشْدَ مُطْلَقًا!

إِذَا كَانَ المؤمِنُونَ مُؤمِنِيْن بِشَهَادَةٍ مِنَ اللهِ؟! عَنْ أَيِّ إِيْمَانٍ تَحَدَّثَ القُرْآنُ فِي: **وَلَكِنَّ اللهَ حَبَّبَ إِلَيْكُم الإِيْمَانَ وَزَيَّنَهُ فِي قُلُوبِكُم؟ أُولَـئِكَ هُمُ الرَّاشِدُونَ!** لِمَاذَا يَا دُكْتُورُ تَعَامَيْتَ عَنْ هَذِهِ الحَقِيقَةِ القُرْآنِيَّةِ؟ لَكِنَّ اللهَ طَمَسَ عَلَى قَلْبِكَ وَعَيْنَيْكَ وَحَبَّبَ إِلَيْكَ وَإِلى مَن لَفَّ لَفَّكَ، ***الْكُفْرَ وَالْفُسُوقَ وَالْعِصْيَانَ!*** الثَّلَاثَةَ الَّذِيْنَ **لَا يَعْقِلُونَ!**

هَذَا تَحْذِيْرُ اللهِ إِلَى المُؤمِنِيْنَ، مِنْ نِفَاقٍ وَشِرْكِ الثَّلَاثَةِ، فَجَعَلَهُم مَصَادِرَ الكُفْرِ وَالفُسُوقِ وَالعِصْيَانِ. وَحَذَّرَ اللهُ المُؤمِنِيْنَ الرَّاشِدِيْنَ أَنْ يَتَبَيَّنُوْا! أَيْ أَلَّا يَخْلُطُوا ***الْكُفْرَ وَالْفُسُوقَ وَالْعِصْيَانَ!*** **مَعَ الإِيْمَانِ! إِنَّ الإِيْمَانَ بِخِلَافَةٍ رَاشِدَةٍ إِبْتَدَعَهَا عُلَمَاءُ العُمَرِيَّةِ كُفْرًا وَضَلَالًا! لَا يُوجَدُ خِلَافَةٌ سَمُّوهَا رَاشِدَةً إِلَى رَسُولِ اللهِ!**

إِنَّمَا، وَلِيُّكُمُ اللهُ وَرَسُولُهُ وَالَّذِينَ ءَامَنُواْ الَّذِينَ يُقِيمُونَ الصَّلَوٰةَ وَيُؤْتُونَ الزَّكَوٰةَ وَهُمْ رَاكِعُونَ! وَمَنْ يَتَوَلَّ اللهَ وَرَسُولَهُ وَالَّذِينَ آمَنُوا فَإِنَّ حِزْبَ اللهِ هُمُ الْغَالِبُونَ!

وَلَكِنْ اللَّه حَبَّبَ إِلَيْكُمُ الإِيْمَانَ! مَنْ هُوَ هَذَا الإِيمَانُ الَّذِيْ ذَكَرَهُ اللَّهُ؟

وَمَن يَكْفُرْ بِالْإِيمَانِ فَقَدْ حَبِطَ عَمَلُهُ وَهُوَ فِي الْآخِرَةِ مِنَ الْخَاسِرِينَ!

كَيْفَ يَكْفُرُ المُؤْمِنُ بِالإِيْمَانِ. الكَافِرُ لَيْسَ بِحَاجَةٍ لِيَكْفُر، فَهُوَ كَافِر! أَمَّا الَّذِيْ يَكْفُرُ بِالإِيْمَانِ فَهُوَ الَّذِيْ يَكْفُرُ بِمَنْ لَقَبُهُ وَاسْمُهُ إِيْمَانُ!؟

عِنْدَمَا تَقَدَّمَ الإِمَامُ عَلِيٌّ عَلَيْهِ الصَّلَاةُ وَالسَّلَامِ لِمُبَارَزَةِ عَمْرو بِنِ وِدٍّ العَامِرِيِّ. بَرَزَ الإِمَامُ، بَعْدَ أَنَ سَأَلَ الرَّسُولُ الأَعْظَمُ كُلَّ المُسَمَّونَ صَحَابَةً، وَكَانَ بَيْنَهُمُ الثَّلَاثَةُ: أَبُو بَكْرٍ، عُمَرَ، وَعُثْمَانْ! قَالَ الرَّسُولُ الأَعْظَمُ: مَنْ لِعَمْرٍو، وَقَدْ ضَمِنْتُ لَهُ عِنْدَ اللهِ الجَنَّةَ! خَبَّأَ الجَمِيْعُ رُؤُوسَهُم، وَقَفَ الإِمَامُ! قَالَ الرَّسُولُ الأَعْظَمُ: أُقْعُدْ يَا عَلِيُّ! كَرَّرَ الرَّسُولُ السُّؤَالَ مَرَّتَيْنِ! وَفي كُلِّ مَرَّةٍ يَقِفُ الإِمَامُ! قَالَ حُذَيْفَةُ بِنُ اليَمَانِ: أَلبَسَهُ رَسُولُ اللهِ (ص) دُرْعَهُ الفَضُولَ، وَعَمَّمَهُ عَمَامَتَهُ السَّحَابَ عَلَى رَأْسِهِ تِسْعَةَ أَدْوَارٍ، وَقَالَ لَهُ: تَقَدَّمَ، فَلَمَّا وَلَّى مُبَارِزًا، قَالَ النَّبِيُّ صَلَّى اللَّهُ عَلَيْهِ وَآلِهِ وَسَلَّمَ: **(بَرَزَ الْإِيْمَانُ كُلُّهُ إِلَىْ الشِّرْكِ كُلِّهِ)**، وَقَالَ (صَلَّى اللَّهُ عَلَيْهِ وَآلِهِ وَسَلَّمَ): **(رَبِّ لَا تَذَرْنِي فَرْدًا، أَللَّهُمَّ احْفَظْهُ مِنْ بَيْنِ يَدَيْهِ وَمِنْ خَلْفِهِ وَعَنْ يَمِيْنِهِ**

وَعَنْ شِمَالِهِ وَمِنْ فَوْقِ رَأْسِهِ وَمِنْ تَحْتِ قَدَمَيْهِ.

عَرَضَ رَسُولُ اللهِ الجَنَّةَ عَلَى زُعَمَاءِ وَأَصْنَامِ العُمَرِيَّةِ، فَرَفَضُوهَا! وَبَعْدَ أَنْ اغْتَصَبُوا إِرْثَ النُّبُوَّةِ، حَرَّفُوهَا وَأَحْرَقُوهَا، وَأَعْطوا جَوَازَاتٍ لِلْجَنَّةِ إِلىَ التِّسْعَةِ، الَّذِيْنَ سَاعَدُوا أَو صَمَتُوا عِنْدَمَا، اسْتَوْلَى العُمَرِيَّةُ عَلَىَ العَقْدِ وَالحَلِّ!

سُبْحَانَ اللهِ، كُلَّمَا فَتَحَ العُمَرِيَّةُ بَابًا لِلكُفْرِ سَدَّهُ اللهُ! لَوْ سَأَلْتَ جَمِيعَ عُلَمَاءِ (جُهَلَاءَ) العُمَرِيَّةِ: كَلِمَةُ رَاشِدُون مَنْ يُقْصَدُ بِهَا؟ سَيَاتِيْ الجَوَابُ: هُمُ الخُلَفَاءُ الرَّاشِدُون؟ هَؤلاءِ خُلَفَاءُ مَنْ؟!

في بَاقي الآَيَات التِسع، الَّتِيْ وَرَدَ فيهَا كَلِمَةُ الأعْرَابِ، نَعَتَ اللهُ الأعْرَابَ؛ بالمُخَلَّفين، المُنافِقونْ، وَالأشَدَّ كُفراً وَنِفَاقاً! أَمَّا الثَلاثَةُ وَمَنْ وَالاَهُمْ، لِأَنَّ مَنْ وَلَاهُم هُمُ الأكْثَرِيَّةُ الجَاهِلَةُ، أمْثَالُكَ يَا دُكْتُورُ. فَقَدْ خَزَاهُمُ اللهُ وَجَعَلَ اكثَرَهُمْ لَا يَعْقِلونَ.

وَقَالَ اللهُ أيْضاً لِعِلمِهِ المُطْلَقِ بِمَخْلوقَاتِه: **وَمِنَ الْأَعْرَابِ مَنْ يُؤْمِنُ بِاللَّهِ وَالْيَوْمِ الْآخِرِ!!!** قَدْ يَسْألُ بَعْضُ الجُهَّلِ، السُّذَّجِ، والمُتَعَصِّبونَ؛ لِمَاذَا، لَم يَقُلِ اللهُ "جِميعَهُم لاَ يَعقِلونَ"، بَل قَالَ "أكْثَرَهُم لا يَعْقِلون"؟؟؟

قَد يَكُونُ اللهُ استَثْنَى أَبَا بَكرٍ وَعُمَر!!! وَلَم يَشمَلْهُمَا بِهَذَا الحُكمِ!

إنَّ هَذَا الدُّخَانُ أعْمَى بَصائِرَكُم! يُمكِنُ أنْ يَستَثْنِيَ اللهُ النَّاسَ جَميْعاً، مَا عَداهُمَا! ألآيَةُ تَقُولُ: **إنَّ الذين يُنَادونَك مِن وَرَاءِ الحُجُراتِ...** (فَالذين نَادُوْا الرَّسُولَ مَعْروفُون، هُمْ: **أبُو بَكْرٍ وَعُمَرُ!**)، وَيُنَادُوْنَكَ فِعْلٌ مُضَارِعٌ – وَالَّذِيْنَ يُنَادُوْنَ، وَيَرفَعُونَ أصْواتَهُم فَوْقَ صَوْتِ النَّبِيِّ، أَيْضًا مَعْرُوْفُونْ: أبُوْ بَكْرٍ وَعُمَرُ، وَقَدْ امْتَحَنَ اللهُ قَلبَيْهُمَا! – ولَمْ يَقُلْ: نَادوكَ، أَو سَيُنَادُونكَ، لِأَنَّ أحَدَاً لَم يَتَجَرَّأ قَبْلُ ولا بَعْدُ، عَلَى مَا اجترَحَهُ هَذَانِ المُنَافِقَانِ، في هَذَا الإفكِ مِنَ السَفَاهَةِ وَالبُهتَانِ بِحَقِّ رَسُولِ اللهِ!

يُرِيدُونَ أَن يُطْفِئُوا نُورَ اللهِ بِأَفْوَاهِهِمْ وَيَأْبَى اللهُ إِلَّا أَن يُتِمَّ نُورَهُ وَلَوْ كَرِهَ الْكَافِرُونَ... يَا إلهي إنَّ قَوْلَك الصِّدقُ، وَمَا بَعْدَ الصِدقِ إلاَّ الضَلال!!! **قُلْ أَتُعَلِّمُونَ اللهَ بِدِينِكُمْ وَاللهُ يَعْلَمُ مَا فِي السَّمَاوَاتِ وَمَا فِي الْأَرْضِ، وَاللهُ بِكُلِّ شَيْءٍ عَلِيمٌ.** ﴿ ١٦ ﴾ **يَمُنُّونَ عَلَيْكَ أَنْ أَسْلَمُوا قُلْ لَا تَمُنُّوا عَلَيَّ إِسْلَامَكُمْ بَلِ اللهُ يَمُنُّ عَلَيْكُمْ أَنْ هَدَاكُمْ لِلْإِيمَانِ إِنْ كُنْتُمْ صَادِقِينْ.** ﴿ ١٧ ﴾ **إِنَّ اللهَ يَعْلَمُ غَيْبَ السَّمَاوَاتِ وَالْأَرْضِ وَاللهُ بَصِيرٌ بِمَا تَعْمَلُونْ.** ﴿ ١٨ ﴾... **إِنَّكَ لَا تَهْدِي مَنْ أَحْبَبْتَ، وَلَكِنَّ اللهَ يَهْدِىْ مَن يَشَاءُ وَهُوَ أَعْلَمُ بِالْمُهْتَدِينَ!**

إنّ كَلِمَةَ (الأَعْرابِيّ) وَإنْ نُسِبَتْ إلَى سَاكِنِ البَادِيَةِ، إلاّ أنَّها

اسْتُعْمِلَتْ بِمَعْنًى أَوْسَعَ فِي الأَخْبَارِ وَالرِّوَايَاتِ الإِسْلَامِيَّةِ. وَبِتَعْبِيْرٍ آخَرَ: فَإِنَّ مَفْهُومَهَا الإِسْلَامِيَّ لَا يَرْتَبِطُ أَوْ يَتَحَدَّدُ بِالمَنْطِقَةِ الجُغْرَافِيَّةِ الَّتِي يَشْغَلُهَا البَدْوُ، بَلْ تُعَبِّرُ عَنْ مَنْهَجِيَّةٍ فِي التَّفْكِيْرِ، فَإِنَّ كُلَّ مَنْ كَانَ في مَنأًى عَنِ الآدَابِ وَالسُنَنِ وَالتَّرْبِيَةِ الإِسْلَامِيَّةِ فَهُوَ، مِنَ الأَعْرَابِ وَإِنْ كَانَ مِنْ سُكَّانِ المُدُنِ، وَهَذَا حَالُ الصَنَمَينِ؛ أَبِيْ بَكرٍ وَعُمَرُ (عميرُ).

أمّا سُكَّانُ البَادِيَةِ المُلْتَزِمُونَ بِالآدَابِ وَالسُنَنِ الإِسْلَامِيَّةِ، فَلَيْسُوا بِأَعْرَابٍ... **مَا الفَرْقُ بَيْنَ العَرَبِيِّ وَالأَعْرَابِيِّ؟** الفَرْقُ بَيْنَهُمَا: " أَلْفٌ" زَائِدَةٌ عَلى كَلِمَةِ ألعَرَبِيّ فَأصْبَحَتْ أعْرَابِيَّ، فَقَدْ نَقَلَتْ المَعْنَى إِلَىَ النَّقِيْضِ، كَمَا فِي (قَسطَ وَأَقْسَطَ). قَسَطَ، تَعْنِي ظَلَمَ " قَسَطَ الرَّجُلُ: إِذًا جَارَ" وَأَقْسَطَ تَعْني عَدَلَ. وَعَرَب تَعْنِي: تَمَّ وَكَمُلَ وَخَلَا مِنَ العَيْبِ، أمَّا أَعْرَبَ فَتَعني: نَقَصَ وَشَمَلَهُ العَيْبُ. فَعِبَارَةُ: (قُرآنًا عَرَبِيًّا)! تَعْنِي: قُرآنًا تَامًّا خَالِيًا مِنَ النَّقْصِ وَالعَيْبِ. فَإِنَّ اللُّغَةَ العَرَبِيَّةَ – لُغَةَ القُرْآنِ لَيْسَتْ لُغَةً بَشَرِيَّةً أَصْلًا، بَلْ هِيَ لُغَةُ السَّمَاءِ الَّتِيْ عَلَّمَ اللهُ بِهَا آدَمَ الأَسْمَاءَ كُلَّهَا، ثُمَّ هَبَطَ بِهَا آدَمُ، إِلَى الأَرْضِ وَكَانَتْ هِيَ لُغَةَ التَّوَاصُلِ بَيْنَ البَشَرِ، وَتَوارَثَهَا مَن تَوَارَثَهَا مِنَ النَّاسِ، وَكَانَ خَيرُ البَشَرِ وَسَيّدُ الأَنْبِيَاءِ وَالمُرْسَلِيْنَ مُحَمَّدٌ، صَلَوَاتُ اللهِ وَسَلَامُهُ عَلَيْهِ وَعَلَى آلِهِ، قَدْ تَعَلَّمَهَا فِي الجَنَّةِ – وَهِيَ لُغَةُ أَهْلِ

الجَنَّة – تَعلَّمَهَا آدمُ مِنْ خَالِقِ هَذَا الكَوْنِ. هَكَذَا يُهَنْدِسُ اللّهُ لُغَتَهُ الربَّانِيَّةَ!!!

أَمَّا كَلِمَةُ ألأعْرَابِيُّ فتُنْسَبُ إلَى طَرِيْقَةٍ في التَّعَامُلِ وَالتَّعَايُشِ، وَإِلَى أُسْلُوْبٍ نَمَطِيٍّ عَصَبِيٍّ جَاهِلِيٍّ غَيْرِ مَبْدَئِيٍّ، غَرِيْزِيٍّ عَاطِفِيٍّ مُتَقَلِّبٍ. تَعَايُشٌ فِيهِ الوَلَاءُ أَوَّلًا لِنَزْوَةِ النَّفْسِ، ثُمَّ هَوَى العَائِلَةِ، ثُمَّ نَزْعَةِ القَبْيلَةِ. الكُلُّ تَحْكُمُهُ العَادَاتُ وَالتَّقَالِيْدُ المُتَوَارَثَةُ.

ألأعْرَابيُّ يَأخذُ مِنَ الدِّيْنِ وَالقَانُونِ مَا يَتَوَافَقُ مرْحَلِيًّا مَعَ مَصَالِحِهِ! وَفي الحَدِيْثِ المَشْهُورِ المَنْقُولِ عَنِ الإِمَامِ الصَّادِقِ عَلَيْهِ السَّلَامُ: (مَنْ لَمْ يَتَفَقَّهُ مِنْكُمْ في الدِّيْنِ فَهُوَ أَعْرَابِيٌّ)، دَلِيْلٌ قَوِيٌّ وَشَاهِدٌ وَاضِحٌ عَلَى سَابِقِ الكَلَامِ. وَفي خَبَرٍ آخَرَ نَقْرَأُ: «مِنَ الكُفْرِ التَّعَرُّبُ بَعْدَ الهِجْرَةِ» ... ونُقِلَ أيضًا عَنِ الإِمَامِ عَلِيٍّ (عَلَيْهِ السَّلَامِ) في نَهْجِ البَلَاغَةِ أَنَّهُ خَاطَبَ جَمَاعَةً مِنْ أَصْحَابِهِ العَاصِيْنَ لِأَمْرِهِ فَقَالَ: «وَاعَلَمُوا أَنَّكُمْ صُرْتُمْ بَعْدَ الهِجْرَةِ أَعْرَابًا». في هَذِهِ ألأَحَادِيْثِ ألمَذْكُورَةِ أَعْلَاهُ جُعِلَ التَعرُّبُ مُسَاوِياً ألْكُفْرَ أَو الرِدَّةَ، وإِذَا لَاحَظْنَا أَنَّ لِلْهِجْرَةِ أَيْضًا مَفْهُومًا وَاسِعًا لَا يَتَحَدَّدُ بِالجَانِبِ المَكَانِيِّ، بَلْ إِنَّ أَسَاسَهَا **انْتِقَالُ الفِكْرِ مِنْ مِحْوَرِ الكُفرِ إِلَى مِحْوَرِ الإِيْمَانِ. فَلَا ضَمَانَ** لِلَّذِينَ هَاجَرُوا أَمْثَالَ التِسْعَةِ الَّذِيْنَ أَعْطَتْهُم هَذِهِ السُّنَّةُ المُزَوِّرَةُ وَالمُزَوَّرَةُ جوازًا لِلْجَنَّة، أَنْ يَكُونُوا مِنَ الكَافِرِيْنَ.

أَمَّا وَضْعُ إِسْمِ أَمِيْرَ المُؤمِنِيْنِ (عَلِيّ) جَاءَ لِتَزْكِيَةِ التِسْعَةِ، فِي لائِحَةِ العَشَرَةِ المُبَشَّرَةِ بِالجَنَّةِ!!!

أُقْسِمُ بِاللَّه إِنَّ وَضْعَ إِسْمِ الإِمَامِ عَلِيّ بَيْنَ أَسْمَاءِ هَذِهِ الشِّلَّةِ الفَاسِقَة، الَّتِيْ ارْتَدَّتْ، وَجَاهَرَتْ بِرِدَّتِهَا ظُلْمٌ كَبِيْرٌ! كَيْفَ يَلتَقِيْ الإِيْمَانُ كُلُّهُ، مَعَ الرِّجْسِ كُلِّهِ؟!

فَمَن يُرِدِ اللَّهُ أَنْ يَهْدِيَهُ يَشْرَحْ صَدْرَهُ لِلْإِسْلَامِ، وَمَن يُرِدْ أَنْ يُضِلَّهُ يَجْعَلْ صَدْرَهُ ضَيِّقًا حَرَجًا كَأَنَّمَا يَصَّعَّدُ فِي السَّمَاءِ، كَذَلِكَ يَجْعَلُ اللَّهُ الرِّجْسَ عَلَى الَّذِينَ لَا يُؤْمِنُونَ. (125) ...

فَكَوْنُ الفَرْدِ أَعْرَابِيًّا، يَعْنِي الرُّجُوعَ عَنِ الآدَابِ وَالسُّنَنِ الإِسْلَامِيَّةِ إِلَى الآدَابِ وَالعَادَاتِ الجَاهِلِيَّةِ، وَهَذَا مَا فَعَلَهُ مُتَآمِرُوا الزَّرِيْبَةِ. وَقَدْ حَذَّر اللَّهُ المُؤمِنِيْنَ فِي سُورَةِ الحُجُراتِ مِنْ هَذَيْنِ الفَاسِقَيْنِ قَائِلا: **يَا أَيُّهَا الَّذِينَ آمَنُوا إِن جَاءَكُمْ فَاسِقٌ بِنَبَإٍ فَتَبَيَّنُوا أَنْ تُصِيْبُوا قَوْمًا بِجَهَالَةٍ فَتُصْبِحُوا عَلَى مَا فَعَلْتُمْ نَادِمِينَ**. وَلَكن بِكُلِّ أَسَىً: **وَمَا أَكْثَرُ النَّاسِ وَلَوْ حَرَصْتَ بِمُؤْمِنِينَ**. ﴿١٠٣﴾ فَلَوْ أَنَّهُم أَمَنُوا لَدافَعُوا عَنِ الحَقِّ الذي جَاءَ بِهِ نَبِيُّهُم، وَمَا اتَّبَعوا سُنَّةَ المُنَافِقِيْنَ!!! لِهَذَا حَدَّدَ اللَّهُ الفَرْقَ بَيْنَ مَنْ هُوَ مُسْلِمٌ وَمَن هُو مُؤمِنٌ بِحَيْثُ أَنَّهُ نَفَى الإِيْمَانَ عَمَّن هُو أَعْرَابِيٌّ مُسْلِمٌ، وجَعلَ الإيمانَ فِي قُلوبِ المُؤمِنِيْنَ. وَلَيسَ قُلوبَ المُسلِمِينَ!!!

فَإنَّ تَعريفَ المُسلِمِ فِي جَميعِ المَذَاهِبِ الإسلاميةِ السُنِّيَّةِ العُمَرِيَّةِ. (ألَّذِي يَنْطُقُ بالشَّهَادَتَيْنِ) ... هَلْ نَطقَ الصَّنَمَانِ وأتْبَاعُهُما: أشهدُ أنْ لَا إلَهَ إلَّا اللّهَ **وَأَشْهَدُ أَنَّ مُحَمَّدًا رَسُولُ اللّهِ؟** فَالإسْلَامُ فِي عُرْفِ المَذَاهِبِ السُنِّيَّةِ العُمَرِيَّةِ، حَرَكَةٌ مِيْكَانِيْكِيَّةٌ لِلّسَانِ.

كَيْفَ يُعْلِنُ عُمَرُ أَنَّ مُحَمَّدًا رَسُولُ اللّهِ؟ ثُم بَعْدَهَا يُعْلِنُ: ***حَسْبُنَا كِتَابُ اللّهِ***، ثُمَّ يُحَرّقُ الرِسَالَةَ المُحَمَّدِيَّةَ! هَلْ بَقِيَ شَهَادَتَانِ؟ أيُّ إسْلَامٍ هَذَا يَا دُكْتُورُ؟ صَنَمَا قُرَيْشْ كَعَادَتِهِنَّ، صَنَعَا إلَهًا صَنَمًا مِنْ تَمْرٍ، وَعِنْدَمَا جَاعَا، أَكَلَا إلَهَهُنَّ!

شَهَادَةُ أنَّ مُحَمَّدًا رَسُولُ اللّهِ كَانَتْ مَرحَلِيَّةً، وَعِنْدَمَا تَتَغَيَّرُ المَرَاحِلِ، تَتَغيَّرُ المَبَادِئُ وَالمُعْتَقَدَاتُ عِنْدَ الأعْرَابِ!

يَقُولُ جُهَلَاءُ العُمَرِيَّةِ، أنَّ كُلَّ إنْسَانٍ مَهْمَا كَانَتْ لُغَتُهُ أَوْ مَعْرِفَتُهُ أَوْ عَدَمُ مَعرِفَتِهِ بِاللُّغَةِ العَرَبِيَّةِ، أَوْ مَا تَعْنِيْ أَوْ تَرْمُزُ لَهُ هَاتَانِ الشَّهَادَتَانِ، عِنْدَمَا يِنْطِقُ بِهَا، يُصْبِحُ مُسْلِمًا!

جَعَلُوا ألإسْلَامَ طُقُوسًا وَحَرَكَاتٍ وَظِيفِيَّةً مِيْكَانِيكِيَّةً نَمَطِيَّةً مُرَتَّبَةً تَدْرِيْجِيًّا وَإسْتِرَاتِيجِيًّا وَزَمَنِيًّا. تَرْتِيْبُهَا وَتَوْقِيْتُهَا وَطُقُوسُهَا طَبْعًا تَخْتَلِفُ بَيْنَ مَذهَبٍ وآخَرَ.

لَو سَأَلْتَ أيَّمَا مُسْلِمٍ: هَل أنْتَ مُؤمِنٌ؟ يُجِيْبُكَ طَبْعًا: أُصلّي وأَصُومُ وَأَتَصدَّقُ، وأَتَزَوَّجُ وأُخَلّفُ وأعْمَلُ خَيراً، إلَى أخِرِ الأُسْطُوانَةِ. هَذَا

طَبْعاً خَلطٌ، ومَزجٌ، وتَداخُلٌ، وجَمعٌ لِغَيْرِ المُتَجَانِسِ، وَالمُتَلَائِمِ، وَالمُتَرَابِطِ، وَالمُتَطَابِقِ. وَطَبْعًا جَهْلٌ وَتَجْهِيْلٌ وَتَضْلِيْلٌ وَاسْتِخْفَافٌ بِعُقُولِ النَّاسِ. يَقُولُ الحَقُّ: قَالَتِ الْأَعْرَابُ آمَنَّا قُل لَّمْ تُؤْمِنُوا، وَلَكِن قُولُوا أَسْلَمْنَا وَلَمَّا يَدْخُلِ **الْإِيمَانُ** فِي قُلُوبِكُمْ! عَنْ أَيِّ، **إِيْمَانٍ** يُرْشِدُ اللَّهُ المُسْلِمِيْنَ؟

يَقُولُ اللهُ: كَذَلِكَ جَعَلْنَاكُمْ أُمَّةً وَسَطًا لِّتَكُونُواْ شُهَدَاء عَلَى النَّاسِ وَيَكُونُ الرَّسُولُ عَلَيْكُمْ شَهِيدًا وَمَا جَعَلْنَا الْقِبْلَةَ الَّتِي كُنْتَ عَلَيْهَا، **إِلاَ لِنَعْلَمَ مَن يَتَّبِعُ الرَّسُولَ** مِمَّن يَنقَلِبُ عَلَى عَقِبَيْهِ وَإِن كَانَتْ لَكَبِيرَةً إِلا عَلَى الَّذِينَ هَدَى اللَّهُ **وَمَا كَانَ اللَّهُ لِيُضَيِّعَ إِيمَانَكُمْ** إِنَّ اللَّهَ بِالنَّاسِ لَرَؤُوفٌ رَّحِيمٌ.

1. أَلَمْ يَكُ يَعْلَمُ اللَّهُ مَنْ سَيَتَّبِعُ الرَّسُولَ؟
2. كَيْفَ يُضَيِّعُ اللَّهُ إِيْمَانَكُم؟

وَمَنْ يَكْفُرْ بِالْإِيمَانِ فَقَدْ حَبِطَ عَمَلُهُ وَهُوَ فِي الْآخِرَةِ مِنَ الْخَاسِرِينَ!

1. كَيْفَ يَكْفُرُ الإِنْسَانُ بِالإِيْمَان؟
2. أَي إِيْمَانٍ الذِّي يَكْفُرُ النَاسُ بِهِ؟

لَا بَأسَ فِي الإِعَادَةِ لِأَنَّ فِي الإِعَادَةِ افَادَه!

عَلِيٌّ هُوَ الإِيْمَانُ وَوِلَايَتُهُ، إِيْمَانْ.

مَنْ كُنْتُ مَولَاهُ فَهَذَا عَلِيٌّ مَولَاه،

أللَّهُمَ وَالِ مَنْ وَالَاه،

وَعَادِ مَنْ عَادَاه!

صَدَقَ رَسُولُ اللهِ.

يَا دُكْتُورُ، بَيِّنَاتُكَ مُستَنْقَعٌ مِنَ الكَلَامِ المُجْتَرِّ، شَكْلُهُ رَدِيءٌ، وَرائِحَتُهُ نَتِنَةٌ، وَلَا مَعْنًى عَقْلِيًّا أَوْ مَنْطِقِيًّا لَهُ، غيرَ أنَّهُ مُغطًّى بِدُخَانٍ يُعْمِيْ الأبْصَارَ، يَحْوِيْ غَازًا مُخَدِّرًا، يَجْعلُ البَعْضَ مِنَ الجَهَلَةِ فِي حَالَةٍ مِنْ الاستِسْلَامِ وَالخُضُوعِ وَالرَّهبَةِ والخَشْيَةِ، وَفِي حَالَةِ تَعْطِيْلٍ لِلْعَقْلِ. لأنَّ كُلَّ ما عَرَضْتَهُ يَا دُكْتُورُ، مَوجُودٌ وَمُوَثَّقٌ فِي كُتُبٍ لَاهوتِيَّةٍ: زُوراً مُنَزَّهَةٌ، وَمُعَظَّمَةٌ، وَمُقَدَّسَةٌ بِأَعْرَافِ السُنَّةِ (العُمَرِيَّةِ)، وَمَنْسُوبَةٍ إلى رُمُوزٍ مُقَدَّسَةٍ، مُبَارَكَةٍ، ومَعصُومَةٍ لَدَى فُقَهَاءِ السُنَّةِ (العُمَرِيَّةِ)! لِأَنَّ الكُتُبَ المُعْتَمَدَةَ قَد تَكُونُ عِنْدَ أهلِ السُنَّةِ مُوَازِيَةً، أَوْ مُنَافِسَةً لِلْقُرآنِ صِحَّةً وَصِدْقًا. وَالرُّمُوْزُ أيْضًا تُضَاهِيَ، وَتُبَاهِي الرَّسُولَ الأعْظَمَ صِدقًا! لأَنَّهَا لَا تُخْطِئُ، بَيْنَمَا الرَّسولُ يُخْطِئُ ويُصِيْبُ!؟

لَوْ بَحثْنَا في القُرْآنِ عَنْ عَدَدِ **المُؤمِنِيْنَ؟!** وَأَنْتُمْ يَا دُكْتُورُ – العُمَرِيَّةَ – فَاقَ عَدَدُكُم المِلْيَارَ وَنُصْفَ المِليَارِ ! يَقُولُ القُرآنُ: (**أَكْثَرُ** النَّاسِ **لَا** يَعْلَمُونَ.) (**أَكْثَرُ** النَّاسِ **لَا** يَشْكُرُونَ.) (**أَكْثَرُ** النَّاسِ **لَا** يُؤْمِنُونَ.) (**أكثَرُهُمْ** فَاسِقُونَ.) (**أَكْثَرُهُمْ** يَجْهَلُونَ.) **أَكْثَرُهُم** مُعْرِضُونَ) (**أَكْثَرُهُمْ**

لَا يَسْمَعُونَ.) (**أَكْثَرُهُم** لَا يَعقِلُونَ.) (يَعْرِفُونَ نِعْمَةَ اللَّهِ ثُمَّ يُنكِرُونَهَا **وَأَكْثَرُهُمُ** الْكَافِرُونَ) (83).

وأيضاً تَجِدُونَ فِي ألآيَةِ 30 مِنْ سُورَةِ الرَّومِ: ذَلِكَ الدِّينُ الْقَيِّمُ، وَلَكِنَّ **أَكْثَرَ** النَّاسِ **لَا** يَعْلَمُونَ (30). إذاً ألدِّيْنُ القَيِّمُ **لا** يَعلَمُهُ إلَّا قَلِيْلٌ. وَمَا آمَنَ مَعَهُ إلَّا **قَلِيلٌ** ﴿٤٠ هود﴾. ثُمَّ تَوَلَّيْتُمْ إلَّا **قَلِيلًا** مِنْكُمْ وَأَنْتُمْ مُعْرِضُونَ ﴿٨٣ البقرة﴾. وَلَا تَزَالُ تَطَّلِعُ عَلَى خَائِنَةٍ مِنْهُمْ إلَّا **قَلِيلًا** مِنْهُمْ ﴿13 المائدة﴾. إلَّا الَّذِينَ آمَنُوا وَعَمِلُوا الصَّالِحَاتِ **وَقَلِيلٌ** مَا هُمْ ﴿24 ص﴾ ... كَيْفَ يُصْبَحُ الصَحابَةُ كُلُّهُم عُدُولٌ، وتَارِيْخُهُم حَافِلٌ بالرِدَّةِ والقَتْلِ؟! أينَ ألأكثَرُ مِنْ مِليارَيْ مُسلِمٍ، **وكَم مِنْهُم مُؤمِنٌ؟؟؟** مَنْ مِنكُم أيُّهَا ألأكارِمُ مُؤمِنٌ حَقًّا؟؟؟ **مَا هُوَ الإيمانُ؟** مَا هِي فِطْرَةُ الإيْمَانِ الَّتِيْ فَطَرَ اللَّهُ النَاسَ عَليْها؟ وَمِنَ القُرآنِ، ومَا فَرَّطنا في الكِتَابِ مِنْ شَيْءٍ. **وَاللَّهِ إنَّهُ لَقَولُ ألحَقِّ.** لَقَد عَلِمْنَا مِنَ عُلَمَاءِ العُمَرِيَّةِ أَنَّ الإنسانَ يُصبحُ مَسلِماً بِمُجَرَّدِ أن يَنْطُقَ بالشَهَادَتَيْنِ... ولَكن كيفَ يُصبِحُ الإنسانُ مُؤمِنَاً أو كافِرًا؟ يَجِبُ أن تَكونُ الإجَابَةُ مِنَ القُرآنِ.

أراءُ وُعَّاظِ السَّلَاطِيْنِ وَمَشَايخِ فَتَاوَى الزُّورِ وَعُلَمَاءِ العَنْعَنَةِ وَأئِمَّةِ الضَلَالِ الَّذِيْنَ نُصِّبُوا أئمَّةَ زُوْرٍ مِنْ مُلُوكِ الغَصْبِ وَالنَّصْبِ وَالاحْتِيَالِ، لَن تُدْخِلَكُمْ أيُّهَا **(الأَكَارِمُ)** فِي دَائِرَةِ الإيْمَانِ أبَدًا. إنَّ

مَدْخَلَ الإيْمَانِ يَبْدَأُ فِي بِدَايَةِ السَبِيْلِ!!! **إِنَّا هَدَينَاهُ السَبيلَ إِمَّا شَاكِرَاً وَإِمَّا كَفُورا!!!**

وَلِكَيْ نَخْرُجَ من دَوَّامَةِ أَهلِ التَّجْهِيلِ، والتَّضْليلِ، والأبَاطيلِ، لابُدَّ أنْ نَعُودَ إِلَى الرُّكْنِ الحَصِيْنِ، المَكِيْنِ، المَعْصُومِ؛ إِلَى التَصْويِبِ الثَّابِتِ وَالمُطْلَقِ، إِلَى رِحَابِ الذِّكْرِ الحَكِيْمِ حَيْثُ العِلْمُ، وَالنُّورُ، وَالهُدَى؛ إِلَى الفِطْرَةِ الأُولَى، حَيثُ جَعَلَ اللَّهُ الإنسَانَ مُخَيَّراً بَعْدَ الهِدَايَةِ؛ إِنَّا هَدَيْنَاهُ السَّبِيْلَ، – أيْ مِنَ اللَّهِ الهِدَايَةُ –، وَعَليْكَ أيُّهَا الإنْسَانُ الإخْتِيَارُ، – إِمَّا شَاكِرَاً وإِمَّا كَفُورَا –، يَعْنِي إِمَّا تَتَّبِعُ سَبِيْلَ اللَّهِ، أَو سُبُلَ مَنْ هُم دُونَهُ، – وَلَكِنْ هَلْ تَعْلَمُ سَبِيْلَ اللَّهِ؟ ... مَا وَمَنْ هُوَ سَبِيْلُ اللَّهِ؟ ... كَيْفَ التَّعَرُّفُ عَلَيْهِ؟ ...

هُنا نَسْتَطيعُ أن نُجْزِمَ أنَّ الهِدايةَ قَدْ تَكُونُ كُلًّا أو جُزءًا مِن الفِطْرةِ. هَل يَحتَاجُ هَذَا الإسْتِنْتَاجُ مِنْكَ أَيُّهَا المُتَلَقِّي الكَرِيْمُ لِلعَوْدَةِ إِلَى كُتُبِ الغَابِرِيْنَ، أَوْ حَتَّى إِلَى كُتُبِ وآرَاءِ مَنْ هُمْ أَحْيَاءٌ جَسَدِيَّاً وَموتَى فِكْرِيًّا، وَذِهْنِيًا، وَعَقْلِيًّا؟ كَيفَ يَتَقَبَّلُ عَقلُكَ وَفِكْرُكَ وفِطْرَتُكَ أنْ يَحْكُمَكَ ويَهديكَ ويُرشِدَكَ مَيِّتٌ؟ وَيُقَاضِيَكَ هَذَا المَيِّتُ! وَقَد كَانَ أقلَّ مِنكَ إدراكاً، وثَقافةً، وَعِلْمَاً، ومَعرفَةً!!!

حَطِّموا أسْوارَ الحَظِيرَةِ!!!

لِلفِطْرَةِ؛ مُصْطَلَحَاتٌ عَدِيْدَةٌ وَرَدَتْ فِي مَجامِعِ اللُّغَةِ، وَفِي

اجْتِهَادَاتِ بَعْضِ المُفَكِّرِيْنَ. أَتَّفِقُ مَعْ مَا يَتَوافَقُ مِنْهَا مَعَ القُرآنِ. فَمِمَا جَاءَ في مُعْجَمِ المَعَانِيْ الجَّامِعِ أَنَّ الفِطْرَةَ: **إِيْجَادُ اللهِ لِلْخَلْقِ ابْتِدَاءً**، وَهِيَ مَجْمُوعُ الاسْتِعْدَادَاتِ وَالمُيُولِ وَالغَرَائِزِ الَّتِي تُوْلَدُ مَعَ الإِنْسَانِ ...

أَيْ، أَنَّ اللهَ جَبَلَ النَّاسَ على أَخْلَاقٍ لَيْسَ لِأَحَدٍ دَخْلٌ في إِيْجَادِهَا... وَلَكِنْ ضِمْنَ مُعَادَلَة: إمَّا شَاكِرًا وإمَّا كَفُورَا... وَكَيْ لَا أُطِيْلَ عَلَيْكُمْ، أَتَمَنَّى أنْ تَتَّفِقُوا مَعِيْ **أَنَّ المَدْخَلَ لِمَعرِفَةِ الفِطْرَةِ يَكْمُنُ في عَمَلِيَّةِ خَلْقِ آدَمَ، - أبِ البَشَرِيَّةِ الحَالِيَّةِ** وَأَوَّلِ حَامِلٍ وَمُوَرِّثٍ لِجِيْنَاتِ الفِطْرَةِ. وَقَبْلَ أن نَسبُرَ أَغْوَارَ خَلْقِ **(أَبِيْ بَشَرِ آخرِ الزَمَانِ)** سَيِّدُنَا آدَمَ، أريدُ أن أُؤَكِّدَ مَعلومَةً؛ الفِطْرَةُ وإن تَكُ مَجْمُوعُ الاسْتِعْدَادَاتِ وَالمُيُوْلِ وَالغَرَائِزِ الَّتِيْ تُوْلَدُ مَعَ الإِنْسَانِ، لَكِنَّها جَمِيْعَهَا لَيْسَتْ جَامِدَةً، صَلْبَةً، أَوْ مُتَحَجِّرَةً، بَلْ هِيَ قَابِلَةٌ لِلْتَطَوُّرِ إرادِيًا - كَكُلِّ الأُمُورِ المَادِّيَّةِ وَالنَفسِيَّةِ الَّتِيْ فَطَرَنَا اللهُ عَليْهَا. - أَجَلْ، إِنَّهَا قَابِلَةٌ لِلْتَّطَوُّرِ أَوِ السَيْطَرَةِ عَلَيْهَا مِنَ الإنسَانِ، وَالتحَكُّمِ بِهَا سَلْبًا أو إِيْجَابًا. **وَإلَّا لَسَقَطَ الحِسَابُ وَالعَدْلُ!؟**

هَذَا بِالرَّغْمِ مِنْ - أَنَّ اللهَ جَبَلَ الناسَ عَلَى أَخْلَاقٍ لَيْسَ لِأَحَدٍ دَخْلٌ في إِيْجَادِهَا. أيْ أَنَّ اللهَ أكْرَمَنَا بِهَذِهِ العَطَايَا وَآلَ عَلَى نَفسِهِ الخَيرَ المُطلَقَ، فَالخَيْرُ مِنَ اللهِ، والشَرُّ مِنْ أَنْفُسِنَا. إنَّ اللهَ فَطَرَنا عَلَى

الخَيْرِ وهَدَانَا السَّبِيْلَ. لِهَذَا قَالَ اللّهُ عَلَى لِسَانِ سَيِّدِنَا إبْرَاهِيْمَ الخَلِيْلِ عَلَيْهِ الصَّلَاةُ وَالسَّلَامُ: (**الَّذِيْ خَلَقَنِي فَهُوَ يَهْدِينِ، وَالَّذِي هُوَ يُطْعِمُنِي وَيَسْقِينِ، وَإِذَا مَرِضْتُ فَهُوَ يَشْفِينِ.**) نَسَبَ اللّهُ الخَلْقَ وَالرِزْقَ لِنَفسِه وَنسَبَ المَرَضَ لِغَيْرِ اللّهِ، وَالشِفَاءَ لِلّهِ، وَجَعَلَ الهِدَايَةَ لِمَنْ يُرِدِ الهِدَايَةَ، عِلْمًا أَنَّ اللّهَ قَادِرٌ عَلَى كُلِّ شَيءٍ.

طَبْعاً يَبْتَلِي اللّهُ عِبَادَهُ بِالسَّرَّاءِ وَالضَّرَّاءِ، وَبِالخَيْرِ وَالشَّرِّ. قال سُبْحَانَهُ وَبِحَمْدِهِ: (وَنَبْلُوكُم بِالشَّرِّ وَالْخَيْرِ **فِتْنَةً** وَإِلَيْنَا تُرْجَعُونْ!) يُحْمَدُ اللّهُ عَلَى المَكْرُوهِ، وَيُحْمَدُ عَلَى المَصَائِبِ. (الحَمْدُ للّهِ الَّذِيْ لَا يُحْمَدُ عَلَى مَكروهٍ سِوَاه.) يَستطيعُ اللّهُ أنْ يُبعِدَ عَنكَ ما تَعتَقِدُ أَنَّهُ شَرٌّ وَمَكْرُوهٌ فِي هَذِهِ الدُّنْيَا، وَلَكِنَّ اللّهَ يَقولُ: (**كُتِبَ عَلَيْكُمُ الْقِتَالُ وَهُوَ كُرْهٌ لَّكُمْ، وَعَسَى أَن تَكْرَهُوا شَيْئًا وَهُوَ خَيْرٌ لَّكُمْ، وَعَسَىٰ أَن تُحِبُّوا شَيْئًا وَهُوَ شَرٌّ لَّكُمْ، وَاللّهُ يَعْلَمُ وَأَنتُمْ لَا تَعْلَمُونَ.**) ألعِلْمُ المُطلَقُ عِندَ اللّهِ!!! فَالذي يَكْتُبُهُ اللّهُ لَكَ دَائِمًا الخَيْرُ، بِغَضِّ النَظَرِ عَمَّا تُصَنِّفُ – أَيُّها الإنسَانُ – نَتَائِجَهُ. فَإنَّ اللّهَ لَا يَخلُقُ وَلَا يُقدِّرُ شَرًّا خَالِصًا أبَدَاً. قَدْ يَقُولُ البَعْضُ: مَا الخَيْرُ في خَلقِ إبليس؟؟؟ طَبْعاً لا يَعلَمُ هَذَا كُلّياً ومُطلَقاً إلا اللّهُ!!! اللّهُ!!!

قَدْ يكونُ أحدَ الأَسْبَابِ، الاسْتِعَاذَةُ بِاللّهِ مِنْ إبْلِيْسَ وَالالْتِجَاءُ إلَى اللّهِ أَنْ يُعِيْذَنَا مِنْ شرِّ إبْلِيْسَ وَكَيْدِهِ، فَيَتَرَتَّبُ لَنَا عَلَى ذَلِكَ مَصَالِحُ

دُنْيَوِيَّةٌ وَأُخْرَوِيَّةٌ، لَمْ تَكُنْ لِتَحْصَلَ بِدُونِ وُجُودِ إِبْلِيسَ وَفِتَنِهِ، لِأَنَّ الأَجْرَ عَلَى قَدَرِ المَشَقَّةِ. وَلِأَنَّ مِنْ دُونِ إِبْلِيسَ لَمَا عَلِمْتَ الفَرْقَ بَيْنَ الخَيْرِ وَالشَّرِّ!

وَلَا يُعْرَفُ أَوْ يُدْرَكُ الشَّيْءُ إِلَّا بِنَقِيضِهِ. فَعِنْدَمَا تُدْرِكُ مَا أَمَرَكَ اللَّهُ؛ فِي اجْتِنَابِ إِبْلِيسَ وَدَسَائِسِهِ، عِنْدَهَا تُدْرِكُ قِيمَةَ وَنَتِيجَةَ عِصْيَانِ اللَّهِ!!!

تَعَمَّدْتُ تِبْيَانَ حَقِيقَةِ الفِطْرَةِ التَّكْوِينِيَّةِ قَطْعًا وَيَقِينًا وَثُبُوتًا، عَلَى أَنَّهَا خَيِّرَةٌ وَفَاضِلَةٌ وَفَضِيلَةٌ وَلَيْسَتْ قَاصِرَةً أَوْ شِرِّيرَةً... إِذَاً! فَطَرَ اللَّهُ الإِنْسَانَ عَلَى الخَيْرِ وَهَدَاهُ إِلَيْهِ، وَخَلَقَ الشَّيْطَانَ وَعَرَّفَهُ عَلَيْهِ قَوْلًا: **إِنَّ الشَّيْطَانَ لَكُمْ عَدُوٌّ فَاتَّخِذُوهُ عَدُوًّا، إِنَّمَا يَدْعُو حِزْبَهُ لِيَكُونُوا مِنْ أَصْحَابِ السَّعِيرِ!** وَفِعْلًا فِي مَا جَرَى عَلَى أَبِينَا آدَمَ! وَخَيَّرَهُ: إِمَّا شَاكِرًا لِأَنْعُمِ اللَّهِ وَإِمَّا كَفُوراً بِهَا... هَذَا عَدْلُ اللَّهِ، وَلَوْ كَانَ غَيْرَ هَذَا - وَالعِيَاذُ بِاللَّهِ - لَسَقَطَ عَدْلُ اللَّهِ! يَفْطُرُكَ اللَّهُ عَلَى الشَّرِّ وَيُعَاقِبُكَ عَلَيْهِ؟ اللَّهُ هَدَانَا السَّبِيلَ إِلَى المَعْرِفَةِ الحَقِيقِيَّةِ لِلأَشْيَاءِ وَالأُمُورِ، وَعَرَّفَنَا إِيَّاهَا، كُلٌّ بِنَقِيضِهِ!

يَا أَيُّهَا النَّاسُ كُلُوا مِمَّا فِي الأَرْضِ حَلَالًا طَيِّبًا وَلَا تَتَّبِعُوا خُطُوَاتِ الشَّيْطَانِ إِنَّهُ لَكُمْ عَدُوٌّ مُبِينٌ. ﴿١٦٨ البقرة﴾.

الشَّيْطَانُ يَعِدُكُمُ الفَقْرَ وَيَأْمُرُكُمْ بِالفَحْشَاءِ وَاللَّهُ يَعِدُكُمْ مَغْفِرَةً مِنْهُ

وَفَضْلًا، وَاللَّهُ وَاسِعٌ عَلِيمٌ ﴿٢٦٨ البقرة﴾.

إِنَّمَا ذَٰلِكُمُ الشَّيْطَانُ يُخَوِّفُ أَوْلِيَاءَهُ فَلَا تَخَافُوهُمْ وَخَافُونِ إِن كُنتُم مُّؤْمِنِينَ ﴿١٧٥ آل عمران﴾.

يَعِدُهُمْ وَيُمَنِّيهِمْ وَمَا يَعِدُهُمُ الشَّيْطَانُ إِلَّا غُرُورًا ﴿١٢٠ النساء﴾.

إِنَّمَا يُرِيدُ الشَّيْطَانُ أَن يُوقِعَ بَيْنَكُمُ الْعَدَاوَةَ وَالْبَغْضَاءَ فِي الْخَمْرِ وَالْمَيْسِرِ وَيَصُدَّكُمْ عَن ذِكْرِ اللَّهِ وَعَنِ الصَّلَاةِ فَهَلْ أَنتُم مُّنتَهُونَ ﴿٩١ المائدة﴾...

عَجَبًا لِأَمْرِ **المُؤْمِنِ** إِنَّ أَمْرَهُ كُلَّهُ خَيْرٌ، إِنْ أَصَابَتْهُ سَرَّاءُ شَكَرَ فَكَانَ خَيْرًا لَهْ، وَإِنْ أَصَابَتْهُ ضَرَّاءُ صَبَرَ، فَكَانَ خَيْرًا لَهُ. (صَدَقَ رَسُولُ اللَّهِ) ... إِذَا كَانَ كُلُّ مَا تَقَدَّم غَيْرَ كَافٍ لِإِثْبَاتِ أَنَّ اللَّهَ لا يُقَدِّرُ لِلإنسان إِلَّا خَيْرًا، عَسى القَادِمُ يَكْفِي!

بَدَأَ اللَّهُ فِي إِعْلَانِ جَعْلِهِ خَلِيفَةً فِي الأَرْضِ!!! **وَإِذْ قَالَ رَبُّكَ لِلْمَلَائِكَةِ إِنِّي جَاعِلٌ فِي الأَرْضِ خَلِيفَة.** أَخْبَرَ اللَّهُ المَلَائِكَةَ بِقَرارِ **(جَعْلِهِ)** خَلِيفَةً فِي الأَرْضِ، وَلَيسَ فِي قَرَارِ **(خَلقِهِ)** خَلِيْفَةً!!! وَعَرَّفَ عَنْ عِزَّتِهِ بِكَلِمَة **(رَبُّكَ)**. مَنِ المَقْصُودُ بِالكَافِ فِي **(رَبُّكَ)**؟ المُؤمِنُ وَالكَافِرُ؛ وَكُلُّ مَن يَقْرأُ أَو يَسْمَعُ، أَو يَعِي ...

هَذِهِ، هِيَ المَقُولَةُ: شَاءَ مَنْ شَاءَ أَمْ أَبَى مَنْ أَبَى؛ فأنا رَبُّه! آمَنَ أَمْ لَم يُؤمِنْ، فَإِنَّ اللَّهَ مَوجُودٌ لِأَنَّكَ لَا تَسْتَطِيْعَ أَنْ تَكْفُرَ بِمَنْ أَوَ

بِمَا لَيْسَ مَوجُودًا! إنَّ وُجُوْدَ اللهِ يَجْعَلُهُ رَبَّكَ وَإنْ كَفَرْتَ بِهِ، لِأنَّهُ لَا يُكُونُ كُفْرٌ بِالعَدَمِ، فالكُفْرُ دَائِمًا بِمَا أَوْ مَنْ يكُونُ مَوجُوْدَا ...

إنَّ، أُوْلَىَ رَكَائزُ الدِيْنِ القَيّمِ، حَتميَّةُ وُجُودِ الخَالِقِ، عَقْلِيًا وَمَنْطِقِيًا، حَتَّى في عُقُولِ مُنظِّرِي تَطَوُّرِ النَّشْأةِ وتَحوُّلِهَا... فَلَا بُدَّ مِنْ بِدَايْةٍ! لِأَنَّهُ إنْ لَمْ يَكُ هُنَاكَ خَالِقٌ، فَكَيْفَ وُجِدُوا؟! فَإن وُجِدَ هَؤلَاءِ عَبَثًا، أَوْ عَنْ طَرِيْقِ الصُّدْفَةِ أَو مِنَ العَدَمِ، فَمَا حَالُ جَمِيْعِ المَخْلُوقَاتِ؟ وَبِالخُصُوصِ مُكَوّنَاتُ هَذَا الكَوْنِ وَهَذِه الكُتَلِ الضَّخْمَةِ المُتَحَرّكَةِ في مَجَرَّاتٍ غَيْرَ ثَابِتَةٍ، وَمُتَحَرِكَةٍ بِسُرْعَةٍ مُذْهِلَةٍ مُنْذُ مَلَايِيْنِ السّنِيْنِ دُوْنَ ضَعْفٍ، أَوِ اضْطِرَابٍ، أَوْ خَلَلٍ؟؟؟

إنَّ هَذِهِ الحَقِيْقَةَ ذَكَرَهَا القُرْآنُ: **لَخَلْقُ السَّمَاوَاتِ وَالْأَرْضِ أَكْبَرُ مِنْ خَلْقِ النَّاسِ، وَلَكِنَّ أَكْثَرَ النَّاسِ لَا يَعْلَمُونَ.** (57). وَأَثْبَتَهَا العُلَمَاءُ الَّذِيْنَ شَهِدَ القُرآنُ بِصِدْقِهِمْ وَإدرَاكِهِم: "**يَخشَى اللهَ مِنْ عِبَادِهِ العُلَماءُ**"، فَمَن أَحَقُّ بِالإتِبَاعِ؟ عُلَمَاءُ العِلْمِ أَمْ سُفَهَاءُ النَّقْلِ؟؟؟ **إنَّ فِي خَلْقِ السَّمَاوَاتِ وَالْأَرْضِ وَاخْتِلَافِ اللَّيْلِ وَالنَّهَارِ لَآيَاتٍ لِأُوْلِي الْأَلْبَابِ (190) الَّذِينَ يَذْكُرُونَ اللهَ قِيَامًا وَقُعُودًا وَعَلَىٰ جُنُوبِهِمْ وَيَتَفَكَّرُونَ فِي خَلْقِ السَّمَاوَاتِ وَالْأَرْضِ رَبَّنَا مَا خَلَقْتَ هَذَا بَاطِلًا سُبْحَانَكَ فَقِنَا عَذَابَ النَّارِ (191)**

...

لَمْ يَخْلُقِ اللَّهُ هَذَا بَاطِلًا سُبْحَانَهُ، بَلْ خَلَقَهُ طَائِعًا وَلَيْسَ مُخَيَّرًا! وَلَكِنَّ اللَّهَ خَيَّرَنَا نَحْنُ البَشَرَ بَعْدَ أَنْ هَدَانَا السَّبِيْلَ! فِطْرَةُ اللَّهِ الَّتِي فَطَرَ اللَّهُ النَّاسَ عَلَيْهَا، ذَلِكَ الدِّيْنُ القَيِّمُ. فَكَمَا إِنَّ، أُوْلَى رَكَائِزِ الدِّيْنِ القَيِّمِ، حَتمِيَّةُ وُجُوْدِ الخَالِقِ. فَإِنَّ أَوَّلَ رَكَائِزِ فِطْرَةِ الخَلْقِ فِي جَعْلِ اللَّهِ فِي الأَرْضِ خَلِيْفَةً، - حَاضِراً كَانَ الخَلِيْفَةُ فِي عَالَمِ الوُجُودِ أَمْ غَائِبًا! وَمِنْهُم أَئِمّةٌ، وَمُرسَلُونَ، وَنَبِيُّونَ، وَصِدِّيْقِونَ ...

﴿وَعَلَّمَ آدَمَ الْأَسْمَاءَ كُلَّهَا ثُمَّ عَرَضَهُمْ عَلَى الْمَلَائِكَةِ فَقَالَ أَنبِئُونِي بِأَسْمَاءِ هَٰؤُلَاءِ إِن كُنتُمْ صَادِقِينَ﴾.

وَتَوَكَّلْ عَلَى العَزِيزِ الرَّحِيمِ (217) الَّذِي يَرَىٰكَ حِينَ تَقُومُ (218) وَتَقَلُّبَكَ فِي السَّٰجِدِينَ (219) إِنَّهُۥ هُوَ السَّمِيعُ العَلِيمُ (220).

مَا بَعْدَ هُبُوطِ آدَمَ مِنَ الجَنَّةِ!

وَقُلْنَا يَا آدَمُ اسْكُنْ أَنتَ وَزَوْجُكَ الْجَنَّةَ وَكُلَا مِنْهَا رَغَدًا حَيْثُ شِئْتُمَا، وَلَا تَقْرَبَا هَذِهِ الشَّجَرَةَ فَتَكُونَا مِنَ الظَّالِمِينَ (35) فَأَزَلَّهُمَا الشَّيْطَانُ عَنْهَا فَأَخْرَجَهُمَا مِمَّا كَانَا فِيهِ، وَقُلْنَا اهْبِطُوا بَعْضُكُمْ لِبَعْضٍ عَدُوٌّ وَلَكُمْ فِي الْأَرْضِ مُسْتَقَرٌّ، وَمَتَاعٌ إِلَىٰ حِينٍ (36) فَتَلَقَّى آدَمُ مِن رَّبِّهِ كَلِمَاتٍ فَتَابَ عَلَيْهِ إِنَّهُ هُوَ التَّوَّابُ الرَّحِيمُ (37). قُلْنَا اهْبِطُوا مِنْهَا جَمِيعًا، فَإِمَّا يَأْتِيَنَّكُم مِّنِّي هُدًى، فَمَن تَبِعَ هُدَايَ فَلَا خَوْفٌ عَلَيْهِمْ وَلَا هُمْ يَحْزَنُونَ (38) وَالَّذِينَ كَفَرُوا وَكَذَّبُوا بِآيَاتِنَا، أُولَئِكَ أَصْحَابُ النَّارِ هُمْ فِيهَا خَالِدُونَ. (39).

أيُّهَا القَارِئُ الكَرِيمُ، هَل فِي الآيَاتِ الوارِدَةِ أعْلَاه كَلِمَاتٌ يَصْعُبُ فَهْمُهَا؟ طَبْعًا آدَمُ مَنْ تَلَقَّى مِنْ رَبِّهِ الكَلِمَاتِ وَلَيْسَ العَكْسُ! مَاهِيَ الكَلِمَاتُ الَّتِيْ تَلَقَّاهَا آدَمُ مِنْ رَبِّهِ؟

مُرَادِفَاتُ تَلَقَّى (الفِعْلْ): أَخَذَ عَنْ أو مِنْ، اسْتَفَادَ مِنْ، اسْتَقَى، اقْتَبَسَ، استقبَلَ، تَأَدَّبَ، تَتَلْمَذَ، تَعَلَّمَ، تَلَقَّنَ، حَصَّلَ، دَرَسَ...

أَضْدَادُ تَلَقَّى (الفِعْل): أَدَّبَ، أَفادَ، ثَقَّفَ، دَرَّسَ، قَدَّمَ، لَقَّنَ...

مَنِ الَّذِي تَلَقَّىْ وَمَنْ الَّذِيْ لَقَّنَ؟ جَوَابُ هَذَا السُّؤَالِ، الفَيْصَلُ بَيْنَ الكُفْرِ وَالإِيْمَانِ، وَبَيْنَ الجَهْلِ وَالعِرْفَانِ!

كَمَا هُوَ مَعْلُومٌ، يَقُولُ عُلَمَاءُ العُمَرِيَّةِ، أنَّ هَذِهِ الْكَلِمَاتِ مُفَسَّرَةٌ بِقَوْلِهِ تَعَالَى: ﴿قَالَا رَبَّنَا ظَلَمْنَا أَنْفُسَنَا وَإِن لَّمْ تَغْفِرْ لَنَا وَتَرْحَمْنَا لَنَكُونَنَّ مِنَ الْخَاسِرِينَ﴾. تَلَقَّى عِنْدَ عُلَمَاءِ العُمَرِيَّةِ تُصْبِحُ قَالَ!
وَقَالَ أَبُو جَعْفَرٍ الرَّازِيُّ، عَنِ الرَّبِيعِ بْنِ أَنَسٍ عَنْ أَبِي الْعَالِيَةِ فِي قَوْلِهِ تَعَالَى: ﴿فَتَلَقَّى آدَمُ مِن رَّبِّهِ كَلِمَاتٍ فَتَابَ عَلَيْهِ﴾. قَالَ: إِنَّ آدَمَ لَمَّا أَصَابَ الْخَطِيئَةَ قَالَ: أَرَأَيْتَ يَا رَبِّ إِنْ تُبْتُ وَأَصْلَحْتُ؟ قَالَ اللهُ: «إذن أُدْخِلَكَ الجَنَّةَ!» فَهِيَ الْكَلِمَاتِ، وَمِنَ الْكَلِمَاتِ أَيْضًا ﴿رَبَّنَا ظَلَمْنَا أَنْفُسَنَا وَإِن لَّمْ تَغْفِرْ لَنَا وَتَرْحَمْنَا لَنَكُونَنَّ مِنَ الْخَاسِرِينَ﴾. إنَّ الحَقَّ وَالإيمَانَ وَالصِّدْقَ عِنْدَ العُمَرِيَّةِ عِمْلَةٌ نَادِرَةٌ!

فِي الآيَةِ أَعْلَاهُ رَبَّنَا ظَلَمْنَا أَنْفُسَنَا... مَنِ القَائِلُ وَمَنِ الْمُتَلَقِّي؟!

وَعَنْ مُجَاهِدٍ أَنَّهُ كَانَ يَقُولُ فِي قَوْلِ اللهِ تَعَالَى: ﴿فَتَلَقَّى آدَمُ مِن رَّبِّهِ كَلِمَاتٍ فَتَابَ عَلَيْهِ﴾. الْكَلِمَاتُ: «اللَّهُمَّ لَا إِلَهَ إِلَّا أَنْتَ سُبْحَانَكَ وَبِحَمْدِكَ، رَبِّ إِنِّي ظَلَمْتُ نَفْسِي فَاغْفِرْ لِي إِنَّكَ خَيْرُ الْغَافِرِينَ» اللَّهُمَّ لَا إِلَهَ إِلَّا أَنْتَ سُبْحَانَكَ وَبِحَمْدِكَ رَبِّ إِنِّي ظَلَمْتُ نَفْسِي فَارْحَمْنِي إِنَّكَ خَيْرُ الرَّاحِمِينَ... اللَّهُمَّ لَا إِلَهَ إِلَّا أَنْتَ سُبْحَانَكَ وَبِحَمْدِكَ، رَبِّ إِنِّي ظَلَمْتُ نَفْسِي فَتُبْ عَلَيَّ، إِنَّكَ أَنْتَ التَّوَّابُ الرَّحِيمُ"، وَقَوْلُهُ تَعَالَى: ﴿إِنَّهُ هُوَ التَّوَّابُ الرَّحِيمُ﴾. أَيْ إِنَّهُ يَتُوبُ عَلَى مَنْ تَابَ إِلَيْهِ وَأَنَابَ، كَقَوْلِهِ: ﴿أَلَمْ يَعْلَمُوا أَنَّ اللَّهَ هُوَ

يَقْبَلُ التَّوْبَةَ عَنْ عِبَادِهِ﴾، وَقَوْلُهُ: ﴿**وَمَن يَعْمَلْ سُوءًا، أَوْ يَظْلِمْ نَفْسَهُ**﴾ الآية. وقولُهُ: ﴿**وَمَن تَابَ وَعَمِلَ صَالِحاً**﴾. وَغَيْرُ ذَلِكَ مِنَ الْآيَاتِ الدَّالَّةِ عَلَى أَنَّهُ تَعَالَى يَغْفِرُ الذُّنُوبَ، وَيَتُوبُ عَلَى مَنْ يَتُوبُ، وَهَذَا مِنْ لُطْفِهِ بِخَلْقِهِ وَرَحْمَتِهِ بِعَبِيدِهِ، لَا إِلَهَ إِلَّا هُوَ التَّوابُ الرَّحِيْم.

أَيُّهَا القَارِئُ الكَرِيْمُ، قَدْ تَكُونُ جَمِيْعُ هَذِهِ الآيَاتِ تَوَسَّلَ فيهَا آدَمُ وَزَوجَتِهِ، إِلَى اللهِ! وَلَكِنَّ اللهَ لَمْ يَتُبْ عَلَيْهِمَا: إِنَّ الكَلِمَاتِ الَّتِي حَكَاهَا اللهُ عَنْهُمَا فِي سُوْرَةِ الأَعْرَافِ بِقَوْلِهِ: (**رَبَّنَا ظَلَمْنَا أَنفُسَنَا وَإِن لَّمْ تَغْفِرْ لَنَا وَتَرْحَمْنَا لَنَكُونَنَّ مِنَ الخاسرين**) الآية.

فَفيهِ: أَنَّ التَّوْبَةَ كَمَا تَدُلُّ عَلَيْهِ الآيَاتُ في هَذِهِ السُّوْرَةِ، (سُوْرَةُ البَقَرَةِ)، وَقَعَتْ بَعْدَ الهُبُوطِ إِلَى الأَرْضِ!

قال تعالىَ: (... **وَنَادَاهُمَا رَبُّهُمَا أَلَمْ أَنْهَكُمَا عَن تِلْكُمَا الشَّجَرَةِ وَأَقُل لَّكُمَا إِنَّ الشَّيْطَانَ لَكُمَا عَدُوٌّ مُّبِينٌ؟** ﴿22﴾ **قَالَا رَبَّنَا ظَلَمْنَا أَنْفُسَنَا وَإِنْ لَمْ تَغْفِرْ لَنَا وَتَرْحَمْنَا لَنَكُونَنَّ مِنَ الْخَاسِرِينَ.** ﴿23﴾ **قَالَ اهْبِطُوا بَعْضُكُمْ لِبَعْضٍ عَدُوٌّ وَلَكُمْ فِي الْأَرْضِ مُسْتَقَرٌّ وَمَتَاعٌ إِلَىٰ حِينٍ.** ﴿24﴾ **قَالَ فِيهَا تَحْيَوْنَ وَفِيهَا تَمُوتُونَ وَمِنْهَا تُخْرَجُونَ.** ﴿25﴾ ... ألأعْرَافْ

هَذِهِ الكَلِمَاتُ الَّتِي جَاءَ بِهَا عُلَمَاءُ العُمَرِيَّةِ، تَكَلَّمَ بِهَا آدَمُ وَزَوْجَتُهُ قَبْلَ الهُبُوطِ، مِنَ الجَنَّةِ! كَمَا جَاءَ فِي سُورَةِ الأَعْرَافِ، قَالَ تَعَالَى: **(وَنَادَاهُمَا رَبُّهُمَا أَلَمْ أَنْهَكُمَا عَنْ تِلْكُمَا الشَّجَرَةِ.)** قَالَا: **(قَالَا رَبَّنَا ظَلَمْنَا أَنْفُسَنَا)** إِلَى أَنْ قَالَ: **(قَالَ اهْبِطُوا بَعْضُكُمْ لِبَعْضٍ عَدُوٌّ.)** الآيَات. الظَّاهِرُ أَنَّ قَوْلَهُمَا: رَبَّنَا ظَلَمْنَا أَنْفُسَنَا، تَذَلُّلٌ مِنْهُمَا وَخُضُوعٌ بِأَنَّ الأَمْرَ إِلَى اللهِ سُبْحَانَهُ كَيْفَ يَشَاءُ، بَعْدَ الاعْتِرَافِ بِأَنَّ للهِ الرُّبُوبِيَّةَ وَأَنَّهُمَا ظَالِمَانِ مُشْرِفَانِ عَلَى خَطَرِ الخُسْرَانِ. قَدْ يَكُونَانِ تَابَا فِي الجَنَّةِ، وَلَكِنْ لَمْ يَقْبَلِ اللهُ تَوْبَتَهُمَا، فَأُخْرِجَا مِنَ الجَنَّةِ!!! دُكْتُورُ، وَاللهِ بِكُلِّ حَرْفٍ مِنْ كَلِمَاتِ هَذِهِ الآيَاتِ لَنْ يَغْفِرَ اللهُ لَكَ وَإِلَى جَمِيعِ جُهَلَاءِ العُمَرِيَّةِ، حَتَّى تَتُوبَ كَمَا تَابَ آدَمُ! التَّلَقِّي فِي **(فَتَلَقَّى آدَمُ مِنْ رَبِّهِ كَلِمَاتٍ فَتَابَ عَلَيْهِ..))** هُوَ التَّلَقُّنُ، وَهُوَ أَخْذُ الكَلَامِ مَعَ فَهْمٍ وَفِقْهٍ، وَهَذَا التَّلَقِّي كَانَ هُوَ الطَّرِيقُ المُسَهِّلُ لِآدَمَ عَلَيْهِ السَّلَامُ **لِقُبُولِ** تَوْبَتِهُ.

وَمِنْ ذَلِكَ يَظْهَرُ أَنَّ التَّوْبَةَ تَوْبَتَانِ: تَوْبَةٌ مِنَ اللهِ تَعَالَى عَلَى العَبْدِ، وَهِيَ الرُّجُوعُ إِلَى العَبْدِ بِالرَّحْمَةِ، وَتَوْبَةٌ مِنَ العَبْدِ وَهِيَ الرُّجُوعُ إِلَى اللهِ بِالِاسْتِغْفَارِ وَالِانْقِلَاعِ مِنَ المَعْصِيَةِ.

وَتَوْبَةُ العَبْدِ، مَحْفُوفَةٌ بِتَوْبَتَيْنِ مِنَ اللهِ تَعَالَى: فَإِنَّ العَبْدَ لَا يَسْتَغْنِي عَنْ رَبِّهِ فِي حَالٍ مِنَ الأَحْوَالِ، فَرُجُوعُهُ عَنِ المَعْصِيَةِ يَحْتَاجُ

إِلَى، تَوْفِيقِهِ تَعَالَى وَإِعَانَتِهِ وَرَحْمَتِهِ، حَتَّى تَتَحَقَّقَ مِنْهُ التَّوْبَةُ، ثُمَّ تَمُسُّ الحَاجَةُ إِلَى قَبُولِهِ تَعَالَى وَعِنَايَتِهِ وَرَحْمَتِهِ، فتَوبَةُ العَبْدِ إِذَا قُبِلَتْ كَانَتْ بَيْنَ تَوْبَتَيْنِ مِنَ اللهِ كَمَا يَدُلُّ عَلَيْهِ تَعَالَى قولُهُ: (ثُمَّ تابَ عَلَيْهِمْ لِيَتُوبُوا، إِنَّ اللَّهَ هُوَ الْتَّوَّابُ الرَّحِيمُ) التوبة.(118)

هَذِهِ الكَلِمَاتُ مَا هِيَ؟ إِنَّمَا يَحْكِيهِ اللهُ تَعَالَى عَنْهُمَا فِي سُورَةِ الأَعْرَافِ، بِقَوْلِهِ: **(قَالَا رَبَّنَا ظَلَمْنَا أَنفُسَنَا وَإِن لَّمْ تَغْفِرْ لَنَا وَتَرْحَمْنَا لَنَكُونَنَّ مِنَ الْخَاسِرِينَ)** الأَعْرَافْ - 23، **إِلَّا أَنَّ** وُقُوعَ هَذِهِ **الكَلِمَاتِ** أَعْنِي قولَهُ: **(قَالَا رَبَّنَا ظَلَمْنَا** ... الآيَةِ) قَبلَ قَوْلِهِ: **(قُلْنَا اهْبُطُوا)** فِي سُورَةِ الأَعْرَافِ، وَوُقُوعُ قَوْلِهِ **(فَتَلَقَّى آدَمُ مِنْ رَبِّهِ كَلِمَاتٍ فَتَابَ عَلَيْهِ..)))** الآية. بَعْدَ قَوْلِهِ لَهُمَا: **(قلنا اهبطوا)!؟**

لِمَاذَا اسْتَعْمَى عُلَمَاءُ (جُهَلَاءُ) العُمَرِيَّةِ عَلَى مَدَى هَذِهِ الأَزْمَانِ عَنْ هَذِهِ الحَقِيْقَةِ؟ وَمَاذَا أَرَدُوا أَنْ يُخْفُوا!؟ أُقْسِمُ بِاللهِ أَنِّيْ أَصِلُ إِلَى الحَقِيْقَةِ عِنْدَمَا أَتجَاهَلُ وَأُلغِيْ جَمِيْعَ مَا يُؤْمِنُ بِهِ العُمَرِيَّةُ! أَنَا أُؤْمِنُ أَنَّ مُؤَسِّسِيْ دِيْنُ العُمَرِيَّةِ اسْتَعْمَلُوا - فِي بِنَاءِ عَقَائِدِهِم - أَسْلُوبِيْ هَذَا! الحَقِيْقَةُ عِنْدَ العُمَرِيَّةِ، مَا يُخَالِفُ دِيْنَ اللهِ، وَسُنَّةَ رَسُولِهِ مُحَمَّدٍ! فَالحَقِيْقَةُ عِنْدَ العُمَرِيَّةُ، أَنَّ كُلَّ مَا يُخَالِفُ دِيْنَ اللهِ وَإِنْ كَثُرَتْ وَتَضَارَبَتْ آرَاؤُهُ، صَحِيْحٌ! أَمَّا الأَسْمَاءُ، فَهِيَ تَشَابُهٌ فِي الأَسْمَاءِ! أَلَمْ يُحَرِّقُوا السُّنَّةَ لِاعْتِقَادِهِم بِعَدَمِ صَلَاحِيَّتِهَا؟ ثُمَّ بَعْدَ

قَرْنَيْنِ جمَعُوا هَذِهِ العَنْعَنَاتِ المُتَنَاقِضَةِ والمُتَضارِبَةِ، ثُمَّ اعْتَمَدُوهَا! أَيُّهَا القَارِئُ الكَرِيْمُ، أُخَاطِبُ فيكَ عَقْلَكَ، وَأذَكرُكَ أنَّ اللهَ لَمْ يَتُبْ عَلَى آدَمَ وَزَوجَتِهِ بِالرَّغْمِ مِنْ كُلِّ كَلِمَاتِ التَّوسُّلِ وَالاعْتِرَافِ بِالذَّنْبِ وَطَلَبِ الرَّحْمَةِ وَالعَفْوِ والمَغْفِرةِ! إلَّا أنَّ اللهَ قَالَ اهْبُطُوا مِنْهَا: التَّوسُّلُ وَالاعْتِرَافُ بِالذَّنْبِ وَطَلَبُ الرَّحْمَةِ وَالعَفْوِ والمَغْفِرةِ **لَا يَكْفِي!؟** حَيْثُ إنَّ التَّوبَةَ جَاءَتْ **وَكَانتْ لِآدَمَ وَحْدَه**، بَعْدَ أنْ تَلَقَّى الكَلِمَاتِ!؟ إذَا كَانَ كُلُّ هَذَا التَّوسُّلِ وَالاعْتِرَافِ بِالذَّنْبِ وَطَلَبِ الرَّحْمَةِ وَالعَفْوِ والمَغْفِرةِ لِوَحْدَهَا لَم تَنْفَعْ آدَمَ بِدُونِ "**الكَلِمَات**" **وَهُوَ نَبِيٌّ**، فَهَلْ تَعْتَقِدُ أنَّ مَا تَوسَّلَ بِهِ آدَمُ من دُونِ الكلِمَاتِ سَيَنْفَعُكَ أَيُّهَا الإنْسَانُ؟! مَا هِيَ الكَلِمَاتُ التِّي تَلَقَّاهَا آدَمُ مِنْ رَبِّهِ وَلَم تَسْمَعْهَا زَوجَتُهُ؟ كَلِمَاتٌ تَعلَّمَهَا آدَمُ وَحَفِظَهَا وَتَيَقَّنَهَا وَسَألَ اللهَ بِهَا، ثُمَّ نَالَ بِهَا التَوبَةَ؟! زَوجَةُ آدَمَ لَم تَتَلَقَّ الكَلِمَاتِ! فَتَلَقَّى "**آدَمُ**" مِن رَّبِّهِ كَلِمَاتٍ فَتَابَ عَلَيهِ إِنَّهُ هُوَ التَّوَّابُ الرَّحِيمُ ...

هَلْ سَتَعْتَمِدُ عَلَى مَا تُؤَفِّكُهُ كُتُبُ العُمَرِيَّةِ مِن تَحْرِيْفٍ، وَتَحْرِيْفٍ، وَزَيْفٍ وَجَهْلٍ؟ وَمَنْ هُو خَلِيْقٌ وأجْدَرُ وَأحَقُّ وَأحْوَجُ مِنْكَ أَيُّهَا القَارِئُ المُؤمِنُ مِنْ تَعلُّمِ هَذِهِ الكَلِمَاتِ وَحِفْظِهَا، **وَسُؤَالِ اللهِ التَّوبَةَ بِهَا؟!**

فَإنْ كُنْتَ تَعْرِفُهَا، ادعُ اللهَ بِهَا دَائِمًا، وَلا تَنْسانا مِنَ الدُّعَاء! دُكْتُور

هَلْ أَنْتَ وَمَنْ عَلَى مَذَاهِبِ عُلَمَاءِ ألسَّقِيْفَة تَعْرِفُونَ هَذِهِ الكَلِمَاتِ؟

فَتَلَقَّى آدَمُ مِنْ رَبِّهِ كَلِمَاتٍ فَتَابَ عَلَيْهِ!

مَا هِيَ هَذِهِ الكَلِمَاتِ؟

** إِذَا كَانَ الكِتَابُ وَلِيْدَ نُزُولِهِ عَلَى الرَّسُولِ مُحَمَّدٍ، كَيْفَ عَلِمَ آدَمُ هَذِهِ الآيَاتِ؟!

عَقْلِيًّا وَعِلْمِيًّا. عِنْدَمَا نَقْرَأُ: (فَتَلَقَّى آدَمُ مِنْ رَبِّهِ كَلِمَاتٍ فَتَابَ عَلَيْهِ ...) إِنَّ كُلَّ هَذَا التَّوَسُّلِ وَالاعْتِرَافِ بِالذَّنْبِ وَطَلَبِ الرَّحْمَةِ وَالعَفْوِ وَالمَغْفِرةِ، كَانَ مُشْتَرَكًا بَيْنَ آدَمَ وَزَوْجَتِهِ، لَكِنَّ تَلَقِّيَ الكَلِمَاتِ وَالتَّوْبَة لَمْ تَشْمَلْ زَوجَةَ آدَمَ!؟

لِمَاذَا آدَمُ لِوَحْدِهِ تَلَقَّى الْكَلِمَاتِ، وَلَمْ تَتَلَقَّاهَا زَوجَتُهُ؟

مَتَى كَانَ آدَمُ في الجَنَّةِ لِوَحْدِهِ، وَمِنْ دُوْنِ زَوجَتِهِ؟

قَدْ يَكُونُ سَاعَةَ خَلْقِ آدَمَ وَعَرْضهِ عَلَى المَلَائِكَةِ، لِأَنَّ اللهَ لَمْ يَطْلُبْ مِنَ المَلَائِكَةِ السُّجُودَ لِآدَمَ وَزَوجَتِهِ، بَلْ **أَمَرَهُم** أَنْ يَسْجُدُوا **لِآدَمَ وَحْدَه**! وَلَا أَعْتَقِدُ أَنَّ اللهَ كَانَ سَيَسْتَثْنِي زَوجَةَ آدَمَ إِنْ كَانَتْ مَوجُودَةً أَوْ حَاضِرَةً! أَوْ قَدْ تَكُونُ زَوجَةُ آدَمَ لَمْ تُخْلَقْ بَعْدُ. أَوْ قَدْ يَكُونُ لِسَبَبٍ عِنْدَ اللهِ وَحْدَهُ!

عَلَيْنَا إِذًا أَنْ نَعودَ إِلَى المَرحَلَةِ الَّتِي لَمْ تَكُنْ زَوجَةُ آدَمَ في الصُورَةِ!

وَهوَ أَنَّهُ لَا يَخْفَى عَليْكَ يَا دُكْتُورُ أنَّهُ في صَدْرِ قِصَّةِ آدَمَ، حَيْثُ إنَّ اللَّهَ تَعَالَى قَالَ: **(وَإِذْ قَالَ رَبُّكَ لِلْمَلَائِكَةِ إِنِّي جَاعِلٌ فِي الْأَرْضِ خَلِيفَةً)**، قالتِ المَلَائِكَةُ: **(قَالُوا أَتَجْعَلُ فِيهَا مَنْ يُفْسِدُ فِيهَا وَيَسْفِكُ الدِّمَاءَ وَنَحْنُ نُسَبِّحُ بِحَمْدِكَ وَنُقَدِّسُ لَك)** ... لَمْ يُجِبِ اللَّهُ تَعَالَى عَلَى السُّؤَالِ عَنِ الخَليفَةِ الأَرْضيِّ، بما رَمَوْهُ بِهِ، سِوَى أَنَّهُ: **(قَالَ إِنِّي أَعْلَمُ مَا لَا تَعْلَمُونَ)**! مَاذَا يَعْنِيَ هَذَا الجَوابُ؟

اخْرَسُوا فَأَنْتُم لَا تَعْلَمُون!؟

أَمْ سَيَأتِيْكُمُ الجَوَابُ الَّذِيْ فِيْهِ الخَبَرَ اليَقِيْن؟!

وَعَلَّمَ آدمَ الأَسْمَاءَ كُلَّهَا...

وَلَولَا أَنَّهُ كَانَ في تَعْليِمِ الأَسْمَاءِ مَا يَسُدُّ بَابَ اعْتِرَاضِ المَلَائِكةِ، لَمَا انْقَطَعَ كَلَامُ المَلَائِكَةِ وَلَا تَمَّتِ لَاحِقًا الحُجَّةُ عَلَيْهِم قَطْعًا...

إذًا، فِي جُمْلَةِ مَا عَلَّمَهُ اللَّهُ تَعَالَى لِآدمَ مِنْ –كَلِمَاتٍ– **الأسمَاءَ**، أمْرٌ يَنْفَعُ العَاصِي إذَا عَصَى، وَالمُذْنِبُ إذَا، أَذْنَبَ! حَتَّى سَافِكُ الدَّمِ وَالمُفْسِدُ! وَقبْلَ أنْ تَسْألَ المَلَائِكَةُ كَيْفَ يَكُونُ هَذَا؟! عَرَضَ أَصْحَابَ الأَسْمَاءِ عَلَى المَلَائِكَةِ! **وَعَلَّمَ آدَمَ الْأَسْمَاءَ كُلَّهَا ثُمَّ عَرَضَهُمْ عَلَى الْمَلَائِكَةِ فَقَالَ أَنبِئُونِي بِأَسْمَاءِ هَؤُلَاءِ إِن كُنتُمْ صَادِقِينْ! قَالَ اسْجُدُوا لِآدَمَ...** عَلِمَ المَلَائِكَةُ أَنَّ أَصْحَابَ هَذِهِ الأَسْمَاءِ، مَعْصُومَةٌ، لَا تُفْسِدُ وَلَا تَسْفُكُ الدِّمَاءَ، وَأَنَّهُم يُسَبِّحُونَ

وَيَحمُدُونَ وَيُقَدِّسُونَ لِلَّهِ صِدْقًا! وَهَذَا مِصْدَاقٌ لِقَوْلِهِ عَزَّ وَعَلَا: ﴿إِنِّي أَعْلَمُ مَا لَا تَعْلَمُونَ﴾. وَبِنَاءً عَلَى هَذِهِ المِصْدَاقِيَّةِ فَأَنَّ مَنْ يَتَعَلَّمَ هَذِهِ الأَسْمَاءَ تَسْجُدُ لَهُ المَلَائِكَةُ، فَكَيْفَ بِالَّذِيْنَ يَتَعَلَّمُونَ عُلُومَهُم، وَيَتَقَرَّبُونَ إِلَيْهِمْ وَيُخْلِصُونَ لَهُم!؟ فَبِالمَعْرِفَةِ الحَقَّةِ لِأَصْحَابِ الأَسْمَاءِ، سَيَسْجُدُ لَكَ أَيُّهَا الإِنْسَانُ المَلَائِكَةَ وَالجِنَّ! إِنَّ مَا تَلَقَّاهُ آدَمُ مِنْ رَبِّهِ، كَانَتْ تَلْكَ الأَسْمَاءِ الَّتِيْ تَعَلَّمَهَا، وَتَعَرَّفَ عَلَى أَصْحَابِهَا، وَمِنْ بَرَكَاتِ هَذِهِ المَعْرِفَةِ أَنَّهُ دَخَلَ وَزَوجَتَهُ الجَنَّةَ!؟ فَكَانَ دُخُولُ آدَمَ الجَنَّةَ سَهْلٌ، وَمَنْ اسْتَسْهَلَ طَلَبَ أَكْثَرْ، ثُمَّ مَلَّ، وَسَئِمَ، وَضَجِرَ، فَغَامَرَ بِالفِطْرَةِ الَّتِيْ فَطَرَهُ اللَّهُ عَلَيْهَا، لِيَرْقَى إِلَى مَا اعْتَقَدَهُ الأَفْضَلَ. صَدَّقَ الشَّيْطَانَ، وَعَصَى الرَّحْمَانَ إِنَّهَا الفِطْرَةُ الَّتِيْ فَطَرَنَا اللَّهُ عَلَيْهَا. وَلَو قَيَّضَ اللَّهُ لِكُلِّ مِنَّا مَا قَدَّرَهُ لِآدَمَ لَسَقَطْنَا فِي الخَدِيْعَةِ والمَكِيْدَةِ نَفْسَهَا! طَبْعًا، إِلَّا الَّذِيْنَ أَسْمَاءَهُم أَدْخَلَتْ آدَمَ وَزَوجَتَهُ الجَنَّةَ! رُبَّ مَنْ يَسْأَلْ: **مِنْ أَيْنَ لَكَ هَذَا**؟! تَابِعُونَا! فَافْهَمْ ذَلِكَ وَاعْلَمْ أَيُّهَا القَارِئُ الكَرِيْمُ. أَنَّ آدَمَ عَلَيْهِ السَّلَامِ، وَإِنْ ظَلَمَ نَفْسَهُ فِي إِلْقَائِهَا إِلَى شَفَا جُرِفِ الهَلَكَةِ، ومُنْشَعِبِ طَرِيْقَيِّ السَّعَادَةِ وَالشَّقَاوَةِ، أَعْنِي الدُّنْيَا! فَلَوْ وَقَفَ فِي مَهْبِطِهِ فَقَدْ هَلَكَ، وَلَوْ رَجِعَ إِلَى سَعَادَتِهِ الأُوْلَى فَقَدْ أَتْعَبَ نَفْسَهُ وَظَلَمَهَا، فَهُوَ عَلَيْهِ السَّلَامُ، ظَالِمٌ لِنَفْسِهِ عَلَى كُلِّ تَقْدِيْرٍ، إِلَّا أَنَّهُ عَلَيْهِ السَّلَامُ، هَيَّأَ

لِنَفْسِهِ بِنُزُولِهِ دَرَجَةً مِنَ السَّعَادَةِ وَمَنْزِلَةً مِنَ الكَمَالِ، مَا كَانَ لِيَنَالَهَا لَوْ لَمْ يَنْزِلْ! وَكَذَلِكَ مَا كَانَ لِيَنَالَهَا لَوْ نَزَلَ مِنْ غَيْرِ خَطِيئَةٍ! **كُلُّ بَنِيْ آدَمَ خَطَّاءٌ، وَخَيْرُ الخَطَّائِيْنَ التَّوَّابُونَ!** وَلَمْ يَنْسَى آدَمُ أَمْرَ اللَّهِ: **إِنِّيْ جَاعِلٌ فِي الأَرْضِ خَلِيْفَةً**، وَمَا تَلَاهُ أَيْ تَبِعَهُ!؟

فَمَتَى كَانَ يُمْكِنُهُ أَنْ يُشَاهِدَ مَا لِنَفْسِهِ، مِنَ الفَقْرِ، وَالمَذَلَّةِ، وَالمَسْكَنَةِ، وَالحَاجَةِ وَالقُصُورِ، وَلَهُ فِي كُلِّ مَا يُصِيْبُهُ، مِنَ التَّعَبِ وَالعَنَاءِ وَالكَدِّ، رَوْحٌ وَرَاحَةٌ فِي جِنَانِ القُدْسِ وَجِوَارِ رَبِّ العَالَمِيْنَ! فَلِلَّهِ تَعَالَى، صِفَاتٌ مِنْ عَفْوٍ، وَمَغْفِرَةٍ، وَتَوْبَةٍ، وَسِتْرٍ، وَفَضْلٍ، وَرَأْفَةٍ وَرَحْمَةٍ، لَا يَنَالُهَا إِلَّا المُذْنِبُونَ! وَلَهُ فِي أَيَّامِ الدَّهْرِ، نَفَحَاتٌ لَا يَرْتَاحُ بِهَا إِلَّا المُتَعَرِّضُوْنَ!

فَهَذِهِ التَّوْبَةُ، هِيَ الَّتِيْ اسْتَدْعَتْ تَشْرِيْعَ الطَّرِيْقِ الَّذِيْ يُتَوَقَّعُ سُلُوْكَهُ، وَتَنْظِيْفَ المَنْزِلِ الَّذِيْ يُرْجَى سُكُوْنَهُ، فَوَرَاءَ هَذِهِ التَّوْبَةِ، تَشْرِيْعُ الدِّيْنِ وَتَقْوِيْمُ المِلَّةِ. وَيَدُلُّ عَلَى ذَلِكَ مَا تَرَاهُ، أَنَّ اللَّهَ تَعَالَى يُكَرِّرُ فِي كَلَامِهِ تَقَدُّمَ التَّوْبَةِ عَلَى الإِيْمَانِ!

قَالَ تَعَالَى: **(فَاسْتَقِمْ كَمَا أُمِرْتَ وَمَن تَابَ مَعَكَ وَلَا تَطْغَوْا إِنَّهُ بِمَا تَعْمَلُونَ بَصِير.)** هود. 112.

وَقَالَ: **(إِنِّي لَغَفَّارٌ لِّمَن تَابَ وَآمَنَ وَعَمِلَ صَالِحًا ثُمَّ اهْتَدَى.)** طَه. – 82. فَالتَّوبَةُ وَالإِيْمَانُ وَالعَمَلُ الصَّالِحُ لَا يَكْفِي! فَالمَغْفِرَةُ

مَشْرُوطَةٌ **بِالهِدَايَةِ!** تَدْخُلُ المَدْرَسَةَ، تَشْتَرِيْ الكُتُبَ، تُقَدِّمُ الإمْتِحَانَ، وَلَنْ تَحْصَلْ عَلَى الشَّهَادَةِ إلَّا بَعْدَ أَنْ تَنْجَح! **أَنْ تَهْتَدِيْ إِلَى أَصْحَابِ الأَسْمَاءِ!**

وَقَالَ: **إِلَّا مَن تَابَ وَآمَنَ وَعَمِلَ صَالِحًا فَأُولَئِكَ يَدْخُلُونَ الْجَنَّةَ وَلَا يُظْلَمُونَ شَيْئًا.** ﴿60 مريم﴾.

وَقَالَ: **إِلَّا مَن تَابَ وَآمَنَ وَعَمِلَ عَمَلًا صَالِحًا فَأُولَئِكَ يُبَدِّلُ اللَّهُ سَيِّئَاتِهِمْ حَسَنَاتٍ وَكَانَ اللَّهُ غَفُورًا رَّحِيمًا.** ﴿ 70 الفرقان﴾.

وَقَالَ: **فَتَلَقَّى آدَمُ مِن رَّبِّهِ كَلِمَاتٍ فَتَابَ عَلَيْهِ إِنَّهُ هُوَ التَّوَّابُ الرَّحِيمُ.** ﴿ 37 البقرة﴾.

إِلَىَ غَيْرِ ذَلِكَ مِنَ الآيَاتِ. قَوْلُهُ تَعَالَىَ: **(قُلْنَا اهْبِطُوا مِنْهَا جَمِيعًا فَإِمَّا يَأْتِيَنَّكُم مِّنِّي هُدًى فَمَن تَبِعَ هُدَايَ فَلَا خَوْفٌ عَلَيْهِمْ وَلَا هُمْ يَحْزَنُونَ.)** البَقَرةُ.

وَهَذَا أَوَّلُ مَا شَرَّعَ اللَّهُ **مِنَ** الدِّيْنِ، لِآدَمَ عَلَيْهِ السَّلَامَ وَذُرِّيَتَهُ، أَوْجَزَ الدِّيْنَ كُلَّهُ، فِي جُمْلَتَيْنِ لَا يُزَادُ عَلَى هَاتَيْنِ الجُمْلَتَيْنِ شَيْءٌ إِلَى يَوْمِ القِيَامَةِ...

فَالكَلِمَتَانِ فِي الجُمْلَتَيْن: عَلَى أَنَّ قَوْلَهُ تَعَالَىَ: **فَوَسْوَسَ لَهُمَا الشَّيْطَانُ لِيُبْدِيَ لَهُمَا مَا وُرِيَ عَنْهُمَا مِن سَوْءَتِهِمَا وَقَالَ مَا**

أَنْوَارُ سُورَةِ الحُجُرَاتِ

نَهَىٰكُمَا رَبُّكُمَا عَنْ هَٰذِهِ الشَّجَرَةِ إِلَّآ أَن تَكُونَا مَلَكَيْنِ أَوْ تَكُونَا مِنَ الْخَٰلِدِينَ.}، وقَوْلُهُ تَعَالَىَ: **فَوَسْوَسَ إِلَيْهِ الشَّيْطَٰنُ قَالَ يَٰٓـَٔادَمُ هَلْ أَدُلُّكَ عَلَىٰ شَجَرَةِ الْخُلْدِ وَمُلْكٍ لَّا يَبْلَىٰ**}. الآيَة. يَدُلُّ عَلَى أَنَّ إبْلِيسَ إنَّمَا كَانَ يُحَرِّضُهُمَا عَلَى الأَكْلِ، مِنْ شَخْصِ وَعيْنِ الشَّجَرَةِ المَنْهِيِّ عَنْهَا تَطْمِيعًا، فِي **الخُلُودِ وَالمُلْكِ**...

وَأَنْتَ أيُّهَا القَارِئُ، إذَا تَدبَّرْتَ هَذِهِ القِصَّةَ، (قِصَّةَ الجَنَّةِ)، وَخَاصَّةً مَا وَقَعَ في سُورَةِ طَهَ: ... **وَلَقَدْ عَهِدْنَا إِلَىٰٓ ءَادَمَ مِن قَبْلُ فَنَسِيَ وَلَمْ نَجِدْ لَهُۥ عَزْمًا** إلى آخِرِ السُّورَةِ، وَجَدْتَ أَنَّ المُسْتَفَادَ مِنْهَا، أنَّ قَضَاءَيْنِ مِنْهُ تَعَالَىَ، في آدمَ وَذُرِّيَتِهِ، فَأَكلَ جَرَيَانِ القِصَّةِ أَوْجَبَ مِنَ الشَّجَرَةِ، (**المَعْصِيَةُ**) أَوْجَبَ حُكْمَهُ تَعَالَىَ وَقَضَائَهُ، بِالهُبُوطِ وَالاسْتِقْرَارِ في الأَرْضِ، وَالحَيَاةِ فيهَا تِلْكَ الحَيَاةِ الشَّقِيَّةِ، الَّتي حُذِّرَا (**آدَمُ وَزَوجَتُهُ**) مِنْهَا، حِينَ نُهِيَا عَنْ اقْتِرَابِ هَذِهِ الْشَّجَرَةَ. وَأَنَّ (**التَّوْبَةَ**) ثَانِيًا: تَعْقُبُ قَضَاءً وَحُكْمًا ثَانِيًا مِنْهُ تَعالَىَ، بِإكْرَامِ آدَمَ وَذُرِّيَّتَهُ بِالهِدَايَةِ إِلَى العُبُودِيَّةِ، عُبُودِيَّةُ الإلَهِ الوَاحِدِ القَهَّارْ! فَالمَقْضِيُّ أَوَّلًا كَانَ نَفْسُ الحَيَاةِ الأَرْضِيَّةِ، ثُمَّ بِالتَّوْبَةِ الَّتي طَيَّبَ اللَّهُ بِهَا تِلْكَ الحَيَاةِ، بِأَنْ ركَّبَ اللَّهُ عَلَيْهَا الهِدَايَةَ إِلَى العُبُودِيَّةِ، فَتَأَلَّفَتِ الحَيَاةُ مِنْ: **حَيَاةٍ أَرْضِيَّةٍ، وَحَيَاةٍ سَمَاوِيَّةٍ**... وَهَذَا هُوَ

المُسْتَفَادُ مِنْ تَكْرَارِ الأَمْرِ بِالهُبُوطِ فِي هَذِهِ السُّوْرَةِ، حَيْثُ قَالَ تَعَالَى: (**قَالَ اهْبِطُوا بَعْضُكُمْ لِبَعْضٍ عَدُوٌّ وَلَكُمْ فِي الْأَرْضِ مُسْتَقَرٌّ وَمَتَاعٌ إِلَىٰ حِينٍ**). الآيَة.

وَقَالَ تَعَالَى: (**قُلْنَا اهْبِطُوا مِنْهَا جَمِيعًا فَإِمَّا يَأْتِيَنَّكُم مِّنِّي هُدًى فَمَن تَبِعَ هُدَايَ فَلَا خَوْفٌ عَلَيْهِمْ وَلَا هُمْ يَحْزَنُونَ**). الآيَةُ.

وَتَوْسِيطُ **التَّوْبَةِ** بَيْنَ الأَمْرَيْنِ بِالهُبُوطِ مُشْعِرٌ بِأَنَّ **التَّوْبَةَ** وَقَعَتْ وَلَمَّا يَنْفَصِلَا مِنَ الجَنَّةِ، وَإِنْ لَمْ يَكُونَا أَيْضًا فِيهَا كَاسْتِقْرَارِهِمَا فِيهَا قَبْلَ ذَلِكَ!

يُشْعِرُ بِذَلِكَ أَيْضًا قَوْلُهُ تَعَالَى: (**وَنَادَاهُمَا رَبُّهُمَا أَلَمْ أَنْهَكُمَا عَن تِلْكُمَا الشَّجَرَةِ وَأَقُل لَّكُمَا إِنَّ الشَّيْطَانَ لَكُمَا عَدُوٌّ مُّبِينٌ**؟ الآيَةُ) بَعْدَ مَا قَالَ لَهُمَا: **لَا تَقْرَبَا هَٰذِهِ الشَّجَرَةَ** ... فَأَتَى بِلَفْظَةِ (**تِلْكُمَا**) وَهِيَ إِشَارَةٌ إِلَى البَعِيْدِ، بَعْدَ مَا أَتَى بِلَفْظَةِ (**هَٰذِهِ**) وَهِيَ إِشَارَةٌ إِلَى القَرِيْبِ! وَعَبَّرَ بِلَفْظَةِ (**نَادَى**) وَهِيَ لِلْبَعِيْدِ بَعْدَ مَا أَتَى، بِلَفْظَةِ (**قَالَ**) وَهِيَ لِلقَرِيْبِ! **فَأَفْهَمَ**!؟

لَمْ يَكُنِ اللهُ بَعِيْدًا عَنْ خَلْقِهِ قَيْدَ أُنْمُلَةٍ، المَسَافَاتُ بَيْنَ اللهِ وَخَلْقِهِ غَيْرُ مَوجُودَةٍ، (**وَنَحْنُ أَقْرَبُ إِلَيْهِ مِنْ حَبْلِ الوَرِيْد...**). هَذَا بَدِيْعُ القُرْآنِ المَعْصُومِ فِي صُوَرِهِ وَطَرْحِهِ، لَا يَتْرُكُ بَابًا وَلَا وَلِيْجَةً، لِلْمُنَافِقِيْنَ!

وَاعْلَمْ أَيُّهَا القَارِئُ الكَرِيْمُ، أَنَّ ظَاهِرَ قَوْلِهِ تَعَالَى: **(وَقُلْنَا اهْبِطُوا بَعْضُكُمْ لِبَعْضٍ عَدُوٌّ وَلَكُمْ فِي الْأَرْضِ مُسْتَقَرٌّ، وَمَتَاعٌ إِلَى حِينٍ)**. الآيَةِ ... وَقَوْلُهُ تَعَالَى أَيْضًا: **(قَالَ فِيهَا تَحْيَوْنَ وَفِيهَا تَمُوتُونَ وَمِنْهَا تُخْرَجُونَ.)** الآية.

أَنَّ نَحْوَهُ هَذِهِ الحَيَاةَ بَعْدَ الهُبُوطِ، تُغَايِرُ نَحْوَهَا في الجَنَّةِ قَبلَ الهُبُوطِ، وَأَنَّ هَذِهِ حَيَاةٌ مُمْتَزِجَةٌ حَقِيْقَتُهَا بِحَقِيْقَةِ الأَرْضِ، فَهِيَ ذَاتُ عَنَاءٍ وَشَقَاءٍ؛ يَلْزَمُهَا أَنْ يَتَكَوَّنَ الإِنْسَانُ في الأَرْضِ، ثُمَّ يُعَادُ بِالمَوْتِ إِلَيْهَا "إِلَى الأَرْضِ"، ثُمَّ يَخْرُجُ بِالبَعْثِ مِنْهَا! بَقِيَ هُنَا شَيْءٌ، وَهُوَ القَوْلُ فِي خَطِيئَةِ آدَمَ. فَنَقُولُ ظَاهِرُ الآيَاتِ، فِي بَادِي النَّظَرِ وَإِنْ كَانَ تَحَقُّقُ المَعْصِيَةِ، وَالخَطِيئَةِ مِنْهُ عَلَيْهِ السَّلَامَ، كَمَا قَالَ تَعَالَىَ: **(فَتَكُونَا مِنَ الظَّالِمِيْنَ)**. وَقَال تَعَالَىَ: **(وَعَصَى آدَمُ رَبَّهُ فَغَوَى)**. الآيَةُ. وَكَمَا إِعْتَرَفَ بِهِ في مَا حَكَاهُ اللَّهُ عَنْهُمَا: **(قَالَا رَبَّنَا ظَلَمْنَا أَنفُسَنَا، وَإِن لَّمْ تَغْفِرْ لَنَا وَتَرْحَمْنَا لَنَكُونَنَّ مِنَ الْخَاسِرِينَ)**. الآية.

لَكِنَّ التَّدَبُّرَ في آيَاتِ القِصَّةِ، وَالدِّقَّةَ فِي النَّهْيِ الوَارِدِ عَنْ أَكْلِ الشَّجَرَةِ، يُوجِبُ القَطْعَ بِأَنَّ النَّهْيَ المَذْكُوْرَ، لَمْ يَكُنْ نَهْيًا **مَوْلَوِيًّا** يَتَرَتَّبُ عَلَى مُخَالَفَتِهِ اسْتِحْقَاقَ العُقُوبَةِ، وَإِنَّمَا **هُوَ** نَهْيٌ **إِرْشَادِيٌّ**، يُرَادُ بِهِ الإِرْشَادُ وَالهِدَايَةُ إِلَى، مَا في مَوْرِدِ الْتَّكْلِيفِ مِنَ الْصَّلَاحِ،

وَالْخَيْرِ.

وَيَدُلُّ عَلَى ذَلِكَ اَوَّلًا: أَنَّهُ تَعَالَى فَرَّعَ عَلَى النَّهْيِ في هَذِهِ السُّوْرَةِ، وَفي سُورَةِ الأَعْرَافِ أَنَّهُ ظَلَمَ حَيْثُ قَالَ: **(وَقُلنَا يَادَمُ اسكُنْ أَنتَ وَزَوجُكَ الجَنَّةَ وَكُلَا مِنهَا رَغَدًا حَيثُ شِئتُمَا، وَلَا تَقْرَبَا هَذِهِ الشَّجَرَةَ فَتَكُونَا مِنَ الظَّٰلِمِينَ)**. ثُمَّ بَدَّلَهُ فِي سُورَةِ طَهَ مِنْ قَوْلِهِ: **(فَقُلْنَا يَا آدَمُ إِنَّ هَذَا عَدُوٌّ لَّكَ وَلِزَوْجِكَ فَلَا يُخْرِجَنَّكُمَا مِنَ الْجَنَّةِ فَتَشْقَى)**.. مُفَرّعًا إِيَّاهْ عَلَى تَرْكِ الجَنَّةِ، وَمَعْنَى الْشَّقَاءِ، الْتَّعَبِ، ثُمَّ ذَكَرَ بَعْدَهُ كَالتَّفْسِيرِ لَهُ: **إِنَّ لَكَ أَلَّا تَجُوعَ فِيهَا وَلَا تَعْرَى** (118)، **وَأَنَّكَ لَا تَظْمَأُ فِيهَا وَلَا تَضْحَى** (119)، **فَوَسْوَسَ إِلَيْهِ الشَّيْطَانُ، قَالَ يَا آدَمُ هَلْ أَدُلُّكَ عَلَى شَجَرَةِ الْخُلْدِ، وَمُلْكٍ لَّا يَبْلَى (120)**.

فَأَوْضَحَ أَنَّ المُرَادَ بِالشَّقَاءِ هُوَ التَّعَبُ الدُّنْيَوِيُّ، الَّذِيْ تَسْتَتْبِعُهُ هَذِهِ الحَيَاةُ الأَرْضِيَّةُ مِنْ جُوْعٍ، وَعَطَشٍ، وَعَرَاءٍ، وَغَيْرَ ذَلِكَ ...

أَوَّلًا: فَالنَّهيُ لِلتَوَقّي إرشاديٌّ، وَمُخَالَفَةُ الْنَّهْيِ الإِرْشَادِيّ، لَا تُوْجِبْ مَعْصِيَّةً مَوْلَوِيَّةً، وَلَا تَعَدِّيًا عَنْ طَوْرِ العُبُودِيَّةِ، وَعَلَى هَذَا فَالمُرَادُ بِالظُّلْمِ أَيْضًا، في مَا وَرَدَ مِنَ الآيَاتِ، هُوَ ظِلْمُهُمَا عَلَىَ نَفْسَيْهِمَا، في إِلْقَائِهَا في التَّعَبِ وَالتَّهْلُكَةِ، دُوْنَ الظُّلْمِ المَذْمُومِ في بَابِ الرُّبُوبِيَّةِ وَالعُبُودِيَّةِ، وَهُوَ ظَاهِرٌ.

وثَانِيًا: أَنَّ **التَّوْبَةَ** وَهِيَ الرُّجُوْعُ مِنَ العَبْدِ، إِذَا اسْتَتْبَعَ القَبُولَ مِنْ

جَانِبِ المَوْلَى، أَوْجَبَ كَوْنَ الذَّنْبِ كَلَّا ذَنْبٍ، وَالمَعْصِيَةَ كَأَنَّهَا لَمْ تَصْدُرْ، فَيُتَعَامَلُ مَعَ العَاصِيْ التَّائِبِ مُعَامَلَةَ المُطِيْعِ المُنْقَادِ، وَفي مَوْرِدِ فِعْلِهِ مُعَامَلَةَ الامْتِثَالِ وَالانْقِيَادِ.

وَلَوْ كَانَ النَّهْيُ عَنْ أَكْلِ الشَّجَرَةِ **مَوْلَوِيًّا**، وَكَانَتِ التَّوْبَةُ تَوْبَةً عَنْ ذَنْبٍ عُبُودِيٍّ، وَرُجُوْعًا عَنْ مُخَالَفَةِ نَهْيٍ **مَوْلَوِيٍّ**، كَانَ اللَّازِمُ رُجُوعَهُمَا إِلَى الجَنَّةِ، مَعْ أَنَّهُمَا لَمْ يَرْجِعَا.

وَمِنْ هُنَا يُعْلَمُ أَنَّ اسْتِتْبَاعَ الأَكْلِ المُنْهَى عَنْهُ، لِلْخُرُوجِ مِنَ الجَنَّةِ كَانَ اسْتِتْبَاعًا ضَرُوْرِيًّا تَكْوِيْنِيًّا، نَظِيْرَ اسْتِتْبَاعِ السُّمِّ لِلْقَتْلِ وَالنَّارِ لِلْإِحْرَاقِ. كَمَا في وَارِدِ التَّكَالِيْفِ الإِرْشَادِيَّةِ، لَا اسْتِتْبَاعًا مِنْ قَبِيلِ المُجَازَاةِ المَوْلَوِيَّةِ في التَّكَالِيْفِ المَوْلَوِيَّةِ، كَدُخُولِ النَّارِ لِلْمُنَافِقِيْنَ: إِنَّ الْمُنَافِقِينَ فِي الدَّرْكِ الْأَسْفَلِ مِنَ النَّارِ وَلَن تَجِدَ لَهُمْ نَصِيرًا. (145). في اسْتِحْقَاقِ الذَّمِّ، وَاسْتِيْجَابِ البُعْدِ في المُخَالَفَاتِ العُمُومِيَّةِ الإِجْتِمَاعِيَّةِ المَوْلَوِيَّةِ.

وَثَالِثًا: أَنَّ قَوْلَهُ تَعَالَى: **(قُلْنَا اهْبِطُوا مِنْهَا جَمِيعًا فَإِمَّا يَأْتِيَنَّكُم مِّنِّي هُدًى فَمَن تَبِعَ هُدَايَ فَلَا خَوْفٌ عَلَيْهِمْ وَلَا هُمْ يَحْزَنُونَ. (38) وَالَّذِينَ كَفَرُوا وَكَذَّبُوا بِآيَاتِنَا أُولَئِكَ أَصْحَابُ النَّارِ هُمْ فِيهَا خَالِدُونَ (39)**. الآيَات...

وَلِكَيْ لَا أُطِيْلَ عَلَيْكُم! آدَمُ هَذَا، هُوَ كَلِمَةٌ جَامِعَةٌ لِجَمِيْعِ

التَّشْرِيعَاتِ التَّفْصِيلِيَّةِ الَّتِيْ، أَنْزَلَهَا اللهُ تَعَالَى فِي هَذِهِ الدُّنْيَا، مِنْ طُرُقِ مَلَائِكَتِهِ وَكُتُبِهِ وَرُسُلِهِ. يَحْكِيْ عَنْ أَوَّلِ تَشْرِيْعٍ شُرِّعَ لِلإِنْسَانِ فِي هَذِهِ الدُّنْيَا! أَلَّتِيْ هِيَ دُنْيَا آدَمَ وَذُرِّيَّتَهُ! وَقَدْ وَقَعَ عَلَى مَا يَحْكِيْ اللهُ تَعَالَى، بَعْدَ الأَمْرِ الثَّانِيْ بِالهُبُوطِ.

وَمِنَ الوَاضِحِ أَنَّ الأَمْرَ بِالهُبُوطِ أَمْرٌ تَكْوِيْنِيٌّ مُتَأَخِّرٌ عَنْ كَوْنِ آدَمَ فِي الجَنَّةِ وَاقْتِرَافِ الخَطِيْئَةِ. فَلَمْ يَكُنْ حِيْنَ مُخَالَفَةِ النَّهْيِ وَاقْتِرَابِ الشَّجَرَةِ، دِيْنٌ مَشْرُوعٌ، وَلَا تَكْلِيْفٌ مَوْلَوِيٌّ، فَلَمْ يَتَحَقَّقْ عِنْدَ ذَلِكَ ذَنْبٌ عُبُودِيٌّ، وَلَا مَعْصِيَةٌ مَولَوِيَّةٌ. لَا يُوجَدُ فِي الجَنَّةِ تَشْرِيْعٌ وَتَكْلِيْفٌ مَولَوِيٌّ! فِي الجَنَّةِ دَرَجَاتٌ مُجْزَاةٌ: يَرْفَعُ اللهُ الَّذِينَ آمَنُوا مِنكُمْ وَالَّذِينَ أُوتُوا الْعِلْمَ دَرَجَاتٍ... كَمَا فِي النَّارِ دَرَكَاتٌ مُجْزَاةٌ: إِنَّ الْمُنَافِقِينَ فِي الدَّرْكِ الْأَسْفَلِ مِنَ النَّارِ وَلَن تَجِدَ لَهُمْ نَصِيرًا... وَالتَّشْرِيْعُ مِيْزَانُ الإِيْمَانِ وَالنِّفَاقْ... وَدِيْنُ اللهِ كَامِلُ وَتَامٌّ، لِأَنَّ اللهَ مُسَبِّبُ الأَسْبَابِ!

أَعْتَذِرْ مِنْكَ أَيُّهَا القَارِئُ الكَرِيْم عَلَى الإِطَالَةِ فِي شَرحِ الكَلِمَاتِ الَّتِي وَرَدَتْ، وَقَدْ يَكُونُ فيهَا مَعَانٍ مَجَازِيَّةٌ غَيْرُ مَقْصُودَةٍ، لِأَنَّ سَيِّدَنَا آدَمَ سَلَامُ اللهِ عَلَيْهِ نَبِيٌّ كَجَمِيْعِ أَنْبِيَاءِ اللهِ وَرُسُلِهِ مَعْصُومٌ فِي كُلِّ مَا يَقُولُ وَيَفْعَل! وَلَكِنْ يَبْقَى مَعْرِفَةُ الكَلِمَاتِ الَّتِي إِنْ نَطَقَهَا المُؤمِنُ الَّذِيْ يَعْرِفُ فَضْلَهَا وَقِيْمَتَهَا عِنْدَ اللهِ، **يُثَابُ!؟**

فِي قِصَّةِ آدَمَ كُلِّهَا، لَم أجِدْ سِوَى مَرَّةٍ وَاحِدَةٍ كَلِمَةَ "تَلَقَّى" فيهَا أدَمُ مِنْ رَبِّهِ! المَرَّةُ الَّتِي عَلَّمَ اللَّهُ آدَمَ الأسْمَاءَ كُلَّهَا! وَلَقَّى تَعْنِيْ عَلَّمَ، وَتَلَقَّى كَمَا ذَكَرْتُ سَابِقًا تَعنِي أخَذَ، تَعَلَّمَ، فَهِم، عَلِمَ!

وَعَلَّمَ آدَمَ الْأَسْمَاءَ كُلَّهَا ثُمَّ عَرَضَهُمْ عَلَى الْمَلَائِكَةِ فَقَالَ أَنبِئُونِي بِأَسْمَاءِ هَؤُلَاءِ إِن كُنتُمْ صَادِقِينَ (31).

لِمَاذَا اسْتَخْدَمَ اللَّه كَلِمَةَ (**كُلَّهَا**) بَدَلًا مِنْ (**جَمِيْعِهَا**)؟

"**كُلّ**" تُفيدُ الجَمْعُ، لَكِنْ مَعَ التَّمْيِيْزِ بَيْنَ المُتَفَرّقِ، وَالمُخْتَلِفِ، وَالمُتَآلِفِ، وَالمُتَنَافِرِ. فَتَجْمَعُ كُلَّ شَيْءٍ عَلَىَ حِدَةٍ، كَمَا فِي قَوْلِهِ تَعَالَىَ: (**إِنَّهُ عَلَى كُلِّ شَيءٍ (مُفْرَدٌ) قَدْيَرْ**) {سُوْرَةُ الأَحْقَافِ}. ***لَمْ يَقُلْ عَلَى كُلِّ الأَشْيَاءِ!***

أَمَّا "**جَمِيْعْ**"، فَتَفِيدُ الجَّمْعَ لَكِنْ مِنْ غَيرِ التَّفْرِيْقِ، بَيْنَ المُخْتَلِفِ، وَالمُتَآلِفِ أَوْ بَيْنَ المُتَشَابِهِ، وَغَيْرِ المُتَشَابِهِ، كَمَا فِي قَوْلِهِ تَعَالَى:(**إِنْ كَانَتْ إِلَّا صَيْحَةً وَاحِدَةً فَإِذَا هُمْ جَمِيعٌ لَدَيْنَا مُحْضَرُون**).

سورة يَسِ.

(**الْأَسْمَاءُ كُلُّهَا!**). أَسْمَاءُ مَنْ ***يَا دُكْتُورُ*؟**

يَقُولُ بْنُ كَثِيْرِ الْعُمَرِيَّةِ:

{*وَقَالَ السُّدِيّ، عَمَّنْ حَدَّثَهُ، عَنْ بْنِ عَبَّاسٍ:* (**وَعَلَّمَ آدَمَ الْأَسْمَاءَ كُلَّهَا**) *قَالَ: عَرَضَ عَلَيهِ أَسْمَاءَ وَلْدِهِ إِنْسَانًا، إِنْسَانًا، وَالدَّوَابَ،*

فَقِيلَ: هَذَا الحِمَارُ، هَذَا الجَمَلُ، هَذَا الفَرَسُ. **يَا "عُلَمَاءَ" العُمَرِيَّةِ؟ كَيْفَ تُعْرَضُ الأسْمَاءُ؟ ثُمَّ كَيْفَ تُعْرَضُ الدَّوَابُ، وَأيْنَ؟! دَخَلْتُمْ زَرِيْبَةَ بَنِيْ سَاعِدَةَ، وَلَنْ يُخْرِجَكُم اللهُ مِنْهَا!**

وَقَالَ الضَّحَّاكُ عَنْ ابْنِ عَبَّاسٍ: **(وَعَلَّمَ آدَمَ الْأَسْمَاءَ كُلَّهَا)** *قَالَ: هِيَ هَذِهِ الأَسْمَاءِ الَّتِي يَتَعَارَفُ بِهَا النَّاسُ: إِنْسَانٌ، وَدَابَّةٌ، وَسَمَاءٌ، وَأَرْضٌ، وَسَهْلٌ، وَبَحْرٌ، وَجَمَلٌ، وَحِمَارٌ، وَأَشْبَاهُ ذَلِكَ مِنَ الأمَمِ وَغَيْرِهَا.* **يَا دُكْتُورُ يَا مَنْ دَخَلْتَ طَائِعًا الزَّرِيْبَةَ، وَدَخَلَ مَعَكَ عُلَمَاءُ العُمَرِيَّةِ، كَيْفَ أصْبَحَتِ الأسْمَاءُ كُلُّهَا:** *مِنَ الأمَمِ وَغَيْرِهَا؟* **كَيْفَ كُلُّ فِي (كُلِّهَا)، تُصْبِحُ مِنَ؟ إِنَّهَا لَعْنَةُ الزَّرِيْبَةِ! أَضْحَكَنِيْ الضَّحَّاكُ!** كَيْفَ عَرَضَ اللَّهُ: *إِنْسَانٌ، وَدَابَّةٌ، وَسَمَاءٌ، وَأَرْضٌ، وَسَهْلٌ، وَبَحْرٌ، وَجَمَلٌ، وَحِمَارٌ... كَيْفَ عَرَضَ السَّمَاءَ وَالأرْضَ؟* هَذَا لَيْسَ جَهْلًا. بَلْ هُوَ اسْتِهْزَاءٌ بِالقَطِيْعِ، نُزَلَاءُ الزَّرِيْبَةِ...

وَرَوَى ابْنُ أبِيْ حَاتِمَ وَابْنُ جَرِيْرٍ، مِنْ حَدِيْثِ عَاصِمِ بِنِ كُلَيْبٍ، عَنْ سَعِيْدٍ بِنِ مَعْبِدٍ، عَنِ ابْنِ عَبَّاسٍ: **(وَعَلَّمَ آدَمَ الْأَسْمَاءَ كُلَّهَا)** *قَالَ: عَلَّمَهُ اسْمَ الصَّحْفَةِ، وَهِيَ: (إِنَاءٌ مِنْ آنِيَةِ الطَّعَامِ، كَبِيرُ الْحَجْمِ يُطَافُ بِهِ عَلَى الآكِلِينَ)، وَالْقَدْرِ، قَالَ: نَعَمْ حَتَّى الْفَسْوَةَ وَالْفَسِيَّةَ!!!*

لَوْ قُدِّرَ لَكَ يَا دُكْتُورِ *البَيِّنَاتِ* **(الظُّلُمَاتِ)، أنْ تَذْهَبَ إِلَى الأُمَمِ**

المُتَّحِدَةِ لِتَدْعوَ الأُمَمَ إِلَى التَّعَرُّفِ عَلَى إِلَهِك، وَعَلَى أَبِيْكَ آدَمَ؛ وَقَدَّمْتَ لَهُم هَذَا الغَائِطَ، الرَّوْثَ! كَيْفَ يَكُونُ التَّعَامُلُ مَعَكَ. قَرِفْتُكُم، كَمَا قَرِفَكُم العَالَم!

مَاذَا تَقُولُ لِنَفْسِكَ يَا دُكْتُور؟ يَجْمَعُ ***إِلَهُكَ وَإِلَهُ*** العُمَرِيَّةِ سُكَانَ الجَنَّةِ، طَبْعًا فِيْ الجَنَّةِ بَعِيْدٌ عَنْكَ وَعَنْ أَئِمَّتِكَ يُوجَدُ المَلَائِكَةُ وَمَعَهُم إِبْلِيْس! يُخْبِرُ ***إِلَهُكَ*** الحَاضِرِينَ نَفْسَ قِصَّةِ آدَمَ، وَالعِيَاذُ بِاللهِ يَعْرُضُ إِلَهَكَ الدَّوابَ وَبَاقِيْ مَا تَحْتَوِيْهِ زَرِيْبَتُكُم، تَفْشَلُ المَلَائِكَةَ فِيْ مَعْرِفَةِ الأَسْمَاءِ لِلْمَعْرُوضَاتِ... أَيُّهَا القارئُ الكَرِيمُ، تَسْجُدُ المَلَائِكَةُ لِمَعْرِفَةِ تِلْكَ الأَسْمَاءِ! مَاذَا أَرَادَ اللهُ بِهَذَا مَثَلًا؟ مَا هِيْ الرِّسَالَةِ الدِّيْنِيَّةَ وَالإِرْشَادِيَّةَ وَالإِيْمَانِيَّةَ الَّتِيْ جَعَلَتِ المَلَائِكَةُ تَسْجُدُ ***لِآدَمَ العُمَرِيَّةِ*** !؟ **لَا يَعْقِلُونَ!**

وَقَالَ مُجَاهِدٌ: **(وَعَلَّمَ آدَمَ الْأَسْمَاءَ كُلَّهَا)** *قَالَ: عَلَّمَهُ اسْمَ كُلِّ دَابَّةٍ، وَكُلِّ طَيْرٍ، وَكُلِّ شَيْءٍ...* **هَذَا نِفَاقٌ وَاعْتِدَاءٌ عَلَى رَسُولِ اللهِ العَرَبِيِّ، وَاتِّهَامٌ إِلَى الرَّسُولِ بِالتَّقْصِيْر! وَجَهْلٌ وَتَجْهِيْلٌ! هَذَا لَيْسَ كَلَامًا عَرَبِيًّا! هَذَا دَجَلُ الأَعْرَابِ وَمُخَالِفٌ لِلْعَقْلِ لِاسْتِحَالَتِهِ، و لِقَوَاعِدِ اللُّغَةِ العَرَبِيَّةِ، وَتَحْقِيْرٌ لِكِتَابِ اللهِ! إِنَّـهُ الكُفْرُ وَالنِّفَاقُ فِي أَحْقَرِ صُوَرِهِ!**

وَكَذَلِكَ رُوِيَ عَنْ سَعِيْدِ بْنُ جُبَيْرٍ، وَقُتَادَةَ وَغَيْرِهِمْ مِنَ السَّلَفِ: أَنَّهُ

عَلَّمَهُ أَسْمَاءَ كُلِّ شَيْءٍ، وَقَالَ الرَّبِيْعُ فِي رِوَايَةٍ عَنْهُ: أَسْمَاءُ المَلَائِكَةِ. وَقَالَ حَمِيْدٌ الشَّامِيّ: أَسْمَاءَ النُّجُوْمِ. وَقَالَ عَبْدُ الرَّحْمَانِ بْنُ زَيْدٍ: عَلَّمَهُ أَسْمَاءَ ذُرِّيَّتِهِ كُلِّهِمْ... فِي دِيْنِ العُمَرِيَّةِ كُلُّ شَيْءٍ مِمْكِنٌ وَمَقْبُولٌ! **إِلَّا الحَقِيْقَةَ غَيْرُ مُمْكِنَةٍ** وَغَيْرُ مَقْبُولَةٍ! إِذَا أَرَدْتَ أَنْ تَعْرِفَ الحَقِيْقَةَ بِسُهُولَةٍ، احْذِفْ كُلَّ مَا جَاءَ بِهِ العُمَرِيَّةُ مِنْ مُقْتَرَحَاتٍ وَعَنْعَنَاتٍ أَو إِيْحَاأَتْ، تُصْبِحُ مِنَ الحَقِيْقَةِ أَقْرَبَ!

أَسْأَلُكَ أَيُّهَا القَارِئُ الكَرِيْمُ، أَنْ تَسْأَلَ عُلَمَاءَ العُمَرِيَّةِ: مَاذَا أَرَادَ اللهُ بِهَذَا مَثَلًا؟ وَمَاذَا كَانَتْ فَائِدَةُ آدَمَ مِمَّا عُلِّمَ؟ مَا قِيمَةُ هَذِهِ الأَسْمَاءِ فِي مِيْزَانِ العَقِيْدَةِ وَالدِّيْنِ؟ لِمَاذَا أَخْبَرَنَا اللهُ، أَنَّ المَلَائِكَةَ لَمْ تَتَعَرَّفْ عَلَى أَصْحَابِ الأَسْمَاءِ، وَتَعَرَّفَ آدَمُ عَلَيْهَا؟ أَلَم يَكُ أَجْدَرُ بِالمَلَائِكَةِ مَعْرِفَةَ أَصْحَابِ هَذِهِ الأَسْمَاءِ؟! وَأَصْحَابُهَا مَوجُودُون فِي الجَنَّةِ كَالمَلَائِكَةِ قَبْلَ خَلْقِ آدَمَ؟!! مَا الحِكْمَةُ فِي هَذَا؟! أَلَا لَعْنَةُ اللهِ عَلَى الظَّالِمِينَ... فَلَعْنَةُ اللهِ عَلَى الْكَافِرِينَ... لَعْنَةُ اللهِ عَلَى الْكَاذِبِينَ... ثَلَاثُ لَعَنَاتٍ تَلَبَّسَهَا أَئِمَّةُ (أَصْنَامُ) وَعُلَمَاءُ (جُهَلَاءُ) العُمَرِيَّةِ!

وَاخْتَارَ بْنُ جَرِيْرٍ أَنَّهُ عَلَّمَهُ أَسْمَاءَ المَلَائِكَةِ وَأَسْمَاءَ الذُّرِّيَةِ؛ لِأَنَّهُ قَالَ: (ثُمَّ عَرَضَهُمْ) وَهَذَا عِبَارَةٌ عَمَّا يَعْقِلُ... وَهَذَا الَّذِي رَجَّحَ بِهِ لَيْسَ بِلَازِمٍ، فَإِنَّهُ لَا يَنْفِي أَنْ يَدْخُلَ مَعَهُمْ غَيْرُهُمْ، وَيُعَبِّرُ عَنِ

الجَمِيْعِ بِصِيْغَةِ مَنْ يَعْقِلُ، ***لِلتَّغْلِيْبِ****. كَمَا قَالَ:* **(وَاللَّهُ خَلَقَ كُلَّ دَابَّةٍ مِنْ مَاءٍ ، فَمِنْهُمْ مَنْ يَمْشِيْ عَلَى بَطْنِهِ، وَمِنْهُمْ مَنْ يَمْشِيْ عَلَى رِجْلَيْنِ، وَمِنْهُمْ مَنْ يَمْشِيْ عَلَى أَرْبَعٍ، يَخْلُقُ اللَّهُ مَا يَشَاءُ ، إِنَّ اللَّهَ عَلَى كُلِّ شَيْءٍ قَدِيْر)**. *[النور: 45]}*. **تَكْبِيْر**، إِنَّ هَذَا المُنَافِقُ – أَو قَدْ يَكُونُ جَاهِلًا، عِنْدَهَا أُسْقِطُ النِّفَاقَ عَنْهُ وَأُثَبِّتُ الجَهْلَ – **قَدْ اخْتَرَعَ البَارُودَ!** لِنَقُولَ أَنَّ ابْنَ جَرِيْرٍ وَحِمَارَهُ وَكَلْبَهُ وَحِصَانَهُ **رَكِبْنَ** السَّفِينَةَ أَو **رَكِبُوا** السَّفِينَةَ! أَيُهَا الأَصَحُّ؟! السُّؤَالُ هَذَا مُوَجَّهٌ ***لِدُكْتُورِ البَيِّنَاتِ*** ! يَابْنَ جَرِيْرٍ، تَقُولُ الآيَةُ المُبَارَكَةُ: **(وَاللَّهُ خَلَقَ كُلَّ دَابَّةٍ مِنْ مَاءٍ)**. وَأَنْت الَّذِيْ تَدُبُ مَخْلُوقٌ مِنْ مَاءٍ ، وَالدَّوَابُّ الأُخْرَى أَيْضًا مَخْلُوْقَاتٌ مِنْ مَاءٍ!؟ أَلمَاءُ وَالدَّبُّ، جَامِعٌ مُشْتَرَكٌ بَيْنَكَ وَبَيْنَ بَاقِيْ الدَّوَابِّ! مَا هُوَ الجَامِعُ المُشْتَرَكُ بَيْنَكَ، وَبَيْنَ الفَسِيَّةِ؟ وَكَيْفَ عَرَضَهُم رَبُّكَ عَلَى المَلَائِكَةِ بِأَسْمَائِهِم؟ العَاقِلُ يُعْرَفُ وَيُمَيَّزُ بِإِسْمِهِ! إِسْمُكَ ابْنُ جَرِيْرٍ ! هَلْ كُلٌّ مِنَ الحِمَارِ وَالكَلْبِ وَالحِصَانِ ***(الَّذِيْنَ رَكِبُوا مَعَكَ السَّفِينَةَ)*** لَهُ إِسْمٌ يُعَرَّفُ كُلٌّ مِنْهَا بِهِ؟ **عَرَضَهُم، أَخْبِرْهُم، بِأَسْمَائِهِم**...! هَلْ أَنْتَ مِنْهُم أَو ***مِنْهَا*** ؟ الحَقِيْقَةُ أَنَّ اللَّهَ يَعْلَمُ أَنَّ مِن بَيْنِ الَّذِيْنَ يَدُبُّونَ عَلَى رِجْلَيْنِ أُنَاسٌ عُقَلَاء، لِهَذَا – احْتِرَامًا لِهَؤُلَاءِ العُقَلَاءِ – نَسَبَ إِلَى جَمِيْعِ الدَّوَابِّ مَا لِلعَاقِلِ "**مِنْهُم**". لَا تَتَفَاجَىء أَنْت وَجَمِيْعُ العُمَرِيَّةِ مَعَ

الَّذِيْنَ لَا يَعْقِلُون! مَرْحَبًا دُكْتُورُ!

فَالْأَصْلُ في كَلَامِ العَرَبِ أَنْ يُعَبَّرَ عَنْ ضَمِيْرِ جَمْعِ العُقَلَاءِ بِضَمِيْرِ الغَائِبِ (هُمْ)، وَغَيْرِ العَاقِلِ بِالضَّمِيْرِ (هَا)، أَوْ (هُنَّ)، فَتُخَبِّرُ عَنِ الْعُقَلَاءِ بِقَوْلِكَ: رَأَيْتُهُمْ، وَعَنْ غَيْرِ العُقَلَاءِ بِقَوْلِكَ: رَأَيْتُهَا، أَوْ رَأَيْتُهُنْ!

وَلَكِنَّ الْعَرَبَ تَجْمَعُ مَا لَا يَعْقُلْ جَمْعَ مَنْ يَعْقُلَ، إِذَا أَنْزَلُوْهُ مَنْزِلَهُ، وَإِنْ كَانَ خَارِجًا عَنْ الأَصْلِ! قَالَ ابْنُ فَارِسٍ: "مِنْ سَنَنِ كَلَامِهِمْ مَا يُعْرَفُ **بِالتَّغْلِيْبِ**، فَهُمْ يُغَلِّبُونَ عَلَى الْشَّيْءِ مَا لِغَيْرِهِ؛ لِاْخْتِلَاطِ بَيْنَ الشَّيْئَيْنِ، فَإِذاَ اخْتَلَطَ جَمْعُ مَا لَا يَعْقِلُ بِجَمْعِ مَنْ يَعْقِلِ، غُلِّبَ جَمْعُ مَنْ يَعْقِلِ. وَالْمُتَأَمِّلُ في الْعَدِيْدِ مِنْ آيَاتِ الكِتَابِ الكَرِيْمْ، يَجِدُ أَنَّ جَمْعَ غَيْرَ العَاقِلِ، قَدْ جُمِعَ جَمْعُ العُقَلَاءِ، وَالْمِثَالُ الأَبْرَزُ، الآيَةُ الَّتِيْ نَحْنُ بِصَدَدِهَا! خُلِقَ الإِنْسَانُ مِنْ مَاءٍ كَبَاقِيْ المَخْلُوقَاتِ الَّتِيْ تَدُبُّ كَمَا يَدُبُّ! **فَغُلِّبَ** بَاقِيْ المَخْلُوقَاتِ العَاقِلَةِ الَّتِيْ تَدُبُّ، وَالَّتِيْ خُلِقَتْ مِنْ مَاءٍ!

هَذَا هُوَ حَالُ العُمَرِيَّةِ، يَخْلُطُون بَيْنَ الكَذِبِ وَالتَّزْوِيْر، وَالجَّهْلِ، وَالتَّدْجِيْلِ، وَالتَّجْهِيْلِ! لِكَيْ يَطْمُسُوا حَقَائِقَ الدِّيْنِ! وَلِمَنْ قَرَأَ الحَلَقَتَيْنِ السَّابِقَتَيْنِ مِنْ سِلْسِلَةِ الْإِيْمَانِ: **النَّقْلُ مَفْسَدَةٌ لِلْعَقْلِ، وَالصُّحْبَةُ في الْقُرْآنْ!** حَتْمًا اكْتَشَفَ هَذَا النَّهجَ الضَّلَالِيَّ في

التَّعَامِي عَنِ الحقَائِقِ، أو حَتَّى فِي تَزْوِيْرِهَا وَقَلْبِهَا!!!
إِنَّهَا قَاعِدَةٌ أَلْمَاسِيَّةٌ أَعْتَمِدُهَا، لَم تَخْذُلْنِيْ مَرَّةً وَاحِدَةً! وَلِمَنْ يُرِدْ أَنْ يَهْتَدِي، أَهْدِيْهَا:

أَخْتَارُ آيَةً مِنَ القُرآنِ، أَقْرَأَهَا عِدَّةَ مَرَّاتٍ، أَفْتَحُ تَفَاسِيْرَ العُمَرِيَّةِ! فَكَمَا هُوَ الحَالُ في كُلِّ مَرَّةٍ، تُطَالِعُنِيْ كُتُبُ العُمَرِيَّةِ في: ***اخْتَلَفَ العُلَمَاءُ***، عِنْدَهَا أَستبْشِرُ بِالخَيْرِ، فَكُلَّمَا كَثُرَتْ الخِلَافَاتُ والإِخْتِلَافَاتُ بَيْنَ عُلَمَاْءِ العُمَرِيَّةِ، تَبْدَأُ الحَقِيْقَةُ بِالظُّهُورِ! عِنْدَهَا أُلْغِيْ كُلِّيًّا مَا جَاءَ بِهِ مُخْتَلَفُ عُلَمَاءِ العُمَرِيَّةِ، لِأَنَّنِيْ مُؤْمِنٌ أَنَّ وَرَاءَ تَفَاسِيْرِ العُمَرِيَّةِ لِلْقُرآنِ، أَعْدَاءُ اللَّهِ وَرَسُولِهِ، وَأَعْدَاءُ القُرآنِ! وَقَدْ أَثْبَتُّ هَذَا الإِدِّعَاءِ مِرَارًا وَتَكْرَارً في هَذَا الكِتَابِ وَفِيمَا سَبَقَهُ مِنْ كُتُبٍ! اخْتِلَافُ عُلَمَاءِ العُمَرِيَّةِ، لَيْسَ مُعْظَمُهُ جَهْلًا! وَإِنَّمَا كُفْرًا! ادِّعَاءٌ أُسْأَلُ عَنْهُ يومَ القِيَامَةِ! **أَيُّهَا العُقَلَاءُ، لَا يُوجَدُ لِلْحَقِيْقَةِ أَكْثَرَ مِنْ وَجْهٍ!** وَكُلَّمَا زَادَتِ الوُجُوهُ، فَجَمِيْعُهَا كَاذِبَةٌ أَوْ وَاحِدَةٌ مِنْهَا فَقطْ صَادِقَةٌ! **وَلَنْ تَجِدَ هَذِهِ الحَقِيْقَةَ في أَيِّ مِنْ كُتُبِ العُمَرِيَّةِ!** أَيُّهَا العُقَلَاءُ: **أَفَلَا تَعْقِلُون؟!** إِنَّ خَاتَمَ النَّبِيين قَالَ: (لَا تَزَالُ **طَائِفَةٌ** مِنْ أُمَّتِي ظَاهِرِيْنَ عَلَى الحَقّ، لَا يَضُرُّهُمْ مَنْ خَذَلَهُمْ، حَتَى يَأْتِيَ أَمْرُ اللَّهِ! **(وَهُمْ كَذَلِكْ)**. أَيْنَ أَنْتُمْ مِنْ هَذِهِ الطَّائِفَةِ؟!
يَا دُكْتُورُ إِنَّ العِرْقَ دَسَّاسٌ، وَكَمَا تَكُونُوا يُوَلَّى عَلَيْكُم! أَشْكُوكُمُ

إلَى القُرآنِ، وَأَسْأَلُ اللهَ أنْ يُخَلِّصَ البَشَرِيَّةَ مِنْ هَذَا الفِكْرِ وَالنَّهْجِ السَّيْطَانِيِّيْنِ! عَفْوُكَ يَا أَللهُ! ***كَيْفَ عَلَّمَ إلَهُ العُمَرِيَّةِ الفَسْوَةَ وَالفَسِيَّةَ لِآدَمَ؟!*** الأسْتَاذُ يُعَلِّمُ التِلْمِيْذَ لَا بُدَّ أَنْ يَكُونَ ***إِلَهُكُم*** أَوَّلَ مَنْ ... وَالعِيَاذُ بِاللهِ! مَاذَا يَخْرُجُ مِنَ الزَّرَائِبِ؟ عَقَائِدُكُم وَمَذَاهِبُكُم نِتَاجُ زَرِيْبَةِ بَنِيْ سَاعِدَةَ!

الظَّاهِرُ يَا دُكْتُورْ، أَنَّ عُلَمَاءَ العُمَرِيَّةِ لَهُمْ بَاعٌ طَوِيْلٌ واخْتِصَاصَاتٌ، فِيمَا يَخْرُجُ مِنَ البَدَنِ، ولِكَيْ لَا أُتَّهَمَ بِالتَّجْرِيْحِ، أَطْلُبُ مِنْكَ أَيُّهَا القَارِئُ الكَرِيْمُ أَنْ تَبْحَثَ فِي الشَّبَكَةِ العَنْكَبُوتِيَّةِ عَنِ الإجَازَاتِ، فِي العُلُومِ العُلْيَا تَخَصُّصْ: **غَازَاتٌ حَمِيْدَةٌ وَأَنْوَاعُهَا.** إبْحَثْ فِي الإنْتَرنِت عَنْ: ***شَهَادَةُ دُكْتُورَاه، فِي الْفِسَاءِ!؟*** بِمِثْلِ هَذَا العِلْمْ سَيَقُودُ أَئِمَّةُ دُكْتُورُ البَيِّنَاتِ ***(الْخُرَافَاتِ)*** العَالَمَ!

قَدْ يَلُومُنِي العُمَرِيَّةُ، وَيَحْقُدُونَ عَلَيْ، وَمِنْهُم مَنْ يَتَوَعَّدَنِيْ بالثُّبُورِ وَعَظَائِمِ الأمُورِ، عِلْمًا بِأَنِّيْ أَجْتَهِدُ فِي إِخْرَاجِهِم مِنَ الزَّرِيْبَةِ الَّتِيْ وُضِعُوا، وَوَضَعُوا أَنْفُسَهُم فِيهَا، بِسَبَبِ تَجْهِيْلِهِم وَجَهْلِهِم! ***(أَفَلَا أَسْتَحِقُ حَسَنَتَيْنِ إِنْ أَصَبْتُ، وَوَاحِدَةً إِنْ أَخْطَأْتُ؟!)*** أَدْعُوهُم رَأْفَةً وَحُبًّا، وَمَوَدَّةً، وَإِيْثَارً وَمُوَاسَاةً، وَمُسَاوَاتً لِيْ كَإِخْوَةٍ فِي الخَلْقِ، أَسْأَلُ العَامَّةَ مِنْهُم: **أَفَلَا تَعْقِلُونَ؟!**

كَيْفَ يَعْقُلُ مَنْ يَعْصَى اللهَ إِنْ كُنْتُمْ مُؤْمِنِينَ؟ لَقَدْ أَخْبَرَ اللهُ النَّاسَ أَنَّ أَئِمَّتَكُم (أَبُو بَكْرٍ، وَعُمَرُ، وَمَنْ كَانَ عَلَى مِلَّتِهِم) **لَا يَعْقِلُونَ**! وَإِنْ كَانَ قَدْ خَاطَبَهُمْ بِصِيغَةِ العَاقِلِ (**لَا يَعْقِلُونَ لِلتَّغْلِيبِ**)! إِنَّ وُرُودَ الآيَةِ: (إِنَّ الَّذِينَ يُنَادُونَكَ مِن وَرَاءِ الحُجُرَاتِ أَكْثَرُهُمْ لَا يَعْقِلُونَ)، بِصِيغَتِهَا يُثْبِتُ وَيُؤَكِّدُ **التَّغْلِيبَ**! أَي أَنَّ الأَكْثَرِيَّةَ لَا تَعْقِلُ! وَلَوْ حَذَفْنَا كَلِمَةَ (أَكْثَرُهُم)، لَجَاءَ نَصُّ الآيَةِ: (إِنَّ الَّذِينَ يُنَادُونَكَ مِن وَرَاءِ الحُجُرَاتِ لَا يَعْقِلْنَ)! **هَلْ هَذَا صَحِيحٌ يَا ابْنَ جَرِيرٍ! وَ يَا دُكْتُورُ البَيِّنَاتِ؟!**

يَا دُكْتُورُ! إِنْ كُنْتَ مِنَ الَّذِينَ يَعْقِلُونَ، سَأُقَدِّمُ إِلَى العَالَمِ آيَتَيْنِ مُتَتَابِعَتَيْنِ، وَلَنْ أَتْرُكَ لَكَ رِجْلًا تَقِفُ عَلَيْهَا، مُدَافِعًا عَنْ صَنَمَيْكَ!

الآيَةُ الأُولَى: ﴿ إِنَّ الَّذِينَ يَغُضُّونَ أَصْوَاتَهُمْ عِندَ رَسُولِ اللَّهِ أُولَٰئِكَ الَّذِينَ امْتَحَنَ اللَّهُ قُلُوبَهُمْ لِلتَّقْوَىٰ ۚ لَهُم مَّغْفِرَةٌ وَأَجْرٌ عَظِيمٌ ﴾. سُورَةُ الحُجُرَاتِ (3).

أَلآيَةُ الثَّانِيَةُ: ﴿ إِنَّ الَّذِينَ يُنَادُونَكَ مِن وَرَاءِ الحُجُرَاتِ أَكْثَرُهُمْ لَا يَعْقِلُونَ. ﴾ سُورَةُ الحُجُرَاتِ. (4).

كَيْفَ عَلِمَ اللهُ مَا فِي قُلُوبِ الَّذِينَ يَغُضُّونَ أَصْوَاتَهُمْ؟ وَكَيْفَ عَلِمَ مَا فِي قُلُوبِ الَّذِينَ يَرْفَعُونَ أَصْوَاتَهُمْ فَوْقَ صَوْتِ النَّبِيِّ، أَنَّهُمْ **لَا يَعْقِلُونَ**؟

إنْ كُنْتَ عَاقِلًا سَتَقُولُ: **امْتَحَنَ اللّهُ قُلُوبَهُمْ لِلتَّقْوَى!** أَلَّذِينَ يَغُضُّونَ أَصْوَاتَهُم قُلُوبُهُم عَامِرَةٌ بِتَقْوَى اللّهِ، **مُؤْمِنُونْ!** أَمَّا الَّذِيْنَ رَفَعُوا أَصْوَاتَهُم وَنَادُوا الرَّسُولَ مِنْ وَرَاءِ الحُجُرَاتِ، أَيْضًا **امْتَحَنَ اللّهُ قُلُوبَهُمْ لِلتَّقْوَى!** فَوَجَدَ أَكْثَرَهُم قُلُوبَهُم هَاوِيَةً خَالِيَّةً مِنَ التَّقْوى، **كَافِرُونَ،** ***لِأَنَّهُم رَفَضُوا الإِيْمَانَ!*** فَهُمْ لَا ***يَعْقِلُونَ!***

قَدْ تَقُولُ يَا دُكْتُورْ، كَعَادَةِ العُمَرِيَّةِ في التَّورِيَةِ: **قَدْ**، أَو **يُحْتَمَلُ**، أَوْ **يُمْكِنُ** أَلَّا يَكُونَ أَبُو بَكْرٍ وَعُمَرُ المَقْصُودَيْنِ! لِأَنَّ ألآيَةَ قَالَتْ: ***لَا يَعْقِلُونَ في صِيْغَةِ الجَّمْعِ، وَهُمَا إِثْنَانِ!*** طَبْعًا يَا دُكْتُورْ هُمَا إِثْنَانْ، وَهُمَا مَصْدَرَا البُهْتَانِ وَالكُفْرَانِ! وَجَاءَ الجَّمْعُ **لِلْتَّغْلِيْبَ** هَلْ نَسِيْتَ أَنَّ في العُمَرِيَّةِ مَنْ هُمْ مَغْلَوبُونَ عَلَى أمْرِهِم، كَالقَاضِيْ أَبُو بَكْرْ مُحَمَّدْ. المَعْرُوْفُ بِابْنِ قُرَيْعَةَ! سَوفَ تَقْرَأْ قَصِيْدَتَهُ في آخِرِ هذَا البَحْثْ! أَنَسَيْتَ يَا دُكْتُورْ: ***حَسْبُنَا كِتَابُ اللّهِ!*** لَمْ تَعْرِفِ اللّهَ، وَأَنْتَ مِنْهُم وَفِيهِم! فَكَيْفَ تَعْرِفُونَ كِتَابَهُ؟! ﴿ **وَإِذَا جَاءَتْهُمْ آيَةٌ قَالُوا لَن نُّؤْمِنَ حَتَّى نُؤْتَى مِثْلَ مَا أُوتِيَ رُسُلُ اللَّهِ اللَّهُ أَعْلَمُ حَيْثُ يَجْعَلُ رِسَالَتَهُ سَيُصِيبُ الَّذِينَ أَجْرَمُوا صَغَارٌ عِندَ اللَّهِ وَعَذَابٌ شَدِيدٌ بِمَا كَانُوا يَمْكُرُونَ**﴾. أَلَمْ يَدَّعِي إِمَامُكَ أَبُو بَكْرٍ مَا كَانَ لِرَسُولِ اللّهِ؟ فَارْتَدَّ عَنِ الإِسْلَامِ، وَأَشْعَلَ حُرُوبَ رِدَّتِهِ؟ وَهَلْ هُنَاكَ يَا دُكْتُورْ صَغَارٌ أَخَسُّ وَأَدْنَى، وَأَرْدَىْ مِنْ جَعْلِكُم: ***لَا تَعْقِلُونَ***؟!

﴿ وَلَوْ عَلِمَ اللَّهُ فِيهِمْ خَيْرًا لَّأَسْمَعَهُمْ وَلَوْ أَسْمَعَهُمْ لَتَوَلَّوا وَّهُم مُّعْرِضُونَ﴾. هَلْ نَسَيْتَ نَفْسَكَ يَا دُكْتُورُ؟! هَلْ نَسَيْتَ أَئِمَّتَكَ وَمَنْ عَلَى شَاكِلَتِكَ وَشَاكِلَتِهِم الَّذِيْنَ نَسُوا اللَّهَ فَأَنْسَاهُم أَنْفُسَهُم! طَبْعًا، سَتَبْقَى جُمْلَةُ: ***حَسْبُنَا كِتَابُ اللَّهِ***، دَمْغَةَ خِزيٍ وَعَارٍ عَلَى جِبَاهِكُمْ، وَوَسْمًا وَهَوِيَّةً تُعَلَّقُ فِي آذَانِكُم، أَيُّهَا العُمَرِيَّةُ، حَتَّى تَلْقُونَ اللَّهَ، أَو تَتُوْبُوا تَوبَةَ آدَمَ! هَلْ تَعْلَمُ يَا دُكْتُورُ كَيْفَ تَابَ آدَمُ، فَقَبِلَ اللَّهُ تَوبَتَهُ؟ تَابِعْ عَلَّنِيْ أَكْسَبُ الأَجْرَ فِي هِدَايَتِكَ!

أَكْتُبُ طَبْعًا إِلَى الَّذِيْنَ يَعْقِلُونَ! وَأُوَجِّهُ رَسَائِلِي إِلَى الفِئَةِ القَلِيْلَةِ الَّتِيْ تَعْقِلُ مِنَ العُمَرِيَّةِ! أَدْعُوهُم بِقَلْبٍ يَنْبُضُ بِالحُبِّ وَالتَّقْدِيْرِ وَالإِحْتِرَام، كَإِخْوَةٍ لِيْ! وَأُنَادِيْهِم، وَأَصْرَخُ بِصَوتٍ عَالٍ: **أُخْرُجُوا مِنَ السَّقِيْفَةِ** (الزَّرِيْبَةِ)، وَعُوْدُوا إِلَى أَحْضَانِ الإِسْلَامِ، ثُمَّ الإِيْمَانِ! إِنَّ الَّذِيْنَ يَقُوِّلُونَ وَيَسْمَعُونَ وَيُؤَيِّدُونَ، أَو يَصْمُتُون عِنْدَ مَقُولَةِ الكُفْرِ، وَفِي حَضْرَةِ رَسُولِ اللَّهِ: ***حَسْبُنَا كِتَابُ اللَّهِ***! خَرَجُوا مِنَ الإِسْلَامِ وَارْتَدُّوا! هَؤُلَاءِ هُمُ العُمَرِيَّةُ! **إِفَلَا تَعْقِلُوْن!!!**

يَا دُكْتُور فِي لِقَاءٍ مَعْ أَحَدِ مَشَايِخِكُم. سَأَلَنِيْ مَتَى سَتَبْدَأُ الصَّوْمَ؟

قُلْتُ: فِي اليَومْ كَذَا وَكَذَا!

قَالَ: كَيْفَ هَذَا وَلَم تَثْبُتْ الرُّؤْيَا؟

قُلْتُ: أَعْتَمِدُ العِلْمَ، لَا أَعْتَمِدُ الرُّؤْيَةَ فِي صَومِيْ!

قَالَ: ألَا تَقْرَأ القُرآنَ؟! القُرآنُ يَقُولُ صُومُوا لِرُؤيَتِهِ وَافْطُرُوا لِرؤيَتِهِ؟

قُلتُ: هَذَا لَيْسَ مِنَ القُرآنِ؟

غَضِبَ الشَّيْخُ وَقَالَ: أتَتَّهِمُنِي بِالكَذِبِ؟

صُدْفَةً كَانَ أحَدُ الأشْخَاصِ حَاضِرًا الحِوار قَال: يَاشَيْخ لَيْسَت مِنَ القُرآنِ!

زَادَ غَضَبُ الشَّيْخ وَقَال: إذًا هِيَ مِنَ السُنَّةِ!

قُلْتُ: أيُّ سُنَّةٍ؟

قَالَ: سُنَّةُ اللَّهِ وَرَسُولِهِ والصَّحَابَة!

قُلْتُ: لَا عِلْمَ لِي بِهَذِهِ السُّنَّةِ!

قَالَ: كَيْفَ هَذَا؟

قُلتُ: أَنَّ رَسُولَ اللَّهِ تَرَكَ سُنَّةً. وَلَكِنَّ أبَا بَكرٍ وَعُمَرَ حَرَّقَاهَا، وَمَنَعُوا النَّاسَ مِن تَدَاوِلِهَا، وَسَجَنُوا كُلَّ مَنْ كَانَ يَقُولُ: قَالَ رَسُولُ اللَّهِ!

اشْتَدَّ غَضَبُ الشَّيْخ وَقَالَ: أنتَ تَلْعَنْ أبو بَكرٍ وَعُمَر وَالصَّحَابَةَ...

قُلتُ يَا شَيْخْ: هَذَا مَوجُودٌ فِي كُتُبِكُم! اسْتَفْتِيْ كُتُبَكُم، وَلِنَجْعَلَهَا الحَكَمَ!

قَالَ الشّيْخُ وَهُوَ يَرْتَجِفُ غَيْضًا: لَا يُوجَدُ فِي كُتُبِنَا هَذَا التَّحْرِيْفُ وَالإفْتِرَاءُ!

قُلتُ يَا شَيخ: هَذَا كِتَابُ تَذْكِرَةِ الحُفَّاظِ لِلْ الإمَامِ النَّووِيْ، جِزْء

(1) ص (5):

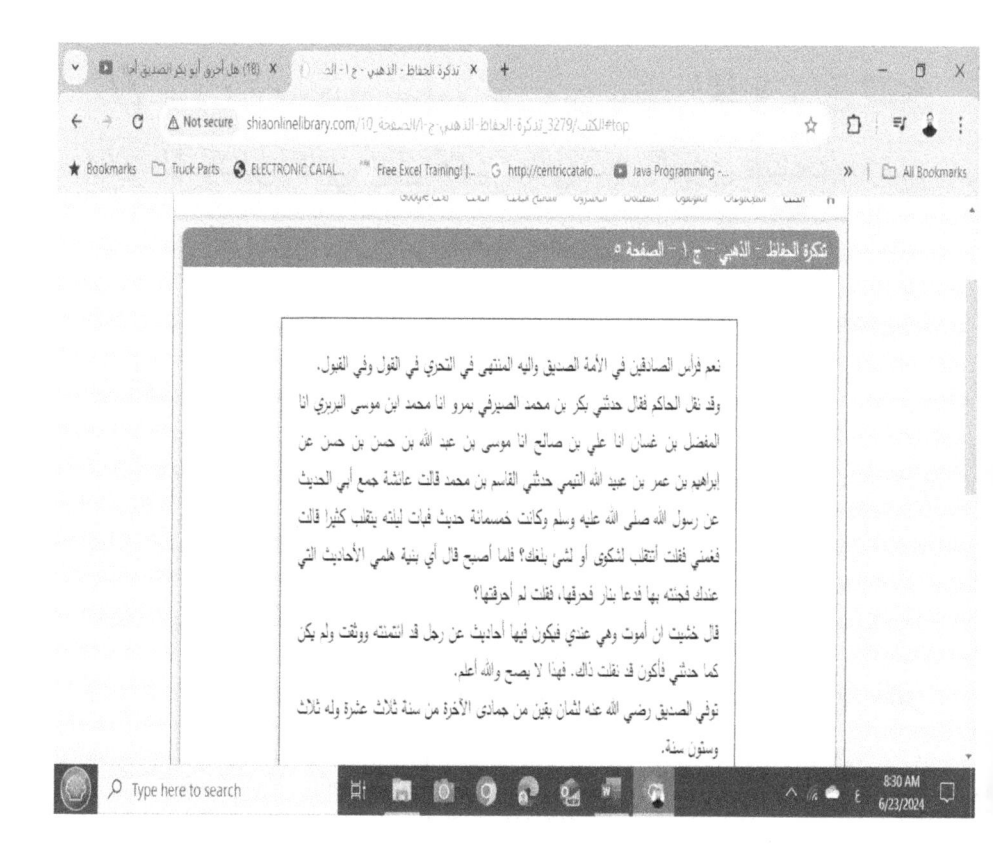

تذكرة الحفاظ - الذهبي - ج ١ - الصفحة ٥

نعم فرأس الصادقين في الأمة الصديق واليه المنتهى في التحري في القول وفي القبول.
وقد نقل الحاكم فقال حدثني بكر بن محمد الصيرفي بمرو انا محمد ابن موسى البربري انا المفضل بن غسان انا علي بن صالح انا موسى بن عبد الله بن حسن بن حسن عن إبراهيم بن عمر بن عبيد الله التيمي حدثني القاسم بن محمد قالت عائشة جمع أبي الحديث عن رسول الله صلى الله عليه وسلم وكانت خمسمائة حديث فبات ليلته يتقلب كثيرا قالت فغمني فقلت أتتقلب لشكوى أو لشئ بلغك؟ فلما أصبح قال أي بنية هلمي الأحاديث التي عندك فجئته بها فدعا بنار فحرقها، فقلت لم أحرقتها؟
قال خشيت ان أموت وهي عندي فيكون فيها أحاديث عن رجل قد ائتمنته ووثقت ولم يكن كما حدثني فأكون قد نقلت ذاك. فهذا لا يصح والله أعلم.
توفي الصديق رضي الله عنه لثمان بقين من جمادى الآخرة من سنة ثلاث عشرة وله ثلاث وستون سنة.

وَلَقَدْ وَجَدْتُ مَقَالَةً كَاشِفَةً فَاضِحَةً عَارِيَةً حَتَّى مِنْ وَرَقَةِ التُّوتِ، تَدْعُو إلَى حَرقِ كُلّ مَا تَرَكَهُ رَسولُ اللَّهِ مِنْ سُنَّةٍ – وَبِأَمْرٍ مِنْ رَسُولِ اللَّه!؟ هَذَا عَجِيْبٌ لَا يَفْقَهُهُ وَيَعْقِلَهُ إلَّا العُمَرِيَّةُ مِنَ المَخْلُوقَاتِ. تَفَضَّلُوا وَتَذَوَّقُوا طَعْمَ المَقْلُوبَةِ، الَّتِي طَهَاهَا العُمَرِيَّةُ وَنَسَبُوا أَنَّهَا طُبِخَتْ في مَطْبَخِ رَسُولِ اللَّهِ. سَأَنْقُلُ إلَيْكُم بَعْضًا مِنْ

مُكَوِّنَاتِهَا، وَأتْرُكُ لَكُم البَحْثَ عَنْ بَاقِيْ الْمُكَوِّنَاتِ في مَطْبُوعَةٍ، اسمُهَا: **حَرْقُ كُتُبِ الأحَادِيْثِ في عَهْدِ الرَّسُولِ وَالخُلَفَاءِ !**

.1) جَاءَ فِي صَحِيْحِ مُسْلِمٍ، عَنْ أَبِيْ سَعِيْدِ الخُدْرِيْ، أَنَّ النَّبِيَّ قَالَ: لَا تَكْتُبُوا عَنِّيْ وَمَنْ كَتَبَ عَنِّيْ غَيْرَ الْقُرآنِ فَلْيَمْحِهِ. وَجَاءَ فِي سُنَنِ التِّرْمِذِيْ، عَنْ أَبِيْ سَعِيْدِ الخُدْرِيْ أَيْضًا، أَنَّهُ قَالَ: اسْتَأْذَنَّا النَّبِيَ فِي الكِتَابَةِ فَلَمْ يَأْذَنْ لَنَا! **سُؤَالٌ وَاسْتِطْرَادٌ إِلَىٰ غَيْرِ العُمَرِيَّةِ: سُنَّتُكُمْ إذًا مَعْصِيَةٌ وَعُصْيَانٌ لِرَسُولِ اللهِ!؟**

.2) وَيَنْقُلُ أَحْمَدُ بِنْ حَنْبَلْ فِي مُسْنَدِهِ عَنْ أَبِيْ هُرَيْرَةَ أَنَّ النَّبِيَّ حِيْنَ سَمِعَ مِنْهُمْ مَا يَكْتِبُونَهُ غَضِبَ وَقَالَ: "أَكِتَابٌ غَيْرَ كِتَابِ اللهِ؟ امْحَضُوا كِتَابَ اللهِ، وَأَخْلِصُوهُ." قَالَ أَبُو هُرَيْرَةَ: فَجَمَعْنَا مَا كَتَبْنَا فِي صَعِيْدٍ وَاحِدٍ، ثُمَّ أَحْرَقْنَاهُ بِالنَّارِ. **إذَا كَانَ أبُو هُرَيْرَةَ أَكْثَرَ الصَّحَابَةِ حَدِيْثًا عَنْ رَسُولِ اللهِ، قَدْ حَرَّقَ كُلَّ مَا كَانَ لَدَيْهِ. مِنْ أَيْنَ جَاءَ عُلَمَاءُ العُمَرِيَّةِ بِهَذَا الكَمِّ مِنَ الأحَادِيْثِ:** *الأَحَادِيْثُ النَّبَوِيَّةِ: ذَكَرَ الذَّهَبِيْ فِي تَرْجَمَتِهِ لِأَبِيْ هُرَيْرَةَ فِي كِتَابِهِ «سِيَرُ أَعْلَامِ النُّبَلَاءِ»، أَنَّ أَحَادِيْثَ أَبِيْ هُرَيْرَةَ بَلَغَتْ فِي مُسْنَدْ بَقِيْ بِنْ مُخْلَدْ 5374 حَدِيْثْ، اتَّفَقَ البُخَارِيْ وَمُسْلِمِ عَلَى 326 حَدِيْثٍ مِنْهَا، وَانْفَرَدَ الْبُخَارِي بـ 93 حَدِيْثًا، وَمُسلِمْ بـ 98 حَدِيْثًا!* **مِنْ أَيْنَ جَاءَ بَقِيْ بِنْ مُخْلِدْ فِي – 5374 – حَدِيْثٍ؟ وَمِنْ أَيْنَ جَاءَ**

مُسْلِمُ وَالبُخَارِيُّ بِهَذِهِ الأَحَادِيْثَ؟ إِذَا كَانَ الرَّسُولُ الأَعْظَمُ مَنَعَ الكِتَابَةَ عَنْهُ، وَالصَّحَابَةُ أَطَاعُوا الرَّسُولَ، وَحَرَّقُوا مَا كَانَ لَدَيْهِم مِنْ سُنَّةٍ، مَنْ أَيْنَ إِذًا جَاءَ العُمَرِيَّةُ بِهَذِهِ السُّنَّةِ؟!

.3) ... *عَنْ عَائِشَةَ: فَقُلْتُ: لِمَ أَحْرَقْتَهَا؟ قَالَ:* ***خَشِيْتُ*** *أَنْ أَمُوتَ وَهِيَ عِنْدِيْ فَيَكُونُ فِيهَا* ***أَحَادِيْثُ*** *عَنْ* ***رَجُلٍ*** *قَدْ* ***ائْتَمَنْتُهُ وَوَثِقْتُ، وَلَمْ يَكُنْ كَمَا حَدَّثَنِيْ*** *فَأَكُونُ قَدْ نَقَلْتُ ذَاكَ.*

هَلْ تَقْرَأُ يَا أَخِيْ فِي الإِنْسَانِيَّةِ مَا أَقْرَأُ؟ يَقُولُ سَيِّدُ العُمَرِيَّةِ أَبُو *هُرَيْرَةَ:* **أَنَّ رَسُولَ اللهِ الأَعْظَم** *غَضِبَ وَقَالَ: "أَكِتَابٌ، غَيْرَ كِتَابِ اللَّهِ؟ امْحَضُوا كِتَابَ اللَّهُ، وَأَخْلِصُوهُ. امْحَضُوا* تَعْنِيْ طَهِّرُوا! وَلَكِنْ الصَنَّمَ الأَكْبَرَ عِنْدَ العُمَرِيَّةِ، أَبُو بَكْرٍ لَم يَسْمَعَ مَا سَمِعَ أَبُو هُرَيْرَةَ، لِهَذَا أَبُو بَكْرٍ كَتَبَ أَحَادِيْثَ رَسْولِ اللَّهِ الَّتِيْ سَمِعَهَا بِإِذْنِهِ، وَكَتَبَهَا بِيَدِهِ! ثُمَّ **خَشِيَ**، لِمَاذَا الخَشْيَةَ يَا ***خَلِيْفَةَ*** رَسُولِ اللهِ؟ لَمْ يَقُلْ أَبُو بَكْرٍ **خَشِيْتُ أَنْ أَعْصَى رَسُولَ اللهِ!** قَالَ كَانَ: ***رَجُلٌ قَدْ ائْتَمَنْتَهُ وَوَثِقْتُ، وَلَمْ يَكُنْ كَمَا حَدَّثَنِيْ!*** هَذَا هُوَ الرَّسُولُ الَّذِيْ أَصْبَحَ أَبُو بَكْرٍ خَلِيْفَةً لَهُ!؟

عُمَرُ، مَنْ مَنَعَ الرِّوَايَةَ،وَحَبْسَ الرُّوَاةَ، كَانَ عُمَرُ بِنْ الخَطَّابِ أَشَدُّ رفضاً مِنْ أَبِيْ بَكْرٍ لِرِوَايَةِ وَكِتَابَةِ الأَحَادِيْثِ وَتَنَاقُلِهَا عَلَى أَلْسِنَةِ النَّاسِ.

.4) جَاءَ فِي تَقْيِيدِ العِلْمِ لِلْخَطِيْبِ أَنَّ ابنَ الخَطَّابِ أَرَادَ أَنْ يَكْتُبَ السُّنَنَ، فَاسْتَشَارَ فيهَا أَصْحَابَ رَسُوْلِ اللّهِ، فَأَشَارَ عَلَيْهِ عَامَّتُهُمْ بِذَلِكَ، وَبَعْدَ شَهْرٍ قَالَ: إِذَا أُنَاسٌ مِنْ أَهْلِ الكِتَابِ قَبْلَكُمْ قَدْ كَتَبُوا مَعَ كِتَابِ اللّهِ كُتُبًا، فَأَكَبُّوا عَلَيْهَا وَاتْرَكُوْا كِتَابَ اللّهِ، وَإِنِّيْ وَاللّهِ لَا أُلَبِّسُ كِتَابَ اللّهِ بِشَيءٍ أبداً. وَتَرَكَ كِتَابَةَ السُّنَنِ! هَلْ لَاحَظْتَ يَا أَخِيْ فِي الإِنْسَانِيَّةِ أَنَّ هَذَا العُمَرُ العُمَرِيْ، كَمَا شَرِيْكُهُ فِي الكُفْرِ، لَم يَقُلْ: قَالَ رَسُولُ اللّهِ: "أَكِتَابٌ غَيْرَ كِتَابِ اللّهِ؟ امْحَضُوا كِتَابَ اللّهُ، وَأَخْلِصُوهُ؟! سَتَكْتَشِفُونَ لَاحِقًا بِمَا خَاطَبَ رَسُولُ اللّهِ هَذَا العُمَرَ العُمَرِيَّ: **أَمُتَهَوِّكُوْنَ فيهَا يَا ابْنَ الخَطَّابْ!**

.5) لَمْ يَكْتَفِ عُمَرٌ بِمَا اهْتَدَى إِلَيْهِ مِنْ عَدَمِ كِتَابَةِ السُّنَنِ، بَلْ أَحْرَقَ الكُتُبَ الَّتِيْ جُمِعَتْ فِيْهَا الأَحَادِيثْ. جَاءَ فِي "تَقْيِيْدِ العِلْمِ " لِلْخَطِيْبِ أَنَّ عُمَرَ بِنْ الخَطَّابِ، بَلَغَهُ أَنَّهُ قَدْ ظَهَرَ فِي أَيْدِيْ النَّاسِ كُتُبًا فَاسْتَنْكَرَهَا عُمَرٌ وَكَرِهَهَا، وَطَلَبَ مِنَ النَّاسِ رُؤْيَتَهَا، فَظَنُّوا أَنَّهُ يُرِيْدُ أَنْ يَنْظُرَ فِيْهَا وَيُقَوِّمُهَا عَلَى أَمْرٍ لَا يَكُونُ فِيْهِ اخْتِلَافٌ! فَأَتُوهُ بِكُتُبِهِمْ فَأَحْرَقَهَا بِالنَّارِ، ثُمَّ قَالَ: **أُمْنِيَةٌ، كَأُمْنِيَةِ أَهْلِ الكِتَابِ.**

وَمَنَعَ عُمَرٌ الرُّوَاةَ مِنْ تَنَاقُلِ الأَحَادِيْثِ. وَجَاءَ فِي "مُخْتَصَرِ تَارِيْخِ دِمَشْقَ" لِابْنِ مَنْظُورِ" وَ"البِدَايَةُ وَالنِّهَايَةُ" لِابْنِ كَثِيْر، أَنَّ عُمَرَ بِنْ

الخِطَابِ قَالَ لِأبِي هُرَيْرَةَ: لَتَتْرُكَنَّ الحَدِيثَ عَنْ رَسُولِ اللهِ أَوْ لَأُلْحِقَنَّكَ بِأَرْضِ دَوْسٍ!... سَأَكْتَفِي بِهَذَا القَدْرِ، وَأَتْرُكُ الكَثِيرَ مِنْ هَذَا الكُفْرِ وَالتَّزْوِيرِ وَالظُّلْمِ... إِسْمُ كَاتِبِ هَذَا التَّخْرِيفِ: مُحَمَّدْ عَبْدَاللهْ، وَهُوَ عُمَرِيٌّ لِلنُّخَاعِ، وَيَسْتَمِيتُ فِي الدِّفَاعِ عَنْ أَصْنَامِ العُمَرِيَّةِ! لَقَدْ بَذَلَ جُهْدًا وَمَشَقَّةً فِي نُصْرَةِ أَصْنَامِهِ، وَلَكِنَّهُ مِنْ حَيْثُ لَا يَدْرِي أَسْقَطَ أَصْنَامَهُ فِي أَدْرَكِ مَدَارِكِ الكُفْرِ، وَبِكُلِّ أَسَفٍ سَقَطَ مَعَهُمْ! يُمْكِنُ لَكَ أَيُّهَا القَارِئُ الكَرِيمُ تَنْزِيلُ المَقَالَةِ هُنَا:

https://rattibha.com/thread/1479767942132867072

... إِنَّ التَعَصُّبَ الأَعْمَى لِهَذَا الشَّيْخِ العُمَرِي الَّذِي اتَّهَمَنِي بِلَعْنِ الصَّحَابَةِ، جَعَلَهُ يَخْلُطُ بَيْنَ اللَّعْنَةِ وَالحَقِيقَةِ. رَفَضَ هَذَا الشَّيْخُ مُجَرَّدَ البَحْثِ فِي الكُتُبِ المُعْتَمَدَةِ عِنْدَ العُمَرِيَّةِ، قَبْلَ أَنْ يَنْكَشِفَ جَهْلُهُ وَحَمَاقَتُهُ، عَسَى عِنْدَهَا يَكْتَشِفُ وَيَحْكُمُ أَيْنَ هِيَ اللَّعْنَةُ!؟ وَإِنْ كَانَ مَا قُلْتُهُ عَنما فَعَلَهُ صَنَمَاه حَقِيقِيٌّ، تُصْبِحُ اللعْنَةُ فِي عُنُقِهِ، وَيُصْبِحُ صَنَمَاهُ وَعُلَمَاءُ العُمَرِيَّةِ، لَعْنَةَ التَّارِيخِ!

وَإِذَا كَانَ هَذَا الشَّيْخُ يَبْحَثُ فِعْلًا عَنِ الحَقِيقَةِ، فَعَلَيْهِ أَنْ يَرَى بِعَيْنِ الحَقِيقَةِ الوَاعِيَةِ المُنْصِفَةِ الكَامِلَةِ. أَللَّعْنَةُ العُمَرِيَّةُ تَتَمَثَّلُ فِي لَعَنَاتِ الشُّعُوبِ وَالأَجْيَالِ وَفِي الحُرُوبِ وَالقَتْلِ وَالفَقْرِ وَالشَّقَاءِ الَّذِي يَسْتَمِرُّ حُدُوثُهُ مِرَارًا وَتَكْرَارًا، وَمِنْ جِيلٍ إِلَى جِيلٍ فِي كُلِّ أَرْضٍ

اجْتَاحَتْهَا جَحَافِلُ العُمَرِيَّةِ، وَتَمَكَّنَتْ مِنَ السَّيْطَرَةِ عَلَيْهَا، بِإسْمِ الإِسْلَامِ المُحَمَّدِي، وَفِي الحَقِيْقَةِ هُوَ اسْتِسْلَامٌ عُمَرِيٌّ! الاسْتِسْلَامُ العُمَرِيُّ الَّذِي تَوَارَثَتْهُ الحُكُومَاتُ العُمَرِيّةِ وَأجْيَالُهَا، جَاءَ هَذَا الاسْتِسْلَامُ لَعْنَةً عَلَى المُقِيْمِيْنَ تَحْتَ سُلطَتِهِ، وَنَقْمَةً عَلَى مَنْ جَاوَرَهُم، وَلَمْ يُجَارِهِم! مُحَمَّدٌ المُصطَفَى، وَآلُ مُحَمَّدٍ بُرَآءُ مِنْ الأُمَمِ الَّذِيْنَ أكْثَرَهُم **لَا يَعْقِلُونَ!**

لَا أرِيْدُ أنْ أطِيْلَ عَلَيْكَ أيُّهَا القَارِئُ الكَرِيْم!

أَمَّا أنْتَ يَا دُكْتُورُ – مَا زِلْتُ أنَادِيْكَ دُكْتُورًا – فَمَا ذَنْبُ العَامَّةِ مِنَ النَّاسِ الَّذِيْنَ تُضِلَّهُم وَيُضِلَّهُم نُظَرَائُكَ المُسَمُّونَ ظُلْمًا وَجُورًا وَكُفْرًا، (عُلَمَاءٌ)! وَكَثِيْرٌ مِنْ هَؤلَاءِ العَامَّةِ لَا يَعْلَمُونَ؟! وَمِنْهم مَنْ يُصَلِّي وَرَاءَكَ! ألا تَخَافُ اللَّهَ؟ إنْ كَانَ صَحِيْحًا أنَّكَ دُكْتُورٌ، كَيْفَ عَلَّمَ **رَبُّكَ** آدَمَ الفَسْوَةَ وَالفَسِيَّةَ؟ وَكَيْفَ عَرَضَهَا عَلَى المَلَائِكَةِ؟ قَرِفْتُكَ وَجَمِيْعُ عُلَمَاءِ (جُهَلَاءِ) العُمَرِيَّةِ يَا دُكْتُور! وَعَلَّمَ آدَمَ الأَسْمَاءَ كُلَّهَا!؟

كُلَّهَا: فِي مُعْجَمِ المَعَانِي العَرَبِيَّةِ، لَفْظُ تَوكِيْدٍ وَجَمْعٍ لَكِنْ مَعَ التَّمْيِيْزِ بَيْنَ المُتَفَرِّقِ، وَالمُخْتَلِفِ، وَالمُتَآلِفِ، وَالمُتَنَافِرِ! كُلَّهَا، تَجْمَعُ كُلَّ شَيْءٍ، عَلَىَ حِدَةٍ. كَمَا فِي قَوْلِهِ تَعَالَىَ: (إِنَّهُ عَلَىٰ كُلِّ شَيْءٍ قَدِيرٌ) {سُوْرَةُ الأَحْقَافِ 33}

أَمَا أَنَّ "**كُلَّها**"، تَجْمَعُ كُلَّ نَوعٍ أَو صُنْفٍ عَلَى حِدَةٍ. فَلَا يَجُوزُ إِذَنْ جَمْعُ الحِمَارِ مَعَ فَسْوَةِ هَذَا الدُّكْتُورِ إِلَّا فِي زَرِيبَةِ بَنِيْ سَاعِدَةَ! مَعْذُورٌ هَذَا الدُّكْتُورُ! **المَرْءُ إِبْنُ بِيئَتِه!**

هَلْ لَاحَظْتَ يَا دُكْتُور أَنِّي اسْتَعْمَلتُ كَلِمَةَ (**الكُلُّ**). يَعْنِي أَنَّكَ أَنْتَ فِي بَيْتِكَ وَفِي بِيئَتِكَ! وَلَنْ تُصْبِحَ أَبَدًا خَارِجَ ألسَّقِيفَة إلَّا إِذَا حَذَوتَ حَذْوَ أَبِيكَ آدَمَ إِنْ كُنْتَ مِنْ بَنِيْ آدَمَ، وَتَعَلَّمْتَ الكَلِمَاتِ الَّتِي تَابَ اللَّهُ بِهَا عَلَى آدَمَ! وَسَأَلْتَ اللَّهَ بِهَذِهِ الكَلِمَاتِ المَغْفِرَةَ! هَذِهِ فُرصَتُكَ الوَحِيدَةُ! وَإلَّا سَتَبْقَى فِي هَذِهِ الدُّنْيَا سَجِينَ زَرِيبَةِ بَنِيْ سَاعِدَة، وَفِي الآخِرَةِ مَعَ الَّذِينَ تَدَّعُونَ أَنَّ **إِلَهَهُم** عَلَّمَ آدَمَ الفِسَاءَ!

ثُمَّ (**عَرَضَهُم**) **عَلَى المَلَائِكَةِ**. لَو رَجَعْنَا إِلَى أَدَاةِ الجَمْعِ "**كُلِّهَا**" وَتَعْرِيفِهَا، نَكْتَشِفُ أَنَّ مَا جَاءَ بِهِ عُلَمَاءُ العُمَرِيَّةِ المُعَنْعَنَةِ، جَمِيعُهَا (**فِسَاءٌ**) كَذِبٌ وَنِفَاقٌ وَتَجْهِيلٌ، وَيُخَالِفُ القُرآنَ وَلُغَةَ القُرآنِ. "**كُلُّهَا**" جَاءَ بَعْدَهَا "**وَعَرَضَهُم**" الَّتِي تُفِيدُ أَنَّهَا لِلْعُقَلَاءِ فَقَطْ. وَعَنْ غَيْرِ العُقَلَاءِ تَقُولُ لَكَ: **عَرَضَهَا**، أَوْ **عَرَضَهُنَّ**. وَالأَصْلُ أَنْ يُجْمَعَ جَمْعُ غَيْرِ العَاقِلِ، بِالأَلِفِ وَالتَّاءِ (**سَاجِدَاتٌ**)! وَ**كُلُّهَا**، تَجْمَعُ صِنْفًا وَاحِدًا مُمَيَّزًا عَنْ بَاقِي المَخْلُوقَاتِ. **عَرَضَهُم** حَكَمَتْ وَحَسَمَتْ أَنَّ مَا جَاءَ بِهِ العُمَرِيَّةُ مِنْ تَفَاسِيرٍ، نِتَاجُ حَظَائِرَ وَزَرَائِبَ!

أَيُّهَا القَارِئُ الكَرِيمُ. مِنْ مُعْجِزَاتِ القُرآنِ الكَرِيمِ الكَثِيرَةِ، وَلِكَيْ يُخْزِيَ

اللّهُ الكَافِرِيْنَ وَيَمْحَقُ اللّهُ المُنَافِقِيْنَ، وَيَحْمِيَ اللّهُ المُؤْمِنِيْنَ مِنَ الجَهَلَةِ المُتَسَلِّطِيْنَ، لَمْ يَجْعَلْ اللّهُ فِي القُرآنِ كَلِمَاتٌ مُتَرَادِفَةٌ أبَداً! كَمَثَلِ كُلِّهَا وجَمِيْعِهَا! وَأيْضًا الصِيَامُ وَالصَّوم! فَالصِّيَامُ يَعْنِيْ: الامْتِنَاعُ عَنِ الأكْلِ. كَمَا جَاءَ فِي الآيَةِ الكَرِيمَةِ: **يَا أَيُّهَا الَّذِينَ آمَنُوا كُتِبَ عَلَيْكُمُ الصِّيَامُ كَمَا كُتِبَ عَلَى الَّذِينَ مِن قَبْلِكُمْ لَعَلَّكُمْ تَتَّقُونَ** (183) البَقَرة.

أمَّا **الصَّومُ** فَهُوَ الامْتِنَاعِ عَنِ الكَلَامِ! وَالامْتِنَاعُ عَنِ الكَلَامِ لَهُ فَوَائِدٌ كَثِيْرَةٌ: كَالغِيْبَةِ وَالنَّمِيْمَة والكَذِبِ وَغَيْرِهَا خُصُوصًا عِنْدَمَا يَكُونُ فِي الصَّمْتِ مَنْفَعَةٌ كُبْرى. كَمَا جَاءَ فِي سُورَةِ القِدِّيْسَةِ الطَّاهِرَةِ، **مَرْيَمَ** سَلَامُ اللّهِ عَلَيْهَا، حِيْنَ أمَرَهَا اللّهُ: **فَكُلِي وَاشْرَبِي وَقَرِّي عَيْنًا فَإِمَّا تَرَيِنَّ مِنَ الْبَشَرِ أَحَدًا فَقُولِي إِنِّي نَذَرْتُ لِلرَّحْمَانِ صَوْمًا فَلَنْ أُكَلِّمَ الْيَوْمَ إِنسِيًّا (26) فَأَتَتْ بِهِ قَوْمَهَا تَحْمِلُهُ قَالُوا يَا مَرْيَمُ لَقَدْ جِئْتِ شَيْئًا فَرِيًّا (27) يَا أُخْتَ هَارُونَ مَا كَانَ أَبُوكِ امْرَأَ سَوْءٍ وَمَا كَانَتْ أُمُّكِ بَغِيًّا (28) فَأَشَارَتْ إِلَيْهِ قَالُوا كَيْفَ نُكَلِّمُ مَنْ كَانَ فِي الْمَهْدِ صَبِيًّا (29) قَالَ إِنِّي عَبْدُ اللهِ، آتَانِيَ الْكِتَابَ وَجَعَلَنِي نَبِيًّا (30) وَجَعَلَنِي مُبَارَكًا أَيْنَ مَا كُنتُ وَأَوْصَانِي بِالصَّلَاةِ وَالزَّكَاةِ مَا دُمْتُ حَيًّا (31) وَبَرًّا بِوَالِدَتِي وَلَمْ يَجْعَلْنِي جَبَّارًا شَقِيًّا (32) وَالسَّلَامُ عَلَيَّ يَوْمَ وُلِدْتُّ وَيَوْمَ أَمُوتُ وَيَوْمَ**

أُبْعَثُ حَيًّا (33) ذَلِكَ عِيسَى ابْنُ مَرْيَمَ قَوْلَ الْحَقِّ الَّذِي فِيهِ يَمْتَرُونَ (34) ...

أَيُّهَا القَارِئُ الكَرِيمُ، اسْتِسْلَامُ، (إِسْلَامُ) العُمَرِيَّةِ بُنِيَ عَلَى مَقُولَةِ نَبِيِّهِم عَمِيرٍ (عُمَر)، أَرْجُو كُلَّ مَنْ يُرِدْ أَنْ يَكْتَشِفَ اسْتِسْلَامَ العُمَرِيَّةِ أَنْ يَبْدَأَ مِنْ مَقُولَةِ الكُفْرِ الشَّيْطَانِيَّةِ المَلْعُونَةِ: (**حَسْبُنَا كِتَابُ اللهِ!**).

قَالَهَا بِكُلِّ وَقَاحَةٍ في حَضْرَةِ سَيِّدِ الكَوْنَيْنِ، النَّبِيُّ الأَعْظَمُ! **حَسْبُنَا كِتَابُ الله**، مَدْخَلُ جَهَنَّمَ الَّذِي سَقَطَ فيه عُمَرُ (عَمِيرُ) وَكُلُّ مَنْ سَمِعَ وَصَمَتَ وَرَضِيَ وَأَيَّدَ وَسَاعَدَ عَلَى انْتِشَارِهَا وَدَافَعَ عَمَّنْ قَالَهَا وَآمَنَ بِهَا!

حَسْبُنَا كِتَابُ الله، لِلَّذِينَ يُرِيدُونَ أَنْ يَعْرِفُوا سَبَبَهَا، عَلَيْهِم أَنْ يَعْرِفُوا نَتَائِجَهَا المُبَاشَرَةَ وَغَيْرَ المُبَاشَرَةِ، عِنْدَهَا يَسْهُلُ عَلَيْهِم فَهْمُ المُؤَامَرَةِ وَحَجْمِهَا، وَقَدْ تَحَدَّثْتُ كَثِيرًا فِي البَحْثَيْنِ السَّابِقَيْنِ (**النَّقْلُ مَفْسَدَةٌ لِلْعَقْلِ، وَالصُّحْبَةُ فِي القُرْآنِ**)! وَبِإِسْهَابٍ، عَنْ حَجْمِ الأَذَى الَّذِي أَحْدَثَهُ هَذَانِ المُنَافِقَانِ: أَبُو بَكْرٍ وَعُمَرُ، - بِصَرِيحِ القُرْآنِ - لَيْسَ عَلَى الأُمَّةِ الإِسْلَامِيَّةِ فَحَسْب، بَلْ عَلَى العَالَمِ. فَقَدْ حَذَّرَ اللهُ في القُرْآنِ مِنْ هَذَا الثُّنَائِي الشَّيْطَانِي فِي مُعْظَمِ سُوَرِ القُرْآنِ، خَاصَّةً فِي سُورَةِ الحُجُرَاتِ. حَيْثُ جَعَلَهُمَا وَمَنْ يَحْذُو حَذْوَهُمَا **لَا يَعْقِلُونَ**!

بَدَأ المُنَافِقَان وَأتْبَاعُهُما خُطَّتَهُما الشَّيْطَانِيَّةَ بِمَنْعِ النَّاسِ مِنَ التَّدَاوُلِ فِي سُنَّةِ رَسُولِ اللَّه، ثُم بِإحْرَاقِهَا، ثُم بَعْدَ هَذَا الكُفْرِ، عُوقِبَ إمَّا بِالجَلدِ أو بِالسِّجْنِ كُلُّ مِنْ يَقُولُ قَالَ رَسُولُ اللَّهِ!!! بَقِيَ ابو هُرَيْرَةَ وَغَيْرُهُ في السِّجْنِ، حَتَّى بَعْدَ أنْ قَضَى عُمَرُ – نَبِيُّ العُمَرِيَّةِ – نَحْبَهُ، لِأنَّهُم حَدَّثُوا عَنْ رَسُولِ اللَّهِ! وَبَعْدَ كُلِّ هَذا، يَشْهَدُ العُمَرِيَّةُ أنَّ مُحَمَّدًا رَسُولُ اللَّه! أيُّ مُحَمَدٍ وَأيُّ إلَه؟؟؟

السُّنَّةُ قَاضِيَةٌ عَلَى القُرْآنِ!
القُرْآنُ إِلَى السُّنَّةِ أَحْوَجُ مِنَ السُّنَّةِ إِلَى القُرْآنِ!

يَقُولُ عُلَمَاءُ (جُهَلَاءُ) العُمَرِيَّةِ أَنَّ القُرْآنَ إِلَى السُّنَّةِ أَحْوَجُ مِنَ السُّنَّةِ إِلَى القُرْآنِ!

أَظُنُّ أَنَّ هَذَيْنِ العُنْوَانَيْنِ سَيَكُونَانِ قُنْبُلَةَ المَوْسِمِ، كَمَا عَادَةً تُسَمَّى أَخْبَارُ النُّجُومِ الفَاضِحَةِ! قَبْلَ أَنْ أُقَدِّمَ رُؤْيَتِي حَوْلَهَا، أَتَمَنَّى عَلَى القُرَّاءِ الأَكَارِمِ أَنْ يَبْحَثُوا فِي "جوجل" عَنْ هَذَيْنِ العُنْوَانَيْنِ الوَارِدَيْنِ فِي أَعْلَى هَذِهِ الصَّفْحَةِ، كَمَا شَخْصِيًّا، بَحَثْتُ! النَّتِيجَةُ سَتَكُونُ تَقْرِيبًا حَوَالَي: 464,000 أَلْفَ وَثِيقَةٍ تَتَحَدَّثُ عَنْ هَذَيْنِ العُنْوَانَيْنِ! طَبْعًا مِنَ الوَثَائِقِ، هُنَاكَ مَنْ يُؤَيِّدُ مَا جَاءَ فِي العُنْوَانَيْنِ، وَآخَرُونَ يَرْفُضُونَهَا، وَأَيْضًا آخَرُونَ يُكَذِّبُونَهَا، وَهَذَا طَبِيعِيٌّ! فَإِنَّ كُلَّ مَا يُؤْمِنُ بِهِ العُمَرِيَّةُ، وَإِنِ اخْتَلَفَ، - كَمَا يَدَّعُونَ - صَحِيحٌ!

لِمَاذَا؟

لِأَنَّ الصَّحَابَةَ مَصْدَرُ مَعْلُومَاتِهِمْ! *أَصْحَابِي كَالنُّجُومِ بِأَيِّهِمْ اقْتَدَيْتُمْ اهْتَدَيْتُمْ!*

لِهَذَا! فَالجَهْلُ، وَالإِيهَامُ، وَالتَّزْيِيفُ، وَالتَّضْلِيلُ، وَالاعْوِجَاجُ، وَالانْحِرَافُ، وَالافْتِرَاءُ، وَالظُّلْمُ، وَالغَيُّ، وَالتِّيهُ، وَالعَازَةُ، وَالفَقْرُ، وَالأَمْرَاضُ، مَا يَزَالُ مُسَيْطِرًا عَلَى مُجْتَمَعَاتِهِمْ!

رَسُولُ إِلَهِهِمْ طَبْعًا يَقُولُ لإِلَهِهِمْ: *أَنَّ سُنَّتِي تَقْضِي عَلَى كِتَابِكَ، وَأَنَّ كِتَابَكَ أَحْوَجُ إِلَى سُنَّتِي، مِنْ سُنَّتِي إِلَى كِتَابِكَ!* شَيْءٌ عَظِيمٌ!

لِمَا لَا، أَيُّهَا القَارِئُ الكَرِيمُ؟ أَلَمْ تَقْرَأْ في القُرآنِ الحَكِيمِ في سُورَةِ الحجراتِ أَنَّ *أَكْثَرَهُمْ لَا يَعْقِلُونَ؟!* هَذَا دِينُ العُمَرِيَّةِ!

لَا تَغْضَبْ أَيُّهَا القَارِئُ الكَرِيمُ! أُخَاطِبُ العُمَرِيَّةَ كَمَا يُخَاطِبُ العَاقِلُ الدَّوَابَّ! إِنَّهُمْ *صُمٌّ بُكْمٌ عُمْيٌ فَهُمْ، لَا يَعْقِلُونَ!* عِلْمًا أَنَّ في الدَّوَابِ مِنْ لَيْسَ أَصَمَّ وَلَا أَبْكَمَ وَلَا أَعْمَى! سَأَتْرُكُ لِلقُرَّاءِ تَصْنِيفَ هَذَا النَّوْعِ مِنَ المَخْلُوقَاتِ الَّتِي تَدِبُّ عَلَى اثْنَيْنِ!

سُنَّةُ اللهِ وَرَسُولِهِ أَحْرَقُوهَا، ثُمَّ جَاؤُوا بِسُنَّةٍ مِنْ بَعْدِمَا ابْتَدَعُوهَا، سُنَّةُ اللهِ وَرَسُولِهِ وَالصَّحَابَةِ زُورًا سَمَّوْهَا، ثُمَّ في القُرآنِ حَكَّمُوهَا، وَالقُرآنُ بِحَاجَةٍ لَهَا جَعَلُوهَا! لِهَذَا سَمَّوْا أَنْفُسَهُمْ أَهْلَ السُّنَّةِ! نَعَمْ. أَنَا أُقْسِمُ بِاللهِ وَرَسُولِهِ، *أَنَّهُمْ أَهْلُ السُّنَّةِ!*

سُنَّةُ مَنْ؟ أَسْأَلُ! وَبَعْدَ أَنْ تَقْرَأَ مَا يَلِي، سَوْفَ أُعِيدُ عَلَيْكَ أَيُّهَا القَارِئُ الكَرِيمُ هَذَا السُّؤَالَ: سُنَّةُ مَنْ؟

في مَوْقِعِ "إِسْلَام وِيبّ" الإِلِكْتْرُونِيِّ، يَسْأَلُ أَحَدُهُمْ:

السُّؤَالُ: هَلْ هُنَاكَ مَذَاهِبُ تَرَى أَنَّ السُّنَّةَ قَاضِيَةٌ عَلَى الكِتَابِ، "القُرآنِ الكَرِيمِ" وَمُهَيْمِنَةٌ عَلَيْهِ؟! وَكَيْفَ يَسْتَقِيمُ ذَلِكَ، وَعُلَمَاءُ

الحَدِيْثِ قَدْ اخْتَلَفُوا، في جَرْحِ وَتَعْدِيْلِ الرُّوَاةِ؟! وَمَا يَنْتِجُ عَنْهُ، مِنْ أَنْ يَكُونَ الحَدِيْثُ الوَاحِدُ صَحِيْحًا عِنْدَ هَذَا، وَغَيْرَ صَحِيْحٍ عِنْدَ غَيْرِهِ؟

الإجَابَةُ: *الحَمْدُ لِلَّهِ، وَالصَّلَاةُ وَالسَّلَامُ عَلَى رَسُوْلِ اللَّهِ، وَعَلَى آلِهِ وَصَحْبِهِ: أَمَّا بَعْد، فَقَدْ وَرَدَتْ مِثْلُ هَذِهِ العِبَارَةِ،* ***عَنْ بَعْضِ أَهْلِ العِلْمِ:*** *رَوَى الدَّارِمِيُّ في سِنَنَهِ، عَنْ يَحْيَى بِنْ أَبِيْ كَثِيْرٍ أَنَّهُ قَالَ:* ***السُّنَّةُ قَاضِيَةٌ عَلَى القُرْآنِ، وَلَيْسَ القُرآنُ بِقَاضٍ عَلَى السُّنَّةِ.*** *وَمُرَادُهُمْ بِهَذِهِ العِبَارَةِ، أَنَّ السُّنَّةَ تُبَيِّنُ القُرْآنَ وَتُفَسِّرُهُ!* **كَيْفَ تُصْرَفُ هَذِهِ البِدْعَةَ وَأيْنْ؟! لَكِنَّهَا صَحِيْحَةٌ، بِالرَّغْمِ مِنْ تَنَاقُضِهَا مَعْ آرَاءِ بَعْضِ أَهْلِ العِلْمِ! تَكْبِيْرْ...**

السَّائِلُ جَزَاهُ اللهُ خَيْرًا، أَلْغَىْ قُدْرَةَ سُنَّتِهِمْ على فِعْلِ مَا ادَّعوا!؟

قَالَ السَّائِلُ: وَكَيْفَ يَسْتَقِيْمُ ذَلِكَ، وَعُلَمَاءُ الحَدِيْثِ قَدْ **اخْتَلَفُوا** في جَرْحِ وَتَعْدِيْلِ الرُّوَاةِ وَمَا يَنْتِجُ عَنْهُ مِنْ أَنْ **يَكُونَ الحَدِيْثُ الوَاحِدُ صَحِيْحًا عِنْدَ هَذَا وَغَيْرَ صَحِيْحٍ عِنْدَ غَيْرِهِ**؟! أَشْفَقُ عَلَى هَذَا السَّائِلُ، أَرَادَ أنْ يَخْرُجَ مِنَ الزَّرِيْبَةِ حِيْنَ اسْتَعْمَلَ عَقْلَهُ! وَلَكِنَّ أَحَدَ حُرَّاسِ الزَّرِيْبَةِ شَكَمَهُ *قَائِلًا: فَقَدْ وَرَدَتْ مِثْلُ هَذِهِ العِبَارَةُ، عَنْ* بَعْضِ *أَهْلِ العِلْمِ!* هَذَا يَعْنَى لِهَذَا المِسْكِيْنِ، مَنْ أَنْتَ حَتَّى تُفَكِّرْ وَتُحَلِّلْ، ثُمَّ تَعْتَرِضَ عَلَى بَعْضِ أَهْلِ العِلْمِ؟ أَلعَقْلُ هُنَا مُغَيَّبٌ،

وَالنَّقْلُ سَيِّدٌ. إِذَا كَانَ القُرْآنُ بِحَاجَةٍ لِتَفْسِيْرِ أَهْلِ العِلْمِ، - **أَهْلُ الجَهْلِ، وُعَّاظِ السَّلَاطِيْنِ** - مَنْ أَنْتَ؟! أَنْتَ لَسْتَ بِحَاجَةٍ أَنْ تَفْهَم بِعَقْلِكَ، إِنَّمَا عَلَيْكَ أَنْ تَسْمعَ وَتُطِيْعَ! وَهَذَا فِعْلًا هُوَ حَالُ العُمَرِيَّةِ!

قَالَ الزَّرْكَشِيْ، فِي كِتَابِهِ البَحْرُ المُحِيْطُ:

*(مَسْأَلَةُ **[حَاجَةُ الكِتَابِ إِلَى السُّنَّةِ]**، قَالَ الأُوْزَاعِيُّ: **الكِتَابُ أَحْوَجُ إِلَى السُّنَّةِ، مِنَ السُّنَّةِ إِلَى الكِتَابِ!***

*قَالَ أَبُو عُمَرُ: يُرِيْدُ أَنَّهَا **تَقْضِيْ عَلَيْهِ، وَتُبَيِّنُ المُرَادَ مِنْهُ**، وَقَالَ يَحْيَى بِنُ أَبِيْ كَثِيْرٍ: **السُّنَّةُ قَاضِيَةٌ عَلَى الكِتَابِ!***

*وَقَالَ الفَضْلُ بِنْ زِيَادٍ: سَمِعْتُ أَحْمَدَ بِنَ حَنْبَلٍ وَقَدْ سُئِلَ عَنْ الحَدِيْثِ الَّذِيْ رُوِيَ: **أَنَّ السُّنَّةَ قَاضِيَةٌ عَلَى الكِتَابِ**. فَقَالَ: مَا أَجسَرُ عَلَى هَذَا أَنْ أَقُوْلَهُ، وَلَكِنْ أَقُوْلُ: **إِنَّ السُّنَّةَ تُفَسِّرُ الكِتَابَ، وَتُبَيِّنُهُ**. انْتَهَى. وَيُمْكِنُكَ أَنْ تُرَاجِعَ، لِلْمَزِيْدِ مِنَ الفَائِدَةِ، الفَتْوَى رَقْمْ: 36822.*

وَإِذَا تَبَيَّنَ أَنَّ هَذَا هُوَ المُرَادُ مِنْ هَذِهِ العِبَارَةِ، فَلَا وَجْهَ لِمَا أَوْرَدَ السَّائِلَ مِنْ إِشْكَالٍ، وَأَمَّا اخْتِلَافُ عُلَمَاءُ الحَدِيْثِ فِي تَصْحِيْحِ حَدِيْثٍ أَوْ تَضْعِيْفِهِ، فَإِنَّهُ لَا حَرَجَ فِي ذَلِكَ؛ إِذْ كُلٌّ مِنْهُم مُجْتَهِدٌ، فَإِنْ أَصَابَ كَانَ لَهُ أَجْرَانِ، وَإِنْ أَخْطَأَ كَانَ لَهُ أَجْرٌ وَاحِدٌ، وَالوَاجِبُ

عَلَى كُلٍّ مِنْهُمْ، أَنْ يَعْمَلَ بِمَا تَرَجَّحَ عِنْدَهُ. وَاللهُ أَعْلَمُ ... إِنْتَهَى!

أَلْقُرْآنُ مَشَاعٌ، كُلُّ مَنْ أُعْطِيَ مِنَ السَّاسَةِ لَقَبَ مُجْتَهِدٍ، يَسْرَحُ وَيَمْرَحُ وَيَكْسَبُ الأَجْرَ! العُمَرِيَّةُ نِعَاجٌ، كُلُّ مَنْ يَسْرَحُ بِهَا يَأْخُذُ أَجْرَهُ مِنْ صَاحِبِهَا وَوَلِيُّ أَمْرِهَا!

وَفِي حِوَارٍ آخَرَ بَيْنَ عَالَمَيْنِ (جَاهِلَيْنِ عُمَرِيَّيْنِ) حَوْلَ حَاجَةِ القُرْآنِ إِلَى السُّنَّةِ. يَسْأَلُ أَحَدُهُمُ الآخَرَ: أَلَيْسَ القُرْآنُ الأَوَّلُ، ثُمَّ بَعْدَهُ جَاءَتْ السُّنَّةُ؟

أَجَابَ الثَّانِي: بَلَى!

كَيْفَ يَحْتَاجُ الأَصِيلُ إِلَى البَدِيلِ، أَرْدَفَ الأَوَّلُ؟

أَلْقُرْآنُ نَاقِصٌ، أَضَافَ الثَّانِي!

وَهَلْ صَحِيحٌ أَنَّ القُرْآنَ نَاقِصٌ كَمَا تَقُولُ، سَأَلَ الأَوَّلُ؟

أَجَابَ الثَّانِي نَعَمْ: **آيَاتٌ فِي رِضَاعَةِ الكَبِيرِ، وَآيَاتُ الرَّجْمِ الَّتِي كَانَتْ فِي بَيْتِ عَائِشَةَ، وَغَيْرِهَا!**

وَقَدْ وَافَقَ عُمَرُ عَائِشَةَ فِي نَقْصِ القُرْآنِ، آيَاتُ الرَّجْمِ. رَوَى البُخَارِيُّ (6830) وَمُسْلِمٌ (1691) عَنِ ابْنِ عَبَّاسٍ رَضِيَ اللهُ عَنْهُمَا أَنَّ عُمَرَ بْنَ الخَطَّابِ صَعِدَ المِنْبَرَ فَخَطَبَ الجُمُعَةَ، وَكَانَ مِمَّا قَالَ: (إِنَّ اللهَ بَعَثَ مُحَمَّدًا صَلَّى اللهُ عَلَيْهِ وَسَلَّمَ بِالْحَقِّ، وَأَنْزَلَ عَلَيْهِ الْكِتَابَ، فَكَانَ مِمَّا أَنْزَلَ اللهُ آيَةُ الرَّجْمِ، فَقَرَأْنَاهَا،

وَعَقِلْنَاهَا ، وَوَعَيْنَاهَا، رَجَمَ رَسُولُ اللَّهِ صَلَّى اللَّهُ عَلَيْهِ وَسَلَّمَ وَرَجَمْنَا بَعْدَهُ، فَأَخْشَى إِنْ طَالَ بِالنَّاسِ زَمَانٌ أَنْ يَقُولَ قَائِلٌ: وَاللَّهِ مَا نَجِدُ آيَةَ الرَّجْمِ فِي كِتَابِ اللَّهِ ، فَيَضِلُّوا بِتَرْكِ فَرِيضَةٍ أَنْزَلَهَا اللَّهُ، وَالرَّجْمُ فِي كِتَابِ اللَّهِ حَقٌّ، عَلَى مَنْ زَنَى إِذَا أُحْصِنَ مِنْ الرِّجَالِ وَالنِّسَاءِ، إِذَا قَامَتِ الْبَيِّنَةُ، أَوْ كَانَ الْحَبَلُ، أَوْ الِاعْتِرَافُ) . زاد أبو داود (4418) : (وَايْمُ اللَّهِ ، لَوْلَا أَنْ يَقُولَ النَّاسُ: **زَادَ** عُمَرُ فِي كِتَابِ اللَّهِ عَزَّ وَجَلَّ، لَكَتَبْتُهَا) وَصَحَّحَهُ الأَلْبَانِيْ في صَحِيْحِ أَبِيْ دَاوُدْ.

قُرآنُ العُمَرِيَّةِ نَاقِصٌ بِشَهَادَةِ نَبِيِّهِم عُمَرَ!

هَذَا الحَدِيْثُ رَوَاهُ البُخَارِيْ في صَحِيْحِهِ في عِدَّةِ مَوَاضِعَ : (6829) وَ(6830) في كِتَابِ الحُدُودِ. و(7626) في كِتَابِ الإعْتِصَامِ بِالكِتَابِ وَالسُّنَّةِ، وَلَيْسَ فيهَا اللَّفْظُ الوَارِدُ في السُّؤَالِ (لَوْلَا أَنْ يَقُوْلَ النَّاسُ.......إلخ).

وَقَدْ ذَكَرَهَا البُخَارِيْ في كِتَابِ الأَحْكَامِ مُعَلَّقَةً، بِلَا إسْنَادٍ: قَالَ عُمَرٌ: لَوْلَا أَنْ يَقُوْلَ النَّاسُ **زَادَ** عُمَرٌ في كِتَابِ اللهِ لَكَتَبْتُ آيَةَ الرَّجْمِ بِيَدِيْ.

لَقَدْ جَعَلَ اللَّهُ العُمَرِيَّةَ **لَا يَعْقِلُونْ**، وَمِنْ قَبْلُ: وَلَقَدْ عَلِمْتُمُ الَّذِينَ اعْتَدَوْا مِنْكُمْ فِي السَّبْتِ فَقُلْنَا لَهُمْ كُونُوا **قِرَدَةً خَاسِئِينَ**! شِئْتُم أَمْ أَبَيْتُم هَذَا أَمْرُ اللَّهِ، وَلَا رَادَّ لِأَمْرِهِ! هَؤُلَاءِ خَالَفُوا أَمْرَ اللَّهِ! أَمَّا أَنْبِيَاءُ

وَأئِمَّةُ العُمَرِيَّةُ اعْتَدُوا عَلَى رَسُولِ اللَّهِ، وَمِنْ بَعدُ كَذَّبُوا العِزَّةَ الإلَهِيَّةَ!
القَوْلُ فِي تَأْوِيْلِ قَوْلِهِ تَعَالَىَ: (**إِنَّا نَحْنُ نَزَّلْنَا الذِّكْرَ وَإِنَّا لَهُ لَحَافِظُونْ**). (9) مِنْ سُورَةِ الحِجْر !!!

تَقُولُ كُتُبُ العُمَرِيَّةِ: *قَوْلُهُ تَعَالَىٰ ذِكْرُهُ* : (**إِنَّا نَحْنُ نَزَّلْنَا الذِّكْرَ**) *وَهُوَ القُرْآنُ* (**وَإِنَّا لَهُ لَحَافِظُونْ**) *قَالَ: وَإِنَّا لِلْقُرْآنِ لَحَافِظُونْ مِنْ أَنْ يُزَادَ فيهِ بَاطِلٌ مَا، لَيْسَ مِنْهُ،* (**وَهَلْ مِنَ القُرْآنِ مَا هُوَ بَاطِلٌ؟**) *أَوْ يُنْقَصُ مِنْهُ مَا هُوَ مِنْهُ مِنْ أَحْكَامِهِ وَحُدُودِهِ وَفَرَائِضِهِ.* (هَلْ يُمْكِنُ أَنْ يُنْقَصَ مِنْهُ مِنْ عُلُومِه أَوْ مَعَارِفِهِ؟) وَالهَاءُ في قَوْلِهِ : (لَهُ) مِنْ ذِكْرِ الذِّكْرِ !

آيَاتٌ فِي رِضَاعَةِ الكَبِيْرِ، وَآيَاتُ الرَّجْمِ الَّتِي كَانَتْ فِي بَيْتِ عَائِشَةَ!

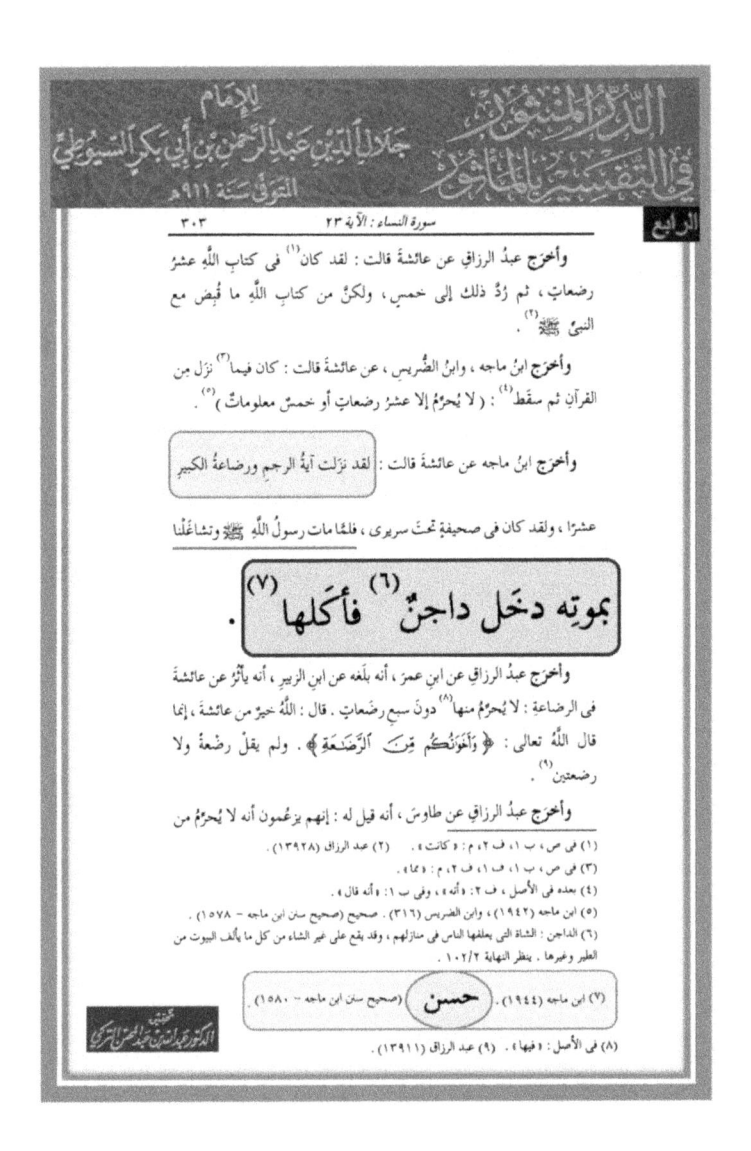

الدر المنثور في التفسير بالمأثور
للإمام جلال الدين عبد الرحمن بن أبي بكر السيوطي
المتوفى سنة ٩١١هـ

سورة النساء : الآية ٢٣ ٣٠٣

وأخرج عبدُ الرزاقِ عن عائشةَ قالت : لقد كان[١] فى كتابِ اللَّهِ عشرُ رضعاتٍ ، ثم رُدَّ ذلك إلى خمسٍ ، ولكنَّ من كتابِ اللَّهِ ما قُبِض مع النبيِّ ﷺ[٢] .

وأخرج ابنُ ماجه ، وابنُ الضُّريسِ ، عن عائشةَ قالت : كان فيما[٣] نزَل من القرآنِ ثم سقَط[٤] : (لا يُحرِّمُ إلا عشرُ رضعاتٍ أو خمسٌ معلوماتٌ)[٥] .

وأخرج ابنُ ماجه عن عائشةَ قالت : لقد نزَلت آيةُ الرجمِ ورضاعةُ الكبيرِ عشرًا ، ولقد كان فى صحيفةٍ تحتَ سريرى ، فلمَّا مات رسولُ اللَّهِ ﷺ وتشاغَلْنا بموتِه دخَل داجنٌ[٦] فأكَلها[٧] .

وأخرج عبدُ الرزاقِ عن ابنِ عمرَ ، أنه بلَغه عن ابنِ الزبيرِ ، أنه يأثُرُ عن عائشةَ فى الرضاعةِ : لا يُحرِّمُ منها[٨] دونَ سبعِ رضَعاتٍ . قال : اللَّهُ خيرٌ من عائشةَ ، إنما قال اللَّهُ تعالى : ﴿ وَأَخَوَٰتُكُم مِّنَ ٱلرَّضَٰعَةِ ﴾ . ولم يقلْ رضعةً ولا رضعتين[٩] .

وأخرج عبدُ الرزاقِ عن طاوسَ ، أنه قيل له : إنهم يزعُمون أنه لا يُحرِّمُ من

(١) فى ص ، ب ١ ، ف ٢ ، م : « كانت » . (٢) عبد الرزاق (١٣٩٢٨) .
(٣) فى ص ، ب ١ ، ف ١ ، ف ٢ ، م : « مما » .
(٤) بعده فى الأصل ، ف ٢ : « أنه » ، وفى ب ١ : « أنه قال » .
(٥) ابن ماجه (١٩٤٢) ، وابن الضريس (٣١٦) . صحيح (صحيح سنن ابن ماجه – ١٥٧٨) .
(٦) الداجن : الشاة التى يعلفها الناس فى منازلهم ، وقد يقع على غير الشاء من كل ما يألف البيوت من الطير وغيرها . ينظر النهاية ١٠٢/٢ .
(٧) ابن ماجه (١٩٤٤) . حسن (صحيح سنن ابن ماجه – ١٥٨٠) .
(٨) فى الأصل : « فيها » . (٩) عبد الرزاق (١٣٩١١) .

تحقيق الدكتور عبد الله بن عبد المحسن التركي

مُسْنَدُ الإمَامِ أحْمَدَ بنِ حَنبَل

الثامن عشر

٢٦١٩٤ـ **حدثنا** يعقوب قال ثنا أبي عن ابن إسحق قال حدثني عبدالله بن أبي بكر بن عمرو بن حزم عن عمرة بنت عبدالرحمن عن عائشة زوج النبي ﷺ قالت: لقد أنزلت آية الرجم ورضعات الكبير عشراً، فكانت في ورقة تحت سرير في بيتي، فلما اشتكى رسول الله ﷺ تشاغلنا بأمره ودخلت دويبة لنا فأكلتها.

عائشة تكذب على الله تعالى وتنسب له تعالى آية أنزلها في القرآن الكريم هي آية رضاعة الكبير عشرا والعياذ بالله

٢٦١٩٥ـ **حدثنا** يعقوب قال ثنا أبي عن ابن إسحق قال حدثني محمد بن مسلم الزهري وهشام بن عروة بن الزبير كلاهما حدثني عن عروة بن الزبير عن عائشة قالت: كانت بريرة عند عبد فعتقت، فجعل رسول الله ﷺ أمرها بيدها.

٢٦١٩٦ـ **حدثنا** يعقوب قال ثنا أبي عن صالح وحدث ابن شهاب أن أبا سلمة بن عبدالرحمن بن عوف أخبره أن عائشة أم المؤمنين قالت: سجي رسول الله ﷺ حين مات بثوب حبرة.

٢٦١٩٧ـ **حدثنا** يعقوب قال ثنا أبي عن أبيه عن عروة عن عائشة قالت: سمعت رسول الله ﷺ يقول «ما من نبي يمرض إلا خير بين الدنيا والآخرة» قالت: فلما مرض رسول الله ﷺ المرض الذي قبض فيه أخذته بحة، فسمعته يقول «﴿ **مع الذين أنعم الله عليهم من النبيين والصديقين والشهداء والصالحين** ﴾» قالت: فعلمت أنه خير.

٢٧٠/٦

٢٦١٩٨ـ **حدثنا** يعقوب وسعد قالا ثنا أبي عن أبيه عن/ طلحة

(٢٦١٩٤) **إسناده صحيح**، رواه ابن ماجة ٦٢٦/١ رقم ١٩٤٤ في النكاح وليس معنى هذا أنها كانت تتلى ويصلى فيها بل إن عدم ذكرها دليل على نسخها ولو لم تكن منسوخة لتناقلها الصحابة.

(٢٦١٩٥) **إسناده صحيح**، سبق في ٢٥٢٤٢. (٢٦١٩٦) **إسناده صحيح**، سبق في ٢٥٠٧٧.
(٢٦١٩٧) **إسناده صحيح**، سبق في ٢٥٥٧٧. (٢٦١٩٨) **إسناده صحيح**، سبق في ٢٥٣٣٢.

حمزة أحمد الزين (١٨٩)

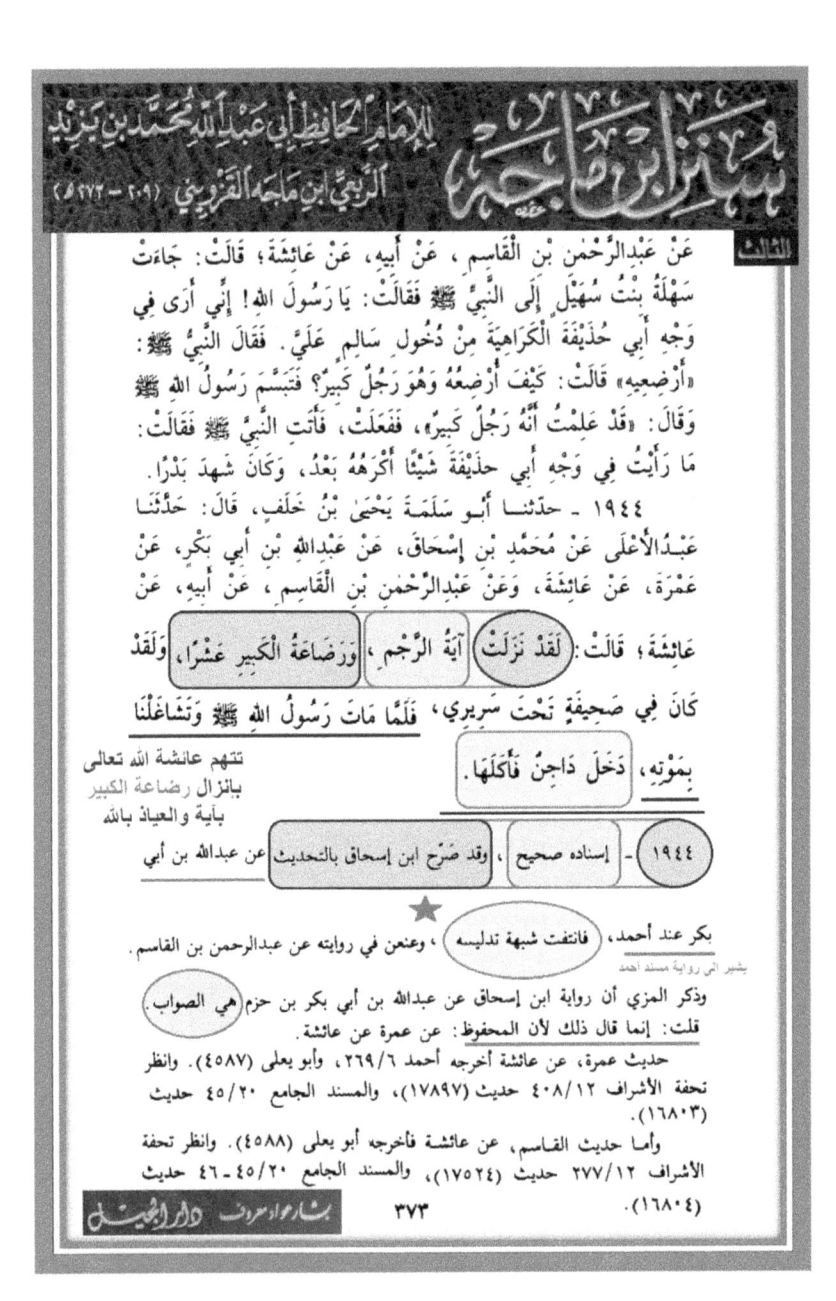

سُنَنِ ابْنِ مَاجَه

لِلإِمَامِ الحَافِظِ أَبِي عَبْدِ اللهِ مُحَمَّدِ بْنِ يَزِيد الرَّبَعِيِّ ابْنِ مَاجَه القَزْوِينِيِّ (٢٠٩ - ٢٧٣ هـ)

الثالث

عَنْ عَبْدِالرَّحْمٰنِ بْنِ الْقَاسِمِ، عَنْ أَبِيهِ، عَنْ عَائِشَةَ؛ قَالَتْ: جَاءَتْ سَهْلَةُ بِنْتُ سُهَيْلٍ إِلَى النَّبِيِّ ﷺ فَقَالَتْ: يَا رَسُولَ اللهِ! إِنِّي أَرَى فِي وَجْهِ أَبِي حُذَيْفَةَ الْكَرَاهِيَةَ مِنْ دُخُولِ سَالِمٍ عَلَيَّ. فَقَالَ النَّبِيُّ ﷺ: «أَرْضِعِيهِ» قَالَتْ: كَيْفَ أُرْضِعُهُ وَهُوَ رَجُلٌ كَبِيرٌ؟ فَتَبَسَّمَ رَسُولُ اللهِ ﷺ وَقَالَ: «قَدْ عَلِمْتُ أَنَّهُ رَجُلٌ كَبِيرٌ»، فَفَعَلَتْ، فَأَتَتِ النَّبِيَّ ﷺ فَقَالَتْ: مَا رَأَيْتُ فِي وَجْهِ أَبِي حُذَيْفَةَ شَيْئًا أَكْرَهُهُ بَعْدُ، وَكَانَ شَهِدَ بَدْرًا.

١٩٤٤ - حَدَّثَنَا أَبُو سَلَمَةَ يَحْيَىٰ بْنُ خَلَفٍ، قَالَ: حَدَّثَنَا عَبْدُالأَعْلَى عَنْ مُحَمَّدِ بْنِ إِسْحَاقَ، عَنْ عَبْدِاللهِ بْنِ أَبِي بَكْرٍ، عَنْ عَمْرَةَ، عَنْ عَائِشَةَ، وَعَنْ عَبْدِالرَّحْمٰنِ بْنِ الْقَاسِمِ، عَنْ أَبِيهِ، عَنْ عَائِشَةَ؛ قَالَتْ: لَقَدْ نَزَلَتْ آيَةُ الرَّجْمِ، وَرَضَاعَةُ الْكَبِيرِ عَشْرًا، وَلَقَدْ كَانَ فِي صَحِيفَةٍ تَحْتَ سَرِيرِي، فَلَمَّا مَاتَ رَسُولُ اللهِ ﷺ وَتَشَاغَلْنَا بِمَوْتِهِ، دَخَلَ دَاجِنٌ فَأَكَلَهَا.

تتهم عائشة الله تعالى بانزال رضاعة الكبير بآية والعياذ بالله

١٩٤٤ - إسناده صحيح، وقد صَرّح ابن إسحاق بالتحديث عن عبدالله بن أبي بكر عند أحمد، فانتفت شبهة تدليسه، وعنعن في روايته عن عبدالرحمن بن القاسم.

يشير الى رواية مسند أحمد

وذكر المزي أن رواية ابن إسحاق عن عبدالله بن أبي بكر بن حزم هي الصواب.

قلت: إنما قال ذلك لأن المحفوظ: عن عمرة عن عائشة.

حديث عمرة، عن عائشة أخرجه أحمد ٦/٢٦٩، وأبو يعلى (٤٥٨٧). وانظر تحفة الأشراف ١٢/٤٠٨ حديث (١٧٨٩٧)، والمسند الجامع ٢٠/٤٥ حديث (١٦٨٠٣).

وأما حديث القاسم، عن عائشة فأخرجه أبو يعلى (٤٥٨٨). وانظر تحفة الأشراف ١٢/٢٧٧ حديث (١٧٥٢٤)، والمسند الجامع ٢٠/٤٥-٤٦ حديث (١٦٨٠٤).

٣٧٣

بشار عواد معروف دار الجيل

بلوغ الأماني من أسرار الفتح الرباني
شرح ترتيب مسند الإمام أحمد بن حنبل الشيباني
للشيخ أحمد عبد الرحمن البنا الساعاتي
١٣٧٨هـ

الثالث

٨٤٥٥ـ عَنْ عَائِشَةَ زَوْجِ النَّبِيِّ ﷺ ، قَالَتْ : لَقَدْ أُنْزِلَتْ آيَةُ الرَّجْمِ وَرَضَعَاتُ الْكَبِيرِ عَشْراً(١) ، فَكَانَتْ فِي وَرَقَةٍ تَحْتَ سَرِيرٍ فِي بَيْتِي (٢)، فَلَمَّا اشْتَكَى رَسُولُ اللَّهِ ﷺ تَشَاغَلْنَا بِأَمْرِهِ وَدَخَلَتْ دُوَيْبَةٌ(٣) لَنَا فَأَكَلَتْهَا . [مسند أحمد ح٢٦٨٤٧]

(١) فيه دلالة على أن حكم الرضاع في الكبير كان بعشر مرات ، ولا يلزم منه ان يكون الحكم في الصغير ذلك .

(٢) تعني هذه الآيات القرآنية بعد أن نسخت تلاوتها كانت مكتوبة في صحيفة تحت سريرها ولم ترد أنه كان مقروءاً بعدُ ، إذ القول به يوجب وقوع التغيير في القرآن وهو خلاف النص أعني قوله تعالى ﴿ إنا نحن نزلنا الذكر وإنا له لحافظون ﴾ .

(٣) تصغير دابة ، وجاء عند ابن ماجه « دخل داجن فأكلها » والداجن هي الشاة يعلفها الناس في منازلهم ، وقد يقع على غير الشاة من كل ما يألف البيوت من الطير وغيرها .

تخريجه : (جه) وسنده صحيح ورجاله ثقات .

يملأ جوفَ ابنِ آدمَ إلا الترابُ : ويتوبُ اللَّهُ على مَنْ تابَ ، وإنْ ذلك الدِّينُ القيِّم عند اللَّهِ الحنيفيةُ غيرُ المشركةِ ولا اليهوديةِ ولا النصرانيةِ ، ومن يفعلْ خيراً فلَنْ يُكْفَرَهُ .

(١) إنما خَصَّ أُبيَّ بقراءة النبي ﷺ عليه للتنويه به في أنه أقرأ الصحابة ، فإذا قرأ عليه ﷺ مع عظيم منزلته كان غيره أولى بطريق التبع له .

(٢) قال الحافظ ابن كثير : وإنما قرأ عليه ﷺ هذه السورة تثبيتاً له وزيادة لإيمانه لأنه كان أنكر على ابن مسعود قراءة شيء من القرآن على خلاف ما أقرأه رسول اللَّه ﷺ فاستقرأهما ﷺ وقال لكل منهما « أصبتَ ، قال أُبيّ : فأخذني الشك » وضرب ﷺ في صدره قال « ففضت عرقاً وكأنما أنظر إلى اللَّه فرقاً » ، وأخبره ﷺ أن جبريل أتاه فقال « إن اللَّه يأمرك أن تقرىء أمتك على سبعة أحرف » ، رواه (حم نس د م)

وتقدم في باب أنزل القرآن على سبعة أحرف ، فلما نزلت هذه السورة قرأها النبي ﷺ قراءة إبلاغ وإنذار لا قراءة تعلم واستذكار اهـ .

(٣) أي منفصلين عن كفرهم وشركهم ، يقال : فككت الشيء فانفك أي انفصل . (٤) أي الحجة الواضحة وهو القرآن .

تخريجه : (جه) وسنده صحيح ورجاله ثقات .

٨٤٥٦ـ (ز) عَنْ زِرٍّ ، عَنْ أُبَيِّ بْنِ كَعْبٍ ، قَالَ : قَالَ لِي رَسُولُ اللَّهِ ﷺ : إِنَّ اللَّهَ تَبَارَكَ وَتَعَالَى أَمَرَنِي أَنْ أَقْرَأَ عَلَيْكَ(١) ، قَالَ : فَقَرَأَ عَلَيَّ ﴿ لَمْ يَكُنِ الَّذِينَ كَفَرُوا مِنْ أَهْلِ الْكِتَابِ(٢) وَالْمُشْرِكِينَ مُنْفَكِّينَ(٣) حَتَّى تَأْتِيَهُمُ الْبَيِّنَةُ(٤) ، رَسُولٌ مِنَ اللَّهِ يَتْلُو صُحُفاً مُطَهَّرَةً ، فِيهَا كُتُبٌ قَيِّمَةٌ(٥) ، وَمَا تَفَرَّقَ الَّذِينَ أُوتُوا الْكِتَابَ إِلاَّ مِنْ بَعْدِ مَا جَاءَتْهُمُ الْبَيِّنَةُ ﴾ « إِنَّ الدِّينَ عِنْدَ اللَّهِ الْحَنِيفِيَّةُ(٦) غَيْرُ الْمُشْرِكَةِ ، وَلا الْيَهُودِيَّةِ ، وَلا النَّصْرَانِيَّةِ ، وَمَنْ يَفْعَلْ خَيْراً فَلَنْ يُكْفَرَهُ »(٧) .

قَالَ شُعْبَةُ(٨) ـ : ثُمَّ قَرَأَ آيَاتٍ بَعْدَهَا . ثُمَّ قَرَأَ « لَوْ أَنَّ لابْنِ آدَمَ وَادِيَيْنِ مِنْ مَالٍ ، لَسَأَلَ وَادِياً ثَالِثاً ، وَلا يَمْلأُ جَوْفَ ابْنِ آدَمَ إِلاَّ التُّرَابُ » قَالَ : ثُمَّ خَتَمَهَا بِمَا بَقِيَ مِنْهَا(٩) . [مسند أحمد ح٢١٥٢٢]

٨٤٥٦م ـ وعنه من طريقٍ ثانٍ عن أُبَيِّ بنِ كعبٍ أيضاً قال : إنَّ رَسُولَ اللَّهِ ﷺ قال : إن اللَّه تبارك وتعالى أمرني أن أقرأ عليكَ القرآن ، قال فقرأ : ﴿ لم يكنِ الذين كفروا من أهلِ الكتابِ ﴾ ، قال فقرأ فيها : « ولو أنَّ ابنَ آدم سألَ وادياً من مال فأعطِيَهُ لسألَ ثانياً فأعطِيَه لسأل ثالثاً ، ولا

(٥) أي في الصحف آيات وأحكام ﴿ قيمة ﴾ أي عادلة مستقيمة غير ذات عوج .

(٦) الحنيف (١٨/٦٠) عند العرب من كان على دين إبراهيم عليه السلام ، والحنف الميل أي المائل إلى الإسلام الثابت عليه .

(٧) أي فلن يعدم ثوابه بل يجازى عليه .

(٨) شعبة أحد رجال السند يقول « ثم قرأ آيات بعدها ثم قرأ لو أن لابن آدم » الخ ، كل هذا نسخ تلاوة وحكماً .

(٩) يعني قوله تعالى ﴿ وما أمروا إلا ليعبدوا اللَّه مخلصين له الدين ﴾ الخ ، السورة لم يدخلها نسخ لا قراءة ولا حكماً .

أما قوله « إن الدين عند اللَّه الحنيفية » إلى قوله « ولا يملأ جوف ابن آدم إلا التراب » فهذا منسوخ تلاوةً وحكماً واللَّه أعلم .

تخريجه : الطريق الأولى من زوائد عبد اللَّه بن الإمام أحمد على مسند أبيه ولذا رمزت لها بحرف (ز) .

والطريق الثانية رواية الإمام أحمد .

وأخرجه أيضاً الحاكم وصححه وأقره الذهبي .

وروى الإمام أحمد والشيخان والترمذي والنسائي من طريق شعبة أيضاً : سمعت قتادة يحدث عن أنس بن مالك قال : قال رسول اللَّه ﷺ لأبي بن كعب : إن اللَّه أمرني أن أقرأ عليك ﴿ لم

بيت الأفكار الدولية

جمع الفوائد من جامع الأصول ومجمع الزوائد
للعلامة
محمد بن محمد بن سليمان المغربي
المتوفى ١٠٩٤هـ

فَرَجَعَتْ، فَقَالَتْ: إِنِّي قَدْ أَرْضَعْتُهُ فَذَهَبَ الذِي فِي نَفْسِ أَبِي حُذَيْفَةَ(١).

٤٢٠٧- وفي أخرىٰ: فَلِذَلِكَ كَانَتْ عَائِشَةُ تَأْمُرُ بَنَاتِ إِخْوَتِهَا وَبَنَاتِ إِخْوَاتِهَا أَنْ يُرْضِعْنَ مَنْ أَحَبَّتْ أَنْ يَرَاهَا وَيَدْخُلَ عَلَيْهَا، وَإِنْ كَانَ كَبِيرًا خَمْسَ رَضَعَاتٍ ثُمَّ يَدْخُلُ عَلَيْهَا، وَأَبَتْ أُمُّ سَلَمَةَ وَسَائِرُ أَزْوَاجِ النَّبِيِّ ﷺ أَنْ يُدْخِلْنَ عَلَيْهِنَّ بِتِلْكَ الرَّضَاعَةِ أَحَدًا مِنَ النَّاسِ حَتَّىٰ يَرْضَعَ فِي المَهْدِ وَقُلْنَ لِعَائِشَةَ: والله مَا نَدْرِي لَعَلَّهَا رُخْصَة لسالم من رسول الله دُونَ النَّاسِ. للستة إلا الترمذي (٢).

٤٢٠٨- وعنها: قَالَتْ: لَقَدْ نَزَلَتْ آيَةُ الرَّجْمِ وَرَضَاعَةُ الكَبِيرِ عَشْرًا، وَلَقَدْ كَانَ فِي صَحِيفَةٍ تَحْتَ سَرِيرِي فَلَمَّا مَاتَ رَسُولُ الله ﷺ، وَتَشَاغَلْنَا بِمَوْتِهِ دَخَلَ دَاجِنٌ فَأَكَلَهَا. للقزويني، بعنعنة ابن إسحاق (٣).

٤٢٠٩- أُمُّ سَلَمَةَ رفعته: «**لا يُحَرِّمُ مِنَ الرَّضَاعِ إِلَّا مَا فَتَقَ الأَمْعَاء فِي الثَّدْيِ وَكَانَ قَبْلَ الفِطَامِ**». للترمذي (٤).

٤٢١٠- عُقْبَةُ بْنُ حارثة: أَنَّهُ تَزَوَّجَ ابنةَ لأَبِي إِهَابِ بْنِ عَزِيزٍ، فَأَتَتْهُ امْرَأَةٌ، فَقَالَتْ: إني قَدْ أَرْضَعْتُ عُقْبَةَ، وَالَّتِي تَزَوَّجَ، فَقَالَ لَهَا عُقْبَةُ: مَا أَعْلَمُ أَنَّكِ أَرْضَعْتِنِي، وَلا أَخْبَرْتِنِي فَرَكِبَ إِلَى النَّبِيِّ ﷺ بِالْمَدِينَةِ، فَقَالَ رَسُولُ الله ﷺ: «**كَيْفَ وَقَدْ قِيلَ**» فَفَارَقَهَا عقبةُ، وأنكحت زَوْجًا غَيْرَهُ. للبخاري، وأصحاب السنن(٥). الكذب على الله تعالى بأن رضاعة الكبير آية أنزلها تعالى

٤٢١١- ابن عَبَّاسٍ: سُئِلَ عَنْ رَجُلٍ لَهُ امرأتان أَرْضَعَتْ إِحْدَاهُمَا جَارِيَةً وَالأُخْرَىٰ غُلامًا أَيَحِلُّ لِلْغُلامِ أَنْ ينكح الجَارِيَةَ؟ قَالَ لا: لأن اللِّقَاحُ وَاحِدٌ. لمالك، والترمذي(٦).

٤٢١٢- حَجَّاجُ بْنُ حَجَّاجٍ، عَنْ أَبِيهِ، قلت: يَا رَسُولَ اللهِ مَا يُذْهِبُ عَنِّي مَذَمَّةَ الرَّضَاعِ قَالَ: «**غُرَّةٌ: عَبْدٌ أَوْ أَمَةٌ**». لأصحاب السنن(٧).

٤٢١٣- عائشةُ رفعته: «**لا تسترضعوا الورهاء**». قال يونس: الحمقاء. «للصغير» بضعف(٨).

(١) مسلم (١٤٥٣).
(٢) أبو داود (٢٠٦١).

(٣) ابن ماجه (١٩٤٤)، وحسنه الألباني في «صحيح ابن ماجه».

(٤) الترمذي (١١٥٢)، وقال: حسن صحيح.
(٥) البخاري (٥١٠٤)، وأبو داود (٣٦٠٣)، والترمذي (١١٥١)، والنسائي ٦.
(٦) الترمذي (١١٤٩)، ومالك ٢/ ٧ (١٧٣٩). (٧) أبو داود (٢٠٦٤)، والترمذي (١١٥٣)، وقال: حسن صحيح.
(٨) «الصغير» ١/ ١٠٠ (١٣٧)، وقال الهيثمي ٤/ ٢٦٢: رواه الطبراني في «الصغير»، والبزار إلا أنه قال: «لا تسترضعوا الحمقاء، فإن اللبن يواث» وإسنادهما ضعيف.

تحقيق رشيد بن حسن بن دريع العامري

أيُّهَا القَارِئُ الكَرِيمُ، هَذَا النَّذْرُ اليَسِيرُ مِمَّا تَحْتَوِي كُتُبُ العُمَرِيَّةِ مِنَ الكُفْرِ! يَقُولُ أَحْمَدُ بْنُ حَنْبَلٍ، أَحَدُ أَصْنَامِ العُمَرِيَّةِ الأَرْبَعَةِ أَنَّ أُمَّهُ عَائِشَةَ كَذَبَتْ! فَتَمُرُّ مُرُورَ الكِرَامِ! أَمَّا إِنْ قَالَهَا هَذَا العَبْدُ الفَقِيرُ! فَفَتَاوَى القَتْلِ تَصْدُرُ بِالجُمْلَةِ، وَمِنْ أَعْلَى سُلْطَةٍ فِي هَذَا الحِزْبِ الَّذِي يُسَمُّونَهُ - لِلتَّوْرِيَة - سُنَّةً (العُمَرِيَّةُ طَبْعًا)! وَمَا هُوَ إِلَّا حِزْبُ الشَّيْطَانِ! عُلَمَاءُ العُمَرِيَّةِ يُكْمِلُونَ مَعَ بَنِي آدَمَ، مَا بَدَأَهُ إِبْلِيسُ مَعَ آدَمَ!

كَفَى نِفَاقًا وَتَوْرِيَةً! إِسْلَامُ العُمَرِيَّةِ لَا يُشْبِهُ إِسْلَامَ الرَّحْمَانِ! أَقْرَبُ شَبَهٍ لِهَذَا الحِزْبِ بِالإِسْلَامِ، شَبَهُ القِرْدِ بِالإِنْسَانِ! إِلَّا أَنَّ القِرْدَ - عَامَّةً - مُسَالِمٌ، وَلَا يَعْتَدِي عَلَى المَخْلُوقَاتِ الأُخْرَى! أَمَّا العُمَرِيَّةُ فَحَيْثُمَا تَحَكَّمُوا عَاثُوا فِي الأَرْضِ الفَسَادَ! وَفَرَضُوا حِزْبَهُمْ بِالقُوَّةِ عَلَى العِبَادِ!

أُنْظُرْ حَوْلَكَ أَيُّهَا القَارِئُ الكَرِيمُ، وَاقْرَأْ التَّارِيخَ الحَقِيقِيَّ لِتَأْسِيسِ هَذِهِ اللَّعْنَةِ المَلْعُونَةِ. مُبَاشَرَةً مِنْ تَجَمُّعِ سَقِيفَةِ بَنِي سَاعِدَةَ (الزَّرِيبَة) وَالرَّسُولُ بَعْدُ لَمْ يُقْبَضْ، اسْتَوْلَى المُتَآمِرُونَ المُؤْتَمِرُونَ عَلَى حُكُومَتِهِ! كَانَ صَنَمَا قُرَيْشٍ يَعْلَمَانِ النَّتِيجَةَ مُسْبَقًا. تَأْثِيرُ السُّمِّ بَدَا وَاضِحًا عَلَى رَسُولِ اللَّهِ، وَالمُخْبِرُونَ دَاخِلَ بَيْتِ النُّبُوَّةِ كَانُوا عَلَى تَوَاصُلٍ مُسْتَمِرٍّ مَعَ المُؤْتَمِرِينَ المُتَآمِرِينَ فِي الزَّرِيبَةِ!

اسْتُشْهِدَ رَسُولُ اللَّهِ! وَمِنْ لَحْظَتِهَا لَم يَتَوَقَّفِ القَتْلُ! إِلَّم يَجِدُوا عَدُوًّا يُقَاتِلُونَهُ، تَبْدَأُ النِّزَاعَاتُ بَيْنَهُم! وَلَنْ تَنْتَهِي هَذِهِ اللَّحْظَةُ **حَتَّى يَأتِيَ أَمْرُ اللَّهِ!؟**

اشْتَدَّ العِرَاكُ بَيْنَ المُؤْتَمِرِيْنَ المُتَآمِرِيْنَ، فِي زَرِيْبَةِ بَنِيْ سَاعِدَةِ، وَامْتَدَّ لِأَيَّامٍ، وَلَم يَحْضَرْ صَنمَا قُرَيْشٍ تَجْهِيزَ الرَّسُولِ وَدَفْنَهُ! كُتُبُ العُمَرِيّةِ كَالعَادَةِ اخْتَلَفَتْ فِي إِنْ كَانَ الصَّنمَانِ حَضَرَا مَرَاسِمَ دَفْنِ الرَّسُولِ أَمْ لَا. تَرتَكِزُ عَقَائِدُ العُمَرِيَّةِ عَلَى الإِخْتِلَافِ عَلَى كُلِّ شَيْءٍ. لِأَنَّ الإِخْتِلَافَ عِنْدَ العُمَرِيَّةِ، لَا يَمْنَعُ أَنْ يَكُونَ جَمِيْعُ الأراءِ عَلَى حَقٍّ! **خَاصَّةً إِذَا خَالَفَتِ الأَرَاءُ القُرآنَ!** أَيُّهَا القارئ الكَرِيْم. عَودَةٌ عَلَى خَوفِ عُمَر مِنَ النَّاس، وَلَم يَخَفِ الله: قَالَ عُمَرٌ : لَوْلَا أَنْ يَقُوْلَ النَّاسُ **زَادَ** عُمَرٌ فِي كِتَابِ اللَّهِ لَكَتَبْتُ آيَةَ الرَّجْمِ بِيَدَيْ !؟

وَلَوْ طَالَعْتَ المُسْتَنَدَاتَ المُرْفَقَةَ أَعْلَاه، لَاكْتَشَفْتَ أَنَّ أَسَاسَ وَقَوَاعِدَ هَذَا الدِّيْنِ العُمَرِيْ، خَلْطُ المُتَنَاقِضْ، وَمَزْجُ المُتَنَافِرِ، وَجَمْعُ المُتَبَايِنِ، وَتَوَافِقُ المُتَضَارِبْ مِنَ المُعَنْعَنِ! إِلهَاءً لِلنَّاسِ فِي القُشُورِ، وَتَورِيَةً لِعَظَائِمِ الأمُورِ! وَهَلْ هُنَاكَ أَعْظَمَ مِنْ أَنْ يَعْلَمَ – المُسَمَّونَ – خُلَفَاءُ رَسُولِ اللَّهِ أَنَّ القُرآنَ نَاقِصٌ، وَ يَصْمُتُون، وَتَصْمُتُ الأُمَّةُ العُمَرِيَّةُ وَتَرْضَى! **فَالْتَعْلَمِ الإِنْسَانِيَّةُ، أَنِّي بَرِيءٌ**

مِنْ هَذَا التَّهَتُّكِ والفُجُورِ وَالمُجُونِ! ألْغَى مُتَآمِرُوا زَرِيْبَةِ بَنِي سَاعِدةَ الرِّسَالَةَ النَّبَوِيَّةَ بَعْدَ أنْ أعْلَنُوا في حَظْرَةِ رَسُولِ اللَّهِ: ***حَسْبُنَا كِتَابُ اللَّهْ!*** بَعْدَهَا حَرَّقَ العُمَرِيُّونَ الرِّسَالَةَ النَّبَوِيَّةَ، مَنَعُوْهَا مِنَ التَّدَاوُلِ بَيْنَ النَّاسِ! ثُمَّ قَتَلُوا الرَّسُولَ الأعْظَمَ وَآلَ بَيْتِهِ الأطْهَارْ، وَطَارَدُوا وَقَتَّلُوا وَمَا زَالُوا يُطَارِدُونَ وَيَقْتُلُون أحِبَّاءَ رَسُولِ اللهِ وَمُحِبِّيْهْ! إنْ كَانَ اللَّهُ قَدْ جَعَلَهُم ***لا يَعْقِلُونْ***، كَمَا جَعَلَ مِنْ قَبْلُ بَعْضَ العُصَاةِ قِرَدَةً وَخَنَازِيْر!!! أَيُّهَا العُقَلَاءِ: يَقُولُ اللَّهُ: (**إِنَّا نَحْنُ نَزَلْنَا الذِّكْرَ**) وهو القرآن (**وَإِنَّا لَهُ لَحَافِظُونَ**). وَيَقُولُ هَؤُلَاءِ الفَسَقَةِ: ***أنَّ القُرآنَ نَاقِصٌ!؟*** أَفَلَا تَغْضَبُونَ!؟ أَفَلَا تَرْفُضُونَ!؟ أَفَلَا تَعْتَرِضُونَ؟! **أَفَلَا تَعْقِلُون!؟**

هَذِهِ حَقِيقَةُ تَأْخِيرِ دَفْنِ الرَّسُولِ، وَاسْتِقَالَةُ أَبُو بَكْرٍ!

السَّبْتُ 27 يُوْلْيُو 2019 – 15 :50. هِسْبْرِيسْ. **وَائِلْ بُوْرَشَّاشِنْ.**

تَمَنَّتْ هَالَةْ وَرْدِيْ، أَكَادِيْمِيَّةٌ وَبَاحِثَةٌ تُونِسِيَّةٌ، **تَوَقُّفُ مَنْعِ كُتُبٍ** لَهَا دَاخِلَ المَغْرِبِ، فِي سِيَاقِ حَدِيْثِهَا ضِمْنَ المَهْرَجَانِ المُتَوَسِّطِيِّ، لِلْثَّقَافَةِ الأَمَازِيْغِيَّةِ بِطَنْجَةَ، "ثِوِيْزَا"، وَأَضَافَتْ فِي تَصْرِيْحٍ لِجَرِيْدَةِ هَسْبْرِيْسْ الإِلِكْتْرُونِيَّةَ أَنَّ الأَمْرَ يَتَعَلَّقُ "بِمَنْعٍ نَاعِمٍ"، فُوْجِئَتْ بِمَعْرِفَتِهِ مِنْ زُمَلَاءِ بَاحِثَيْنْ عِنْدَ قُدُوْمِهَا إِلَى الْمَهْرَجَانْ.

وَذَكَرَتْ الوَرْدِيْ، أَنَّ "تَيَّارَاتِنَا رَجْعِيَّةٌ" تُقَدِّمُ فَتْرَةَ الخِلَافَةِ الأُوْلَى عَلَى أَنَّهَا فَتْرَةٌ مِثَالِيَّةٌ، بَيْنَمَا كَانَ الصَّحَابَةُ أَشْخَاصًا عَادِيِّيْنَ لَهُمْ طُمُوحَاتٌ سِيَاسِيَّةٌ، وَلَهُمْ مَخَاوِفُ دَفَعَتْهُمْ إِلَى التَّصَرُّفِ حَتَّى بِطَرِيْقَةٍ انْتِهَازِيَّةٍ وَمَاكْيَافِلِيَّةٍ، كَمَا تَذْكُرُ ذَلِكَ مَرَاجِعُ تَارِيْخِ الإِسْلَامِ المُبَكِّرِ. (مَعْذِرَةٌ مِنَ الكَاتِبَةِ وَالبَاحِثَةِ التّونِسِيَّةِ، كَيْفَ وَجَبَ التَّرَضِّيْ عَلَيْهِم؟)

وَاسْتَحْضَرَتْ الوَرْدِيْ، تَعَامُلَ الصَّحَابَةِ مَعَ الرَّسُوْلِ خِلَالَ فَتْرَةِ مَرَضِهِ الأَخِيْرِ، وَسَاعَاتُ وَفَاتِهِ الأَخِيْرَةِ. وَمَنْعَهُ مِنْ كِتَابَةِ وَصِيَّتِهِ، مُضِيْفَةً أَنَّ هَذَا الخَبَرَ مَذْكُورٌ بِتَفَاصِيْلَ عَدِيْدَةٍ فِي كُتُبِ السُّنَّةِ وَالصِّحَاحِ، وَبَعْضُ التَّفَاسِيْرِ القُرْآنِيَّةِ، وَسِيْرَةُ ابْنِ هِشَامٍ، وَزَادَتْ:

"بَلْ وَتُرِكَ جُثْمَانُهُ يَوْمًا أَوِ اثْنَيْنِ دُوْنَ دَفْنٍ، بَيْنَمَا كَانَ الصَّحَابَةُ مَشْغُولِيْنَ بِالْنِّقَاشِ السِّيَاسِيِّ.

وَتَرَى البَاحِثَةُ التُّوْنِسِيَّةُ أَنَّ "الفَتْرَةَ الحَرِجَةَ مِنْ تَارِيْخِ الإِسْلَامِ عَرِفَتْ تَزْيِيْفًا لِتَارِيْخِهَا، وَخَلْقَ أَسْطُورَةٍ مُفَبْرَكَةٍ حَوْلَهَا، بَيْنَمَا لَمْ يَكُنْ هُنَاكَ إِجْمَاعٌ أَبَدًا حَوْلَ انْتِخَابِ أَبِيْ بَكْرٍ خَلِيْفَةً لِلْرَسُولِ"، وَاسْتَرْسَلَتْ مُبَيِّنَةً: "دَلِيْلُ ذَلِكَ مَا وَاجَهَهُ مِنْ مُعَارَضَةٍ حَتَّى فِي سَقِيْفَةِ بَنِيْ سَاعِدَةَ، الَّتِيْ عَرَفَتْ شَتْمًا وَضَرْبًا وَفَوْضَى عَارِمَة. وَأَيْضًا مُوَاجَهَتُهُ المَفْتُوْحَةُ مَعَ عَائِلَةِ الرَّسُولِ، وَ"ابْنَةِ الرَّسُولِ فَاطِمَةٌ" الَّتِيْ لَعَنَتْهُ، وَقَالَتْ لَهُ: لَأَدْعُوَنَّ عَلَيْكَ فِي كُلِّ صَلَاةٍ أُصَلِّيهَا، بَعْدَ حِرْمَانِهَا مِنْ مِيْرَاثِهَا، وَخِلَافَتِهِ أَبَاهَا.

وَأَكَّدَتْ هَالَةُ الوَرْدِيِّ أَنَّهَا "صُدِمَتْ لَمَّا اطَّلَعَتْ عَلَى كُتُبِ التُّرَاثِ الإِسْلَامِيِّ"، مُضِيْفَةً أَنَّ "أَبَا بَكْرٍ عَاشَ أَزَمَةً وُجُودِيَّةً، وَحَالَةً مِنَ الإِحْبَاطِ إِلَى دَرَجَةِ تَقْدِيْمِهِ اسْتِقَالَتِهِ، لَكِنَّ الصَّحَابَةَ تَشَبَّثُوا بِهِ، وَهُوَ مَا أَوْرَدَهُ الطَّبَرِيُّ فِي بَابٍ كَامِلٍ خَصَّصَهُ لِاسْتِقَالَةِ أَبِيْ بَكْرٍ.

تُوَضِّحُ البَاحِثَةُ أَنَّ "فَتْرَةَ حُكْمِ الصَّحَابَةِ، عَرَفَتْ تَجْمِيْلًا مُفْرِطًا وَمُبَالَغًا فِيهِ، وَصَلَ أَحْيَانًا **حَدَّ التَّزْيِيْفِ**"، وَقَدَّمَتْ مِثَالًا عَلَى هَذَا بِتَأْسِيْسِ الخِلَافَةِ الأُوْلَى الَّذِيْ ارْتَبَطَ بِحُرُوبِ الرِّدَّةِ"، وَالَّتِي كَانَتْ

حُرُوبًا ظَاهِرُهَا دِيْنِيْ؛ وَهُوَ تَطْبِيْقُ الحَدِّ عَلَى مَنْ تَرَكَ الإِسْلَامَ بَعْدَ وَفَاةِ الرَّسُولِ، بَيْنَمَا لَمْ تَرْتَدَّ فِي الوَاقِعِ الكَثِيْرُ مِنَ القَبَائِلِ. بَلْ رَفَضَتْ دَفْعَ الزَّكَاةِ لِلْخَلِيْفَةِ لِاعْتِرَاضِهَا عَلَى شَرْعِيَّتِهِ بِدَافِعِ العَصَبِيَّةِ القَبَلِيَّةِ"، وَزَادَتْ: "كَانَتْ الرِّدَّةُ "**المَزْعُومَةُ**" غِطَاءً دِيْنِيًّا لِحُرُوبٍ سِيَاسِيَّةٍ بِامْتِيَازٍ، فَرَضَ بِهَا الخَلِيْفَةُ نَفْسَهُ سُلْطَانًا عَلَى الجَزِيْرَةِ العَرَبِيَّةِ". وَاسْتَرْسَلَتْ: "يُوْجَدُ اليَوْمَ نَفْسُ التَّوْظِيْفِ لِلْدِّيْنِ، بِاللُّجُوءِ إِلَى الإِرْهَابِ وَقَوْلِ "الإِسْلَامِ فِي خَطَرٍ".

وَتؤَكِّدُ الوَرْدِيْ أَنَّ "أَسْطَرَةَ الخِلَافَةِ الرَّاشِدَةِ مَبْنِيَةٌ عَلَى أَسْطَرَةٍ لِلْتَّارِيْخِ"، وَهُوَ مَا جَعَلَهَا، وِفْقَ قِرَاءَتِهَا، "نَوْعًا مِنَ المُؤَسَّسَاتِ المُقَدَّسَةِ ذَاتِ الطَّابِعِ المُطْلَقِ، الَّتِيْ لَا يُمْكِنُ لأَحَدٍ التَّشْكِيْكُ فِي شَرْعِيَّتِهَا، رَغْمَ أَنَّهُ لَمْ يَكُنْ لِأَحَدٍ هَذَا التَّصَوُّرُ حَوْلَهَا فِي تِلْكَ الفَتْرَةِ، بَلْ وَقَتْلِ ثَلَاثَةِ خُلَفَاءِ مِنْ أَصْلِ أَرْبَعَةٍ قَتْلَةً شَنِيْعَةً.

وَتُذَكِّرُ كَلِمَةُ "التَّنْوِيْرِ"، البَاحِثَةَ التُّوْنِسِيَّةَ، بِتَفْسِيْرِ الفَقِيْهِ الطَّاهِرِ بِنْ عَاشُوْرْ "التَّحْرِيْرُ وَالتَّنْوِيْرُ"، وَبِالتَّالِيْ هِيَ تَقْرُنُهَا دَائِمًا بِكَلِمَةِ "التَّحْرِيْرِ"، وَهُوَ مَا يَدْفَعُهَا إِلَى قَوْلِ: إِنْ "تَحَقَّقَ التَّنْوِيْرُ لَا يَكُوْنُ إِلَّا بَعْدَ تَحْرِيْرِ العُقُولِ"؛ وَهُوَ تَحَرُّرٌ ضَرُورِيٌّ مِنْ "سَطْوَةِ الأُسْطُوْرَةِ، الَّتِيْ تُقَدِّمُ المَاضِيْ كَعَالَمٍ مِثَالِيٍّ وَجَنَّةٍ طُرِدْنَا مِنْهَا"، وَهُوَ مَا لَا يُمْكِنُ أَنْ يَتَحَقَّقَ إِلَّا "بِقَطِيْعَةٍ مَعْرِفِيَّةٍ بَيْنَ الوَاقِعِ

التَّارِيْخِيّ النِّسْبِيّ، وَالتَّصَوُّرِ الأُسْطُوْرِيّ لِلْمَاضِي الَّذِيْ يَجْعَلُهُ عِبْئًا وَسِجْنًا، حُكِمَ عَلَيْنَا **بِاجْتِرَارِهِ بِتَوَاصِلٍ!** كَمَنْ كَذَبَ كِذْبَةً وَصَدَّقَهَا"، وُفْقَ تَعْبِيْرِهَا.

هَالَةُ الوَرْدِيْ، الَّتِيْ تَرَى أَنَّ "الفِكْرَ النَّقْدِيَّ الحُرَّ خَطَرٌ عَلَى مَنْ يُرِيْدُ إِمْسَاكَ الحُكْمِ بِقَبْضَةٍ حَدِيْدِيَّةٍ، عَنْ طَرِيْقِ الهَيْمَنَةِ المُطْلَقَةِ عَلَى العُقُولِ"، تُوَضِّحُ أَنَّ كُلَّ مَا وَرَدَ فِي كُتُبِهَا مَوْجُودٌ فِي كُتُبِ التُّرَاثِ الإِسْلَامِيّ، وَأَنَّهَا اكْتَفَتْ بِإِلْقَاءِ حَجَرٍ صَغِيْرٍ فِي بَعْضِ المِيَاهِ الَّتِيْ رَكَدَتْ بِفِعْلِ "**هَيْمَنَةِ ثَقَافَةِ النَّقْلِ عَلَىْ ثَقَافَةِ العَقْلِ**"!

وَشَدَّدَتِ البَاحِثَةُ التُّونِسِيَّةُ عَلَى أَنَّ "إِعَادَةَ قِرَاءَةِ نُصُوصِ التُّرَاثِ الإِسْلَامِيّ هِيَ المَخْرَجُ"، وَزَادَتْ مُوَضِّحَةً: "يَجِبُ أَنْ تَتِمَّ هَذِهِ القِرَاءَةُ بِالمِجْهَرِ لَا بِالنَّظَّارَةِ الوَرْدِيَّةِ، دُوْنَ قَطِيْعَةٍ مَعْ هَذِهِ النُّصُوصِ، لِأَنَّهَا المَخْرَجُ مِنَ الأَزْمَةِ التَّارِيْخِيَّةِ الَّتِيْ نَتَخَبَّطُ فِيهَا... لَكِنْ دُوْنَ تَقْدِيْسٍ أَوْ تَحْنِيْطٍ لَهَا، بَلْ بِالتَّعَامُلِ مَعَهَا كَكِيَانٍ حَيٍّ وَإِفْرَازٍ لِسِيَاقٍ حَيٍّ"... انْتَهَى!

مَرْحَبًا بِكَ، أَخِيْ الكَرِيم "وَائِلْ بُوْرْشَاشِنْ"، وَشُكْرًا لَكَ عَلَى المَقَالَةِ الرَّائِعَةِ الَّتِيْ نَقَلْتَهَا لَنَا، وَاسْتَوْحَيْتَهَا مِنْ سِيَاقِ حَدِيْثِ الأَكَادِيمِيَّةِ وَالبَاحِثَةِ التُّونُسِيَّةِ هَالَةْ وَرْدِيْ، ضِمْنَ المَهْرَجَانِ المُتَوَسِّطِيْ، لِلْثَّقَافَةِ الأَمَازِيْغِيَّةِ بِمَدِيْنَةِ طَنْجَةَ فِي المَغْرِبِ العَرَبِيّ. وَكَم أَتَمَنَّى

أنْ يُوفقَكَ اللهُ يَا أَخ وَائِلُ، إِلَى قِرَاءَةِ أيِّ مِنْ كُتُبِيْ!

أَمَّا أنْتِ أيَّتُهَا السَّيِّدَةُ الكَرِيْمَةُ هَالَةْ وَرْدِيْ، أَخْتِي فِي عَالَمِ العَقْلِ! فَكَمْ كُنْتُ أتَمَنَّى أنْ أقْرَأَ بَحْثَكِ كَامِلًا، لِيَكُونَ إِلَى جَانِبِ بَحثِيْ الَّذِي لَنْ يَتَوَقَّفَ إِلَّا عِنْدَمَا أَلْقَى اللهَ وَهُوَ رَاضٍ عَنِّي! سَأتَّصِلُ فِي حَضْرَتِكِ بَعْدَ أنْ أنْشُرَ هَذَا الكِتَابَ مِنْ سِلسِلَةِ الإِيْمَانْ! أوَّلُ حَلَقَةٍ نُشِرتْ لِيْ هِيَ "**النَّقْلُ مَفْسَدَةٌ لِلعَقْل**" وَالحَلَقَةُ الثَّانِيَةُ نُشِرَتْ، كَانَتْ: "**الصُّحْبَةُ فِي القُرآنِ! صُحْبَةُ مَنْ؟**" وَهَذَا الكِتَابُ، الحَلَقَةُ الثَّالِثَةُ، وَعُنْوَانُهُ: **سُورَةُ الحُجُرَاتِ!** وَسَوفَ يُنْشَرُ إِنْ شَاءَ اللهُ قَرِيْبًا! وَأُرِيْدُ أَنْ أُنَوِّهَ أنَّ الكِتَابَيْنِ الأَولَيْنْ نُشْرَا وَطُبِعَا بِاللُّغَاتِ الثَّلَاثِ: عَرَبِيٌّ، فَرَنْسِيْ، وَإِنْجِلِيْزِي، وَإِنْشَاءَ اللهُ قَرِيْبًا بِاللُّغَةِ الأسْبَانِيَةِ وَلُغَاتٍ أخْرى! طَبْعًا كِتَابُ **سُورَةُ الحُجُرَاتِ** سَوفَ يُنْشَرُ بِاللُّغَاتِ الَّتِي نُشِرَتْ مَا قَبْلَهُ مِنَ الكُتُبِ! نَسْأَلُكُم الدُّعَاء وَجَزَاكِ اللهُ عَنَّا، وَعَنْ جَمِيْعِ الَّذِيْنَ يُسَيِّدُونَ العَقْلَ، عَلَى اجْتِرَارِ النَّقْلِ! مَعْذِرَةٌ مِنكَ يَا أخِيْ الْكَرِيْمَ، السَّيِّدْ "وَائِلْ بُوْرْشَاشِنْ"، عَلَى النَّشْرِ الحَرفي لِمَقَالَتِكَ الجَرِيْئَةِ الحُرَّةِ الصَّادِقَة!

أَعْتَذِرُ عَلَى تَكْرَارِ أسَفِي، وَأنَاشِدُ العَامَّةَ العُمَرِيَّةَ، وَأدْعُوهُم أنْ يَقْرَأوا! أَنْ يَقْرَأُوا، صَحَّ بِأعْيُنِهِمْ وَعُقُولِهِم، وَلَيْسَ بِأعْيُنِ وَعُقُولِ الكَفَرَةِ القَتَلَةِ! أيُّهَا النَّاس، كَيْفَ تَثِقُونَ بِمَنْ تَقَمَّصَ الحَقَّ وَعَادَاه؟!

(أمَا وَاللّهِ لَقَدْ تَقَمَّصَهَا ابن أبي قحافة، وَإِنَّهُ لَيَعْلَمُ أَنَّ مَحَلِّي مِنْهَا مَحَلُّ الْقُطْبِ مِنَ الرَّحَى، يَنْحَدِرُ عَنِّي السَّيْلُ وَلا يَرْقَى إِلَيَّ الطَّيْرُ... مِنْ خُطْبَةِ الشَّقْشَقِيَّةِ لإِمَامِ المُتَّقِيْنَ)... يَقْتُلُونَ الرَّسُولَ وَيَدَّعُونَ خِلَافَته!؟ يَتَشَهَّدُونَ أَنَّ مُحَمَّدًا رَسُولُ اللّهِ، وَيُحَرِّقُونَ رِسَالَتَهُ... أَجَلْ يُحَرِّقُونَ رِسَالَتَهُ!

قَالَتْ عَائِشَةُ: **جَمَعَ** أَبِيْ الحَدِيْثَ عَنْ رَسُولِ اللّهِ، فَكَانَتْ خُمْسُمَائَةِ حَدِيْثٍ فَبَاتَ لَيْلَةً... فَلَمَّا أَصْبَحَ قَالَ: أيْ بُنَيَّةْ، هَلُمِّيْ الأَحَادِيْثَ الَّتِيْ عِنْدَكِ، فَجِئْتُهُ بِهَا، فَدَعَا بِنَارٍ فَحَرَّقَهَا.

فَقُلْتُ: لِمَ حَرَقْتَهَا؟!

قَالَ: خَشِيْتُ أَنْ أَمُوتَ وَهِيَ عِنْدِيْ، فَيَكُوْنُ فيهَا **أَحَادِيْثُ عَنْ رَجُلٍ قَدْ ائْتَمَنْتُهُ وَوَثِقْتُ بِهِ،** ***وَلَمْ يَكُنْ كَمَا حَدَّثَنِيْ،*** فَأَكُوْنُ قَدْ نَقَلْتُ ذَلِكَ. وَهُنَا يُعَلِّلُ إِحْرَاقَ الحَدِيْثِ بِمُجَرَّدِ الشَّكِّ في النَّاقِلِ، مَعَ تَصْرِيْحِهِ بِأَمَانَةِ النَّاقِلْ وَوَثَاقَتِهِ، هَذَا إِنْ كَانَ هُنَاكَ بَيْنَهُ وَبَيْنَ النَّبِيِّ نَاقِلٌ!؟

فَلَوْ كَانَ هُنَاكَ حَدِيْثٌ عَنْ المَنْعِ الشَّرْعِيِّ، لَمْ يَكُنْ لِيُقْدِمَ أَبُو بَكْرٍ عَلَى الكِتَابَةِ، أَوَّلًا!

وَلَمْ يَكُنْ لِيُعَلِّلَ أبُو بَكْرٍ سَبَبَ الإِتْلَافِ وَالحَرْقِ، بِأَمْرٍ آخَرَ غَيْرَ المَنْعِ الشَّرْعِيِّ ثَانِيًا.

لَوْ صَحَّ هَذَا لَكَانَ حُجَّةً عَلَىٰ مَا قُلْنَاهُ، مِنْ عَدَمِ صِحَّةِ النَّهْيِ عَنْ كِتَابَةِ الحَدِيْثِ! وَلَوْ كَانَ النَّبيُّ، نَهَى عَنْ كِتَابَةِ الأَحَادِيْثِ مُطْلَقًا، لَمَا كَتَبَ أَبُوْ بَكْرٍ.

وَلَمْ يُؤْثَرْ عَنْ أَبِيْ بَكْرٍ مَنْعُهُ عَنْ تَدْوِيْنِ الحَدِيْثِ بِالخُصُوصِ، وَإِنَّمَا رَوُوا عَنْهُ **المَنْعَ عَنْ أَصْلِ رِوَايَةِ الحَدِيْثِ عَنْ رَسُوْلِ اللهِ!**

رَوَى الْذَّهَبِيُّ: أَنَّ أَبَا بَكْرٍ جَمَعَ النَّاسَ بَعْدَ وَفَاةِ نَبِيِّهِمْ! فَقَالَ: إِنَّكُمْ تُحَدِّثُونَ عَنْ الرَسُوْلِ أَحادِيْثَ تَخْتَلِفُونَ فيهَا، وَالنَّاسُ بَعْدَكُمْ أَشَدُّ اخْتِلَافًا، **فَلَا تُحَدِّثُوا عَنْ رَسُولِ اللهِ شيئا،** فَمَنْ سَأَلَكُمْ فَقُولُوا: ***بَيْنَنَا وَبَيْنَكُمْ كِتَابَ اللهِ، فَاسْتَحِلُّوا حَلَالَهُ وَحَرِّمُوا حَرَامَهُ!***

أَلَيْسَ هَذَا تَكْرَارًا لِمَا قَالَهُ عُمَرُ: (***حَسْبُنَا كِتَابُ اللهِ***)؟!

وَيُمْكِنُ أَنْ يُسْتَفَادَ مِنْ هَذِهِ الرِّوَايَةِ، أَنَّ أَبَا بَكْرٍ مَنَعَ الحَدِيْثَ عَنْ رَسُولِ اللهِ، مُطْلَقًا!

1 - بِطَرِيْقِ الأَوْلَوِيَّةِ، فَإِنَّ أَبَا بَكْرٍ لَمَّا مَنَعَ نَقْلَ الحَدِيْثِ وَرِوَايَتَهُ، فَهُوَ لِكِتَابَتِهِ أَشَدُّ مَنْعًا، لِأَن الكِتَابَةَ أَبْقَى، وَسَبَبٌ أَقْوَى لِتَدَاوُلِ الحَدِيْثِ وَانْتِشَارِهِ، أَكْثَرَ مِمَّا هُوَ فِي مُجَرَّدِ النَّقْلِ! مَعْ أَنَّ الحِزْبَ العُمَرِيَّ (العُمَرِيَّةُ) بَيْنَ مَانِعٍ لِلْتَدْوِيْنِ دُوْنَ الرِّوَايَةِ، وَبَيْنَ مَانِعٍ لِلْإِثْنَيْنِ، وَبَيْنَ مُبِيحٍ لَهُمَا، وَلَيْسَ فِي هَذَا الحِزْبِ مَنْ يَمْنَعُ الرِّوَايَةَ دُوْنَ التَّدْوِيْنِ، فَلَمْ يُنْقَلْ ذَلِكَ عَنْ أَبِيْ بَكْرٍ وَلَا عَنْ غَيْرِهِ!

2 – أَنَّ النَّهْيَ عَنْ مُطْلَقِ الحَدِيْثِ، لمَفْهُوْمٌ مِنْ قَوْلِ أَبِيْ بَكْرٍ: لَا تُحَدِّثُوا شَيْئًا! يَشْمَلُ الكِتَابَةَ، وَخَاصَّةً بِالنَّظَرِ إِلَى التَّعْلِيْلِ الَّذِيْ ذَكَرَهُ، فَهُوَ يَرَىْ أَنَّ الحَدِيْثَ عَنِ الرَّسُولِ مُوْجِبٌ لِلْاخْتِلَافِ، مِنْ دُوْنِ فَرْقٍ بَيْنَ أَنْ يُرْوَى أَوْ يُكْتَبَ!؟ فَأَبُو بَكْرٍ كَانَ مِنْ أَوَّلِ الَّذِيْنَ أَيَّدُوا رَفِيقَ دَرْبِهِ عُمَرَ، في ***مَقُولَةِ الكُفْرِ*** : ***حَسْبُنَا كِتَابُ اللهِ!***

وَالحَاصلُ: أَنَّ اسِتِفَادَةَ مَنْعِ أَبِيْ بَكْرٍ لِلْتَّدْوِيْنِ – مِنْ هَذِهِ الرِّوَايَةِ – وَاضِحَةٌ!

وَأَمَّا إِقْدَامُ أَبُوْ بَكْرٍ عَلَى إِحْرَاقِ أَحَادِيْثِ رَسُولِ اللهِ صَلَّىَ اللهُ عَلَيْهِ وَآلِهِ الَّذِيْ جَمَعَهُ. فَبِالإِضَافَةِ إِلَى أَنَّهُ أَدَّيَ إِلَى فُقْدَانِ تِلْكَ المَجْمُوعَةِ مِنَ الأَحَادِيْثِ، وَمُضَافًا إِلَى أَنَّ الإِحْرَاقَ لِلْكُتُبِ عَمَلٌ غَيْرُ مُسْتَسَاغٍ! فَهُوَ مُنَافٍ لِمَا رَوَتْهُ ابْنَتُهُ عَائِشَةَ، عَنْ النَّبِيِّ صَلَّى اللهُ عَلَيْهِ وَآلِهِ وَسَلَّمَ. قَالَتْ: نَهَى رَسُوْلُ اللهِ صَلَّى اللهُ عَلَيْهِ وآلِهِ وَسَلَّمَ عَنْ حَرْقِ التَّوْرَاةِ، مَعْ أَنَّ التَّوْرَاةَ مَنْهِيٌّ عَنْ تَدَاوُلِهَا وَقِرَاءَتِهَا، كَمَا تَدُلُّ عَلَى ذَلِكَ **أَحَادِيْثُ التَّهَوُّكِ!**

وَقَدْ أَورَدْنَا بَعضًا مِنْ أَحَادِيْثِ التَّهَوُّكِ فِي الحَلَقَةِ الثَّانِيَةِ: **الصُّحْبَةُ فِي القُرآنِ!** يُمْكِنْ الاطِّلَاعُ علَيْهَا في كِتَابِ: (**الصُّحْبَةُ فِي القُرآنِ**)، أَو حَتَّى عَلَى الشَّبَكَةِ العَنْكَبُوتِيَّةِ، تَحْت عُنوَانِ: **أَمُتَهَوِّكُوْنَ فيهَا يَا ابْنَ الخَطَّابْ؟!** وَالْأَهْوَكُ وَالْأَهْوَجُ وَاحِدٌ.

وَالتَّهَوُّكُ: السُّقُوطُ فِي هُوَّةِ الرَّدَى! لَقَدْ تَعَمَّدْتُ هَذَا التَّكْرَارِ فِي المَعْلُومَات، بَعْدَ أنْ ذَكَرْتُها فِي الحَلَقَتَيْنِ السَّابِقَتَيْن: **النَّقْلُ مَفْسَدَةٌ لِلعَقْل، والصُّحْبَةُ فِي القُرآنْ،** لِلتَأكِيْدِ أنَّ هَذَا الدِّيْنِ يُشْبِهُ مُؤَسّسِيْه! إنَّهُ دِيْنُ الشَّيَاطِيْنْ! وَلَكِنَّ الفَرْقَ بَيْنَ هَذِهِ المَخْلُوقَاتِ وَالشَّيْطَانُ، أنَّ الشَّيْطَانَ لَم يَكْفُرْ بِاللَّهِ ثَانِيَةً وَاحِدَةً، وَلَم يَقْتُلْ أحَدًا! لِأنَّهُ يَخَافُ رَبَّ العَلَمِيْن! أمَّا هَذِهِ الطُّغْمَةَ، لَم تَعْبُدْ اللَّهَ وَلَا رَسُولَهُ ثَانِيَةً وَاحِدَةً، وَدِيْنُهُم وَحِزْبُهُم وَمَذَاهِبُهُم، جَمِيْعُهَا بُنِيَتْ عَلَى جَمَاجِمِ النَّاسِ! بِاخْتِصَارٍ: هَلْ كُلُّ فَاسِقٍ كَافِر؟ وَهَلْ كُلُّ عَاصٍ كَافِر؟

يَقُولُ اللَّهُ: وَإِذ قُلنَا **لِلمَلَئِكَةِ** اسجُدُواْ لِأدَمَ فَسَجَدُواْ إِلَّآ إِبلِيسَ كَانَ مِنَ **الجِنِّ** فَفَسَقَ عَن أَمرِ رَبِّهِ **أَفَتَتَّخِذُونَهُ وَذُرِّيَّتَهُ أَوْلِيَاءَ مِن دُونِي وَهُم لَكُم عَدُوٌّ بِئسَ لِلظَّلِمِينَ بَدَلًا** (50). إبْلِيسُ لَم يَكُنْ مِنَ المَلَائِكَةِ، وَالأمْرُ بِالسُّجُودِ جَاءَ إلَى المَلَائِكَةِ فَقَط! وَلَكِنَّ إبْلِيْسَ أَخْطَأَ الإجَابَةَ بِالكِبْرِ! **قَالَ خَلَقْتَنِي مِنْ نَارٍ وَخَلَقْتَهُ مِنْ طِيْن... وَقَالَ أَنظِرْنِي! خَلَقْتَنِي**، إعْتِرَافٌ وَشَهَادَةٌ بِوجُودِ الخَالِقِ القَادِرِ! كِبْرُ الشَّيْطَانِ أَرْدَاهُ! وَالمَعْصِيَةُ أَخْزَتْهُ! وَهَل كُلُّ مَنْ عَصَى وَتَكَبَّرَ، كَفَرَ؟! وَكُفْرُ الشَّيْطَانِ مِنْ عَدَمِهِ لَنْ يُغَيِّرَ مِنَ الحَقِيْقَةِ شَيْء! إذَا كَانَ إبْلِيْسُ قَدْ عَصَى، آدَمُ أَيْضًا قَدْ عَصَى! وَقَدْ حَصَلَ هَذَا فِي عِلْمِ اللَّهِ وَلَيْسَ لَنَا نَحْنُ أَبْنَاءُ آدَمَ أَنْ نَتَحَمَّلَ أَوْزَارَ هَذِهِ

المَعْصِيَّةِ! يَجِبْ عَلَى العُقَلَاءِ مِنَّا – أَبْنَاءِ آدَمَ – أَنْ نَسْتَفِيدَ مِمَّا أَسْبَغَ اللَّهُ عَلَى أَبِيْنَا آَدَمَ وَعَلِيْنَا مِنْ نِعَمِهِ! وَأَكْبَرُ نِعَمِ اللَّهِ غُفْرَانَهُ وَتَوْبَتَهُ عَلَيْنَا، تَصْدِيْقًا لِقَولِهِ تَعَالَى: **وَإِنِّي لَغَفَّارٌ لِّمَن تَابَ (1) وَآمَنَ (2) وَعَمِلَ صَالِحًا (3) ثُمَّ اهْتَدَى (4)** ﴿٨٢ طه﴾.

[ثُمَّ] بِضَمِّ الثَّاءِ، هِيَ حَرْفُ عَطْفٍ لَا يُمْكِنْ لَهَا أَنْ تَأْتِيْ فِي بِدَايَةِ الجُمْلَةِ باعتبارها حَرْفُ عَطْفٍ، تُفِيدُ التَّرْتِيْبَ وَالتَّرَاخِيْ، وَتُفِيدُ مُشَارَكَةَ المَعْطُوفِ لِلْمَعْطُوفِ عَلَيْهِ، فِي الحُكْمِ وَالإِعْرَابِ.

[ثُمَّ] فِي ثُمَّ اهْتَدَى: إِنْ فُعِّلَتَ، فَعَّلَتُ الثَّلَاثَةَ الَّتِيْ قَبْلَهَا: تَابَ وَآمَنْ وَعَمِلَ صَالِحًا، فِي الحُكْمِ وَالإِعْرَابِ! وَإِنْ سَقَطَتْ أَو حُذِفَتْ، سَقَطَ وَحُذِفَ الثَّلَاثَةُ!

فِي هَذِهِ الحَالِ، إِلَى مَنْ يَبْحَثَ عَن، إِنْ كَانَ إِبْلِيْسُ قَدْ كَفَرَ، فَمِنَ العَقْلِ أَوَّلَا أَنْ يَتَأَكَّدَ أَنَّهُ شَخْصِيًّا، مُؤْمِنٌ! أَو بِالأَحْرَى أَنَّهُ مُهْتَدِي لِيَنَالَ تَّوْبَةَ اللَّهِ وَغُفْرَانَهُ!

كَيْفَ وَإِلَى مَاذَا **يَهْتَدِي**؟! مِثْلَمَا وَكَيْفَمَا **أَهْتَدى** أَبُوهُ آَدم!

فَتَلَقَّى آدَمُ مِنْ رَبِّهِ كَلِمَاتٍ، [فَتَابَ عَلَيْهِ]

فَتَلَقَّى آدَمُ مِنْ رَبِّهِ كَلِمَاتٍ، [فَتَابَ عَلَيْهِ]

شَوَاهِدُ التَّنْزِيلِ - الحَاكِمُ الحَسَكَانِيُّ - ج ١ - الصَّفْحَةُ ١٠١

وَرَوَىْ الكَنْجِيُّ فِي البَابِ: (23) مِنْ كِفَايَةِ الطَّالِبِ، ص 121، بِسَنَدِهِ عَنْ ابْنِ عَبَّاسٍ. وَعَنِ الدَّيْلَمِيّ عَنْ عَلِيٍّ [عَلَيْهِ السَّلَامْ]، قَالَ: سَأَلْتُ النَّبِيَّ صَلَى اللَّهُ عَلَيْهِ وَآلِهِ وَسَلَّمَ عَنْ قَوْلِ اللَّهِ:

فَتَلَقَّى آدَمُ مِنْ رَبِّهِ كَلِماتٍ [فَتَابَ عَلَيْهِ] " [37 / البقرة] فقال: إنَّ اللَّهَ أَهْبَطَ آدَمَ بِالهِنْدِ، وَحَوَّاءَ بِجَدَّةَ، وَإِبْلِيْس بِمِيْسَان، وَالحَيَّةَ بِإِصْبَهَانَ، وَكَانَ لِلْحَيَّةِ قَوَائِمُ كَقَوَائِمِ البَعِيْرِ - وَمَكَثَ آدَمُ بِالهِنْدِ بَاكِيًا عَلَى خَطِيْئَتِهِ، حَتَّى بَعَثَ اللَّهُ إِلَيْهِ جِبْرَائِيْلَ، فَقَالَ لَهُ: يَا آدَمَ أَلَمْ أَخْلُقْكَ بِيَدِيْ؟ أَلَمْ أَنْفُخْ فيكَ مِنْ رُوْحِيْ؟ أَلَمْ أُسْجِدْ لَكَ مَلَائِكَتِيْ؟ أَلَمْ أُزَوِّجُكَ حَوَّاءَ أَمَتِيْ؟! قَالَ: بَلَى. قَالَ فَمَا هَذَا البُكَاءْ، قَالَ: وَمَا يَمْنَعُنِيْ مِنَ البُكَاءِ، وَقَدْ أُخْرِجْتُ مِنْ جِوَارِ الرَّحْمَانِ؟ قَالَ: فَعَلَيْكَ بِهَؤُلَاءِ الكَلِمَاتِ، فَإِنَّ اللَّهَ قَابِلٌ تَوْبَتَكَ وَغَافِرٌ ذَنْبَكَ، قُلْ: **اللَّهُمَ إِنِّيْ أَسْأَلُكَ بِحَقِّ مُحَمَّدٍ وَآلِ مُحَمَّدٍ، سُبْحَانُكَ لَا إِلَهَ إِلَّا أَنْتْ، عَمِلْتُ سُوْءًا وَظَلَمْتُ نَفْسِيْ فَتُبْ عَلَيَّ [إِنَّكَ] أَنْتَ التَّوَابُ الرَّحِيْمْ.**

أَللَّهُمَّ إِنِّيْ أَسْأَلُكَ بِحَقِّ مُحَمَّدٍ وَآلِ مُحَمَّدٍ، عَمِلْتُ سُوْءًا وَظَلَمْتُ نَفْسِيْ فَتُبْ عَلَيَّ، [إِنَّكَ] أَنْتَ التَّوَّابُ الرَّحِيْمْ. فَهَؤُلَاءِ الكَلِمَاتِ الَّتِيْ تَلَقَّى آدَمُ مِنْ رَبِّهِ!

رَوَاهُ السَّيُّوْطِيُّ فِي تَفْسِيْرِ الآيَةِ الكَرِيمَةِ مِنَ الدُّرِّ المَنْثُورِ: ج 1، ص 60.

وَرَوَاهُ أَيْضًا في الحَدِيْثْ: (952) مِنْ مُسْنَدِ عَليٍّ عَلَيْهِ السَّلَامْ، مِنْ كِتَابِ جَمْعِ الجَّوَامِعِ: ج 2 ص 111. وَرَوَاهُ أَيْضًا المُتَّقِيْ الهِنْدِيّ في الحَدِيْثِ: مِنْ كِتَابِ كَنْزِ العُمَّالِ ج 1 ص 234 ط1 وَرَوَاهُ عَنْهُ في أَوَّلِ تَفْسِيْرِ سُوْرَةِ البَقَرَةِ، مِنْ كِتَابِ القُرْآنِ مِنْ مُنْتَخَبِ كَنْزِ العُمَّالِ، المَطْبُوعِ بِهَامِشِ مُسْنَدِ أَحْمَدَ بْنِ حَنْبَلٍ: ج 1، ص 419 ط 1، وَقَالَ: وَفيهِ حَمَّادٌ بْنِ عَمْرْوْ النَّصِيْبِي، عَنِ السِّرِّيِ عَنْ خَالِدْ، [وَهُمَا] وَاهِيَانِ.

وَرُوِيَ أَيْضًا عَنِ بْنِ النَّجَارِ، عَنْ بْنِ عَبَّاسِ أَنَّهُ قَالَ: سَأَلْتُ رَسُولَ اللَّهِ صَلَّى اللَّهُ عَلَيْهِ وَسَلَّمَ عَنِ الكَلِمَّاتِ الَّتِيْ تَلَقَّاهَا آدَمُ، مِنْ رَبِّهِ فَتَابَ عَلَيْهِ، قَالَ: **سَأَلَ بِحَقِّ مُحَمَّدْ وَعَلِيٍّ وَفَاطِمَةْ وَالحَسَنْ وَالحُسَيْنْ، إِلَّا تُبْتَ عَلَيْ. فَتَابَ عَلَيْهِ.**

وَرَوَاهُ بِسَنَدِهِ عَنِ بْنِ عَبَّاسٍ، مُحَمَّدٌ بْنِ عَلِيْ بْنِ الحُسَيْنِ، في المَجْلِسْ: (18) مِنْ أَمَالِيْهِ ص 7 قَالَ: حَدَّثَنَا عَلِيٌّ بِنُ الفَضْلِ بِنِ العَبَّاسِ البَغْدَادِيْ، قَالَ: قَرَأْتُ عَلَى أَحْمَدْ بِنِ مُحَمَّدْ بِنِ سُلَيْمَانِ بِنِ الحَارِثِ قُلْتُ: حَدَّثَكُمْ مُحَمَّدٌ بِنِ عَلِيٍّ بِنِ خَلَفٍ ...

وَرَوَاهُ أَيْضًا بِهَذَا السَّنَدِ - ثُمَّ رَوَاهُ بِسَنَدٍ آخَرَ، - في " بَابِ مَعْنَى

الكَلِمَاتِ الَّتِيْ تَلَقَّاهَا آدَمُ.. " مِنْ كِتَابِ مَعَانِيْ الأَخْبَارْ، ص 125، ط بيْرُوْتْ.

وَرَوَاهُ أَيْضًا فِي الحَدِيْثِ: (8) مِنْ بَابِ الخَمْسَةِ مِنْ كِتَابِ الخِصَالِ: ج 1، ص 270 ط بَيْرُوت، ثُمَّ قَالَ: وَقَدْ أَخْرَجْتُ مَا رَوَيْتُهُ في هَذَا المَعْنَى فِي تَفْسِيْرِ القُرْآنِ.

وَرَوَاهُ أيْضًا عَنِ بْنِ عَبَّاسٍ، بِنُ المَغَازِلِيّ في الحَدِيْثِ (89) مِنْ كِتَابِ، مَنَاقِبِ أَمِيْرِ المُؤمِنِيْنَ عَلَيْهِ السَّلَامُ ص 63 ط 1، قَالَ: أَخْبَرَنا أَحْمَدُ بنُ مُحَمَّدٍ بِنِ عَبْدِ الوَهَابِ إِجَازَةً. أَخْبَرَنَا أَبُو أَحْمَدَ عُمَرُ بِنِ عُبَيْدِ اللَّهِ بِنِ شَوْذَبِ، حَدَّثَنَا مُحَمَّدٌ بِنُ عُثْمَانَ قَالَ: حَدَّثَنِيْ مُحَمَّدٌ بِنُ سُلَيْمَانَ بِنِ الحَارِقِ، حَدَّثَنَا مُحَمَّدٌ بِنُ عَلِيٍّ بِنِ خَلَفِ العَطَّارِ، حَدَّثَنَا حُسَيْنُ الأَشْقَرُ، حَدَّثَنَا عَمْرو بِنْ أَبِيْ المِقْدَامِ، عَنْ أَبِيْهِ عَنْ سَعِيْدِ بِنِ جُبَيْرٍ: عَنْ عَبْدِ اللَّهِ بِنِ عَبَّاسٍ قَالَ: سُئِلَ الْنَّبِيُّ صَلَّى اللَّهُ عَلَيْهِ وَآلِهِ، عَنِ الكَلِمَاتِ الَّتِيْ تَلَقَّاهَا آَدمُ مِنْ رَبِّهِ فَتَابَ عَلَيْهِ؟ قَالَ: **سَأَلَهُ بِحَقِّ مُحَمَّدٍ، وَعَلِيٍّ، وَفَاطِمَةِ، وَالحَسَنِ، وَالحُسَيْنِ، إِلَّا تُبْتَ عَلَيَّ، فَتَابَ عَلَيْهِ!**

https://www.youtube.com/watch?v=h0xbNT4ikug

https://www.youtube.com/watch?v=h0xbNT4ikug

تَحْذِيْرٌ : العُمَرِيَّةُ كَمَا جَرَتِ العَادَةُ، قَدْ يَضْغَطُونَ عَلَى يُوتيُوب إِلَى حَذْفِ هَذَا الفِيدْيُو !

تَأْثِيْرُ إِيْثَارِ مَنَاخَ الزَّرِيْبَةِ عَلَى نُزَلَائِهَا!

كَانَ أَحَدُ الشُّيُوْخِ المُلْتَحَيْنَ يَتَحَدَّثُ عَنْ أَنَّهُ يَجِبُ إِطْلَاقُ اللَّحْيَةِ وَيَجِبُ حَفُّ الشَّارِبِ، وَيَجِبُ تَقْصِيْرُ الثَّوْبِ. ثُمَّ اسْتَشْهَدَ بِكُلِّ ثِقَةٍ بِهَذِهِ الأَيَةِ الكَرِيْمَةِ: ﴿**لَقَدْ كَانَ لَكُمْ فِي رَسُولِ اللَّهِ أُسْوَةٌ حَسَنَةٌ لِمَنْ كَانَ يَرْجُو اللَّهَ وَالْيَوْمَ الْآخِرَ وَذَكَرَ اللَّهَ كَثِيرًا!**﴾ ألأحْزَاب.

سَألَ أَحَدُ الحُظُورِ الشَّيْخَ، وَكَانَ عَالِمًا، مُطَّلِعًا: هَلْ تَعْلَمُ الفَرْقَ بَيْنَ أُسْوَةِ رَسُوْلِ اللهِ وَأُسْوَةِ نَبِيِّ اللهِ؟

أَجَابَهُ الشَّيْخ المُلْتَحِيْ: لَا!

قَالَ العَالِمُ المُطَّلِعُ: صَلِّ عَلَى النَّبِيْ!

رَدَّ الشَّيْخُ: صَلَّى اللهُ عَلَيْهِ وَسَلَّمَ!

سَألَ العَالِمُ: هَلْ وَرَدَ في القُرْآنِ نَصٌّ يَحُثُّ عَلَى إِطْلَاقِ اللِّحِيَةِ وَحَفِّ الشَّارِبِ وَتَقْصِيرِ الثَّوبِ؟!

أَجَابَ الشَّيْخْ: لَا إِنَّهَا سُنَّةٌ!

رَدَّ العَالِمُ: صَلُّوا عَلَى النَّبِيْ!

أَجَابَ الحُظُور: صَلَّى اللهُ عَلَيْهِ وَسَلَّم!

سَألَ العَالِمُ: هَلْ الصَّلَاةُ عَلَى النَّبِي سُنَّةً أيْضًا؟

أَجَابَ الشَّيْخُ: لَا إِنَّهُ أَمْرٌ مِنَ اللهِ، كَالصَّلاَةِ!

رَدَّ العَالِمُ: إذًا، صَلُّوا عَلَى النَّبِيْ!

أَجَابَ الحُظُور: صَلَّى اللَّهُ عَلَيْهِ وَسَلَّم!

طَلَبَ العَالِمُ مِنَ الشَّيْخِ قَائِلًا: إذًا، شَنِّفَ أذَانَنَا بَالآيَةِ أُو السُّورَةِ التِيْ أَمَرَ اللَّهُ المُؤْمِنِيْنَ فيهَا بَالصَّلاَةِ عَلَى النَّبِيْ!

أَجَابَ الشَّيْخُ: ﴿ إِنَّ اللَّهَ وَمَلَائِكَتَهُ يُصَلُّونَ عَلَى النَّبِيِّ يَا أَيُّهَا الَّذِينَ آمَنُوا صَلُّوا عَلَيْهِ وَسَلِّمُوا تَسْلِيمًا ﴾ الأحْزَابْ!

رَدَّ العَالِمُ: عَظِيْمٌ، صَلُّوا عَلَى النَّبِيْ!

أَجَابَ الحُظُور: صَلَّى اللَّهُ عَلَيْهِ وَسَلَّم!

سَألَ العَالِمُ الشّيخَ : المُصَلّيْ، الذِيْ يُخْطِىءُ أَو يَسْهُوْ أَو يَنْسَى بَعْضًا مِنَ الآيَةِ الَّتِيْ يَقْرَأُهَا، هَلْ تُقْبَلُ صَلَاتَهُ؟

أَجَابَ الشَّيْخُ: طَبْعاً لَا، وَعَلَيْهِ الإعَادَةُ!

أَجَابَ العَالِمُ: عَظِيْم، صَلُّوا عَلَى النَّبِيْ!

أَجَابَ الحُضُور: صَلَّى اللّهُ عَلَيْهِ وَسَلَّم!

سَأَلَ العَالِمُ: هَلْ المُصَلِّيْ الَّذِيْ لَا يَعْلَمُ مَعْنَى الآيَاتِ الَّتِيْ يُرَدِّدُهَا تُقْبَلُ صَلَاتَهُ؟

أَجَابَ الشَّيْخُ: قُبُولُ صَلَاةِ العَبْدِ فِي عِلْمِ اللّهِ.

أَجَابَ العَالِمُ: وَالإِمَامُ لَا يَعْلَمُ مَعْنَى الآيَاتِ الَّتِيْ يُرَدِّدُهَا هَلْ تُقْبَلُ صَلَاتَهُ؟

أَجَابَ الشَّيْخُ: يُؤْثَمُ وَلَا تُقْبَلُ صَلَاتَهُ.

أَجَابَ العَالِمُ: صَلُّوا عَلَى النَّبِيْ، مَرَّةً أُخْرَى!

أَجَابَ الحُضُورُ: صَلَّى اللّهُ عَلَيْهِ وَسَلَّمَ!

رَدَّ العَالِمُ: أَيُّهَا الحُضُورُ الكَرِيْمُ! يَأمُرُ أَللّهُ المُؤْمِنِيْنَ: ﴿ إِنَّ اللّهَ وَمَلَائِكَتَهُ **يُصَلُّونَ** عَلَى النَّبِيِّ يَا أَيُّهَا الَّذِينَ آمَنُوا **صَلُّوا** عَلَيْهِ وَسَلِّمُوا تَسْلِيمًا﴾!

يَقُولُ اللّهُ: المَلَائِكَةُ **يُصَلُّونْ** عَلَى النَّبِيِّ، **وَصَلُّوا** لَكُم! وَشَيْخُكُمْ هَذَا يَقُولُ وَتَقُولُوْنَ مَعَهُ: ***صَلِّ***! هَلْ خَطَرَ فِي بَالِ أَحَدِكُمْ كَيْفَ تَغَيَّرَ الفِعْلِ المُضَارِعْ **يُصَلُّون**، وَتَغَيَّرَ فَعْلُ الأَمْرِ **صَلُّوا**، إِلَى فِعْلِ

المَاضِيْ *صَلَّ*، وَأَنْتُم عَرَبُ (*أَعْرَاب*) وَهَذَا قُرآنٌ عَرَبِيٌّ!؟

هَلْ تَعْتَقِدُ يَا شَيْخ أَنْ اللّهَ يَتَقَبَّلُ الصَّلَاةَ عَلَى النَّبِيْ مِنَ الَّذِيْنَ يَقُولُونَ: صَلَّى اللّهُ عَلَيْهِ وَسَلَّم؟!

فَأضْحَىْ الجَمِيْعْ: كَأَنَّ عَلَى *رُؤوسِهِم* الطَّيْرِ!

أَرْدَفَ العَالِمُ قَائِلًا: يَاشَيْخُ، قَبْلَ أَنْ نَعُودَ إِلَى آَيَةِ الأُسْوَةُ، أُرِيْدُكُم أَنْ تَعْلَمُوا أَنَّهُ فِيْ إِحْصَاءٍ لِأَعْلَمِ ثَلَاثِيْنَ مِنْ عُلَمَاءِ السُّنَّةِ، كَانَ ثَمَانِيَةُ وَعِشْرُونَ مِنْهُم عَجَمٌ؟!

سَنَعُودُ الآنْ إِلَى قَولِهِ تَعَالَىْ: لَقَدْ كَانَ لَكُمْ في رَسُولِ اللّهِ أُسْوَةٌ حَسَنَةٌ، وَلَمْ يَقُلْ لَقَدْ كَانَ لَكُمْ فَيْ نَبِيِّ اللّهِ أُسْوَةٌ حَسَنَةٌ. هَلْ هَذَا صَحِيحٌ شَيْخِي؟!

رَدَّ الشَّيْخُ مَا الفَرْقُ، النَّبِيُّ وَالرَّسُولُ تَقْرِيْبًا نَفْسُ الشَّيءِ؟!

أَجَابَ العَالِمُ: الرَّسُوْلُ، مَنْ أُرْسِلَ إِلَى قَوْمٍ كُفَّارٍ مُكَذِّبِيْنَ، وَالنَّبِيُ مَنْ أُرْسِلَ إِلَى قَوْمٍ مُؤْمِنِيْنَ بِشَرِيْعَةِ الرَّسُوْلِ الَّذِيْ قَبْلَهُ، يُعَلِّمُهُمْ وَيَحْكُمُ بَيْنَهُمُ، كَمَا قَالَ تَعَالَى : (نَّا أَنزَلْنَا التَّوْرَاةَ فِيهَا هُدًى وَنُورٌ يَحْكُمُ بِهَا النَّبِيُّونَ الَّذِينَ أَسْلَمُوا لِلَّذِينَ هَادُوا وَالرَّبَّانِيُّونَ وَالْأَحْبَارُ بِمَا اسْتُحْفِظُوا مِن كِتَابِ اللَّهِ وَكَانُوا عَلَيْهِ شُهَدَاءَ). [٢٩] فَأَنْبِيَاءُ

بَنِيْ إِسْرَائِيْلِ، يَحْكُمُونَ بِالتَّوْرَاةِ الَّتِيْ أَنْزَلَ اللهُ عَلَىْ مُوسَى، وَأَمَّا قَوْلُهُ تَعَالَى: {مَا كَانَ مُحَمَّدٌ أَبَا أَحَدٍ مِنْ رِجَالِكُمْ وَلَكِنْ رَسُولَ اللهِ **وَخَاتَمَ النَّبِيِّينَ** وَكَانَ اللهُ بِكُلِّ شَيْءٍ عَلِيمًا}(الأحزاب:40)، وَلَمْ يَقُلْ خَاتَمَ المُرْسَلِيْنْ!؟ لِأَنَّ خَتْمَ الرِّسَالَةِ لَا يَسْتَلْزِمُ خَتْمَ النُّبُوَّةِ، وَأَمَّا خَتْمُ النَّبُوَّةِ، يَسْتَلْزِمُ خَتْمَ الرِّسَالَةِ، وَلِهَذَا قَالَ سَيِّدُ الخَلْقِ صَلَواتُ اللهِ التَّامَّةِ الدَّائِمَةِ عَلَيْهِ وَعَلَى آلِهِ: " إِنَّهُ لَا نَبِيَّ بَعْدِيْ "، وَلَمْ يَقُلْ: لَا رَسُوْلَ بَعْدِي... **أَيْنَ أَضْحَى أحمَدُ غُلَام القَادْيَانِيّ؟!**

أُسْوَةُ رَسُوْلِ اللهِ هِيْ أَنْ نَقْتَدِيْ بِهِ كَرَسُوْلٍ فِي الرِّسَالَةِ الَّتِيْ بَلَّغَهَا وَهِيَ القُرْآنُ الكَرِيْمُ... أَقْفَلَ اللهُ البَابَ عَلَيْكَ وَعَلَى أَئِمَّتِكَ يَا شِيَخْ أَنْ تَتَأَسُّوا بِأَنْبِيَاءِ بَنِي إِسْرَائِيْلَ، لَا بِأَيِّ نَبِيٍّ قَبْلَهُم أَو بَعْدَهُم! وَهَذَا مَعِيْنُ فِقْهِكُم، وَعَضُدُ مَذَاهِبِكُم. وَقَدْ فَعَلَهَا الكَثِيْرُونْ مِنْ عُلَمَائِكُم المُسْتَعْرِبِيْنَ الَّذِيْنَ دَخَلُوا وَأَدْخَلُوكُم حَظِيْرَةَ بَنِيْ سَاعِدَةَ!؟ نُبُوَّةُ مُحَمَّدٍ المُصْطَفَى خَتَمَتِ النُبُوَّاتِ وَالرِّسَالَاتِ. **مُحَمَّدٌ مَدِيْنَةُ العِلْمِ**، وَلِهَذِهِ المَدِيْنَةِ **بَابٌ وَاحِدٌ**. لِهَذَا خَتَمَ اللهُ آيَةَ الأُسْوَةِ بِقَوْلِهِ: **لِمَنْ كَانَ يَرْجُوْا اللهَ وَاليَوْمَ الأَخَرَ وَذَكَرَ اللهَ كَثِيْرًا!** ﴿**لَّقَدْ كَانَ لَكُمْ فِي رَسُولِ اللَّهِ أُسْوَةٌ حَسَنَةٌ لِّمَن كَانَ يَرْجُو اللَّهَ وَالْيَوْمَ الْآخِرَ وَذَكَرَ اللَّهَ كَثِيرًا**﴾ ألأحْزَابِ! أَمَّا أُسْوَتَكُم: صَاحِبُ مَقُولَةَ: ***حَسْبُنَا كِتَابُ***

اللّهِ! أفَقْدَتكُم الأُسْوَةَ وَالحَسِيْبَ! أَنْتُم أَبْعَدُ مِنَ القُرآنِ بُعْدَ المَسَافَاتِ البُعَادِ! صَلِّ **تُصْبِحُ صَلَّ!؟ وَيُصَلُّونْ أَيْضًا، تُصْبِحُ صَلَّ!؟** هُنَاكَ أَمْثِلَةٌ كَثِيْرَةٌ أَورَدْتَهَا في كُتُبِي! **ذَلِكَ بِأَنَّهُمُ (*أصْنَامَكُم*) اسْتَحَبُّوا الْحَيَاةَ الدُّنْيَا عَلَى الْآخِرَةِ وَأَنَّ اللَّهَ لَا يَهْدِي الْقَوْمَ الْكَافِرِينَ** (107) **أُولَئِكَ الَّذِينَ طَبَعَ اللَّهُ عَلَى قُلُوبِهِم وَسَمْعِهِمْ وَأَبْصَارِهِمْ وَأُولَئِكَ هُمُ الْغَافِلُونَ** (108) **لَا جَرَمَ أَنَّهُمْ فِي الْآخِرَةِ هُمُ الْخَاسِرُونَ** (109).

إذَنْ، يَا شَيْخِيْ: عَلَاقَةُ المُؤْمِنُ بِاللّهِ لَيْسَتْ بِلِحْيَةٍ أوْ بتَقْصِيْرِ ثَوْبِهِ! ... فَقَالَ اللّهُ في كِتَابِهِ الكَرِيْم: وَلَا تُخْزِنِيْ يومَ يُبْعَثُون (87) يومَ لَا يَنْفَعُ مَالٌ وَلَا بَنُونْ (88) إلَّا مَنْ أتَىْ اللّهَ بِقَلْبٍ سَلِيْمْ (89)... إنَّ اللّهَ تَعَالَىْ لَا يَنْظُرُ لِأشْكَالِنَا إنَّمَا يَنْظُرُ لِقُلُوْبِنَا!

سَألَ الشَّيْخُ مَبْهُورًا: إذَنْ، مَاهِيَ أسْوَةُ رَسُوْلِ اللّهِ الَّتِي يَجِبُ أَنْ نَتَّبِعَهَا؟!

أَجَابَهُ المُحَاوِرُ: أُسْوَةُ الرَّسُولِ مُحَمَّدٍ فِيْ القُرْآنِ الكَرِيْمِ الحَقُّ الَّذِيْ أَضَاعَهُ مُتَآمِرُوا الزَّرِيْبَةِ أَوَّلًا وَقَبْلَ أَيِّ شَيءٍ، إنْ كُنْتَ تَرْجُوْا اللّهَ وَاليَّوْمَ الأَخِرَ، وَتَذْكُرَ اللّهَ كَثِيْرَا، عَلَيْكَ أَنْ تَدْخُلَ مَدِيْنَةَ رَسُولِ

اللَّهِ وَمِنْ بَابِهَا! وَبَابُهَا وَاحِدٌ، مِصْدَاقًا وَتَصْدِيْقًا لِقَولِ خَاتَمَ النَّبِيِّيْنَ: أَنَا مَدِيْنَةُ العِلْمِ وَعَلِيٌّ بَابُهَا! تَعَرَّفُوا عَلَى البَابِ وَأَدْخَلوا، ثُمَّ:

.1 اعْدُلُوا. .2 وَلَا تَعْتَدُوا. .3 وَلَا تَتَعْثُوا فِيْ الأَرْضِ مُفْسِدِيْنْ.

.4 وَلَا تَلْبِسُوْا الحَقَّ بِالبَاطِلِ. .5 وَلَا تَقْفُ مَا لَيْسَ لَكَ بِهِ عِلْمٌ.

.6 وَلَا تَمْشِيْ فِيْ الأَرْضِ مَرَحًا. .7 وَلَا تُصَعِّرْ خَدَّكَ لِلْنَّاسِ.

.8 وَاخْفِضْ جَنَاحَكَ لِلْمُؤْمِنِيْنَ. .9 وَاغْضُضْ مِنْ صَوْتِكَ.

.10 وَأقْصُدْ في مَشْيِكَ .11 وَاعْرُضْ عَنْ الجَاهِلِيْن.

.12 خُذْ العَفْوَ وَأمُرْ بِالمَعْرُوف. .13 إدْفَعْ بِالَّتِيْ هِيَ أَحْسنْ.

.14 ادْعُوْ إِلَى سَبِيْلِ رَبِّكَ بِالحِكْمَةِ وَالمَوْعِظَةِ الحَسَنَةِ.

.15 لَا تُبْطِلُوا صَدَقَاتَكُم بِالمَنِّ وَالأذَى.

.16 وَلَا تَأكُلُوا أَمْوَالَكُم بَيْنَكُم بِالبَاطِل. .17 وَلَا تَنَابَزُوا بِالأَلْقَابْ.

.18 وَ يَسْخَرُ قَوْمٌ مِنْ قَوْم. .19 وَلَا يَغْتَبْ بَعْ◌ُكُم بَعْضَا.

.20 وَلَا تَجَسَّسُوا. .21 اجْتَنِبُوا كَثِيْرًا مِنَ الظَّنِّ.

.22 ادْخُلُوا فِي السِّلْمِ كَافَّةً. .23 وَإِذَا حُيِّيْتُم بِتَحِيَّةٍ فَحَيُّوْا بِأَحْسَنِ مِنْهَا.

.24 وَبِالوَلِدَيْنِ إِحْسَانَا. .25 وَذِيْ القُرْبَى وَاليَتَامَى.

26 وَأَطْعِمُوا البَائِسَ الفَقِيْر. .27 وَلا تَتَبَدَّلُوا الْخَبِيثَ بِالطَّيِّبِ.

.28 وَآتُوا الْيَتَامَى أَمْوَالَهُمْ. .29 أنفقوا مما رزقناكم.

.30 وَقُولُوا لِلنَّاسِ حُسْنًا. .31 وَتَعَاوَنُوا عَلَى الْبِرِّ وَالتَّقْوَى.

.32 وَلا تَعَاوَنُوا عَلَى الإِثْمِ وَالْعُدْوَانِ .33 وَاحْفَظُوا أَيْمَانَكُمْ

34 وَأَوْفُوا بِعَهْدِ اللَّهِ إِذَا عَاهَدتُّمْ. .35 وَكُونُوا مَعَ الصَّادِقِينَ. 36 أَوْفُوا بِالْعُقُودِ.

.37 فَتَعَالَى اللَّهُ الْمَلِكُ الْحَقُّ وَلَا تَعْجَلْ بِالْقُرْآنِ مِنْ قَبْلِ أَنْ يُقْضَى إِلَيْكَ وَحْيُهُ وَقُلْ رَبِّ زِدْنِي عِلْمًا!

.38 أَفَلَا يَتَدَبَّرُونَ الْقُرْآنَ ۚ وَلَوْ كَانَ مِنْ عِندِ غَيْرِ اللَّهِ لَوَجَدُوا فِيهِ اخْتِلَافًا كَثِيرًا.

.39 أَفَلَا يَتَدَبَّرُونَ الْقُرْآنَ أَمْ عَلَىٰ قُلُوبٍ أَقْفَالُهَا.

.40 أَفَلَمْ يَدَّبَّرُوا الْقَوْلَ أَمْ جَاءَهُم مَّا لَمْ يَأْتِ آبَاءَهُمُ الْأَوَّلِينَ.

.41 كِتَابٌ أَنزَلْنَاهُ إِلَيْكَ مُبَارَكٌ لِّيَدَّبَّرُوا آيَاتِهِ وَلِيَتَذَكَّرَ أُولُو الْأَلْبَابِ.

.42 إِنَّ هَذَا الْقُرْآنَ يَهْدِي لِلَّتِي هِيَ أَقْوَمُ وَيُبَشِّرُ الْمُؤْمِنِينَ الَّذِينَ يَعْمَلُونَ الصَّالِحَاتِ أَنَّ لَهُمْ أَجْرًا كَبِيرًا.

سَألَ الشَّيْخ مُمْتَعِظًا، وَمُغْطَاظًا: لَقَدْ قُلت، وَقَدْ فَعَلَهَا الكَثِيْرُونْ مِنْ عُلَمَائِكُم الَّذِيْنَ دَخَلُوا حَظِيْرَةَ بَنِيْ سَاعِدَةَ!؟ وَمَنْ هُم؟!

أَجَابَهُ سَائِلُهُ وَمُحَاوِرُهُ: يَا شَيْخُ، أَتَفَهَّمُ حَالَتَكَ النَّفْسِيَّةَ! وَلَكِنْ لِكَيْ أُخَفِّفَ عَنْكَ شُعُورَكَ بِالذَنْبِ عَلَى قِلَّةِ مَعْرِفَتِكَ! مَسْؤُلِيَّتُكَ مَحْدُودَةٌ! فَأَنْتَ كَجِمِيْعِ عُلَمَاءِ العُمَرِيَّة ابْنُ بِيئَتِكْ! مَمْنُوعٌ عَلِيْكُم التَّفْكِيْرِ! أَنْتَ نَاقِلٌ، وَمَأمُورٌ بِالدِّفَاعِ عَنْ هَذَا الفِكْرِ، بِدُونِ عِلْمٍ أَو فَهْمٍ، وَإِلَّا سَتَخْسَرُ وَظِيْفَتَكَ! اعْذُرْنِيْ أَيُّهَا الشَّيْخُ الكَرِيْمُ! قَدْ تَكُونُ مَا سِمِعْتَهُ مِنِّي لَم تَسْمَعْهُ مِنْ قَبْلُ! هَذِهِ الأمَّةُ فيهَا الكَثِيْرُ مِنَ المُجَامَلَاتِ! وَهَذَا نِفَاقُ! لَا أُحبُّ النِّفَاقَ وَالمُنَافِقِيْنَ!

أَوَّلاً: يَا شَيْخ، إِنْ كُنْتَ لَا تَعْرِفُ عَنْ حَظِيْرَةِ بَنِيْ سَاعِدَة، وَمَنْ نَزَلَ فيهَا، حِوَارُكَ مَعِيْ لَنْ يَنْفَعَكَ!

ثَانِيًا: إِنْ بَعدَ، لَمْ تَكْتَشِفِ مِنْ حِوارِنَا هَذَا أَنَّكَ مُضَلَّلٌ، لَنْ أَنْفَعَكَ، وَسَيبْقَى حِوَارُنَا عَقِيْم! أَمَّا إِذَا دَارَ فِي ذِهْنِكَ إِحْتِمَالُ ضَّلَالِكَ! خُذْ عَلَى نَفْسِكَ اكْتِشَافَ الحَقِيْقَةِ! أَدْعُوكَ أَنْ تُرَدِّدَ بِاسْتِمْرَارِ: **أُرِيْدُ أَنْ أَعْرِفَ الحَقِيْقَةَ، أُرِيْدُ أَنْ أَعْرِفَ الحَقِيْقَةَ!** وَمَتَى اقْتَنَعْت، سَتَصَلُ إِلَى الحَقِيْقَةِ! رُبَّمَا تَسْأَلْ: مِنْ أَيْنَ أَبْدَأ؟!

إِذَا قَرَّرتَ أَنْ تَعْرِفَ الحَقِيقَةَ، أُؤْمِنْ أَوَّلًا أَنَّ الحَقِيْقَةَ لَا تَتَجَزَّأ! هَذَا يَعْنِيْ **أَنَّ الحَقِيْقَةَ وَاحِدَةٌ. كَمَا هُوَ الدِّيْنُ وَاحِدٌ وَالكِتَابُ وَاحِدٌ، وَاللَّهُ أَحَدٌ!**. أَيُّهَا الشَّيْخُ الكَرِيْمُ، عِنْدَما تَسْمَعَ ***اخْتَلَفَ العُلَمَاءُ***، قَدْ يَكُونُ جَمِيْعُهُم جُهَلَاءَ أَو وَاحِدٌ فَقَطْ عَالِمٌ! **لَنْ تَصِلَ إِلَى الحَقِيْقَةِ إِلَّا بِالعِلْمِ النَّافِعِ! عِلْمُ رَسُولِ اللَّهِ! أُدْخُلْ مَدِيْنَةَ رَسُولِ اللَّهِ، *أَوْ إِبْقَى فِيْ الزَّرِيْبَةِ*!** إِنَّهُ جِلْدُكَ: **وَلَقَدْ جِئْتُمُونَا فُرَادَى كَمَا خَلَقْنَاكُمْ أَوَّلَ مَرَّةٍ...**

وَإِذَا أَرَدْتَ أَنْ تَخْرُجَ مِنْ دِيْنِ الزَّرِيْبَة، سَيُسَاعِدُكَ اللَّه إِنْ صَدَقتَ! ابْدَأْ بِكِتَابِ: **النَّقْلُ مَفْسَدَةٌ لِلْعَقْل**، إِنْ أَعْجَبَكَ؟! إِلَيْكَ بِكِتَابِ: **الصَّحْبَةُ فِي القُرآنْ**، سَتَتَعَرَّفْ عَلَىْ زَرِيْبَةِ بَنِيْ سَاعِدةِ وَنُزَلَائِهَا! وَأتَمَنَّى أَنْ تَكُونَ وُفِقْتَ إِلى هَذَا الكِتَابِ: **سُورَةُ الحُجُرَاتِ** الَّذِي مَا زِلْتُ أُنَقِّحُهُ، وَسَوفَ يُنْشَرَ قَرِيْبًا بِإِذْنِ اللَّهِ! إِقْرَأْهَا جَمِيْعًا بِتَمَعُّنٍ وَإِخْلَاصٍ! عِنْدَهَا سَيُطَهِّرُكَ اللَّهُ إِنْ شَاءَ مِنَ الزَّرِيْبَةِ وَنُزَلَائِهَا!

شَيْخِيَ الكَرِيْم! وَيَا مَنْ تَقْرَأَ هَذِهِ الكَلِمَاتِ! مُؤَسَّسَاتُ دِيْنِ الزَّرِيْبَةِ، وَكَثِيْرٌ مِنَ المُؤَسَّسَاتِ الدِّيْنِيَّةِ الأُخْرَى، حَوَّلَتِ المَعَابِدَ إِلَى مَتَاجِرٍ، وَالدِّيْنُ إِلَى سِلْعَةٍ مُغَلَّفَةٍ بِمَفَاهِيمٍ تَدْعُو إِلَى كِبْرٍ فِي المَقَامْ، وَتَعْظِيْمٍ فِي الشَّأْنْ، وَعُلُوٍ فِي القَدْرِ، لِأَصْنَامٍ وَشَخْصِيَّاتٍ أَبْتَدَعُوهَا، وَنَسَبُوا

لَهَا المُعْجِزَاتَ وَالخَوارِقَ! أَعْطُوْهَا قُدْسِيَّةً، وَحُرْمَةً، وَطَهَارَةً، وَمَلَكَةً، وَحَصَانَةً، وَكَرَامَةً فَاقَتْ مَا لِلأَنْبِيَاءِ وَالرُّسُلِ! فَرَضُوهَا عَلى النَّاسِ أَشَرًا، وَتَجَبُّرًا، وَبَطَرًا، وَغَمَطًا! وَزِيَادَةً في الجَهْلِ وَالتَّجْهِيْلِ!

لَقَدْ تَعَرَّضْتُ في هَذَا الكِتَابِ وَفي الكُتُبِ الَّتِيْ نَشَرْتُ مِنْ قَبْلُ، إِلَى الكَثِيْرِ مِنْ أَسَالِيْبِ عِلْمِ التَّجْهِيْلِ (ألأغْنوتُلُوجْيَا)، حَيْثُ يُدَرَّسُ الجَهْلُ وَالسَّخَفُ وَالحَمَاقَةُ، وَالشَّكُ وَالحُسْبَانُ وَالتَّكَهُنُ وَالإِرْتِيَابُ وَالمَظَنَّةُ، عَلَى أَنَّهُ حَقِيْقَةٌ!

أَمَامُكُمْ هَذَا الشَّيْخُ الكَرِيْمُ! بِدَرَاهِمَ مَعْدُودَاتٍ، وَبِحِفْضِ خُطَبٍ قَلِيْلَةٍ أَو كَثِيْرَةٍ مُعَنْعَنَةٍ، وَجِلْبَابٍ، وَلِحْيَةٍ، أَصْبَحَ لِهَذَا الدِّيْنِ حَارِسٌ أَخَرٌ مُطِيْعٌ يُعَلِّمُ وَيَنْشُرُ الجَهْلَ! مَا فَائِدَةُ مُحَاضَرَةِ الشَّيْخِ عَنْ اللِّحْيَةِ وَالشَّنَبِ، وَالثَّوبِ؟! السُّؤَالُ لِهَذَا الشَّيْخِ المِسْكِيْنِ! مَاذَا أَرَادَ اللَّهُ بِهَذَا مَثَلًا؟ هَذَا مِثَالٌ بَسِيْطٌ، كَيْ يَسْتَفِيقَ النَّاسُ! أَيُّ فَائِدَةٍ حَقِيْقِيَّةٍ أَو عَيْنِيَّةٍ، أَو قِيمَةٍ دِيْنِيَّةٍ أَو اجْتِمَاعِيَّةٍ أَو إِنْسَانِيْةٍ، غَيْرَ الجَهْلِ وَالتَّجْهِيْلِ، وَالتَّحْرِيْضِ عَلَى الَّذِيْنَ لَا يُؤْمِنُونَ بِهَذَا الكَلَامِ الفَارِغِ! اخْتَزَلَ هَذَا الشَّيْخُ المِسْكِيْنُ الدِّيْنَ، بِاللِّحْيَةِ وَالشَّنَبِ وَالثَّوبِ! فَجَعَلَ مَا ابْتَدَعَهُ سُنَّةٌ، وَجَعَلَ كُلُّ مَنْ لَا يَلْتَزِمُ بِهَذِهِ السُّنَّةِ المَنْسُوبَةِ مُخَالِفًا لِسُنَّةِ رَسُولِ اللهِ! وَأَنْتَ أَيُّهَا القَارِىءِ الكَرِيْمُ قَدْ تَعْلَمُ عَوَاقِبَ

مَنْ يُخَالِفُ مَا يَعْتَقِدُونَ أَنَّهُ سُنَّةٌ؟!

سَأُقَدِّمُ لَكُمْ مِثَالًا أَخَرَ، أَكْثَرَ خَطَرًا وَقُبْحًا وَمَضَرَّةً وَفَسَاداً! أَنَا مُتَأَكِّدٌ أَنَّ الشَّيْخَ يُمَارِسُ هَذَا الفَسَادَ جَهْلًا، وَهُوَ يَعْتَقِدُ أَنَّهُ يُصَلِّي!

يَبْدَأُ إِمَامُ العُمَرِيَّةِ الصَّلَاةَ بِقِرَاءَةِ سُورَةِ الفَاتِحَةِ. (ألحَمْدُ لِلَّهِ رَبِّ العَلَمِينَ). لَوْ سَأَلْتَ الإِمَامَ: أَيْنَ بِسْمِ اللَّهِ الرَّحْمَنِ الرَّحِيْمِ؟ يُجِيْبُكَ: إِمَّا أَنَّهَا لَيْسَتْ مِنَ القُرْآنِ! أَوْ أَنَّهَا تُقْرَأُ وَلَا تُلْفَظُ! أَوْ أَنَّهَا تُنْطَقُ فِي الخَفَاءِ! وَإِنْ سَأَلْتَهُ هَلْ آمِيْنٌ مِنَ القُرْآنِ، يَبْدَأُ بِسَرْدِ العَنْعَنَاتِ الوَارِدَةِ عَنْ أَصْنَامِ العُمَرِيَّةِ! أَشْفَقُ عَلَى هَذَا الكَوْنِ مِنْ جَهْلِ هَذِهِ الزُّمْرَةِ العُمَرِيَّةِ، وَمِنْ صَمْتِ المُثَقَّفِيْنَ الجَهَلَةِ، أَمْثَالَ هَذَا الدُّكْتُورِ المُدْمِنِ أَسِنٍ، أَجِنٍ، نَتَانَةِ الزَّرِيْبَةِ، وَزَنَخٍ وَعَطَنِ مَجَارِي البُخَارِيِّ! قَدْ يُسَامِحُنِي قُرَّاءُ هَذِهِ الكَلِمَاتِ، لِأَنَّ مَنْ يَقْرَأُهَا لَا يَلِيْقُ بِهِ حَقِيْقَةَ مَا قَدَّمَ هَذَا الفِكْرُ العُمَرِيُّ اللَّاإِنْسَانِيُّ إِلَى الإِنْسَانِيَّةِ! هَذَا الفِكْرُ وَمَا يَخْرُجُ مِنْهُ تَلَوُّثٌ مُعَادٍ وَضَارٌّ بِالبِيْئَةِ البَشَرِيَّةِ وَبِالحَيَاةِ عَامَّةً!

أَيُّهَا القارئُ الكَرِيْمُ، سُنَّةُ العُمَرِيَّةِ سُنَّةُ مَنْ؟

إِلَى الَّذِيْنَ يَعْقِلُون: كَيْفَ يَقْضِي النَّاقِصُ عَلى الكَامِلِ التَّامِّ؟

وَمَا مِن دَابَّةٍ فِي الْأَرْضِ وَلَا طَائِرٍ يَطِيرُ بِجَنَاحَيْهِ إِلَّا أُمَمٌ أَمْثَالُكُم، مَّا فَرَّطْنَا فِي الْكِتَابِ مِن شَيْءٍ ثُمَّ إِلَىٰ رَبِّهِمْ يُحْشَرُونَ (38) وَالَّذِينَ كَذَّبُوا بِآيَاتِنَا صُمٌّ وَبُكْمٌ فِي الظُّلُمَاتِ، مَن يَشَإِ اللَّهُ يُضْلِلْهُ وَمَن يَشَأْ يَجْعَلْهُ عَلَىٰ صِرَاطٍ مُّسْتَقِيمٍ (39). صَدَقَ اللَّهُ العَلِيُّ العَظِيْم، وَصَدَقَ رَسُولُهُ الصَّادِقُ الأمِيْن، وَمَا زَادَ اللَّهُ الضَّالِّيْنَ المُضَلِّلِيْنَ إِلَّا خَسَارَ! **إِلَى الَّذِيْنَ يَعْقِلُونَ: كَيْفَ يُهَيمِنُ** المُخْتَلِفُ المُتَخَالِفُ المُتَنَاقِضُ، المُشْتَبَهُ فيهِ، المُتَنَافِس المُتَشَابِهُ، عَلى:

الفُرْقَانُ – الكِتَابُ – النُّورُ – التَّنْزِيلُ – المَوْعِظَةُ – الهَادِيُ – الحَقُّ – البَيَانُ – المُنِيْرُ – الشِّفَاءُ – العَظِيْمُ – الكَرِيْمُ – المَجِيْدُ – العَزِيْزُ – النِّعْمَةُ – الرَّحْمَةُ – الرُّوحُ – المُهَيمِنُ – الحَكَمُ – الذِّكْرُ – السِّرَاجُ – البَشِيْرُ – النَّذِيْرُ – التِّبْيَانُ – العَدْلُ – أَبْلَغُ الوُعَّاظِ...

وَأَنْزَلْنَا إِلَيْكَ الْكِتَابَ بِالْحَقِّ مُصَدِّقًا لِمَا بَيْنَ يَدَيْهِ مِنَ الْكِتَابِ وَمُهَيْمِنًا عَلَيْهِ فَاحْكُمْ بَيْنَهُمْ بِمَا أَنْزَلَ اللَّهُ وَلَا تَتَّبِعْ أَهْوَاءَهُمْ عَمَّا جَاءَكَ مِنَ الْحَقِّ، لِكُلٍّ جَعَلْنَا مِنْكُمْ شِرْعَةً وَمِنْهَاجًا وَلَوْ شَاءَ اللَّهُ لَجَعَلَكُمْ أُمَّةً وَاحِدَةً، وَلَكِنْ لِيَبْلُوَكُمْ فِي مَا آتَاكُمْ فَاسْتَبِقُوا الْخَيْرَاتِ،

إِلَى اللَّهِ مَرْجِعُكُمْ جَمِيعًا فَيُنَبِّئُكُمْ بِمَا كُنْتُمْ فِيهِ تَخْتَلِفُونَ ﴿٤٨﴾. هَذَا قِمَّةُ الكُفْرِ. قِيَاسُ الشَّيْطَانِ، الشَّيْطَانِ خَلَقْتَنِي مِن نَارٍ، وَخَلَقْتَهُ مِنْ طِيْنْ!؟ أَكْثَرُهُمْ لَا يَعْقِلُونَ، وَأَكْثَرُهُمُ الكَافِرُونَ...

إِلَى الَّذِيْنَ يَعْقِلُونَ: كَيْفَ يَقْضِيْ أَوْ يُسَيْطِرُ، كَلَامُ المَخْلُوقِ غَيْرِ المَعْصُومِ عَلَى كَلَامِ الخَالِقِ وَالمَعْصُومِ؟

سُنَّةُ العُمَرِيَّةِ كَلَامُ أَنْبِيَاءٍ وَرُسُلٍ، وَأَيْضًا كَلَامُ الصَّحَابَةِ وَالتَّابِعِيْنَ! وَالأَنْبِيَاءُ عِنْدَ العُمَرِيَّةِ غَيْرُ مَعْصُومِيْنَ، وَمِنْ جُمْلَتِهِمْ مُحَمَّدٌ طَبْعًا، لِهَذَا حَرَّقُوا مَا وَصَلَتْ إِلَيْهِ أَيْدِيْهِم مِنْ سُنَّةِ مُحَمَّد!؟

فَهَلْ الَّذِيْنَ أَطْلَقَ عَلَيْهِم العُمَرِيَّةُ، صَحَابَةً، لِأَنَّهُمْ صَحِبُوا الرَّسُولَ الأَعْظَم، مَعْصُومُونَ؟! وَهَلِ التَّابِعُونَ لِلْصَّحَابَةِ أَيْضًا مَعْصُومُوْنَ؟!

إِذَا كَانَ نَبِيُّ العُمَرِيَّةِ غَيْرَ مَعْصُوْمٍ، مِنْ أَيْنَ جَاءَتْ عِصْمَةُ صَحَابَتِهِ؟

كَيْفَ يُصْبِحُ الصَّاحِبُ وَتَابِعُهُ مَعْصُومَيْنِ، إِذَا كَانَ المَصْحُوبُ لَا عِصْمَةَ لَهُ؟

كَيْفَ يُصْبِحُ الصَّحُّ وَالغَلَطْ وُجْهَةَ نَظَرٍ؟

أَلمُصِيْبُ فِي شَرَائِعِ الحَظَائِرِ الزَّرَائِبِ، جَزَاءُهُ حَسَنَتَانِ!

والمُخْطِئُ جَزَاءُهُ حَسَنَةٌ وَاحِدَةٌ؟ مَنْ يُحَدِّدُ الصَّوابَ وَالخَطَأَ فِي أَحْكَامِ عُلَمَاءِ الحَدِيْثِ؟!

اخْتَلَفَ عُلَمَاءُ الحَدِيْثِ الَّذِيْنَ قَد يَفُوقُ عَدَدُهُم العَشَرَاتِ! وَهُمْ أَكْثَرُ

مِنْ ذَلِكَ بِكَثِيرٍ! عِنْدَ ذَلِكَ سَتَكُونُ الإِجَابَاتُ كَثِيرَةً، عَلَى الأَقَلِّ أَكْثَرَ مِنْ إِجَابَةٍ وَاحِدَةٍ! مَثَلًا الأَئِمَّةُ العُمَرِيَّةُ الأَرْبَعَةُ، فِي مُعْظَمِ الأُمُورِ تَكُونُ الإِجَابَاتُ فِي اتِّجَاهَاتٍ أَرْبَعَةٍ! الأَرْبَعُ اتِّجَاهَاتٍ صَحِيحَةٌ، وَصَالِحَةٌ لِلِاسْتِعْمَالِ فِي الزَّرِيبَةِ! النِّعَاجُ العُمَرِيَّةُ لَهَا الخِيَارُ فِي أَنْ تَعْتَمِدَ أَيَّ الاتِّجَاهَاتِ، وَقَدْ تَعْتَمِدُ غَدًا الإِتِّجَاهَ المُعَاكِسَ، وَمِنَ المُؤَكَّدِ أَنَّ هَذِهِ النَّعْجَةَ سَتَصِلُ! أَمَّا الحَسَنَاتُ، فَسَتَبْقَى تَتَنَزَّلُ عَلَى هَذِهِ الأَئِمَّةِ، وَصَلَتِ النَّعْجَةُ أَمْ لَمْ تَصِلْ؟!

أَتَمَنَّى عَلَى القُرَّاءِ أَنْ يَبْحَثُوا: كَيْفَ أَصْبَحَ هَؤُلَاءِ الأَرْبَعَةُ أَئِمَّةً؟ هَؤُلَاءِ الأَرْبَعَةُ الكِبَارُ، طَبْعًا لِكُلٍّ مِنْهُمْ دَرَجَةٌ! أَبُو حَنِيفَةَ مَثَلًا يُلَقَّبُ بِالإِمَامِ الأَعْظَمِ! طَبْعًا البَاقُونَ دَرَجَاتُهُمْ يَجِبُ أَنْ تَكُونَ أَقَلَّ مِنَ الأَعْظَمِ؟!

مَنْ جَعَلَ أَبُو حَنِيفَةَ إِمَامًا يَا دُكْتُورُ؟ أَتَمَنَّى أَنْ تَكْتُبَ كِتَابًا تَشْرَحُ لِأَتْبَاعِكَ وَلِنُظَرَائِكَ، كَيْفَ أَصْبَحَ أَبُو حَنِيفَةَ إِمَامًا، مَنْ أَعْطَاهُ هَذَا اللَّقَبَ؟! ثُمَّ كَيْفَ حَصَلَ عَلَى دَرَجَةِ الأَعْظَمِ؟! أَلِأَنَّهُ تَتَلْمَذَ عَلَى **الإِمَامِ الصَّادِقِ**؟! أَمْ أَنَّ هَذَا **الأَعْظَمَ جَعَلٌ** مِنَ اللَّهِ؟! جَعَلَ الأَمَوِيُّونَ إِمَامَكُمْ هَذَا إِمَامًا عَلَيْكُمْ! ثُمَّ عَزَلَهُ الأَمَوِيُّونَ! ثُمَّ هَرَبَ إِمَامُكُمْ هَذَا إِلَى حُضْنِ العَبَّاسِيِّينَ! هَلْ هَذَا صَحِيحٌ حَتَّى الآنَ يَا دُكْتُورُ؟! طَبْعًا مَازِلْتُ أُنَادِيكَ دُكْتُورُ! جَعَلَ العَبَّاسِيُّونَ إِمَامَكُمْ هَذَا

يَا دُكْتُورُ إِمَامًا أَعْظَمَ مُرَبَّعًا! لَنْ أَسْأَلُكَ لِمَا قُتِلَ بَلْ كَيْفَ قُتِلَ!؟ تَقُولُ كُتُبُكُمْ يَا دُكْتُور: قَالَ الذَّهَبِيُّ فِي العِبَرِ: رُوِيَ أَنَّ المَنْصُورَ- أَمِيْرُ مُؤْمِنِيْ العُمَرِيَّةِ - سَقَاهُ السُّمَّ فَمَاتَ شَهِيدًا رَحِمَهُ اللَّهُ.

وَقَالَ الهَيْثَمِيُّ: رَوى جَماعَةٌ أَنَّهُ رَفَعَ إِلَيْهِ قَدَحٌ فِيْهِ سُمٌّ لِيَشْرَبَ فَامْتَنَعَ، وَقَالَ: إِنِّي لَأَعْلَمُ مَا فِيْهِ، وَلَا أُعِينُ عَلى قَتْلِ نَفْسي، فَطُرِحَ ثُمَّ صُبَّ في فيهِ قَهْرًا فَمَاتَ. كَيْفَ يُصْبِحُ شَهِيْدًا مَنْ لَم يُطِعْ وَلِيَّ أَمْرِهِ؟! لَقَدْ جَعَلَ عُلَمَاءُ العُمَرِيَّةِ حُكَّامَهُم وُلَاةً لِأَمْرِ! وَاسْتَدَلُّوا بآيَةٍ مِنْ القُرآنِ الَّتِي تَدُلُّ عَلى أنَّ طَاعَةَ الحَاكِمِ مِنْ طَاعَةِ اللَّهِ تَعَالى؟ قَالَ اللَّهُ تَعَالى: **{يَا أَيُّهَا الَّذِينَ آمَنُوا أَطِيعُوا اللَّهَ وَأَطِيعُوا الرَّسُولَ وَأُولِي الْأَمْرِ مِنْكُمْ فَإِنْ تَنَازَعْتُمْ فِي شَيْءٍ فَرُدُّوهُ إِلَى اللَّهِ وَالرَّسُولِ إِنْ كُنْتُمْ تُؤْمِنُونَ بِاللَّهِ وَالْيَوْمِ الْآخِرِ ذَلِكَ خَيْرٌ وَأَحْسَنُ تَأْوِيلًا}** [النساء: 59]. كَيْفَ يُصْبِحُ شَهِيْدًا مَرْحُومًا مَنْ يَعْصِ وَلِيَّ أَمْرِهِ؟ أَعْذُرْنِي دُكْتُورُ، هَذَا قِيَاسٌ مِنْ فِقْهِ إِمَامِكَ الأَعْظَمَ! هَلْ قَرأتَ: **طَبَّاخُ السُّمِّ أَحْيَانًا يَتَذَوَّقُونَهُ**؟! إِنْتَبِهْ يَادُكْتُورُ، إِنْ لَمْ تَتَذَوَّقْ بَعْدُ مِمَّا طَبَخْتَ، سَتَتَذَوَّقُهُ آجلًا أم عَاجِلًا! تَنَاسَيْتَ وَرَفَضْتَ وَأَئِمَّتُكَ الإِمَامَةَ الَّتِيْ هِيَ جَعْلٌ مِنَ اللَّهِ! فَنَصَّبَ العُمَرِيَّةُ أَنْفُسَهُمْ عَلَيْكُمْ! **وَجَعَلْنَاهُمْ أَئِمَّةً يَهْدُونَ بِأَمْرِنَا وَأَوْحَيْنَا إِلَيْهِمْ فِعْلَ الْخَيْرَاتِ وَإِقَامَ الصَّلَاةِ وَإِيتَاءَ الزَّكَاةِ وَكَانُوا لَنَا عَابِدِينَ ﴿٧٣ الأنبياء﴾.**

وَنُرِيدُ أَن نَّمُنَّ عَلَى الَّذِينَ اسْتُضْعِفُوا فِي الْأَرْضِ وَنَجْعَلَهُمْ أَئِمَّةً وَنَجْعَلَهُمُ الْوَارِثِينَ ﴿٥ القَصَصْ﴾.

وَجَعَلْنَاهُمْ أَئِمَّةً يَدْعُونَ إِلَى النَّارِ وَيَوْمَ الْقِيَامَةِ لَا يُنصَرُونَ ﴿٤١ القَصَصْ﴾.

وَإِن نَّكَثُوا أَيْمَانَهُم مِّن بَعْدِ عَهْدِهِمْ وَطَعَنُوا فِي دِينِكُمْ فَقَاتِلُوا أَئِمَّةَ الْكُفْرِ إِنَّهُمْ لَا أَيْمَانَ لَهُمْ لَعَلَّهُمْ يَنتَهُونَ ﴿١٢ التوبة﴾.

يَا دُكْتُور، قَدْ تَرْفَعُكَ الأَلْقَابُ فِي الدُّنيَا، وَيَوْمَ القِيَامَةِ لَا تُنْصَرُونَ. فَإنَّ مَنْ لاَ يَعْلَمُ العِلْمَ النَّافِعَ مِنَ العِلْمِ الْضَّارِّ، اشْتَغَلَ بِمَا أَكَبَّ النَّاسُ عَلَيْهِ مِنَ العُلُومِ الزُّخْرُفِيَّةِ، الَّتِي هِيَ وَسَائِلَهُم إِلَى الدُّنْيَا وَذَلِكَ هُو مَادَّةُ الجَهْلِ، وَمَنْبعُ فَسَادِ العَالَم ... وَالمَقْصُودُ أَنَّ مَنْ قَصَدَ الخَيرَ بِمَعْصِيَةٍ فَهُو غَيْرُ مَعْذُورٍ. فَقَدْ قَالَ اللَّهُ سُبْحَانَهُ وَتَعَالى: **فَاسْأَلُوا أَهْلَ الذِّكْرِ إِنْ كُنْتُمْ لا تَعْلَمُونَ ... وَقَالَ النَّبِيُّ المَعْصُوم: لَا يُعْذَرُ الجَاهِلُ عَنِ الجَهْلِ، وَلَا يَحِلُّ لِلجَاهِلِ أَنْ يَسْكُتَ عَنْ جَهْلِه، وَلَا لِلعَالِمِ أنْ يَسْكُتَ عَنْ عِلْمِهِ** ... وَإِنْ سَأَلْتَ يَا دُكْتُورْ، أيُّ عِلْمٍ؟ وَعِلْمُ مَاذَا؟ العُلُومُ جَمِيْعُهَا عَلَى دَرَجَةٍ مِنَ الأَهَمِّيَّةِ، **وَلَكِنْ فِي بَحْثِنَا هَذَا، العِلْمُ الحَقِيْقِيُّ لِلإِسْلَامِ الحَنِيْفِ ولِتَارِيْخِ الإِسْلَامِ، هَامٌّ جِدًّا، وَالأَمْرُ الشَّدِيْدُ الخُطُورَةِ**

أَلَّا نَعْلَمَ صَحِيْحَهُ مِنْ سَقِيْمِهِ!

وَمَثَلُ الَّذِينَ كَفَرُوا كَمَثَلِ الَّذِي يَنْعِقُ بِمَا لَا يَسْمَعُ إِلَّا دُعَاءً وَنِدَاءً صُمٌّ بُكْمٌ عُمْيٌ فَهُمْ لَا يَعْقِلُونَ.

وَإِذَا نَادَيْتُمْ إِلَى الصَّلَاةِ اتَّخَذُوهَا هُزُوًا وَلَعِبًا ذَلِكَ بِأَنَّهُمْ قَوْمٌ لَا يَعْقِلُونَ.

مَا جَعَلَ اللَّهُ مِنْ بَحِيرَةٍ وَلَا سَائِبَةٍ وَلَا وَصِيلَةٍ وَلَا حَامٍ، وَلَكِنَّ الَّذِينَ كَفَرُوا يَفْتَرُونَ عَلَى اللَّهِ الْكَذِبَ وَأَكْثَرُهُمْ لَا يَعْقِلُونَ.

وَلَقَدْ ذَرَأْنَا لِجَهَنَّمَ كَثِيرًا مِنَ الْجِنِّ وَالْإِنْسِ لَهُمْ قُلُوبٌ لَا يَفْقَهُونَ بِهَا وَلَهُمْ أَعْيُنٌ لَا يُبْصِرُونَ بِهَا وَلَهُمْ آذَانٌ لَا يَسْمَعُونَ بِهَا أُولَئِكَ كَالْأَنْعَامِ، بَلْ هُمْ أَضَلُّ أُولَئِكَ هُمُ الْغَافِلُونَ.

رَضُوا بِأَنْ يَكُونُوا مَعَ الْخَوَالِفِ وَطُبِعَ عَلَى قُلُوبِهِمْ فَهُمْ لَا يَفْقَهُونَ.

وَمِنْهُمْ مَنْ يَسْتَمِعُونَ إِلَيْكَ أَفَأَنْتَ تُسْمِعُ الصُّمَّ وَلَوْ كَانُوا لَا يَعْقِلُونَ.

إِنَّ الَّذِينَ يُنَادُونَكَ مِنْ وَرَاءِ الْحُجُرَاتِ أَكْثَرُهُمْ لَا يَعْقِلُونَ.

كَمْ أَتَمَنَّى أَنْ أُرْسِلَ لَكَ يَا دُكْتُور نَسْخَةً مِنْ كُلٍ مِنَ: **النَّقْلُ مَفْسَدَةٌ لِلْعَقْلِ، وَالصُّحْبَةُ فِي الْقُرآنِ!** (الكِتَابَانِ مَوجُودَانِ فِي جَمِيْعِ المَكتَبَاتِ العَالَمِيَّةِ)، عَسَى أُخْرِجُكَ أَوَّلًا مِنَ الحَظِيْرَةِ العُمَرِيَّةِ، لِأَنَّهُ

لَا أَمَلَ لَكَ فِي الهِدَايَةِ طَالَمَا بَقِيَ فِي قَلْبِكَ ذَرَّةُ حُبٍّ إِلى (عَمِيْر) عُمَرَ. كَيْفَ تَقْبَلُ عَلَى نَفْسِكَ وَأَنْتَ "الدُّكْتُور" أَنْ يَكُونَ إِمَامُكَ مَنْ قَالَ لِرَسُولِ اللهِ في حَضْرَتِهِ: ***حَسْبُنَا كِتَابُ اللهِ!*** هَذَا الَّذِيْ اعْتَدَى عَلَى الزَّهْرَاءِ، بِنْتِ رَسُولِ اللهِ؟! أَنَا أَسْتَحِيْ وَأَخْجَلُ وَالدُّمُوعُ تَخْرُجُ مِنْ آمَاقِيَّ عِنْدَمَا أَتَصَوَّرُ حَالَ حَبِيبِ اللهِ وَحَبِيبِي وَهُوَ مَرِيْضٌ، عِنْدَمَا سَمِعَ مِنْ فيهِ هَذَا المُنَافِقِ كَلِمَةَ الكُفْرِ الأَكْبَرِ!؟ أَلْغَى نَبِيُّ العُمَرِيَّةِ النُّبُوَّةَ وَالرِّسَالَةَ المُحَمَّدِيَّةَ، وبِمَا أَنَّهُ عُمَرُ فَلَهُ حَسَنَةٌ! إِنَّ هَذا التَّشْرِيْعِ فِيهِ اعْتِدَاءٌ عَلى العِزَّةِ الإِلَهِيَّةِ قَبْلَ أَنْ يَكُونَ عُدْوَانًا فَاجِرًا ظَالِمًا عَلَى الإِنْسَانِيَّةِ. هَذَا لَا يُطَبَّقُ إِلَّا فِي حَظَائِرِ النِعَاجِ وَالبَقَرِ والحَمِيْرِ والخَنَازِيْرِ ...

عَلَيْكَ يَا دُكْتُورُ أَنْ تَتُوبَ إِلَى اللهِ عَمَّا عَمِلْتَ وَفَعَلْتَ أَوَّلًا، وَأَنْ تَفْعَلَ كَمَا فَعَلَ أَبُوكَ آدَمُ إِنْ كُنْتَ مِنْ أَبْنَاءِ آدَمَ، وَأَنْ تَكُونَ تَوبَتُكَ صَادِقَةً. ثُمَّ ثَانِيًا أَنْ تَتَوَسَّلَ اللهَ كَمَا تَوَسَّلَ آدَمُ، وَبِالأَسْمَاءِ الَّتِيْ تَوَسَّلَ بِهَا آدَمُ! دَافَعْتَ عَنْ هَذَيْنِ الصَّنَمَيْنِ وَعَنِ الصَّحَابَةِ بِكُلِّ مَا لَدَيْكَ مِنْ أَحَاجٍ بَاطِلَةٍ كَاذِبَةٍ ضَالَّةٍ وَمُضَلِّلَةٍ. جَعَلْتَ هَؤُلَاءِ الوحُوشَ مَلَائِكَةً، وَهُمْ شَرُّ البَرِيَّةِ، أَعْرَابٌ ظَلَمَةٌ قَتَلَةٌ، لِكَيْ تَحْصَلَ عَلى مَركَزٍ اجْتِمَاعِيٍّ مَشْهُورٍ بَيْنَ النِّعَاجِ، وَتُصْبِحُ مَرْمُوقًا بَيْنَ النَّاسِ وَفَوقِ النَّاسِ!

إنْ لَمْ تَتَعَلَّمْ مِنْ القِصَّةِ الأولَى لِأَوَّلِ إنْسَانٍ عَلَى الأَرْضِ. فَسَتَعِيْشُ أيَّامَكَ عَلى الأرضِ عِيْشَةَ، الْحَظَائِرِ. وَفي النِّهَايَةِ سَيَكُونُ مَصِيْرُكَ مَصِيْرَ أَبِي بَكْرٍ وَعُمَرَ! هَلْ تَعْتَقِدُ أنَّ اللَّهَ قَصَّ عَلى العَالَمِيْنَ قِصَّةَ آدَمَ عَلَيْهِ السَّلاَمُ، لِلتَّسْلِيَةِ والتَّرفِيهِ وَمَضْيَعَةً لِلوَقْتْ؟! اشْتَغَلَ النّاسُ في خَلْقِ آدَمَ، مِنْ طِيْنٍ، وَكَيْفَ سَوَّاهُ بِيَدَيْهِ (والعِيَاذُ بِاللّهِ)، ثُمَّ كَيْفَ صَوَّرَهُ، وَلَمْ يَنْسَ عُلَمَاءُ العُمَرِيّةِ، كَيْفَ بِإصْبَعِهِ (والعِيَاذُ بِاللّه) صَوَّرَ مَخْرَجَهُ، وَكَيْفَ خَلَقَ اللّهُ حَوَّاءَ مِنْ ضِلْعِ آدَمَ، وَشَجَرَةَ التُّفَاحِ، أو السُّنْبُلَةَ، أو، أو، وَمَنْ اَكَلَ مِنَ الْشَّجَرَةِ أوَّلًا، إلَى آخِرِ الأَحَاجِي الَّتِي لَا قِيْمَةَ عِلْمِيَّةً أو دِيْنِيَّةً لَهَا!

اليَهُودُ تَقُولُ كَذَا، والنَّصَارَى يَقُولُونَ كَذَا، وَالشّيْعَةُ قَالتَ هَذَا والسُّنَّةُ قَالَتْ كَذَا! اشْتَغَلَ النَّاسُ بِمَا لَا يَنْفَعْ ... وَهَذَا الدُّكْتُورْ اسْتَعْمَى عَنْ حَقَائِقِ سُورَةِ الحُجُرَاتْ، وَذَابَ في وَصْفِ المَكَانِ، وَفي أنَّ اللَّهَ جَعَلَ الصَّحَابَةَ مَلَائِكَةً، وَرَبَّاهُم عَلى الإيْمَانِ والتَّقْوى، لِكَيْ يَقُودُوا الأمَّةَ وَيَنْشُرُوا الإسْلَامَ في العَالَم، إلَى مَا هُنَالِكَ مِنْ أنْوَاعِ الْنِّفَاقِ، والْدَّجَلِ، وَالْتَّمْوِيْهِ، وَالْدُّخَانِ، وَالْتَّورِيَةِ. لِكَيْ يُغَطّيَ الحَقِيْقَةَ المُبْهِرَةَ الوَاضِحَةَ فِي سُورَةِ الحُجُرَاتِ! هَذَا إلَى الفَتَاوَى الَّتِي إنْ لَم تَصْدُقْ فَلَهُ حَسَنَةٌ، وَأيْضًا مَبْدَأُ العَامّ وَالخَاصّ! لِمَا لَا! يَربَحُ حَتَّى

وَإِنْ خَسِرَ ! هَذِهِ تِجَارَةُ العُمَرِيَّةِ مَعَ إِلَهِهِمُ الجَاهِلِ وَالأَطْرَشْ!

قَتَلَ خَالِدُ بِنَ الوَلِيْدِ، الصَّحَابِيُّ الجَلِيْلَ مَالِكَ بِنَ نُوَيْرَةَ، وَاغْتَصَبَ زَوْجَتَهْ! اجْتَهَدَ خَالِدُ فَأَجْزَاهُ أَبُو بَكْرٍ حَسَنَةً وَاحِدَةً. فَكَانَ هَذَا ظُلْمًا لِخَالِدِ بِنِ الولِيْدِ! الرَّجُلُ اجْتَهَدَ مَرَّتَيْنِ، وَأَخْطَأَ مَرَّتَينِ، قَتَلَ الصَّحَابِيَّ الزَّوجَ وَاغْتَصَبَ زَوجَتَهُ! يَجِبُ أَنْ يَكُونَ لَهُ حَسَنَتَانِ! أبو بَكْرٍ هَذَا! العَالِمُ الَّذِي عَلَّمَهُ ***إِلَهُكَ*** يَا دكْتُورُ، هَضَمَ حَقَّ هَذَا المِسْكِيْنِ النَّجْمِ خَالِدَ بِنِ الولِيْدِ! أَنَا أَعْتَرِضُ! وَأنتَ يَا دُكْتُورْ يَجِبْ أَنْ تَعْتَرِضْ!

إني جَاعِلٌ فِي الأَرضِ خَلِيفَةً! وَإِذِ ابْتَلَى إِبْرَاهِيمَ رَبُّهُ بِكَلِمَاتٍ فَأَتَمَّهُنَّ قَالَ إِنِّي جَاعِلُكَ لِلنَّاسِ إِمَامًا قَالَ وَمِنْ ذُرِّيَّتِي قَالَ **لَا يَنَالُ عَهْدِي الظَّالِمِينَ** ﴿١٢٤﴾، فَفَرَرْتُ مِنْكُمْ لَمَّا خِفْتُكُمْ فَوَهَبَ لِي رَبِّي حُكْمًا وَجَعَلَنِي مِنَ الْمُرْسَلِينَ ﴿٢١﴾، قَالَ إِنِّي عَبْدُ اللَّهِ آتَانِيَ الْكِتَابَ وَجَعَلَنِي نَبِيًّا ﴿٣٠﴾، وَنُرِيدُ أَن نَّمُنَّ عَلَى الَّذِينَ اسْتُضْعِفُوا فِي الْأَرْضِ وَنَجْعَلَهُمْ أَئِمَّةً وَنَجْعَلَهُمُ الْوَارِثِينَ (5)، وَجَعَلْنَا مِنْهُمْ أَئِمَّةً يَهْدُونَ بِأَمْرِنَا لَمَّا صَبَرُوا وَكَانُوا بِآيَاتِنَا يُوقِنُونَ (24)...

أَمَّا الَّذِيْنَ تَآمَروا فِي زَرِيْبَةِ بَنِي سَاعِدَةَ، وَاسْتَكْبَروا: **وَجَعَلْنَاهُمْ أَئِمَّةً يَدْعُونَ إِلَى النَّارِ وَيَوْمَ الْقِيَامَةِ لَا يُنصَرُونَ (41) وَأَتْبَعْنَاهُمْ فِي هَذِهِ الدُّنْيَا لَعْنَةً وَيَوْمَ الْقِيَامَةِ هُم مِّنَ الْمَقْبُوحِينَ (42).**

وَمَعنى الخَلِيفَةِ هُنا: " النَائِبُ للّهِ المُوَقَّتُ، والمَحْدُودُ بِالزَّمَانِ، وَالمَكَانِ، وَالمُهِمَّةِ، " وَبِشُرُوطِ اللّهِ: **يَا دَاوُودُ إِنَّا جَعَلْنَاكَ خَلِيفَةً فِي الْأَرْضِ فَاحْكُمْ بَيْنَ النَّاسِ بِالْحَقِّ وَلَا تَتَّبِعِ الْهَوَى فَيُضِلَّكَ عَنْ سَبِيلِ اللَّهِ إِنَّ الَّذِينَ يَضِلُّونَ عَنْ سَبِيلِ اللَّهِ لَهُمْ عَذَابٌ شَدِيدٌ بِمَا نَسُوا يَوْمَ الْحِسَابِ** ﴿٢٦﴾. إنَّ مُهِمَّةَ دَاوُودَ حُكْمُ النَاسِ بِمَا عَلَّمَهُ اللَّهُ مِنَ الحَقِّ، وَألاَّ يَتَّبِعَ هَوَاهُ، وَهُوَ النبيُّ المَعْصُومُ! فَكَيف بِالفَسَقَةِ الذينَ اغْتَصَبوا الحُكْمَ بِدونِ حَقٍ أَوْ عِلمٍ؟ كَيْفَ سَيَحْكُمُونَ بِالحَقِّ، والحَقُّ مِن عِندِ اللَّهِ؟ لَا صِيْغَةَ، وَلَا مَنْحَى، وَلَا مَضْمُونَ، وَلَا مِصْداقِيَّةَ، وَلا تَأهِيلَ، وَلا تَخْويلَ، وَلا جَعْلَ لَهُم عِنْدَ اللّهِ! هَؤلَاء نَسَوا يَومَ الحِسَابِ!!! فَإذًا لَم يَكُ هَذَا (الجَعلُ) كَافِياً لِيُثْبِتَ أَنَّ إِسْلَامَ الزَّرِيْبَةِ – مُؤَسِّسَ مَا يُسَمَّى سُنَّة – لَيْسَ دينَ الفِطْرَةِ وأنهُ لَيْسَ دِيْنًا قَيِّماً؟!

عَسَى مَا قَدَّمْتُهُ مِنَ الحَقَائِقِ يَفتَحُ قُلوبَ المُشَكِّكِيْنَ!!! وَرَدَتْ كَلِمَاتُ جَعَلَ وَجَاعِلٌ وَجَعَلْنَاكَ، في عَدَدٍ كَبيرٍ مِنَ الآيَاتِ، وَكُلُّهَا أَشَارَتْ إِلَى مَخلوقَاتٍ مَوْجُودَةٍ، وَلَكِنَّ تَفْعِيلَ "جَاعِلٌ" قَدْ يَكُونُ فِي الحَاضِرِ أَوْ في المُسْتَقْبَلِ أَيْضاً... جَعلُ الخَلِيفَةِ قَدْ يَكُونُ حَيًّا آنِيًا ظَاهِرًا يُرى، أو مَوجُودًا في عِلْمِ اللّهِ، حَتَى يَأمُرَ اللّهُ بِظُهُورِهِ، أو مُسْتَدْرَكًا كَمَا هُوَ الحَالُ في سَيِّدِنا إبراهِيمَ الذي جَعَلَهُ اللّهُ نَبيّاً،

ثُمَّ رَسولاً، ثُمَّ إمَاماً!!! جَعَلَ اللَّهُ حُكمَ الأَرْضِ لِوَلِيِّ اخْتِيَارِهِ، عَلَى عَكْسِ مَا ادَّعَى نُزَلَاءُ الزَرِيْبَةِ، اخْتِيَارُهُمْ خِلافَةَ شُورَى مُزَوَّرَةً ثُمَّ وِرَاثِيَّةً. ثُمَّ جَاءَ بَعْدَهَا دِكْتَاتُورِيَّاتٌ، وَمِنْ بَعْدِهَا مَمَالِكُ، فَقَومِيَّاتٌ، فَشُيُوعِيَّةٌ، ثمّ مَا يُسمّى دِيموقَرَاطِيَّاتٌ، كَانَ نِتَجُهَا لَعَنَاتٌ، كَداعِشٍ وأخواتِهَا، والآتِيَ أَعْظَمُ. لاَ تَبحثُوا بَعيداً، واسْألوا أنْفُسَكُم في أَيِّ حُضْنٍ هَذِهِ اللعناتُ نَمَتْ ورَبَتْ؟ لا تَخجَلوا: فِي بُيُوتِ وَبَيْنَ ظَهْرَانِيِّ وَفِي مَسَاجِدِ أَهْلِ السُّنَّةِ العُمَرِيَّةِ وَمَدَارِسِهِم!!!... لِمَاذَا أَرَادَ اللَّهُ إعْلَامَ المَلَائِكَةِ عَنْ **جَعْلِهِ** في الأَرْضِ خَلِيْفَةً؟ هَلْ يَحْتَاجُ اللَّهُ لِمُوافَقَةِ المَلَائِكَةِ؟! وَلِمَاذَا أَخبَرَنا اللَّهُ بِهَذَا الجَعْلِ؟! وَمَا عَلاقَتُنَا نَحْنُ البَشَرُ بِهَذَا الخَلِيْفَةِ؟! أَمْ أَنَّ اللَّهَ بِجَلَالِهِ أَرَادَ تَبْيَانَ أَهَمِيَّةِ، وَمِحْوَرِيَّةِ، وَمَنْزِلَةِ، وَشَأْنِ هَذَا الخَلِيْفَةِ في الأَرْضِ، وَفِي السَّمَاءِ؟! هَلْ كَانَ تَنْصِيْبُ مَا تُسَمُّونَهُمْ خُلَفَاءَ رَسُولِ اللَّهِ، جَعْلاً مِن اللَّهِ، أَيُّهَا العُمَرِيَّةُ؟ وَهَل الَّذِيْنَ خُلِّفُوا مِن بَعدِهِم، كَانَتْ خِلَافَتُهُم جَعْلًا مِنَ اللَّهِ؟ مَا هِيَ حَقِيْقَةُ هَؤلَاءِ المُخَلَّفِينَ؟ ... إذا كَانَ جَعْلُ الخَلِيْفَةِ لَا يمُتُّ لَنَا بِصِلَةٍ، وَأَبْطَالُ هَذَا الحَدَثِ أيْضًا، كُلُّهُم خَارِجَ كَيْنُونِيَّتِنَا؟! إذًا لِمَاذَا يُخْبِرُنَا اللَّهُ تَفْصِيلِيًّا، بِحِوارِ وَنَتَائِجِ هَذَا الجَعْلِ؟؟؟ وَهَلْ أَخْبَرَنَا اللَّهُ بِكُلِّ مَا جَرى مُنْذُ بَدْءِ الخَلقِ؟! طَبْعَاً لا!!! إذاً هَذِهِ الخِلافَةُ وَالنُّبُوَّةُ وَالإمَامَةُ لَيْسَتْ شُورَى، بَلْ جَعْلٌ؛

وَاخْتِيارٌ إلهِيٌّ، وَهِيَ فِطْرَةُ اللَّهِ وَإِحْدَى رَكَائِزِ الدِّيْنِ القَيِّمِ. لَمْ يَسْتَشِرِ اللَّهُ أحَدًا قَبْلَكُمْ أَيُّهَا العُمَرِيَّةُ! لِأَنَّ خَصَائِصَ اللَّهِ مُطلَقَةٌ: ألعِلْمُ، العِصْمَةُ، الطَّهَارَةُ، عِلْمُ الغَيْبِ، الْخِ ... وَهَذِهِ الخصَائصُ يُولِيْهَا اللَّهُ لِنَائِبِهِ، لخَليفَتِه، وَأولِيائِهِ بِقَدَرٍ وَيَجْعَلُهُمُ الوَارِثِينَ... يُطْلِعُهُمُ اللَّهُ عَلَى مَا يَشَاءُ وَيُرِيْدُ؛ ويَقْدِرُ... حَيْثُ إِنَّهُ أَطْلَعَ سَيِّدَنا آدَمَ على أشْيَاءٍ لَم يَعْرِفهَا إبْلِيْسُ وَلَا المَلَائِكَةُ. هَذِهِ المَعْرِفَةُ والخُصُوصِيَّةُ أيْضاً، مِنْ رَكَائِزِ هَذَا الدِّيْنِ القَيِّمِ... وعَلَّمَ آدَمَ الأَسْمَاءَ كُلَّهَا... أَسْمَاءَ مَن تَعَلَّمَ آدَمُ؟ فَالأَسْمَاءُ التي تَعَلَّمَها آدَمُ بُنِيَ عَلَيْهَا هَذا الدِّينُ القَيِّم!!!

أَلَمْ تَكتَشِفْ بَعدُ أَيُّها القَارِئُ الكَرِيْمُ، أَنَّ دِيْنَ العُمَرِيَّةِ لَيْسَ دِيْنُ الجَهْلَ فَقَطْ، بَلْ دِينُ التَّجْهِيلِ أَيْضًا؟! أُعْذُرْنِيْ، أُرِيْدُ مِنْكَ أَيُّهَا القارِئُ أَنْ تَقُومَ بِوَاجِبِ هَذَا الدُّكْتُورِ، بَعْدَ أَنْ تَسْمَعَ الشَّيْخَ الشَّعْرَاويَّ في هَذَا الفيدِيْو:

https://www.youtube.com/watch?v=A-sqBd5JXGU

هَذَا هُوَ نَصُّ رِثَاءِ سَيِّدِنَا عَلِيٍّ سَلَامُ اللهِ عَلَيْهِ لِزَوْجَتِهِ السَّيِّدَةِ فَاطِمَةَ صَلَواتُ اللهِ وَسَلَامُهُ عَلَيْهَا، عِنْدَ دَفْنِهَا: السَّلَامُ عَلَيْكَ يَا رَسُولَ اللهِ عَنِّيْ، وَعَنْ ابْنَتِكَ النَّازِلَةِ في جِوَارِكَ، وَالسَّرِيْعَةِ اللِّحَاقِ بِكَ! قَلَّ يَا رَسُولَ اللهِ عَنْ صَفِيَّتِكَ صَبْرِي، وَرَقَّ عَنْهَا تَجَلُّدِيْ، إِلَّا أَنَّ في التَّأَسِّي لِي بِعَظِيْمِ فِرْقَتِكْ، وَفَادِحِ مُصِيْبَتِكْ، مَوْضِعَ تَعَزٍّ! فَلَقَدْ وَسَّدْتُكَ فِي مَلْحُودَةِ قَبْرِكَ، **وَفَاضَتْ بَيْنَ نَحْرِيْ وَصَدْرِي نَفْسُكَ**، أَمَّا حُزْنِيْ فَسَرْمَدٌ، وَأَمَّا لَيْلِيْ فَمُسَهَّدٌ، إِلَىٰ أَنْ يَخْتَارَ اللهُ لِيْ دَارَكَ الَّتِيْ أَنْتَ بِهَا مُقِيْمٌ. **هَذَا وَسَتُنَبِّئُكَ ابْنَتُكَ بِتَضَافُرِ أُمَّتِكَ عَلَى هَضْمِهَا، فَأَحْفِهَا السُّؤَالَ، وَاسْتَخْبِرْهَا الحَالَ! هَذَا وَلَمْ يَطُلْ**

العَهْدُ، وَلَمْ يَخْلُ مِنْكَ الذِّكْرُ، وَالسَّلَامُ عَلَيْكُمَا سَلَامَ مُوَدِّعٍ، لَا قَالٍ وَلَا سَئِمٍ، فَإِنْ أَنْصَرِفْ فَلَا عَنْ مَلَالَةٍ، وَإِنْ أُقِمْ فَلَا عَنْ سُوءِ مُوَدِّعٍ، وَلَا عَنْ سُوءِ ظَنٍّ بِمَا وَعَدَ اللَّهُ بِهِ عِبَادَهُ الصَّابِرِينْ!!!

هَلْ تَعْلَمُ أَيُّهَا القَارِئُ الكَرِيمُ، أَنَّ الزَّهْرَاءَ دُفِنَتْ لَيْلًا، وَلَا يَعْلَمُ أَحَدٌ مَكَانَ دَفْنِهَا! إِنْ سَأَلْتَ لِمَاذَا؟ **خَوْفًا مِنْ أَنْ يَنْبُشَ الْعُمَرِيَّةُ قَبْرَهَا!**

إِنَّ لِلْعُمَرِيَّةِ تَارِيخًا فِي نَبْشِ قُبُورِ الأَوْلِيَاءِ وَالصَّالِحِينَ وَمَنْ يُسَمُّونَهُمْ أَهْلَ الذِّمَّةِ! إِبْحَثُوا عَنْ: ظَاهِرَةِ نَبْشِ الْقُبُورِ وَتَخْرِيبِهَا فِي تَارِيخِ الإِسْلَامِ! آخِرُهَا كَانَ (نَبْشُ قَبْرِ) الصَّحَابِيِّ **حِجْرُ بْنُ عَدِيٍّ رَضِيَ اللهُ عَنْهُ وَأَرْضَاهُ** فِي سُورِيَا! وَنَبْشُ قَبْرِ الْحَمْزَةِ سَلَامُ اللهِ عَلَيْهِ كَانَ أَوَّلَهَا!

هَلْ تَعْلَمُ مَنْ نَبَشَ قَبْرَ الْحَمْزَةِ؟! أَمِيرُ، وَخَالُ الْعُمَرِيَّةِ، مُعَاوِيَةُ بْنُ أَبِي سُفْيَانَ! أَبُو سُفْيَانَ، أَلَدُّ أَعْدَاءِ الرَّسُولِ وَالرِّسَالَةِ، وَزَوْجَتُهُ هِنْدٌ، أُمُّ مُعَاوِيَةَ، الَّتِي شَقَّتْ صَدْرَ الْحَمْزَةِ، وَاقْتَلَعَتْ كَبِدَهُ وَأَكَلَتْهُ؟ ثُمَّ قَطَّعَتْ أَصَابِعَهُ، وَشَيْئًا أَخَرَ! فَجَعَلَتْ مِنْهَا عَقْدًا لَبِسَتْهُ فِي عُنُقِهَا!

هَذَا فِي نَبْشِ الْقُبُورِ!

يَأْتِيكُمُ الآنَ قَطْعُ الرُّؤُوسِ وَالصَّلْبُ دَاخِلَ الْكَعْبَةِ: قَطَعَ رَأْسَ عَبْدِاللهِ بْنِ الزُّبَيْرِ، وَأَرْسَلَهُ إِلَى عَبْدِ الْمَلِكِ بْنِ مَرْوَانَ، وَصَلَبَ الْحَجَّاجُ بَدَنَهُ مُنَكَّسًا عِنْدَ الْحُجُونِ بِمَكَّةَ. وَمِمَّا يُحْكَى، أَنَّ عَبْدَ اللهِ

بِنَ الزُّبَيْرِ كَانَ يَسْتَعْمِلُ المِسْكَ قَبْلَ قَتْلِهِ! وَلَكِيْ يَنْتُنَ عِنْدَما صَلَبَهُ الحَجَّاجُ، وَفَاحَتْ مِنْ جُثَّتِهِ رَائِحَةُ المِسْكِ، وَقِيْلَ - في كُتُبِ العُمَرِيَّةِ - أَنَّ الحَجَّاجَ صَلَبَ مَعَهُ كَلْبًا، أَوْ سِنَّوْرًا مَيْتًا حَتَّى تَطْغَى الرَّائِحَةُ النَّتِنَةُ لِلسِّنَّوْرِ، عَلَى رَائِحَةِ المِسْكِ! وَقِيْلَ أَنَّ الجُثَّةَ ظَلَّتْ مَصْلُوْبَةً حَتَّى تَحَلَّلَتْ وَنَخِرَتْ. حَيْثُ نَصَبَ الحَجَّاجُ بِأَمْرٍ مِنْ يَزِيْدَ المَنْجَنِيْقَ خَارِجَ مَكَّةَ وَقَصَفَ الكَعْبَةِ! أَمَّا بَعْدُ وَفي كَرْبَلاءِ العِرَاقِ، قَضَى جَيْشُ يَزِيْدَ تَقْرِيْبًا عَلَى مَنْ بَقِيَ مِنَ الذُّكُوْرِ مِنْ عِتْرَةِ رَسُوْلِ اللهِ، وَبِأَمْرٍ مِنْ **أَمِيْرِ العُمَرِيَّةِ يَزِيْدَ**! قُطِعَتْ رُؤُوْسُهُمْ، وَرُفِعَتْ عَلَى الأَسِنَّةِ، وَقِيْدُوا جَمِيْعًا، مُكَبَّلِيْنَ بِالأَصْفَادِ؛ النِّسَاءُ وَالأَطْفَالُ، وَمَعَهُمُ الإِمَامُ زَيْنُ العَابِدِيْنَ الَّذِي كَانَ مَرِيْضًا، وَرُفِعَتِ الرُّؤُوسُ عَلَى الأَشْهَادِ، مَشْيًا عَلَى الأَقْدَامِ مِنْ كَرْبَلَاءَ إلَى الشَّامِ... في الشَّامِ وَاجَهَتِ **الحَوْرَاءُ زَيْنَبُ**، **يَزِيْدَ**! كَمَا وَاجَهَتْ أُمُّهَا **الزَّهْرَاءُ أَبَا بَكْرٍ**! التَّارِيْخُ أَحْيَانًا يُعِيْدُ نَفْسَهُ. أَدْعُوْكَ أَيُّهَا القَارِئُ الكَرِيْمُ أَنْ تَبْحَثَ عَنْ: خُطْبَةِ الزَّهْرَاءِ وَعَنْ خُطْبَةِ الحَوْرَاءِ! وَلَكِنْ لَا بُدَّ هُنَا أَنْ أُقَدِّمَ لَكُمْ بَعْضًا مِمَّا سَمِعَهُ يَزِيْدَ مِنَ الحَوْرَاءِ! إِحْيَاءً وَتَبَرُّكًا بِكَلِمَاتِ إِبْنَةِ سَيِّدَةِ نِسَاءِ العَالَمِيْنَ.

قَامَتْ زَيْنَبُ - بِنْتُ عَلِيِّ بْنِ أَبِي طَالِبٍ، وَأُمُّهَا فَاطِمَةُ بِنْتُ رَسُوْلِ اللهِ (صَلَّى اللهُ عَلَيْهِ وَآلِهِ وَسَلَّمَ) - بَعْدَ شَمَاتَةِ يَزِيْدَ وَمَا فَعَلَهُ بِرَأْسِ

الحُسَيْنِ (ع) . وَقَالَتْ:

الْحَمْدُ لِلَّهِ رَبِّ الْعالَمِينَ، وَصَلَّى اللَّهُ عَلَى جَدِّيْ سَيِّدِ الْمُرْسَلِينَ، صَدَقَ اللَّهُ سُبْحَانَهُ كَذَلِكَ يَقُولُ:

ثُمَّ كانَ عاقِبَةُ الَّذِينَ أَسَاؤُا السُّوْأى أَنْ كَذَّبُوا بِآياتِ اللَّهِ وَكانُوا بِها يَسْتَهْزِئونَ!

أَظَنَنْتَ يَا يَزِيدُ حِينَ أَخَذْتَ عَلَيْنَا أَقْطَارَ الْأَرْضِ، وَضَيَّقْتَ عَلَيْنَا آفَاقَ السَّمَاءِ، فَأَصْبَحْنَا لَكَ فِي إِسَارٍ، نُسَاقُ إِلَيْكَ سَوْقاً فِي قِطَارٍ، وَأَنْتَ عَلَيْنَا ذُو اقْتِدَارٍ، أَنَّ بِنَا مِنَ اللَّهِ هَوَاناً وَعَلَيْكَ مِنْهُ كَرَامَةً وَامْتِنَاناً؟؟ وَأَنَّ ذَلِكَ لِعِظَمِ خَطَرِكَ وَجَلاَلَةِ قَدْرِكَ؟؟ فَشَمَخْتَ بِأَنْفِكَ وَنَظَرْتَ فِي عِطْفٍ، تَضْرِبُ أَصْدَرَيْكَ فَرِحاً، وَتَنْفُضُ مِذْرَوَيْكَ مَرِحاً، حِينَ رَأَيْتَ الدُّنْيَا لَكَ مُسْتَوْسِقَةً، وَالْأُمُورَ لَدَيْكَ مُتَّسِقَةً، وَحِينَ صَفِيَ لَكَ مُلْكُنَا، وَخَلَصَ لَكَ سُلْطَانُنَا!

فَمَهْلًا مَهْلًا لَا تَطِشْ جَهْلًا! أَ نَسِيتَ قَوْلَ اللَّهِ:

وَلا يَحْسَبَنَّ الَّذِينَ كَفَرُوا أَنَّما نُمْلِي لَهُمْ خَيْرٌ لِأَنْفُسِهِمْ إِنَّما نُمْلِي لَهُمْ لِيَزْدادُوا إِثْماً وَلَهُمْ عَذابٌ مُهِينٌ [١]

أَمِنَ الْعَدْلِ يَا ابْنَ الطُّلَقَاءِ تَخْدِيرُكَ حَرَائِرَكَ وَسَوْقُكَ بَنَاتِ رَسُولِ اللَّهِ سَبَايَا؟؟ قَدْ هَتَكْتَ سُتُورَهُنَّ وَأَبْدَيْتَ وُجُوهَهُنَّ يَحْدُو بِهِنَّ الْأَعْدَاءُ مِنْ بَلَدٍ إِلَى بَلَدٍ وَيَسْتَشْرِفُهُنَّ أَهْلُ الْمَنَاقِلِ وَيَبْرُزْنَ لِأَهْلِ

الْمَنَاهِلِ وَيَتَصَفَّحُ وُجُوهَهُنَّ الْقَرِيبُ وَالْبَعِيدُ وَالْغَائِبُ وَالشَّهِيدُ وَالشَّرِيفُ وَالْوَضِيعُ وَالدَّنِيُّ وَالرَّفِيعُ، لَيْسَ مَعَهُنَّ مِنْ رِجَالِهِنَّ وَلِيٌّ وَلَا مِنْ حُمَاتِهِنَّ حَمِيمٌ، عُتُوّاً مِنْكَ عَلَى اللَّهِ وَجُحُوداً لِرَسُولِ اللَّهِ وَدَفْعاً لِمَا جَاءَ بِهِ مِنْ عِنْدِ اللَّهِ، وَلَا غَرْوَ مِنْكَ وَلَا عَجَبَ مِنْ فِعْلِكَ.

وَأَنَّى يُرْتَجَى مُرَاقَبَةُ مَنْ لَفَظَ فُوهُ أَكْبَادَ الشُّهَدَاءِ وَنَبَتَ لَحْمُهُ بِدِمَاءِ السُّعَدَاءِ وَنَصَبَ الْحَرْبَ لِسَيِّدِ الْأَنْبِيَاءِ وَجَمَعَ الْأَحْزَابَ وَشَهَرَ الْحِرَابَ وَهَزَّ السُّيُوفَ فِي وَجْهِ رَسُولِ اللَّهِ أَشَدُّ الْعَرَبِ لِلَّهِ جُحُوداً وَأَنْكَرُهُمْ لَهُ رَسُولاً وَأَظْهَرُهُمْ لَهُ عُدْوَاناً وَأَعْتَاهُمْ عَلَى الرَّبِّ كُفْراً وَطُغْيَاناً.

أَلَا إِنَّهَا نَتِيجَةُ خِلَالِ الْكُفْرِ، وَضَبٌّ يُجَرْجِرُ فِي الصَّدْرِ لِقَتْلَى يَوْمِ بَدْرٍ! فَلَا يَسْتَبْطِئُ فِي بُغْضِنَا أَهْلَ الْبَيْتِ مَنْ كَانَ نَظَرُهُ إِلَيْنَا شَنَفاً وَشَنْآناً، وَأَحَناً وَضَغَناً يُظْهِرُ كُفْرَهُ بِرَسُولِهِ وَيُفْصِحُ ذَلِكَ بِلِسَانِهِ وَهُوَ يَقُولُ فَرِحاً بِقَتْلِ وُلْدِهِ وَسَبْيِ ذُرِّيَّتِهِ غَيْرَ مُتَحَوِّبٍ وَلَا مُسْتَعْظِمٍ:

يَا غُرَابَ البَيْنِ مَا شِئْتَ فَقُلْ إِنَّمَا تَنْدُبُ أَمْرًا قَدْ فُعِلْ
كُلُّ مُلْكٍ وَنَعِيمٍ زَائِلٌ وَبَنَاتُ الدَّهْرِ يَلْعَبْنَ بِكُلْ
لَيْتَ أَشْيَاخِيْ بِبَدْرٍ شَهِدُوا جَزَعَ الخَزْرَجِ مِنْ وَقْعِ الأَسَلْ
لَأَهَلُّوْا وَاسْتَهَلُّوْا فَرَحًا ثُمَّ قَالُوا يَا يَزِيْدَ لَا تَشَلْ

لَسْتُ مِنْ خَنْدَفٍ إنْ لَمْ أَنْتَقِمْ مِنْ بَنِيْ أَحْمَدَ مَا كَانَ فَعَلْ
لَعِبَتْ هَاشِمُ بِالمُلْكِ فَلَا خَبَرٌ جَاءَ وَلَا وَحْيٌ نَزَلْ
قَدْ أَخَذْنَا مِنْ عَلِيٍّ ثَأْرَنَا وَقَتَلْنَا الفَارِسَ اللَّيْثَ البَطَلْ
وَقَتَلْنَا القَرْمَ مِنْ سَادَاتِهِمْ وَعَدَلْنَاهُ بِبَدْرٍ فَاعْتَدَلْ

مُنْتَحِياً عَلَى ثَنَايَا أَبِي عَبْدِ اللَّهِ، وَكَانَ مُقَبَّلُ رَسُولِ اللَّهِ ص يَنْكُتُهَا بِمِخْصَرَتِهِ، قَدِ الْتَمَعَ السُّرُورُ بِوَجْهِهِ! لَعَمْرِي لَقَدْ نَكَأْتَ الْقُرْحَةَ وَاسْتَأْصَلْتَ الشَّأْفَةَ بِإِرَاقَتِكَ دَمَ سَيِّدِ شَبَابِ أَهْلِ الْجَنَّةِ وَابْنِ يَعْسُوبِ الْعَرَبِ وَشَمْسِ آلِ عَبْدِ الْمُطَّلِبِ وَهَتَفْتَ بِأَشْيَاخِكَ وَتَقَرَّبْتَ بِدَمِهِ إِلَى الْكَفَرَةِ مِنْ أَسْلَافِكَ ثُمَّ صَرَخْتَ بِنِدَائِكَ وَلَعَمْرِي قَدْ نَادَيْتَهُمْ لَوْ شَهِدُوكَ وَوَشِيكاً تَشْهَدُهُمْ وَيَشْهَدُوكَ، وَلَتَوَدُّ يَمِينُكَ كَمَا زَعَمْتَ شُلَّتْ بِكَ عَنْ مِرْفَقِهَا، وَأَحْبَبْتَ أُمَّكَ لَمْ تَحْمِلْكَ وَأَبَاكَ لَمْ يَلِدْكَ، حِينَ تَصِيرُ إِلَى سَخَطِ اللَّهِ، وَمُخَاصِمُكَ وَمُخَاصِمُ أَبِيكَ رَسُولُ اللَّهِ.

اللَّهُمَّ خُذْ بِحَقِّنَا وَانْتَقِمْ مِنْ ظَالِمِنَا، وَأَحْلِلْ غَضَبَكَ بِمَنْ سَفَكَ دِمَاءَنَا، وَنَقَصَ ذِمَامَنَا وَقَتَلَ حُمَاتَنَا وَهَتَكَ عَنَّا سُدُولَنَا، وَفَعَلْتَ فَعْلَتَكَ الَّتِي فَعَلْتَ وَمَا فَرَيْتَ إِلَّا جِلْدَكَ، وَمَا جَزَزْتَ إِلَّا لَحْمَكَ، وَسَتَرِدُ عَلَى رَسُولِ اللَّهِ بِمَا تَحَمَّلْتَ مِنْ ذُرِّيَّتِهِ، وَانْتَهَكْتَ مِنْ حُرْمَتِهِ وَسَفَكْتَ مِنْ دِمَاءِ عِتْرَتِهِ وَلُحْمَتِهِ، حَيْثُ يَجْمَعُ بِهِ شَمْلَهُمْ وَيَلُمُّ بِهِ شَعَثَهُمْ وَيَنْتَقِمُ مِنْ ظَالِمِهِمْ وَيَأْخُذُ لَهُمْ بِحَقِّهِمْ مِنْ أَعْدَائِهِمْ.

وَلَا يَسْتَفِزَّنَّكَ الْفَرَحُ بِقَتْلِهِ، **وَلا تَحْسَبَنَّ الَّذِينَ قُتِلُوا فِي سَبِيلِ اللهِ أَمْواتاً، بَلْ أَحْياءٌ عِنْدَ رَبِّهِمْ يُرْزَقُونَ فَرِحِينَ بِما آتاهُمُ اللهُ مِنْ فَضْلِهِ [٢].**

وَحَسْبُكَ بِاللهِ وَلِيّاً وَحَاكِماً وَبِرَسُولِ اللهِ خَصِيماً وَبِجَبْرَائِيلَ ظَهِيراً. وَسَيَعْلَمُ مَنْ بَوَّأَكَ وَمَكَّنَكَ مِنْ رِقَابِ الْمُسْلِمِينَ أَنْ بِئْسَ لِلظَّالِمِينَ بَدَلًا وَأَنَّكُمْ شَرٌّ مَكاناً وَأَضَلُّ سَبِيلًا.

وَمَا اسْتِصْغَارِي قَدْرَكَ وَلَا اسْتِعْظَامِيْ تَقْرِيعَكَ تَوَهُّماً لِانْتِجَاعِ الْخِطَابِ فِيكَ بَعْدَ أَنْ تَرَكْتَ عُيُونَ الْمُسْلِمِينَ بِهِ عَبْرَى وَصُدُورَهُمْ عِنْدَ ذِكْرِهِ حَرَّى فَتِلْكَ قُلُوبٌ قَاسِيَةٌ وَنُفُوسٌ طَاغِيَةٌ وَأَجْسَامٌ مَحْشُوَّةٌ بِسَخَطِ اللهِ وَلَعْنَةِ الرَّسُولِ قَدْ عَشَّشَ فِيهِ الشَّيْطَانُ وَفَرَّخَ وَمَنْ هُنَاكَ مِثْلُكَ مَا دَرَجَ وَنَهَضَ. فَالْعَجَبُ كُلُّ الْعَجَبِ لِقَتْلِ الْأَتْقِيَاءِ وَأَسْبَاطِ الْأَنْبِيَاءِ وَسَلِيلِ الْأَوْصِيَاءِ بِأَيْدِي الطُّلَقَاءِ الْخَبِيثَةِ وَنَسْلِ الْعَهَرَةِ الْفَجَرَةِ تَنْطِفُ أَكُفُّهُمْ مِنْ دِمَائِنَا وَتَتَحَلَّبُ أَفْوَاهُهُمْ مِنْ لُحُومِنَا وَلِلْجُثَثِ الزَّاكِيَةِ عَلَى الْجُبُوبِ الضَّاحِيَةِ تَنْتَابُهَا الْعَوَاسِلُ وَتُعَفِّرُهَا الْفَرَاعِلُ فَلَئِنِ اتَّخَذْتَنَا مَغْنَماً لَتَتَّخِذُنَا وَشِيكاً مَغْرَماً، حِينَ لَا تَجِدُ إِلَّا مَا قَدَّمَتْ يَدَاكَ وَمَا اللهُ بِظَلَّامٍ لِلْعَبِيدِ وَإِلَى اللهِ الْمُشْتَكَى وَالْمُعَوَّلُ وَإِلَيْهِ الْمَلْجَأُ وَالْمُؤَمَّلُ.

ثُمَّ كِدْ كَيْدَكَ وَاجْهَدْ جُهْدَكَ! فَوَ الَّذِي شَرَّفَنَا بِالْوَحْيِ وَالْكِتَابِ وَالنُّبُوَّةِ

وَالِانْتِجَابِ لَا تُدْرِكُ أَمَدَنَا وَلَا تَبْلُغُ غَايَتَنَا. وَلَا تَمْحُو ذِكْرَنَا وَلَا تَرْحَضُ عَنْكَ عَارُنَا. وَهَلْ رَأْيُكَ إِلَّا فَنَدٌ وَأَيَّامُكَ إِلَّا عَدَدٌ وَجَمْعُكَ إِلَّا بَدَدٌ يَوْمَ يُنَادِي الْمُنَادِي أَلَا لُعِنَ الظَّالِمُ الْعَادِي وَالْحَمْدُ لِلَّهِ الَّذِي حَكَمَ لِأَوْلِيَائِهِ بِالسَّعَادَةِ وَخَتَمَ لِأَوْصِيَائِهِ بِبُلُوغِ الْإِرَادَةِ نَقَلَهُمْ إِلَى الرَّحْمَةِ وَالرَّأْفَةِ وَالرِّضْوَانِ وَالْمَغْفِرَةِ وَلَمْ يَشْقَ بِهِمْ غَيْرُكَ وَلَا ابْتَلَى بِهِمْ سِوَاكَ وَنَسْأَلُهُ أَنْ يُكْمِلَ لَهُمُ الْأَجْرَ وَيُجْزِلَ لَهُمُ الثَّوَابَ وَالذُّخْرَ وَنَسْأَلُهُ حُسْنَ الْخِلَافَةِ وَجَمِيلَ الْإِنَابَةِ إِنَّهُ رَحِيمٌ وَدُودٌ...

وَفِي السَّنَةِ الخَمْسِينَ عَلَى قَبْضِ رَسُولِ اللهِ وَارْتِقَاءِهِ، نَجَحَ مُعَاوِيَةُ فِي سَمِّ الإِمَامِ الحَسَنَ فِي مُؤَامَرَةٍ حَاكَهَا مَعَ زَوْجَةِ الإِمَامِ، الَّتِي أَعْطَاهَا مُعَاوِيَةُ السَّمَّ، وَوَعَدَهَا بِتَزْوِيجِهَا لِيَزِيْدَ، إِنْ أَنجزتِ المُهِمَّةَ!

هَذَا بَعْضٌ مِنْ دِيْنٍ، وَتُرَاثِ، وَتَارِيْخِ العُمَرِيَّةِ! فِي قَلْبِيْ وَعَقْلِي وَفِي مُهْجَتِيْ الكَثِيْر ! أَسْأَلُ نَفْسِي، لِمَنْ أَكْتُبُ؟ هَذِهِ أُمَّةٌ لا تَقْرَأُ، وَالَّذِيْنَ يَقْرَأُونَ لَا يَعْقِلُونَ! أُمَّةٌ عَلَى شَاكِلَةِ أَصْنَامِهَا، لَا يَعْقِلُونَ! أُنْظُرْ إِلَى هَذَا الَّذِي يُسَمُّونَهُ دُكْتُورًا! أَمْثَالُ هَذَا الدُّكْتُورِ يُعَلِّمُونَ النَّاسَ أَنَّ السُّنَّةَ تُسَيْطِرُ عَلَى القُرْآنِ!؟ تَتَأَلَّفُ هَذِهِ السُّنَّةُ الَّتِي تُسَيْطِرُ عَلَى القُرْآنْ مِنْ الحَدِيْثِ الصَّحِيْحِ، والحَسَنِ، وَالضَّعِيْفِ، وَالمُعَلَّقِ، وَالمُنْقَطِعِ، وَالمُعْضِلِ، وَالمُرْسَلِ، وَالمُدَلِّسِ، وَالمَوْضُوعِ، وَالمَتْرُوكِ، وَالمُنْكَرِ، وَالمَطْرُوحِ، وَالمُضَعَّفِ، وَالمَجْهُولِ، وَالمُدْرَجِ،

وَالمَقْلُوبِ، وَالمُضْطَرِبِ، وَالمُصَحَّفِ، وَالمُحَرَّفِ، وَالشَّاذِ، وَالمُعَلَّلِ، وَالمَرْفُوعِ، وَالموقُوفِ، وَالمَقْطُوعِ، وَالمُتَوَاتِرِ، وَالآحَادِ، وَالمُسْنَدِ، وَالمُتَّصِلِ، المُسَلْسَلِ، وَالإعْتِبَارِ، وَالفَرْدِ، وَالمُعْنْعَنِ، وَالمُؤَلَّنِ، وَالمُنْقَلِبِ، وَالعَالي، وَالنَّازِلِ، وَالغَرِيْبِ، وَالمُبْهَمِ، وَالمُدَبَّجِ، وَالمَنْسُوخِ، وَ المُؤْتَلِفِ وَالمُخْتَلِفِ!؟ أَرْبَعُونَ نَوْعٍ مِنَ الأحَادِيْثِ الَّتِيْ جَمَعَهَا عُلَمَاءُ العُمَرِيَّةِ، وَالَّتِيْ زُورًا سَمُّوهَا: سُنَّةَ اللهِ وَرَسُولِهِ!؟ وَمَا هِيْ إلَّا سُنَّةُ إبْلِيْسَ وَشَيَاطِيْنِهِ! العُمَرِيَّةُ أحْرَقُوا سُنَّةَ اللهِ وَرَسُولِهِ! وَهَذَا حَدِيْثٌ رَوَاهُ الشَّعْرَاوِيْ فِي الفِدْيُو الَّذِي سَبَقَ أعْلَاه عَنْ رِثَاءِ الإمَامِ عَليّ لِزَوجَتِهِ الزَّهْرَاء، والَّذِي جَاءَ فيهِ: **(وَفَاضَتْ بَيْنَ نَحْرِيْ وَصَدْرِي نَفْسُكْ)**! ثُمَّ رَوى البخاري (1300) ومسلم (4473) عن أمّ مُؤْمِنِيْ العُمَرِيَّةِ عائشةَ! عَنْهَا قَالَتْ: (إنْ كَانَ رَسُولُ اللهِ صَلَّى اللهُ عَلَيْهِ وَسَلَّمَ لَيَتَعَذَّرَ فِي مَرَضِهِ أَيْنَ أَنَا الْيَوْمَ؟ أَيْنَ أَنَا غَدًا؟ اسْتِبْطَاءً لِيَوْمِ عَائِشَةَ، ***فَلَمَّا كَانَ يَوْمِيْ، قَبَضَهُ اللهُ بَيْنَ سَحْرِي وَنَحْرِي وَدُفِنَ فِي بَيْتِي***) وفي رواية للبخاري (4084) ***(مَاتَ بَيْنَ حَاقِنَتِي وَذَاقِنَتِي)*** وفي رواية للبخاري (4096) ***(فَجَمَعَ اللهُ بَيْنَ رِيقِي وَرِيقِهِ فِي آخِرِ يَوْمٍ مِنَ الدُّنْيَا وَأَوَّلِ يَوْمٍ مِنَ الآخِرَةِ)***. أتْرُكُ لَكُم التَّعْلِيْقَ!

أُسِّسَتِ ألعُمَرِيَّةُ عَلَىْ مَبْدَأٍ شَيْطَانِيٍّ يَقُولُ: في خَلْطِ الأوْرَاقْ تَضِيْعُ

الحَقِيْقَةُ في المَتَاهَاتِ، وَفي ضَيَّاعِهَا تَبْحَثُ النَّاسُ عَنْهَا في العَنْعَنَاتِ! وَفي كَثْرَةِ العَنْعَنَاتِ تَنْمُو، وَتَتَكَاثَرُ الآرَاءُ والأفْكَارُ! وَكُلُّ رَأيٍ يُصْبِحُ وَجْهًا لِلْحَقِيْقَةِ، وَتَنْقَسِمُ النَّاسُ لَيْسَ دِفَاعًا أوِ إيْمَانًا في الفِكْرَةِ أَوِ الحَقِيقَةِ، إنَّمَا إيْمَانًا وَدِفَاعًا عَمَّنْ أطْلَقَ أَو أُطْلِقَتْ الفِكْرَةُ بِاسْمِهِ!؟ يَقُولُ ابْنُ خَلْدُونٍ: الحُرُّ يُدَافِعُ عَنْ فِكْرَةٍ مَهْمَا كَانَ قَائِلُهَا، وَالعَبْدُ يُدَافِعُ عَنْ القَائِلِ مَهْمَا كَانَتْ فِكْرَتُه!؟ وَبَيْنَ هَؤلَاءِ وَهَؤلَاءِ أَصْبَحَ الدِّيْنُ مَذَاهِبَ شَتَّى! وَقَدْ نَجَحَ إبْلِيْسُ في تَفْكِيْكِ الأدْيَانِ المُسَمَّاتِ سَمَاوِيَّةٍ، وَغَيْرِهَا مِنَ العَقَائِدِ إلى مَذَاهِبَ شَتَّى! وَقَدْ يَكُونُ هَذَا المَنْحَى فِطْرَةً، فَطَرَ اللَّهُ النَّاسَ عَلَيْهَا.

(لِيُمَحِّصَ اللَّهُ الَّذِينَ آمَنُوا وَيَمْحَقَ الْكَافِرِينَ) ﴿١٤١﴾. ثُمَّ أَنْزَلَ عَلَيْكُمْ مِنْ بَعْدِ الْغَمِّ أَمَنَةً نُعَاسًا يَغْشَى طَائِفَةً مِنْكُمْ وَطَائِفَةٌ قَدْ أَهَمَّتْهُمْ أَنْفُسُهُمْ يَظُنُّونَ بِاللَّهِ غَيْرَ الْحَقِّ ظَنَّ الْجَاهِلِيَّةِ يَقُولُونَ هَلْ لَنَا مِنَ الْأَمْرِ مِنْ شَيْءٍ قُلْ إِنَّ الْأَمْرَ كُلَّهُ لِلَّهِ يُخْفُونَ فِي أَنْفُسِهِمْ مَا لَا يُبْدُونَ لَكَ يَقُولُونَ لَوْ كَانَ لَنَا مِنَ الْأَمْرِ شَيْءٌ مَا قُتِلْنَا هَاهُنَا، قُلْ لَوْ كُنْتُمْ فِي بُيُوتِكُمْ لَبَرَزَ الَّذِينَ كُتِبَ عَلَيْهِمُ الْقَتْلُ إِلَى مَضَاجِعِهِمْ وَلِيَبْتَلِيَ اللَّهُ مَا فِي صُدُورِكُمْ وَلِيُمَحِّصَ مَا فِي قُلُوبِكُمْ وَاللَّهُ عَلِيمٌ بِذَاتِ الصُّدُورِ ﴿١٥٤﴾.

تَوضِيْحًا لِمَا وَرَدَ أعْلَاه، أُقَدِّمُ لَكُم رَأيَيْنِ مُخْتَلِفَيْنِ لِحَقِيْقَةٍ وَاحِدَةٍ:

نَبْشُ قَبْرِ سَيِّدِ الشُّهَدَاءِ – أَسَدُ اللَّهِ وَأَسَدُ رَسُولِهِ، الحَمْزَةَ، سَلَامُ اللَّهِ عَلَيْهِ. يَقُولُ هَذَا الرَّأْي:

يَقُولُ: الشَّيْخُ حَسَنْ بِنْ فَرْحَانِ المَالِكِيْ: أَوَّلُ مَنْ نَبَشَ قُبُورَ الصَّحَابَةِ!

عَنْ ابْنِ عُيَيْنَةَ عَنْ أَبِيْ الزُّبَيْرِ أَنَّهُ سَمِعَ جَابِرَ بِنْ عَبْدِ اللهِ يَقُولُ: لَمَّا أَرَادَ مُعَاوِيَةُ أَنْ يُجْرِيَ الكَظَامَةَ قَالَ: مَنْ كَانَ لَهُ **قَتِيلٌ** فَلْيَأْتِ **قَتِيْلَهُ** يَعْنِيْ **قَتْلَىْ أُحُدْ** قَالَ: فَأَخْرَجَهُمْ (***يَعْنِيْ مُعَاوِيَةَ***) رُطَابًا يَتَثَنَّوْنْ قَالَ: فَأَصَابَتِ المُسْحَاةُ رِجْلَ رَجُلٍ مِنْهُم، فَانْفَطَرَتْ دَمًا! فَقَالَ أَبُو سَعِيْدٍ لَا يُنْكِرُ بَعْدَ هَذَا مُنْكِرْ أَبَدًا! وَسَنَدَهُ صَحِيْحٌ عَلَى شَرْطِ مُسْلِمْ. **وَالرَّجُلِ** الَّذِيْ عَبَثُوا بِجُثَّتِهِ وَقَطَعُوا قَدَمَهُ هُوَ حَمْزَةَ رَضِيَ اللَّهُ عَنْهُ، مِنْ رِوَايَةِ أَبِي الزُّبَيْرِ عَنْ جَابِرٍ مِنْ طَرِيْقٍ آخَرَ (قَالَ أَبُو عُمَرَ: الَّذِيْ أَصَابَتْ المَسْحَاةُ إِصْبَعَهُ هُو حَمْزَةُ. رَوَاهُ عَبْدُ الأَعْلَى بِنْ حَمَّادٍ قَالَ: حَدَّثَنَا عَبْدُ الجَبَّارِ يَعْنِيْ ابْنَ الوَرْدِ قَالَ: سَمِعْتُ أَبَا الزُّبَيْرِ يَقُولُ: سَمِعْتُ جَابِرَ بِنَ عَبْدِ اللَّهِ يَقُوْلُ: رَأَيْتُ **الشُّهَدَاءِ** يَخْرُجُونَ عَلَى رِقَابِ الرِّجَالِ كَأَنَّهُمْ رِجَالٌ نُوَّمٌ حَتَّى إِذَا أَصَابَتِ المِسْحَاةُ قَدَمَ حَمْزَةَ – فَانْبَثَقَتْ دَمًا). لَكِنَّ سُفْيَانَ بِنَ عُيَيْنَةَ أَخْفَى ذِكْرَ حَمْزَةَ! وَمَنْ يَعْرِفْ مُعَاوِيَةَ يَعْرِفْ تَمَامًا أَنَّ هَذَا لَمْ يَحْدُثْ صُدْفَةً، وَأَنَّهُ نَبَشَ القُبُورَ بِحِجَّةِ أَنَّهُ يُرِيْدُ إِجْرَاءَ عَيْنٍ مِنْ

ذَلِكَ المَكَانِ! وَرُبَّمَا كَانَ قَصْدُهُ الرَّئِيْسُ، التَّمْثِيْلَ بِجِثَّةِ حَمْزَةَ، فَلَمَّا انْبَعَثَ الدَّمُ مِنْ قَدَمِهِ رَطِبًا، فَعِنْدَهَا رُبَّمَا خَافَ وَلَمْ يَسْتَطِعْ، هُوَ وَعُمَّالُهُ مُوَاصَلَةَ العَبَثِ بِهَذِهِ الجُثَثِ الشَّرِيْفَةِ، فَنَادَى فِي أَهْلِ المَدِيْنَةِ بَعْدَ أَنْ نَبَشَ القُبُورَ وَتَعَمَّدَ ضَرْبَ قَدَمِ حَمْزَةَ! وَلِذَلِكَ قَالَ أَبُوْ سَعِيْدٍ: لَا يُنْكِرُ مُنْكِرٌ بَعْدَ هَذَا أَبَدًا! وَلَوْ كَانَ الأَمْرُ مُجَرَّدَ خَطَأٍ، مَا قَالَ أَبُوْ سَعِيْدٍ الْخُدْرِيّ هَذَا الكَلَامْ، فَهَذَا فَهْمُ السَّلَفِ الصَّالِحِ لِمُعَاوِيَةَ، يَا أَتْبَاعَ السَّلَفِ! وَمُعَاوِيَةُ يَعْرِفُ قَبْرَ حَمْزَةَ تَمَامًا لِمَاذَا؟؟

فَقَبْلَ ذَلِكَ رَفَسَ أَبُو سُفْيَانَ وَالِدُ مُعَاوِيَةَ قَبْرَ حَمْزَةَ قَائِلاً: قَدْ عُدْنَا يَا حَمْزَةُ، وَالأَمْرُ الَّذِيْ اجْتَلَدْنَا عَلَيْهِ وَصَلَ إِلَى أَبْنَائِنَا فَهُمْ يَتَلَعَّبُونَ بِالمُلْكِ، أَوْ نَحْوُ هَذَا! فَبَنُو أُمَيَّةَ يَعْرِفُونَ قَبْرَ حَمْزَةَ، وَلِأَجْلِ ذَلِكَ، أَخْفَى الحَسَنُ وَالحُسَيْنِ قَبْرَ الإِمَامِ عَلِيْ، حَتَّى لَا يُجْرِيْ مُعَاوِيَةُ عَيْنًا بِالنَّجَفِ أَيْضًا، وَيَعْبَثُ بِجِثَّةِ الإِمَامِ عَلِيٍّ كَهَؤُلَاءِ، كَمَا عَبَثَ هُوَ وَأَبُوهُ وَأُمُّهُ بِجِثَّةِ حَمْزَةَ! وَهَذَا الحِقْدُ عَلَى حَمْزَةَ، لأَنَّهُ قَتَلَ عُتْبَةَ بنُ رَبِيْعَةَ جَدَّ مُعَاوِيَةَ لِأُمِّهِ! فَكَيْفَ سَيَكُونُ بِحِقْدِ هَذِهِ العَائِلَةِ (**الشَّجَرَةِ المَلْعُونَةَ فِي القُرَآنِ، "مِنْ عِنْدِي"**) عَلَى عَلِيٍّ وَقَدْ قَتَلَ حَنْظَلَةَ بنص أَبِيْ سُفْيَانِ أَخَا مُعَاوِيَةَ، وَأَسَرَ أَخَاهُ الآخَرَ عَمْرُو بنَ أَبِيْ سُفْيَانِ، وَقَتَلَ الوَلِيْدَ بنَ عُتْبَةَ يَوْمَ بَدْرٍ وَاشْتَرَكَ فِي قَتْلِ

عُتْبَةَ بنِ رَبِيْعَةَ نَفْسِهِ. فَلَا بُدَّ هُنَا أَنْ يَكُونَ بُغْضُهُمْ لِلإمَامِ عَلَيٍ أَكْثَرَ بِكَثِيْرٍ مِنْ بُغْضِهِمْ لِحَمْزَةَ. وَهَذِهِ العَائِلَةُ مَاكِرَةٌ لَا يَفْهَمَهَا المُغَفَّلُونَ، وَقَدْ ذَكَرَ القُرْآنُ الكَرِيْمُ عَنْ مَكْرِ قُرَيْشٍ مَا فيهِ كِفَايَةٌ لِمَنْ أَرَادَ أَنْ يَفْهَمَ هَؤُلَاءِ. وَهُمْ إضَافَةً إِلَى ذَلِكَ مُتَوَحِّشُونَ، يُمَثِّلُون بِالمَوْتَى، وَيَرْفِسُونَ القُبُورَ وَيَأْكُلُونَ الأَكْبَادَ، وَيَقْطَعُونَ المَذَاكِيَ، نَعُوذُ بِاللّهِ مِنْ هَذَا الانْحِطَاطِ في الخُلْقِ وَالدِّيْنِ وَالمُرُوْءَةِ...

لَا أَشُكُّ أَنَّكَ أَيُّهَا القَارِئُ الكَرِيْمُ قَرِفْتَ مِثْلِيْ! إقْرَأ كُتُبَ العُمَرِيَّةِ، ثُمَّ اقْرَأ كُتُبِيْ إنْ وَجَدْتَ في هَذَا الكِتَابِ أو غَيْرِهِ مِنْ كُتُبِيْ، مَعْلُومَةً وَاحِدَةً، خَاطِئَةً، أَو مُظَلِّلَةً، أنْ تَكْتُبَ لِي، عَلَى شَرطْ أَلَّا تُحَلِّلَ وَتُعَلِّلَ أكَاذِيْبَ العُمَرِيَّةِ، وَاجْعَلْ لُبَّكَ الحَكَمَ وَالحَاكِمَ! فَأكُونُ لَكَ مِنْ الشَّاكِرِيْن. أيَّ خَطَأٍ في المَعْلُومَةِ، إنْ كَانَ لُغَوِيًّا، أو نَحَوِيًّا، أو في قَوَاعِدِ اللغَةِ العَرَبِيَّةِ، أَشكُرُكَ عَلَيْه!

أتَمَنَّى أنْ أكُونَ قَد أنصَفْتُ الرَّسُولَ الأعْظَم، وَقَدَّمْتُ مَا يَسْتَحِقُّ الرَّسُولُ وَأهْلُ بَيْتِهِ مِنْ التَّقْدِيْرِ وَالعِرْفَانِ. أسْألُ اللّه الأجْرَ **بِحَقِّ السَّبْعِ المَثَانِي الحَقِيْقِيَّةِ!؟**

مَا معنى **مَثَانِي؟**

المُكَرَّرُ، المُتَشَابِهُ فِي كُلِّ شَيءٍ!

أصْلُ مَثَانِي، مِنَ المُثَنَّى!

والمُثَنَّى الَّذِي يَأتِي بَعْدَ الأوَّل!

وَقولُه تَعالَىَ: **وَلَقَدْ آتَيْنَاكَ سَبْعًا مِّنَ الْمَثَانِي وَالْقُرْآنَ الْعَظِيمَ؟**

هَذَا يَعْنِيْ أنَّ اللهَ آتَى مُحَمَّدًا عَطِيَّتَينِ! الأولَى: سَبْعٌ مِنَ المثَانِي، والثَّانِيْةُ: القُرآنُ العَظِيْمُ!؟

أَتَتْنَا **مِنْ** لِتَّبْيِينِ، وَبَعْضٌ وَتَعْلِيْلٌ، وَبِدْءٌ، وَانْتِهَاءٌ

وَإبْدَالٌ، وَزَائِدَةٌ، وَفَصْلٌ وَمَعْنَى عَنْ، وَفي، وَعَلَىَ، وَبَاءٌ

التَّبْعِيْضُ: تِلكَ الرُّسُلُ فَضَّلْنَا بَعضَهُم عَلَىٰ بَعضٍ **مِّنهُم** مَّن كَلَّمَ ٱللَّهُ!

بَيَانُ الجِنْسِ: يُحَلَّونَ فيهَا **مِنْ** أَسَاوِرَ **مِن** ذَهَبٍ ...

التَّعْليلُ: يَجْعَلُونَ أَصَابعَهُم فِي ءَاذَانِهِم **مِنَ** الصَّوَاعِقِ حَذَرَ المَوتِ ...

البَدَلُ: أرَضِيْتُم بِالحَيَاةِ الدُّنيَا **مِنَ** الآخِرَةِ ...

مُرَادَفَةُ البَاءِ: يَنْظُرُونَ **مِن** طَرَفٍ خَفِيٍ ...

وَهُنَاكَ مَعَانِيٍ كَثْيْرَةٍ أخْرَى، وَجَمِيْعُهَا رَاجِعَةٌ إلَى أَنَّ **مِنْ:** التَبْعِيْضِيّةِ!

وَلَقَدْ آتَيْنَاكَ سَبْعًا مِنَ الْمَثَانِي وَالْقُرْآنَ الْعَظِيمَ؟

لَا أرِيْدُ أنْ أطِيْلَ عَلَيْكَ أَيُّهَا القَارِئُ الكَرِيْم، وَلَكِنِّي سَأنْقُلُ إِلَيْكَ جُمْلَةً وَاحِدَة، فيهَا الزبَدُ وَالدَّسَمُ:

***اخْتَلَفَ أَهْلُ التَّأْوِيلِ (العُمَرِيَّةُ طَبْعًا)**، فِي مَعْنَى السَّبْعِ الَّذِيْ (آتَى، وَلَيْسَ أتَى) اللَّهُ نَبِيَّهُ ص مِنَ المَثَانِي، فَقَالَ **بَعْضُهُمْ**، عُنِيَ بِالسَّبْعِ: السُّوَرِ السَّبْعُ مِنْ أَوَّلِ القُرْآنِ اللَّوَاتِي يُعْرَفْنَ بِالطُّوْلِ، وَقَائِلُو هَذِهِ المَقَالَةِ (**أَيْضًا**) مُخْتَلِفُونَ فِي المَثَانِيْ، فَكَانَ بَعْضُهُمْ يَقُولُ: المَثَانِيْ هَذِهِ السَّبْعُ، وَإِنَّمَا سُمِّيْنَ بِذَلِكَ، لِأَنَّهُنَّ تُثْنَى فِيهِنَّ الأَمْثَالُ وَالخَبَرُ وَالْعِبَرُ ...*

حَدَّثَنَا أَبُوْ كَرِيْبٍ، قَالَ: ثَنَا ابْنُ يَمَانٍ، عَنْ سُفْيَانَ، عَنْ يُوْنِسَ، عَنْ ابْنِ سِيْرِيْنَ، عَنِ بْنِ مَسْعُودٍ فِي قَوْلِهِ **(وَلَقَدْ آتَيْنَاكَ سَبْعًا مِنَ الْمَثَانِي)** *قَالَ: السَّبْعُ الطُّوَالُ ... سَأَكْتَفِي بِهَذِهِ الجُمْلَةِ، وَإِنْ أَرَدْتَ أَنْ تَتَثَقَّفَ أَكْثَر، كُتُبُ العُمَرِيَّةِ مُتَوَفِّرَةٌ، وَكَثِيْرَةٌ!*

أَلَمْ يَكُنْ أَفْضَلَ أَنْ يَقُولَ اللَّهُ: **وَلَقَدْ آتَيْنَاكَ سَبْعًا؛ الْمَثَانِي، وَالْقُرْآنَ الْعَظِيمَ**؟ لِأَنَّ اللهَ فِعْلًا أَنْزَلَ سَبْعًا مِنَ السُّوَرِ الطَّوِيْلَةِ فِي القُرْآنِ! وَكَلِمَةُ آتَيْنَاكَ مِنْ فِعْلِ آتَى: آتَيْتُ، أُوْتِي، يُؤْتِي، آتٍ، مَصْدَرُ إِيتَاءٌ!

آتَاهُ اللَّهُ: أَعْطَاهُ!

مَا الحِكْمَةُ فِي إِعْطَاءِ اللَّهُ مُحَمَّداً آيَاتٍ كَانَ قَدْ أَعْطَاهُ إِيَّاهَا فِي القُرْآنِ؟! أَلِهَذَا سَمَّاهَا العُمَرِيَّةُ مَثَانِي؟ مَثَانِي العَطِيَّةِ!

وَلَكِنَّ القُرْآنَ يَقُولُ سَبْعًا **مِنَ** المَثَانِي! هَلْ لِأَنَّ عَدَدَ المَثَانِيْ فِي

القُرآنِ أَكْثَرَ مِنْ سَبْعٍ؟!

كَمْ عَدَدُ المَثَانِيْ فِي القُرآنِ إِذًا؟

لِمَاذَا لَم يَقُلِ اللَّهُ آتَيْنَاكَ سَبْعًا **مِنْ** طِوالِ السُّوَرِ فِي القُرآنِ العَظِيمِ؟

لَقَدْ أَنْزَلَ اللَّهُ القُرآنَ العَظِيمَ عَلى مُحَمَّدٍ كَامِلًا، إلّا إذَا أَنْزَلَهُ نَاقِصًا **مِنْ** طِوالِ السُّوَرِ، ثُمَّ تَذَكَّرَ – وَالعِيَاذُ بِاللَّه – إنَّ اللَّهَ لَا يَنْسَى!؟

أَنَا أَجْزِمُ وَأؤمِنُ أَنَّ بَيْنَ الحَقِيْقَةِ وَمَا يُؤمِنُ بِهِ العُمَرِيَّةُ هُوَّةٌ أَكْبَرُ وَأَبْعَدُ مِنَ السَّمَوَاتِ عَنِ الأَرضِ!

ثَنَى: (اسم)

الجَمْعُ: مَثَانٍ

مَثْنَى: اثنين، اثنين، ومَعْدُولٌ (إسم مَفْعُول) عن اثنين، اثنين بالتكرار!

مَثْنَى: الَّذِي هُوَ مَا بَعْدَ الأَوَّلِ!؟

وَلَقَدْ آتَيْنَاكَ سَبْعًا مِّنَ الْمَثَانِي وَالْقُرْآنَ الْعَظِيمَ؟ تُمَثِّلُ وَتُجَسِّدُ المُثَنَّى الكَامِلُ المُكْتَمِلِ! **(سَبْعًا مِّنَ الْمَثَانِي – الْقُرْآنَ الْعَظِيمَ) (أَلقُرآنُ الكِتَابْ – القُرآنُ النَّاطِق) (لَا يَمَسُّهُ – إِلَّا المُطَهَّرُون) (لَا يَفْقَهُ – إِلَّا المُطَهَّرُون) (السَّبْعُ المَثَانِي – هُمُ المُطَهَّرُون)!**

أَثِقُ بِمُعْظَمِ الَّذِيْنَ يَقْرَأُونْ، بِالَّذِيْنَ يَسْتَعْمِلُونَ عُقُولَهُم فِي البّحْثِ عَنْ الحَقِيْقَةِ، بَعِيْدًا عَنْ العَنْعَنَةِ المُجْتَرَّةِ العَفِنَةِ. وَأَعْلَمُ أَنَّ مَنْ يَفْتَحُ عَقْلَهُ وَيْحَاوِلُ تَطْهِيْرَ قَلْبِهِ مِنْ رِجْسِ العُمَرِيَّةِ، سَوفَ يَهْدِيْهِ اللّٰهُ! أَحَدُ وَرَثَةِ العُمَرِيَّةِ. شَابٌ لَطِيْفٌ مُهَذَّبٌ وَمُؤمِنٌ بِطُقُوسِ العُمَرِيَّةِ، يَسْأَلُ إِمَامَ المَسْجِدِ الَّذِيْ يُصَلِّيْ وَرَاءَهُ؛ شَيْخِيْ يَقُولُ رَسُولُ اللّٰهِ: **أَنَا مَدِيْنَةُ العِلْمِ وَعَلِيٌّ بَابُهَا**، يَعْنِيْ أَنَّ سَيِّدَنَا عَلِيًّا كَرَّمَ اللهُ وَجْهَهُ، أَعْلَمُ الصَّحَابَةِ بَعْدَ الرَّسُولِ، وَهَذَا يُخَوِّلَهُ أَنْ يَكُونَ أَوَّلُ الخُلَفَاءِ!؟ يُجِيْبُهُ هَذَا الإِمَامُ، نَحْنُ أَهْلُ السُّنَّةِ وَالجَمَاعَةِ نَعْتَقِدُ أَنَّ سَيِّدَنَا أَبَا بَكْرٍ هُوَ خَيْرُ خَلْقِ اللّٰهِ بَعْدَ رَسُولِ اللّٰهِ، يَأْتِيْ بَعْدَهُ سَيِّدُنَا الفَارُوقُ عُمَرُ، ثُمَّ بَعْدَهُ سَيِّدُنَا ذُو النُّورَيْنِ عُثْمَانُ، ثُمَّ عَلِيٌّ! أَمَّا بِالنِّسْبَةِ لِهَذَا الحَدِيْثِ المَنْسُوبِ إِلَى رَسُولِ اللّٰهِ، فَكَثِيْرٌ مِنْ عُلَمَائِنَا يُضَعِّفُونَهُ، وَالبَعْضُ يَرفُضُونَهُ. وَيَعْتَقِدُ البَعْضُ أَنَّ هَذَا الحَدِيْثَ جَاءَ بِهِ الرَّافِضَةُ! وَقَدْ رَفَضَهُ مُعظَمُ عُلَمَائِنَا! وَهُنَاكَ حَدِيْثٌ آخَرْ يَقُوْلُ: **أَنَا مَدِيْنَةُ العِلْمِ وَعَالِيٌّ بَابُهَا**! أَتْرُكُ إِلَى الَّذِيْنَ يَعْقِلُونَ كَيْ يُخْبِرُونَنَا: **كَمْ هُوَ عَالٍ البَابُ؟!**

مَنْ هُمُ السَّبْعُ المَثَانِي؟

... إِنَّمَا يُرِيدُ اللهُ لِيُذْهِبَ عَنْكُمُ الرِّجْسَ أَهْلَ الْبَيْتِ وَيُطَهِّرَكُمْ تَطْهِيرًا!

(أَهْلُ البَيْتِ – أَذْهَبَ اللهُ عَنْهُمُ الرِّجْسَ وَطُهِّرُوا تَطْهِيرًا)

(لَمْ يُذْهِبِ الرِّجْسَ عَنْهُمْ!؟)

ألسَّبْعُ المَثَانِي!

1. (مُحَمَّدٌ النَّبِيُّ)
2. (الإِمَامُ عَلِيٌّ)
3. (فَاطِمَةُ الزَّهْرَاءِ)
4. (الإِمَامُ الحَسَنُ)
5. (الإِمَامُ الحُسَيْنُ)
6. (الإِمَامُ السَّجَادُ)
7. (الإِمَامُ مُحَمَّدٌ البَاقِرُ)

****

1. (ألإِمَامُ جَعْفَرٌ الصَّادِقُ)
2. (الإِمَامُ مُوسَى الكَاظِمُ)
3. (الإِمَامُ عَلِيٌّ الرِّضَا)
4. (الإِمَامُ مُحَمَّدٌ الجَوَادُ)

5. (الإمامُ عليُّ الهَادِي)
6. (الإمامُ الحَسَنُ العَسْكَرِيُّ)
7. (الإمامُ مُحَمَّدٌ المَهْدِيُّ)

أَوَّلُنَا **مُحَمَّدٌ** وَآخِرُنَا **مُحَمَّدٌ** وَأَوسَطُنَا **مُحَمَّدٌ** وَكُلُّنَا، **مُحَمَّدٌ**! لَا أَخْفِيكَ سِرًّا أَيُّهَا القَارِئُ الكَرِيمُ وَأَنَا أَخُطُّ هَذِهِ الكَلِمَاتِ، بَدَأَ الحُزْنُ يُسَاوِرُنِي. أَوَّلًا لِأَنِّي أَرى أَنَّ نِهَايَةَ هَذا اللِّقَاءِ قَرِيبَةً، وَلَمْ أُوَضِّح هَدَفِي أَو أَعْتَذِر لِعَامَّةِ النَّاسِ المَظْلُومَةِ مِنَ العُمَرِيَّةِ! نَحْنُ وَإِيَّاكُم أَيُّهَا الأخْوَةُ وَالأخواتُ مَظْلُومُونَ، وَالظَّالِمُ واحِدٌ: **الجَهْلُ**، أَجَلُ الجَهْلُ أَوَّلًا! إِنَّمَا هُنَاكَ أَخْطَرُ مِنَ الجَهْلِ، وَهُوَ أَمَرُّ وَأَدْهَى، هُوَ التَّجْهِيلُ! وَاللهِ الدُّمُوعُ تَقْطُرُ مِنْ عَيْنِي! أَخَافُ عَلَيْكُم كَمَا أَخَافُ عَلَى نَفْسِي! كَيْفَ لَا وَقَدْ عَلَّمَنِي إِمَامُ المُتَّقِيْنَ وَأَمِيرُ المُؤمِنِينَ أَنَّ النَّاسَ صِنْفَانِ: إِمَّا **أَخٌ** لَكَ فِي الدِّيْنِ أَوْ **نَظِيْرٌ** لَكَ فِي الخَلْقِ!

أَمَّا **النَّظِيْرُ**: فَهُوَ الشَّبِيهُ وَالمَسَاوِي وَالمِثْلُ في الأهَمِّيَّةِ أَوِ الرُّتْبَةِ أَوِ الدَّرَجَةِ، في الخَلْقِ هَذَا أَقَلُّه، وَقَدْ يَكُونُ أَكْثَرَ مِنْكَ مَعْرِفَةً وَعِلْمًا وَوَرَعًا وَقِيْمَةً عِنْدَ الله! دُمُوعِي تَجْرِي عَلَى خَدِّي يَا أَخِي أَو يَا نَظِيْرِي، لَيْسَ لِجَهْلِكَ فَقَطْ، إِنَّمَا مِنْ مَا هُوَ أَخْطَرُ وَأَفْظَعُ! الَّذِي هُوَ أَخْطَرُ وَأَفْظَعُ مِنَ الجَهْلِ؟ **التَّجْهِيْلُ**! التَّجْهِيْلُ قَتْلٌ لِلْفِطْرَةِ

الَّتِيْ فَطَرَ اللَّهُ النَّاسَ عَلَيْهَا!

كَيْفَ تُعَادي شَخْصًا لِعَقِيْدَتِهِ، وَأَنْتَ لَا تَعْلَمُ شَيْئًا عَنْ هَذِهِ العَقِيْدَةِ؟ قَدْ تَكُونُ سَمِعْتَ: **إِنَّ السَّمْعَ وَالْبَصَرَ وَالْفُؤَادَ كُلُّ أُوْلَئِكَ كَانَ عَنْهُ مَسْئُولًا!**

العَدَاوَةُ مَرْفُوضَةٌ فِي الإِسْلَامِ المُحَمَّدِي، الْعَدَاوَةُ مِنَ السَّيِّئَاتِ، لِأَنَّهُ: لَا تَسْتَوِي الْحَسَنَةُ وَلَا السَّيِّئَةُ! وَقَدْ أَمَرَنَا اللَّهُ أَنْ: **ادْفَعْ** بِالَّتِي هِيَ أَحْسَنُ فَإِذَا الَّذِي بَيْنَكَ وَبَيْنَهُ عَدَاوَةٌ كَأَنَّهُ وَلِيٌّ حَمِيمٌ ﴿٣٤ فصلت﴾.

التَّجْهِيْلُ: مِنَ الجَّهْلِ الَّذِيْ هُوَ اعْتِقَادُ الشَّيْءِ عَلَىٰ خِلَافِ مَا هُوَ عَلَيْهِ!

صِنَاعَةُ التَّجْهِيْلِ فِي جَعْلِ الأَشْيَاءِ **تَبْدُو تَافِهَةً!**

يَقُولُ المُؤَرِّخُ فِي جَامِعَةِ ستَانْفُورد، رُوبَرْت بْرُوكْتَور: نَعِيْشُ فِي عَالَمٍ مِنَ الجَّهْلِ المُتَطَرِفْ. وَالغَرِيْبُ أَنَّ أَيَّ نَوْعٍ مِنَ الحَقِيقَةِ يَمُرُّ عَبْرَ الضَّجِيْجِ، عَلَى الرَّغْمِ مِنْ أَنَّ المَعْرِفَةَ مُتَاحَةٌ، وَلَكِنْ هَذَا لَا يَعْنِي أَنَّهُ تَمَّ الوُصُولُ إِلَيْهَا، لِأَنَّ مُعْظَمَ الأَشْيَاءَ تَبْدُو تَافِهَةً ...

التَّجْهِيْلُ قَتْلٌ لِلْفِطْرَةِ: عُمَرُ يَقُولُ إِلَى رَسُولِ اللَّه، وَفِي حَضْرَتِه، وَبَيْنَ مَنْ يُسَمُّونَهُم صَحَابَةً: ***حَسْبُنَا كِتَابُ اللَّهِ!*** **ثُمَّ يُحَرِّقُ مَا جَمَعَ النَّاسُ مِنْ سُنَّةِ رَسُولِ اللَّهِ**، وَيُصْبِحُ خَلِيْفَةَ أَبِيْ بَكْرٍ

الشَّرِيكَ في تَّحْرِيْق سُنَّةِ رَسُولِ الله، وأيْضًا فِي مَنْعِ النَّاسِ مِنَ التَّدَاوُلِ في سُنَّةِ رَسُولِ اللَّهِ!

أيُّهَا القَارِئُ الكَرِيْمُ، أيُّهَا الأُخْوَةُ العُمَرِيَّةُ، هَلْ مَا طَرَحْتَهُ في هَذِهِ الجُمْلَةِ الأخِيْرَةِ، قَدْ حَدَثَ؟ هَذَا لَيْسَ سُؤَالًا، إنَّمَا هُوَ تَأكِيْدٌ!

أعْلَمُ أَنَّهُ لَيْسَ لَدَيْكُم أَيُّهَا الإخْوَةُ العُمَرِيَّةُ إجَابَةٌ! لِأَنَّهُ في عَالَمِ الزَّرَائِب: أيَّ نَوْعٍ مِنَ الحَقِيقَةِ، **لَا يَمُرُّ** عَبْرَ الضَّجِيْجِ!

فَإنَّ الحَقِيْقَةَ بِدُونِ أيّ ضَجِيْج تَصْرَخُ فيكُم يَابَنِيْ آدَم – مَنْ لَيْسَ مِنْ بَنِيْ آدَمَ فَلِيُقْفِلْ عَيْنَيْهِ وَأُذُنَيْهِ – البَاقُونْ اسْمَعُوا وَعُوا! **كلُّ ابنِ آدَمَ خطّاءٌ وخَيرُ الخطّائينَ التَّوّابونْ!** إنَّ أبَاكُم آدَمَ قَدْ أخْطَأ!

فَتَلَقَّى آدَمُ مِنْ رَبِّهِ كَلِماتٍ فَتابَ عَلَيْهِ إِنَّهُ هُوَ التَّوَّابُ الرَّحِيمُ!

هَلْ الكَلِمَاتْ كَانَتْ سِرًّا، لَمْ يَعْرِفْهَا سِوى اللَّهُ وَآدَمُ؟ بِالعَقْلِ لَيْسَ بِالنَّقْلِ أيُّهَا القَارِئُ الكَرِيْمُ! لَنْ يَنْفَعكَ مِنْ نَقَلْت عَنْهُ!؟ وَلَقَدْ جِئْتُمُونَا **فُرَادَى** كَمَا خَلَقْنَاكُمْ أَوَّلَ مَرَّةٍ وَتَرَكْتُم مَّا خَوَّلْنَاكُمْ وَرَاءَ ظُهُورِكُمْ وَمَا نَرَى مَعَكُمْ شُفَعَاءَكُمُ الَّذِينَ زَعَمْتُمْ أَنَّهُمْ فِيكُمْ شُرَكَاءُ لَقَد تَّقَطَّعَ بَيْنَكُمْ وَضَلَّ عَنكُم مَّا كُنتُمْ تَزْعُمُونَ (94) ... هَؤُلَاءِ الَّذِيْنَ صَغَّرُوكَ وَتَسَيَّدُوكَ وَأضَلّوكَ، فَحَيَّدُوك ثُمَ اكْتَسَبُوا وَلَاءَكَ، لَنْ يَنْفَعُوكَ!؟ إنَّ القُرآنَ كِتَابُ عِلْمٍ وَهِدَايَةٍ، سَوِيٌّ، غَيْرُ ذِي عِوَجٍ!

وَإِذْ قَالَ رَبُّكَ لِلْمَلَائِكَةِ إِنِّي جَاعِلٌ فِي الْأَرْضِ خَلِيفَةً **قَالُوا أَتَجْعَلُ**

فِيهَا مَن يُفْسِدُ فِيهَا وَيَسْفِكُ الدِّمَاءَ وَنَحْنُ نُسَبِّحُ بِحَمْدِكَ وَنُقَدِّسُ لَكَ قَالَ إِنِّي أَعْلَمُ مَا لَا تَعْلَمُونَ (30). المَلَائِكَةُ ذوو عِلْمٍ بِكُلِّ مَا في الأَرْضِ مِنْ مَخْلُوقَاتٍ، وَلَوْلَا أَنَّهُمْ قَدْ كَانُوا رَأوا مَنْ يُفْسِدُ فيهَا وَيَسْفِكُ الدِّمَاءَ! أَقُولُ: يُمْكِنُ أَنْ يَكُوْنَ سُؤَالُ المَلَائِكَةِ، يُشِيْرُ إِلَى دَوْرَةٍ في الأَرْضِ سَابِقَةٍ عَلَى دَوْرَةِ الآدَمَ الجَدِيْد ... أَيْضًا مُشْعِرٌ بِأَنَّهُمْ إِنَّمَا فَهِمُوا وُقُوعَ الإِفْسَادِ وَسَفْكِ الدِّمَاءِ، مِنْ قَوْلِهِ سُبْحَانَهُ: **أَنِّي جَاعِلٌ فِي الأَرْضِ خَلِيْفَة**، حَيْثُ أَنَّ المَوْجُودَ الأَرْضِيَّ – تَعْلَمُهُ المَلَائِكَةُ، تَعْلَمُ تَرْكِيْبَتَهُ المَادِّيَّةَ – وَبِمَا أَنَّهُ مَادِّيٌّ مُرَكَّبٌ مِنَ القُوَى الغَضَبِيَّةِ وَالشَّهَوِيَّةِ، فَالدَّارُ دَارُ التَّزَاحُمِ، مَحْدُوْدَةُ الجِهَّاتِ، وَافِرَةُ المُزَاحَمَاتِ، مُرَكَّبَاتِهَا فِي مَعْرَضِ الانْحِلَالِ، وَانْتِظَامَاتُهَا وَإِصْلَاحَاتُهَا فِي مَظَنَّةِ الفَسَادِ وَمَصَبِّ البُطْلَانِ، لَا تَتِمُّ الحَيَاةُ فيهَا إِلَّا بِالحَيَاةِ النَّوْعِيَّةِ، وَلَا يَكْمُلُ البَقَاءُ فيهَا إِلَّا بِالاجْتِمَاعِ وَالتَّعَاوُنِ ...

وَالخِلَافَةُ هِيَ قِيَامُ شَيءٍ مَقَامَ آخَرْ!!! ... آدَمُ يَخْلُفُ آدَمَ ...

أَتَمَنَّى أَنْ أَكُونَ قَدْ قَدَّمْتُ لَكَ أَيُّهَا القَارِئُ الكَرِيْمُ الدَّلِيْلَ السَّاطِعَ، هَذِهِ المَرَّةَ مِنْ سِيَاقِ القِصَّةِ، أَنَّ الأَسْمَاءَ الَّتِيْ جَاءَ بِهَا عُلَمَاءُ مَذَاهِبِ الزَّرِيْبَة تَتَوَافَقُ مَعَ المَقُولَةِ التَّالِيَةِ: كُلُّ إِنَاءٍ بِالَّذِي فيهِ يَنْضَحُ!!!

أَنْوَارُ سُورَةِ الحُجُرَاتِ

أعودُ أيُّهَا القَارِئُ الكَرِيمُ، إلَى "**الكَلِمَاتِ**"، وَإِلَى عَلَاقَتِهَا "**بِالأَسْمَاءِ كُلِّهَا**"! أَبْدَأُ في القِيمَةِ الحَقِيْقَةِ الَّتي اسْتَودَعَهَا الله أَصْحَابَ هَذِهِ الأَسْمَاءِ؟! مَنْ مِنْكُم أيُّهَا القُرَّاءُ الأعِزَّاءِ يَعيْ هَذِهِ القِيمَةَ الحَقِيْقَةَ؟! **تَعَلُّمُ أَسْمَائَهَا، سَيَّدَ اللهُ آدَمَ عَلَى المَخْلُوقَاتِ مِنْ جِنٍّ وَمَلَائِكَةٍ،** بِأَنْ أمَرَهُمْ بِالسُّجُودِ لِآدَمَ! فَالمُطِيْعَ بَقِيَ في الجَنَّةَ، وَالعَاصْ خَرَجَ مِنْهَا وَقَدْ لَا يَعُودُ إِلَيْهَا!؟ إِبْلِيْسُ!

إِذَا كَانَ هَذَا ثَوَابُ آدَمَ، فَقَطْ لِمَعْرِفَتِهِ الأَسْمَاءَ!؟

فَمَا ثَوَابُ مَنْ عَرَفَ الأَسْمَاءَ وَأَحَبَّهَا وَأَحَبَّ حَامِلِيْهَا، وَوَقَفَ مَعَهُم، وَحَارَبَ أَعْدَاءَهُم، وَانْتَصَر لَهُم، وَاسْتُشْهِدَ في سَبِيْلِ نُصْرَتِهِم؟! لِهَذَا عِنْدَمَا وَصَلَ آدَمُ إلَى مَرْحَلَةٍ مِنَ اليَّأسِ، حَيْثُ لَم يَتْرُكْ آدَمُ وَسِيْلَةً مِنَ التَّوَسُّلِ إِلَّا وَاتَّبَعَهَا، وَلَكِنَّ اللهَ لَمْ يَقْبَلْ تَوْبَتَه! **قَالَ اهْبِطَا مِنْهَا جَمِيعًا بَعْضُكُمْ لِبَعْضٍ عَدُوٌّ فَإِمَّا يَأْتِيَنَّكُم مِّنِّي هُدًى فَمَنِ اتَّبَعَ هُدَايَ فَلَا يَضِلُّ وَلَا يَشْقَى (123) وَمَنْ أَعْرَضَ عَن ذِكْرِي فَإِنَّ لَهُ مَعِيشَةً ضَنكًا وَنَحْشُرُهُ يَوْمَ الْقِيَامَةِ أَعْمَى (124) قَالَ رَبِّ لِمَ حَشَرْتَنِي أَعْمَى وَقَدْ كُنتُ بَصِيرًا (125) ...**

بَعْدَ الخُرُوجِ مِنَ الجَنَّةِ، تَذَكَّرَ آدَمُ الأَسْمَاءَ (**الكَلِمَات**) الَّتِيْ جَعَلَتْهُ سَيِّدًا في الجَنّةِ، فَقَالَ:

اللَّهمَ، بِحَقِّ مُحمَّدٍ النَّبِيّ، وَالإِمَامِ عَلِيّ الوَصْيّ، وَالزَّهْرَاءُ سَيّدَةِ

نِسَاءِ العلَمِيْنِ، وَالإِمَامِ الحَسَنِ سِبْطَ النَّبِيْ، والإِمَامِ الحَسَيْن سِبْطَ النَّبِيِّ، وَالإِمَامِ عَلِيْ زَيْنُ العَابِدِينَ، وَالإَمَامِ مُحَمَّدٍ البَاقِرِ، وَالإِمَامِ جَعْفَرٍ الصَّادِقِ، والإِمَامِ مُوسَى الكَاظِمِ، وَالإِمَامِ عَلِيِّ الرِّضَا، وَالإِمَامِ مُحَمَّدٍ الهَادِيْ، وَالإِمَامِ الحَسَنِ العَسْكَرِيْ، وَالإِمَامِ الهَادِي المَهْدِي صَاحِبِ العَصْرِ وَالزَّمَانِ، إِلَّا تُبْتَ عَلَيْ يَا رَبَّ العَلَمِيْن، فَتَابَ اللهُ عَلَيْهِ!

أَمَّا أَنْتَ أَيُّهَا الإِنْسَانُ المَعْصُومُ مِنَ الخَطَأ، فَالخِطَابُ لَيْسَ لَكَ! وَأَنَتَ أَيُّهَا الإِنْسَانُ الَّذِي عِنْدَهُ حَصَانَةَ العِرْقِ، وَمَمْنُوعٌ مِنَ الحَسَابِ، الخِطَابُ أَيْضًا لَيْسَ لَكَ! وَأَنْتَ الَّذِي، وَالّذِيْ، وَالَّذي لَكَ عِنْدَ اللهِ دَرَجَةً أَعَلَى مِمَّا كَانَ لِسَيِّدِنَا آدم النَّبِي، لَسْتَ بِحَاجَةٍ إِلَى تَوبَةٍ أَو دُعَاءٍ أَوْ أَنْ تَتَوَسَّلَ بِمَا تَوسَّلَ بِهِ سَيِّدُنَا آدَمُ!

❤*مقابلة صحفية*

مَعَ اَمِيْرِ المُؤمِنِيْنِ عَلِيٍّ ابْنَ ابِيْ طَالِبْ(ع)* اَجْرَاهَا الأُسْتَاذْ *
نَجِيْبْ رِيَاضِ الرَّيّسْ سَنَةْ 1983

يَقُوْلُ الأسْتَاذُ نَجِيْبُ:

بِأَنَّهُ وَرِثَ عَنْ وَالِدِهِ مَكْتَبَةُ وَقَدْ غطَّاهَا الغُبَارَ. وَفي يَوْمٍ مِنَ الأيَّامِ ازَحْتُ الغُبَارَ عَنْ هَذِهِ المَكْتَبَةِ، وَقَدْ وَجَدْتُ كِتَابَ نَهْجِ البَلَاغَةِ، وَبَعْدَ قِرَاءَةٍ مُتَأَنِّيَةٍ لِنَهْجِ البَلَاغَةِ، وَجَدْتُهُ يَصْلُحُ لِكُلِّ زَمَانٍ وَمَكَانٍ! فَخَطَرَ عَلَى بَالِيْ أَنْ أَجْرِيَ مُقَابَلَةً صَحَفِيَّةً مَعَ الإمَامِ (ع) لِأَنَّنِيْ وَجَدْتُ أَجْوِبَةً لِكُلِّ الأَسْئِلَةِ. فَكَانَتْ هَذِهِ المُقَابَلَةُ الصَّحَفِيَّةُ مَعَ الإمَامِ (ع) مِنْ خِلَالِ نَهْجِ البَلَاغَةِ!

هَذَا اللَّقَاءُ نَشَرَتْهُ مَجَلَّةُ «المُسْتَقْبَلْ» العَدَدَ 314 في 26 ❤* فَبْرَايِرْ مِنْ عَامِ 1983 (أَيْ قَبْلُ 41 عَامًا مِنْ الآنْ). وَهُوَ مِنْ إِعْدَادِ الكَاتِبِ وَالصَّحَافِيّ المُتَمَيّزِ رِيَاض نَجِيْبِ الرَّيْسِ، حَيْثُ كَانَ يَسْتَفْسِرُ فيهِ مِنَ الإمَامِ عَلِيْ (عَلَيْهِ السَّلَامِ) عَنْ شُؤوْنٍ مُعَاصِرَةٍ في حَيَاتِنَا اليَوْمِيَّةِ شَغَلَتْ بَالَ الجَمِيْعِ. وَقَدْ مَهَّدَ لِمَوْضُوْعِهِ بِمُقَدّمَةٍ نَفْسِيَةٍ وَتَارِيْخِيَّةٍ، اجْتَذَبَتْ الكَثِيْرِيْنَ مِنْ مُفَكّرِيْ أُورُوبَّا وَآسْيَا وَقْتَهَا. حَتَّى إن أَسْئِلَةً مُخْتَلِفَةً مِنْ وُزَرَاءِ إِعْلَامٍ عَرَبْ، وَرَدَتْ لِلْمَجَلَّةِ حَوْلَ هَذَا اللّقَاءِ الصَّحَفِيّ أَلأَكْثَرِ مِنْ رَائِعٍ* ...

وَهَذَا هُوَ نَصُّ اللّقَاءِ كَامِلًا!

.1 – سَيّدِيْ أَمِيْرُ المُؤمِنِيْنَ. مَا هَذَا الزَّمَانُ الَّذِيْ تَعِيْشُهُ أُمَّتَكَ؟

الأَجْوِبَةُ هِيَ مِنْ نَهْجِ البَلَاغَةِ: *

.2 - يَأْتِيْ عَلَى النَّاسِ زَمَانٌ لَا يُقَرَّبُ فيهِ إلّا المَاحِلُ (الْمُكَايِدُ – المُكَارِهُ)، وَلَا يُظْرَفُ فيهِ إلَّا الفَاْجِرْ، وَلَا يَضْعُفُ فيهِ إلّا المُنْصِفُ. يَعُدُّوْنَ الصَّدَقَةَ فيهِ غرَمًا. وَصِلَةُ الرَّحِمِ مَنًّا. وَالعِبَادَةُ اسْتِطَالَةٌ عَلَى النَّاسِ. فَعِنْدَ ذَلِكَ يَكُونُ السُّلْطَانُ بِمَشُورَةِ النِّسَاءِ، وَإِمَارَةُ الصِّبْيَانِ، وَتَدْبِيْرِ الخِصْيَانِ. (...لَكِنْ) إذَا تَغَيَّرَ السُلْطَانُ تَغَيَّرَ الزَّمَانُ. (... وَ) صَاحِبْ السُّلْطَانِ كَرَاكِبِ الأَسَدْ يُغْبُطُ بِموقِعِهِ وَهُوَ أَعْلَمُ بِمَوْضِعِهِ.. (... وَ) آلَةُ الرِّيَاسَةِ سَعَةُ الصَّدْرِ. (... لَكِنْ) مَنْ مَلَكَ اسْتَأْثَرْ!

.3 - لَكِنْ كَيْفَ يُوَاجِهُ المَرْءُ، يَا أَمِيْرَ المُؤمِنِيْنْ، آلَةُ الحُكْمْ ... وَسُلْطَانُ الْحَاكِمِ، وَالوَضْعُ العَرَبِيُّ كَمَا نَعْرِفُهُ اليَوْمَ، عَاجِزٌ وَمَشْلُولٌ؟

لَا خَيْرَ فِي الصَّمْتِ عَنْ الحُكْمِ، كَمَا إنَّهُ لَا خَيْرَ فِي القَوْلِ بِالجَهْلِ!

.4 – وَهَلْ يَعْمَلُ الحَاكِمُ بِمَشُوْرَةِ المَحْكُومِيْن يَا أَمِيْرَ المُؤمِنِيْنَ؟

مَنْ اسْتَبَدَّ بِرَأيِهِ هَلَكَ، وَمَنْ شَاوَرَ الرِّجَالَ شَارَكَهَا في عُقُولِهَا.
(.... وَ) مَنْ اسْتَقَلَّ وُجُوهَ الآرَاءِ عَرِفَ مَوَاقِعَ الأَخْطَاءِ!

.5 – لَقَدْ أَصْبَحَ الظُّلْمُ مِنْ مَعَالِمِ أُمَّتِكَ يَا سَيِّدِيْ الإِمَامْ! أَلَيْسَ لِهَذَا الظُّلْمِ نِهَايَةٌ؟

الظُّلْمُ ثَلَاثَةٌ: ظُلْمٌ لَا يُغْفَرْ، وَظُلْمٌ لَا يُتْرَكْ، وَظُلْمٌ لَا يُطْلَبْ.
(...) وَيَوْمُ المَظْلُومِ عَلَى الظَّالِمِ، أَشَدُّ مِنْ يَوْمِ الظَّالِمِ عَلَى المَظْلُومِ، وَيَوْمُ العَدْلِ عَلَى الظَّالِمِ، أَشَدُّ مِنْ يَوْمِ الجَوْرِ عَلَى المَظْلُومِ (...)

.6 – لَكِنَّ سُلْطَانَ هَذَا الزَّمَانِ يَضِيْقُ صَدْرُهُ بِالعَدْلِ يَا سَيِّدِيْ؟
مَنْ **ضَاقَ** عَلَيْهِ **العَدْلُ فَالجَوْرِ** عَلَيْهِ **أَضْيَقْ**!

.7 – أَلَيْسَ لِهَذَا السُّلْطَانِ يَا سَيِّدي أَمِيْرَ المُؤمِنِيْنَ، مِنْ مُوَاصَفَاتْ؟

لَا يَنْبَغِيْ أَنْ يَكُوْنَ الوَالِي (...) **البَخِيْلْ**، فَتَكُوْنُ في أَمْوَالِهِمْ **نَهْمَتُهُ**. وَلَا **الجَّاهِلُ**، فَيُضِلُّهُمْ **بِجَهْلِهِ**. وَلَا **الجَّافِي** فَيَقْطَعَهُم **بِجَفَائِهِ**، وَلَا **الحَائِفُ** لِلْدُّوَلِ فَيَتَّخِذُ **قَوْمًا دُوْنَ قَوْمٍ**. وَلَا **المُرْتَشِيْ** في الحُكْمِ، **فَيَذْهَبُ بِالحُقُوقِ** وَيَقِفُ بِهَا دُوْنَ المَقَاطِعِ!

.8 – أَيْنَ **الوَطَنُ** يَا سَيِّدِيْ الإِمَامْ، وَقَدْ أَصْبَحْنَا كُلُّنَا نَعِيْشُ في غُرْبَةٍ قَاسِيَةٍ؟

لَيْسَ بَلَدٌ بِأَحَقِّ بِكَ مِنْ بَلَدْ، **خَيْرُ البِلَادِ مَا حَمَلَكَ!**

الغِنَى فِي الغُرْبَةِ وَطَنٌ، وَالفَقْرُ فِي الوَطَنِ غُرْبَةٌ!

.9 – الفَقْرُ يَا أَمِيْرَ المُؤْمِنِيْنَ، لَيْسَ هُوَ غُرْبَتَنَا الوَحِيْدَةُ. يَكَادُ الفَقْرُ يَكُونُ مُقِيمًا مَعَنَا فِيْ عَصْرِ الغِنَى العَرَبِيِّ؟

أَلَمْ أَقُلْ لِإِبْنِيْ مُحَمَّدٍ بِنِ الحَنَفِيَّةِ: يَا بُنَيْ، إِنِّيْ أَخَافُ عَلَيْكَ الفَقْرَ، فَاسْتَعِذْ بِاللَّهِ مِنْه. فَإِنَّ الفَقْرَ مَنْقَصَةٌ لِلدِّيْنِ، مَدْهَشَةٌ لِلْعَقْلِ، دَاعِيَةٌ لِلْمَقْتِ. الفَقْرُ هُوَ المَوْتُ الأَكْبَرْ ... وَلَو كَانَ الفَقْرُ رَجُلًا لَقَتَلْتَهُ ...

.10 – لَقَدْ شَحَّ عَطَاؤُنَا يَا أَمِيْرَ المُؤمِنِيْنَ. حَتَّى يَوْمَ كَثُرَ مَالُنَا؟

لَا تَسْتَحِ مِنْ إِعْطَاءِ القَلِيْلِ فَإِنَّ الحِرْمَانَ أَقَلُّ مِنْه. (...) وَمَنْ كَثُرَتْ نِعَمُ اللَّهِ عَلَيْهِ، كَثُرَتْ حَوَائجُ النَّاسِ إِلَيْهِ. (...) وَإِنَّ إِعْطَاءَ المَالِ فِي غَيْرِ حَقِّهِ تَبْذِيْرٌ وَإِسْرَافٌ، وَهُوَ يَرْفَعُ صَاحِبَهُ فِي الدُّنيَا وَيَضَعُهُ فِي الآخِرَةِ، وَيُكْرِمُهُ فِي النَّاسِ، وَيُهِيْنُهُ عِنْدَ اللَّهِ. (... لَكِنْ) مَا أَقْبَحَ الخُضُوعَ عِنْدَ الحَاجَةِ، وَالجَّفَاءَ عِنْدَ الغِنَى. (...) فَالمَالُ لَا يَبْقَى لَكَ وَلَا تَبْقَى لَهُ (...)

.11 – لَكِنَّ الحَاجَةَ تَدْفَعُ إِلَى الطَّلَبِ أَحْيَانًا كَثِيرَةً يَا سَيِّدِي الإِمَامْ؟

إِنَّ حِفْظَ مَا فِي يَدَيْكَ أَحَبُّ إِلَيَّ مِنْ طَلَبِ مَا فِي يَدِ غَيْرِكْ ...

وَمَرَارَةُ اليَأسِ خَيْرٌ مِنَ الطَّلَبِ إِلَى النَّاسِ ...

12. – الطَّمَعُ؟

الطَّمَعُ رِقٌّ مُؤَبَّدٌ ...

13. – العِلْمُ يَا سَيِّدِي، أَيْنَ مِنْهُ المَالْ؟

العِلْمُ خَيْرٌ مِنَ المَالِ ... وَالعِلْمُ يَحْرُسُكَ وَأَنْتَ تَحْرُسُ المَالْ ... المَالُ تُنْقِصُهُ النَّفَقَةُ وَالعِلْمُ يَزْكُو عَلَى الإِنْفَاقِ (...) العِلْمُ حَاكِمٌ وَالمَالُ مَحْكُومٌ عَلَيْهِ. (...) إِنَّ المَالَ مِنْ غَيْرِ عِلْمٍ كَالسَّائِرِ عَلَى غَيْرِ طَرِيْقٍ ...

14. – أَحْوَالُ العِبَادَةِ فِي عَالَمِنَا قَدْ سَاءَتْ يَا سَيِّدِيْ الإِمَامْ. لَمْ تَعُدْ تَدْرِي كَيْفَ يَتَعَبَّدُ النَّاسُ يَا أَمِيْرَ المُؤمِنِيْن، وَبِمَاذَا تُؤْمِنْ؟

إِنَّ قَوْمًا عَبَدُوا اللّهَ رَغْبَةً فَتِلْكَ عِبَادَةُ التُّجَارِ. وَإِنَّ قَوْمًا عَبَدُوا اللّهَ شُكْرًا. فَتِلْكَ عِبَادَةُ الأَحْرَارِ ...

15. – مَا الفَرْقُ بَيْنَ العَاقِلِ وَالأَحْمَقِ يَا أَمِيْرَ المُؤمِنِيْنَ؟

لِسَانُ العَاقِلِ وَرَاءَ قَلْبِهِ، وَقَلْبُ الأَحْمَقِ وَرَاءَ لِسَانِهِ ...

16. – الأَحْمَقُ مَاذَا يُرِيْدُ عَادَةً؟

إِنَّهُ يُرِيْدُ أَنْ يَنْفَعُكَ فَيَضُرُّكَ ...

17 . – وَالبَخِيْلُ؟

فَإِنَّهُ يَقْعُدُ عَنْكَ أَحْوَجَ مَا تَكُونُ إِلَيْهِ...

.18 – وَالفَاجِرُ؟

فَإِنَّهُ يَبِيْعُكَ بِالتَّافِهِ ...

.19 – وَالكَذَّابُ؟

فَإِنَّهُ كَالسَّرَابِ يُقَرِّبُ عَلَيْكَ البَعِيْدِ وَيُبعِّدُ عَلَيْكَ القَرِيْبَ ...

.20 – أَلَيسَ مِنَ الصَّعْبِ الحُكْمُ عَلَى النِّيَّاتِ يَا سَيِّدِي الْإِمَامْ؟

وَمَا أَضْمَرَ أَحَدٌ شَيْئًا إِلَّا ظَهَرَ فِي فَلْتَاتِ لِسَانِهِ وَصَفَحَاتِ وَجْهِهِ ...

.21 – كَيْفَ نُعَامِلُ النَّاسَ يَا أَمِيْرَ المُؤمِنِيْنَ فِي ظِلِّ هَذِهِ الظُّرُوفِ الصَّعْبَةِ؟

خَالِطُوا النَّاسَ مُخَالَطَةَ إِنْ مُتُّمْ مَعَهَا بَكُوْا عَلَيكُمْ، وَإِنْ عِشْتُمْ حَنُّوا إِلَيْكُم. (...) وَلَا يَكُنْ لَكَ إِلَى النَّاسِ سَفيرٌ إِلَّا لِسَانَكَ وَلَا حَاجِبٌ إِلَّا وَجْهَكَ ... لَقَدْ هَانَتْ عَلَيْهِ نَفْسُهُ مَنْ أَمَّرَ لِسَانَهُ ...

. 22 – وَأَعْدَاؤُنَا؟

إِذَا قَدِرْتَ عَلَى عَدُوِّكَ فَاجْعَلِ العَفْوَ عَنْهُ شُكْرًا لِلْقُدْرَةِ عَلَيْهِ ...

.23 – هَلْ نُصَالِحُ أَعْدَاءَنَا يَا سَيِّدِيْ الإِمَامُ؟

لَا تَدْفَعَنَّ صُلْحًا دَعَاكَ إِلَيْهِ عَدُوُّكَ وَللهِ فيهِ رِضَا، فَإِنَّ الصُّلْحَ دَعَةٌ لِجُنُودِكَ، وَرَاحَةٌ مِنْ هُمُومِكَ، وَأَمْنٌ لِبِلَادِكَ ...

وَلَكِنَّ الحَذَرَ كُلُّ الحَذَرِ مِنْ عَدُوِّكَ بَعْدَ صُلْحِهِ. فَإِنَّ العَدُوَّ رُبَّمَا

قَارَبَ لِيَتَغَفَّلَ، فَخُذْ بِالحَزْمِ وَأتْهِمْ في ذَلِكَ حُسْنَ الظَّنِّ ...

24. – كَيْفَ نَسْعَى يَا سَيِّدِيْ، يَا أَمِيْرَ المُؤْمِنِيْنَ بَيْنَ الحَقِّ وَالبَاطِلِ؟

البَاطِلُ أَنْ تَقُولَ سَمِعْتُ وَالحَقُّ أَنْ تَقُوْلَ رَأَيْتُ. **وَالرَّاضِيْ بِفِعْلِ قَوْمٍ كَالدَّاخِلِ فيهِ مَعَهُمْ، وَعَلَى كُلِّ دَاخِلٍ في بَاطِلٍ إِثْمَانِ: إِثْمُ العَمَلِ بِهِ وَإِثْمُ الرِّضَا بِهِ ... وَمَنْ صَارَعَ الحَقَّ صَرَعَهُ ...**

25. – كَيْفَ نَعْمَلُ إِذَنْ يَا أَمِيْرُ المُؤمِنِيْنْ؟

احْذَرْ كُلَّ عَمَلٍ يُعْمَلُ بِهِ فِي السِّرَّ، وَيُسْتَحَى مِنْهُ في العَلَانِيَّةِ ... وَاحْذَرْ كُلَّ عَمَلٍ إِذَا سُئِلَ عَنْهُ صَاحِبَهُ أَنْكَرَهُ أَوِ اعْتَذَرَ مِنْهُ...

26. – الحَيَاةُ، كَيفَ نُواجِهُها، وَالحَالَةُ هَكَذَا يَا سَيِّدِي؟

لَيْسَ مِنْ شَيْءٍ إِلَّا وَيَكَادُ صَاحِبُهُ يَشْبَعُ مِنْهُ وَيَمِلُّهُ، إِلَّا الحَيَاةَ فَإِنَّهُ لَا يَجِدُ لَهُ في المَوْتِ رَاحَةً...

27. – الدَّهْرُ كَيْفَ نُعَامِلُهُ يَا مَوْلَايَ الإِمَامُ؟

الدَّهْرُ يَوْمَانْ: يَوْمٌ لَكَ وَيَومٌ عَلَيْكَ ... فَإِذَا كَانَ لَكَ فَلَا تَبْطَرْ ... وَإِذَا كَانَ عَلَيْكَ فَاصْبِرْ ... فَكِلَاهُمَا زَائِلٌ ...

28. – لَكِنَّ اللُّؤْمَ يَكَادُ أَنْ يَطْغَى عَلَى دَهْرِنَا هَذَا يَا سَيِّدِيْ؟

احْذَرُوا صَوْلَةَ الكَرِيْمِ إِذَا جَاعَ ... وَاللَّئِيْمِ إِذَا شَبِعَ ...

29. – بَلْ كَيْفَ نَدْفَعُ التُّهْمَةَ عَنَّا؟

مَنْ وَضَعَ نَفْسَهُ مَواضِعَ التُّهْمَةِ لَا يَلُومَنَّ مَنْ أَسَاءَ بِهِ الظَّنَّ ...

.30 – وَالإصْرَارُ عَلَى الجَهْلِ. كَيْفَ نَحْتَرِسُ مِنْهُ يَا سَيِّدِي؟

مَنْ كَثُرَ نِزَاعَهُ بِالجَهْلِ دَامَ عَمَاهُ عَنِ الحَقِّ ...

.31 – حَتَّى لَو أصْبَحْنَا اليَوْمَ مِنْ غَيْرِ أصْدِقَاءٍ؟

أَعْجَزُ النَّاسِ مَنْ عَجِزَ عَنْ اكْتِسَابِ الإخْوَانِ ... وَأَعْجَزُ مِنْهُ مَنْ ضَيَّعَ مَنْ ظَفَرَ بِهِ مِنْهُمْ ... لَكِنْ لَا تَتَّخِذَنَّ عَدُوَّ صَدِيْقِكَ صَدِيْقًا فَتُعَادِي صَدِيْقَكَ ...

.32 – أَيْنَ الأَمَلُ في كُلِّ هَذَا يَا أَمِيْرَ المُؤمِنِيْنَ؟

مَنْ وَثُقَ بِمَاءٍ لَا يَظْمَأ ...

.33 – أَلَيْسَ مِنْ مِسْكٍ لِخِتَامِ حَدِيْثِنَا هَذَا يَا سَيِّدِيْ يَا أَمِيْرَ المُؤمِنِيْنَ؟

مَا أَكْثَرَ العِبَرَ وَأَقَلَّ الاعْتِبَارَ ...

فُزْتُ وَرَبُّ الكَعْبَةِ _ عَبَّاسْ مَحْمُودْ العَقَّادْ!

بِهَذَا الإِعْلَانِ العَظِيْمِ اخْتَتَمَ الإِمَامُ عَلِيٍّ عَلَيْهِ الصَّلَاةُ وَالسَّلَامُ حَيَاتَهُ، الَّتِيْ ابْتَدَأَتْ فِي بَيْتِ اللَّهِ وَانْتَهَتْ فِي بَيْتِ اللَّهِ!! وَمَا بَيْنَ المَبْدَأ وَالمُنْتَهَى كَانَتْ سَجْدَةٌ طَوِيْلَةٌ للَّهِ.. يُعْلِنُ الفَوْزَ فِي وَقْتٍ عَظِيْمٍ.. وَمَكَانٍ أَعْظَمٍ... وَطَرِيْقَةٍ ظَلَّتْ تَهُزُّ أَرْكَانَ التَّارِيْخِ.. لَمْ أَعْرِفُ أَوْ أَسْمَعُ عَنْ حَاكِمٍ يَتُمُّ اغْتِيَالَهُ فِي عَاصِمَتِهِ، وَيُقْسِمُ بِرَبِّ الكَعْبَةِ وَيَقُولُ: **(فُزْتُ)**!! أَيُّ فَوْزٍ يَتَحَدَّثُ عَنْهُ الإِمَامُ عَلِيّ بِنُ أَبِي طَالِبٍ عَلَيْهِ الصَّلَاةُ وَالسَّلَامُ؟

أَنَا أُقْسِمُ بِرَبِّ الكَعْبَةِ لَوِ اجْتَمَعَتْ كُلُّ قَوَامِيْسِ السِّيَاسَةِ وَالحُكْمِ فِي العَالَمِ لَمَا اسْتَطَاعَتْ اَنْ تُحِيْطَ بِمَعْنَى هَذَا الفَوْزِ!

اشْتَرَكَ فِي ثَمَانِيْنَ غَزْوَةٍ، وَصَرَعَ بِهَا أَبْطَالَ العَرَبِ وَصَنَادِيْدَهِمْ وَلَمْ يَقُلْ فُزْتُ!! بَايَعَهُ النَّاسُ عَلَى الخِلَافَةِ، فِي مَشْهَدٍ لَمْ يَسْبِقْ لِأيِّ خَلِيْفَةٍ أَنْ مَرَّ بِهْ.. وَلَمْ يَقُلْ فُزْتُ!! بَلْ قَالَ: اتَّخِذُوْنِيْ وَزِيْرًا لَا أَمِيْرَ!

مُنْذُ سِنِيْنْ كُلَّمَا أَمُرُّ عَلَى هَذِهِ الجُمْلَةِ ((فُزْتُ وَرَبُّ الكَعْبَةِ)) أَشْعُرُ أَنَّ كُلَّ مَنْظُوْمَتِي الفِكْرِيَّةِ تَهْتَزُّ! إِذَا كَانَ عَلِيٌّ عَلَيْهِ الصَّلَاةُ وَالْسَّلَامُ هُوَ الفَائِزُ.. فَمَنِ الخَاسِرُ يَا تَرَى؟ الفَوْزُ وَالخِسَارَةُ فِي قَامُوسِ أَمِيْرِ المُؤْمِنِيْنَ عَلِيٍّ، يَرْسُمَانِ لَوْحَةَ الإِنْسَانِيَّةِ الَّتِيْ اَرَادَهَا

اللَّهُ أنْ تَسْتَخْلِفَهُ في عَالَمِ الوُجُودِ.. فَلِيُرَاجِعْ كُلٌّ مِنَّا **(فَوْزَهُ)** وَ **(خَسَارَتَهُ)** وَيَعْرُضُهُمَا عَلَى قَامُوْسِ عَلِيٍّ عَلَيْهِ الصَّلاَةُ وَالسَّلاَمُ. عَظَّمَ اللَّهُ أُجُوْرَكُمْ. فَازَ عَلِيٌّ. وَخَسِرَتْ الإنْسَانِيَّةُ فَقْدَهُ **وَرَبُّ الكَعْبَةِ!**

فَلْيُرَاجِعْ كُلٌّ مِنَّا (فَوْزَهُ) وَ (خَسَارَتَهُ) وَيَعْرِضُهُمَا عَلَى قَامُوس الإمَامِ عَلِيٍّ!

الدَّقَائِقُ الأخِيْرَةُ مِنْ حَيَاةِ أَبِيْ بَكْرٍ، مَنْقُولَةٌ مِنْ كُتُبِ العُمَرِيَّةِ:

رُوِيَ هَذَا الكَلَامُ عَنْ لِسَانِهِ، وَهُوَ يُجِيْبُ عَلَى آخِرِ عِبَارَةٍ مِنْ كَلَامِ عَبْدِ الرَّحْمَانِ بِنْ عُوْفْ، فَقَدْ كَانَ عَبْدُ الرَّحْمَانِ قَدْ قَالَ لَهُ (لِأَبِيْ بَكْرٍ): "... إنَّكَ لَمْ تَزَلْ صَالِحًا مُصْلِحًا وَإِنَّكَ لَا تَأْسَىْ عَلَىْ شَيْءٍ مِنَ الدُّنْيَا ...

فَأَجَابَهُ أَبُو بَكَرٍ: أَجَلْ، إِنِّيْ لَا آسَى عَلَى شَيْءٍ مِنَ الدُّنْيَا إِلَّاَ عَلَى ثَلَاثٍ فَعَلْتَهُنَّ وَدَدْتُ أَنِّيْ تَرَكْتُهُنَّ، وَثَلَاثٌ تَرَكْتُهُنَّ وَدَدْتُ أَنْ فَعَلْتَهُنَّ، وَثَلَاثٌ وَدَدْتُ أَنْ سَأَلْتُ عَنْهُنَّ رَسُولُ اللَّهِ (ص):

فَأَمَّا الثَّلَاثُ الَّتِيْ وَدَدْتُ أَنِّيْ تَرَكْتُهُنَّ:

فَوَدَدْتُ أَنِّي لَمْ أَكْشُفْ بَيْتَ فَاطِمَةَ عَنْ شَيْءٍ، وَإِنْ كَانُوا قَدْ غَلَّقُوْهُ عَلَى حَرْبٍ.

وَوَدَدْتُ أَنِّيْ لَمْ أَكُنْ حَرَّقْتُ الفُجَاءَةَ السِّلْمِيّ، وَأَنِّيْ كُنْتُ قَتَلْتَهُ سَرِيْحًا أَوْ خَلَّيْتَهُ نَجِيْحًا!

وَوَدَدْتُ أَنِّيْ يَوْمَ سَقِيْفَةِ بَنِيْ سَاعِدَةْ، كُنْتُ قَذَفْتُ الأَمْرَ فِي عُنُقِ الرَّجُلَيْنِ يُرِيْدُ عُمَرَ وَأَبَا عُبَيْدَةَ - فَكَانَ أَحَدُهُمَا أَمِيْرًا وَكُنْتُ وَزِيْرًا!

* * * * * * *

أَيُّهَا القارئ الكَرِيْمْ، كُلُّ مَا يُكْتَبْ يَنْضَحُ مِنْهُ طَعْمٌ وَرَائِحَةٌ. شَاهِدْ، تَذَوَّقْ، وَخُذْ نَفَسًا عَمِيْقًا: "**فُزْتُ وَرَبِّ الكَعْبَةِ**"! وَاسْدُلْ طَرْفَكَ عَنْ الَّذِيْنَ ***لا يَعْقِلُون***! **أُخْرُجُوا مِنَ الزَّرِيْبَةِ**!

الدَّقَائِقُ الأَخِيْرَةُ مِنْ حَيَاةِ عُمَرٍ، مَنْقُولَةٌ مِنْ كُتُبِ العُمَرِيَّةِ:

الطَّبَقَاتُ الكُبْرَى – مُحَمَّدٌ بِنْ سَعْدٍ ج 3 ص 360 – قَالَ أَخْبَرَنَا يَزِيْدَ بِنُ هَارُوْنَ، وَوَهَبٌ بِنُ جَرِيْرٍ، وَكُثَيْرٌ بِنُ هِشَامْ، قَالَ: أَخْبَرَنَا شُعْبَةُ عَنْ عَاصِمِ بِنِ عُبَيْدِ اللَّهِ بِنِ عَاصِمٍ، عَنْ عَبْدِ اللَّهِ بِنِ عَامِرٍ بِنِ رَبِيْعَةَ قَالَ: رَأَيْتُ عُمَرَ بِنَ الخَطَّابِ ***أَخَذَ "تِبْنَةً" مِنَ الأَرْضِ فَقَالَ: لَيْتَنِي كُنْتُ هَذِهِ التِّبْنَةَ، لَيْتَنِي لَمْ أُخْلَقْ، لَيْتَ أُمِّيْ لَمْ تَلِدْنِيْ، لَيْتَنِي لَمْ أَكُ شَيْئًا، لَيْتَنِي كُنْتُ نَسْيًا مَنْسِيًا*** ... كَنْزُ العُمَّالِ / ج: 12 ص: 619.

(35912) عَنِ الضَّحَّاكِ قَالَ: قَالَ عُمَرُ: يَا لَيْتَنِيْ كُنْتُ "**كَبْشَ**" أَهْلِيْ (سَمَّنُونِيْ مَا بَدَا لَهُمْ، حَتَّى إِذَا كُنْتُ أَسْمَنَ مَا أَكُونُ، زَارَهُمْ بَعْضُ مَنْ يُحِبُّونْ، فَجَعَلُوا بَعْضِيْ شِوَاءً، وَبَعْضِي قَدِيْدًا ثُمَّ أَكَلُونِي فَأَخْرَجُونِي عَذِرَةً وَلَمْ أَكُنْ بَشَرًا ...

(35914) عَنْ عَامِرٍ بِنِ رَبِيْعَةَ قَالَ: رَأَيْتُ عُمَرَ بِنَ الخَطَّابِ

أَخَذَ **(تِبْنَةً)** مِنَ الأَرْضِ فَقَالَ: يَا لَيْتَنِيْ **كُنْتُ هَذِهِ التُّبْنَةِ! لَيْتَنِي لَمْ أُخْلَقْ! لَيْتَنِيْ لَمْ أَكُ شَيْئًا! لَيْت أُمِّيْ لَمْ تَلِدْنِي! لَيْتَنِي كُنْتُ نَسْيًا مَنْسِيًّا ...**

أيُّهَا القَارِئُ الكَرِيْمُ، سَأكْتَفِي بِهَذَا النَّذْرِ القَلِيْلِ مِنْ كُتُبِ العُمَرِيَّةِ، لِأَنَّ الضَّربَ في المَيِّتِ حَرَامٌ! هَذِهِ المَخْلُوقَاتُ موتَى وَهُم يَتَحَرَّكُون! هَذَا العَرْضُ لَم يَكُنْ أبَدًا مُقَارَنَةً بَيْنَ الإِمَامْ وَبَيْنَ الأَغْنَامِ إنَّمَا فرزٌ بَيْنَ الجوهَرِ والحَجَر!

أتَمَنَّى أنْ اكُونَ قَدْ قَدَّمْتُ إِلَى الإخْوَةِ القُرَّاءِ الأكَارِمِ، وَإِلَى الإخْوَةِ العُمَرِيَّةِ تَحْقِيْقًا شَيِّقًا وَمُفيدًا وَنَاجِعًا وَحَاسِمًا في تَصْحِيْحِ تَارِيْخٍ مُظْلِمٍ، وَظَالِمٍ وَمُزَوِّرٍ وَكَاذِبٍ! الأصْنَامُ الَّتِيْ يَتَعَبَّدُ بِهَا العُمَرِيَّةُ تَعَضُّ عَلَى النَّواجِدِ مِنَ الغَضَبِ، وَعَلَى الأصَابِعِ مِنَ النَّدَمِ، وَتَصْرُخُ يَا لَيتَ!! إنْ بَقِيَ فيكُم مُؤمِنٌ وَاحِدٌ، أقُولُ لَهُ: إنَّهُ جِلدُكَ! وَأنَّهَا جُلُودُهُم!

أتَمَنَّى عَلَى القُرَّاءِ الأكَارِمِ مُطَالَعَةَ الحَلَقَتَيْن الأولِيَّيْن:

ألنَّقْلُ مَفْسَدَةٌ لِلعَقْلْ!

الصُّحْبَةُ في القُرآنِ!

أَيُّهَا العُمَرِيَّةُ أُخْرُجُوا مِنَ الزَّرِيْبَةِ كَمَا تَمَنَّى نَبِيّكُمُ الأَوَّلُ (أَبو

بَكْرٍ) لَوْ أَنَّهُ خَرَجْ!

أَوْ امْكُثُوا مَعَ نَبِيِّكُم الثَّانِيْ مَعَ الكِبَاشْ، يُفْعَلُ بِكُمْ مَا تَمَنَّاهُ نَبِيُّكُم عَمِيْرٌ (عُمَرُ لِنَفْسِهِ) تَأْكُلَكُم النَّاسُ وَيُخْرِجُونَكُم عَذَرَات!

أَيُّهَا المُؤْمِنُونْ: خُذُوا نَفَسًا عَمِيْقًا مِنَ الأَنْفِ وَالفَم، فيهِ شِفَاءٌ لِكُلِّ كُفْرٍ:

فزت ورب الكعبة

قَصِيْدَةٌ لِأَحَدِ أَعْلَامِ أَهْلِ السُّنَّةِ وَهُوَ القَاضِي أَبُو بَكْرٍ مُحَمَّدٌ. المَعْرُوْفُ بِابْنِ قُرَيْعَةَ!

يَا مَنْ يُسَائِلُ دَائِبًا * عَنْ كُلِّ مُعْضِلَةٍ سَخِيْفَةْ
لَا تَكْشِفَنَّ مُغَطًّى * فَلَرُبَّمَا كَشَفْتَ جِيْفَةْ
وَلَرُبَّ مَسْتُوْرٌ بَدَا * كَالطَّبْلِ مِنْ تَحْتِ القَطِيْفَةْ
إِنَّ الجَوَابَ لَحَاضِرُ * لَكِنَّنِي أُخْفِيهِ خِيْفَةْ
لَوْلَا اعْتِدَاءُ رَعِيَّةٍ * أَلْقَىْ سِيَاسَتَهَا الخَلِيفَةْ
وَسُيُوفُ أَعْدَاءٍ بِهَا * هَامَاتُنَا أَبَدًا نَقِيْفَةْ
لَنَشَرْتُ مِنْ أَسْرَارِ آلِ * مُحَمَّدٍ جُمَلًا طَرِيْفَةْ
تُغْنِيْكُمُ عَمَّا رَوَاهُ * مَالِكٌ وَأَبُو حَنِيْفَةْ
وَأَرَيْتَكُمْ أَنَّ الحُسَيْنَ أُصِيْبَ * فِي يَوْمِ السَّقِيْفَةْ
وَلِأَيِّ حَالٍ لُحِدَتْ * بِاللَّيْلِ فَاطِمَةَ الشَّرِيْفَةْ
وَلِمَا حَمَتْ شَيْخَيْكُمُ * عَنْ وَطْأِ حُجْرَتَهَا المُنِيْفَةْ
أَوْهٌ لِبِنْتِ مُحَمَّدٍ * مَاتَتْ بِغُصَّتِهَا أَسِيْفَةْ

نَبْذَةٌ عَنِ الكَاتِبِ

يَبْرُزُ الأُسْتَاذُ، أَسْ. نُورْمَانْ جِي، كَشَخْصِيَّةٍ مُتَمَيِّزَةٍ فِي عِلْمِ التَّفْكِيرِ النَّقْدِيّ الحَرِجِ وَمَهَارَاتِهِ، كَسُرْعَةِ المُلَاحَظَةِ وَعُمْقِ التَّحْلِيلِ، وَطَرْحِ الأَسْئِلَةِ المُهِمَّةِ بِمَهَارَةٍ حَاذِقَةٍ يَتَمَكَّنُ مِنِ اسْتِخْلَاصِ التَّقْنِيَّاتِ وَتَطْوِيرِهَا، لِابْتِكَارِ الحُلُولِ المُمْكِنَةِ، بِمَوْضُوعِيَّةٍ وَدِقَّةٍ، وَذَلِكَ فِي عَدَمِ الاعْتِمَادِ المُفْرِطِ عَلَى العَوَاطِفِ وَالمَشَاعِرِ، وَعَدَمِ التَّحَيُّزِ إِلَى اللَّاوَعْي أَوِ الإِدْرَاكِ الانْتِقَائِيّ! أُسْتَاذٌ فِي مَيْدَانِ الأَدَبِ وَالعِلْمِ وَالأَكَادِيمْيَا، وَمُحَاوِرٌ نَشِيطٌ وَشَائِقٌ، وَعَالِمٌ مُتَمَيِّزٌ فِي عُلُومِ اللُّغَةِ العَرَبِيَّةِ، وَفِي عُلُومِ الصَّرْفِ وَالنَّحْوِ، وَفِي العُلُومِ الدِّينِيَّةِ وَالفَلْسَفَةِ وَالمَنْطِقِ. يَتَمَيَّزُ إِنْتَاجُهُ العِلْمِيُّ وَالأَدَبِيُّ وَالعَقَائِدِيُّ، فِي جَعْلِ العُلُومِ جَمِيعِهَا فِي بَوْتَقَةِ عِلْمِ التَّفْكِيرِ النَّقْدِيّ الحَرِجِ، المُتَجَرِّدِ المُنْصِفِ النَّزِيهِ وَالمُحَايِدِ، لِكَيْ يُسَهِّلَ إِدْرَاكَ وَفَهْمَ المَوَاضِيعِ المَطْرُوحَةِ عَلَى الطَّاوِلَةِ. هَذَا بِالتَّفَانِي الشَّغُوفِ، إِلَى تَعْزِيزِ التَّفْكِيرِ النَّقْدِيّ وَاسْتِكْشَافِ التَّقَاطُعَاتِ المُعَقَّدَةِ بَيْنَ العَقْلِ وَأَنْظِمَةِ المُعْتَقَدَاتِ الدِّينِيَّةِ، لَا سِيَّمَا فِي خُيُوطِ وَخِيَاطَةِ العَقَائِدِ الإِسْلَامِيَّةِ المُتَنَوِّعَةِ...

حَائِزٌ عَلَى شَهَادَةٍ عُلْيَا فِي التَّوَاصُلِ الاجْتِمَاعِي، اخْتِصَاصِ، "التَّفْكِيرِ النَّقْدِيّ الحَرِجِ". يَمْتَلِكُ الأُسْتَاذُ أَسْ. نُورْمَانْ جِي، ذَكَاءً

حادًّا شُحِذَ مِنْ خِلَالِ دِرَاسَاتٍ أَكَّادِيْمِيَّةٍ طَوِيْلَةٍ وَشَاقَّةٍ، وَمُطَالَعَاتٍ مُتَشَعِّبَةٍ ومُعَقَّدَةٍ لِمَجْمُوعَةٍ كَبِيْرَةٍ مِنَ الأَبْحَاثِ التَخَصُّصِيَّةِ...

يُرَكِّزُ الأُستَاذُ أس. نُورْمَان جِيْ، فِي هَذَا الكِتَاب، عَلى المُخْتَصِّيْن فِي عِلْمِ الاخْتِلَافِ أوِ الفِقْهِ المُقَارَنِ بَيْنَ المَذَاهِبِ المُسَمَّاةِ إسْلَامِيَّةً. لِلوُقُوفِ عَلَى الآرَاءِ المُخْتَلِفَةِ لِلْمُجْتَهِدِيْنِ، وَلِلْتَّعَرُّفِ عَلَى مَذَاهِبِ عُلَمَاءِ المَذَاهِبِ وَاسْتِدْلَالَاتِ كُلٍّ مِنْهُم عَلَى أحكامِ الشَّرْعِ، وَالاسْتِفَادَةِ مِنْ تَجَارُبِ الآخَرِيْنْ، وُصُولًا إِلَى اخْتِيَارِ:

مَا أَرَادَهَ اللّهُ جَلَّ وَعَلَا.

لَيْسَ مَا هُوَ أَقْرَبُ إِلَى مَا أَرَادَهُ اللّهُ – سُبْحَانَهُ – وَتَعَالَى!

إِنَّ الَّذِيْ لَا يَعْرِفُ مَا أَرَادَهُ اللّهُ، يَتَّهِمُ اللّهَ وَرَسُولَهُ بِالتَّقْصِيْرِ، وَيَفْتَحُ تَكِيَّةً لِلتَّبْصِيْرِ وَقِرَاءَةِ الفِنْجَان! وَيَأْخُذُ عَنْ غَيْرِ أَهْلِ الذِّكْرِ (أَهْلُ البَيْتِ) الَّذِيْنَ أَذْهَبَ اللّهُ عَنْهُمُ الرِّجْسَ وَطَهَّرَهُم تَطْهِيْرا! لَنْ، ثُمَّ لَنْ يَسْتَطِيْعَ أَنْ يَتَقَرَّبَ إِلَى اللّهِ سُبْحَانَه وَتَعَالَى!

وَتُعْتَبَرُ هَذِهِ القَاعِدَةُ الضَّابِطَةُ المَعْصُومَةُ بِعِصْمَةِ اللّهِ: أَسَاسًا لِلَّذِيْنَ يُرِيْدُونَ هَدْيَ اللّهِ! يَبْنِي الأُسْتَاذْ جِيْ عَلَيْهَا، فِي إِنْشَاءِ وَتَنسِيْقِ وَتَسْدِيْدِ وَتَصْوِيْبِ، السَّرْدِيَّاتِ العِلْمِيَّةِ وَالعَقْلَانِيَّةِ المُقْنِعَةِ،

وَالتَّحْلِيلَاتِ الثَّابِتَةِ الرَّصِيْنَةِ وَالمُفَصَّلَةِ، بِالحُجَّةِ اليَقِيْنِيَّةِ وَالبُرْهَانِ الَّذِي يَنْتَهِيْ وَيَصِلُ، تَبْعًا لِذَلِكَ إِلَى نَتَائِجِ يَقِيْنِيَّةٍ وَثَابِتَةٍ...

مَجْمُوْعَةُ أَعْمَالِ الأَسْتَاذْ إس. نُوْرمَانْ جِيْ، تَتَكَوَّنُ مِنْ عَمَلَيْنِ رَئِيسِيَّيْنِ، حَظِيَا بِقَبُولٍ وَاسِعٍ، وَبِالإِشَادَةِ وَالتَّقْدِيْرِ وَالثَنَاءِ... فِي بَحْثِهِ الرَّائِعِ الأَوَّلِ "**النَّقْلُ مَفْسَدَةٌ لِلْعَقْلِ**"، يَتَنَاوَلُ الأَسْتَاذُ مَتَاهَاتِ النَّقْلِ فِيْ البَحْثِ، وَيَكْشِفُ عَنْ الآثَارِ السَّلبِيَّةِ العَقِيْمَةِ لِلْنَّقْلِ عَلَى التَّفْكِيْرِ وَالإِسْتِيْعَابِ، وَعَلى اسْتِقْلَالِيَّةِ أَخْذِ القَرَارِ... أمّا في البَحْثِ الثَّانِيْ الضَّخْمِ مِنْ حَيْثِ المَعْلُومَاتُ الصَّادِمَةُ "**الصُّحْبَةُ فِي القُرْآنِ**"، يُضِيءُ الأَسْتَاذُ عَلَى المَعَانِيْ وَالرَّوَابِطِ العَمِيْقَةِ لِلحُبِّ وَالصَّدَاقَةِ وَالأُخُوَّةِ المَوْجُودَةِ فِي القُرآنِ، وَفِي الكُتُبِ الْمُقَدَّسَةِ الأُخْرَى، مُقَدِّمًا رُؤى دَقِيْقَةً حَوْلَ جَوْهَرِ كُلٍّ مِنْ سِمَاةِ الأُخُوَّةِ وَالصَّدَاقَةِ وَالصُّحْبَةِ، **مِنْ آيَاتِ القُرآنِ الحَكِيْمِ**...

إِنَّ الرَّغْبَةَ الشَّدِيْدَةَ فِي تَجَاوزِ الحَواجِزِ اللُّغَوِيَّةِ، وَالوُصُولِ إِلَى الجَمَاهِيْرِ المُتَنَوِّعَةِ اللُّغَةِ وَالثَّقَافَاتِ، نَشَرَ الأَسْتَاذُ إس نُورْمَانْ جِيْ أَعْمَالَهُ فِي ثَلاثِ لغاتٍ حَتَّى الآنْ: العَرَبِيَّةُ وَالإِنْجِلِيْزِيَّةِ وَالفَرَنْسِيَّةِ. وَقَرِيْبًا إِنْ شَاءَ اللَّهُ، الإِسْبَانِيَّة... هَذِا التَّصْمِيْمُ عَلَى الشُّمُولِيَّةِ يُؤَكِّدُ التِزَامَ الأُسْتَاذِ جِيْ الثابتِ لِتَعْزِيْزِ الحِوَارِ العَالَمِيّ وَالتَّبَادُلِ الثَّقَافِيِّ، وَالعَيْشِ المُشْتَرَكِ...

أنْوَارُ سُورَةِ الحُجُرَاتِ

مَا يَزَالُ الأسْتَاذُ أسْ نُورمَانْ جِيْ تَوَّاقٌ وَمُتَلَهِّفٌ لاسْتِكْشَافِ المَزِيْدِ، حَيْثُ يَنْطَلِقُ في مَسِيْرَتِهِ الفِكْرِيَّةِ وَالأدبيةِ وَالعِلْمِيَّةِ بإصْرَارٍ لَا هَوَادَةَ فيهَا... يُثَابِرُ الأُسْتَاذُ عَلَى كِتَابَاتِهِ النَّابِضَةِ بِالحُبِ وَالصِّدْقِ، وَالهِدَايَةِ لِمَا هُوَ أقْوَم...

هَذَا كِتَابُ "**أنْوَارُ سُورَةِ الحُجُرَاتِ**"، يَصْدُرُ في رُؤًى مُتَطَوِّرَةٍ جَدِيْدَةٍ عَمِيْقَةٍ مُتَأصِّلَةٍ وَثَابِتَةٍ، حَكِيْمَةٍ مُخْلِصَةٍ وَمُتَجَذِّرَةٍ في الحِكْمَةِ الخَالِدَةِ وَالمُسْتَدَامَةِ **في تَعَالِيْمِ القُرْآنِ العَظِيْمِ**...

يَسْتَمِرُّ الأسْتَاذُ جِيْ في رِحْلَةِ العِلْمِ وَالإيْمَان، تَارِكًا بَصَمَاتٍ لَا يُمْكِنُ أنْ تُنْسَى على السَّاحَاتِ العِلْمِيَّةِ وَالأدَبِيَّةِ وَالدِّيْنِيَّةِ، وَمُقَدِّمًا الجَدِيْدَ مِنَ المَوَاضِيْع، وَمُشَجِّعًا وَمُحَفِّزًا القُرَّاءَ عَلَى التَّفْكِيْرِ في النَّقْدِ البَنَّاءِ وَالحَرِجِ لِمُعْتَقَدَاتِهِمِ، وَلِآرَاءِ عُلَمَائِهِم، وَيَحُثُّ وَيَدْعُو، وَيُعَزِّزُ رُوْحَ البَحْثِ وَالْفُضُولِ الْفِكْرِيّ، وَالانْفِتَاحِ عَلَى الآخَرِ، وَالجِدِّيَّةِ فِي تَقَبُّلِ وَاحتِرَامِ مُعْتَقَدَاتِ الآخَرِيْن! **نَسْأَلُكُم الدُّعَاءْ!**